新　编
西方经济学教程

赵英军 主编

浙江工商大学出版社

图书在版编目（CIP）数据

新编西方经济学教程／赵英军主编．—杭州：浙江工商大学出版社，2010.12（2021.3 重印）

ISBN 978-7-81140-255-1

Ⅰ.①新… Ⅱ.①赵… Ⅲ.①现代资产阶级经济学—教材 Ⅳ.①F091.3

中国版本图书馆 CIP 数据核字（2010）第 239412 号

新编西方经济学教程

赵英军 主 编

责任编辑 郑 建
封面设计 刘 韵
责任印制 包建辉
出版发行 浙江工商大学出版社
（杭州市教工路 198 号 邮政编码 310012）
（E-mail：zjgsupress@163.com）
（网址：http://www.zjgsupress.com）
电话：0571－88823703，88831806（传真）
排　　版 杭州中大图文设计有限公司
印　　刷 广东虎彩云印刷有限公司绍兴分公司
开　　本 787mm×960mm 1/16
印　　张 29.75
字　　数 550 千字
版 印 次 2010 年 8 月第 1 版 2021 年 3 月第 7 次印刷
书　　号 ISBN 978-7-81140-255-1
定　　价 46.00 元

前　　言

为了适应不同人才学习“西方经济学”的需要，我们编写了这本教材。本教材第一版由中国科学技术出版社于2006年出版，也在全国一些高校中使用。经过几年的试用，我们发现原来教材中有些内容需要进行调整和修改。

在原有教材基础上，根据本学科教学的最新发展，我们对第一版教材做了较大调整。除了对结构重新进行编排外，还对各章内容进行了较大幅度的修改。微观经济学部分缩减为10章，将原来第七章和第八章内容合在一起作为第十章“微观经济学前沿专题”，供读者选修。每一章的内容都重新写过，增加了许多专栏以延伸正文内容，对所有数据都进行了调整，采用最新的统计数据。

本书由浙江工商大学赵英军教授在各章原编写者初稿基础上进行较大篇幅修改而成，原各章编写者为：

第一章：　赵英军
第二、三章：　陈利萍
第四章：　朱　慧
第五、六章：　徐为列
第七章：　赵英军
第八章：　姜　波　王永齐
第九章：　姜　波
第十章：　朱　慧　王永齐
第十一章：　赵英军
第十二章：　赵英军　兰　萍
第十三、十四章：周小梅
第十五章：　陈欣欣　赵英军
第十六章：　陈欣欣　王永齐
第十七、十八章：赵英军　单祥英
第十九章：　赵英军

在写作过程中，参考了国内外许多学者的优秀教材，在此表示感谢。教材中难免有许多不足之处，敬请批评并多提宝贵建议。

赵英军
浙江工商大学
2010.5.12.

目　　录

(标 * 的章节为选讲内容,由讲授者自己决定是否讲授)

第一章 经济学研究的对象、方法和基本问题

本章要点

本章是我们学习经济学的开始,也为今后的学习做一个引导。本章将从总体上介绍经济学研究的基本问题、对象以及根据不同标准进行的学科分类,如宏观经济学和微观经济学、实证经济学和规范经济学。在本章,我们还将讨论学习经济学的目的和经济学研究问题采用的方法。

学习目标

理解经济学的定义和经济学分析问题的思维方式,掌握经济学研究的内容和方法,掌握经济学的几个基本原理,理解经济体制的本质含义是什么。

经济学是研究发财致富的学问吗?相信许多人在开始接触经济学时会有这样的想法。以为学过这门课就可以掌握发财的秘诀、笑傲商海了。如果是抱有这样的目的来学习经济学,可能暂时会让你失望。因为,经济学可能并不会马上教给你这些立竿见影的发财之道。但是,学习经济学是你掌握发财致富学问的开始。同时,也是你认识世界和认识自己的开始。那么,学习经济学的目的是什么呢?

第一节 学习经济学的目的

一、更好地理解现实世界运行机理和规则

大千世界充满了各种为人们难以理解的谜团。明白世界如何运行是现代科学的主要功能之一。经济学作为一门运用自然科学研究人类行为的社会科学学科自然也有这样的作用。通过学习经济学原理,可以帮助我们解释和理解现实生活中的许多现象,如:房价的大幅度上升是由什么推动的?为什么水对人的生

存如此重要但价格很低，而钻石对生存几乎没有影响但其价格却非常昂贵(水与钻石之谜)？为什么人们的收入会有差距？中国成为世界第二大经济强国对世界意味着什么？中国经济保持了30年的快速经济增长是怎样实现的？相信读者对诸如此类问题都想得到解释。我们认为，经济学可以帮助读者找到对这些问题的答案。

现实经济生活中，离不开政府对各方面经济活动的影响。那么政府的政策从何而来呢？著名经济学家凯恩斯的一席话可能有助于我们认识经济学思想对现实世界的重要作用："经济学家和政治哲学家们的思想，不论它们对的时候还是在错的时候，都比一般所设想的要更有力量。的确，世界是由它们统治着。讲求实际的人自认为他们不受任何学理的影响，可是，他们经常是某个已故经济学家的俘虏。在空中听取灵感的当权的狂人。他们的狂乱想法不过是从若干年前学术界拙劣作家的作品中提炼出来的。"

二、有助于我们把握经济现象发展变化的趋势

简言之，科学研究的任务有两个目的：①解释世界，明白其中的运行机制和规律；②在清楚上述原理的基础上，对世界未来的发展变化做出预测并提出应对策略。如果说经济学是一门科学的话，那么在解释了现实世界经济活动运行的机理、发现了经济世界的变化规律后，还负有对未来做出预测、提出政策建议的职能。经过历代经济学家们的艰苦工作，经济学已经总结出了现实经济运行的许多规律和运行机理。经济学原理就是对这些认识的系统总结。学习经济学，一方面可以使我们明白各种经济现象发生背后的原因，如：为什么没有免费的午餐？为什么人们要进行贸易？为什么会发生通货膨胀？为什么明星的收入水平比普通人高出几倍、几十倍？等等。另一方面，学习经济学还有助于我们预测经济现实下一步可能的变化动向，会伴随什么现象出现，政府可能会采取的政策以及政策的影响。如当政府发行了过多的货币后，我们就可以预测，通货膨胀将在不久后发生；如果政府要控制通货膨胀实行了紧缩的经济政策，失业人员可能将会上升，等等。我们知道预测未来并不容易，有时是难以做到准确预测的，但预测未来总有这样和那样的吸引力，也是我们为什么认识世界的开始。通过学习经济学原理，把握基本的经济运行机理可以帮助我们提高对未来的预测能力。

三、有助于形成自己的思维方式

对世界的认识每个人都有自己的一套方式，这套方式对一个人的行动有重要影响。所以，我们都应该努力形成自己看待问题的方式。一部经济学教科书，是先贤思想的集萃，通过学习经济学巨匠们提出的理论和他们的思维方式，我们

无疑可以从中得到许多启示，并帮助我们形成自己看问题的方式。每一个伟大的经济思想都会为我们的思想认识带来启迪，掌握了这些原理和思想，我们认识世界的能力就得到提高。如：经济学之父亚当·斯密提出的“看不见的手”理论，可以帮助我们理解和认识个人利益与社会利益怎样实现了统一；凯恩斯提出的通过政府干预宏观经济运行的独到见地，也使我们明白了在市场经济中政府如何实现自己的作用。经济学原理的学习，本身就是一种思维训练过程，我们掌握了原理也就掌握了一套认识世界的理论体系，灵活使用之，我们也就提高了自己对世界的认识和理解。

四、有助于获得改进社会、提升公众福利的方法

对有志于推动社会走向完善的人来说，通过学习经济学，不仅可以帮助他们理解一些社会问题的根源，如：失业、饥饿、贫穷、两极分化、吸毒和暴力犯罪，而且还有助于我们找到解决这些问题的方式和方法；对于如何使人们的福利获得改善和提高，经济学也能提供较为具体的方法和思路。如：一个国家怎样才能实现长期的经济增长？一个国家如何在经济周期中推出应对良策？如何通过经济手段来保护环境？

五、为其他专业课程的学习打下良好的专业基础

现代经济学和管理学体系中的许多学科都需要建立于对现代经济运行理解的基础之上，所以，想学好其他相关课程，先要通过经济学的学习弄明白现代经济如何运行的机理，所以经济学的学习有助于读者建立起其他学科的背景知识。

第二节　经济学研究的对象

一、“经济”和“经济学”概念的不同

“经济”一词大量充斥于现代生活的各个方面。在报章杂志中，新闻工作者绞尽脑汁创造发明着各种与经济相关的新式名词，“假日经济”、“新经济”、“知识经济”、“美女经济”、“超女经济”、“眼球经济”、“注意力经济”、“COM 经济”、“论坛经济”、“奥运经济”、“高考经济”甚至还有“跳楼经济”(因为某人要跳楼，有人就在下面兜售望远镜等商品)……我们看出，这些用法中，经济被等同于赚钱或一种赚钱的现象。但经济学的含义要比这丰富的多。

“经济”和“经济学”并不是相同的概念。经济的意义非常广泛，在日常运用中许多情况下指的是一种人们从事与生产、分配和消费有关活动时表现出的形

态、机制，总体上也指一种组织经济活动的体制。经济学是研究在从事上述活动时人们表现出或者应该表现出的行为方式以及如此表现的原因。

那么，经济学的具体含义到底是什么呢？

二、"经济学"概念的由来

中文**"经济"**一词对应的英文名词是 economy，该英文单词来自希腊文，原意是家务或家政管理，后来被引申为节俭的意思。**"政治经济学"**一词在 17 世纪的法国已经出现，经过古典学派的发展完善，政治经济学成为一门关于财富的性质、再生产分配和使用的科学。到 20 世纪 20 年代，英国经济学家罗宾斯(Robbins)概括出了现代通行意义上的经济学概念，也就是：**经济学是一门研究人类如何将稀缺资源分配于多种欲望以取得最大福利的学科**。

在中国古汉语中，"经济"一词包括："经邦"和"济民"、"经国"和"济世"，以及"经世济民"等含义，是这些词义的综合和简化，隐喻"治国平天下"的意思，这样该词含有的意思不仅包括一国政府如何理财、如何管理其他各种经济活动，而且包括政府如何处理政治、法律、教育、军事等方面的问题的意思。

现代意义上的"经济"一词，最早从日本传入中国。19 世纪，日本学者借用了古汉语中经济这个词，日本学者神田孝平最先把 economics 译为"经济学"，中国的严复则译为"生计学"，它的含义已不再是中国古代那种治理国家的广泛含义，而是与西方现代语言中的经济相一致了。20 世纪 80 年代以来，经济学已逐渐成为各门类经济学科的总称，具有经济科学的含义。

三、经济学研究什么

简单言之，经济学是研究人们如何进行选择的学问。为什么这样解释呢？

这要从个人以及整个人类面临的一个恒久矛盾"人的无限需要和物的有限供给"来说起。

经济学学科的建立源于这样一个矛盾，人的需要漫无边际、多种多样，但作为满足人们需要的物质手段却相对有限，用经济学的术语来说，在现实世界中，相对于人的欲望来说，资源是稀缺(Scarcity)的。正因为这对矛盾的存在，所以为了解释或指导人们如何做出有效的选择，经济学也就应运而生了。从一般意义上，我们可以把经济学理解为：研究在资源稀缺情况下人们如何做出理性选择的学问。为了明白经济学的确切含义，我们要搞清楚如下几个问题。

(一) 如何理解"稀缺"一词的含义

稀缺往往会与短缺的含义混淆。从经济学意义上来说，两个概念并不相同。"短缺"一般是指物品的供给小于需求的情形。短缺容易得到满足，只要物品的供给能力提高，供给满足了需求，短缺现象也就消失了。所以短缺往往是一种暂时存在的现象。稀缺则不同于短缺，如果说短缺主要是就供给和需求而言的，而稀缺则是就人类作为个体和整体相对于资源满足的相对能力而言的。稀缺是相对概念。由于人的欲望不会消失，所以稀缺现象也就不会得到彻底的解决。稀缺也就成了人类社会发展史上一个恒久存在的矛盾。物资供应量的丰富，可以满足人类更多需要，并不会彻底解决稀缺问题，相反，如果经济发展激发出了人们的想象潜能，稀缺程度可能会越来越严重。

（二）理性选择

理性选择也可以称之为理性人的选择。理性人，通常也被称为经济人（economic man），是经济学分析中理想的行为人的代表，是指那些在做出任何一项经济决策时都会进行成本和收益核算，做出最佳决策的人。根据《新帕尔格雷夫经济学大词典》给出的说法："……在理想情形下，经济行为人具有完全充分有序的偏好……完备的信息和无懈可击的计算能力。在经过深思熟虑之后，他会选择那些能够比其他行为更好地满足自己的偏好（或至少不会比现在更坏）的行为。"[①]上述说法的意思是说，经济行为人在所有可能选择的产品和服务中，如果他们清楚有关产品价格等的所有信息，并且能对产品进行比较，那么他们一定会随时做出最优的选择。理性人会随时根据市场变化做出调整，不会受到人的情绪变化的影响，行为始终保持一贯性，不会出尔反尔。

对理性人而言，还有一个重要的行为特征，他们是在自利动机推动下做出最优选择。对于自利的理解，不能与自私自利、损人利己连在一起。损人利己是指以损害他人利益来满足自身利益。经济学中的自利是说人们的行为动机均是满足自身的利益；遇到能改善自己目前状况的机会时，总会把握，不管是什么样的人，政府官员、企业老总、工厂工人、个体小商贩、普通消费者，甚至慈善家，莫不如此。

（三）资源

稀缺与资源的多样性有关。经济学世界中的资源概括地说可以分为三种基本形态：

- 人（劳动）；
- 资本（机器设备、厂房等生产工具）；
- 土地与自然资源。

---

① 伊特韦尔、米尔盖特、纽曼：《新帕尔格雷夫经济学大词典》，经济科学出版社 1996 年版，第 57 页。

这些资源也被称为生产要素，是生产人们需要的各种物品和劳务的基本元素。现实世界中，生产者使用的具体生产要素有很多种，但从经济学意义上看，这些资源可以被抽象地概括为上述几种。所以在面对丰富多样的产品和劳务时，人们必须对如何有效地利用资源做出合理配置，必须决定运用资源先生产什么后生产什么。

在资源稀缺的约束条件下，人类学会了理性地、合理地分配这些资源，学会了在各种需要满足的欲望中如何做出取舍才能获得最佳得益的许多办法。所以，在这种意义上，我们可以将经济学定义为：**一门研究人类如何将稀缺资源分配于多种欲望以取得最大福利的学科。**

第三节　经济学的分类和经济学家们的分歧

人类对经济活动的认识随着分析方法的进步经历了一个从粗略到详细的过程，反映在经济学研究方面是学科的分类越来越细化。在 20 世纪 30 年代前，经济学并不像现在这样体系庞杂，现在经济学的多个学科原来都被包括在经济学原理之中。从基本经济学原理层面，经济学可以分成不同的种类：微观经济学和宏观经济学，实证经济学和规范经济学。

一、经济学分类 1：微观经济学和宏观经济学

在 20 世纪 30 年代前，经济学学科包容了现在经济学的多个学科。随着 1936 年凯恩斯的《就业、利息和货币通论》的发表，经济学理论在分析内容、范围和方法上正式分成了两个大类别：微观经济学和宏观经济学①。

微观经济学，以家庭、企业（厂商）等个体经济单位为研究对象，研究他们的决策行为以及他们基本经济活动中的相互关系，所以在微观经济学中也涉及商品价格和生产要素价格的决定以及与价格决定相关的许多内容。

我们所说在资源选择中面临的基本问题：**生产什么（what）、如何生产（how）、什么时间生产（when）、在什么地方生产（where）和为谁生产（for whom）（5W 问题）**其实主要是针对微观经济学而言的。所以在微观经济学部分，我们将讨论供求理论、消费者行为理论、厂商理论、市场结构理论、生产要素和收入分配理论。除此之外，我们还要讨论在市场机制作用下，社会效率和福利怎样受到

---

① 凯恩斯本人没有使用微观和宏观两个概念。一般认为，弗瑞希（Frisch）最早在 1933 年使用了“微观动态”和“宏观动态”的概念是这一分类的开始，但首次在公开发表的著作中正式使用这一概念区分的经济学家是德 · 沃尔夫（De Wolff）。

影响，市场机制在哪些领域将失去作用等有关公共选择的一些问题。

微观理论的核心是价格理论，这可以从两点来理解：(1)上述问题主要涉及的是资源如何配置问题，在市场经济环境中，资源的流动要依靠价格作为指示，所以，价格是资源配置的核心指示器；(2)在微观经济学中，各个行为主体最优化的实现要通过市场均衡来实现。

宏观经济理论，以一个国家（或经济社会）整体为分析对象，研究该国（经济体）的整体经济运行和政府如何为实现经济目标而进行调节的问题。

宏观经济学所关注的主要问题是：**短期国民产出水平和波动问题与长期经济如何实现稳定持续增长、就业问题、物价是否稳定问题、一国与他国进行交易而产生的国际收支问题和汇率问题**。宏观经济学所关注的问题已经超出了单个个体自身所管辖的范畴，进入到了公共领域，所以需要政府在其中发挥作用，这样政府在经济运行中所扮演的角色已经与其在微观经济领域中有很大的不同。为说明整体经济如何运行以及如何实现一些既定的目标，宏观经济理论对政府部门和政府政策在宏观经济中所发挥的作用进行了大量的分析论述，政策分析是宏观经济学非常重要的内容，如：对财政政策和货币政策的理论分析和运行机制分析是宏观经济学中的重要内容。因为有了对政策的分析，不仅推动了经济理论自身的发展，也提高了经济学理论的致用程度。

由于分析的视角是一个国家（经济体）的整体经济运行，如何保持一个经济体平稳持续的发展显然是最重要的，所以宏观经济学的核心理论是国民收入决定理论。

微观经济学和宏观经济学的区别，除了在研究范围上的差别外，还表现在分析方法上有很大的不同。微观经济学主要在于提出解释和通过严密的逻辑推理来刻画出一个理性行为人应该表现出的行为；宏观经济学主要依赖于观测各种经济变量之间的关系来揭示经济运行的内在机理。也就是说，微观经济学多依赖于推理法，而宏观经济学则多依赖于归纳法。

微观经济学和宏观经济学又有着密切联系。尽管在两个领域的决策主体有差别，但是在考虑总体时不可能不考虑个体，反过来考察个体的行为也不可避免要考虑总体的影响。所以，宏观经济学应该以微观经济学为基础，而微观经济学应该以宏观经济学为背景。

二、经济学分类 2：实证经济学和规范经济学

经济学研究中另外一个重要的分类是：经济学可以分为实证分析和规范分析。实证分析关注的是："是什么"、"怎么样"的问题。实证经济学是对现实发生情况的描述。如：政府减税后，经济增长速度将加快吗？如果加快，具体为多少？

经济增长速度增加将会引起什么发生？实证问题因为是对事实的分析描述，所以我们将其客观描述出来即可。规范经济学关注的是“应该是什么”或“应该如何”的问题。常常被用于对某种经济现象做出判断，并依据一定的价值判断提出如何做的建议和方案。如命题：“根据目前的经济情况，政府应该通过减税来促进经济增长”就是一个规范命题，因为这种建议是依据一定的价值判断和一定的理论分析做出的。规范研究通常是为了服务于某个社会目标。

对于实证描述，我们可以进行证明或证伪。例如：减税是否推动了经济增长可以通过对实际数据的分析得出具体结论。对于规范分析，因为既涉及事实又有价值判断，所以我们无法仅仅依靠事实数据来证明，还要依据人们所接受的观念来评判。

实证经济学和规范经济学密不可分。对于一件事情，我们如果想做出正确的判断，所提出的建议也符合社会规范的话，我们必须对事情发生、发展的过程及其内在结构充分了解。这就是说，实证分析是规范分析的基础。同时，实证分析如果没有经过规范判断也就失去了其应有的价值。图 1-1 可以清晰地看出两种方法的区别。

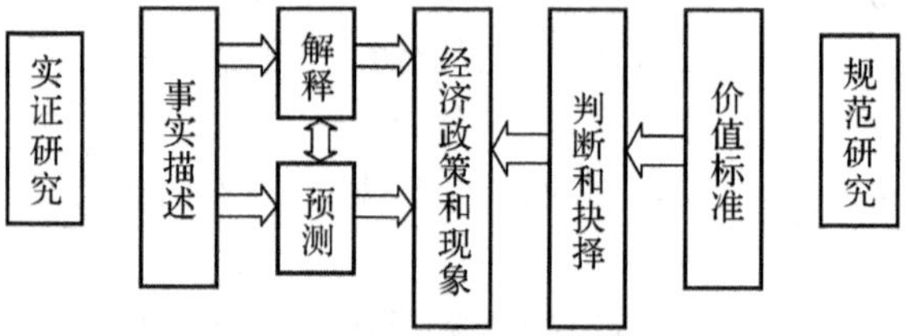

图 1-1　实证研究和规范研究的比较

第四节　经济学的一些基本理念

学习经济学，要学习其中分析问题的基本理念、思路和方法。这些理念有些是对人类长久以来经济行为进行观察而得出的一些总结，有些是通过严密的理论推演得出的结论。

一、天下没有免费的午餐

学习经济学第一个应该树立的理念就是：有选择就必须有牺牲，或者用我们日常生活中的一句话就是：天下没有免费的午餐。

这句日常生活中人们常用的名言其实是对经济学含义最为通俗的表述，把经济学概念涉及的选择、权衡和牺牲等意思都表现了出来。总结该句名言的人也是著名的经济学家米尔顿·弗里德曼。前面已经指出，经济学关注的最为基本的问题是：面对稀缺的资源，人们不得不在众多的需要中做出取舍和选择。选择就意味着牺牲，对个人如此，对企业如此，对一个经济社会也是如此。对于一个学生来说，你用100元去网吧上网打游戏，也就意味着你无法再用这100元来购置学习用品或购买其他生活用品；对于一个社会来看，如果一块面积给定的土地被用于建造房屋，也就意味着它不能再被用来生产粮食或做其他用处。所以，天下没有免费的午餐应该是我们学习经济学接受的最基本理念中的第一个。既然是做出选择，也就意味着放弃和做出牺牲，这意味着一种损失、一种类似成本的支出。如果换成经济学的术语，我们把这种牺牲概括为一个经济学中的基本术语：机会成本。

所谓机会成本(opportunity cost)，是指在做出一种选择(最佳选择)后放弃的其他最好选择(次佳)的价值。如果用价值来衡量就是，做出某种选择的机会成本就是同样的该种资源被用于其他经济活动(可能是多项)时创造的最大价值。

这一理念可以解释和判断许多现象，如：对一个社会来说，必须在生产产品之间做出选择，如：是要大炮还是要黄油？是要一个物质财富丰盛但环境恶劣的经济发展还是牺牲一些物质财富但有利于生态环境和人类和谐发展的社会进步？对个人来说，也是如此，如高中毕业后是上大学继续学习深造，还是马上务工赚钱？是选择在国内读书还是到国外去上大学？大学毕业时是继续报考研究生还是走向社会寻找一份可以挣钱的职业？等等。

经济学中涉及选择和牺牲的经典命题有：微观经济学中的效率与平等之间的权衡取舍，宏观经济中的失业和通货膨胀的相互替代。

专栏1-1　乘飞机的机会成本

2001年"9·11"恐怖袭击发生后，美国为了提高飞行安全，采取了许多步骤来加强安保。如美国政府在飞机上安配空中警察，在乘客不觉察中同机飞行。每年这样的支出为30亿美元。加强登机安检的扫描设备花费10亿美元，加固驾驶舱门的支出4.5亿美元。配备先进行李扫描设备以及其他多角度检测设备的支出20亿美元。

但最大的成本是候机时间延长的机会成本。美国每年有大约6亿人次的乘机飞行。"9·11"事件后，由于安检加强，过关时间延长，每名乘客在飞机场多花一个小时的候机时间。如果我们把机会成本转化成货币成本，候机的机会成本可计算如下。由于乘飞机者多为高收入人群，保守估计乘飞机的平均价格为20美元/小时，这样每年6亿人次飞行中在机场多候机的1小时的成本为6亿×20美元/小时=120亿美元！显然，候机造成的机会成本要远高于直接花费！

——资料来源：Timothy Taylor, *Principles of Economics*, Freeloazd Press, 2008, P. 27.

二、专业化分工和交换是双赢之道

在现实生活中，人们离不开与他人进行交换。我们通过交换获得收入，又通过交换获得需要的物品和服务。为什么我们不自给自足：自己种粮食，自己织布，自己生产其他的生活用品呢？

用经济学的理论来解释这种现象就是：现实社会中，人们通过专业化（每个人都只从事一种或几种活动）服务和自由平等的交换（通过交换活动来互通有无）完成了社会的经济活动。专业化分工和交换增进了交易双方的利益。那么，其中的经济学原理是什么呢？这就是经济学的基本定理之一的比较优势原理（李嘉图提出）。

比较优势原理其实也是从稀缺性衍生而来的，由于时间是稀缺的，一个人或一个社会在生产一种（组）物品的同时，不可能去生产另一种（组）物品。这样，每个人在既定的时间内就应该去生产自己最擅长的产品，即：对产品的生产进行专业化分工，然后大家相互交换各自需要的产品，这样不仅每个人可选择的产品范围扩大了，而且生产出的产品也会因为专业化分工而增加。专业化分工具体带来的好处有：①一个人专注于一种活动，可以称为专家，并大大提高劳动生产率；②减少了多种活动之间转换的时间损失；③资源有各自适合的专业活动，所以我们才有了大学教授、医生、律师等专业性的职业。

分工与交换是相辅相成的。专业化分工必须辅之于交换，交换反过来推动了分工。

专栏1-2　　亚当·斯密的分工

对分工及贸易带来的福利增进结果，现代经济学之父亚当·斯密在1776年出版的巨著《国富论》中有过精彩阐述。斯密描述了18世纪一家别针工厂分工的情形。在这家工厂中，10个工人并非完成制针从开始到最后的全过程，每个工人只完成其中的一道工序：一个人抽铁线，一个人拉直，一个人切截，一个人削尖线的一端，一个人磨另一端，以便装上圆头。要做圆头，就需要有二、三种不同的操作。装圆头，涂白色，乃至包装，都是专门的职业。这样，别针的制造分为十八种操作……这十个工人每日就可成针四万八千枚，即一人一日可成针四千八百枚。如果他们各自独立工作，不专习一种特殊业务，那么，他们不论是谁，绝对不能一日制造二十枚针，说不定一天连一枚针也制造不出来。①

三、人们会对激励做出反应

经济行为是由经济人做出的，而经济人在做出决策时肯定是有目的的。在经济人或理性人的假设中已经包含了这种意思。在现实经济中，行为人做出的任何行为都可以从激励来得到解释。人们为什么购买甲产品而放弃乙产品、为什么接受这种工作而不接受另一种工作。其实都是经过所得和所失比较后做出的。所以，如果想改变人们的行为就要从改变对人们的激励开始。激励可以是正向的(利益)也可以是负向的(成本)。如：自己照料孩子，还是雇人照料自己出去工作。

在形成激励方面，既有相对每一种行动的激励，也有总体制度上的激励。所以，一个社会的制度发挥着非常重要的作用。经济学意义上的制度是指人们相互交往的社会规则。制度包括正式的规则，也包括非正式的规则。制度为人们之间的各种交往——政治上的、社会上的和经济上的——提供了一个行为框架。通过良好的制度，可以为人们的创造性和提高生产率提供激励的规则并形成规制。

马克思在《资本论》中对于无约束情况下，金钱对人们形成的激励引用过邓宁格《工会与罢工》中一段精彩的描述："……一有适当的利润，资本就会非常胆壮起来。只要有10%的利润，它就会到处被人使用；有20%，就会活泼起来；有50%，就会引起积极的冒险；有100%，就会使人不顾一切法律；有300%，就会使人不怕犯罪，甚至不怕绞首的危险。如果动乱和纷争会带来利润，它就会鼓励它们。走私和奴隶贸易就是证据。"②

四、市场机制和政府干预都是资源分配的重要手段

在社会范围内，稀缺的资源如何实现最优配置，人类从诞生之初已经尝试过多种办法，如：通过武力战争来分配、通过权力来分配、通过计划来分配等。从效

---

① 亚当·斯密著，郭大力、王亚南译：《国民财富的性质和原因的研究》，商务印书馆1972年版，第6页。

② 马克思：《资本论》(第1卷)，人民出版社1972年版，第829页。

果看，通过市场无疑是其中最有效的办法，所以以市场机制为基础的分配机制也就成了现代社会最主要的分配机制。

经济学家亚当·斯密在《国富论》中指出："我们每天所需要的食物和饮料，不是出自屠户、酿酒师和面包师的恩惠，而是出自他们自利的企图。"[①]也就是说，家庭和企业在市场上进行交易，他们目的是为了各自的利益，但是"在看不见的手"(即市场机制)的引导下，导致了社会财富的增加。用现代经济学的语言就是：市场机制将可能实现整个社会福利的最大化。

市场机制尽管作用巨大，但是市场机制也并非万能，在有些领域或某些情况下，市场机制也会无能为力，如：在市场存在垄断力量时，即市场的价格受到了某个人或组织的影响不能反映市场真实的供求情况、或某种行为影响到了他人的福利时(即所谓外部性)，就出现了经济学家们称之为市场失灵(market failure)的现象，这时就需要政府出面来予以更正和解决了。

另外，市场机制在解决了资源利用中的效率问题时，对于公平分配社会收入却没有形成有效的办法，也就是说，市场机制无法保证形成合理的社会收入分配格局，因此需要市场外的力量来调节收入分配，当然只有政府能担此重任。所以，政府对经济的干预就成了弥补市场缺陷的重要内容。在政府干预所能选择的手段中，经济政策是最主要的手段。因此，对经济政策的研究是经济学研究中一项重要的内容，特别是在宏观经济范畴中。

当然，我们也要指出，政府干预虽然可在一定程度和范围内改善市场运行的效率，但因为政策也是由人来制定的，存在偏颇和失误也无法避免。

五、市场总会调整到均衡

当我们观察人们的行为时，如何从经济现象的相互交织中找到分析问题的切入点呢？这就是均衡！

我们将会看到，通过价格的变化市场通常会实现均衡。如果经济活动还在调整或者人们还在寻求机会改善自己福利，价格就会一直处在变化中，我们也就无法找到分析问题的基础或者状态。但是市场会走向均衡的事实则为我们提供了这样的机会和可能。

市场能实现均衡，也为我们做预测打下了基础。事实上，现实生活中的许多事实都是因为人们相信市场会走向均衡才会发生，如：我们可以相信市场能够提供我们最基本的生活用品。生活在城市中的人们知道超市的货架上总是货物股

① 亚当·斯密：《国民财富的性质和原因的研究》(上卷)，商务印书馆 1972 年版，第 14 页。

实。为什么呢？因为如果有从事食品经营的商人无法把货物及时运到，就为其他的商人提供了一个大好的获利机会。当没有人能通过做其他的事情变得更好时就实现了经济的均衡状态。

六、对经济现象的考虑有长期和短期之分

时域在经济分析中对所得结论也有很大影响，所以在经济学中对经济问题的分析经常被分为两个角度，一个是长期，另一个是短期。两个时期，可以依据时间持续的长短来划分，如在宏观经济中就是这样，对经济增长的分析是从长期来看的，而对国民收入决定的分析却是从短期来分析的，许多变量变化的分析都有以时间的持续来划分的特征。长短期的区分也可以根据其他标准来划分，如：依据考察的变量是否发生变化也可以分为长期和短期。在微观经济分析中，对长期和短期的划分主要是这么做的。如企业决策时，如果使用的生产要素中至少有一种不变，就是在短期考虑问题；如果所有要素都可以变化，则是长期。

时期不同，分析适用的工具和所得结论就会有很大的差异。在短期成立的结论在长期也许不成立，或者相反。如失业与通货膨胀之间的替代关系在短期成立，在长期就不成立了。

七、长期来看，经济增长是改善人们生活水平最根本的途径

人们生活水平的提高、福利状况的改善，会依赖于许多因素。无论人们怎样评价福利水平，从长期来看，福利改善主要表现为人们消费物品和服务数量的增多，质量的提高。从微观组织和宏观经济来看，要实现产品和服务数量的不断增加，提高国民福祉，最主要的手段是实现经济的长期持续增长。只有在经济增长中，人们的各种需要才会逐渐得到满足。

专栏 1-3　从公元前 100 万年到现在的经济增长

在公元前 100 万年，我们的祖先靠打猎和采集食用的果实维持生存。许多年后，才有耕种，那时的产出也仅仅是有限的食物、衣服、遮风挡雨之处和简单工具。据加州大学伯克利分校的经济学家布拉德福德·德龙（Bradford DeLong）估计，在初期环境中，人均 GDP 按照 2008 年的美元值计算大约为每年 140 美元，仅达维持生存底线。德龙估计全世界人均实际 GDP 在公元 1300 年仍然是 140 美元。换言之，在公元前 100 万年到公元 1300 年都没有经济增长发生。1300 年时的一个法国农民比他几千年前的祖先好不了多少。事实上，在人类存在

的大部分时间里，人们仅有维持生存的最低食物、衣服和住所，很少有人能活过40岁，大部分人受到疾病的困扰。

直到1750年前后，英国发生工业革命，经济才有显著的增长。在工厂里使用蒸汽机驱动机器生产棉布标志着工业革命的开始，此前，所有产品都依靠人力或动物力完成。机器力量延伸到生产其他产品上，极大地提高了每个工人生产的产品数量。先是英国，而后其他国家，如美国、法国和德国都经历了长时期的经济增长(long-term economic growth)，人均实际GDP持续增长，今天这些国家人民拥有的高生活水平就是这些增长的结果。下图所示为长期的人均实际GDP增长率。1300年之前，人均实际GDP几乎没有增长，在接下来的500年中出现缓慢增长；在19世纪工业革命之后，增长显著；进入20世纪后，增长加速，平均年增长率从1.3%增加到2.3%。

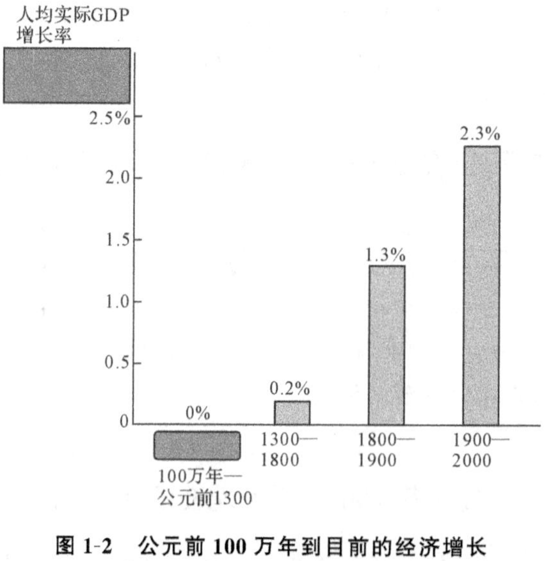

图1-2 公元前100万年到目前的经济增长

资料来源：J. Bradford DeLong, *Estimating World GDP*, *One Million B. C-Present*, working paper; University California, Berkeley。转引自：Hubard, O'Brien, *Macroeconomics*, 3e, Prentice Hall, 2010, P. 305—306.

八、政府如果发行了过多的货币将引起通货膨胀

通货膨胀对一个国家的经济社会发展会产生非常大的影响。所以，宏观经济的主要议题之一是有关通货膨胀的。从宏观经济政策看，保持物价稳定也是

政府的主要宏观政策目标之一。引起通货膨胀的原因有多种，但从最基本的层面上看，通货膨胀就是“太多的货币追逐太少的物品”所引起的。不管什么原因政府发行了过多的货币就会引起通货膨胀，这可以从世界各国的经济发展史中得到验证。如德国1922—1923年的通货膨胀，津巴布韦2007—2008年的通货膨胀等都与货币发行过多有关。

九、短期内通货膨胀和失业之间存在替代关系

前面我们说，经济学是研究选择的学问，所以许多事情必然要做出选择和牺牲。通货膨胀发生时往往伴随的一个现象是失业率的降低。用来描述失业率和通货膨胀替代关系的曲线被称为菲利浦斯曲线(Phillips Curve)，该条曲线是画在一个由通货膨胀和失业分别为纵轴和横轴的坐标系中的曲线，其方向为从左上向右下倾斜，即通货膨胀和失业率有此高彼低关系。虽然对这条曲线经济学家们有许多争论，但从短期来看，大部分经济学家还是同意两者之间存在着替代关系。

这种替代关系为体现了经济学在宏观经济领域中存在着的选择和牺牲：治理通货膨胀(得益)的代价就要以失业率提高为代价，或者反过来说，要降低失业率就要以通货膨胀率的升高为代价！

十、公平和效率之间有时难以得兼

这是关于收入分配和激励制度的一个问题。效率强调的是尽可能最大限度地利用资源得到更多的物品和服务，形象的比喻是把蛋糕做到最大；而公平强调的是社会成员之间的收入分配要尽可能公平。一个社会的政策导向如果主要强调效率，那么就必须对每个社会成员付出的努力水平给予足够的补偿，以激励他们各尽所能。这样社会成员之间由于能力差异或其他因素引起的收入分配将出现严重的贫富分化。在许多国家，为了防止出现这种局面，政府通过一系列的法规政策进行干预，如：最低工资制度、社会福利制度等。但随之出现的问题是：人们工作的积极性受到打击。当今发达国家和地区的代表：美国和欧洲，被认为采取了不同的政策取向，美国以强调效率为先，而欧洲则更看重公平。如何处理这个问题，其实面临许多难题。经济学研究中，更多的内容集中在如何促进效率提高方面，对于公平也只是从经济学意义上做出一些判断和建议，毕竟，公平涉及的更多问题需要哲学学科来回答。

上述10个基本理念为讨论分析经济学问题提供了最为基本的理论框架和基本原理，理解了这10大原理也就为进行经济分析建立了基本的框架。在后续学习中，这些理念会在经济学原理中专门讨论或者渗透在经济学的理论中，通过其他形式表现出来。

第五节 经济学研究的基本方法

进行科学研究，除了要有理论外，各个学科还有自己的分析工具。经济学也不例外，也有自己特色的分析工具箱。经济分析的基本工具就是我们认识世界、解剖现象的工具。在经济学家的分析工具箱中，最基本的工具有两个：供给和需求分析，成本收益分析。

一、经济学研究最基本的两大工具

（一）供给和需求分析

市场机制是现代经济中资源配置最为重要的方式。理解市场活动如何进行的核心就是分析供求双方的行为，所以，经济学基本分析中第一种分析方法就是供求分析。所谓供求分析就是在分析经济现象和经济问题时，要从供给和需求两个方面来考虑问题的一种方法。价格是交换关系下各种利益和力量的焦点所在，同时也是经济行为人利益最直接的体现。无论涉及的方面如何多，所有的力量都是通过两个渠道表现出来的，这就是供给与需求。所以，当经济学家们考虑事情时，他们总是要从这两个方面来考虑。微观经济学如此，宏观经济学也如此。供给与需求分析是贯彻经济分析始终的工具。有一个笑话说：你只要教会鹦鹉说“供给”与“需求”，那么这个世界就会多一位经济学家！虽然是笑话但也说明了供给和需求分析在经济学中的重要性。

（二）成本收益分析

这一方法体现的是经济活动最基本的特征。我们知道，稀缺资源约束下，人们必须做出选择，选择就意味着放弃。这样引出的问题是人们为什么会选择一个而放弃其他？这个决定是根据什么做出的？换句话说，作为一名理性经济行为人，在面临一种选择时又是如何做出自己的选择决策的呢？这就是经济学最基本的分析工具——**成本收益分析**。

在现实中，成本收益分析是人们使用最多的工具。这种工具的应用，主要表现在两个层面上。

1. 总量分析。从某一活动的整体成本和整体收益来分析，如果总收益大于或等于总成本，那么这一活动就是有经济意义的。如生产某种产品 100 件，共用去成本 1000 单位，全部产品按每件产品 15 单位的价格卖出，共获得利润 500 元；那么在产品的价格已经给定的情况下，这种活动会一直进行下去。从整体来看，理性人的原则是：在给定成本的前提下争取最大的收益，或者说在收益给定的前提下,争取最小成本的投入。作为经济学中的理性人的行为,除了关注总的成本和收益外,他们更关注的是另一种能在动态变化中就进行成本和收益比较的方法。

2. 边际分析。所谓边际分析,是指分析问题时,不是从总体看问题而是从小的变化量来看问题的一种分析方法。即对边际成本和边际收益进行比较的分析。因为从理论上看,边际成本的和可以构成总成本,边际收益的和构成总收益。所以,进行边际成本和收益的比较比总成本和总收益的比较更能在动态中及时做出最优决策。我们通过一个例子来做一说明。比如说,某公司为扩大产品的销售,计划通过扩大广告促销来实现。假设其面临的广告有两种选择,一是通过电台,另外一种是通过电视台,但两种媒体的广告收费不一样,产品销售的效果也不相同。要问的问题是如何进行广告投入才能使销售数量达到最大?具体数据如下:在电台一则广告的收费是 300 元,电视台是 400 元,在两种媒体进行广告促销后的结果见表 1-1,总的广告投入是 2000 元。

表 1-1 广告数和产品销售数

广告数(单位:则)	销售件数		广告数(单位:则)	销售件数	
	电视	电台		电视	电台
1	400	360	4	260	225
2	300	270	5	240	150
3	280	240	6	200	120

对这个问题的分析,显然无法用单一的在电视台或者电台做广告来解决。要使用两种媒体,但如何使用则要用到边际分析了。欲使总量最大,就要把每一单位的货币花得最值。通过比较每一单位货币投入实现的销售数量,我们发现,第 1 则广告的投入和销售比为:电台 360/300 元,电视台 400/400 元,显然电台更有利;同样,第 2 则广告应该在电视台来做,以此类推,广告投入的计划见表 1-2。

表 1-2 广告计划安排

广告决策	单位货币实现的销售数量	广告投入顺序	广告累计支出
电台	360/300－1.2	1	300
电视	400/400＝1	2	700
电台	270/300＝0.9	3	1000
电台	240/300＝0.8	4	1300
电视	300/400＝0.75	5	1700
电台	225/300＝0.75	6	2700

上述分析中,我们使用的就是边际分析,这也是经济分析中用得最多的分析手段,这种方法最大的特点是在进行增量比较时就能做出是否进行该活动的结论。如:在生产一种产品过程中,通过比较增加1单位产品带来的收益和为得到该单位产品增加的成本,我们马上就可以判断该单位产品是否生产。边际分析在分析消费者个人和企业行为中都有非常重要的作用。

专栏 1-4

为什么盛装牛奶的容器多为方盒,而其他饮品则为圆瓶?

软饮料瓶,不管是玻璃制品还是易拉罐,几乎都呈圆柱形。可牛奶盒子却几乎都呈方形。方形容器能比圆柱形容器更经济地利用货架空间。那么,为什么软性饮料生产商坚持使用圆柱形容器呢?

原因之一可能是,软性饮料大多是直接用容器喝,由于圆柱形容器更易把握,所以由此带来的好处抵消了由此造成的额外存储成本损失。牛奶就不同了,人们大多不会直接用盒喝牛奶。

就算大多数人会直接用盒喝牛奶,根据成本收益原理,牛奶也不大可能装在圈柱形容器中售卖。方形容器(不管容器里装什么东西)的确能节约货架空间,但牛奶事例中节约的空间,显然比软性饮料事例来得更划算。超市里大多数软性饮料都是放在开放式货架上的,这种架子造价便宜,平常也不存在运营成本。但牛奶则需专门存放在冰柜里,冰柜不仅造价贵,而且运营成本也高。因此,冰柜里的存储空间更加宝贵,用方形容器盛装牛奶将提高空间利用效率。

——资料来源:Frank, *The Economics Naturalist: in Search of Explanations for Everyday Enigmas*, Basic Books, 2007。

二、经济学研究的基本方法

经济学家具体采用什么样的方法来对经济现象进行分析呢?简言之,就是运用自然科学的研究方法来分析人们的经济行为。

从具体的研究方法来看,经济学与物理、生物、化学等自然科学学科没有什么本质区别。但由于观察的行为主体是人而非物体,所以对实验环境无法进行控制,这又直接造成研究过程和结论的不同。

一般人都会想当然地认为应该用科学的方式和方法来思考问题。但其实许多人并不习惯于运用科学的方法来观察分析世界。那么科学的方法究竟是什么呢？科学的方法是：通过观察、试验等手段来搜集数据资料，通过进行科学分析提出理论假想，然后把这种(些)假想运用于社会实践来证明或证伪理论，然后再进一步改进和完善理论，以更好地指导实践。其中，建立模型是最普遍的做法。

经济学虽然不能像自然科学那样构建出需要的模型变量和其适用的环境，但经济学采用了与自然科学相同的建模和验证过程，即：做出假定—建立模型—进行检验和预测—改进模型。也就是说，通过对现实经济生活进行观测，建立理论模型进行解释，然后再将理论模型运用于经济现实来检验和修正已经建立的模型，正是在这种设定和试错的过程中，加深了我们对人类经济活动的认识，经济学的内容也得到了丰富。我们看到，现代经济学中大量的经济模型就是用这样的手段来建立并进行证明的。经济学模型是对现实世界经济活动中主要经济关系的简化和抽象。在多年的研究实践中，经济学家们已经找到了表现经济学模型的多种方式和方法：文字、几何图形、数学公式、图表等都可以。习惯于用模型来表现思想和对问题进行解释是学习经济学必须掌握的基本技巧。

在自然科学中，当我们想证明一种理论假说时，我们可以造出一个试验环境来验证，如检验从高处自由落体物体是否同时以相同的速度坠落时，为了排除空气阻力对结论的干扰，我们可以设计一个没有空气的真空环境。像其他学科一样，经济学在分析问题时也会“创造”一个适合分析问题的“试验环境”，也就是使用假设来限定分析问题的环境。如：为了描述经济行为人如何真正按市场规则做出决策，我们经常会对什么是完全竞争的市场做出设定，符合一定条件才能认为是真正的纯市场；在国际贸易中，我们也经常使用 2×2×2 模型，即两个国家、两种商品和两种生产要素来解释国际贸易中的许多规律和现象。这些假设之所以合理是因为，我们通过假设，把对研究问题影响不大的外在因素设为不变，就可以更为清晰地把握各种现象中存在的最为本质的关系，从而更深入地认识现实背后的作用机制。

但是，经济学的研究对象是具有社会性特征的人的行为，这一点又决定了经济学属于社会科学的性质。人们的经济活动会受到多方的影响，所以对人的行为进行观测就不可能像自然科学那样在可控制状态中进行，这也就决定了其结果并不能像自然科学试验结果那样可靠。为了寻找试验室的替代物，经济学常常会使用人类社会经济发展过程中已经出现过或正在发生的事件来检验现存理论。如：石油危机、金融危机等事件的爆发都是对经济理论检验的绝好素材。

下面我们用两个基本的经济学模型来了解经济学如何运用模型来分析经济活动，并从中体会模型所发挥的作用。

模型 1　产品—收入循环图

对现实世界中的经济活动从总体上做出描述并非易事。现代经济日益错综复杂，行业分工越来越细，产品越来越丰富，经济活动之间的联系也越来越密切。如何对经济活动进行简化、并表现出经济活动的本质联系，模型的设计并非易事。如何选取能反映现代经济运行最本质的要素需要对现实经济运行的本质有深入的理解和认识。

尽管人类经济活动越来越复杂，涉及的因素和方面也越来越多。但人类经济活动从稀缺性的本质衍生出来的最基本的活动不外乎两种：生产活动和消费活动，与此对应的自然也有两个行为主体：生产的主体——生产者和消费的主体——居民。这样构建一个基本的经济模型的因素就具备了。

产品—收入循环图(circular flow of goods and incomes)对现实经济运行中的基本经济行为进行了简单而富有意义的简化，把一些对最本质经济活动影响不大的部分省略掉后，我们可以更直观地观察发生在两个经济行为主体之间的经济联系和基本经济活动生产和消费之间的联系，因此，该图也成了反映经济运行最重要的经济模型之一，如图 1-3 所示。

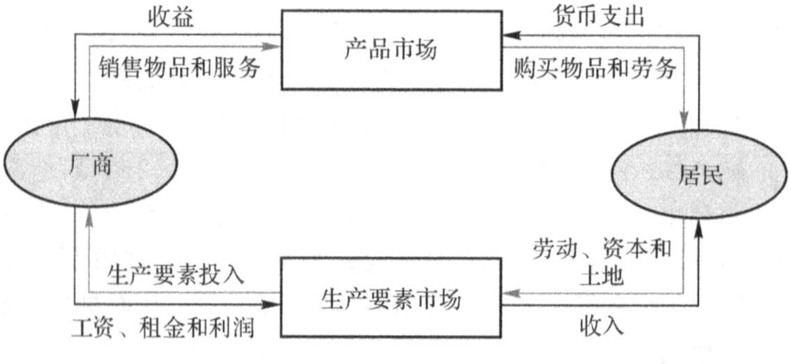

图 1-3　产品—收入循环图

从微观经济分析的角度看，图 1-3 表现了生产者和消费者如何通过产品市场和生产要素市场建立联系的事实。

在图的上半部分，我们看到两者的交换是消费者支出货币而生产者销售物品和服务。这其实讨论的就是产品市场中发生的事情，也是我们在日常生活中看到的发生在我们身边的现象。可以这样说，凡是我们每日看到的、符合上述交换特征的地方、场所(包括虚拟的网上交易)都可认为被抽象成上述的产品市场。

图的下半部分表现的是两种行为人在另一个市场中完成的交易：通过要素市场，生产者得到了他(们)生产产品需要的生产要素，而居民在提供了生产要素后，则获得了他们购买产品和服务所需要的货币收入，即劳动者获得工资、土地所有者获得了租金、资本所有者获得了利息。正是两种行为人的角色互换，使得市场活动得以顺利进行，也最终完成了经济活动的循环。

从宏观经济分析的角度看，该图表现了经济总体运行的方向和过程，也反映出了一国经济运行最基本的等式：国民产品等于国民收入。

如果需要分析现实经济中其他行为人的行为，我们还可以对该图进行扩展，把政府、金融机构、甚至国外包括在其中。

模型 2 生产可能性曲线

如何构建一个反映一国或一个经济社会中资源利用的情形的模型，对于我们具体理解资源利用的意义显然会有很大的帮助。

我们假设一国在某一给定的时间段内资源总量只用于生产两种产品：食物和衣物。产品组合可能的情形是：(1)资源全部被用于生产食物或衣物；(2)资源被同时用于生产两种产品。很显然，在资源既定的情况下，当增加一种产品的产量时，另一种产品的产量将随之下降，两者之间存在着一种替换关系。

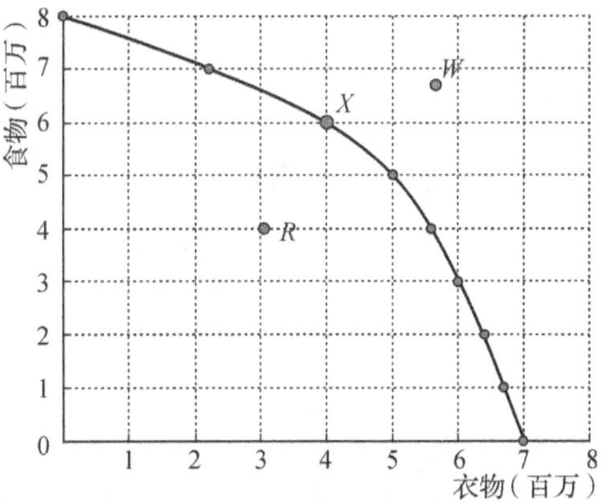

图 1-4 生产可能性曲线

图 1-4 表现的就是这样情形。当资源全部被用于生产食物或衣物时，在最有效配置的情况下，产量是 8 百万单位食物或 7 百万单位衣物；当资源被同时用于生产两种产品时，就有了不同的数量组合，我们把资源配置最有效情况下两种产品的组合点连接起来而得到的曲线称为生产可能性曲线（production possibility curve）。以此类推，在该曲线外部的产品组合点，如 W 代表的产品组合是现有生产能力无法达到的，是不可能实现的组合；而曲线内的点，如 R 点的组合，则表示在现有生产能力下，资源没有得到有效利用的生产组合。

这条看似简单的曲线也是经济分析中最重要的曲线之一，它不仅可以被用来解释微观经济和宏观经济中所涉及的一些重要概念，而且也是最重要的理论分析工具。

下面我们用这个模型来解释机会成本概念。通过沿着生产可能性曲线的上下移动，我们可以看出，在面临资源约束的条件下，生产食物和生产衣物之间的选择、放弃和替代之间的关系，也就可以比较直观地明白机会成本的概念。如：当衣物从4百万单位增加到5百万单位时，必须将食物从6百万单位减少到5百万个单位，也就是说，得到1个单位衣物的机会成本是1单位食物。从图1-5中，我们还可以看出，当衣物增加的数量越来越多时，每多增加1单位衣物需要放弃的食物的数量越来越多。这就是经济学中一个非常重要的规律：机会成本递增规律。其中的原因我们将在生产理论中详细解释，但这里我们可以从资源的适用性来理解，某些资源适用于生产食物，而另外一些资源适用于生产衣物，当衣物数量越来越多，适用于衣物生产的资源就会越来越少。如果想多得到衣物，该社会就不得不将那些适用于食物的资源用来生产衣物，这样做的结果必然是得到同样1单位的衣物需要投入的要素会越来越多。造成的影响是需要放弃生产的食物越来越多。

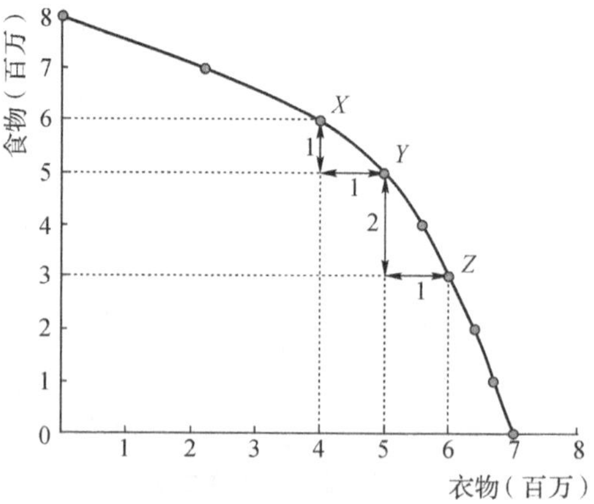

图1-5　递增的机会成本

在宏观经济领域，生产可能性曲线还可以用来解释资源配置是否有效和经济增长的概念。

根据定义，我们知道，生产可能性曲线是一定时期资源配置最为有效时得到的两种产品组合点的轨迹，因此，我们就以此为参照来表现资源配置情况。

从点 X 到点 Y 再到 Z 点，表示的是在资源有效配置条件下实现的产品组合点；而在曲线内的任意一点，是资源配置没有达到最有效配置时的产量组合点

(如图 1-4 中的 R 点);曲线外的组合点则表示的是目前生产技术水平上无法实现的点(如图 1-4 中的 W 点)。很显然,资源利用越不充分,两种产品组合点在曲线内部离生产可能性曲线前沿的距离越远。所以,当两种产品组合的点从内部任意一点向曲线的前沿移动时,就可以表现为经济学意义上的产出效率或者说资源配置效率提高,如图 1-6 所示,从 R 点向 X 点或者 Y 点的移动。

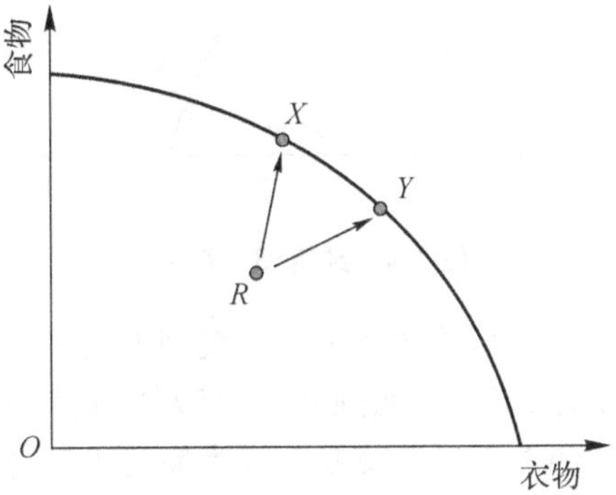

图 1-6　资源配置效率的提高

该曲线还可以用来表述一个社会总产出水平的扩张(即经济增长)这一概念。当一个社会使用的资源数量增加或产出技术提高时,其产品数量自然会随之增加。如果我们用生产可能性曲线来表现这一过程,就是曲线的向外移动。如果我们假设两种产品的产出比例仍然保持不变,那么这种增长就表现为生产可能性曲线的平行外移,如图 1-7 所示,被称为平衡增长。如果产出比例发生变动,比如说,食物的产出相对于衣物增加了,曲线表现为偏向移动,也称为经济偏向增长,如图 1-8 所示。

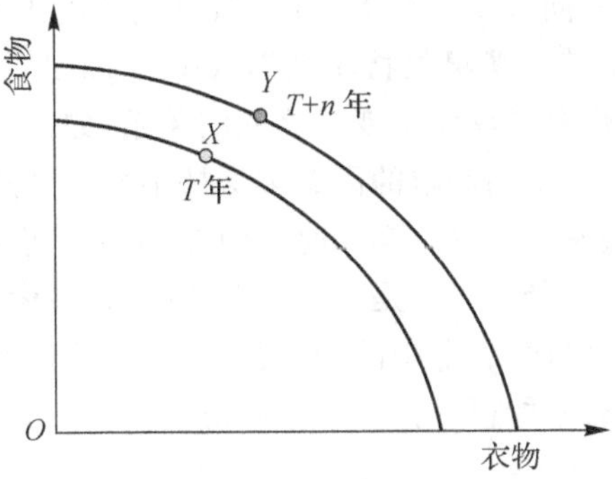

图 1-7　经济平衡增长

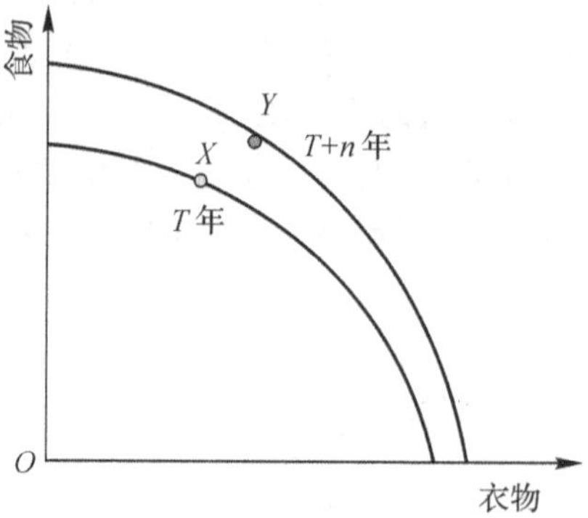

图 1-8　经济偏向增长

以上我们通过两个模型简单解释了经济模型如何用来解释现实经济现象的情形。在后续的学习中,除了要接触到几何模型外,我们还会用到方程、函数等手段来表现经济变量间的关系。经济模型大大简化了经济现实的复杂性。

三、进行经济分析时应该注意的几个问题

在进行经济学研究时,因为试图描述经济变量之间最本质的关系,所以,为了研究的需要,需要做出一些假定,有时可能会因为对观察到的经济现象的本质认识不清而出现构建错误。因此,读者在运用经济模型对经济现象进行分析时,请注意如下几点。

(一)做出假定是一门艺术

为了把握最关键的问题,在进行经济学分析时,我们常常会建立许多的假定,目的是使模型可以进行简单化处理。因为在现实社会中,我们经常观察到的结果通常是许多因素共同作用的结果,所以想单独分离出一种变量的影响必须做出一些假设。**"假定其他情况保持不变"**(ceteris paribus)就是其中最为常用的假设,也就是说,我们只考虑两个变量之间的关系,如:在我们讨论需求和价格关系时,一般就假定其他影响需求的因素都保持不变。当然,许多人对此也提出了批评,尤其是当这些假定太脱离实际时。但是,如果我们考虑到经济学毕竟不是完全意义上的科学、解释世界仍是其第一要务时,这些假设也就可以接受了。

但如何做出假定是科学思考中的一门艺术,假定什么变量变化、什么不变是需要经过训练和磨炼后才能很好把握的。经济学原理的学习可以帮助读者学习这种技术。

(二)变量之间存在相互关系并不一定意味着有因果关系

现实世界中的经济现象非常复杂,许多原因促成了某些事件的发生。所以,

我们在分析经济现象时，不能把两个相关的事件简单看成因果关系。如：在宏观经济领域，失业率和通货膨胀之间存在此高彼低的关系，我们不能说，失业率升高是因为通货膨胀率降低造成的。尤其是对两个前后发生的事情，我们更要注意不要把发生次序看成因果关系，避免犯“在前为因、在后为果（post hoc，ergo propter hoc）”的时序性因果错误。如当股价上涨几个月后、经济增长速度加快，我们不能说是由于股票价格上涨引起了经济增长加快。

（三）要防止运用合成谬误（fallacy of composition）的思维模式

这是指：在进行经济分析时，要防止将部分正确扩大到整体正确，也要防止整体为真就一定意味着部分也为真的一些思维定式的错误。在经济学中，合成谬误主要出现在宏观经济学中。

（四）优化和均衡是主要的技术分析手段

在经济分析中，经济学家用得最多的两个技术手段，一个是最优化分析，另一个是均衡分析。这是与经济学分析的两个问题相关的，因为从行为决策的角度看，经济学主要讨论的问题有两个：理性行为人如何做出最优化的决策和这些行为人之间的相互关系有什么特点。

最优化分析描述了不同行为人，如：个人、厂商和政府，在面临约束条件下，如何做出最优决策，如消费者在一定的收入约束下如何获得最大满足（最大效用），生产者如何实现最大利润，政府如何实现经济平稳持续的增长，等等。

均衡分析是讨论经济行为人为实现最优结果而讨论相互作用因素时得到的一种结果，是进行分析需要的一种状态。经济分析从多个层面上运用了均衡分析：有局部均衡、一般均衡、宏观均衡，还有博弈论理论中考虑到策略行为的多种形式的均衡，如纳什均衡等。

专栏 1-5　　试验经济学

在众多影响因素中如何分离出一种具体的因素对结果所产生作用，是理论分析的重要组成部分。为此现代经济学试图采用自然科学研究中的试验方法来完成这一任务。这就是试验经济学。试验经济学在最近几年大行其道。其基本的做法就是：在经济试验室中，把试验对象置于一定的试验条件下，通过改变其中的变量，观察试验对象的反应和行为来验证某些经济学原理。试验经济学的代表人物是 2002 年诺贝尔经济学奖得主之一的史密斯教授（Vernon L. Smith）。他奠定了试验经济学的基础，为经济学家们提供了试验室条件下研究人类行为倾向的有效途径。在市场机制选择研究方面得出或验证了许多有意义的结论。通过试验研究极大地丰富了经济学理论。试验经济学的意义在于经济学方法论的革命,目前的试验经济学还只是遵循传统主流经济学的理论假设,然后通过试验方法来验证理论假设。

第六节 经济体制、资源配置方式和效率比较

分析经济效率是经济学最主要的一项内容,其中涉及的影响因素有很多。但是经济体制是最"大"的一种因素,所以我们下面将分析不同的经济体制如何影响着资源配置方式和经济效率。

所谓经济体制是指一个社会和国家在处理资源稀缺问题时所形成的一种有关经济决策的制度及其运行方式。

划分经济体制可以有多种标准,但最常用的也是最重要的是依据政府对资源配置的控制程度来进行的划分。按此大致可以分为三种体制:一是政府完全控制,形成所谓的完全计划经济体制;二是没有任何政府控制,形成所谓完全的自由市场体制;三是将两者结合在一起形成所谓的混合经济体制。

一、计划经济体制

计划经济体制最主要的特点是社会资源配置的一切决策,即**生产什么**(what)、**如何生产**(how)、**什么时间生产**(when)、**在什么地方生产**(where)**和为谁生产**(for whom)完全由政府做出。计划经济非常明显的优势是:由于政府可以动员一切资源,所以一些社会目标,如经济的快速稳定增长、保持低水平的失业和社会收入的公平分配等,都可以比较顺利地实现。但是,其缺点也很突出:从分配资源需要明确的信息指向来看,计划经济收集信息和处理信息将面临许多难题,计划者很难完全了解人们的需求消息,也无法充分知晓生产组织者、劳动者努力的信息,所以在决定资源到底流向哪些部门、如何对管理者劳动者实施激励方面就无法做到高效和合理,而且,由此引出的庞大管理机构还会造成庞大的无谓成本开支。

二、自由市场经济体制

自由市场经济体制中所有决策都由个人和企业独立做出。在强调个体利益的背景下,每个行为人所做的选择都是为了满足自己的利益,社会无法形成一个统一的机构来处理和发布产品供给和需求的信息,所以价格机制就发挥了信号指向的作用,所有的行为人也都依赖于市场价格作为信号来调整自己的行为。

当没有外力干扰时,每个人表达的供给和需求的意向都将充分反映在价格水平的变化中,价格也就能及时将资源引导到应该流向的部门。所以,在自由市场经济体制中,通过价格机制的引导可以实现资源的最优配置。

但是,由于并非一切活动都能获得明确的价格,如公共产品的提供、生产消费活动所产生的一些外部性等,所以无法通过市场体制彻底解决一切,而且市场机制自身也会导致一些不利于自由分配或产生违反社会道德要求的后果,如分配不公,所以,自由的市场机制也就不能替代所有其他经济体制的存在。

三、混合经济

这是把上述两者有机结合起来的一种体制。现实社会中,一切国家的现行体制其实都属混合经济体制。由于在计划经济和自由市场经济体制之间还有非常广阔的一个空间区域,所以尽管每个国家都属混合经济体制,但在政府干预的程度上,国与国之间还是有很大的不同。有的国家政府控制的程度要大一些,有的国家则相对小一些,而且,各国干预的形式和领域又各有侧重,所以,在现实中,各国之间在体制上还存在着很大的差别。

从 1995 年起,美国传统基金会(The Heritage Foundation)和《华尔街日报》每年都会对世界各国的市场化程度发表经济自由化指数(Index of Economic Freedom),2008 年全球的经济自由化指数平均为 60.3,中国香港地区为 90.3,排名最高,其他前 10 位的国家是:新加坡、爱尔兰、澳大利亚、加拿大、新西兰、美国、智利、瑞士和英国。与 1995 年该指数开始编制时相比,全球自由化指数提高了 2.6 点。①

除了这样的体制划分外,现实经济社会中还有许多其他的涉及资源分配的非正式决策方式,并非一定按照市场或政府决策方式那样进行,如家庭内的决策,也涉及投入和产出、选择和牺牲等问题,类似的组织和机构还有许多,如俱乐部、社团等。

随着人类认识世界水平的提高,经济学将在这一过程中获得发展和完善,在近 20 年,已经涌现了许多新的研究理论和方法,如:引入试验手段的试验经济学、考虑人们心理变化的行为经济学等已经成为经济学研究中引人注目的新领域。希望读者能从基本的经济学原理学习中建立起经济学思维的初始框架,并逐渐学会用经济学思维来观测现实生活,这样坚持下去你将对经济运行的现实有越来越深刻的认识。从目前来看,经济学对许多经济问题并没有给出满意的答案。维基百科就列出了如下一些问题,认为还没有一些公认的答案:①为什么

① http://www.heritage.org/research/features/index/countries.cfm.

会发生第一次工业革命？②什么引起了大萧条的发生？是多因素还是单因素？③政府干预经济的范围应该定义为多大？什么领域应该干预？如何干预？④价格泡沫如何形成？⑤货币供应是内生的吗？等等。

这都是需要我们继续努力学习的方向。

专栏 1-6　从铅笔制造管窥市场机制的运行

著名学者伦纳德·里德(Leonard E. Read)为铅笔写过自传。那是一篇非常优美的散文，名为《我，铅笔》，该文曾经为著名经济学家弗里德曼引用来说明市场机制如何运行。摘录如下①：

我的家谱开始于生长在北加利福尼亚州或俄勒冈州的一棵雪松。现在想象一下所有那些锯子、卡车，还有用于砍伐雪松木材并把它们用手推车运到铁路边的无数其他工具……

这些木材被运到了位于加利福尼亚州圣莱安德罗的一家工厂……雪松被裁割成短短的、铅笔长度的板条，厚度小于四分之一英尺……一旦到了铅笔厂……由一台复杂的机器给每根板条开八道槽，然后由另一台机器每隔一根板条灌铅……

我的"铅"本身(它根本就不含铅)是很复杂的。石墨开采自锡兰……然后与来自密西西比的黏土混合，而在黏土的提纯过程中又使用了氢氧化铵……为了提高它们的强度和光滑度，随后对铅又进行了处理，加进了灼热的混合物，其中包括来自墨西哥的提纯蜡、固体石蜡，还有经过氢化处理的自然脂肪。

我的雪松外壳涂上了六层的漆。你知不知道漆的所有成分？谁会想到蓖麻子的种植者和蓖麻油的提炼者都参与了其中？但他们确实参加了。

我的那点金属——金属箍——是黄铜。想想所有那些开采锌和铜的人，还有那些有本领从这些自然的产物中制作出光闪闪的铜片的人。

然后是我光辉的顶点……人们用来擦去他们用我写下的错误的部分……它是一个像橡皮的产品，通过来自荷属西印度群岛的菜子油和氯化硫进行化学反应制作而成……然后，还有无数的硫化剂和促染剂。浮石来自意大利；而给橡皮擦上色的颜料是硫化镉。

---

① 译文引自哈巴德：《经济学》(微观)，中译本，机械工业出版社 2007 年版，第 39—40 页。

数以百万计的人参与了我的创造，他们当中甚至没有一个人认得大多数其他人。……这几百万人当中，任何一个人——包括铅笔公司的总裁——所贡献出来的技术诀窍都是极小的、微不足道的……

还有一个更让人瞠目结舌的事实：没有一个主脑，没有任何人规定或强令这些无数让我得以形成的行为，找不到存在这样一个人的任何痕迹。反之，我们看到了"看不见的手"在起作用。

本章小结

1. 稀缺是人类面临的一个恒久矛盾，源于人的无限需要和资源的有限供给。

2. 理性人，通常也被称为经济人(economic man)，是经济学分析中理想的行为人的代表，是指那些在做出任何一项经济决策时都会进行成本和收益核算、做出最佳决策的人。

3. 经济学世界中的资源概括地说可以分为三种基本形态：人(劳动)，资本(机器设备、厂房等生产工具)，土地与自然资源。

4. 经济学定义为：一门研究人类如何将稀缺资源分配于多种欲望以取得最大福利的一门学科。

5. 经济学可分为：微观经济学和宏观经济学。微观经济学，以家庭、企业(厂商)等个体经济单位为研究对象，研究他们的决策行为以及他们基本经济活动中的相互关系；宏观经济学，以一个国家(或经济社会)整体为分析对象，研究该国(经济体)的整体经济运行和政府如何为实现经济目标而进行调节的问题。

6. 经济学还可分为实证经济学和规范经济学。实证分析关注的是"是什么"、"怎么样"的问题，规范经济学关注的是"应该是什么"或"应该如何"的问题。

7. 经济学的一些基本理念：天下没有免费的午餐，这是对机会成本，即在做出一种选择(最佳选择)后放弃的其他最好选择(次佳)的通俗解释；通过专业化分工和交换可以实现双赢市场机制，作用重要但是作用范围有界；人们的选择是对激励的反应；市场会调整到均衡；对经济现象的分析有长期和短期之分；长期来看，经济增长是改善人们生活水平最重要的途径；政府如果发行了过多的货币将引起通货膨胀；短期通货膨胀和失业之间存在替代关系；公平和效率之间存在替代关系。

8. 经济学研究最为基本的两大工具是：供求分析和成本收益分析。

9. 经济体制是指一个社会和国家在处理资源稀缺问题时所形成的一种有关经济决策的制度及其运行方式。理论上，人类社会可采取三种经济体制：计划经济体制、自由市场经济体制、混合经济体制。

思考与练习

一、名词解释

稀缺　经济学　经济学的基本理念　生产可能性曲线　机会成本

经济体制　自由市场　经济体制　混合经济

二、简答题

1.“稀缺现象对世界首富比尔·盖茨并不起作用，他似乎没有买不起的东西”这种说法正确吗？

2.经济学的基本理念有哪些？

3.你如何理解“天下没有免费午餐”的经济学含义？

4.请判断哪些是微观经济学研究的问题，哪些是宏观经济学研究的问题，为什么？

(1)整个电脑行业的价格下跌。

(2)居民的消费水平提高、储蓄水平下降。

(3)对美贸易赤字大幅降低。

(4)利率水平提高。

(5)个人所得税率将降低。

(6)教育收费增加。

(7)企业雇佣工人所支付的工资增加。

5.请用生产可能性曲线解释从1990—2000年我国经济增长即表现为效率的改进也表现为产能的扩张。

6.请判断下列主题哪个是规范命题哪个是实证命题。

(1)当需求提高后，在供给不变的情况下，价格水平将提高。

(2)经济体制改革后民营经济获得快速发展。

(3)好的经济政策应该有助于缓解经济波动。

(4)在通货膨胀时政府应该提高利率水平。

(5)混合经济体制是最好的体制。

7.自由市场经济体制和计划经济体制的区别和各自的优缺点有哪些？

8.请试着观测你周围的经济现象并把主要的相关因素用模型表现出来。

>>>>> 第二章

供给与需求理论

本章要点

本章将开始学习经济分析工具之一的供给与需求的基本理论。本章集中于在竞争充分的市场环境下，商品价格如何由商品供给和商品需求共同决定及其变化。我们将分别讨论影响供给和需求变化的各种因素，学习供给法则和需求法则、供给函数和需求函数等基本经济学概念和表达方式，阐述供求弹性理论及其应用。

学习目标

通过本章的学习，要求学生掌握供求理论的基本概念和基本原理，运用所学知识做出供求曲线并分析其移动的原因及结果，理解供求价格弹性、需求收入弹性、需求交叉弹性对于厂商、政府和消费者的重要性，会计算均衡价格和产量、计算弧弹性和点弹性。

通过第一章学习，我们知道，供给和需求分析是经济学分析中最为重要的工具之一。本章我们就开始学习供给和需求理论的基本模型。

经济现实中，我们所见的商品几乎都标有价格。那么价格水平是由什么来决定的呢？就买卖双方来说，价格是市场中供求双方相互之间联系和传递经济信息的方式，某种价格水平的达成表现了双方意愿的吻合。从社会总体来看，价格也实现了经济资源的有效配置。稀缺资源选择中，正是通过价格解决了其中所蕴含的矛盾和冲突。总的看法，价格水平是由供给和需求相互作用而决定的，价格水平的变化也由供给和需求变化引起。

第一节　需　求

需求与需要相同吗？在日常生活中，我们经常将需求和需要混用。但在经济学中，两者意思并不完全相同。需求常常与需求量(quantity demanded)混用。需求量是指在一定时期内，在一定价格水平上，人们愿意并且有能力购买的某种商品的全部数量。需求量反映了买者的意愿和能力。需求量并不一定等于实际购买量。但需求量又不完全等于需求，所谓需求反映的是一种产品需求量和价格之间的关系。

影响一种商品需求量的因素有许多：商品本身的价格，相关商品的价格，消费者的收入、偏好与预期和消费者人数等，但其中一种因素起着核心作用，这就是所讨论商品自身的价格。下面首先来讨论需求与价格的关系。

一、需求法则：需求量与价格之间的关系

需求法则是指：在其他条件不变的情况下，一种产品的价格越高，需求量越小；价格越低，需求量越大。

为什么商品价格和需求量之间存在反向关系？这要从价格变动的替代效应和收入效应来解释。

替代效应(substitution effect)是指当商品的价格变动时，在其他条件不变的情况下，引起消费者转向替代商品(商品价格上升)或从替代商品转向该商品(商品价格下降)，从而对需求量产生的影响。这种价格变化所带来的需求量的变动效应，称之为替代效应。

收入效应(income effect)是指当商品的价格变动而其他条件保持不变时，购买者实际购买力(收入)发生了相对变动，进而导致对该商品需求量的增加(价格下降)和减少(价格上升)。这种效应称之为商品价格变动所带来的收入效应。

因此，商品价格变动所带来的替代效应和收入效应导致了价格与需求量之间的反向关系。

假设，当苹果的价格为 8 元/公斤时，A 君的需求量为 1 公斤；6 元/公斤时为 3 公斤；到 2 元/公斤时，需求则会为 8 公斤。这一过程中，一方面是由于你减少了对香蕉的购买，因为苹果相对便宜了(替代效应)；另一方面也是你现在用同样数量的货币支出，可以购买更多的苹果，当价格为 8 元/公斤时，你用 8 元，购买 1 公斤，到价格为 6 元时，同样 8 元可以购买 1.33 公斤，价格为 2 元时，可以购买 4 公斤，这就是(实际)收入效应。两种效应共同作用，引起对苹果的需求量发生变化。

二、需求表、需求曲线和需求函数

商品需求量与价格之间的反向关系，还可以通过商品的需求表和需求曲线来加以说明。

（一）需求表

商品的需求表是指在其他因素不变的情况下，表示某种商品的各种价格水平和与之相对应的该商品的需求量之间关系的表格，从中可以看出商品价格与需求量之间的反向关系。如表 2-1 所示。

表 2-1　A 君对苹果的需求表(每周)

价格(元/公斤)	需求量(公斤)
10	0
8	1
6	3
4	5
2	8

（二）需求曲线

需求表可以用图形表现为需求曲线。

需求曲线是在其他因素不变的情况下，一种商品价格与需求量之间关系的曲线。图 2-1 显示的是与表 2-1 相对应的 X 商品的需求曲线。纵轴表示价格，横轴表示数量。将表 2-1 中有五个价格——数量组合点画在图中，并把这些点连接起来，便得到了曲线 D。这一曲线被称为**需求曲线**。需求曲线可以是直线型的，也可以是曲线型的。需求曲线向右下方倾斜的形状反映了需求法则：当商品价格下降时，该商品的需求量增加；当商品的价格上升时，该商品的需求量下降。

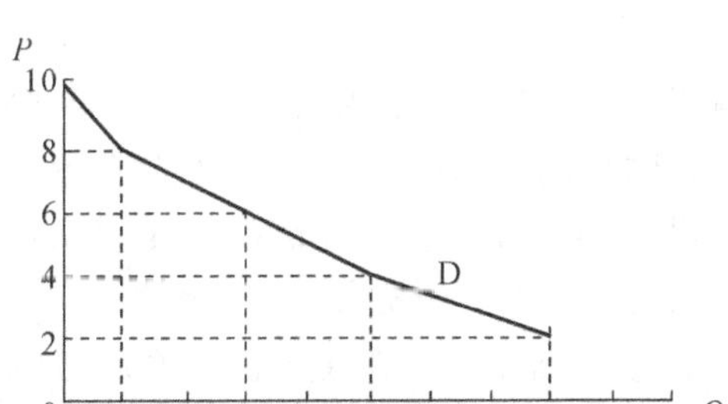

图 2-1　A 君对苹果的需求曲线

对需求曲线，我们还应该知道其上的组合点所表现的意思，可以从两个方面来看：在每种价格水平上，消费者愿意并且能够购买的最大数量；在每种需求数量上，消费者愿意支出的最高价格。

（三）需求函数

在反映价格变化与需求量变化的关系中，除了需求表和需求曲线外，我们还可以用需求函数来表现两者间的关系，在某种意义上这种方法更为正式和规范。一般意义上的需求函数，价格(P)作为自变量，需求量(Q)作为因变量，按照函数关系写成下式(2.1)：

$$Q_d = a - bP \tag{2.1}$$

通过价格前面的负号，式(2.1)将需求量与价格呈现反方向变化的规律直观地表示了出来。

在其他条件不变的情况下，是需求法则——“商品的需求量与价格之间呈反向关系”——适用性的前提。在现实生活中，人们看到某种商品的价格上升了，但其需求量却也在增加，从而怀疑需求法则的正确性。如当下雨时，雨伞的价格上升了，但人们对雨伞的需求量也增加了。价格上升，需求量增加，需求法则错了吗？这种认识之误在于，忘记了需求法则的前提假定。下雨时，人们对雨伞的偏好发生了变化。如果雨一直持续下，再提高雨伞价格，则人们对雨伞的需求量肯定会减少。需求法则并没有错。

三、需求与其他因素

我们知道，价格并非决定消费者购买某种商品多少的唯一因素，其他因素的变化也影响着人们的需求数量。为了更清楚地表示其他因素的影响，我们可以设想当商品价格不变时，如下因素发生变化时，人们对商品的需求会有怎样的变化。

（一）相关商品的价格

相关商品是指与所讨论的商品具有替代或互补关系的商品。当相关商品的价格发生变动时，对商品的需求也会有所变化。替代商品(substitute goods)是指可以用来取代另一种商品的商品。互补商品(complementary goods)是指用来补充另一种商品的商品。如果一消费者更多地购买X商品，就会减少对Y商品的购买，那么，X商品与Y商品一定存在着替代关系，如前面所说的苹果和香蕉。如果一消费者更多地购买X商品时，也会更多地购买Y商品，那么，X与Y商品一定存在着互补关系，如数码照相机和记忆卡，计算机的硬件和软件等。如果X和Y两种商品具有替代关系，那么当X商品的价格上升(下降)时，则相关商品Y的需求量就会增加(减少)。如果X商品和Y商品具有互补关系，那么当X商品的价格上升(下降)时，相关商品Y的需求量就会减少(增加)。

（二）收入

消费者收入(income)的变化会影响其对商品的购买能力。对大多数商品而言,当人们的收入提高时,商品的需求量会随之增加,反之则减少。把在商品的需求中随着收入增加而增加的商品叫做“正常商品”(normal goods),而随着收入的增加而下降的商品,称之为“低档商品”(inferior goods)。正常商品与低档商品的区分是相对的,可以相互转化。

（三）偏好

偏好(tastes)是指人们对某种商品的喜好程度。当人们喜欢某一商品时,自然就会多消费这种商品。偏好受很多因素的影响,如广告、时尚及从众心理等。

（四）预期

预期(expectation)是指消费者对某一商品未来价格趋势的一种心理预测。如果人们预期某一商品的价格未来将上升,人们的反应自然是在当前尽可能多地购买这种商品。这样,现期商品的需求就会增加,而反之,现期商品的需求就会下降。

（五）需求者人数的多少

对某种商品的需求人数越多,需求数量就越多;反之就越少。

四、广义的需求函数

当讨论了这些因素后,我们还可以丰富需求函数的内涵,把价格和其他因素写成一个广义的需求函数,形式如下:

$$Q_d = f(P, M, P_R, J, P_e, N) \tag{2.2}$$

其中,影响需求量 Q_d 的六项因素为:

—产品和服务的价格 (P)

—消费者的收入 (M)

—相关商品和服务的价格 (P_R)

—消费者的偏好(J)

—在未来一段时间产品的期望价格(Pe)

—市场中消费者的数量(N)

具体写成一般形式为:

$$Q_d = a + bP + cM + dP_R + eJ + fP_e + gN$$

其中 b, c, d, e, f, g 是各参数的斜率,用于衡量在其他参数不变时,某一参数对 Q_d 的影响程度。参数符号表现的是变量与 Q_d 的关系:正号表示是正向关系,负号表示是反向关系。

五、需求量的变动与需求的变动

从影响商品需求的因素分析中，我们得知消费者对某一商品需求数量的多少，既取决于商品本身的价格，又取决于商品本身价格之外的因素。如何在同一张几何图形中把这两者的影响表现出来呢？这就涉及对“需求量的变动”和“需求的变动”的理解。

需求量的变动(change in the quantity demanded)是在假定其他因素不变的情况下，只讨论价格变化对需求量的影响。此时起作用的是需求法则，是买者对价格变动的反应。在表 2-1 中，当价格发生变化时，需求数量对应于价格的每一变动而发生变化，而需求表并没有发生变化。因此，需求量的变动在几何图形上表现为沿着同一条需求曲线发生的上下移动，如图 2-2(a)所示。

需求的变动(change in demanded)是在假定商品价格不变的情况下，决定需求的其他一些因素的变动对消费者需求的影响。需求指的是整个的需求表，或者说是整条需求曲线。当价格以外的一些因素发生了变化，就会影响买者的购买意愿和购买能力，因此，需求的变动在几何图形上就表现为整条需求曲线的移动，如图 2-2(b)所示。

在图 2-2(a)中，当 X 商品的价格为 2 元时，A 君购买的数量是 8 公斤，价格上升为 4 元时，A 君购买的数量就减少到了 5 公斤。在其他条件不变的情况下，A 君购买数量的变动只是在同一条需求曲线上的 AB 之间移动，这种变动就是需求量的变动。

而在图 2-2(b)中，X 商品的价格既定不变，而其他条件发生了变化，如 A 君的收入提高，这样，在每一种价格水平下，A 君的购买能力提高。当 X 商品的价格仍然为 2 元时，A 君由于收入提高，购买能力就会提高，购买数量也就会从原来的 8 公斤增加到 10 公斤。当 X 商品的价格仍为 4 元时，购买数量从原来的 5 公斤增加到了 8 公斤。我们把 A 君在既定价格水平下，由于收入提高而增加的需求数量点连接起来，就变成了新的一条需求曲线 D_1。A 君的需求曲线由于收入变化，从原来的 D 变动到了 D_1，这种变动就是需求的变动。

从需求量的变动与需求的变动的区别中，可以看出，若想增加或减少人们对某种商品的需求数量，可以采取两种方法：一是通过变动价格，让它沿着同一条需求曲线进行点的移动；另一种方法，是通过价格之外的因素，让该商品的需求曲线进行位置的移动。

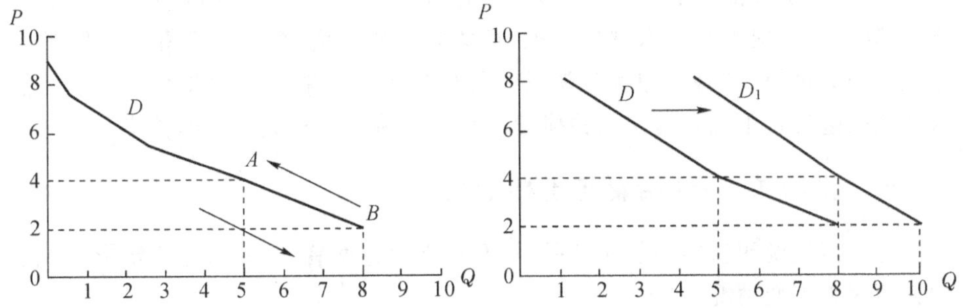

（a）需求量的变动曲线

（b）需求的变动曲线

图 2-2

专栏 2-1 减少香烟需求量的两种对策

吸烟有害于健康。各国政府都致力于对吸烟的人数和吸烟数量进行控制。政府可以使用的方法有两种。

一是提高香烟价格。政府对香烟商征税后，烟草公司会通过提高价格把大部分税转嫁给消费者。价格水平提高后，吸烟者将减少他们对香烟的需求量。在这种情况下，吸烟量的减少就表现为沿着同一条需求曲线移动到价格更高而数量较少的一点上。

二是移动香烟或其他烟草产品的需求曲线。政府通过公益广告、香烟盒上吸烟有害健康的警示以及禁止在电视上做香烟广告等形式，改变人们对烟草偏好，减少烟民在任一既定价格水平上对香烟的需求量。如果这些尝试有效，对香烟的需求曲线将向左移动，在每种价格水平上，对香烟的需求数量减少。

——资料来源：改编自 N. Gregory Mankiw, *Brief Principles of Macroeconomics*, 5e, South-Western Cengage Learning, 2009, P. 71—72.

第二节 供 给

上面我们讨论了影响价格的需求因素，影响市场价格的另一因素则是供给。与需求类似，供给（supply）也常常与供给量（quantity supplied）混用。两者的区别与需求和需求量的区别也类似。供给量是指在一定时期内，在一定价格水平上，厂商愿意并且有能力提供的某种商品的全部数量。而供给则是反映一种产品供给和价格之间的关系，也是一种总体意义上的关系。影响供给的因素也有很多，除了商品本身的价格之外，还有包括：生产相关产品的投入要素的价格（表现为生产成本）、技术进步水平、相关商品的价格、赢利预期和生产同类产品的厂商数量等。同样，理解并掌握供给与各影响因素之间的关系也是学好供求理论的基础。下面首先来讨论供给与核心影响因素相关商品的价格。

一、供给法则：供给量与价格的关系

为了清楚说明供给与价格的关系，我们在讨论两者关系时，也假定影响供给的其他因素不变情况。

那么，商品供给量与商品价格之间的关系是如何的呢？经济学用供给法则(law of supply)描述它们之间的关系：即一种商品的价格与它的供给量之间存在着正向关系。具体表示为：当一种商品价格上升时，该商品的供给数量将上升；当一种商品价格下降时，该商品的供给数量将下降。原因有以下两方面。

其一，边际成本递增(increasing marginal opportunity)。当厂商的生产规模超过某一特定的产量水平后，每多增加 1 单位产品的投入，其成本增加量（即边际成本）是递增的。这意味着产出的越多，将伴随成本的进一步上升，所以，对于每多增加的 1 单位产品，厂商所要求产品的价格也随之提高，非如此，厂商将不愿意多增加这 1 单位的产量。

其二，价格提高带来的利益推动。在其他条件不变的情况下，商品价格提高，意味着生产者得到的利润增加了，所以，它们也就愿意提供更多的产品。

二、供给表和供给曲线

（一）供给表

供给量与价格之间的关系也可以通过供给表和供给曲线加以描述。商品的供给表是一张表示某种商品的各种价格水平和与之相对应的该商品的供给量之间关系的表格。如表 2-2 所示，它表示生产一种产品 X 的甲公司，在各种价格时的供给数量。其中可以看出商品价格与供给量之间的正向关系。

表 2-2　甲公司的供给表(每个月)

价格（元）	供给量（公斤）
2	0
3	20
4	40
5	60
6	80
…	…

(二) 供给曲线

供给曲线表示的是一种商品价格与供给量之间关系的几何图形。借助表2-2的数据,可以画出A公司生产的X产品的供给曲线。如图2-3所示,该供给曲线向右上方倾斜,因为在其他条件不变的情况下,价格越高意味着供给量越多。供给曲线可以是直线型的,也可以是曲线型的。

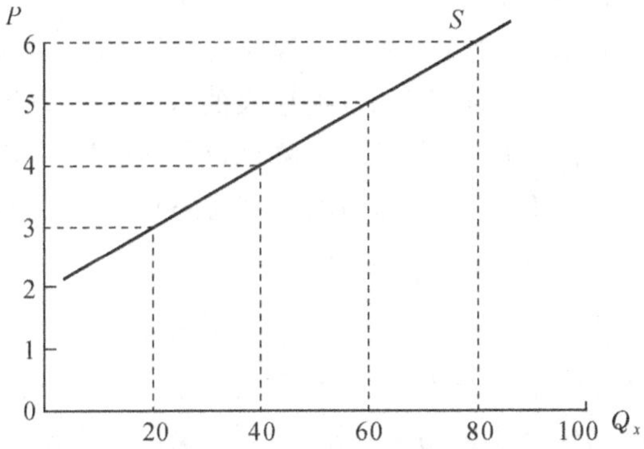

图2-3 A公司供给曲线

对于供给曲线,其上组合点所表现的意思是:在每种价格水平上,生产者愿意并且能够提供的最大数量;在每种供给数量上,生产者索取的最低价格。

(三) 供给函数

在反映价格变化与供给量变化的关系中,除了供给表和供给曲线外,我们还可以用供给函数来表现两者间的关系,在某种意义上这种方法更为正式和规范。一般意义上的供给函数,价格(P)作为自变量,供给量(Q)作为因变量,按照函数关系写成下式(2.3):

$$Q_s = c + dP \tag{2.3}$$

通过价格前面的正号,式(2.3)将供给量与价格呈现同方向变化的规律直观地表示了出来。

三、供给和其他因素

除了价格外,其他因素也影响到供给量。为了清楚理解除价格外的其他因素变化,现在假定商品价格不变,讨论影响供给的其他主要因素。

(一) 生产要素成本

生产成本(the costs of production)的高低将直接影响到供给的多少。生产成本越高,在每一既定的价格水平下生产者所能获得的利润就越少,随着成本的上升，厂商自然会减少生产，很可能转向那些成本上升较少的其他产品。生产技术或投入品价格(生产要素的价格)的变化是造成产品生产成本变动，从而直接影响产品供给的主要因素。如果某产品的生产技术进步或生产要素价格下降将降低其生产成本，生产者就愿意增加供给数量，反之，则会减少。此外，企业的组织变化和政府政策的变化也是导致生产成本变化的因素。

(二) 技术的变化

当经济学家谈到“技术”时，不一定是指新技术，其意思是人们将投入品变成有用商品的所有方法。在这种意义上，把果农的水果变成果汁的一套复杂的活动就是“技术”。当技术进步时，生产成本降低，效率提高，生产同样多的产出花费更少，供给就会上升。例如一种抗病能力更强的水果品种会提高果汁的产量。

(三) 相关产品的价格和赢利水平

相关产品包括替代供给品(substitute in supply)和共生供给品(goods in joint supply)，它们的价格和赢利水平的变化也是影响供给变化的主要因素。如果 X 商品的替代品价格提高，赢利水平上升，生产要素就会从 X 商品流向这些替代商品的生产，从而减少 X 商品的供给数量。共生供给品是指在生产某种产品时，会共同生产的其他产品。最典型的例子是原油在加工过程中，不仅会蒸馏出汽油，还会有煤油、柴油等共生品。如果汽油的价格和赢利水平提高，则煤油、柴油的供给自然也会提高。

(四) 预期

生产者愿意提供多少的供给，也受生产者对产品价格未来变化所作预期的影响。如果预期某一商品的未来价格将上升，那么，厂商会减少现期产品的供给，反之，则会增加现期产品供给。

(五) 生产同类产品的厂商数量

显然。生产同类产品的厂商数量越多，产品供给量就越大，反之，则越少。

四、广义供给函数

把价格和其他影响供给的因素放在一起，可以用广义供给函数来表现，它们对供给量的影响，形式如下：

$$Q_s = f(P, P_I, P_r, T, P_e, F)$$

六项影响供给量 Q_s 的因素为：

—产品和服务的价格 (P)

—投入要素价格 (P_I)

—相关商品和服务的价格（P_r）
—可获得的技术水平（T）
—生产者对未来价格预期（P_e）
—市场中生产此种产品的厂商数目（F）
广义供给函数具体可写成如下形式：

$$Q_s=h+kP+lP_I+mP_r+nT+rP_e+sF$$

其中：k,l,m,n,r,s 是各参数的斜率；用于衡量在其他参数不变时，某一参数对 Q_s 的影响程度；参数符号表现的是变量与 Q_s 的关系，正号表示是正向关系，负号表示是反向关系。

五、供给量的变动和供给的变动

供给量的变动是在假定其他因素不变的情况下，由价格变化引起的供给量变动。此时起作用的是供给法则，是卖者对价格变动的反应。表现为对应于价格的每一个变动，沿着同一条供给曲线发生移动；而供给的变动意味着价格以外的其他因素发生了变化，影响供给数量的变动。决定供给的其他一些因素的变化导致了整条供给曲线的移动，称之为供给的变动。从图 2-4 中可以比较这两个概念的不同。

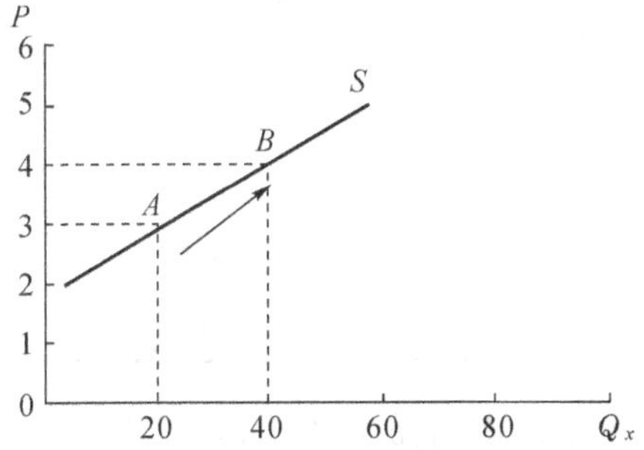

（a）供给量的变动曲线

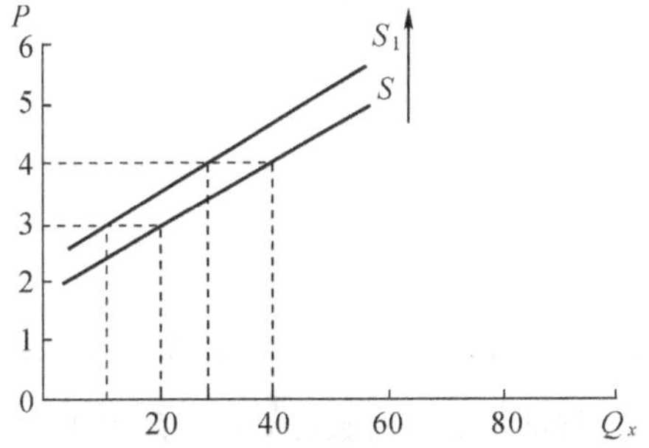

（b）供给的变动曲线

图 2-4

在图 2-4(a)中，A 公司提供的商品数量的变动只是在同一条供给曲线上的 AB 之间移动。这种只受价格影响而发生的供给数量的变动，称为供给量的变动。而在图 2-4(b)中，X 商品的价格既定不变，而其他条件发生了变化，如生产成本提高，这样，在每一种价格水平下，A 公司的生产意愿和能力就下降了。这种在既定价格水平下，由于生产成本提高而导致供给曲线从原来的 S 变动到了 S_1 的这种曲线的位移，称之为供给的变动。

第三节　供给与需求的均衡

以上探讨的仅是单个的买者需求和卖者供给，但是，在完全竞争的市场环境下，单个买者的需求和单个卖者的供给不能决定整个市场的价格。整个市场的价格是由市场需求和市场供给整体"互动"所决定的。

一、市场需求和市场供给

市场需求(market demand)是指市场上对某种商品所有单个需求的加总。借助表 2-3 和图 2-5 可以对市场需求和个人需求之间的关系获得清晰的认识。

表 2-3 中，假设 X 商品市场中只有两个消费者 A 和 B，他们对 X 商品都有需求。在价格为 1 元时，消费者 A 的购买量为 10 单位，而消费者 B 的购买量为 12 单位，市场总需求量为 22；在价格为 2 元时，消费者 A 的购买量为 8 单位，而消费者 B 的购买量为 10 单位，市场总需求量为 18。以此类推，就构成了一张对 X 商品的市场需求表。

表 2-3　对 X 商品的市场需求(每月)

价格	消费者 A 的需求量	消费者 B 的需求量	市场总需求量
1	10	12	22
2	8	10	18
3	6	8	14
4	4	6	10
5	2	4	6

借助表 2-3 的数据，可以直接画出 X 商品的市场需求曲线，如图 2-5(c)所示。也可在个人需求曲线已知条件下，画出市场需求曲线，因为市场需求曲线也是个人需求曲线的水平加总。在图 2-5(a)中，根据消费者 A 在每一价格水平下的购买数量，画出了消费者 A 的需求曲线 D_a。在图 2-5(b)中，根据消费者 B 在相同的每一价格水平下的购买数量，画出了消费者 B 的需求曲线 D_b。在图 2-5(c)中，表示的是消费者 A 和消费者 B 在每一价格水平下需求量的水平加总得到的需求曲线 D_{a+b}，即市场的需求曲线。如果市场上有更多买者购买 X 商品，则市场需求曲线将向右移动。市场需求曲线和个人需求曲线一样也具有向右下方倾斜的性质，表明了市场需求曲线和个人需求曲线一样，商品的价格和市场需求量之间具有反向关系的性质。

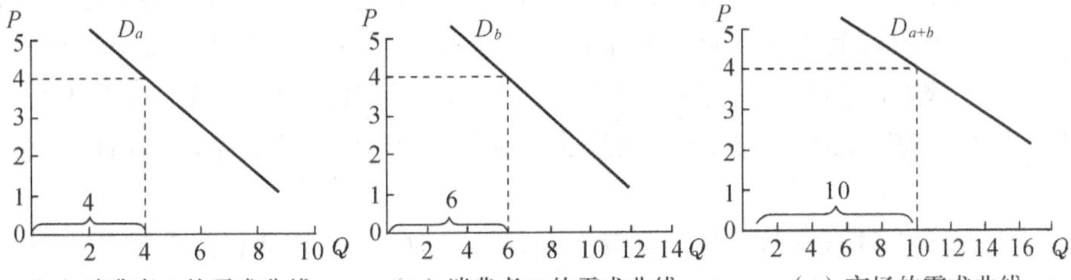

(a)消费者A的需求曲线　(b)消费者B的需求曲线　(c)市场的需求曲线

图 2-5

市场供给(market supply)是指市场上对某种商品的所有单个供给的总和。可用同样的水平加总的方法得到市场供给。将各个厂商在相同价格水平上的供给量相加,就可以得到在该价格水平上的市场供给量。在所有价格上重复这个过程,就可以得到市场的供给。市场供给曲线向右上方倾斜,显示了商品的价格与供给量之间的正向关系,这与单个厂商的供给曲线是相同的。

市场需求和市场供给分别是单个的需求和单个供给的水平加总,所以能够移动个人需求和供给曲线的各种决定因素同样能移动市场需求曲线和供给曲线,不同的是,又新增了一个决定因素,那就是买者的数量和卖者的数量。在其他条件不变的情况下,当买者的数量增加(减少)时,市场需求曲线向右上方(向左下方)位移;当卖者的数量增加(减少)时,市场供给曲线向右下方(向左上方)位移。

二、均衡的实现:均衡价格的决定

市场是由对商品有需求的买者和对商品能供给的卖者所构成。买者总想以更低的价格购买,而卖者总想以更高的价格出售,最终的结果将是一种平衡。图2-6给出的是X商品市场的供求状况,D和S分别是该市场的需求曲线和供给曲线。当价格在每单位8元时,市场供给量为30,市场需求量为15,显然,供给大于需求,即市场上存在着商品过剩。这意味着部分的厂商提供的供给不能全部出售或所有厂商的供给部分得不到出售。而当价格为4元时,市场供给量为15,市场需求量为30,显然,供给小于需求,即市场上存在着商品的短缺。这意味着一定有部分消费者的需求不能获得全部满足或大家的需求都只能部分获得满足。

在一个完全竞争的市场环境下,这种短缺和过剩的现象不会长期存在下去,市场的内在力量会变动价格,消除这种短缺和过剩。具体过程为:当市场存在商品过剩时,市场上必有卖者愿意通过降价来销售他们所生产的产品,市场的供给压力会迫使价格下降。随着价格下降，需求法则也会发挥作用，购买数量增加，直到过剩消除。而当市场存在商品短缺时，许多买者争相购买供不应求的商品，为了得到该商品必有买者愿意出更高的价格购买该种商品，市场的需求压力会迫使价格上涨。随着价格上升，供给法则会发生作用，供给数量增加，直到短缺消除。

结合图 2-6，只有当价格下降或上升到 6 元时，供给数量和需求数量正好相等，消费者愿意购买的数量和厂商能够供给的数量完全吻合。如果没有其他情况的干扰，市场的价格水平将稳定在这一水平上，这时市场处于均衡(equilibrium)或者市场出清(market clear)的状态，市场均衡是市场供给和市场需求两股力量平衡的结果。市场出清意指市场上既没有短缺也没有过剩，需求者和供给者都得到了满足。它出现在图 2-6 中供给曲线和需求曲线的交点上，称为均衡点。在均衡点上，商品的需求量等于商品的供给量，此时，价格既没有上升也没有下降的趋势，此价格称为均衡价格(equilibrium price)，与均衡价格相对应的数量被称之为均衡数量(equilibrium quantity)。

总之，需求、供给和价格三者相互影响、相互依存、相互作用，不论从何种状态出发，最终都会出现需求与供给双方力量达到均衡，需求量正好等于供给量，商品的价格水平渐渐稳定下来的情形，此时，市场在供求交互作用与价格自发调节下，便进入均衡状态。

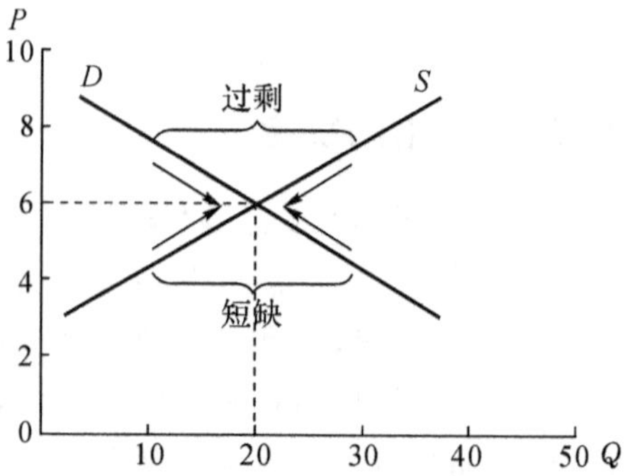

图 2-6　X 商品的市场均衡

三、均衡的变动

从市场均衡形成的分析中可知，均衡价格和数量取决于供给和需求曲线的位置。当某些事件使这些曲线中的一种发生移动时，市场上的均衡就改变了。下面就均衡可能发生的变动分别做出解释。

（一）需求变动，供给不变

消费者人数、偏好、收入、对未来价格的预期和相关商品价格等，都是引起市场需求变动的决定因素。在几何图形中表现为整条需求曲线的位移。图 2-7 分析的是当需求发生变动、供给不变时，通过新均衡与原均衡的比较分析，均衡价格与均衡数量的变动方向也清楚表现出来。

在图 2-7 中，需求曲线 D 和供给曲线 S 交于 E 点，形成了均衡价格 P_1 和均衡数量 Q_1。当需求增加后（引起需求增加的原因有许多，如消费者收入提高，预期价格上升，替代商品的价格上升等），需求曲线向右位移，形成新的一条需求曲线 D_1，与原供给曲线相交形成新的均衡点 E_1。可以发现与原均衡点的均衡价格和均衡数量相比：均衡价格提高了，由 P_1 变化为 P_2，均衡数量也增加了，从 Q_1 变化为 Q_2。如果，由于一些因素发生，导致市场需求减少，均衡价格与均衡数量将会发生怎样的变化呢？结果是：均衡价格下降，均衡数量也相应减少。因此，需求变动的方向与均衡价格和均衡数量的变动方向是一致的。

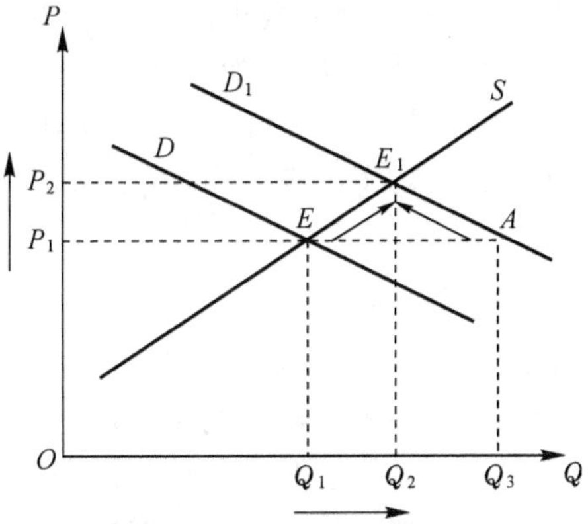

图 2-7　需求曲线的移动和均衡点的变动

（二）供给变动，需求不变

来自卖者的数量、自然条件、生产成本、卖者对未来价格变动的预期或其他商品的价格等因素，是引起市场供给变动的决定因素。在几何图形中表现为整条供给曲线的位移。图 2-8 分析的是当供给发生变动而需求不变时均衡变化的情形，通过新均衡与原均衡的比较分析，可清楚看出均衡价格与均衡数量的变动方向。

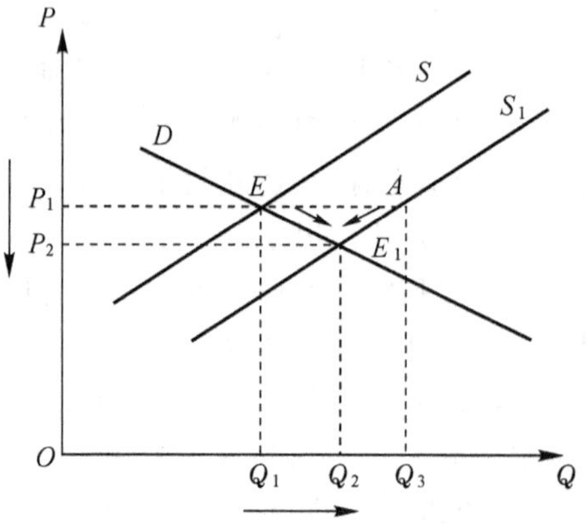

图 2-8 供给曲线的移动和均衡点的变动

图 2-8 所反映的是供给增加时的情形。原均衡点为 E 点，当供给增加后，供给曲线由 S 向 S_1 右移，与原需求曲线 D 相交，形成新的均衡点 E_1。可以发现与原均衡点所决定的均衡价格和均衡数量相比，均衡价格下降了，由 P_1 变化为 P_2，但均衡数量却增加了，从 Q_1 变为 Q_2。如果供给减少，均衡价格与均衡数量又将会发生怎样的变化呢？结果是：均衡价格上升，但均衡数量却相应减少。从中可以看到，供给变动的方向与均衡价格变动的方向相反，但与均衡数量的变动方向是一致的。

（三）供给与需求同时发生变化

当供给与需求同时变化时，均衡价格和均衡数量的变化显得不像前面那样确定了。与原均衡点相比，新的均衡价格可能比原均衡价格高，也可能低，也可能保持不变，均衡数量也同样。具体情形要依赖于双方变动的相对力度的大小。对于均衡价格而言，如果需求增加的量大于供给增加的量，均衡价格将会提高；如果供给增加的量大于需求增加的量，均衡价格将会降低；如果需求增加的量等于供给增加的量，均衡价格将保持不变。对于竞争性市场中的每一种商品而言，价格确保供给与需求的平衡。这样，均衡价格决定了买者选择购买多少某种商品，以及卖者选择生产多少这种商品。价格真正成为了指引经济决策，从而引导配置稀缺资源的信号。

专栏 2-2　　供给、需求和受管制物品

对于日益泛滥的毒品交易，各国尽管实施法律严厉禁止，但是毒品交易仍然很猖獗。不仅由执法者发起的面向毒品的所谓“战争”没有消

除非法毒品交易，而且据估计连毒品消费都没有受到太大的影响。

此类“战争”的失败在历史上也不乏先例。在1920年到1933年间，美国实行禁酒令，销售和消费酒在美国是违法的。但是违反禁酒令的行为却非常普遍。事实上，到1929年为止，人均消费的酒量比10年前反而更高了。就像今天的毒品一样，虽然不合法，但是受管制物品的生产和销售却成为了一个大的产业。

为什么要消灭酒和毒品的市场如此困难？我们不妨把毒品禁令看作是一项使供给曲线移动但是却没能改变需求曲线的政策。

虽然使用诸如可卡因之类的毒品是非法的——就像喝酒曾一度非法一样，但实际上毒品禁令主要是针对毒品供应者的。因此，供应毒品的成本就将包括遭受牢狱之灾甚至上电椅的风险。这无疑减少了在任一给定价格上毒品的供应量，从而导致毒品的供给曲线向左移动。如图2-9所示，供给曲线从 S_1 移动到了 S_2。如果毒品禁令对毒品的价格没有影响，从而价格保持在 P_1 上的话，供给曲线向左移动的幅度就等于毒品供给减少的幅度。

但是正如我们所看到的，当某种商品的供给曲线向左移动时，其效果是提高了此种商品的价格。如图2-9所示，毒品禁令使均衡点从 E_1 变为 E_2，而价格从 P_1 变为 P_2，体现为一种沿着需求曲线的移动。毒品供给量实际的减少幅度比价格保持为 P_1 时供给量减少的幅度要小。

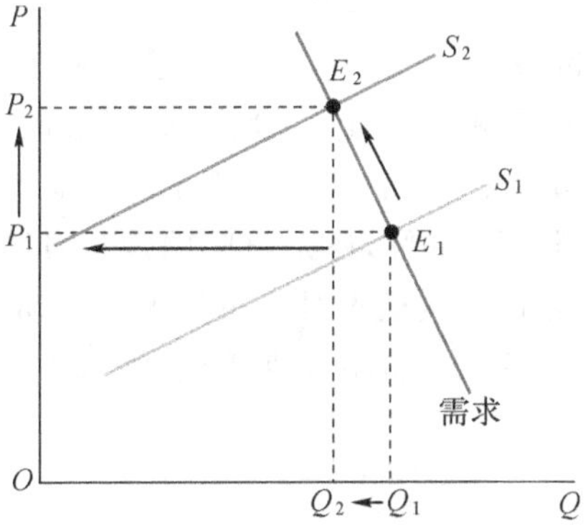

图2-9　“禁毒战争”的效果

对毒品发动的“战争”使供给曲线向左移动。但是，比较最初的均衡点 E_1 和新的均衡点 E_2，毒品数量实际的减少要比供给曲线的移动小得多。均衡价格从 P_1 上升到 P_2，是沿着需求曲线的移动。正是价格的上升使毒贩们仍然铤而走险。

禁酒令之所以无效，其中关键的原因是，随着酒的价格的上升，消费者仅仅只是略微地减少了酒的消费，而更高的价格却足以诱使许多潜在的供应者铤而走险。因此，虽然禁令提高了酒的价格，但它却没有减少多少消费。不幸的是，眼下的禁毒令也面临着同样的问题。这个政策提高了吸毒者需要支付的价格，但是这并没有使消费减少很多。而与此同时，更高的毒品价格却使得毒贩愿意为之冒险。

答案究竟是什么？有人提出这些禁令应该以管制需求为着眼点，例如开展更多的反毒品教育，提供更多的相关咨询等。如果这些政策奏效的话，它们将使需求曲线向左移动。另有一些人则认为，毒品应该像酒一样，允许其合法生产，但是课以重税。争论还在继续，而人们针对毒品的战争也将继续下去。

——资料来源：克鲁格曼、韦尔斯，《宏观经济学》，赵英军等译，中国人民大学出版社 2009 年版，第 96—97 页。

第四节　弹性理论及其应用

到目前为止，供求理论的分析仅从定性的层面上说明了供求如何决定价格，价格、收入、成本等因素如何影响供求的问题。但是，经济学分析的任务不仅仅只是在理论上解释这种经济变量之间的关系，还需要更加具体的定量分析。显然，卖者和买者都会对价格的变动做出反应，也会对收入、相关商品的价格等因素的变动做出反应，也就是说卖者和买者将据此调整他们的供给量和需求量。但调整多少呢？如：电脑和食盐的价格都上涨了 100%，消费者的需求量将发生怎样的变化呢？是都下降了 100%，还是电脑的购买量减少了而食盐的购买量不变？或是其他？为了精确衡量供求对其决定因素变动的反应程度，需要引入弹性理论。本节将具体讨论供求价格弹性理论、需求收入弹性理论和需求交叉弹性理论。

一、弹性

在经济学意义上，弹性(elasticity)表示的是当某一经济变量改变后另一经济变量对其做出的反应程度，衡量这一程度大小的是弹性系数。公式为：

$$e=\frac{X_2-X_1}{X_1}\Big/\frac{Y_2-Y_1}{Y_1} \tag{2.5}$$

式(2.5)中，引起变化的量在分母中，而被影响的量在分子中。弹性系数(e)

是通过比例数得出的，这就避免了由于不同单位、不同数量造成的可比性问题。同时，通过比例变化来衡量变量的变化也是最确切的办法。

二、需求价格弹性

（一）需求价格弹性及其决定因素

所谓需求价格弹性(price elasticity of demand)是指当某种商品的价格改变一定比例后，在其他条件不变的情况下，市场上买者对这种物品的需求量做出反应的程度。简言之，就是指需求量对价格变化的敏感度。表示为弹性系数公式就是：

$$e_d=\frac{Q_2-Q_1}{Q_1}/\frac{P_2-P_1}{P_1} \tag{2.6}$$

式(2.6)中，分子是需求量变动的比例，分母是价格变动的比例。两者之比即为需求价格弹性系数。由于公式中分子和分母涉及的两个变量之间具有反向关系，所以，需求价格弹性系数值必为负值。但这个负号与研究的目的并没有什么关系，可以将其忽略。要关注的是对价格变动做出反应的需求数量。

从需求价格弹性系数值的范围分析，需求价格弹性可以分为以下五种类型。

1. 如果需求价格弹性系数大于1，即需求量变动的百分比要大于价格变动的百分比，那么该商品的需求是富有弹性的(elastic demand)。富有弹性的需求意味着买者对价格变动的反应相对较为灵敏。如图2-13(a)所示。

2. 如果需求价格弹性系数小于1，即需求量变动的百分比要小于价格变动的百分比，那么该商品的需求是缺乏弹性的(inelastic demand)。缺乏弹性的需求意味着买者对价格变动的反应不太敏感。如图2-13(b)所示。

3. 如果需求价格弹性系数等于1，即需求量变动的百分比正好等于价格变动的百分比，那么该商品的需求是单位弹性(unit elastic demand)。单位弹性意味着需求价格弹性既不富有也不缺乏。如2-13(c)图所示。

此外还有两种特殊情形。

4. 当需求价格弹性系数值为零时，即无论商品价格怎样变动，需求变动的百分比始终为零，此时该商品的需求是完全缺乏弹性的。完全无弹性的需求意味着买者对价格变动毫无反应。如图2-13(d)所示。

5. 当需求价格弹性系数值为无穷大时，即在价格既定条件下，需求量为无限大，但价格上升后，需求全无。如图2-13(e)所示。

一种商品的需求是富有弹性还是缺乏弹性是由什么因素决定的呢？研究表明主要受下列三大因素的影响。

第一，商品可替代品的数量和替代的程度。这是最为重要的决定因素。一般来说，可替代品的数量越多(少)，弹性越大(小)；替代性程度越高(低)，弹性越大(小)。生活必需品的替代品较少，替代程度也较弱，因此需求价格弹性也较小。

第二，商品支出占收入比重的大小。一般而言，某物品的支出在收入中所占的比重越大，则需求价格弹性越大；比重小，需求价格弹性较小。奢侈品的支出一般占消费者总收入的比例比较大，因而需求价格弹性也就比较大。

第三，所考虑的时间长短。人们对价格调整的时间越长，弹性越大；时间越短，弹性越小。原因在于，人们面对已上涨了的价格，随着时间的延长，有足够的时间寻找和使用替代品，这样需求量就会大量减少，弹性就会变大。

(二) 需求价格弹性的计算

经过对一般意义上的需求价格弹性的讨论，现在来更精确地讨论它的计算。需求价格弹性系数的计算分为两种：一是弧弹性，二是点弹性。

弧弹性(arc elasticity)是指需求曲线上两点间的需求价格弹性。结合图 2-10，可以发现，当用式(2.6)给出的一般弹性公式去计算需求曲线上 A 到 B 点的弹性值和计算 B 到 A 点的弹性值是不同的。

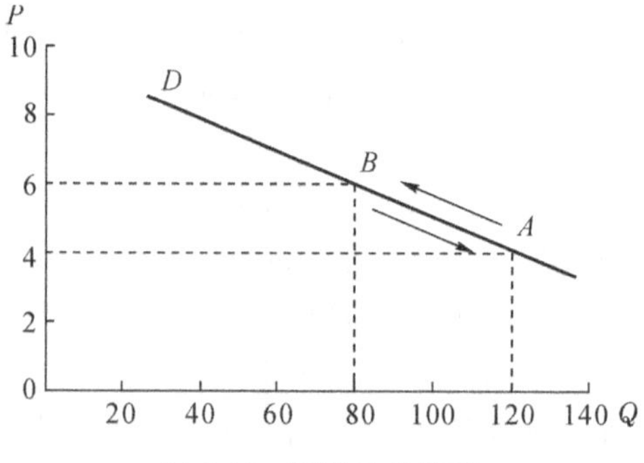

图 2-10　弧弹性的计算

避免这一问题的一种方法就是采用中点公式计算弧弹性。公式如下：

$$e_d=\frac{\Delta Q}{(Q_1+Q_2)/2}\div\frac{\Delta P}{(P_1+P_2)/2} \tag{2.7}$$

式(2.7)显示出弧弹性的值与需求曲线上的斜率有关，

点弹性(point elasticity)是指需求曲线上某一点的需求价格弹性。它计算的是当价格变化非常微小时，人们的需求对价格变化所作的反应程度。点弹性的公式如下：

$$e_d=\frac{\mathrm{d}Q}{\mathrm{d}P}\times\frac{P}{Q} \tag{2.8}$$

式(2.8)中,dQ/dP 其实就是过需求曲线 D 上某一点作一条切线的斜率的倒数,如图 2-11 所示。需求曲线上任取一点 A,求其点弹性的值。过 A 点做切线,得到的斜率值 $dP/dQ=5/10=1/2$,A 点的弹性为 $2\times3/4=1.5$。

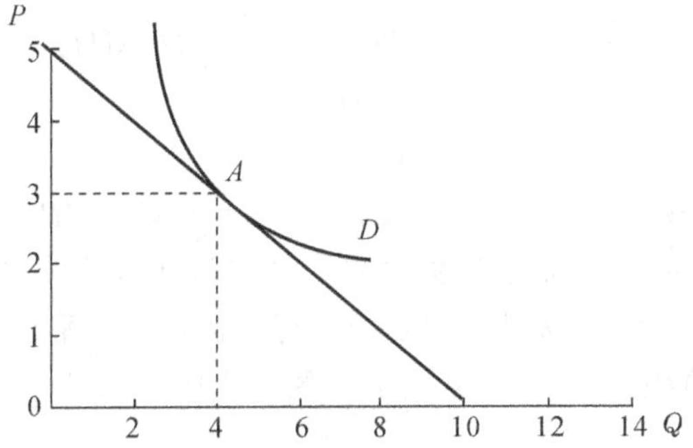

图 2-11 点弹性的计算

点弹性公式表明,当 P 与 Q 值不变时,斜率越大,则弹性越小;斜率越小,则弹性越大。当斜率不变时,需求曲线表现为一条直线,此时,需求曲线上的点弹性值仍然会变化。需求曲线的斜率和需求的价格弹性是两个紧密联系却又不相同的概念,必须严格加以区分。

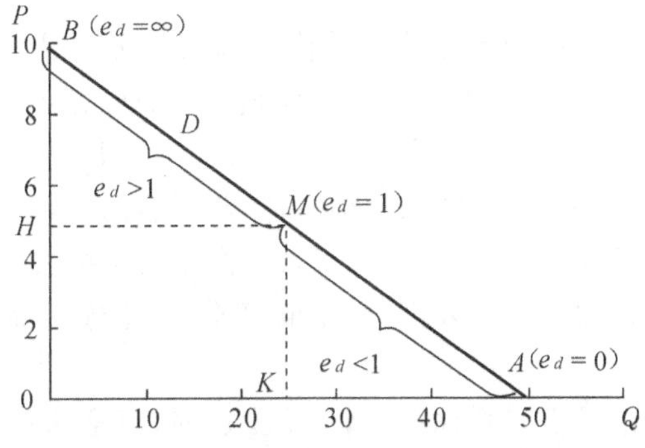

图 2-12 直线需求曲线的点弹性变化

图 2-12 表示的是直线型需求曲线 D,其弹性值的区间范围在$(0,+\infty)$。具体来说,沿着直线型需求曲线与纵轴交点(图 2-12 中 B 点)向右下方移动时,弹性值也从$+\infty$向 0 变化。其中该线段中心点(图 2-12 中 M 点)之上的部分为富有弹性区,即 $e_d>1$;中心点为单位弹性,即 $e_d=1$;中心点以下的部分为缺乏弹性区,即 $e_d<1$。

图 2-12 中显示的直线型需求曲线上点弹性的变化,可以用几何方法得到证

明。依据图 2-12 和弹性的定义，有：

$$
\begin{aligned}
e_d &= (dQ/dP) \times (P/Q) \\
&= [1 \div (dP/dQ)] \times (P/Q) \\
&= [1 \div (BH/MH)] \times (MK/OK) \\
&= (MH/BH) \times (OH/MH) \\
&= OH/BH \\
&= AM/MB
\end{aligned}
$$

如果 $AM>MB$，则 $e_d>1$；$AM<MB$，$e_d<1$；$AM=MB$，则 $e_d=1$，这说明了需求曲线上每一点的弹性都是有变化的。只有两种特殊情况下，需求曲线上每一点的弹性都是相同的。从纵轴引发的平行于横轴的水平需求曲线上的每点的弹性都为 $+\infty$，从横轴引发的与纵轴平行的垂直需求曲线上的所有点的弹性都为零。

（三）需求价格弹性与消费者总支出的关系

需求价格弹性理论在分析经济活动中应用广泛，不论企业的营销策略，还是个人的消费策略，甚至政府一些政策的制定，都可以应用弹性理论来加以分析。下面主要考察需求价格弹性与消费者总支出的关系，以说明在不同的需求弹性下，商品价格的变动是如何影响消费者总支出的变化，从而影响厂商的销售收入。

消费者总支出是指消费者按照某种价格购买某种商品一定数量的总支出，它也等于销售该种商品厂商的总收入，确切地讲是总收益。

如果用 TE 表示消费者在某种商品上的总支出，TR 表示厂商销售该种商品的总收益，P 表示销售价格，Q 表示销售（购买）数量。则一定有：$TE=P \cdot Q$，$TR=P \cdot Q$，$TE=TR$。现在要分析的是：当商品的价格发生变动后，消费者的总支出（厂商的总收益）将会发生怎样的变化？这与商品的需求价格弹性有关。

如果商品的需求是富有弹性的，当价格上涨时，就意味着需求量变动的比率（下降）大于价格变动的比率（上涨），那么涨价前的总支出（总收益）要大于涨价后的总支出（总收益）。当价格下跌时，就意味着需求量变动的比率（上升）大于价格变动的比率（下降），那么跌价前的总支出（总收益）要小于跌价后的总支出（总收益）。结论是商品价格变动的方向与消费者总支出变动的方向相反。如图 2-13(a)所示。

如果商品的需求缺乏弹性，当价格上涨时，就意味着需求量变动的比率（下降）小于价格变动的比率（上涨），那么涨价前的总支出（总收益）要小于涨价后的总支出（总收益）。当价格下跌时，就意味着需求量变动的比率（上升）小于价格变动的比率(下降),那么跌价前的总支出(总收益)要大于跌价后的总支出(总收益)。如图 2-13(b)所示。

如果商品的需求是单位弹性,无论价格上升还是下降,由于价格变动的比率与需求量变动的比率是相等的,所以价格变动前的总支出与价格变动后的总支出没有变化。如图 2-13(c)所示。

此外,在两种特殊情形下,即完全缺乏弹性和完全富有弹性时,总支出(总收益)将会发生怎样的变化呢?

如果商品完全缺乏弹性,总支出(总收益)将随着价格水平的提高而提高,随着价格水平的下降而下降。如图 2-13(d)所示。

如果商品完全富有弹性,总支出(总收益)将不随价格水平的变化而变化,而是随着需求数量水平的变化而变化,且同向变化。如图 2-13(e)所示。

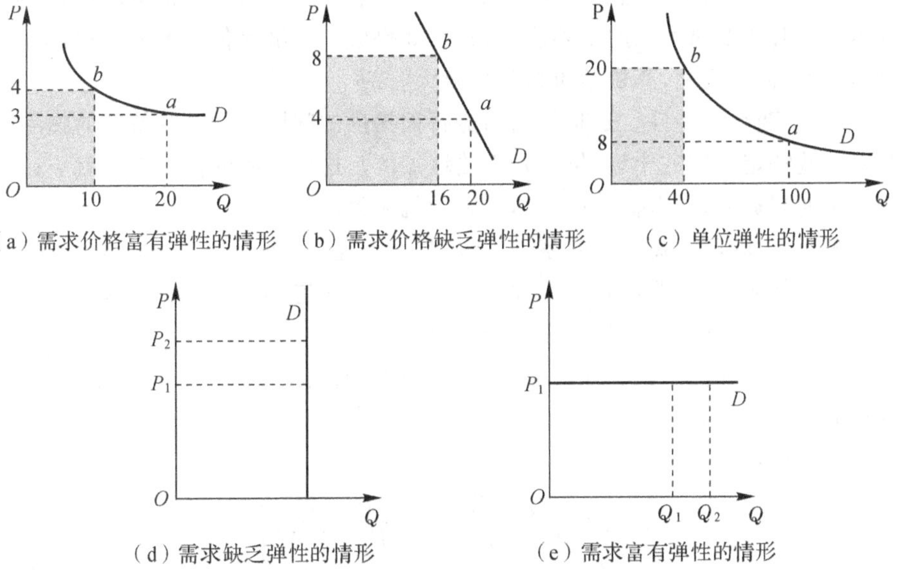

(a)需求价格富有弹性的情形　(b)需求价格缺乏弹性的情形　(c)单位弹性的情形

(d)需求缺乏弹性的情形　(e)需求富有弹性的情形

图 2-13　需求富有弹性时价格的总收益的变化

三、供给价格弹性

供给价格弹性与需求价格弹性非常相似。供给价格弹性(price elasticity of supply)是指当某种商品的价格改变一定比例后,在其他条件不变的情况下,市场上卖者对这种商品的供给量就此做出的反应程度。简言之,就是指供给量对价格变动的敏感度,表示这种敏感度的弹性系数公式为:

$$e_s=\frac{Q_2-Q_1}{Q_1}/\frac{P_2-P_1}{P_1} \tag{2.9}$$

式(2.9)中,分子是供给量变动的比例,分母是价格变动的比例。两者之比即为供给价格弹性系数。由于公式中涉及的两个变量之间具有正向关系,所以,供给价格弹性系数值必为正值。

从供给价格弹性系数值的范围分析,供给价格弹性也分为以下五种类型:当 $e_s>1$,称之为供给富有弹性;当 $e_s<1$ 时,供给缺乏弹性;当 $e_s=1$,供给单位弹性;当 $e_s=0$ 时,称之为供给完全无弹性;当 $e_s=+\infty$ 时,称之为供给完全有弹性。

供给价格弹性的大小取决于卖者改变他们生产的商品产量的伸缩性。因此,决定供给价格弹性的因素主要有以下几个方面。

第一,产量变化引起的成本变化的程度。当某种产品的价格提高后,其生产成本的上升幅度对产品的供给影响很大,如果成本上涨比价格上涨得快,其供给价格弹性就小,反之,其供给价格弹性就大。

第二,商品的特性。这是指商品能否被提供的问题。如一些特定的物品(古董)、一些特定区域的土地(供给是无法增加的),这些商品的供给弹性就小;而像许多工业制成品,如电器、汽车等,其弹性就大得多。

第三,时间的长短。时间越长,回旋的余地越大,商品被提供出来(或减少)的可能性就越大,供给就越富有弹性。如果时间紧迫,商品在短期被提供出来的难度越大,甚至不可能提供出来,弹性就越小。

供给价格弹性的计算如同需求价格弹性的计算,也分为弧弹性计算和点弹性计算。

弧弹性:

$$\begin{aligned}e_s&=\frac{Q_2-Q_1}{(Q_1+Q_2)/2}\div\frac{P_2-P_1}{(P_1+P_2)/2}\\&=\frac{\Delta Q}{Q_1+Q_2}\div\frac{\Delta P}{P_1+P_2}\\&=\frac{\Delta Q}{\Delta P}\times\frac{P_1+P_2}{Q_1+Q_2}\end{aligned} \tag{2.10}$$

点弹性:

$$\begin{aligned}e_s&=\frac{\mathrm{d}Q}{Q}\div\frac{\mathrm{d}P}{P}\\&=\frac{\mathrm{d}Q}{\mathrm{d}P}\times\frac{P}{Q}\end{aligned} \tag{2.11}$$

直线型供给曲线上的每一点的弹性值也是不同的。几何方法为判断供给点弹性的大小提供了方法。如图 2-14(a)，过供给曲线上任意一点做切线，按照点弹性的定义，切点处的供给价格弹性的值为：

$$e_s=(dQ / dP)\times(P / Q)=(GH / EH)\times(EH / OH)=GH / OH$$

如果，$GH<OH$，所做的切线与横轴的交点在原点的右面，如图 2-14(a)所示，那么弹性值将小于 1；如果，$GH>OH$，所做的切线与横轴的交点在原点的左面，如图 2-14(b)所示，那么弹性值将大于 1；如果，$GH=OH$，所做切线与原点相交，如图 2-14(c)所示，弹性值为 1。显然，过原点所作的任何一条直线，其每一点的弹性都具有单位弹性的性质。

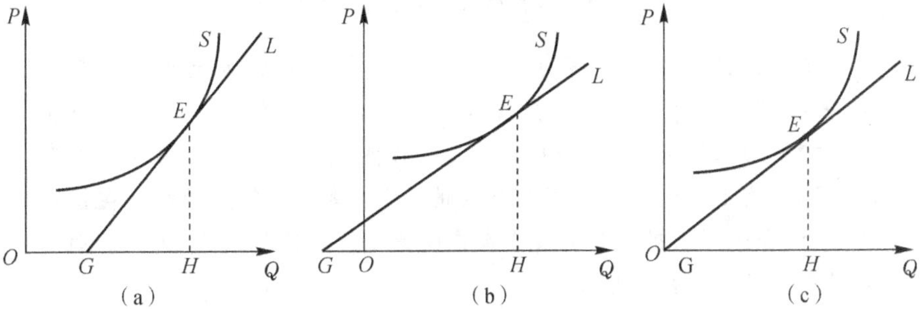

图 2-14　供给价格点弹性的几何求法

专栏 2-3　　为什么广告能提高销售量？

在各种传媒中，总能听到商品生产者说着如下的广告话语：使用某品牌的商品，将使我们更加美丽，使我们的生活更加丰富多彩，把我们的衣服洗得更加洁白，使我们的干劲十足，让我们感觉到一种新的口味，令我们成为朋友的羡慕对象……那么，广告商想干什么？其中是否蕴含着什么经济学知识？

实际上，广告商在试图做两件事：

- 使该产品的需求曲线向右位移
- 使该产品缺乏价格弹性

这可用图示来说明。

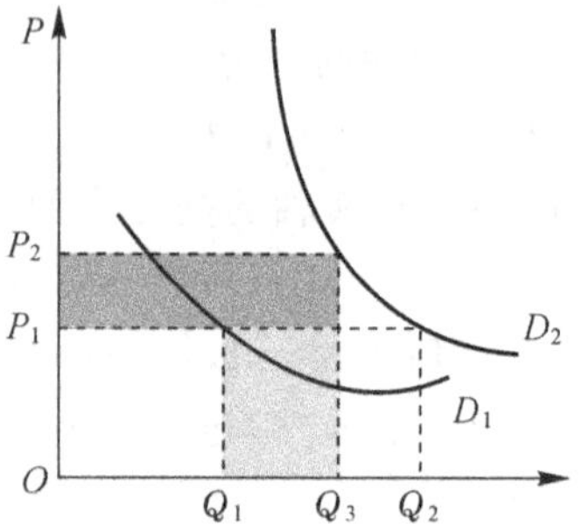

图 2-15 广告对需求曲线的影响

在图 2-15 中，D_1 表明的是价格为 P_1、销售量为 Q_1 时的原始需求曲线，D_2 表示的是广告之后的需求曲线。需求曲线向右移位，使得销售量在原始价格上增加到 Q_2。如果广告使得对该商品的需求弹性变小，那么，该企业还可以提高该产品的价格，销售量仍然增加。在图中表现为，价格可以提高到 P_2，销售量将为 Q_3，它依然高于 Q_1。阴影的面积表明了所获得的总收入。

广告为什么能生成这种新的需求曲线(D_2)？

(1)使需求曲线向右位移

如果广告使这种产品引起更多的人注意，如果广告提高了人们购买这种产品的欲望，就会使需求曲线向右位移，从 D_1 变动到 D_2。

(2)使需求曲线缺乏弹性

如果广告使人们更加忠于这个品牌，让人们相信(无论是正确的还是错误的)竞争对手的品牌是劣质的，那么该需求曲线就会缺乏弹性。这样，该企业就可以把价格提高到其对手的价格之上而不出现销量锐减。这时，只有微小的替代效应，因为消费者已经相信没有更好的替代品了。

——资料来源：改编自 John Sloman，*Economics*，6e，Pearson Education，2006，P. 53。

四、需求收入弹性和需求交叉弹性

(一) 需求收入弹性

需求收入弹性(income elasticity of demand)是指当收入改变一定比例后，在其他因素不变的情况下，市场需求对收入变动做出反应的程度。具体说来，可以用弹性系数公式表示：

$$e_m=\frac{Q_2-Q_1}{Q_1}/\frac{M_2-M_1}{M_1} \tag{2.12}$$

式(2.12)中，e_m 是收入弹性系数，Q_1、M_1 是收入变化前的数量和收入水平；Q_2、M_2 是收入改变后的数量和收入水平。

对于收入弹性系数的值而言，不同的符号代表了不同的意义。当符号为正时，意味着收入水平提高引起需求量随之提高，经济学上称这类商品为正常商品；如果符号为负时，意义正好相反，经济学上称为低档商品或劣质品。在正常物品中，弹性系数值大于 1 的商品一般称为奢侈品，而小于 1 者称为必需品。

需求收入弹性概念有助于对恩格尔系数的理解。恩格尔系数是指在一定时期内，一个国家国民的食物支出占其总收入的比例。恩格尔定律是指这个系数呈递减的变化趋势。根据收入弹性系数理论，恩格尔系数下降是因为食物的收入弹性系数低，所以随着人们收入水平的提高，收入中用于食物支出的比例将相对下降。

需求的收入弹性也是企业考虑其产品市场未来规模的一个重要概念。如果这种产品具有很高的需求收入弹性，那么，随着国民收入的增加，销售量很可能会迅速扩大；而当经济走向衰退，销售量也会明显下降。

（二）需求交叉弹性

需求交叉弹性(cross-price elasticity of demand)是指当其他相关商品的价格改变一定比例后，在其他因素不变的情况下，所讨论商品对此做出反应的程度。具体说来，可以用公式来表示：

$$e_{ab}=\frac{\Delta Q_a}{Q_a}\div\frac{\Delta P_b}{P_b} \tag{2.13}$$

对于交叉弹性系数来说，不同的符号也代表不同的意义。当符号为正时，意味着商品 A 和商品 B 之间是相互替代关系；当符号为负时，意味着商品 A 和商品 B 之间是互补关系；当系数为零时，AB 两种商品之间没有关系。

影响需求交叉弹性的主要决定因素是两种商品间替代或互补的密切程度。密切程度越高，替代品或互补品的价格变化对第一种商品的影响越大，因此，交叉弹性(不管是正数还是负数)就越大。

企业在考虑竞争性产品或互补性产品的价格变化对其产品需求的影响时，希望知道他们的产品的需求交叉弹性。企业在制订生产计划时，这是至关重要的信息。需求交叉弹性概念的有用性还体现在国际贸易和国际收支领域。政府希望知道本国商品的价格变化会对进口需求产生怎样的影响。如果进口商品的需求交叉弹性很高，若本国发生通货膨胀，那么，进口需求将大大增加，从而恶化国际收支。

表 2-4 一些产品的经验需求弹性

需求价格弹性(E)	
黄油	−0.24
鸡肉	−0.30
猪肉	−0.77
蛋	−0.26
牛肉	−1.01
牛排	−1.15
水果	−3.02
啤酒	−0.20
葡萄酒	−0.67
香烟	−0.51
衣服	−0.62
DRAM 芯片	−0.0
光纤宽带	−2.0
电力(短期)	−0.28
电力(长期)	−0.90
汽油(短期)	−0.43
汽油(长期)	−1.50
需求收入弹性(E_M)	
牛肉	−0.19
牛排	1.87
鸡肉	0.42
猪肉	0.34
马铃薯	−0.81
啤酒	0.76
葡萄酒	1.72
日本寿险	2.99
美国寿险	1.65
需求交叉价格弹性(E_{XY})	
牛排与鸡肉	0.24
人造黄油与黄油	1.53
啤酒与葡萄酒	0.56

资料来源:托马斯、莫瑞斯,《管理经济学》(第 8 版),机械工业出版社 2005 年版,第 164 页。

第五节 考虑时间维度的供求变化：蛛网理论*

在前面的供求分析中，所采用的是静态分析方法，也就是剔除了时间变化这一因素，来考察价格波动与供求的调整。事实上，供求调整并不能在瞬间完成，所以时间因素也就成了影响供给和需求的重要因素。蛛网模型，将考虑时间变化的因素，通过对属于不同时期的需求量、供给量和价格之间相互作用的考察，用动态分析的方法讨论了诸如农产品、畜牧产品这类生产周期较长的商品的产量和价格在偏离均衡状态之后的调整过程及其结果。

蛛网理论在分析时需作以下基本假设：

(1)生产需要的时间较长，做出生产决策和产品实际提供到市场之间存在着时间差；

(2)生产者做出生产计划决策时依据的是前一期的价格，需求的变化没有时滞；

(3)当期价格决定当期需求量，市场必须在当期出清，即：

$Q_d = a - bP_t$ （需求方程）

$Q_s = c + dP_{t-1}$ （供给方程）

$Q_d = Q_s$

在以上假设条件下，考虑到时间因素的蛛网理论，结合需求弹性和供给弹性的不同关系，商品的价格和产量呈现的波动会有三种情况：收敛型蛛网、发散型蛛网和封闭型蛛网。

一、供给弹性小于需求弹性：收敛型蛛网

收敛型蛛网(convergent cobweb)发生的情形是：如果某种商品的供给价格弹性系数绝对值小于其需求价格弹性系数绝对值，这就意味着该商品的价格变动对其供给量的影响小于对其需求量的影响。当市场由于受到干扰偏离原均衡状态后，商品的实际价格和产量会围绕均衡水平上下波动，但随着时间的推移，价格与产量的波动越来越弱，最后自发趋于原均衡点。这种情况会形成一个向内收敛的蛛网，故称为收敛型蛛网。

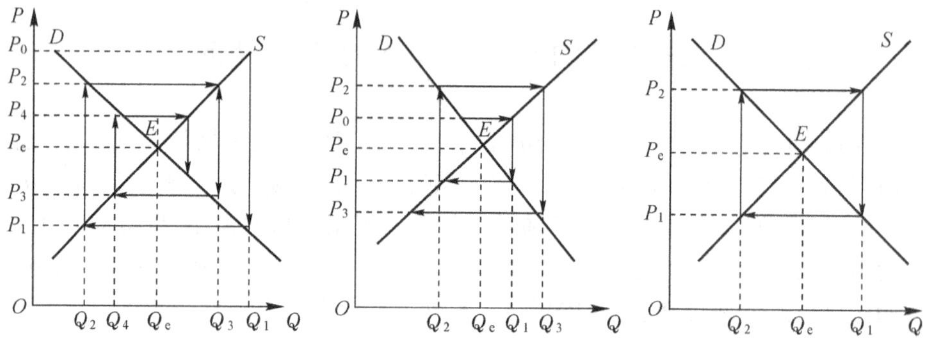

（a）收敛型蛛网　　（b）发散型蛛网　　（c）封闭型蛛网

图 2-16　蛛网模型

在图 2-16(a)中，横轴代表产量，纵轴代表价格，S 为供给曲线，D 为需求曲线。需求曲线 D 与供给曲线 S 相交于 E 点，E 为均衡点，P_e 为均衡价格，Q_e 为均衡数量。假定由于某种外在因素影响需求，使价格高于均衡价格，设为 P_0，为此，生产者愿意提供 Q_1 的产量，但由于此种供给具有时间滞后，直到下一期市场的供给量才有 Q_1，假设此时不存在额外的市场需求，如要售完 Q_1 的产量，价格势必下跌至 P_1。但在 P_1 价格下，生产者愿提供 Q_2 的产量。同理，因为时间滞后，到第二期的供应量才减为 Q_2，此时，市场价格又会上升到 P_2。如此循环下去，我们发现，价格在偶数期会上升，在奇数期会下跌，而且其波动幅度越来越小。经过一段时间调整后，市场的价格会趋向均衡价格 P_e，产量趋向于均衡数量 Q_e。在图中，产量和价格变化的路径形成了向内收敛于一点的蛛网似的图形，故得名。

二、供给弹性大于需求弹性：发散型蛛网

发散型蛛网(explosive cobweb)发生的情形是：如果某种商品的供给价格弹性系数绝对值大于其需求价格弹性系数绝对值，这就意味价格变动对供给量的影响要大于对需求量的影响。当市场由于受到干扰偏离原均衡状态以后，商品的实际价格和实际产量会围绕均衡水平上下波动，但随着时间的推移，价格与产量的波动越来越强，最后偏离均衡价格和均衡产量越来越远。这种蛛网波动称为发散型蛛网。可用图 2-16(b)来说明。

在图 2-16(b)中，供给曲线 S 与需求曲线 D 相交于 E，决定了均衡价格为 P_e，均衡数量为 Q_e。如果市场价格高于或低于均衡价格，就会引起产量波动，产量波动又引起下一期价格波动，如此下去就是价格与产量的交替波动。在第一期产量为 Q_1，Q_1 大于均衡产量 Q_e，产量 Q_1 决定了价格 P_1，需求量也为 Q_1，P_1

$< P_e$;第二期,P_1 决定了产量为 Q_2,供给量 Q_2 又决定了价格为 P_2,需求量为 Q_2,$P_2 > P_1$;第三期,P_2 决定产量为 Q_3,供给量 Q_3 决定了价格为 P_3,需求量为 Q_3,$P_3 < P_2$;如此反复,价格和产量的波动越来越大,离均衡点越来越远。因此,供给弹性大于需求弹性被称为蛛网不稳定条件。

三、供给弹性等于需求弹性:封闭型蛛网

封闭型蛛网(cobweb)发生的情形是:如果某种商品的供给价格弹性系数绝对值等于需求价格弹性系数绝对值,意味着价格变动对供给量的影响和需求量的影响是一样的。当市场由于受到干扰偏离原均衡状态以后,商品的实际价格和实际产量会围绕均衡水平上下波动,但价格和产量的波动幅度相同,既不趋向均衡点,又不远离均衡点,价格与产量始终保持相同的波动程度。这种蛛网波动称为封闭型蛛网。如图 2-16(c)。

在图 2-16(c)中,第一期产量为 Q_1,Q_1 大于均衡产量 Q_e,价格降至 P_1,第二期,价格 P_1 决定第二期产量 Q_2,Q_2 小于均衡产量 Q_e,价格升至 P_2。第三期,价格 P_2 决定第三期为 OQ_1。这一产量仍然同第一期产量相同,从而开始了同上次完全相同的波动,既不收敛也不发散,所以也被称之为循环型(Perpetual)蛛网。

蛛网模型在解释农产品波动、劳动力市场工资水平的波动等现象时具有一定的价值。但是随着理性预期(rational expectation)理论逐渐被接受,近年来研究者们对这一理论的兴趣在逐渐减弱。

本章讨论的供求理论是在完全竞争的市场假设下展开的。有关完全竞争市场理论的具体内容请参阅本书的相关章节。

➪ 本章人物介绍:马歇尔

阿尔弗雷德·马歇尔(1842—1924)是 19 世纪末 20 世纪初英国乃至世界最著名的经济学家。

1842 年,马歇尔出生于英国伦敦附近的克兰法姆,一个朴实的中产阶级家庭,其父是银行高级职员。他年轻时先后曾在英国剑桥大学攻读数学和物理学,获得学士学位,并被选为圣约翰学院教学研究员,留校任数学讲师达 9 年之久。他又爱好哲学、伦理学及其他社会科学,最后抱着改造社会贫富不均状况的愿望,改搞经济学。1877 年到布里斯托尔大学任政治经济学教授,并担任学院主任。1883 年至 1884 年曾在牛津大学担任经济学讲师。1885 年起一直是剑桥大学经济学教授。期间参与过一些政策咨询活动,曾于 1880 年,他担任英国协会第六小组的主席,正式领导了创建英国(后改为皇家)经济学会的运动。1908 年

退休后，继续在剑桥大学从事研究和写作。

马歇尔是剑桥大学教授，也是英国正统经济学界无可争辩的领袖。在他所撰写的众多著作中，最有影响的当属他于1890年发表的《经济学原理》，此书被看作是与斯密《国富论》、李嘉图《赋税原理》齐名的划时代的著作，该书共分为六篇，始终围绕均衡价格论展开。书中阐明了经济学研究对象和方法，给出许多经济学术语定义，阐述了消费与需求，生产与供给理论，研究了分配理论并论述了生产要素的价格决定问题等，构成了现代微观经济学的基本框架。这本书在马歇尔在世时就再版了8次之多，成为当时最有影响的专著，多年来一直被奉为英国经济学的圣经。而他本人也被认为是英国古典经济学的继承和发展者，他的理论及其追随者被称为新古典理论和新古典学派。同时，由于马歇尔及其学生，如J. M. 凯恩斯，J. S. 尼科尔森，A. C. 庇古，D. H. 麦格雷戈等先后长期在剑桥大学任教，因此也被称为剑桥学派。

马歇尔首创和应用了局部均衡的方法；广泛而深入地开展了边际分析；注重时间因素对于经济分析的重要意义；充分重视数学方法的积极作用，首先大量使用几何图示法来表述重要的经济学原理。这些研究方法至今被现代西方经济学所沿用。马歇尔的其他重要著作有：《工业经济学》(1879年)、《工业与贸易》(1919年)、《货币、信用与商业》(1923年)。

本章小结

1. 需求可以表现为单个买者的需求和所有买者需求所构成的市场需求。供给也同样可以表现为单个卖者的供给和所有卖者供给所构成的市场供给。

2. 影响供给和需求的因素有商品本身的价格因素和其他非价格因素。商品本身价格因素引起的供求变化被称之为需求量的变化和供给量的变化，而由其他因素引起供求的变化称为需求的变化和供给的变化。

3. 当给定时期内的供给量等于需求量时，市场实现均衡，对应的价格为均衡价格，对应的数量为均衡数量。市场均衡会因供求变化而发生变动。

4. 弹性理论是对需求和供给影响因素分析的进一步深化，即从数量化的角度进一步分析价格、收入和相关商品价格对需求与供给的影响程度。

5. 考虑到时间维度后，供给和需求的变化和价格水平都会出现一些新的特征，蛛网模型的分析就是较具代表性的理论。

思考与练习

一、名词解释

需求法则　收入效应　替代效应　需求曲线　供给法则　供给曲线

需求(供给)的变化　需求(供给)量的变化　均衡价格和均衡数量

需求(供给)价格弹性　需求收入弹性　需求交叉价格弹性

二、简答题

1.举例说明现实中符合需求法则的现象并解释需求法则成立的理由。

2.用图形法解释需求(供给)的变化与需求(供给)量的变化的不同。

3.以汽车为例说明什么因素影响对汽车的需求,什么因素影响汽车的供给。

4.请从需求价格弹性和需求影响因素来解释广告的作用。

5.举例说明什么是替代品,什么是互补品,两者之间的交叉价格弹性有什么特征。

6.举例说明什么是正常商品,什么是低档商品,它们的需求收入弹性各有什么特征。

7.简述需求价格弹性与消费者支出的关系。

8.请用蛛网模型解释农产品的价格变化。

三、分析论述题

1.画图说明均衡价格的决定和变动。

2.在某种意义上薄利多销是指通过降价获得更多的市场销售收入和利润的代名词,请用需求价格弹性理论对这种经营之道作出评价。

四、计算题

1.已知某商品的需求函数为 $Q_d=60-2P$,供给函数为 $Q_s=30+3P$。求:

(1)均衡价格和均衡数量,并画出均衡价格和数量图形。

(2)均衡点的供求弹性。

2.根据下列供给表:

P	2	4	6	8	10
Q	0	10	20	30	40

求:(1)使用中点公式,计算 $P=2$ 和 $P=4$ 之间,$P=8$ 和 $P=10$ 之间的供给价格弹性值。

(2)当 P 和 Q 增加时,供给曲线的弹性是提高还是降低?为什么?

(3)如果供给曲线是一条直线,但在原点的右边与横轴相交,那么,问题(2)的答案是什么?

第三章 政府干预下的市场供给与需求

本章要点

前面我们考察了在无政府干预情况下的市场运行，本章将进一步分析在政府干预市场的情况下，市场的供给和需求如何受到影响，均衡价格和均衡数量将怎样变化。首先我们集中讨论政府干预市场的两种主要形式：政府价格管制和政府税收。然后，进一步探讨政府干预市场将对市场效率和社会福利产生怎样的影响。

学习目标

通过本章的学习，要求学生理解市场效率和经济福利之间的关系，分析并掌握政府干预市场供给的原因、形式及市场结果，熟练地运用消费者剩余和生产者剩余工具分析经济福利的最大化。

现实经济中，市场总会受到外在力量的影响，政府干预就是其中之一。政府干预市场运行的形式有许多，如价格管制、征税和补贴、直接供给及制定各种法律以管制企业的行为等。政府干预的影响可以通过影响供给和需求来表现在商品价格或者商品数量的变化上。本章我们将讨论其中最主要的两种干预形式：价格管制和税收。

第一节　价格管制

第二章中，我们已说明了在完全竞争条件下，供给和需求如何决定一种商品的价格与该商品的销售量。我们还说明了如何使供给和需求发生变动，从而改变均衡价格和均衡数量的各种因素。但就某商品而言，均衡价格可能并不是最理想的价格，如石油供给的减少可能会导致石油均衡价格大幅上升。虽然较高的价格并不是供求规律失灵的结果，但是对那些开车一族或用燃料油取暖的消费者而言，高昂的价格会令他们不满。在劳动力市场，由于对非熟练劳动力的低需求可能会导致非熟练工人的低工资，影响其收入水平。针对此类的情形，政府通常会采取必要的措施去干预市场供求，市场机制的自发调节作用会受到限制。政府干预的两个明显例子是对某些产品实行最高限价和最低限价。

一、最高限价

最高限价(price ceiling)是指政府对某种产品制订的低于市场均衡价格的最高市场价格。实行最高限价的目的在于：限制某些行业尤其是垄断性较强的行业的产品价格，保障消费者的利益以维护社会的公平。在一般情况下，比较普遍的最高限价往往出现在一国的非常时期，如战争时期或通货膨胀比较严重的时期。

图 3-1 表示政府对某种产品实行最高限价的情形。P_e 为市场均衡价格，P_1 为最高限价或者价格的上限。当价格为 P_1 时，供求失衡。供给量为 Q_1，需求量为 Q_2。Q_1Q_2 为供不应求的数量，称之为短缺。与均衡价格相比，生产厂商受供给规律的制约，在 P_1(低于均衡价格)价格水平上显然不愿意提供更多的产量。同时，在 P_1 的价格水平上，扩大了购买该商品的需求，因为有更多的低收入群体具备了购买该种商品的能力，显然，这一政策有利于产品更公平地分配。

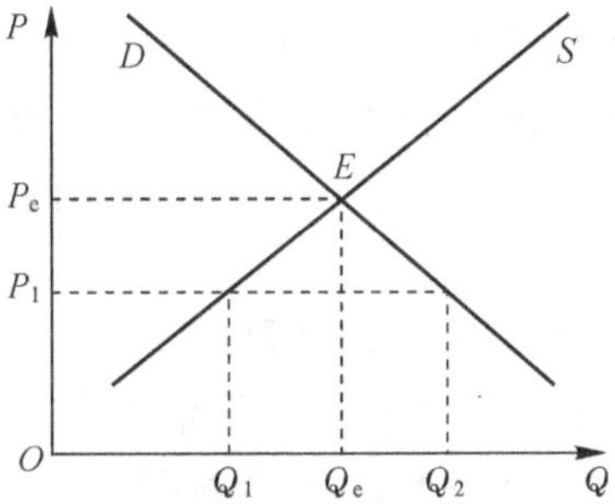

图 3-1 最高限价

但是，图 3-1 中，我们发现有最高限价时，商品存在短缺。为了相对公平地分配产品，配给与排队就成为最常见的现象。在我国高度集中的计划经济时代，城镇居民拥有的各种票证，购买一定量的商品，维持低层次的消费，就是政府实施价格管制政策的结果。

黑市(black markets)是最高限价引发商品短缺后延伸出来的一个非正规市场，通常也不合法。在黑市中，人们以比政府规定价格高得多的价格进行交易活动，图 3-2 给出的是价格管制对黑市价格的影响。显然，黑市中，人们为购买到

Q_1 的产品，支付了远远高于均衡价格的价格 P_2，黑市销售者获得了高额的收益，如阴影部分所示。

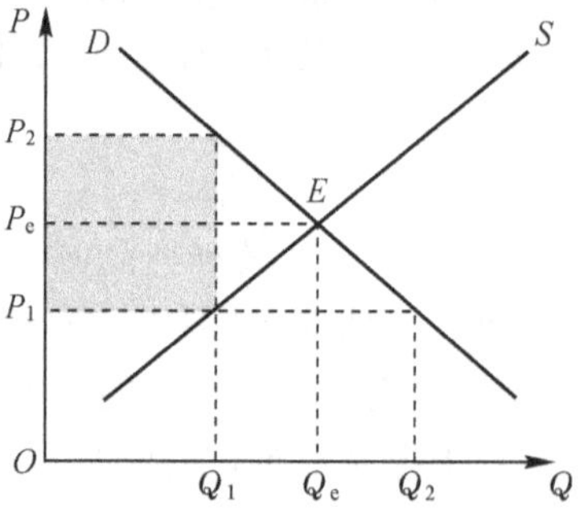

图 3-2　最高限价对黑市价格的影响

解决最高限价带来的商品短缺的方法主要有：一是增加供给，如压缩库存，提供补贴或免税；二是减少需求，增加替代品以减少该商品的需求，或控制人们的收入。

二、最低限价

最低限价(price floors)是指政府对某种产品制订的高于均衡价格的最低市场价格。政府采取最低限价的主要目的在于：保护供给方的利益，如最低工资法和各种扶持农业的政策等。因此，最低限价也称之为支持价格(support price)。图 3-3 中，P_1 即为政府制订的最低限价。显然，在最低限价之上，可以增加生产者供给的积极性。

最低限价的实施，带来的是商品的过剩。如图 3-3 所示，P_e、Q_e 分别为均衡价格和均衡产量，P_1 是政府规定的最低市场价。对应于 P_1 的供给量为 Q_1，需求量为 Q_2，Q_1Q_2 即为供过于求的数量，称为过剩。

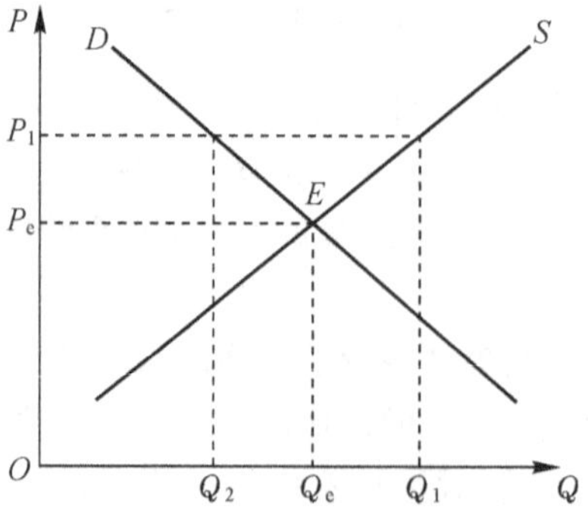

图 3-3　最低限价

有时产品过剩也许是政府所期望的。特别是那些受自然条件影响供给波动大的农产品。政府通过实施最低限价，造成一种产品过剩，加以贮存，以备将来可能出现的短缺。但是，政府贮存过剩产品实际上是政府购买了这部分剩余产品，如果剩余量太大，政府将大大增加支出成本，从而成为政府的沉重负担。为了避免积累剩余，政府也会制定一些补贴出口的政策，以减轻负担。同时，高价格也会掩盖无效率。如果企业的利润因高价格而受到保护，那么，它们就觉得没有必要寻求更有效的生产方法。并且，为了销售剩余产品，生产者在逐利性的驱动下，会产生低价销售的现象。

总之，政府实行最低限价会带来与最高限价相反的市场结果——产品过剩。如何消除这种过剩，一是增加需求，如政府购买、增加出口；二是控制供给，如限额生产。

从以上的分析中，我们看到，政府对供求规律的干预会带来一系列的问题。在完全竞争市场中，价格的变动不过是供求规律运行的结果，而非人为所致。没有价格变动，就会出现长期的市场短缺和过剩，这说明了政府采取干预市场供求的结果，有可能会带来不利的副作用。因此，政府在实行经济管制政策时，应该谨慎从事。

专栏 3-1　租金管制能向所有人提供廉价住房吗？

租金管制的目的是想帮助低收入家庭免受高房租之苦，并能使穷人有房住。然而，很多经济学家认为，这种租金管制却使大部分人的境况变差了。为何事与愿违？

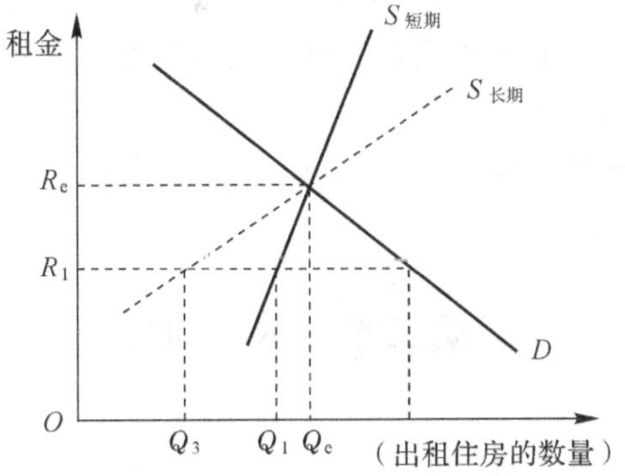

以上图为例，假定某一所住处的租金最初处于均衡水平 R_e，此时 $D=S_{短期}$。现在假定通过一项法律，规定最高租金限额为 R_1。从需求

方来看，因为租金低于均衡水平，有更多的家庭愿意租用住房，租房需求增加了。同时，在短期，供给相对缺乏弹性，因为房东不能马上将其住房转做他用。尽管租金由于管制下降了，但可供出租的房屋数量只稍有减少（从 Q_e 减少到 Q_1）。

由于管制租金低于均衡水平，出租的房产出现了短缺。在短期，这种短缺相对比较小（即 Q_2-Q_1），因此，找不到住处的人数相对较少，租到房子的人因这种较低的租金而获益。

然而，在长期，很多房东会因低租金把房屋另做他用。再加上，那些仍然拥有可用于出租的房产的房东可能会无力支付维修费用，使房产处于年久失修状态。而且，保险公司、养老基金和其他潜在的住房新投资者会发现投资于租金不受控制的办公楼、购物中心等更有利可图。供给曲线将变得更有弹性，可供出租房产的供给将下降。长期的供给曲线是 $S_{长期}$。于是，在长期，如果最高租金限额为 R_1，出租的住房供给量下降到 Q_3。现在，随着出租房屋减少，短缺更加严重，无家可归的人甚至比在无管制市场下更多。

因此，反对租金管制的人认为，租金管制扭曲了市场信号，从而资源被不当地配置：配置到外租住房的资源太少，而配置到其他用途上的资源太多。尽管租金管制通常是为了减轻住房短缺的影响，然而实际上控制却是造成这些短缺的一个主要原因。

而那些支持租金管制的人反对这些论点，认为出租房屋的需求曲线和供给曲线是非常缺乏弹性的。

就拿需求曲线来说，人们已经住在某处，如果租金管制被废除，人们将不得不支付较高的房租，或者变成无家可归者。而且，只要人们没有其他办法才亏本出租他们的住房，那么，需求就会保持缺乏弹性，房租可能会提高到很高的水平。

——资料来源：John Sloman，*Economics*（6e），Pearson Education Limited，2006，P. 71。

第二节　税　收

一、从量税和从价税

政府干预市场运行的另一种政策工具通常是对商品征收间接税（indirect tax），包括销售税、增值税和产品税等。间接税可以按每单位销售量征收一个固定的数额，即从量税(specific tax)，也可以按价格或增值额在每一生产阶段上课征，即从价税(ad valorem tax)。无论对商品实施的是从量税还是从价税，从生产者的角度考虑，都会提高产品的供给成本，从而引起供给曲线向左上方移动。图3-4给出的是政府征收从量税和从价税后的供给曲线的位移状况。在从量税的情况下，供给曲线将向左平行移动；在从价税的情况下，供给曲线将向左旋转上升。

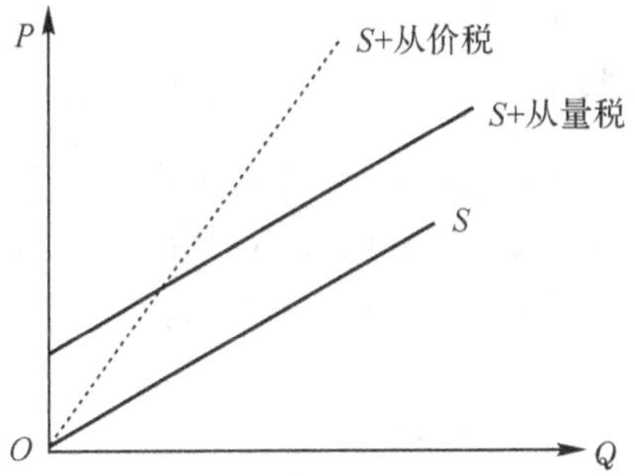

图 3-4　税收对供给曲线的影响

征税给供求双方带来的影响如何呢？现以从量税为例加以说明。在图3-5中，E 是征税前的均衡点，P_e、Q_e 分别表示征税前的均衡价格和均衡产量。现征收从量税 T，厂商的供给曲线向左上方平行移动相当于税收额的距离，与需求曲线相交于新均衡点 E_1。与此相对应，形成了新的均衡价格 P_1 和新的均衡数量 Q_1。与 E 相比，P_1 高于 P_e，Q_1 小于 Q_e。图中表明，政府征税所得到的总税收收入应为$(P_1-P_2)\times Q_1$(其中，P_1-P_2 的差额等于每单位产量所征收的从量税 T)，构成了纳税人的税收负担。厂商作为法定的纳税人，理应依法缴纳。但在厂商所纳的税收中，有一部分税负已被生产者转嫁到了消费者的头上，与原均衡点相比，购买同样数量的商品 Q_1，征税后消费者的总支出要比征税前多支付了

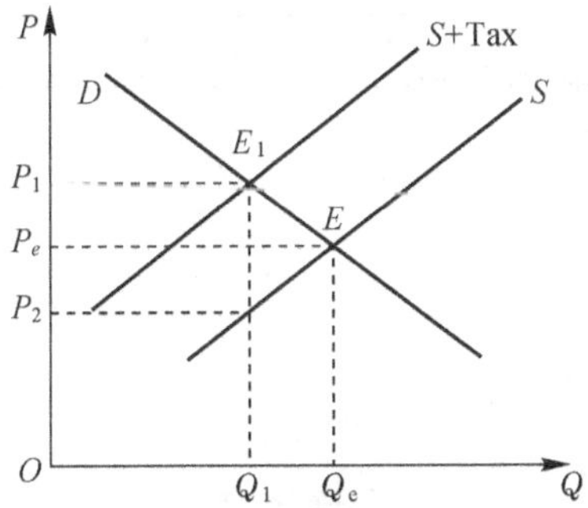

图 3-5　从量税对价格与数量的影响

$(P_1 - P_e) \times Q_1$，这部分支出并没有成为厂商的销售收入，而是成为了政府税收收入的一部分。也就是说，政府征收的税收中消费者承担的税负相当于$(P_1 - P_e) \times Q_1$，其余部分$[T-(P_1 - P_e)] \times Q_1$由生产者负担。可见，政府征税后厂商实际得到的销售收入为$P_2 \times Q_1$。P_2是厂商实际接受的除税后的价格，P_1是消费者实际支付的含税的价格，消费者和厂商共同分担了政府征税所带来的税收负担。

二、弹性与税收归宿

税收归宿(incidence of taxs)是指税收负担在生产者和消费者之间的分配。征税会对供求双方产生影响，但税赋的大小却取决于征税商品的需求价格弹性和供给价格弹性的程度。现仍以从量税为例，利用图 3-6 来说明供求弹性不同对买卖双方税负的影响。

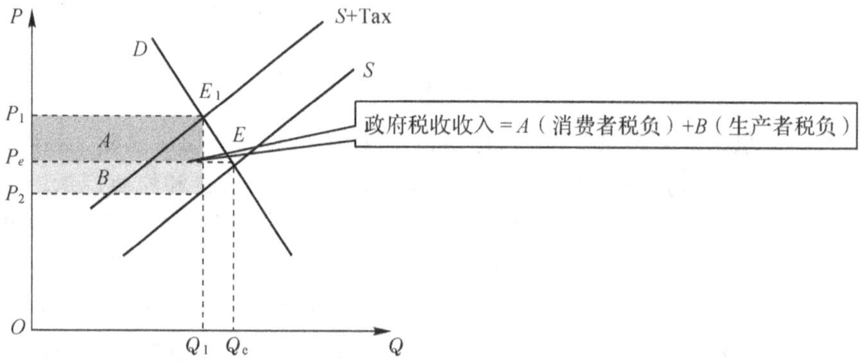

（a）缺乏弹性的需求

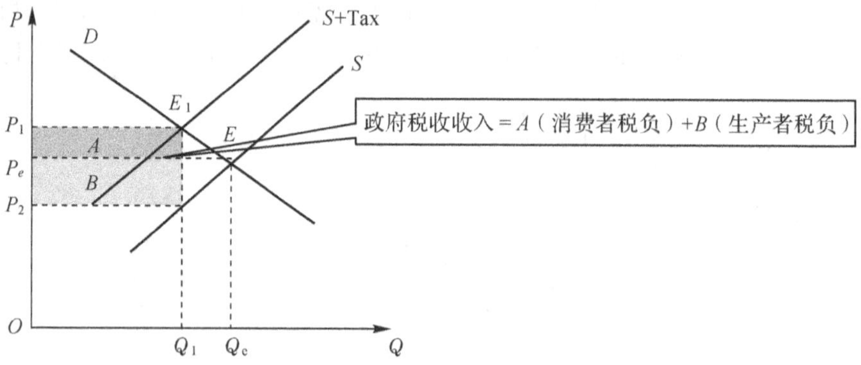

（b）富有弹性的需求

图 3-6(a)(b)

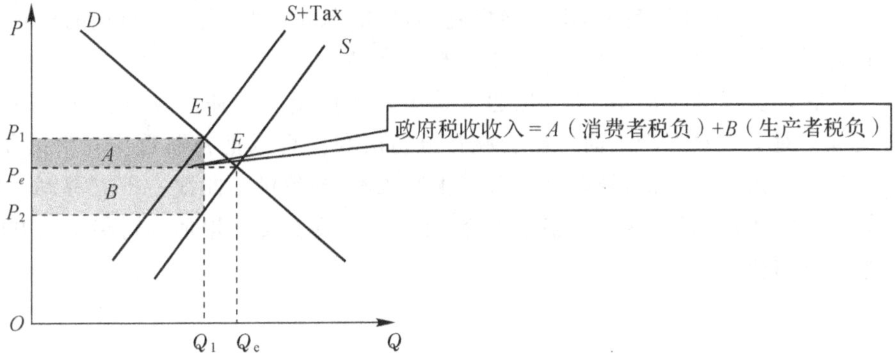

（c）缺乏弹性的供给

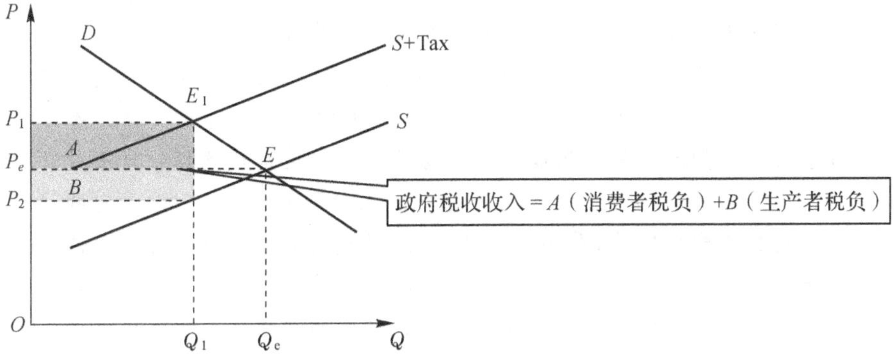

（d）富有弹性的供给

图 3-6(c)(d)

在每一幅图中，每单位商品征收的税额相同：供给曲线向上移的幅度相同。在每一种情况下，价格上升至 P_1，数量减少至 Q_1。但在每一种情况下，价格上升的程度和数量减少的程度是不一样的，这要依赖于需求的价格弹性和供给弹性。

结论如下。

第一，需求和供给越是缺乏弹性，数量下降越少，政府的税收收入越大，见图 3-6(a)和图 3-6(c)。如香烟、汽油和含酒精饮料一直是各国间接税的主要课税对象，它们需求都十分缺乏弹性。因此，税收不会明显抑制需求，所以，它们是政府税收收入的良好税源。

第二，需求弹性越小，供给弹性越大，价格上升越多，消费者承担的税收份额越大，见图 3-6(a)和图 3-6(d)。如食盐等必需品，需求弹性相对缺乏，征税的结果必定为消费者的税负巨大。

第三，需求弹性越大，供给弹性越小，价格上升越少，生产者承担的税收份额越大，见图 3-6(b)和图 3-6(c)。如高档消费品。

在现实经济生活中，政府也通常采用与征税相反的补贴政策。补贴政策的实施会对买卖双方产生何种影响呢？分析时我们可以把补贴看作是负的税收，从生产者角度去分析，补贴会降低其生产成本，导致供给曲线右下方移动，与原均衡价格相比，新的均衡价格会下降，而新的均衡数量会增加。对买卖双方的影响正好与税收相反。

专栏 3-2　　消失的游艇

事实上，如果需求或供给(或者两者同时)非常富有弹性，税收能够造成相当大的损失而又不会给政府带来多少收入。

这方面的一个典型的事例是 1990 年声名狼藉的“游艇税”，这是美国政府对价格超过 100000 美元的游艇征收的特别销售税。目的是从那些买得起如此之贵的游艇的富人身上征税。但是这项税收产生政府收入比预计的要少的多。原因就是在美国价格超过 100000 美元的游艇的销量急剧地下降，降幅达到 71%。游艇行业的就业岗位，不论是制造还是销售方面的，也随之下降了大约 25%。

到底发生了什么呢？简单地讲就是游艇的潜在买主为了避开游艇税而改变了自己的行为。有些人干脆决定不买游艇了；另一些人则到不征收游艇税的地方例如巴哈马群岛去购买；还有一些人改为购买 100000 美元以下的游艇。换言之，对游艇的需求很富有弹性。这个行业的就业岗位的急剧减少表明游艇的供给也是相对富有弹性的。

虽然事实上没有几个潜在的游艇买主缴纳了游艇税，但是我们也可能不会说这项税收没有给生产者和消费者造成损失。对于消费者而言，避税本身就是有成本的，例如他们因为被迫到海外去买游艇，因此增加了花费和不便，或者本来想购买一艘华丽的游艇，但是现在只好买一艘便宜的，因此满意程度降低。而且游艇行业的销售和制造人员也损失了一部分生产者剩余。政策制定者渐渐意识到了这项税收不但没有增加政府收入而且还对社会造成了如此大的损失，所以后来这项税收在 1993 年被废除了。

——资料来源：克鲁格曼、韦尔斯，《宏观经济学》，中国人民大学出版社 2009 年版，第 102、162 页。

第三节 市场效率与经济福利

一、市场效率

以上我们分析了政府干预市场的两种主要形式及其影响，接下来我们将重点分析在完全竞争条件下，政府干预市场对经济效率和经济福利会产生怎样的影响。

经济效率（economic efficiency）指的是稀缺的经济资源得到最有效的配置的一种状态。在假定市场是完全竞争的条件下，西方经济学认为，通过市场机制配置稀缺资源是实现经济效率最有效的方式。而经济福利是指从有限资源配置中获得了最大的“价值量”。

在前一章的内容中，我们说明了，在完全竞争的条件下，经济中供求的力量如何决定了商品和劳务的均衡价格和均衡数量。如图 3-7 所示，若市场上商品的现价为 P_1，那么，一部分消费者退出市场，有能力购买的消费者则要花比以前更高的价格才能得到同样的商品；对于生产者而言，从其主观愿望来说当然卖价越高越好，但面对高于均衡价格的 P_1，市场上显然是供大于求，过剩的商品所耗费的成本对于生产者是一种莫大的损失。在市场的自发作用下，价格最终会趋于均衡价格 P_e。同样，假定市场上商品的现价为 P_2，市场供求的自发作用也会使价格最终回到均衡价格 P_e 的水平上。

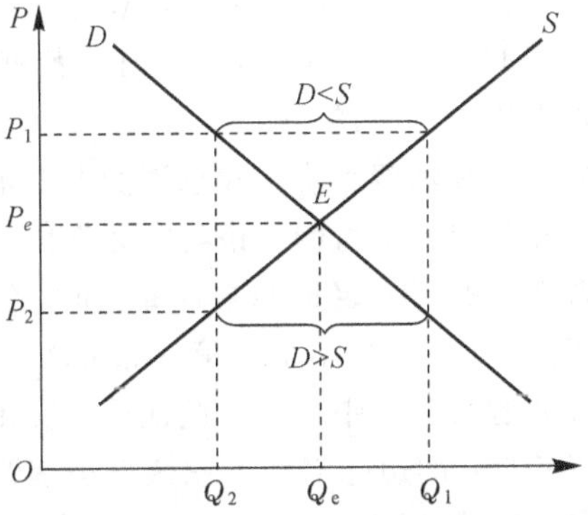

图 3-7 市场均衡

到目前为止，我们仅仅描述了市场配置资源的方式，但没有直接说明这种配置方式给我们带来了多少的经济福利。换言之，我们知道，商品的价格调整是要保证该商品的供给量等于需求量。但是，在商品供给量等于需求量时，供求双方从这种均衡中得到的产出量和消费量是太少、太多，还是正好呢？如果我们能从市场均衡中获得了最大的经济福利或经济福利最大化，那么这种市场配置资源的方式才是最具经济效率的。下面我们将考察供求双方从参与市场交易中得到的利益开始，然后考虑社会如何可以使这种利益达到最大化。消费者剩余和生产者剩余是分析这种社会福利最大化的基本工具，这种规范分析得出的结论是：市场上供求均衡可以使供求双方得到的总经济福利达到最大化。

二、消费者剩余和生产者剩余

（一）消费者剩余

在理解消费者剩余(consumer surplus)之前，我们先掌握消费者支付意愿这个概念。所谓消费者支付意愿是指消费者在购买某一商品时，愿意为某商品支付的最高价格，它是衡量消费者对物品的评价高低的标准。如对同一张 CD，小张愿意支付的最高价格为 10 元，而小李愿意支付的最高价格为 15 元，显然，小李对这张 CD 的评价要高于小张。

由于消费者是理性的，每个消费者总希望以低于至少是等于自己支付意愿的价格购买商品，并拒绝以高于他支付意愿的价格购买商品。如每张 CD 的实际价格为 10 元，而小李为此愿意支付的价格为 15 元，这意味着小李从市场上购买这张 CD 中得到了 5 元的净收益。我们把小李从中得到的 5 元的收益称之为消费者剩余。因此，消费者剩余是指消费者愿意支付的货币量与实际支付的货币量之间的差额，衡量的是消费者参与交易的净收益，反映了消费者的经济福利状况。根据消费者剩余的含义，再看小张从市场购买一张 CD 的净收益是多少呢？我们很容易得出小张的净收益为 0(小张的消费者剩余＝小张愿意支付的货币量－实际支付的货币量＝10－10＝0)。

消费者剩余可以分为边际消费者剩余和总消费者剩余。边际消费者剩余是指消费者为购买 1 单位商品愿意支付的价格与实际支付的价格之间的差额。而总消费者剩余是指消费者为购买一定量的某种商品时，愿意支付的总额和实际支付的总额之间的差额。如前所述，小李从第一张 CD 中得到了 5 元的边际消费者剩余，如果，小李继续购买第二张 CD，为此他愿意支出的价格为 12 元，则小李从第二张 CD 中得到了 2 元的边际消费者剩余。小李购买 2 张 CD 的总消费者剩余为 7 元，它等于愿意支付的总数量(15＋12)减去实际支付的总数量(10×2)的差额。

消费者剩余可以几何图形来表示。简单地说，消费者剩余可以用消费者需求曲线以下，市场价格以上的面积来表示。在此，我们可以把需求曲线理解为对应每一单位商品消费者愿意支付的最高价的轨迹。在图 3-8 中，需求曲线到横轴的距离衡量的是消费者的边际支付意愿。为什么随着购买数量的增加，消费者为此支付的意愿却下降呢？原因是每增加 1 单位产品消费的满足感增加量即边际效用存在递减规律。因此，从图形上来看，我们可以推断，从原点到 Q_2 之间需求曲线以下的面积表示消费者为购买 Q_2 数量的商品所愿意支付的总额；假定市场价格为 P_2，则实际支付的总数量等于市场价格 P_2 和购买量 Q_2 的乘积，相当于图中 OP_2DQ_2 的面积部分。这两块面积的差额即为总的消费者剩余，相当于图中 $P_0P_2D=A+B+C$ 的面积。

市场价格的上升或下降都会导致总消费者剩余的改变。在图 3-8 中，当商品的实际价格上升至 P_1 时，需求量为 Q_1，显然，则消费者的总剩余减少了 $B+C$。其中，B 为购买 OQ_1 数量商品的消费者因提价实际支付得更多了，而减少的消费者剩余量。C 为原来的消费者因提价而退出市场所带来的消费者剩余的减少量。因此总的消费者剩余为 A。如果实际价格下跌为 P_2 时，则消费者的总剩余上升至 $A+B+C$。其中，A 为未降价前的消费者剩余，B 为购买 OQ_1 数量商品的消费者因降价实际支付得更少了，而增加的消费者剩余量。C 为降价导致新的消费者购买商品 Q_1Q_2 而带来的新的消费者剩余的增量。

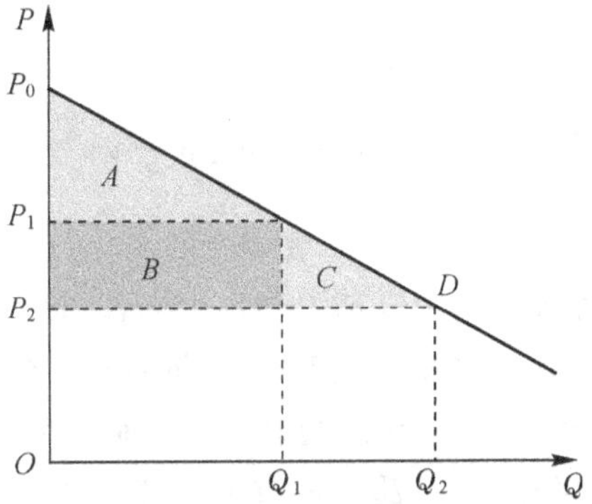

图 3-8　消费者剩余及变化

（二）生产者剩余

生产者剩余（producer surplus）是衡量生产者福利水平的一个概念，它是指生产者实际接受的市场价格与生产成本之间的差额。作为生产者，在什么样的价格水平下才愿意供给产品呢？显然每一物品或劳务的成本是生产者愿意供给产品的最低价格。因此，每个生产者都希望以大于其成本的价格销售其产品。生产者剩余实际上衡量的是卖方参与市场的收益状况。如果某一生产者愿意供给 1 单位 X 产品的市场价格为 10 元，而其成本为 8 元，则该生产者从其销售 1 单位的商品中得到了 2 元的生产者剩余。

生产者剩余也可用几何图形来表示。它可以用生产者供给曲线以上，实际价格以下的面积来表示。在此，我们把供给曲线理解为对应每一单位商品数量生产者愿意接受的最低价格的轨迹。也就是说，供给曲线反映了生产者的成本变化，供给曲线到横轴的距离衡量的是生产者的边际成本。在图 3-9 中，为什么随着供给数量的增加，生产者为此提供的边际成本却在上升呢？原因是边际收益递减规律的存在。因此，在图形上看，当实际价格为 P_1 时，供给量为 Q_1，假设 Q_1 也为销售出去的商品数量，显然，任何小于 Q_1 的每单位数量的供给成本小于实际价格 P_1，也即生产者以大于成本的价格 P_1 销售 OQ_1 的产品，因此，生产者从中获得的实际收益相当于图形中 A 部分所表示的面积。

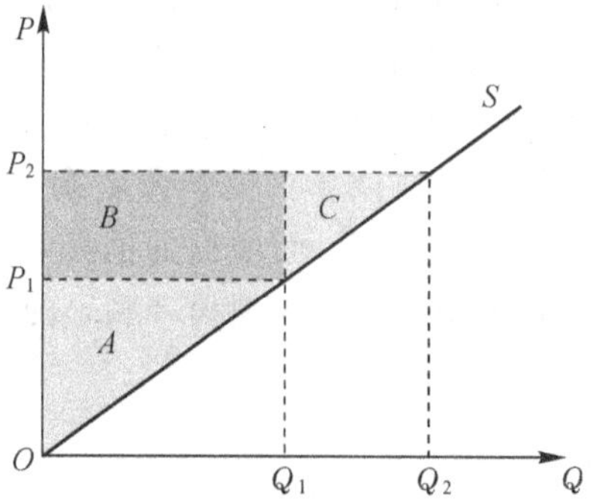

图 3-9　生产者剩余及变化

同样，市场价格的变动会导致生产者剩余的变化，市场价格上升会增加生产者剩余。结合图 3-9，如果价格上升到 P_2 时，生产者剩余 $=A+B+C$。其中，增加的部分 B 为原供给者因市场价格上升，销售同样的 OQ_1 产品数量所得到的收益增量。同时，因为市场价格的上升，会有新的厂商愿意提供产品，供给数量会从 Q_1 增加到了 Q_2，销售 Q_1Q_2 产品后形成了生产者新增的剩余 C。反之，市场价格下降会减少生产者剩余。

如果，市场上只存在买卖双方时，消费者剩余与生产者剩余的总和即为社会总剩余(total social surplus)，它代表了社会的总福利水平，也反映了经济效率的高低。如果资源配置导致社会总剩余增大，则为经济效率提高；反之，则为经济效率的下降。资源配置实现了社会总剩余的最大化，意味着整个社会的经济福利达到了最大，经济也最具效率。

（三）经济福利的最大化与福利损失

在完全竞争条件下，市场供求均衡可以使社会总剩余达到最大。如图 3-10 所示，均衡价格 P_e，均衡数量 Q_e。因为消费者剩余等于价格以上和需求曲线以下的区域部分，而生产者剩余等于价格以下和供给曲线以上的区域部分。因此，供给和需求曲线到均衡点之间的总区域面积代表市场的总剩余。

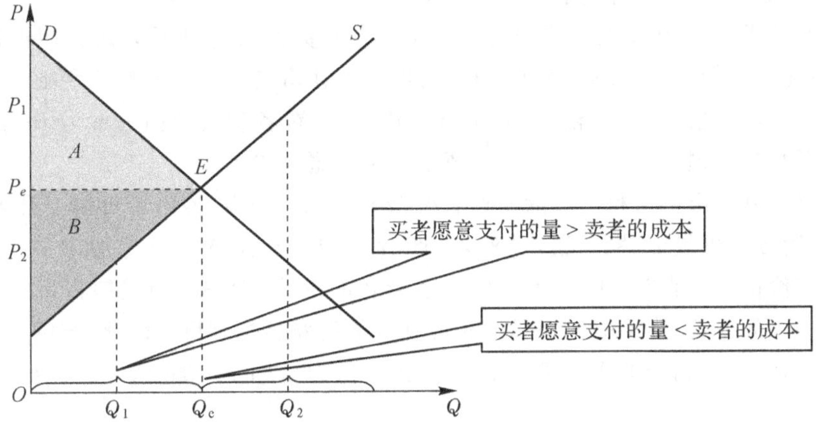

图 3-10　经济效率与经济福利最大化

图中 A 为消费者剩余的部分，B 为生产者剩余的部分，总剩余＝$A+B$。为什么市场均衡处总剩余能达到最大化呢？从前面分析中，我们可以得出以下的等式：

消费者剩余＝买者愿意支付的货币量－买者实际支付的货币量

生产者剩余＝卖者实际得到的货币量－卖者的成本

总剩余＝消费者剩余＋生产者剩余

＝买者愿意支付的货币量－买者实际支付的货币量＋卖者实际得到的货币量－卖者的成本

＝买者愿意支付的货币量－卖者的成本

当买者愿意支付的货币量大于卖者的成本时，总剩余增加；当买者愿意支付的货币量小于卖者的成本时，总剩余减少；当两者相等时，总剩余即没有增加，也没有减少，达到最大化。

在图 3-10 中，在均衡产量 Q_e 的左边，任何一单位产量的对应点上，买者愿意支付的货币都高于卖者的成本，增加产量会导致总剩余的增加；而在均衡产量 Q_e 的右边，任何一单位产量的对应点上，买者愿意支付的货币量都低于卖者的成本，增加产量会导致总剩余的减少。而只有在均衡产量 Q_e 处，买者愿意支付的货币量等于卖者的成本，总剩余才达到了最大化。因此，在完全竞争条件下，市场均衡时，实现了从社会有限资源的最佳配置中得到最大的货币“价值量”。

市场均衡能够实现经济效率，得到经济福利的最大化。那么，在偏离市场均衡时，当市场实际价格上升或下降，经济福利会发生怎样的变化呢？结合图 3-11 分析，我们会发现当市场偏离均衡状态时都会导致经济福利的损失。市场均衡时，总剩余 ＝消费者剩余＋生产者剩余＝$(A+B+C)+(D+E+F)$。当价格上升到 P_1 时，市场上出现供过于求，一些消费者因高价无力购买而退出市场，由此损失的消费者剩余为 C，有能力继续留在市场上购买的消费者则以高于原来的均衡价格 P_e 的价格 P_1 来进行消费，其消费者剩余的损失量为 B，由此，消费者剩余的损失总量为 $B+C$，消费者得到的总剩余为 A。

再来分析市场价格上升后生产者剩余的变化。假设，当市场价格上升到 P_1 后，供给方销售量能达到 Q_2，显然，生产者的剩余会比均衡时增加 $B+C+G$。但是在价格 P_1，消费者的需求远低于生产者的供给，卖方的最大销售量实际只能在 Q_1，而 Q_1Q_2 为不能在市场上实现其价值的商品过剩量。因此，与供求均衡时相比，生产者剩余的实际增加量为 B，损失量为 E，生产者的总剩余为 $B+D+F$。

社会总剩余是消费者总剩余和生产者总剩余之和，而价格上升后，社会总剩余从原均衡时的$(A+B+C)+(D+E+F)$，变化为 $A+B+D+F$，福利净损失为 $C+E$。

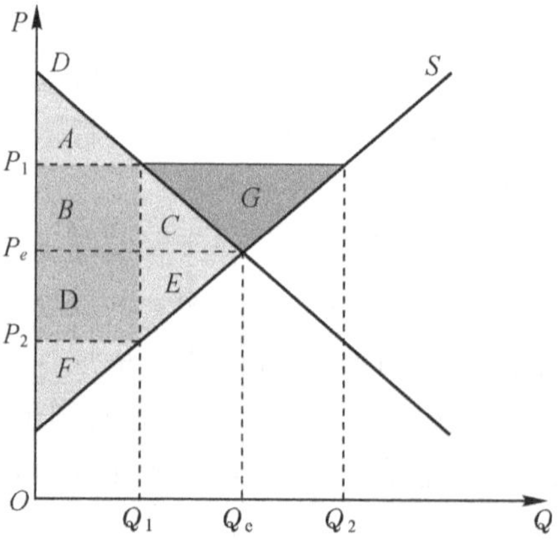

图 3-11　价格变化与总福利变化

同理可知，如果价格从均衡价格下降到 P_2，则总剩余同样损失 $C+E$。

通过以上的分析，我们得出的结论是：在自由竞争的市场条件下，市场机制的自发作用最终达到的均衡状态能使总剩余最大化，稀缺的资源得到有效的配置。而离开了均衡点的其他状态都会造成总剩余的损失和经济效率的下降。许多的经济学家也由此认为政府对经济的干预并不能提高经济效率，增进社会福利，相反会导致经济福利和经济效率的下降，因此，他们提倡自由放任的主张也就不难理解了。

三、政府干预与福利损失

在现实经济条件下，政府对经济的干预主要表现为价格控制和税收政策两方面。下面我们运用消费者剩余和生产者剩余工具，分析说明政府这两项主要经济政策的实施对经济福利和经济效率的影响。

（一）价格管制的代价

如前所述，无论政府对某种产品实施最高限价还是最低限价，都是政府运用行政权力直接规定某种产品的价格，显然，这种价格控制抑制了市场机制的作用，影响了市场供求关系和经济效率。利用消费者剩余与生产者剩余可以分析最高限价和最低限价对经济福利的影响。

图 3-12 反映的是最高限价对经济福利的影响。图中均衡时的总剩余为 $A+B+C+D+E+F$，最高限价为 P_1，如果消费者能如愿以 P_1 的价格买到 Q_1 的量，与均衡点相比，消费者总剩余会增加 $D+E+G$。但对应价格 P_1，生产者只愿意出售 Q_2 的量，这也是消费者实际的购买量。因此，消费者总剩余因市场价格下降减少了 C，增加了 D。总消费者剩余为 $A+B+D$。而生产者总剩余也同样因价格下降减少了 $D+E$，生产者总剩余为 F。因此，市场总剩余 ＝消费者总剩余 ＋ 生产者总剩余＝$A+B+D+F$。总福利净损失为 $C+E$。显然，单纯从经济效率或社会福利的角度来看，最高限价造成了社会福利的下降。

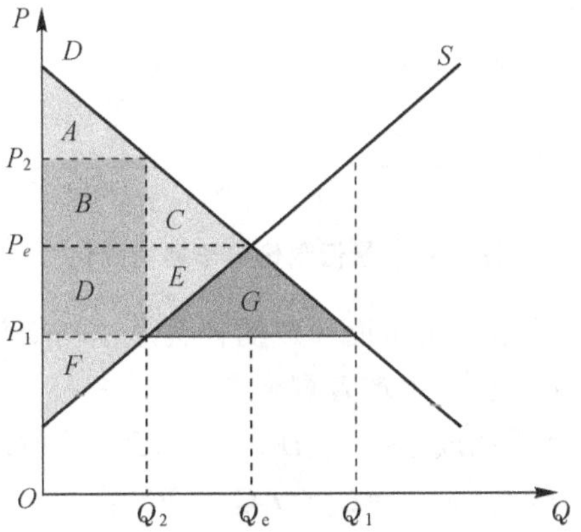

图 3-12　最高限价与福利损失

政府实施最低限价同样会导致经济福利和经济效率的下降，对此，图 3-11 实际上已经分析过了，我们不再展开论述。如图 3-11 所示，当最低限价为 P_1

时，与均衡相比，总福利的净损失仍为 $C+E$，如果考虑产品滞销的成本，损失将更大。在这里，我们还需要讨论的问题是：当政府采取各种方法解决最低限价实施所带来商品过剩的问题时，会给整个社会福利带来怎样的影响。

政府解决过剩的办法有两种：一是增加需求，即政府以买主的身份购买剩余产品，将其贮存以备将来之需或出口至海外；二是控制供给，限制生产者的供给量。

我们先来分析政府购买剩余产品后，对经济福利和经济效率的影响。如图 3-13 所示，P_1 为政府规定的最低限价，对应于 P_1 的供给量为 Q_1，需求量为 Q_2，商品过剩量为 Q_1Q_2。政府为了维持比较高的价格 P_1，决定购买过剩商品 Q_1Q_2，需求曲线由此上移至 D_1，卖方则能按 P_1 的价格售出所有的产品。对于消费者剩余的变化还是与前面分析相一致，净损失为 $C+B$。而生产者得益于政府的购买行为，其生产者剩余增加了 $B+C+G$。除此之外，政府在购买中付出了代价，其成本为 $Q_1Q_2\times P_1$ 的积。

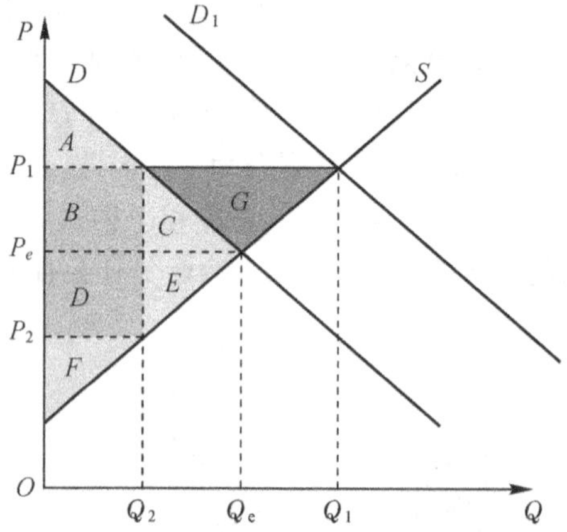

图 3-13 最低限价与总福利变化

按此推论，政府实施最低限价而造成的社会总福利变化为：

消费者剩余变化量(负)＋生产者剩余变化量(正)－

政府购买剩余产品所耗成本 $=-(B+C)+(B+C+G)-Q_1Q_2\times P_1$

$=G-Q_1Q_2\times P_1$

从图中显然可见，$Q_1Q_2\times P_1>G$，社会总福利大大下降，说明此项政策成本过高。但如果政府把买下的产品用于出口，则情形又另当别论了。

下面我们继续考察数量控制这一政策对整个社会福利带来的影响。政府解决产品过剩的另一种办法即为数量控制。数量控制是政府通过对生产者设定适当的供给配额来限制产品的供给量。如图 3-14 所示，P_e、Q_e 分别为原先的均衡价格和均衡产量，现在政府限量生产，把产品的数量控制在 Q_2，因此在 Q_2 处，供给曲线 S_1 无弹性，P_1 为政府的最低限价。在 P_1 的价格下，消费者剩余下降，损失为 $B+C$。对生产者而言，生产者剩余增加了 B，减少了 E，在不考虑其他因素的前提下，与市场均衡相比，总剩余的净损失量为 $C+E$。

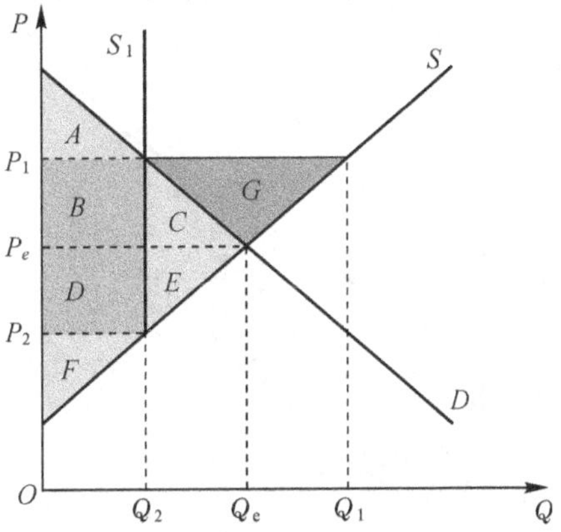

图 3-14　数量控制与总福利变化

在一般情况下，政府实施最低限价的目的是为了扶持某一行业的发展，因此，政府往往对生产者因减少产量而引发的损失给予补偿。补偿量至少等于在价格 P_1 下供给方能够获得的超额利润 $E+C+G$，生产者福利上升。与均衡时相比，生产者剩余的变化量为 $B-E+C+E+G=B+C+G$。因此，社会总福利的变化量为：

消费者剩余的变化量＋生产者剩余的变化量－政府成本

$=-(B+C)+(B+C+G)-(C+G+E)=-(C+E)$

分析可知，社会净福利依然减少 $C+E$，经济效率下降。

（二）税收与福利损失

我们现以从量税为例说明政府征税对经济福利产生的影响。

如图 3-15 所示，由于征收间接税 T，导致均衡价格上升到 P_1，均衡产量下降 Q_1，与均衡点相比，消费者剩余损失为 $B+C$，生产者剩余损失了 $D+E$，显然，政府征税使买者和卖者的状况都变差了。而征税却使政府的状况变好了，其税收收入为 $B+D$，因此，社会总剩余 ＝消费者剩余 ＋ 生产者剩余 ＋ 政府税收收入 $=A+B+D+F$，净损失 $C+E$。从图中看，征税导致的经济福利的损失额正好等于供求曲线之间的税额 T 时的三角形面积（T 相当于三角形的底边），经济学有时也把这种征税引起的总剩余减少称为税收的超额负担或无谓损失(deadweight loss)。

什么因素决定征税所带来的无谓损失的大小？首先取决于供求的价格弹性。结合图 3-6(弹性与税收归宿)，说明供求弹性变化对福利损失大小的影响。如果，供给弹性与需求弹性越大，税收的福利损失也越大；反之，税收的福利损失越小。其次，税收规模与福利损失紧密相关，税收规模越大，福利损失就越大；反之，福利损失也越小。

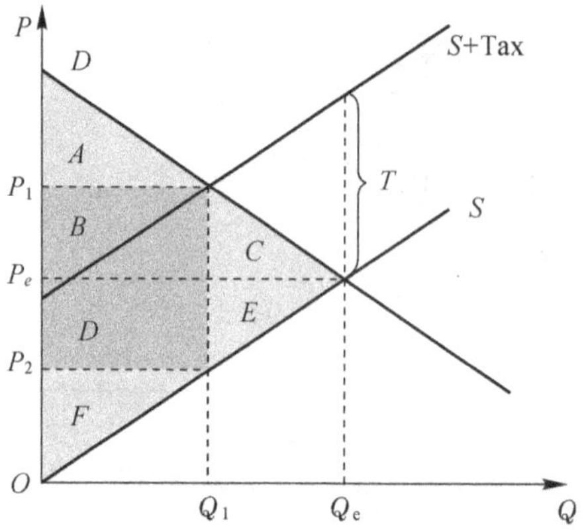

图 3-15　税收与福利损失

自由市场是配置稀缺资源的一种有效方式，也能实现整个社会经济福利的最大化。在现实经济条件下，由于市场存在着外部性、垄断和信息不对称和竞争不充分等因素，会导致市场无法有效配置资源的市场失灵。为此，政府需要对市场进行必要的干预，以矫正市场失灵所带来的问题。但政府干预带来的问题，也是显而易见的，无论是价格管制还是税收政策，都会导致社会福利的损失，造成经济效率的下降。因此，政府在对市场进行干扰时，应尽可能地减少这种负面影响，把社会福利的损失降低到最低限度。

第四节　国际贸易中的关税与出口配额*

一、关税对经济福利的影响

关税(tariff)指的是对某种进口商品所征收的税额。关税作为最古老的贸易政策形式，其目的主要在于保护国内的某些产业得以生存和发展。

关税也是一种税收，因此，前面关于税收影响的分析同样适合这里，只是涉及收入再分配的主客体有所不同，从而对一国最终福利的影响也有所不同。

关税的直接影响是使进口产品在国内的价格高于在国外的价格。从表面上看，对进口商品进行征税会改善本国的贸易条件，但事实上关税会对一国带来相当的成本，因为关税提高了某种商品的进口价格，使进口国的消费者剩余受损，当消费者剩余受损的程度超过生产者和政府的收益以后，关税会导致净福利的下降。图 3-16 给出了一国在实行进口商品关税前后的福利变化。

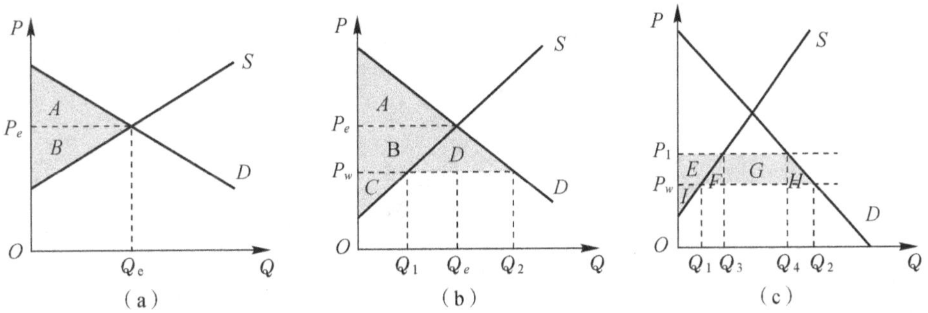

图 3-16　关税的福利效应

图 3-16(a)表示无国际贸易时某种商品的均衡，总福利＝$A+B$。

图 3-16(b)假设商品的世界价格 P_w 低于国内均衡价格，显然，进口商品给进口国家带来利益，进口量为 Q_1Q_2。在无关税情况下，国内价格等于世界价格 P_w。消费者剩余，即需求曲线与世界价格之间的部分，为 $A+B+D$。生产者剩余，即供给曲线与世界价格之间的部分，为 C。总剩余，即消费者剩余与生产者剩余之和，为 $A+B+D+C$。与贸易前相比，消费者能以低价买到商品，其消费者剩余增加 $b+d$，而生产者剩余因低价而减少了 B，社会总福利净增了 D。

图 3-16(c)表明对进口商品征收关税后的情形。一旦政府征收关税，国内价格高于世界价格为 P_1。商品进口数量从原先的 Q_1Q_2 减至 Q_3Q_4，国内生产的供应量从 Q_1 增加到了 Q_3。消费者剩余和生产者剩余都发生了变化。消费者剩余因提价而下降，损失为 $E+F+G+H$。而生产者剩余因提价而增加，增加部分为 E。此外，政府是关税的受益者，其收益为关税总额 G(进口量与关税的乘积)。现在确定关税的总福利影响，我们把消费者剩余的变动(为负)，生产者剩余的变动(为正)和政府收入变动(为正)相加。我们发现市场总剩余减少了 $F+H$，这代表了关税的无谓损失。

二、进口配额对经济的影响

进口配额(import quota)指的是对进口商品实行一定的数量限制，这种限制往往通过向相关单位颁发进口许可证得以实现，据此进口国限定了某些商品每年的最大进口数量。进口配额在国际贸易中的作用类似于关税的政策，是一种进口保护主义的政策工具。

现在用我们已比较熟悉的分析方法来考察进口配额对一国经济福利带来的得失。

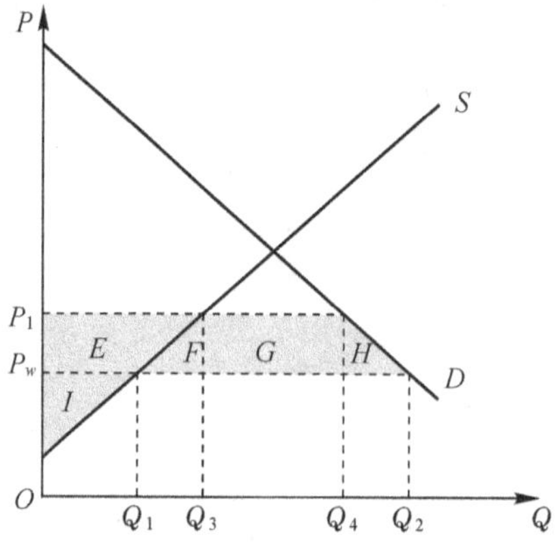

图 3-17　进口配额对经济的影响

如图 3-17 所示，Q_1Q_2 为一国无配额条件下的进口数量。实行进口配额后，进口数量削减为 Q_3Q_4，价格上升至 P_1。显然，此图类似于图 3-16(c)，进口配额对消费者、生产者福利的影响与关税对消费者和生产者福利的影响完全相同，消费者因进口商品价格提高而受损，损失为 $E+F+G+H$，生产者因进口配额而获利，生产者剩余增加 E。同时，持有许可证者的状况也变好了，因为他们能够按世界价格购买并从较高的国内价格出售中得到利润，这部分为 G。因此，实行进口配额导致的福利损失也为 $F+H$。

从以上分析中我们得知，关税和进口配额都提高了商品的国内价格，减少了国内消费者的剩余，增加了国内生产者的福利，并引起了无谓损失。但这两种贸易政策之间的差别在于：关税增加了政府收入，为图形 3-16(c)中的 G，而进口配额政策则是把政府关税收入让渡给了持有进口许可证的相关企业或外国出口商。经济学上通常把 G 称为配额租金(quota rent)。在对进口配额政策进行成本和收益的比较时，最后谁能获得 G 的配额租金相当重要。当 G 为国内进口商拥有时，相当于把关税政策下的政府收益转移至进口商的手中，一国实现进口配额导致的福利损失与实行关税导致的福利损失是一样的。当 G 成为外国出口商的利润时，租金便转移到了国外，进口配额将造成国内福利损失 $F+G+H$，与关税政策相比，整体福利状况变得更差。

本章小结

1.政府有许多的方式方法干预市场的运作，可通过对价格、数量的控制，对产品征税或补贴来干预市场的供求关系。政府干预会对一国的经济福利和经济效率产生影响。

2.衡量经济福利最大化指标有消费者剩余和生产者剩余。消费者剩余衡量的是消费者愿意支付的价格与实际支付的价格之间的差额，生产者剩余是生产者实际接受的市场价格与生产成本之间的差额。使消费者剩余与生产者剩余的总和最大化的资源配置最具经济效率。

3.自由竞争市场能有效地配置资源，市场供求均衡时导致消费者剩余与生产者剩余之和达到最大化。

4.政府干预往往会导致福利损失，造成经济效率的下降。

思考与练习

一、名词解释

最高限价　最低限价　间接税　税收归宿　经济效率　经济福利
消费者剩余　生产者剩余　社会总剩余　关税　进口配额

二、简答题

1.运用供求原理分析最高限价和最低限价的利弊。

2.价格控制和数量控制是怎样导致福利损失的？

3.为什么征税会导致福利损失，哪些因素决定了福利损失的大小？

4.假设政府要实行贸易保护主义政策，你倾向于采取关税还是进口配额政策？为什么？

5.评价政府干预对一国经济的影响。

6.请用供求分析图，分别说明：

(1)政府对汽车购买者征收每辆 1000 元人民币的税，是如何影响汽车销售量和汽车价格的？

(2)政府改为对汽车销售商征收每辆 1000 元人民币的税，又是如何影响汽车销售量和汽车价格的？

三、计算题

已知某商品的市场需求函数为 $Q_d=12-2P$，供给函数为 $Q_s=20P$。求：

(1)均衡时的消费者剩余。

(2)假设政府对售出的每单位商品征收 2 美元的销售税，这个决定对均衡价格和均衡数量有什么影响？实际上谁支付了税款？政府征收的总税额为多少？

第四章 对需求的深入分析:消费者行为理论

本章要点

消费者是微观经济学中最重要的经济单位之一。消费行为是消费者为了满足欲望而使用商品的一种经济行为,又是人类经济活动的起点和归宿,因而成为经济学研究的首要问题。研究消费者的行为理论有助于我们更好地理解前面章节所论述的需求曲线以及需求法则,从更深的层次分析需求背后的理论依据。本章从边际效用学派的基数效用理论和序数效用理论分别研究消费者行为,并分析如何实现消费者均衡。最后本章还讨论了在不确定情况下人们的行为,即在不确定性条件下,通过期望效用理论来理解经济主体的不同风险偏好。

学习目标

理解消费者的消费行为,掌握基数效用理论和序数效用理论的消费者均衡,了解效用理论的发展脉络。

在第二章,我们分析了无干扰的市场中,需求和供给是如何达到均衡和实现市场出清状态的。但是并没有具体分析需求曲线或需求法则为什么成立的原因,本章我们将透过需求曲线,看看背后是什么力量在支撑着需求曲线。

设想你正徜徉在一个购物中心,考虑着如何完成自己的购物计划。如果你知道自己花钱不受限制,你的决定就是寻找喜欢的物品。但绝大多数时间,你清楚自己要花费的总数,你如何选择呢?相信对绝大多数人来说,想的一定是如何花的最值,买到最称心如意的物品。在应用经济分析原则讨论一名消费者的行为时,核心就是消费者如何在受到约束条件下取得最佳满足,或者相对一定福利水准,如何使得花费最少。因此,消费者问题就变成:如何根据自己的偏好,在一定的预算支出水平约束下买到能为自己带来最大满足的商品组合。为了解决这一问题,我们需要:(1)提出衡量消费者满足的指标;(2)刻画消费者所面临的约束;(3)找到实现最佳满足的条件。这就是本章的主要内容。根据分析方法的不同，我们将学习两种理论——基数效用理论和序数效用理论，以及与之对应的两种分析方法——边际效用分析方法和无差异曲线分析方法。

第一节　基数效用理论

本节在基数效用理论的基础上分析消费者行为，说明消费者的消费选择行为。基数效用理论主要是运用效用概念得出消费者均衡，并推导出了消费者个人的需求曲线。

一、效用的含义

经济学用“效用”(utility)来衡量消费者从消费行为中所得到的满足程度，效用并不等同于商品本身所具有的满足人们某种欲望的客观物质属性(如消费食物可以充饥，消费饮料可以解渴)，它是消费者对商品所具有的客观物质属性的一种主观感受或评价。

根据假设的不同，西方经济学家对于效用的理解也各不相同，因此先后出现了基数效用理论和序数效用理论。较早出现的是基数效用理论，其代表人物是边际效用学派的三位创始人：杰文斯、门格尔和瓦尔拉斯。他们认为，效用可以用基数(1，2，3，…)来衡量，计算效用大小的单位被称为效用单位。并且消费者能够清楚地说出每种商品对自己的效用，如消费 1 单位苹果的效用为 3 个效用单位，而看一本书的效用能够达到 5 个效用单位。

到了 20 世纪初，意大利经济学家帕累托在其著作《政治经济学教程》(1906)中提出了序数效用理论的思想。他指出效用虽然不能用具体数字来表示其大小，但可以通过比较不同商品的效用(或大，或小，或无差异)来进行排序，并从消费者对商品的偏好程度反映出来。某种商品对某个具体消费者的效用是无法用基数进行衡量的，但可以按照消费者的偏好进行排序，以序数(第一，第二，第三，……)的方式表现出来。该理论经过希克斯等人的进一步发展，形成了现在的序数效用理论。

二、总效用与边际效用

基数效用理论将效用分成总效用和边际效用。总效用(total utility，简记为 TU)是指消费者在一个特定时间内消费一定数量的某种商品所获得的满足程度的总和。一般而言，总效用的大小取决于消费商品的数量的多少。总效用的函数形式(或称效用函数，utility function)为：

$$TU=U(X)$$

边际效用(marginal utility,简记为 MU)是指消费者在某一时间段内增加 1 单位商品的消费时所增加的额外满足程度,也就是增加 1 单位商品的消费所带来的总效用的增加量。一般而言,边际效用的大小是随着消费商品数量的增加而减少的。边际效用的函数形式为:

$$MU_X=\frac{\Delta TU}{\Delta X}$$

其中,ΔTU 表示总效用的增量,ΔX 表示消费商品数的增量,MU_X 表示边际效用。如果假定商品的消费数量可以无限分割,且总效用函数是连续函数,则可以用微分方程的形式来表示,上式中的边际效用可进一步表示成:

$$MU_X=\lim_{\Delta X\to 0}\frac{\Delta TU}{\Delta X}=\frac{\mathrm{d}TU}{\mathrm{d}X}$$

边际效用为总效用函数的一阶导数,而总效用函数为边际效用函数的积分;一定消费量的边际效用,可以用总效用曲线在该消费量上的斜率来表示,该消费量的总效用,可以用边际效用曲线与两坐标轴所包围的面积来表示。关于总效用与边际效用的关系,可以从表 4-1 与图 4-1 得到。

表 4-1　总效用与边际效用表

数量	总效用（utils）	边际效用（utils）
0	0	
		15
1	15	
		13
2	28	
		11
3	39	
		9
4	48	
		7
5	55	
		5
6	60	
		3
7	63	
		1
8	64	
		−1
9	63	

从表 4-1 可以看出,边际效用随着商品数量增加而减少,一般为正值,但在下降到 0 以后会出现负值。总效用一般随着商品数量的增加而增加。当边际效用等于 0 时,总效用不变,达到最大值。边际效用为负值时,总效用就开始下降。

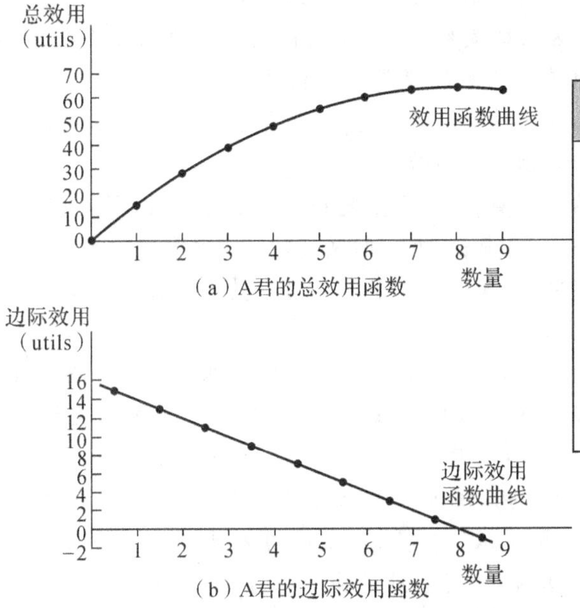

数量	总效用（utils）	边际效用（utils）
0	0	
1	15	15
2	28	13
3	39	11
4	48	9
5	55	7
6	60	5
7	63	3
8	64	1
9	63	−1

图 4-1 总效用曲线与边际效用曲线

从表 4-1 和图 4-1 中，不难发现边际效用是商品消费量的递减函数，这主要是源于边际效用递减（diminishing marginal utility）规律的作用。该规律又被称为戈森第一法则，具体可以表述为：在其他条件不变的情况下，对一个消费者来说，一种商品的边际效用随着消费的商品数量的增加而递减。对于消费者来说，初始消费某种商品的欲望较强，消费者对于商品的主观评价较高，因而商品初始消费带给消费者的边际效用较大。但随着消费者的消费数量的增加，消费者对于商品的主观评价下降，进而引起边际效用的减少。当你消费更多数量的同一物品时，你的（心理上的）效用总量是增加的。当物品的单位继续增加时，你的效用量会以愈来愈缓慢的速度增长。换言之：当某一物品的消费量增加时，该物品的边际效用（或它的最后一个单位所增加的效用）趋向于递减。

专栏 4-1　边际效用递减规律的解释与应用

在对消费者行为的理解中，边际效用递减规律是通过对现实中的经验归纳得到的，而不是通过逻辑推理加以证明的，因此只能作为大多数人所愿意接受的理论前提加以设定。但是，这并不表明无法对它作出任何的解释，以下是对于边际效用递减规律的几种解释。

解释一：假设初始状态时商品较稀缺，从而边际效用大于零。假定消费者的消费不受任何因素的制约，例如可能他的货币收入无限大。在理性消费的推动下，对该种商品的消费量一直提高到总效用最大时为止。根据微积分原理，这时的边际效用为零，可见在此消费活动中边际效用由大于零下降至零，因此是递减的。

解释二：从生理学的角度看，人对于重复刺激作出的反应是趋于下降的。消费活动提供的是一种刺激，对此的反应就是满足程度的增加。因此，重复刺激的反应递减，解释和说明了随着消费量的不断提高边际效用递减规律发生的原因。

解释三：假定一种商品有多种不同的用途，也即对消费者而言增加1单位的消费量给消费者带来的效用的增加量是不同的。消费者在消费时以商品用途的不同重要性为序，把商品分配在不同的用途上。例如，消费1单位的水，用于饮用、洗刷和浇灌这三种用途，可分别获得5、3、2单位效用。若有1单位水，首先满足饮用的需要，因此，边际效用为5单位；此后再有1单位水，用于满足洗刷的需要，边际效用减少为3单位；最后消费第3单位水的时候，用于满足浇灌的需要，边际效用降到2单位，出现了边际效用递减的情况。

关于边际效用递减规律的一个案例应用：有种蛋糕必须用四个鸡蛋才能烤成，对于消费者来说，做这个蛋糕的第一个、第二个、第三个鸡蛋的边际效用远没有第四个鸡蛋来得大，因为没有第四个鸡蛋的加入这个蛋糕就不是消费者所要求的“四个鸡蛋的蛋糕”。很显然，如果以鸡蛋为单位，至少在前四个鸡蛋的消费中所得到边际效用是越来越大的(即越来越接近顾客想要的“四个鸡蛋的蛋糕”)。那么此种情况是否违背了边际效用递减规律？如果是以蛋糕为单位，那么需求曲线就又可能是向下倾斜的了。这个问题是默里·罗斯博德(Murray Rothbard,1970)提出的。

上述的案例忽视了一个事实，即“商品”不一定是有形的物品，而是消费者认为效用相同并可相互替代的产品。有四个鸡蛋的蛋糕和分别有一个鸡蛋、两个鸡蛋、三个鸡蛋的蛋糕效用不同，且不具有相互替代性，因此边际效用递减规律在该案例中不成立。在这种情况下，使边际效用递减规律成立的唯一方法就是将每组四个鸡蛋当作一同质单位。

——资料来源：改编自马克·斯考森、肯那·泰勒，《经济学的困惑与悖论》，华夏出版社2001年版，第32页。

三、消费者预算约束与最优消费组合

前面说过，消费者问题是：如何根据自己的偏好，在一定的预算支出水平约束下买到能为自己带来最大满足的商品组合。

（一）预算约束

也就是消费者购买一定商品时的预算支出总额。对消费者而言，不论在商品组合中如何分配支出，但总量是一定的。比如说，所购商品是水果和衣服，下式一定成立：

对水果的支出＋对衣服的支出≤总预算支出

由于总预算支出数额固定，所以对两种产品的支出之间就存在替代关系。当价格给定情况下，预算约束也规定了消费的可能前沿（consumption possibilities）。

（二）最优消费组合

为了在花费一定的货币支出后获得最大的总效用，消费者应该如何在各种商品的消费和购买中分配支出呢？具体就是应该购买哪些商品，组合中各种商品的购买数量应为多大？要解决这个问题，就要涉及最优消费组合问题。所谓最优消费组合就是指消费者在货币支出和商品价格既定的条件下，获得最大效用的消费商品组合。这个结果是消费者均衡（consumer's equilibrium）实现时的结果，所以，研究单个消费者在既定收入下实现效用最大化的均衡条件就可以得到这种最优的结果。当消费者实现效用最大化时，既不会增加也不会减少任何商品的购买数量，这样就达到了一种相对静止的均衡状态，因而被称为消费者均衡。

基数效用理论认为消费者均衡的条件可以表述为：消费者花费每1单位货币，所购买的各种商品的边际效用都相等，这被称为单位货币的边际效用均等原则，又称戈森第二法则。如果消费者既定的收入为M，用以购买n种商品；P_1，P_2，…，P_n分别为n种商品既定的价格；X_1，X_2，…，X_n分别为n种商品的消费数量；MU_1，MU_2，…，MU_n分别为n种商品的边际效用；λ表示为货币的边际效用。则求解消费者均衡的问题可以转换为一定的收入约束条件下求效用函数的最大值：

收入条件：$P_1X_1+P_2X_2+\cdots+P_nX_n=M$

效用函数：$TU=U(X_1,X_2,\cdots,X_n)$

消费者均衡也可以如下表示，具体数学推导和证明请见本章附录：

$$\frac{MU_1}{P_1}=\frac{MU_2}{P_2}=\cdots=\frac{MU_n}{P_n}=\lambda$$

下面以两种商品为例来说明消费者均衡条件：

当$\frac{MU_1}{P_1}>\frac{MU_2}{P_2}$时，说明对于该消费者，同样的1元收入购买商品1得到的边际效用大于购买商品2所得到的边际效用。因此，理性的消费者会增加对商品1的购买，减少对商品2的购买，由于边际效用递减规律的作用，最终达到$\frac{MU_1}{P_1}=\frac{MU_2}{P_2}$。

当$\frac{MU_1}{P_1}<\frac{MU_2}{P_2}$时，说明对于该消费者，同样的1元收入购买商品2得到的边际效用大于购买商品1所得到的边际效用。因此理性的消费者会增加对商品2的购买，减少对商品1的购买，由于边际效用递减规律的作用，最终达到$\frac{MU_1}{P_1}=\frac{MU_2}{P_2}$。

此外，如果消费者仅消费一种商品时，则均衡条件又可转换成$\frac{MU}{P}=\lambda$。表示消费者对任何一种商品的最优购买量是使最后一元货币购买该商品所带来的边际效用和所付出的这一元货币的边际效用相等。

四、需求曲线

我们还可以利用上述结果来推出需求曲线。

对于一种商品来说，随着需求量的不断增加，边际效用 MU 将递减。在货币的边际效用不变的前提下，商品的需求价格 P 必然随着 MU 的递减而递减，也就是商品数量增加与价格水平下降相对应。我们知道，就一种商品来说，商品价格其实代表着消费者愿意支出的最高水平，即 $P=MU$。根据边际效用递减规律，效用递减，消费者愿意放弃的货币数量也是递减的。因此，单个消费者的需求曲线一定是向下倾斜的。边际效用曲线对于需求曲线的决定可以从图4-2来得出。

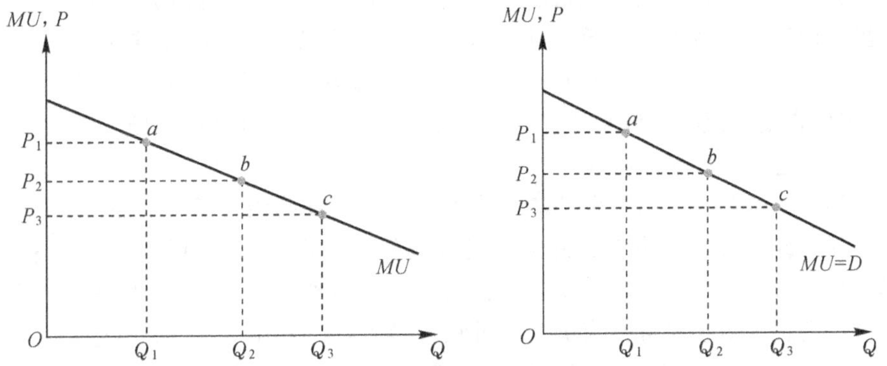

图 4-2　边际效用曲线与需求曲线

专栏 4-2　　货币的边际效用

货币是一种特殊商品,但是跟普通商品一样也有效用和边际效用,因此货币的边际效用照理也应该符合边际效用递减规律的。然而,需要特别注意的是,在对消费者行为的研究中,一般是假定货币的边际效用不变。这主要是源于以下的原因。(1)商品的边际效用与该商品的稀缺程度相关,稀缺程度高则边际效用高,反之稀缺程度低则边际效用低。因此,货币收入高的消费者支出单位货币感觉牺牲较少,货币收入低的消费者支出单位货币感到牺牲较大。也即,富裕家庭的货币边际效用较小,贫穷家庭的货币边际效用较大。但是研究某一个消费者或是家庭的消费行为时,货币的边际效用的差异就可以不予考虑。(2)假定消费者在一次购买中的货币支出占其总货币收入的较小部分。在一次实际购买中,货币支出是一次完成的。理性的消费者力求使每一元货币的使用效率都达到最大,因此在决策时货币的支出仍然是有先后顺序的。也就是说,在一次购买中,仍然存在着观念上的货币边际效用递减。但是,由于货币支出占消费者货币收入中的较小部分,一次购买中观念上的货币先后支付对消费者全部货币收入的稀缺性程度的影响是微乎其微的,所以货币的边际效用递减规律也可以忽略不计。

第二节　序数效用理论

序数效用理论认为一种产品对消费者的效用,没有一个客观的衡量标准,而且受到同时消费的有关产品的影响,因此,效用是难以衡量并无法计算的,不能像基数效用理论那样用基数来表示效用的大小。然而同时他们也认为一个消费者虽然说不出各种产品的效用具体为多少，但能够明确排出自己对这些产品偏好的次序。因此序数效用理论通过对消费者偏好的性质作出以下三点基本假定，进而提出无差异曲线来研究有关产品的相互关系，形成独立的消费者选择理论体系。包括以下基本假定。

第一，偏好的完全性：消费者面临着具有不同商品消费组合（如商品甲与商品乙）时，他能够自己决定偏好这一组合或那一组合，或者对两者有同样偏好。尽管很多时候消费者并不能明确的评估出各种消费组合的价值，但是这个假定在分析消费者对熟悉商品束的选择过程时确实是一个方便的假定。它真正的意图是要排除类似以下的这类情况：一头饥饿的毛驴面对着两堆草，却由于不能确定应该选择吃哪一堆，结果被活活饿死。

第二，偏好的可传递性：消费者的偏好可以转移比较，例如：消费者偏好甲商品甚于乙商品，偏好乙商品甚于丙商品，那么，消费者对甲商品的偏好一定超过丙商品。否则，消费者的偏好是矛盾的或不一致的。可传递性是一种简单的相容性质，它既适用于“同等偏好”关系，也适用于“不等偏好”关系。例如，若某个消费者对 A 和 B 同等偏好，并且对 B 和 C 也是同等偏好，那么自然他对 A 和 C 也是同等偏好的。此外，如果他偏好 A 甚于 B，偏好 B 甚于 C，那么自然他偏好 A 甚于 C。

第三，偏好的非饱和性：对于消费不同组合的同种商品，消费者偏好数量较多的一组产品；数量相同，消费者对其同样偏好。这也可以说是消费偏好排序的多多益善性质，在其他商品的数量相等的情况下，某种商品越多越好。当然，在现实生活中也存在不少的东西是越多越坏的，例如对于一个已经吃得很饱的人来说，更多过量的食物就不是多多益善的了。

一、无差异曲线及其特点

无差异曲线（indifference curve）是指能够给消费者带来同等程度的满足水平或效用水平的两种商品的各种不同组合的轨迹，又被称为等效用线（isoutility curve）。表 4-2 为无差异表，它表明不同的商品组合给单个消费者带来的效用是同等的，也即无差异的。根据无差异曲线表，可以得出图 4-3 中该消费者的无差异曲线 I。

表 4-2　无差异表

商品组合	商品 Y 数量	商品 X 数量
a	30	6
b	24	7
c	20	8
d	14	10
e	10	13
f	8	15
g	6	20

图 4-3 的横轴为 X 商品的数量 x，纵轴为 Y 商品的数量 y。在一条无差异曲线上，任何一点所表示的商品组合（如 a,b,c,d）所给定的效用水平都是相等的。同时一个消费者绝不会只有一条无差异曲线，而是有一组无差异曲线，不同的无差异曲线构成了"无差异曲线图"(indifference map)，如图 4-4 所示。

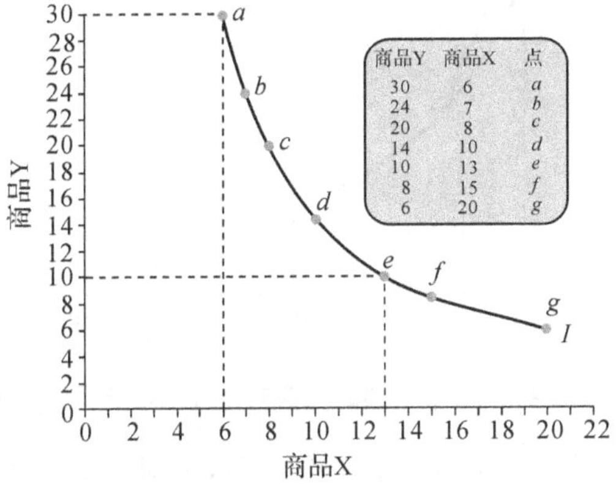

图 4-3　无差异曲线

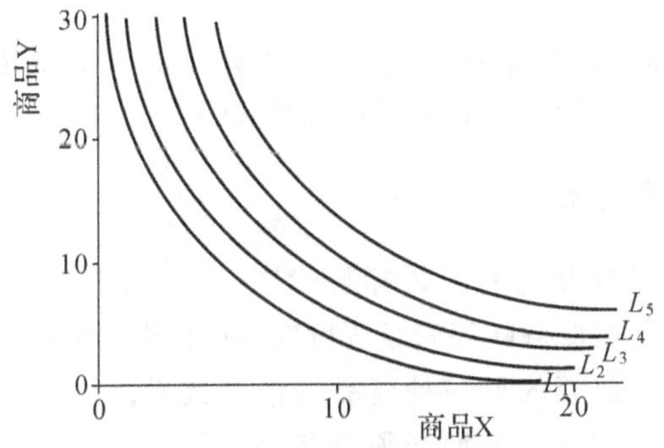

图 4-4　无差异曲线图

根据图 4-3 和图 4-4 可以得到无差异曲线具有以下特征。

第一,同一坐标平面内存在着无数条无差异曲线,离原点较远的无差异曲线代表较高的效用水平,反之亦然。如图 4-4 所示,按照效用水平从高到低的顺序可以排为:$L_5 > L_4 > L_3 > L_2 > L_1$。

第二,对于同一个消费者而言,任何两条无差异曲线都不会相交。如果相交则会违反偏好的假定。运用反证法和偏好的假定,可以推导出两条无差异曲线相交的不可能性。如图 4-5 所示,e 点与 f 点在同一条无差异曲线 C 上,因此 e 与 f 具有相同的效用水平。同时,g 点与 e 点在同一条无差异曲线 A 上,因此 g 与 e 具有相同的效用水平。根据偏好的可传递性假设,g 与 f 也应在同一条无差异曲线上,而图中的 g 点和 f 点代表不同的效用水平,因此两条无差异曲线相交的假设被否定。

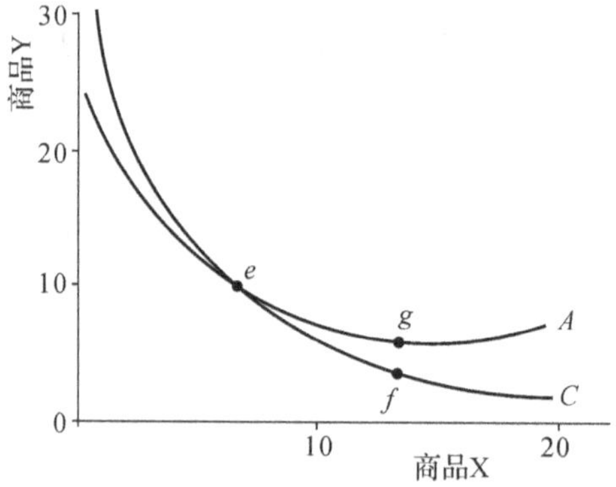

图 4-5　无差异曲线相交的不可能性证明图

第三,无差异曲线从左上方向右下方倾斜,也即曲线斜率为负。这表明,消费者为了保持效用水平相等,必须使所放弃的商品 Y 的消费能够从增加商品 X 的消费中得到弥补。

第四,无差异曲线凸向原点。这说明,无差异曲线的斜率的绝对值是递减的。无差异曲线的斜率被称为商品的边际替代率。

二、商品的替代率

消费者选择两种商品之间的边际替代率(marginal rate of substitution,简称 MRS)是指消费者在保持同等满足程度时,即在同一效用水平下,增加 1 单位某商品的消费时必须放弃的另一种商品的消费数量。X 对 Y 的边际替代率表示每增加 1 单位 X 商品的消费而必须放弃的商品 Y 的数量,具体可以用公式表示为:

$$MRS_{xy}=\frac{\Delta y}{\Delta x}$$

此外，边际替代率还可以用两种商品的边际效用来表示，它等于两种商品的边际效用之比，即：$MRS_{xy}=\frac{MU_x}{MU_y}$，具体证明如下所示。

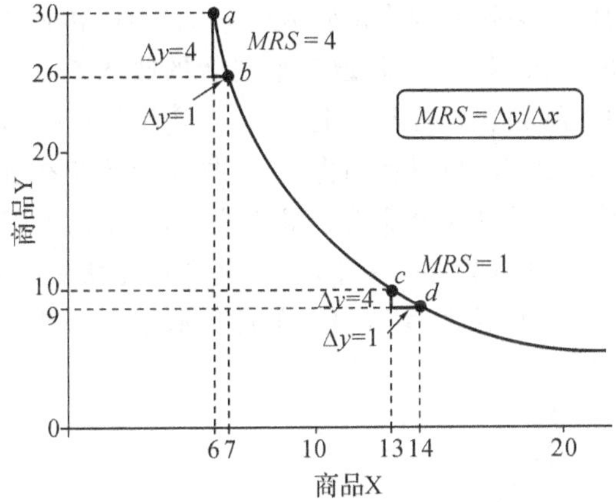

图 4-6 边际替代率

a 点与 b 点在同一条无差异曲线上，意味着两点的总效用水平相同：$TU_a=TU_b$。从 a 点到 b 点的过程中，消费者多消费了$\triangle x$ 的 X 商品，而少消费了$\triangle y$ 的 Y 商品，但两者总效用水平仍然相同，说明多消费$\triangle x$ 单位的 X 商品引起的总效用增加正好等于少消费$\triangle y$ 单位的 Y 商品引起的总效用减少，即：

$$\Delta TU_x=-\Delta TU_y$$

$$\Delta x\times MU_x=-\Delta y\times MU_y$$

$$-\frac{\Delta y}{\Delta x}=\frac{MU_x}{MU_y}$$

所以，X 对 Y 的边际替代率也就是其边际效用之比：

$$MRS_{xy}=-\frac{MU_x}{MU_y}$$

边际替代率是递减的，这意味着在保持总效用水平不变的前提下，为增加 1 单位商品 X 的消费量，而必须放弃的另一种商品 Y 的消费量是减少的。从图 4-3 的分析中也可以看出，当消费者为得到第 7 个单位的 X 时，必须放弃 6 个单位的 Y，而为得到第 8 个单位的 X，就只需放弃 4 个单位的 Y。据此，我们得到边际替代率递减规律。该规律表明，消费者为得到更多数量的某一商品而愿意放弃的另一商品的数量是递减的，或者商品的边际替代率是递减的。这是因为，随着某种商品消费量的增加，其边际效用递减，而另一商品的边际效用又随其消费量的减少而递增。可见，边际替代率递减规律来自边际效用递减规律。

三、预算线

无差异曲线上的点代表的是消费者主观意愿购买的商品组合，但在客观上消费者的消费活动仍然必须受到货币收入因素的制约，因此有必要考虑另外一条曲线，即预算线(budget line)。假定某消费者的收入为 30 元，他将这笔收入花费在生活必需的食品和衣着的购买上，市场上食品的价格每单位为 2 元，服装的价格每单位为 3 元，那么，消费者如将 30 元收入全部花在食品上可以购买 15 单位的食品，如果将 30 元收入全部用于服装的购买，那么可以消费 10 单位的服装。另外，该消费者同时消费食品和服装时，将会产生无数种组合，如 3 单位的食品和 8 单位的服装；6 单位的食品和 6 单位的服装……根据上述数据可以得出图 4-7 的预算线 B。

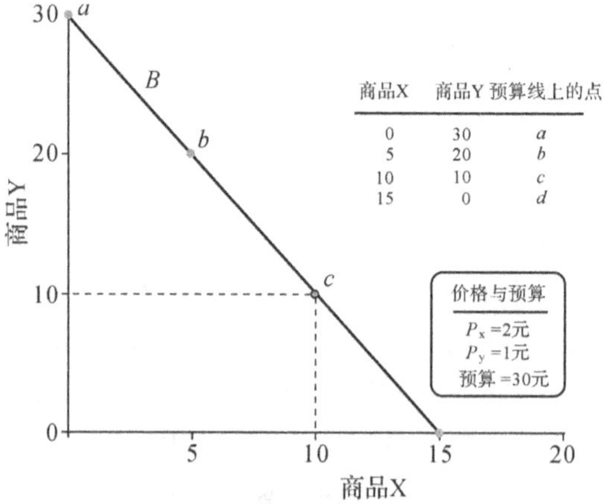

图 4-7　预算线

可见，预算线是在收入和商品价格既定的条件下，消费者能够购买到的两种商品最大数量组合的连线。预算线与横轴、纵轴所构成的三角形区域被称为预算空间，在此空间中任何一点代表的消费商品的组合都是消费者能够购买的。而在预算空间以外的任何一点所代表的消费商品组合是消费者在现有收入水平下无法实现和达到的。预算线的方程可以用下式来表示：

$$M = XP_x + YP_y$$

其中 X 和 Y 代表两种商品的消费数量，P_x 和 P_y 代表两种商品的价格，M 为消费者的货币收入。因此可以知道图 4-7 中预算线的斜率可以表示为：

P_x/P_y。

如果消费者的收入水平和(或)商品的价格发生改变，都会引起预算线的改变。图 4-8 表明商品价格不变的前提下收入变动对预算线的影响：收入提高，消费者增加购买，预算线向右上方平移，从 A_2B_2 移到 A_1B_1；收入减少，消费者减少购买，预算线向左下方平移，从 A_2B_2 移到 A_3B_3。平移的幅度取决于收入变动的大小。图 4-9 表明的是收入水平和某一种商品(商品 Y)价格不变的前提下，另一种商品(商品 X)价格变动对预算线的影响，主要引起预算线的旋转。当 X 商品价格增加时，预算线以 A 点为轴心向左下方发生旋转，从 AB_2 移动到 AB_3；当 X 商品价格减少时，预算线以 A 点为轴心向右上方发生旋转，从 AB_2 移动到 AB_1。

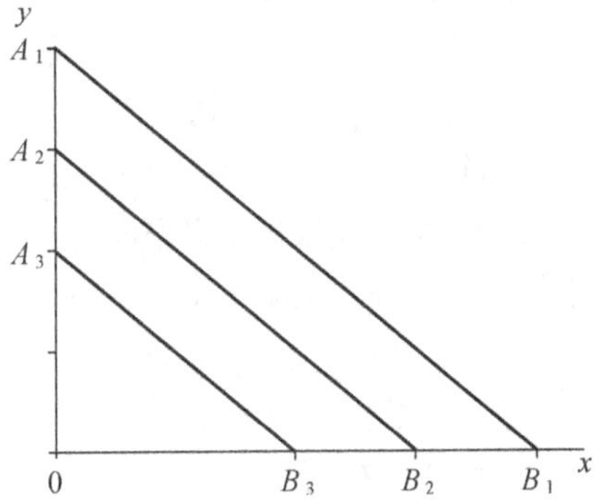

图 4-8　预算线的平移

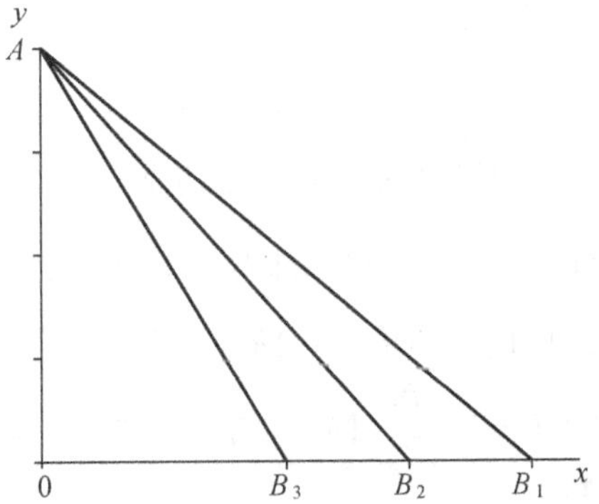

图 4-9　预算线的旋转

上述分析说明，收入水平变化与商品价格变化对预算线的影响是不同的；收入水平的变化影响到预算线位置的高低，而某种商品价格的变化则导致预算线斜率的变动。此外当两种商品的价格按照同方向且同比例变化时，才会对预算线产生如同收入水平变化时的相同影响。

四、消费者均衡

序数效用理论认为，无差异曲线反映的是消费者的消费意愿和消费偏好，而预算线表明的是消费者的消费能力，因此要在无差异曲线和预算线的基础上，来分析消费者均衡问题。根据前面章节对消费者均衡的定义，要求消费者在既定收入下实现效用最大化的均衡条件，只需找到既定的预算线与尽可能高的无差异曲线的切点即可。

如图 4-10 所示，最高的一条无差异曲线 I_3 上的点代表着图中最大的效用满足程度，但是这条曲线所代表的商品组合的数量，在既定价格水平下，超出了消费者的收入水平，消费者对于该无差异曲线所代表的商品数量没有支付能力。从图中可直观地看出，无差异曲线 I_3 高于预算线 B。

而无差异曲线 I_2，它与预算线 B 有一个切点 E，在该点上消费者恰好支出自己的全部收入并且得到 I_2 曲线所代表的效用满足程度，两种商品的消费组合 (x_1, y_1) 为最优的消费组合。那么，既然消费者只能在预算空间上以及空间内部进行选择，为什么不选择 I_1 与预算线的交点进行消费呢？原因在于，此情况下消费者付出了全部收入而只得到无差异曲线 I_1 所代表的效用水平，明显低于无差异曲线 I_2。因此消费者要使自己在既定的收入水平条件下获得最大满足，更倾向于 E 点。E 点是预算线与无差异曲线的切点，该切点切线的斜率等于预算线斜率 (P_x/P_y)，也即两种商品价格的比率；而无差异曲线的斜率即边际替代率为 $-\Delta y/\Delta x$，因此，消费者的均衡条件可以写为：

$$MRS_{xy}=\frac{\Delta y}{\Delta x}=\frac{P_x}{P_y}$$

假如消费者选择 E 点以外的某一点进行消费时，无差异曲线的斜率可能大于预算线的斜率，即 $MRS_{xy}>\frac{P_x}{P_y}$。根据边际替代率递减法则，消费者将增加 X 的购买，减少 Y 的购买，以便得到更大的满足。同时，无差异曲线的斜率也可能小于预算线的斜率，即 $MRS_{xy}<\frac{P_x}{P_y}$；同理，消费者将减少 X 的购买，增加 Y 的购买，以便得到更大的满足。只有在点 E，$MRS_{xy}=\frac{P_x}{P_y}$，消费者才能达到均衡的购买量，得到最大的满足。

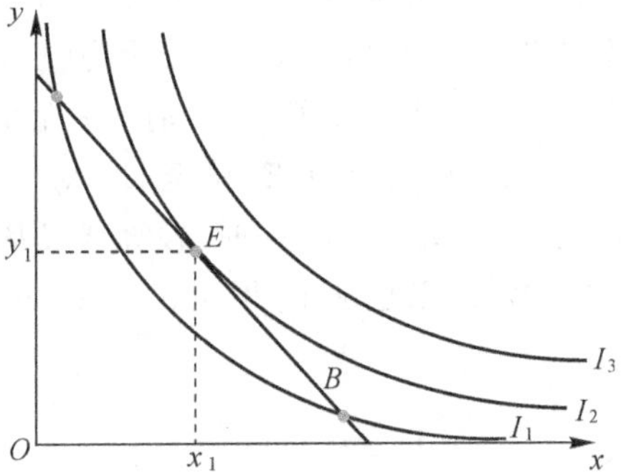

图 4-10 消费者均衡

在前面章节已经证明得到 X 对 Y 的边际替代率也就是其边际效用之比:

$$MRS=\frac{MU_x}{MU_y}$$

也就意味着:$MRS_{xy}=\frac{MU_x}{MU_y}=\frac{P_x}{P_y}$

上式也可以进一步转化为$\frac{MU_x}{P_x}=\frac{MU_y}{P_y}$,即基数效用理论的消费者均衡条件。可见,序数效用理论与基数效用理论两者在消费者均衡条件方面是一致的。

到目前为止,所提到的无差异曲线和预算线的分析中,都是适用于消费者仅消费两种商品的情况。在商品数量多于两种的情形下,可以把消费者的选择看成是在一种单独的商品 X 和所有商品的一个组合 Y(可称之为合成品)之间做出。合成品是消费者买过 X 之后剩下的收入可买商品组合。于是,即使有多种商品,我们也可以在 XY 平面上表示消费者偏好的无差异图。此时,无差异曲线反映的就不是用一种特定商品 Y 去交换另一种商品 X 所依据的比率,而是用合成品交换 X 的比率。就如在两种商品的情形下,当消费者在预算约束下达到最高的那条无差异曲线时,消费者的均衡就产生了。

五、消费者均衡的变动

商品价格和消费者收入的变化会分别影响预算线的位置和斜率。因此当商品的价格和消费者的收入发生变化时,预算线会发生移动,新的预算线与其他的无差异曲线相切,从而形成新的消费者均衡点,使得消费者均衡发生变动。

(一) 收入消费线与恩格尔曲线

当两种商品价格不变,而消费者的收入发生变动时,预算线的斜率不变,但其位置将平行移动,因此预算线与其他的无差异曲线相切,使得消费者的均衡点也将随之移动。由上述消费者均衡点所形成的连线轨迹，反映了消费者在不同的收入情况下两种商品消费量所产生的变化，被称为收入消费线(income-consumption curve,ICC 曲线)。如图 4-11 所示，当消费者的收入从 M_1 增加到 M_2 时，预算线从 A_1B_1 移至 A_2B_2，均衡点自 E_l 移至 E_2，对 X 的需求量自 x_1 增至 x_2；当消费者的货币收入进一步增加到 M_3 时，预算线又从 A_2B_2 移至 A_3B_3，均衡点自 E_2 移至 E_3，对 X 的需求量也从 x_2 增至 x_3。E_1、E_2、E_3 等类似点的连线即为收入消费线。

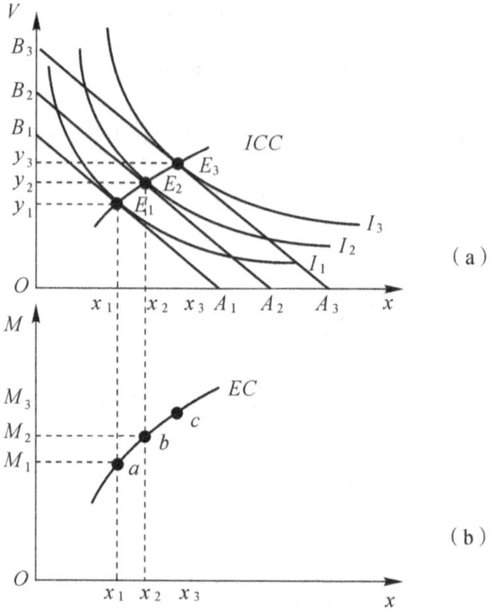

图 4-11　收入消费线与恩格尔曲线

从收入消费线我们可以推导出恩格尔曲线。恩格尔曲线(Engel curve)是由德国统计学家 E. 恩格尔提出的，表明消费者的收入与某种商品的需求量之间关系的曲线。如图 4-11(b)所示，纵轴表示的是消费者收入水平，横轴表示的是某种商品 X 的消费量，可以从图 4-11(a)的收入消费线推导而来。

(二) 价格消费线与需求曲线

同样，当某种商品的价格发生变动时，预算线的斜率必然变动，从而引起预算线的移动和消费者均衡点的移动。上述消费者均衡点所形成的连线轨迹，反映了消费者在不同的价格下商品消费量的变化，被称为价格消费线(price-consumption curve,PCC 曲线)。如图 4-12(a)所示，当商品 X 的价格下降时，预算线从 A_1B 移至 A_2B，均衡点从 E_1 移至 E_2，需求量从 x_1 增至 x_2；当 X 的价格进一步下降时,预算又从 A_2B 移至 A_3B,均衡又从 E_2 移至 E_3,需求量也从 x_2 进一步增到 x_3。E_1、E_2、E_3 等类似点所形成的轨迹即为价格消费曲线。从价格消费线可以推导出某商品的需求曲线,如图 4-12(b)所示。

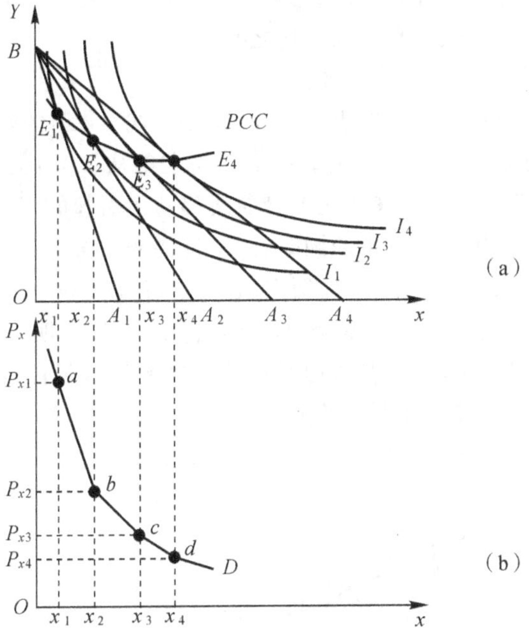

图 4-12 价格消费线与需求曲线

(三) 收入效应与替代效应

需求定律表明在其他条件不变的前提下,价格与需求量成反方向运动。某种商品价格变动对需求量的影响被称为价格效应。价格效应又可以分解为收入效应和替代效应。收入效应(income effect)是指当商品的价格变动时,引起消费者实际收入的变动,进而导致对该商品需求量的增加(价格下降)和减少(价格上升),这种效应称为收入效应。对于不同性质的商品,其收入效应也不相同。一般而言,正常商品的收入效应为正,即随着收入的增加消费量增加;低档商品和吉芬商品的收入效应为负,即随着收入的增加消费量反而减少。替代效应(substitution effect)是指当商品的价格变动时,在消费者的实际收入没有影响的前提下,引起消费者转向替代商品(商品价格上升)或从替代商品转向该商品(商品价格下降),从而对需求量产生的影响。这种价格变化所带来的需求量的变动效应,称为替代效应。

在替代效应和收入效应的分析中,假定消费者货币收入水平不变,原有的效用水平不变，消费者保持原有的无差异曲线。当商品价格发生变动后，虽然消费者的货币收入不变，实际收入的购买力却发生了变动，如图 4-13 所示。图中，当商品 X 的价格下降时，预算线从 A_1B 移至 A_2B，均衡点自 E_1 移至 E_3，X 的需求量从 Ox_1 增至 Ox_3，增加量为 x_1x_3。这种由于价格变动而产生的需求量的总变化即价格效应，是替代效应和收入效应之和。

价格效应＝替代效应＋收入效应

替代效应：由于相对价格发生变化，补偿预算线 A'_1B' 的斜率不同于原有的预算线 A_1B，均衡点从 E_1 移至 E_3，对 X 的需求量从 x_1 增至 x_2，增加了 x_1x_2。它是消费者的均衡点沿着原来的无差异曲线移动而引起的 X 的需求量的变化。

收入效应：在替代效应发生的同时，由于价格变动将导致消费者的实际收入变化，预算线从 A'_1B' 移到 A_2B，均衡点从 E_2 移至 E_3，需求量自 x_2 增至 x_3，增加了 x_2x_3。由于 A'_1B' 平行 A_2B，斜率相同，价格一样，说明 x_2x_3 是仅仅由于实际收入增加的效应，它是消费者的均衡点从原来的无差异曲线移到一条新的无差异曲线上而引起的 X 需求量的变化。

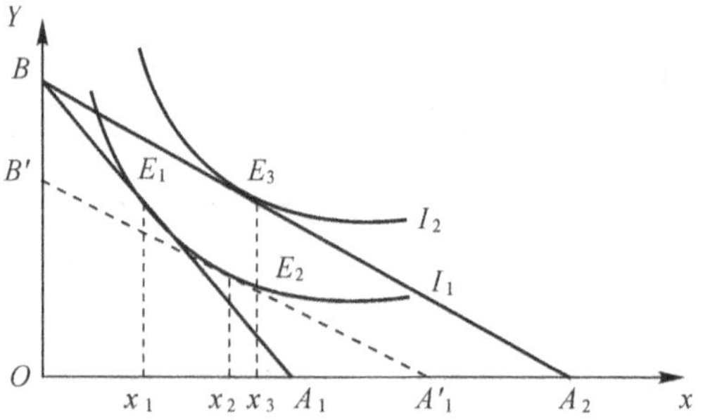

图 4-13 正常商品的收入效应与替代效应

对于以上正常商品的价格效应分析，不难发现替代效应与收入效应的变化方向相同。因此，价格的变动会引起需求量的反向变动，符合需求法则。然而对于低档商品以及吉芬商品来说，替代效应与收入效应的作用方向相反，两者相互抵消。如图 4-14、图 4-15 所示为低档商品的情况，当 X 商品价格下降，替代效应 x_1x_2 为正值，收入效应 x_2x_3 却为负值，因此，价格效应 $= x_1x_2 - x_3x_2 = x_1x_3$。$x_1x_3$ 仍然为正值，这说明虽然收入效应会抵消一部分替代效应，但由于替代效应变化的绝对值大于收入效应变化的绝对值，价格效应仍然符合需求法则。如图 4-15 所示，x_1x_3 为负值，说明替代效应绝对值小于收入效应绝对值，价格效应的方向将与价格变动方向相同，这是吉芬商品的情况。吉芬商品是英国经济学家 R. 吉芬在研究 19 世纪爱尔兰人对土豆消费需求时发现的一种存在这种违反需求法则的反常现象，因此被称作吉芬效应，这种低档商品也称作吉芬商品(Giffen good)。显然吉芬商品必是劣等品，但劣等品不一定是吉芬商品。

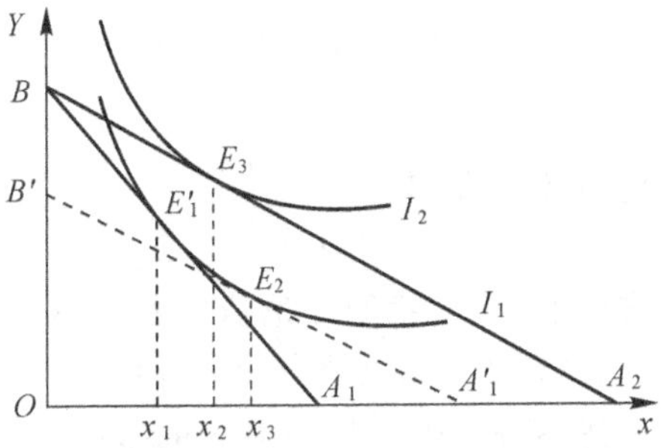

图 4-14　低档商品的收入与替代效应

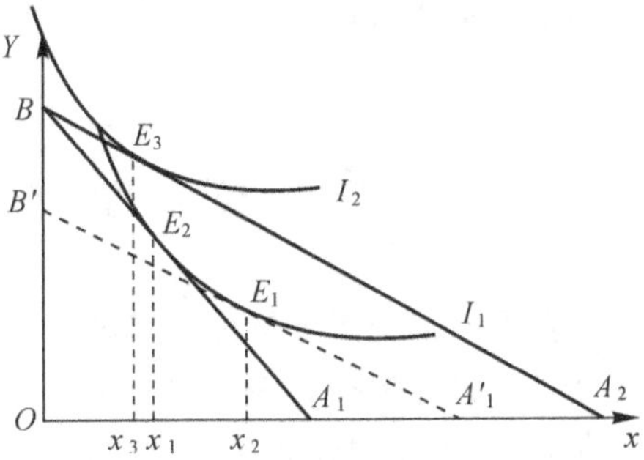

图 4-15　吉芬商品的收入与替代效应

专栏 4-3　　吉芬商品的定义与性质

吉芬商品是指价格上涨的总效应是增加而非减少其购买量的商品。既然价格上涨的替代效应总是减少购买量，吉芬商品价格变化的收入效应必定是抵消了替代效应，即吉芬商品必定是低档品，且非常低档，以至于收入效应超过了替代效应。

经常被引用和列举的吉芬商品的例子是爱尔兰19世纪“土豆荒”时期的土豆。当时穷人们主要以土豆度日，土豆价格上升对实际购买力造成了严重的负面影响。面对实际收入的减少，许多家庭的反应是削减在肉类或者其他昂贵食品上的开支，以购买更多的土豆。现代历史学家就当时的土豆是否是吉芬商品展开过争论。无论争论的结果如何，土豆的故事确实向我们说明了一个吉芬商品逻辑上必须具备的性质。第一，吉芬商品不仅是低档品，而且占用了消费者大部分的预算。否则，其价格上的变化也不足以明显降低消费者的购买力。就如，一个钥匙扣的价格上涨一倍，不会有任何人会感觉自己明显的变成穷人了。第二，吉芬商品的替代效应相对比较小，小得能够被收入效应完全抵消。

实际上，一种商品要同时满足吉芬商品的这两个性质，其可能性是极小的。毕竟大多数商品只占消费者的总开支的很少一部分。而且，一种商品定义的越是宽泛，越不可能成为低档品。最后，由于其本身的性质，低档品具有一些相近的替代品。所以，吉芬商品说到底不过是经济学教师为了测试学生对收入效应和替代效应的理解而制造出来的畸形商品。

——资料来源：罗伯特·H. 弗兰克，《微观经济学》（第五版），中国财政经济出版社 2005 年版，第 96 页。

第三节　不确定性和风险

前面对消费者分析都是在确定环境下进行的，下面我们讨论消费者在不确定条件下进行选择。为了对消费者行为进行分析，首先需要将不确定性或风险量化，以便进行比较和计算。因此，本节在论述不确定性和风险概念的基础上，给出期望效用函数，并且讨论在不同的风险程度下，不同消费者对于风险的态度。

一、不确定性和风险

在消费者行为分析中引入不确定性的概念早在 17 世纪就出现了。帕斯卡的《思想录》与伯努利的若干论文里都有赌博、投机的思想。但有一个问题一直悬而未决：在不确定的环境里，能否预测消费者的行为？到了 1944 年，冯·诺依曼和奥·摩根斯坦的专著《博弈论和经济行为》对此给出了答案。他们证明了，当人们的行为满足某些条件时，经济学家有可能构筑一定的分析框架，来预测人们在不确定情形下的选择。

1921 年，弗兰克·奈特以其博士论文为基础发表的《风险、不确定性和利润》正式将不确定性概念引入经济学的理论殿堂中，并在其著作中勾画出风险与不确定性之间明显的区别：风险是指那些属于已知或可知其概率分布的事情，不确定性则是指那些不可能确切知道概率数值的事件。或者说不确定性是指可能出现一种以上的情况，但我们并不知道会是哪一种的状态。不确定引起了风险。如果一个事件未来的可能结果无法用概率表示，就是不确定性。如果一个事件未来的可能结果可以用概率表示就是风险。这就是不确定性和风险的区别。

二、期望效用函数

为了区分无风险条件下确定性收入所提供的效用与有风险条件下期望收入所提供的效用，我们不得不提到一个新的概念，即期望收入所提供的效用——期望效用（expected utility）。期望效用是某一选择行为的各种可能结果所提供的效用的加权平均，其权数为各种可能结果发生的概率。期望效用函数的表达式为：

$$E(U)=P_1U(X_1)P_2U(X_2)+\cdots+P_nU(X_n)$$

其中，$U(X_n)$是对应于第 n 种收入所提供的效用，P_n是获得第 n 种收入的概率。这一形式的效用函数被称为期望效用函数，又被称为冯·诺依曼－摩根斯坦效用函数，简记为 VNM 效用函数。这主要是为了纪念冯·诺依曼和奥·摩根斯坦在这方面所作出的重大理论贡献。期望效用函数的意义在于，当消费者面临不确定性时，我们能够依靠期望效用的极大化来分析消费者的选择。

三、风险偏好

假如一个人有两种选择，一种是获得 100 元的奖金，另一种是要他自己额外花费 5 元买彩票。彩票有两种：A 型和 B 型，彩票 A 是获得 220 元的奖金，彩票 B 的奖金为零。A、B 两种彩票出现的概率各为 1/2。这种买彩票活动的预期的货币价值为 0.5×220＋0.5×(－5)＝107.5。所以买彩票的预期的货币价值要高于 100 元奖金的货币价值。因此，此人面临的选择是接受没有风险的 100 元，还是接受有风险的 107.5 元。这个例子代表了一类选择：是选择确定的少量的货币收入，还是选择有风险的但是预期的货币价值更大的方案。显然，对于这个问题的回答，需要涉及一个人对风险所持有的态度和偏好。

当消费者面临不确定性的时候，每个消费者对待风险的态度和偏好是不同的，因此这也导致了他们做出的行为选择是不同的。人们对待风险的偏好是指人们承担风险的意愿。一般而言，根据风险偏好可以将消费者分为以下三类：风险规避者(risk-adverse individual)、风险中性者(risk-neutral individual)和风险偏好者(risk-loving individual)。所谓风险规避者又称风险厌恶者，是指假定消费者在无风险条件下所能获得的确定性收入与他在有风险条件下所能获得的期望收入相等时，对于确定性收入的偏好强于对有风险条件下期望收入的偏好的消费者。这类人更愿意选择确定性的收入。而风险偏好者，面对相等的无风险条件下所能获得的确定性收入和有风险条件下所能获得的期望收入，则是对有风险条件下期望收入的偏好强于对确定性收入的偏好。如果消费者在同样情况下，对于有风险条件下期望收入的偏好与对于确定性收入的偏好是无差别的，则此类消费者属于风险中性者。

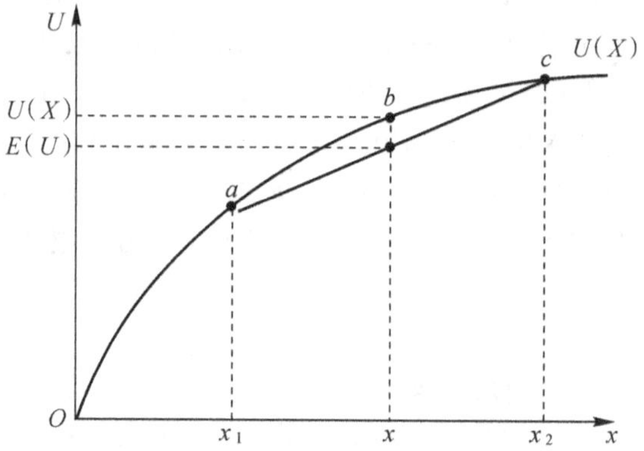

图 4-16　风险厌恶者的效用曲线

图 4-16 描述了风险厌恶者的效用曲线。由于在可能获得的确定性收入与风险条件下的期望收入相等的情况下，风险厌恶者偏爱确定性收入而不是有风险时的期望收入，因此对于风险厌恶者而言，确定性收入的效用高于期望收入的效用。消费者面对一个确定性收入 X 和一个期望值与之相等的不确定性收入 A，且此收入 A 满足 $E(A)=P_1X_1+P_2X_2=X$，确定性收入给他带来的效用为 $U(X)$。由于其厌恶风险，尽管不确定性收入 A 的期望值也是 X，但带给他的期望效用 $E(U)$ 却要小于前者，即 $U(X)>E(U)$，因此风险厌恶者的效用曲线是一条凹向横轴的曲线。

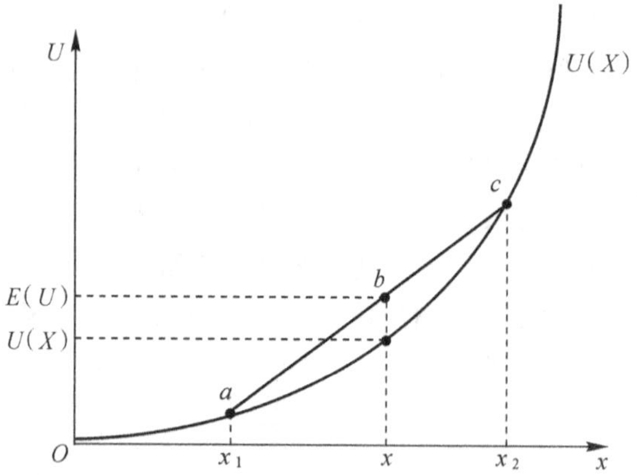

图 4-17　风险偏好者的效用曲线

图 4-17 则表示风险偏好者的效用曲线的形状，与风险厌恶者正好相反。由于在期望收入与确定性收入相等的情况下，风险偏好者更愿意接受风险情况下

的期望收入，而非无风险状态下的确定性收入。因此，风险偏好者的效用曲线形状，是一条凸向横轴的曲线，连接曲线上任意两点的弦位于这两点间曲线的上端，表明风险条件的期望效用高于无风险条件下确定性收入所产生的效用，即 $U(X)<E(U)$。

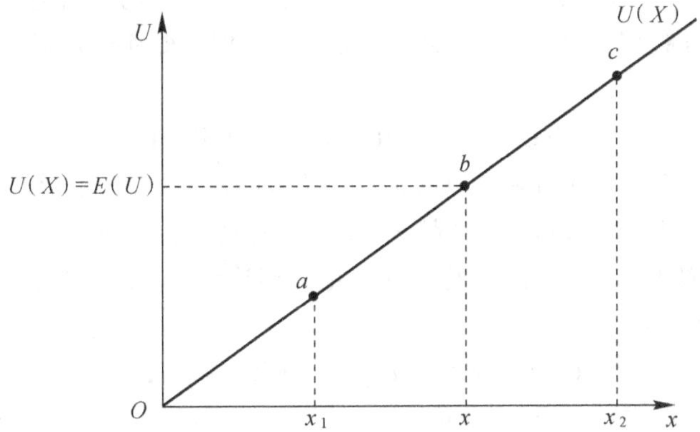

图 4-18　风险中性者的效用曲线

风险中性者的效用曲线如图 4-18 所示。由于当确定性收入与期望收入相等时，无风险条件下的确定性收入与风险条件的期望收入给风险中性者带来同等的效用水平，即 $U(X)=E(U)$，因此，风险中性者的效用曲线是一条从原点出发的射线。

在现实生活中，大多数人在大多数时间是风险厌恶者，他们会以各种方式来规避风险；但是某些人在某种情况下却喜欢冒风险，如参加赌博、购买彩票等；而真正的风险中性者却并不多见。

四、风险与保险

现实生活中，人们所从事的许多活动都面临着风险，那么人们又是通过什么方式应付所面临的风险的呢？对付可能发生的风险的主要方式是购买保险(purchase of insurance)、多样化(diversification)和获取更多的信息(obtaining more information)。我们在这一部分主要介绍保险市场对于降低风险所起的作用。

风险市场是现实经济中各种转移和分担风险的机制和制度的总和，风险市场最重要的部分是保险市场，它是风险厌恶理论的一个重要应用成果。购买保险目前已成为人们最常采用的规避风险行为之一。在保险市场中，保险公司为消费者提供保险服务，消费者可以通过购买保险的方式应付可能发生的风险。

那么,保险的价格是如何确定的,被保险人又是如何决定其保险量的呢?下面以家庭财产保险为例来分析保险问题。

假定某消费者拥有的家庭财产为 W,一旦发生风险,例如失窃、火灾等风险,该消费者将会损失 L 的财产,而发生风险的概率为 ρ。所以该消费者的财产是一个不确定变量,发生失窃或火灾的概率为 ρ,消费者的财富为 $W-L$;平安无事、保有 W 的概率为 $1-\rho$。那么,在没有保险时,该消费者拥有财富的期望效用为:

$$E(U)=(1-\rho)U(W)+\rho U(W-L)$$

现在假设该消费者为规避风险向保险公司以每元 π 的价格购买 X 元的保险。因此,他向保险公司付保险费 πX 元,当风险发生时保险公司将赔偿他 X 元。消费者将购买适当的保险量以最大化其期望效用,他面临下面的约束条件下的优化问题:

目标函数:$(1-\rho)U(W-\pi X)+\rho U(W-\pi X-L+X)$

一阶优化条件为:$-\pi(1-\rho)U(W-\pi X)+(1-\pi)\rho U(W-\pi X-L+X)=0$

如果保险公司提供的是公平保险,即保险费的收入恰好等于赔偿的期望值,即 $\pi X=\rho X$,或 $\pi=\rho$。那么,将这一关系式代入上式,可以得到:

$W-\pi X=W-\pi X-L+X$,即 $X=L$

这说明,如果保险市场提供公平保险,消费者购买保险的数额应和他全部财产中可能会遭受损失的那部分财产的价值一样,即为可能受损的财产购买全额保险。需要说明的是,公平保险的假设隐藏着两个假定条件:一是保险公司是风险中性的,因此,期望利润即是其目标函数,这是基于保险公司有大量业务,公司的风险是充分分散的;二是保险市场是完全竞争的,因此,期望利润为零。显然,这是对现实问题的简化处理,事实上保险公司收取的保险费要比“公平保险”稍高一些,以便能获得一个正常利润。

在上述例子中,消费者通过购买公平保险,使其在损失发生时可以向保险公司领取全额赔偿金,从而将自己的不确定性财产转化成一个无风险的确定性财产 $W-\pi X$。事实上,该消费者已经把风险转嫁给了保险公司。保险公司能够承担这种风险是出于以下两个原因:第一,它把相互独立的风险分摊到许多人身上,从而形成一种风险分担的机制;第二,保险公司可以比较准确的预测风险。因为它给大量面临同样风险的人提供保险,大数定律使其在大规模经营的基础上有可能准确预测损失发生概率和确定保险价格,从而维持其收支平衡。

附录:

收入条件:$P_1X_1+P_2X_2+\cdots+P_nX_n=M$

效用函数:$TU=U(X_1,X_2,\cdots,X_n)$

为了解决以下两个式子所给出的约束条件下的最优化问题,需要运用拉格朗日乘数法。构造拉格朗日函数:$L=U(X_1,X_2,\cdots,X_n)-\lambda(P_1X_1+P_2X_2+\cdots+P_nX_n-M)$

其中,λ 被称为拉格朗日乘子,在这里具体表示为货币的边际效用。对拉格朗日函数求一阶导数,可以得到约束条件下求最优化问题的必要条件。

$$\frac{\partial L}{\partial X_1}=MU_1-\lambda P_1=0$$

$$\frac{\partial L}{\partial X_2}=MU_2-\lambda P_2=0$$

…

$$\frac{\partial L}{\partial X_n}=MU_n-\lambda P_n=0$$

$$\frac{\partial L}{\partial \lambda}=P_1X_1+P_2X_2+\cdots+P_nX_n-M=0$$

根据前 n 个式子,可以得到消费者均衡条件,也即边际效用均等规则:

$$\frac{MU_1}{P_1}=\frac{MU_2}{P_2}=\cdots=\frac{MU_n}{P_n}=\lambda$$

本章人物介绍:边际革命三巨匠

现代经济学教科书和论文中大量的“边际”概念,这使人不能不感叹 19 世纪 70 年代发生的“边际革命”所产生的深远影响。边际学派的出现被称为经济学史上的“边际革命”,其代表人物杰文斯、门格尔、瓦尔拉斯也是边际效用学派的创始人,在几乎相同的时间里,于曼彻斯特、维也纳和洛桑等不同的文化氛围中进行研究,竟然得到了同样的概念,可见这个“边际”概念不同寻常。

威廉·斯坦利·杰文斯(1832—1882),英国经济学家,他在 1871 年出版的《政治经济学原理》中提出了一个“最后效用程度”的概念,即增加一个最后消费量对人的满足程度。卡尔·门格尔(1840—1921),奥地利经济学家,其代表作《国民经济学原理》出版于 1871 年。他从人们对财物满足欲望的强度的主观评价中引申出价值,提出所谓欲望满足递减率。里昂·瓦尔拉斯(1834—1910),法国经济学家,其代表作《纯粹经济学要义》第一部分出版于 1874 年,第二部分出版于 1877 年。他承袭了其父价值决定于稀少性的思想,并把稀少性解释成人们消费一定量消费品时最后的欲望所感受到的满足程度，实际上就是后来的边际效用。

"边际革命"把边际概念引入经济学，并使其在微积分等数学形式上得到了进一步的发展，使得新古典经济学在数学化和形式化的道路上向前迈进了一大步。同时也使得效用理论在经济学中被普遍接受，边际学派也因此成为了经济学中影响较大的一个流派。并在之后发展成为两大支派：以门格尔为首的奥地利学派和以瓦尔拉斯为首的数理经济学派。

本章小结

1. 总效用是指消费者在一个特定时间内消费一定数量的某种商品所获得的满足程度的总和。边际效用是指消费者在某一时间内增加 1 单位商品的消费时所增加的额外满足程度。总效用与边际效用的关系：MU 为正，TU 增加；MU 为负，TU 递减；MU 为 0，TU 最大。

2. 消费者均衡是指消费者在货币收入和商品价格既定的条件下购买商品而获得最大的总效用的消费或购买状态，其必要条件是$\frac{MU_1}{P_1}=\frac{MU_2}{P_2}=\cdots=\frac{MU_n}{P_n}=\lambda$。

3. 分析消费者的均衡有两种基本理论：基数效用论和序数效用论。前者假定消费物品带来的满足感可以用具体数字表示，而后者则是通过把人们的消费排序的方法来解释，两者有异曲同工之妙。基数效用论采用效用函数方法，序数效用论采用无差异曲线方法。消费者均衡条件：$MRS_{xy}=\frac{MU_x}{MU_y}=\frac{P_x}{P_y}$。

4. 消费者均衡的变动：价格消费线和收入消费线。从价格消费线推导需求曲线；从收入消费线推导恩格尔曲线。价格效应是替代效应和收入效应的总和。对于正常商品、低档商品和吉芬商品，各自体现出来的效应有所差异。

5. 风险是指那些属于已知或可知其概率分布的事情，不确定性则是指那些不可能确切知道概率数值的事件。期望效用是某一选择行为的各种可能结果所提供的效用的加权平均，其权数为各种可能结果发生的概率。每个消费者对待风险的态度和偏好是不同的。根据风险偏好可以将消费者分为以下三类：风险规避者、风险中性者和风险偏好者。

6. 对付可能发生的风险的主要方式是购买保险、多样化和获取更多的信息。

思考与练习

一、名词解释

总效用　边际效用　消费者均衡　无差异曲线　预算线　边际替代率

边际效用递减规律　收入效应　替代效应　价格效应　恩格尔曲线
吉芬商品　风险　不确定性　期望效用　风险厌恶　风险偏好
风险中性

二、选择题

1. 总效用曲线达到顶点时　（　）

A. 边际效用曲线达到最大点　B. 边际效用为正

C. 边际效用为零　D. 边际效用为负

2. 如果某条无差异曲线是水平直线，这表明该消费者对________的消费已达饱和。（设 X 由横轴度量，Y 由纵轴度量）　（　）

A. 商品 X　B. 商品 Y

C. 商品 X 和商品 Y　D. 商品 X 或商品 Y

3. 无差异曲线上任一点的商品组合中 X 和 Y 的边际替代率等于它们的　（　）

A. 价格之比　B. 数量之比

C. 边际效用之比　D. 总效用之比

4. 商品 X 和 Y 的价格按相同比率上升，而收入不变，预算线　（　）

A. 向左下方平行移动　B. 向右上方平行移动

C. 不变动　D. 向左下方或右上方平行移动

5. 商品 X 和 Y 的价格以及消费者的收入都按同一比率向同方向变化，预算线　（　）

A. 向左下方平行移动　B. 向右上方平行移动

C. 不变动　D. 向左下方或右上方平行移动

6. 预算线反映了　（　）

A. 消费者的收入约束　B. 消费者的偏好

C. 消费者人数　D. 消费者的效用水平

7. 已知消费者的收入是 100 元，商品 X 的价格是 10 元，商品 Y 的价格是 3 元。假定该消费者打算购买 7 单位 X 和 10 单位 Y，这时商品 X 和 Y 的边际效用分别是 50 和 18。如果要获得最大效用，消费者应该　（　）

A. 增加购买 X，减少 Y　B. 减少购买 X，增加 Y

C. 同时增加 X 和 Y　D. 同时减少 X 和 Y

8. 消费者预算线发生平移时，消费者各个均衡点的连线被称为　（　）

A. 需求曲线　B. 收入消费线

C. 价格消费线　D. 恩格尔曲线

9. 需求曲线从________推导而来　（　）

A. 价格消费线　　　　B. 收入消费线

C. 无差异曲线　　　　D. 预算线

10. 正常商品价格上升导致需求量减少的原因在于　　（　　）

A. 替代效应使得需求量增加，收入效应使得需求量减少

B. 替代效应使得需求量增加，收入效应使得需求量增加

C. 替代效应使得需求量减少，收入效应使得需求量减少

D. 替代效应使得需求量减少，收入效应使得需求量增加

11. 当吉芬商品价格上升时，应有　　（　　）

A. 替代效应为正值，收入效应为负值，且前者作用小于后者

B. 替代效应为负值，收入效应为正值，且前者作用小于后者

C. 替代效应为负值，收入效应为正值，且前者作用大于后者

D. 替代效应为正值，收入效应为负值，且前者作用大于后者

三、判断题

1. 同一本书具有相同的效用。

2. 假定其他条件不变，消费者从每单位商品中得到的效用随着这种商品数量的增加而增加。

3. 只要商品的数量在增加，消费者得到的总效用就一定增加。

4. 只要总效用是正数，边际效用就不可能是负数。

5. 如果边际效用递减，则总效用相应下降。

6. 无差异曲线表示不同的消费者消费两种商品的不同数量组合所得的效用是相同的。

7. 在同一条预算线上，货币收入是不变的。

8. 在消费者的收入和商品的价格为一定的条件下，预算线是一条确定的直线。

9. 如果效用函数 $U(X,Y)=5X+6Y$，则无差异曲线的边际替代率是递减的。

10. 假定其他条件不变，如果某种商品的价格下降了，根据效用最大化原则，消费者会增购这种商品。

四、计算题

1. 已知效用函数为 $U=X^a+Y^aX$，求商品的边际替代率 MRS_{XY}、MRS_{YX}，以及 $X=10,Y=5$ 时的 MRS_{XY}、MRS_{YX}。

2. 某消费者的效用函数和预算线分别为 $U=X_1^{1.5}X_2$ 和 $3X_1+4X_2=100$，请求出其对 X_1、X_2 商品的最优购买量。

3. 某人消费商品 X 和 Y 的无差异曲线为 $Y=20-4\sqrt{X}$，求：

(1)组合(4,12)点的斜率是多少？

(2)组合(9,8)点的斜率是多少？

(3)MRS_{XY}是递减的吗？

4.有一种可能出现三种结果的奖券：获得100元的概率为0.1，获得50元的概率为0.2，获得10元的概率为0.7，求：

(1)该奖券的期望收益是多少？

(2)一个风险中性者愿花多少钱购买这种奖券？

5.假设B先生的效用函数为$U=y^5$，y代表其年收入。

(1)B先生是风险中性的、风险厌恶的，还是风险喜好者？

(2)假设B先生现在的年收入为1万元，该工作是稳定的。但他可以获得另一份工作，收入为1.6万元的概率为0.5，收入为0.5万元的概率为0.5，B先生会作何选择？

(3)在第二小题中，B先生为了防止新工作收入的波动，愿意购买保险吗？如果愿意，他愿意支付多少保险费？

五、问答题

1.你能举出边际效用递减规律的反例吗？

2.如果有一辆需要四个轮子才能开动的汽车，当你拥有第四个轮子时，这第四个轮子的边际效用似乎高于第三个轮子的边际效用，此现象是否违反边际效用递减规律？

3.请用边际效用概念解释亚当·斯密提出的“水与钻石价值之谜”——水的使用价值很大，而交换价值却很小；钻石的使用价值很小，但交换价值却很大。

4.试论基数效用论和序数效用论的区别。

5.请解释消费者均衡的条件。

6.请从价格消费线推导出某商品的需求曲线。

7.试用替代效应和收入效应解释消费者需求变动的原因并作图表示。

8.用替代效应和收入效应之间的关系解释低档商品和吉芬商品之间的区别。

9. 画出一条以收入为变量的效用函数曲线，使得在收入较低时投资者为风险偏好型的，在收入较高时为风险厌恶型的。这样的效用函数可能存在吗？为什么？

10.为什么有些人规避风险，而有些人又爱好风险？

11.为什么人们会对通过保险来降低风险？

>>>> 第五章

生产与成本理论

本章要点

第四章我们分析了影响需求曲线的消费者行为，本章转而对影响供给曲线的生产者行为进行分析。经济学一般假定厂商的目标是追逐利润的最大化，在这一假设前提下，生产者实现收益最大和达到成本最小有同样的意义。

本章围绕着“总利润＝总收益－总成本”这一主线进行分析。由于收益是价格和数量的乘积，而价格的高低取决于厂商面临的市场结构，因此成本的大小关乎企业的命运。

学习目标

理解生产函数的内涵，掌握短期生产函数和长期生产函数的相关规律，理解支配供给曲线的生产者行为以及生产者均衡的条件，熟练掌握利润最大化原则的意义。

在经济学中，生产者被认为是利润最大化的追求者，利润是总收益和总成本的差额。总收益受价格和产量的影响，产品价格取决于不同的市场结构。产量和成本取决于厂商的生产技术选择。厂商力求在技术上实现生产要素的最优组合，即实现产量既定条件下的成本最小或成本既定条件下的产量最大，而生产是达到这一目的的主要手段。因此，对生产活动的分析成为对厂商行为分析的第一步。

第一节　生产函数及其性质

一、生产函数

生产指的是利用生产要素将投入转化为产出的过程，显然，投入和产出这两个量是我们要考察的主要对象。经济学借用生产函数来表达投入和产出的关系。

生产函数(production function),表示在一定的技术条件下,生产要素投入量和由其所生产的最优产量之间的依存关系。函数形式为:

$$Q=f(X_1,X_2,X_3,\cdots,X_n) \tag{5.1}$$

Q 为产出量,$X_1,X_2,X_3,\cdots,X_n$ 为投入的各种生产要素。生产函数表现的是实物投入和实物产出之间的关系。

在一般情况下,经济学中的生产要素,主要包括劳动、土地和资本。劳动(labour)指人类在生产过程中所提供的智力和体力的总和。土地(land)则是一个广义的概念,涵盖所有的自然资源。资本(capital)主要为厂房、设备等。随着企业家作用的日益突出,许多学者把企业家才能看作一种生产要素。企业家才能是指经营企业、管理企业的能力和在此过程中的创新能力。由于一国自然资源的固定性和企业家才能难以测度,因此理论上我们往往假设在生产要素中,这两个重要要素既定不变。如此,生产函数的一般形式为:

$$Q=f(L,K) \tag{5.2}$$

L 表示劳动,K 表示资本。显然,生产函数取决于技术水平的高低,一旦技术水平发生变化,都将引起生产要素的重新组合,从而产生新的生产函数。因此,在理解生产函数时,经济学强调必须与特定的时期和特定的技术水平相对应。

二、生产函数的性质

(一) 短期与长期

短期与长期的区分在经济学的分析中非常重要。所谓短期(short run)就是指厂商不能调整某些生产要素的时期。或者说,在短期内,某些生产要素(至少有一种生产要素)来不及进行调整。与短期相对应的生产函数为短期生产函数。而长期(long run)则指所有的生产要素都可以变动的时期。在长期,厂商有足够的时间根据市场情形的变动而改变任何生产要素,以便使自己的利润达到最大。与长期相对应的生产函数称为长期生产函数。

显然,在经济学中短期和长期并不是具体的时间概念。假设某一企业在 20 年内没有改变过厂房、机器的规模,那么这长达 20 年的时间也是经济学意义上的短期。显然,对不同的行业而言短期和长期有很大的区别。一般情况下,以同一行业和同一技术条件为前提,固定不变的生产要素投入量越大的企业,短期的时间也可能越长。

(二) 固定比例和可变比例

生产要素的配合比例是决定生产函数的重要因素。要素间的配合比例,可以分为可变比例和固定比例。经济学上把各种生产要素的配合比例称为技术系数(technological coefficient)。根据技术系数的变化,生产函数可分为固定技术系数的生产函数和可变技术系数的生产函数。

固定技术系数指生产某种产品所需的各种生产要素的配合比例不变,即投入的生产要素不能相互替代,在每一个产量水平上任何一对生产要素的投入量之间的比例都是固定不变的。

可变技术系数则表示生产要素的配合比例可以在一定的范围内变动,意味着生产要素在一定范围内可以相互替代。在现实的经济生活中,比较常见的是可变技术系数的生产函数。

柯布-道格拉斯生产函数是经常被人们引用的一个重要的生产函数。20 世纪 30 年代初期,美国数学家柯布和经济学家道格拉斯根据美国 1899—1922 年间制造业的历史统计资料,研究了资本和劳动这两种生产要素对产量的影响,得出了著名的"柯布-道格拉斯生产函数",即:

$$Q=AL^{a}K^{1-a} \tag{5.3}$$

其中 Q 表示产量,L 为劳动投入量,K 为资本投入量,A 和 a 是常数,且 $0<a<1$。当时他们根据有关资料得出的具体函数为:

$$Q=1.01L^{3/4}K^{1/4} \tag{5.4}$$

函数表示当时的劳动和资本在生产中组合的比例为 3∶1,与当时美国的劳动收入工资和资本收入之比基本相符。由于柯布-道格拉斯生产函数有广泛的适用性,后来被推广运用到各个部门。第二次世界大战以后,随着经济的发展和技术的进步,此时产出增长的倍数大于生产要素增长的倍数。技术的进步导致生产函数中的系数 A 增大了。

第二节　短期生产

一、短期生产函数

在短期生产函数中,投入的生产要素可以分为固定生产要素和可变生产要素。固定生产要素与产量无关,不随产量的变动而变动,如厂房、机器。可变生产要素则随着产量的增减而变化,如劳动力和原材料、辅助材料等。

短期生产函数可用下列形式表达:

$$Q=f(L,\overline{K})\text{或}Q=f(L) \tag{5.5}$$

在(5.5)式中，假定资本为不变生产要素，可变的投入为劳动的数量。短期内，产量主要受到可变投入要素即劳动的影响。因此，短期生产函数指的就是一种可变生产要素的生产函数。研究短期生产函数的目的在于寻求在短期内厂商对可变生产要素投入的最合适区域。

二、总产量、平均产量和边际产量

在资本为不变生产要素时连续增加劳动的投入量，产出会发生一定的变化。为了说明产量的变动，我们用总产量、平均产量和边际产量三个概念来描述生产过程。

总产量(total product)指企业投入一定量生产要素后所生产出来的产量总和，由于在短期总产量随可变要素投入量的变动而变动，而短期生产函数中可变的生产要素又常指劳动，因此我们把总产量简记为 TP_L。

平均产量(average product)指每单位可变投入量所能生产的产出量，以 AP_L 表示：

$$AP_L=TP_L/L \tag{5.6}$$

边际产量(marginal product)指增加的 1 单位可变生产要素所带来的产量增量，以 MP_L 表示：

$$MP_L=\triangle TP_L/\triangle L\text{ 或 }MP_L=\mathrm{d}TP_L/\mathrm{d}L \tag{5.7}$$

下面我们用具体的数值对上述概念做一解释。假定资本量不变，可变量为劳动的投入量。随着劳动投入量的不断增加，总产量、平均产量和边际产量的变动如表 5-1 所示。

表 5-1　总产量、平均产量、边际产量关系

资本(K)	劳动(L)	劳动增量($\triangle L$)	总产量(TP_L)	平均产量(AP_L)	边际产量(MP_L)
14	0	0	0	0	0
14	1	1	8	8	8
14	2	1	24	12	16
14	3	1	45	15	21
14	4	1	60	15	15
14	5	1	70	14	10
14	6	1	75	12.5	5
14	7	1	75	10.7	0
14	8	1	72	9	−3

在表 5-1 中，资本投入量为常量，在短期中始终是 14 单位，劳动的投入量则以 1 单位为增量不断增加。在上述前提下，总产量、平均产量和边际产量均呈现先升后降的趋势，它们相互之间存在着密切联系。

用图 5-1 描出这三条曲线的形状及其相互关系。

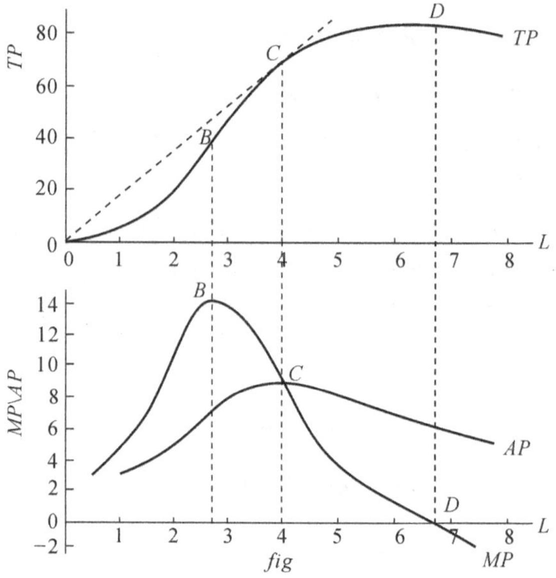

图 5-1　总产量、平均产量和边际产量曲线

从上述分析中，我们可以总结出这三个变量之间的关系特征。

首先，边际产量(*MP*)反映了在劳动投入增加情况下总产量的变动速度或者说变化率。在边际产量(*MP*)递增的区域，随着劳动投入量的增加，总产量以递增的速度增加；在边际产量(*MP*)递减但为正的区域，总产量增加的速度变缓，以递减的速度增加；边际产量(*MP*)为零时总产量达到最大；边际产量(*MP*)成为负值时总产量下降。在数学上，边际产量(*MP*)是总产量对可变生产要素的一阶导数值，在图上表现为总产量曲线上相应各点切线的斜率。

其次，从平均产量(*AP*)的公式(5.6)和图 5-1 可知，从原点出发作一射线至总产量上的 *C* 点，这条射线的斜率就是与 *C* 点对应时的平均产量。与总产量(*TP*)相切的射线 *OC* 的斜率在所有射线中的斜率是最大的，因此 *C* 点所对应下来的自然也是平均产量的最大值。

至于平均产量(*AP*)和边际产量(*MP*)的关系，其特征表现为：边际产量肯定穿越平均产量的最高点。当边际产量大于平均产量时，平均产量呈上升趋势；

当边际产量低于平均产量时，平均产量呈下降趋势，而只有在平均产量的最大值，边际产量才与之相等。（参见专栏 5-1）

在经济学中，只要涉及总量、平均量和边际量之间的关系，上述内容都适用。

专栏 5-1　　平均量与边际量之间的规则

在经济学中，我们经常会遇到平均量和边际量的概念及其相互之间的关系问题。因此，有必要了解平均量和边际量之间的某些规则。

我们知道，边际量是一个增量的概念，增量的不同会影响平均量的变化，如果增量大于均量的话，由于增量的加入会导致均量的上升；反之，则使均量下降。

假设某企业生产了 10 件衣服，平均成本是 100 元。现在企业生产第 11 件衣服，由于第 11 件衣服的成本不同会对衣服的平均成本产生三种影响：第 11 件衣服的成本为 100 元，则不影响衣服的平均成本；第 11 件衣服的成本超过 100 元，那么 11 件衣服的平均成本将上升；第 11 件衣服的成本低于 100 元，则 11 件衣服的平均成本将下降。

由此得出平均量和边际量之间的一般规则：

(1)如果边际量等于平均量，平均量不变；

(2)如果边际量大于平均量，平均量上升；

(3)如果边际量小于平均量，平均量下降。

三、边际收益递减规律

在短期生产理论中，边际收益递减规律显得相当重要，它既能说明上述三条曲线的走势关系，还可以进一步解释在一种生产要素变动时厂商的合理投入区域。

所谓边际收益递减规律是指在技术不变的前提下，连续增加一种同质的可变要素，与其他不变的生产要素相结合，起初边际产量可能是递增的，但达到一定程度后，边际产量会呈现递减的趋势。要真正理解边际收益递减规律，必须特别注意这一规律存在的前提条件。如果改变了前提，则可能延缓边际收益递减的出现甚至这一规律根本不发生作用。

边际收益递减规律最初表达为土地报酬递减规律。假设土地面积不变，播下的玉米种子不变，可变的是施肥量。随着施肥量的不断增加，玉米的边际产量呈现先增后减的趋势。逐渐地，人们发现这一规律不仅适用于农业，只要符合了规律的前提条件，边际收益递减规律在哪里都合适。

边际收益递减规律在生产实践和科学实验中得到了大量的验证，其存在的合理性比较明显：随着可变投入的不断增加，它与固定投入量之间的配合逐渐趋于合理，因此边际产量会增加；但可变投入与固定投入的配合一旦超越最优搭配后，可变投入的继续增加将使固定投入的相对量变得越来越稀少，则可变投入会越来越难以发挥作用，边际产量自然下降。

专栏 5-2　　"作物密植"能实现高产吗?

1958 年，我国"大跃进"时期的一些做法，就违背了边际产出递减的规律。"大跃进"首先从农业开始，主要任务是提高粮食产量，当时农业生产中流行的口号是："人有多大胆，地有多大产。"于是"作物密植"法便应运而生。所谓"作物密植"指的是在一亩地上撒满种子，种子多了，收获的产量自然也高了，亩产千斤甚至万斤当然不在话下。于是，土地上的"大跃进"开始了。有些地方种小麦时，一亩地用种高达 500 斤，麦田里密不透风，光照严重不足，最后只好用鼓风机或电扇送风，晚上则安上电灯进行采光。结果可想而知，高投入并没有带来高产出，因为违背了最为基本的农业生产规律，不仅没有高产出反而使正常的农业生产遭到严重破坏。从 1959—1961 年，我国粮食大幅度减产。

四、一种生产要素的合理投入

从边际收益递减规律我们得知，在其他条件不变的前提下，一种可变要素的追加必将导致边际收益的递减。那么，追求最大利润的厂商应如何控制其可变生产要素的投入呢?

图 5-1 可分为三个区域：从原点到平均产量的最高点 C 为第一区域，从 C 到总产量的最大值 D 点为第二区域，D 点之后则为第三区域。

在区域Ⅰ，随着劳动的投入量逐渐增加，生产要素的配合比例日趋合理，可变投入的效率不断提高，因此边际产量递增，总产量以递增的速度增加。由于在此区域边际产量大于平均产量，所以平均产量不断增加，直至最大。

区域Ⅱ，劳动的投入量从 4 增加到 7，边际产量递减，总产量增幅减小，一直到达最大值 D 点。在这一阶段，可变投入的效率开始下降，由于边际产量小于平均产量，因此平均产量递减。

区域Ⅲ，当劳动的投入量超过 7，总产量下降，边际产量为负值。此时，固定的生产要素和可变的生产要素比例严重失调，生产效率极其低下。

显然,区域Ⅲ对于理性的厂商而言是其生产的禁区。厂商也不可能选择区域Ⅰ,因为此阶段边际产量大于平均产量,平均产量还处于递增的状态。厂商对一种可变生产要素的投入合理区域只能选择在区域Ⅱ,即在平均产量的最大值到总产量最大值之间,劳动的投入量为 4 至 7 之间。从最优生产的观点来看,应该在 $MP=0$ 时,即可变生产要素的增加无法带来总产量增加,也就是 TP 达到最大。

第三节　长期生产函数

在长期生产中,不存在固定的生产要素,厂商投入的所有生产要素都是可变的。因此,长期生产函数可以下列形式表达:

$$Q=f(L,K) \tag{5.8}$$

长期生产函数要考察的是:在厂商有足够的时间根据市场调整改变所有的生产要素投入的情况下,如何建立最优的投入和产出关系。由于没有固定投入要素的限制,为实现两种可变生产要素投入的最佳组合,厂商可以:(1)对生产要素之间的组合进行调整;(2)调整投入和产出之间的关系。下面我们分别进行讨论。

一、生产要素间相互替代时的最优投入

(一) 等产量曲线

等产量曲线(isoquant)是指在一定的技术条件下,能够生产出同等产量的两种生产要素组合的轨迹,换句话说,等产量曲线上所有生产要素的组合生产出来的产量都是相等的,如图 5-2(a)所示。L 和 K 为生产要素劳动和资本的数量,曲线 Q 即为等产量曲线。假定生产要素可以无限细分,则有无数个要素组合生产出相同的产量。与无差异曲线相类似,对同一厂商而言,面临着一组代表不同产量的等产量曲线,如图 5-2(b)所示。

等产量曲线同样拥有与无差异曲线相类似的特征。

第一,斜率为负。等产量曲线的走向为从左上方向右下方倾斜,意味着在生产等量的产品时,L 和 K 具有一定的替代性。

从理论上说,等产量曲线的斜率还可以为正,正斜率的等产量曲线意味着为生产同等数量的产品而投入的两种生产要素之间不存在相互的替代,也就是说,在维持同样的产量时,在增加一种要素的同时还得增加另一种生产要素。显然,作为一个理性的厂商,不可能在斜率为正的范围内从事生产,因为在此区域生产同等数量的产品必须投入更多的生产要素。所以厂商的等产量曲线均为斜率为负的部分。

第二，在一组等产量曲线中，离原点越远，代表的产量越高。在图 5-2(b)中，Q_5 的产出量最大，Q_1 的产出量最小。

第三，对同一厂商而言，任意两条等产量曲线不能相交。假设两条等产量曲线相交，那就表示同样的生产要素组合可以生产两种不同的产量，这与等产量曲线的定义相矛盾。

第四，斜率递减，从图形上显示为等产量曲线凸向原点。等产量曲线有此特征的原因在于生产要素的边际技术替代率递减。

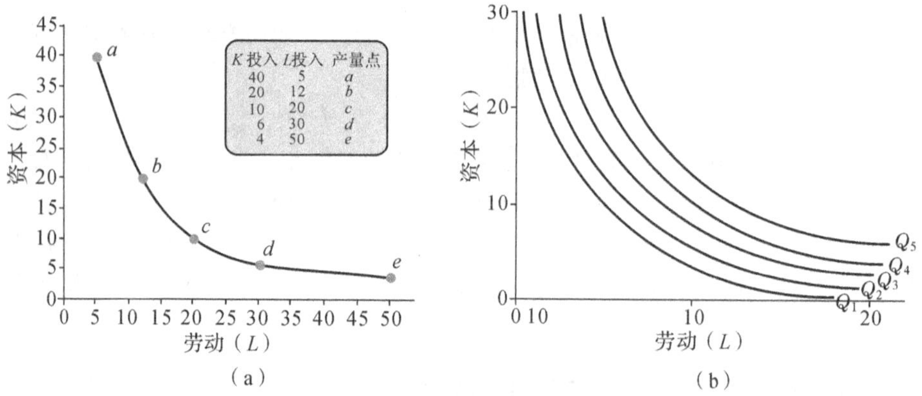

图 5-2　无差异曲线和无差异曲线图

（二）边际技术替代率

厂商要增加劳动 L 的投入必须减少资本 K 的投入。既然两种生产要素可以相互替代，那么，两者间的替代关系如何呢？

边际技术替代率(marginal rate of technical substitution)指在维持相等产量的前提下，生产者增加 1 单位生产要素投入时必须减少的另一种生产要素的数量。其公式为：

$$MRTS_{LK} = -\triangle K/\triangle L \tag{5.9}$$

边际技术替代率也就是等产量线的斜率。

因为增减 L、K 都在同一条等产量曲线上进行，所以上述公式还可以表示为：

$$MRTS_{LK} = -\triangle K/\triangle L = MP_L / MP_K \tag{5.10}$$

这样，等产量线的斜率也等于 MP_L / MP_K。

在维持总产量不变的前提下，随着一种生产要素投入量的增加，它能替代的另一种生产要素的数量越来越小，此即为边际技术替代率递减规律。这一规律是建立在边际收益递减规律的基础之上的。从(5.10)式中我们可以非常清楚地看到：随着要素 L 的不断增加，边际产量逐渐下降，相反，要素 K 的边际产量却随着其数量的不断减少而上升。

在图 5-3 中，劳动的投入量从 2 单位增加到 3 单位，减少的资本数量为 12－10＝2 单位。然后劳动继续等量增加，从 5 单位增加到 6 单位，减少的资本数量为 7－6＝1 单位。显然，如果劳动的投入量进一步等量增加，资本的减少额还将继续下降。边际技术替代率递减是导致等产量曲线凸向原点的原因。

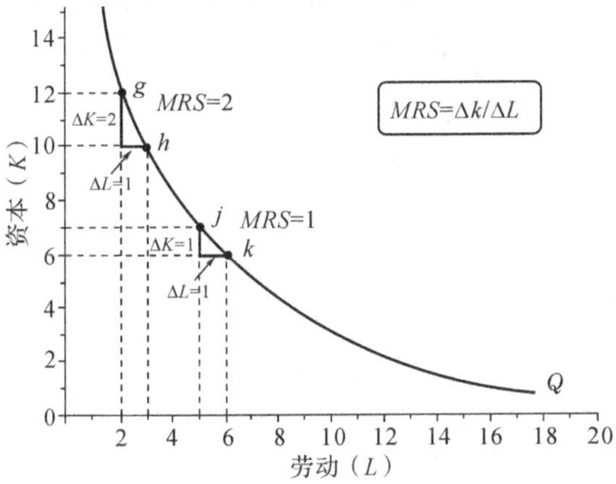

图 5-3　边际技术替代率递减

（三）等成本线

从生产者的偏好来看，当然希望等产量曲线离原点越远越好，但他要受到生产要素价格和自身货币投入量的制约。等成本线(isocost)表示在既定的要素价格条件下，厂商用一定数量的资金所能够购买的两种生产要素最大组合的轨迹。如图 5-4 所示。假设生产者的总成本为 C，劳动 L 的价格为 P_L，资本 K 的价格为 P_K。横轴上的截距 C/P_L 表示用全部投入能够购买的 L 的数量，纵轴的截距 C/P_K 则是全部投入用于购买 K 的数量。只要在等成本线上，厂商支付的总成本就相等，均为 C。在等成本线右方区域，厂商没有支付能力，属于生产不可能区域；在等成本线的左方区域，厂商拥有的货币量还有剩余，为了达到最大的产量，还可以继续购买生产要素。为了理论上的研究方便，经济学一般都假设生产者是在成本都花完的前提下进行生产。

既然投入的要素价格是生产的限制性条件，那么，投入的要素价格一旦发生变动则限制也会随之变动。等成本线的方程能帮助我们理解上述内容。等成本线的方程表达为：

$$P_L L + P_K K = C \text{ 或者 } K = \frac{C}{P_K} - \frac{P_L}{P_K} L \tag{5.11}$$

其中 C 为总投入即总成本，P_L、P_K 分别为劳动和资本的价格，L、K 为劳动和资本的投入数量，P_L/P_K 是等成本线的斜率，即两种要素的价格之比。

在要素价格不变或两种要素的价格之比不变的情况下，实际成本总量的增减会导致等成本线的平移，实际成本增加，等成本线向右上方移动，反之，则向左下方移动；如果成本不变，要素价格发生变动，则等成本线的斜率改变，等成本线呈旋转式的变动。等成本线及其变动的原理与消费者行为理论中的预算线非常类似。

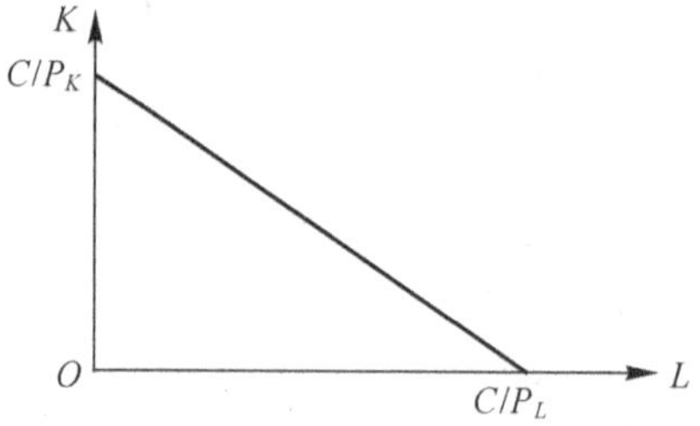

图 5-4　等成本线

（四）生产要素的最佳组合

把等产量曲线和等成本线结合在一起，我们可以分析生产者均衡问题了，即生产要素的最佳组合问题。根据前面分析，生产要素的最佳组合应该位于等产量曲线和等成本线的切点。也就是说，要素最优组合有两种情况：(a)给定要素投入总额时，最大产量时的要素组合；(b)给定产量时，成本最低时的要素投入组合。如图 5-5 所示。

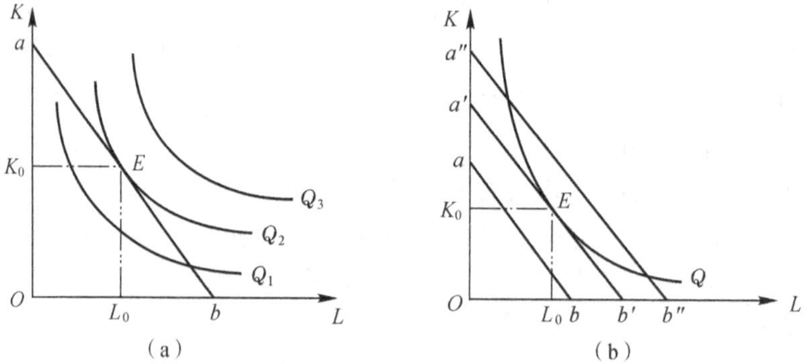

图 5-5　生产要素的最佳组合

(a)图 E 点表示的是给定要素投入总额时（也就是成本既定条件下）的最大产量，E 点之外在等成本要素组合情况下的产出水平均小于 Q_2，因此 K_0、L_0 是生产要素的最佳组合。

(b)图的 E 点表示的是产量既定条件下的最小成本投入，同样，E 点之外的等产量 Q 所需的成本投入都高于等成本线 a′b′。

最优化组合证明：

在切点上，等产量线的斜率＝等成本线的斜率，根据前述内容可知：

$$\frac{P_K}{P_L}=\frac{MP_K}{MP_L}\text{或}\frac{MP_L}{P_L}=\frac{MP_K}{P_K} \tag{5.12}$$

如果 $MP_L/P_L>MP_K/P_K$，表明厂商单位货币花在劳动力上所带来的产量大于单位货币花在资本上所带来的产量，这样，把原来在资本上的投入转移到劳动力上去，每单位投入将会带来更多的产出。这种调整只有在 $MP_L/P_L=MP_K/P_K$时才会停止。此时，两种要素的任何调整将无法增加产量（只会使产量减少），这意味着产出不会再扩大，所以该点也是生产的最优产出点。

(5.11)式是生产要素最佳组合的约束条件，(5.12)式是生产要素最佳组合的实现条件。两者缺一不可。

从生产要素最佳组合的推导过程我们不难发现，它与消费者最优和生产者最优行为的条件原理上是相同的，都表现了在一定约束条件下，如何实现最优选择的方法。

（五）生产扩展线

在生产要素价格不变的前提下，随着厂商投入的增加，其等成本线不断向外平移。随着等成本线的移动，生产要素的最佳组合也在发生移动，不同的等成本线与相应的等产量曲线相切。经济学上把不同成本下的均衡点的轨迹称为生产扩展线(expansion path)。如图 5-6 所示。

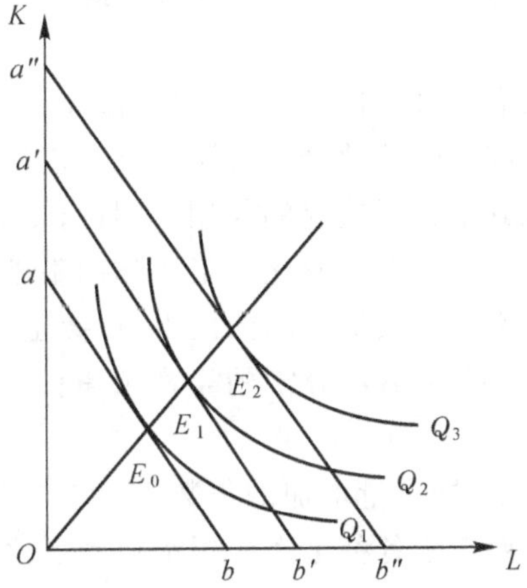

图 5-6　生产扩展线

图中 ab、$a'b'$、$a''b''$为厂商不断增加投入的三条等成本线，它们分别与等产量曲线 Q_1、Q_2和 Q_3相切于 E_0、E_1和 E_2。把以上切点连起来的线即为生产扩展线。扩展线显示了厂商在生产要素价格不变的前提下，随着生产规模的扩大，沿着这条扩展线都可以实现生产要素的最佳组合，从而使生产一直沿着最有利的方向进行。我们可以从生产扩展线的形状大致判断出企业的生产要素集约化趋向。

二、要素比例不调整时的最优化讨论：规模报酬

在两种可变生产要素的投入理论中，如果涉及产量如何随两种生产要素按比例同时增加时的变化，就涉及规模报酬(returns to scale)问题了。

假使在齐次生产函数中，投入的生产要素都增加 c 倍，产量为原来的 z 倍，则：

$$Q=f\ (L,\ K)$$

规模扩大后：

$$f(cL,cK)\ =zQ \tag{5.13}$$

三种情形为：

①如果 $z>c$，规模收益递增，产出增长比要素投入增长快；

②如果 $z<c$，规模收益递减，产出增长比要素投入增长慢；

③如果 $z=c$，规模收益不变，产出增长与要素投入同步增长。

在一个标准的生产过程中，随着厂商生产规模的扩大，规模报酬可依次呈现以下几个过程。

首先是规模报酬递增，即产量增加的倍数大于生产要素增加的倍数。规模报酬递增往往产生于企业扩张的初期。导致规模报酬递增的主要原因在于专业化的分工协作。

亚当·斯密曾在其名著《国富论》中以别针的制造为例说明专业化的分工协作对劳动效率的影响。细密的劳动分工对于提高人们的劳动熟练程度、节约劳动时间以及改进技术起到了相当重要的作用。因此，专业化的分工协作可以百倍甚至千倍地提高生产效率。在专业化分工协作的基础上，厂商有条件利用专用的机器设备，同时，在生产规模扩大的前提下，厂商也有可能使用大型的不可分割的生产要素，而专用的和不可分割的生产要素的使用会极大地提高生产效率。

其次是规模报酬不变，即产量增加的倍数等于生产要素增加的倍数。导致规模报酬不变的原因主要在于各种生产要素都得到了比较合理的使用，如果再增大规模就要受到技术条件的限制。规模报酬不变往往是从规模报酬递增到规模报酬递减的过渡阶段。

最后是规模报酬递减，即产量增加的倍数小于生产要素增加的倍数。如上所述，当生产要素的增加受到技术条件的约束，受到管理水平和管理效率的限制时，只能导致效率的低下和产量的下降。

注意边际报酬和规模报酬之间的区别和联系。两者的相同之处在于都假定技术条件不变(即劳动—资本的比例不变)，但边际报酬所涉及的是短期，是在其他生产要素固定不变的情况下，一种可变投入与产量的关系，而规模报酬涉及的是长期，并且是在两种投入要素都以相同幅度增加的前提下与产量之间的关系。

我们可以利用扩展线来分析规模报酬问题。如图 5-7 所示。

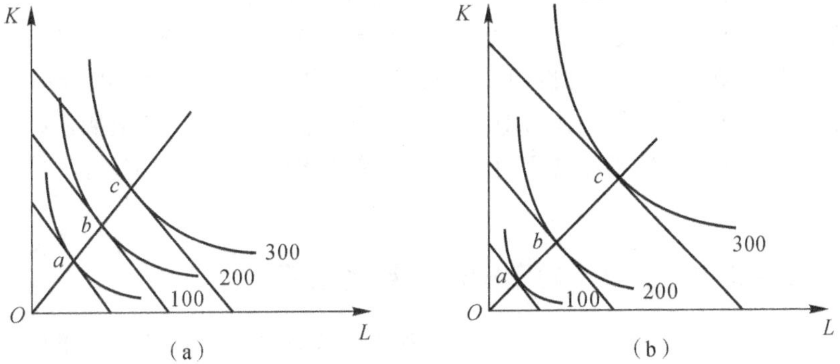

图 5-7 规模报酬

图中有三条等产量曲线，分别代表的产出量为 100、200 和 300，显示生产规模逐渐扩大。这三条等产量曲线又各自与三条等成本线相切于 *a*、*b* 和 *c*。(a)图表示的是规模报酬不变的情况，我们看到等产量曲线之间的距离相等，即 *oa*、*ab* 与 *bc* 彼此相等，投入要素增加的倍数与产量增加的倍数相同，均为一倍。(b)图表示的是规模报酬递减，投入要素增加的倍数超过了产量增加的倍数，*oa*、*ab* 与 *bc* 的距离是递增的。同理，如果 *oa*、*ab* 与 *bc* 的距离是递减的，则表示规模报酬递增。

规模报酬与规模经济：规模报酬论及的条件是投入的生产要素按同比例增加，这在现实中并不是常见的；相对而言，规模经济概念则更有现实意义。

规模经济(economies of scale)指由于生产规模扩大而导致企业的每单位产品成本下降的现象。当然规模报酬递增属于规模经济，但仅仅是规模经济的一种特殊情况而已。规模经济还包含对可变技术系数的生产函数的分析，而这一点对现实更具有普遍的意义。

规模经济又有内在规模经济与外在规模经济之分。内在规模经济(internal economies of scale)即内在经济，指厂商自身规模扩大后所引起的收益的增加。

具体地说，企业在自身规模扩大后能够利用很多有利的因素和条件来降低生产成本，这些因素包括专业化的分工协作、管理成本的降低、大型专业化机器设备的采用、副产品的开发等；外在规模经济(external economies of scale)又被称为外在经济，指整个行业规模扩大给企业带来的利益的增加。行业规模的扩大促使行业内更精细的分工，专业化的劳务市场、能源供给和运输的改善，行业内的信息服务等都会提高企业的生产效率。

与规模经济相对应的则是规模不经济(diseconomies of scale)，指由于生产规模的扩大而导致企业的每单位产品成本上升。首先，过大的规模会导致企业管理成本的上升。尽管我们常说："一头羊也是放，一群羊也是放"，但这一群羊的数量还是有讲究的，数量太大的一群羊如果只有一个人来放的话，必然导致羊的丢失；其次，在过细的分工链中只要某一环节出现问题就会影响整体的效率，同时，过细的分工也会使操作者对工作感到枯燥、乏味等。规模报酬递减当属规模不经济。同样，规模不经济是由于内在规模不经济和外在规模不经济的结果。

专栏 5-3　台塑的规模经济之路

1957 年，"台湾商神"王永庆创办的台湾塑胶厂开工了。在塑胶厂投产的头 10 个月，共生产了 1000 吨塑胶粉，但连 1 公斤都没有卖出去，都被完完整整地存放在仓库里。产品严重滞销的主要原因在于台塑的规模小，产量低，塑胶粉的单位成本偏高。当时台塑的塑胶粉每公斤的售价高达 75 台币，比同类产品的价格高出一大截。

王永庆经过多方咨询、了解和考察，认识到台塑已经到了生死存亡的关头，只有背水一战，才能绝处逢生。王永庆决心走规模经济的道路，扩建工程、拓展市场。

1958 年，台塑进行了第一次扩建工程，使产量翻了一番，月产量达到 200 吨，成本略有下降。当时，日本的塑胶厂也在不断扩大规模，个别厂的月产量已达 5000 吨。面对激烈的市场竞争，王永庆决定继续扩大规模。1960 年，台塑的第二期扩建顺利完成，月产量增至 1200 吨，成本大幅降低，具备了到海外市场进行竞争的条件。

在随后的几十年中，王永庆还自设加工厂，自组运送塑胶原料的化学船队等，台塑在不断的规模扩张中创造了台湾的奇迹。王永庆本人也成为台湾最有影响的商界巨人之一。

第四节 成本理论

前面三节我们一直紧紧围绕着投入和产出的生产技术层面来分析问题，目的在于寻求生产要素的最优组合。这一节我们讨论成本如何随产量变动而变动。

一、成本的类型

成本(cost)指厂商在生产过程中的全部费用支出。从生产要素所有者的角度出发，成本表现为要素所有者提供要素参与生产后得到的报酬，包括工人的工资、资本的利息、土地所有者的地租和企业家才能的报酬——正常利润等。

从经济学研究角度来看，由于资源的稀缺性和多用途性，所有成本均应从机会成本来理解。从生产角度来看，一种资源用于生产某种产品时就必须放弃其他生产机会，因此生产一种产品的机会成本(opportunity cost)就是把同样资源用于生产其他产品时所带来的最大收入。从厂商拥有的资源来看，可分为自己拥有的资源和外购资源两类，与此对应机会成本可分为显性成本和隐性成本。

显性成本(explicit cost)指厂商为购买自己没有拥有的各种生产要素而支付的费用。这些费用都由专门的会计人员登记在账目上，因此显性成本又称为会计成本(accounting cost)，它是财务会计人员最为重视的成本。

隐性成本(implicit cost)是厂商使用自己拥有的生产要素的机会成本。因为这些生产要素是厂商自己拥有的，所以并没有以货币的形式进行支付，也就自然不表现在财务账目上。

显然，厂商在进行经济决策时在必须考虑显性成本的同时更不能忽视隐性成本。

对于经济学而言，在理解成本的含义时千万不能与财务会计上的成本相混淆。会计师衡量的是显性成本，他的工作是记录流入和流出企业的货币。为此，我们把总收益与显性成本的差额称为会计利润，而经济利润则还要在会计利润的基础上减去隐性成本。显然，会计利润超过了经济利润。

专栏 5-4　　隐性成本

甲拥有一套沿街的房产，他决定拿出一间开设自己的小卖部，自己既是老板又是伙计。做这样的决定源于几方面的思考：房子是自己现成的，用不着花钱去租别人的房子，省下了房租；自己经营，省下了雇佣劳动力的工资支出;这条街上别人的生意看起来还比较红火。

一年下来,甲自认为干得还不错,赚了5万元。这笔账是这样算出来的:购买货物的支出、上缴政府的税金、装修门面等花费了5万元,总收益为10万元,10万元减去5万元则是赢得的利润。你认可甲的计算结果吗?

二、短期成本

(一)短期总成本

如前所述,短期内某些生产要素是固定不变的,可变的仅仅是一部分生产要素。与此相对应,厂商对固定要素的投入支付为固定成本或不变成本,对可变要素的投入支付为可变成本。由此,厂商在短期内的总成本由固定成本和可变成本两部分组成。

总成本(total cost,TC)是指厂商在生产规模不变条件下生产一定量产出所需的最低成本的总额,它由固定成本和可变成本两部分组成。

总固定成本(total fixed cost,TFC)是厂商在短期内对固定不变的生产要素进行的支付,它不随产量的变动而变动,属于既定生产规模下的固定费用。企业一旦建立,不管是否开工,都有一些成本的支出,如厂房、机器设备、设备折旧、税金、行政开支等,这些成本与产量没有关系,为固定不变的。

总可变成本(total variable cost,TVC)指厂商在短期内为可变的生产要素进行的支付,它随着产量的变动而变动,是产量的函数。如原材料、辅助材料、劳动力的投入等。

$$TC=TFC+TVC \tag{5.14}$$

$$TC=f(Q)+a \tag{5.15}$$

在上述的总成本函数中,a 表示固定成本,与产量无关;$f(Q)$表示可变成本,是产量的函数。

图5-8显示了总固定成本、总可变成本和总成本之间的关系。总固定成本与产量的变动无关,所以总固定成本曲线是一条水平线。总可变成本则随着产量的增加逐渐增加,总成本曲线的形状与总可变成本曲线的形状相同,只不过是把总可变成本曲线向上平移总固定成本的距离而已。从图上可以看出,假定生产要素价格不变,TVC 和 TC 的变化都遵循边际收益递减规律。

前述的边际收益递减规律在短期成本理论中可表达为边际成本递增规律。即在其他条件不变的前提下,随着一种可变要素投入量的连续增加,开始边际成本是递减的,但当可变要素与固定要素的比例超过最优点后,生产效率下降,边际成本递增。

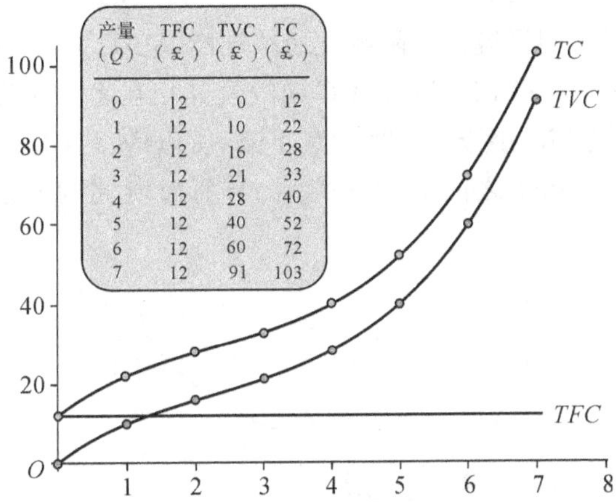

图 5-8　总固定成本、总可变成本和总成本之间的关系

(二) 短期平均成本和边际成本

与上述总成本相对应,短期内存在着三种平均成本,即平均固定成本、平均可变成本和平均总成本。

平均固定成本(average fixed cost,AFC)为每单位产品所摊付的总固定成本,其公式可表示为:

$$AFC = TFC/Q \tag{5.16}$$

因为 TFC 为一常量,所以 *AFC* 随着产量的增加不断降低。

平均可变成本(average variable cost,AVC)为每单位产品所摊付的可变成本,其公式为:

$$AVC = TVC/Q \tag{5.17}$$

TVC 随着产量的增加而增加,因此,*AVC* 也随之呈现出一种有规律的走势。随着产量的不断增加,*AVC* 开始逐步下降,在达到最小成本组合时,*AVC* 达到其最低值。超越最小成本组合以后,*AVC* 又重新开始上升。显然,这种先降后升的"*U*"形特征是由边际收益递减规律或边际成本递增规律所决定的。

平均成本(average cost,AC)是平均固定成本和平均可变成本之和,即:

$$AC = TC/Q = TFC/Q + TVC/Q = AFC + AVC \tag{5.18}$$

AC 的形状受 *AVC* 的影响,相当于在每一单位产量水平上把 *AVC* 向上平移 *AFC* 的距离。

边际成本(marginal cost,MC)指增加 1 单位产量所引起的总成本的增量。

$$MC = \triangle TC/\triangle Q = \mathrm{d}TC/\mathrm{d}Q \tag{5.19}$$

由于在短期 TFC 不变,因此 *MC* 的变动受 *TVC* 的变动影响,可以表达为:

$$MC = \triangle TVC / \triangle Q = \mathrm{d}TVC/\mathrm{d}Q \tag{5.20}$$

MC 曲线的形状同样遵循边际收益递减规律，呈“U”形。

图 5-9 显示了 *AC*、*AVC*、*AFC*、*MC* 曲线及其相互之间的关系。当 *MC* 大于 *AC* 时，*AC* 上升；当 *MC* 小于 *AC* 时，*AC* 下降，所以 *MC* 穿越 *AC* 的最低点。至于总量、平均量和边际量之间的相互关系，与前面所述的原理一致，在此不再赘述。

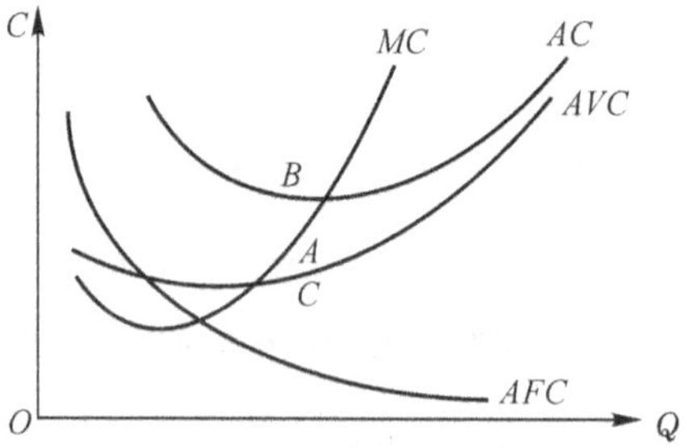

图 5-9　AC、AVC、AFC、MC 曲线

表 5-2　各类成本间关系

产量（*Q*）	总成本（*TC*=TFC+*TVC*）	总固定成本（TFC）	总可变成本（*TVC*）	平均固定成本（*AFC*=TFC/*Q*）	平均可变成本（*AVC*=*TVC*/*Q*）	平均成本（*ATC*=*TC*/*Q*=*AFC*+*AVC*）	短期边际成本（*SMC*=*DTC*/*DQ*）
0	6000	6000	—	—	—	—	—
100	10000	6000	4000	60	40	100	40
200	12000	6000	6000	30	30	60	20
300	15000	6000	9000	20	30	50	30
400	20000	6000	14000	15	35	50	50
500	28000	6000	22000	12	44	56	80
600	40000	6000	34000	10	56.7	66.7	120

三、长期成本

在长期，厂商可以改变所有的生产要素。因此，长期成本有长期总成本、长期平均成本和长期边际成本，没有固定成本与可变成本之分。

长期总成本（long run total cost，LTC）是长期中生产某一产量所支付的最低成本总额。它是产量的函数，随着产量的增加，先以递减的速度增加，到达一定点后以递增的速度增加。长期总成本曲线是短期总成本曲线的包络线(envelope curve)，与每一条短期总成本曲线相切。见图 5-10。

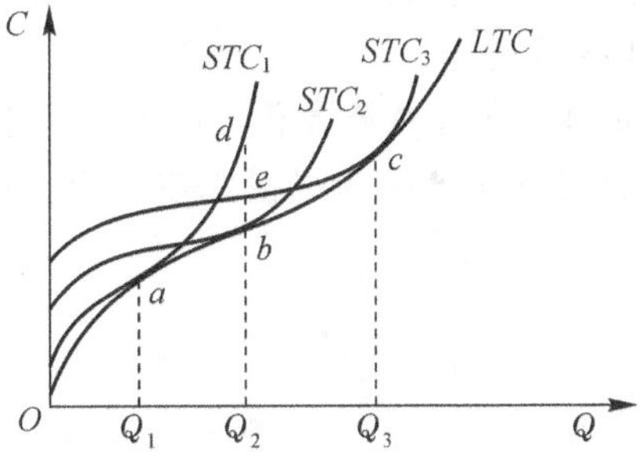

图 5-10　长期总成本和短期总成本的关系

短期由于厂商来不及变动所有的生产要素，因此既定的规模不能保证产量处于最低的成本。长期厂商有足够的时间改变所有的要素达到任一产量下的最小成本。

长期平均成本(long run average cost，LAC)是长期中单位产品的成本。其表达式为：

$$LAC = LTC/Q \tag{5.21}$$

长期平均成本的推导与长期总成本的推导相类似，也与短期平均成本密切相关。图 5-11 显示了长期平均成本与短期平均成本之间的关系。假设在短期厂商可以选择任一既定的生产规模来进行生产，SAC_1、SAC_2、SAC_3 分别为厂商可能选择的三种不同规模的短期平均成本曲线，SAC_1 为规模最小的生产，SAC_2、SAC_3 则表示规模逐渐扩大的生产。如果厂商计划生产的产量小于 Q_1，企业就应该选择第一种生产规模；如果其计划的产量介于 Q_1 和 Q_2 之间，企业就选择第二种生产规模；如果产量要大于 Q_2，则第三种规模的生产是最优的。但由于短期生产规模既定，所以厂商并不能保证产量都对应于最低的成本投入。例如产量在 Q_1 和 Q_2 之间，如果厂商既定的生产规模为 SAC_1，那么产量的平均成本投入将非常大。

对厂商而言，在长期有足够的时间对生产要素进行调整，即对应于每一产量都能调整到最优的生产规模，因此，长期平均成本曲线是短期平均成本曲线最低段的连线。理论上假设在短期中厂商的短期平均成本曲线有无数条，即生产规模可以被无限细分，那么，长期平均成本曲线就表现为一条平滑的，先降后升呈“U”形的曲线。

长期平均成本曲线是短期平均成本曲线的包络线，与短期平均成本曲线相切。但要注意的是长期平均成本曲线并不是短期平均成本曲线最低点的连线，而是短期平均成本最低段的连线。

LAC 呈"U"形的原因在于长期中存在着规模经济与规模不经济。初始规模的扩大导致规模经济，企业平均成本下降，当规模超过一定程度后，处于规模不经济状态，企业的平均成本上升。

在现实中，某些行业可能在规模经济和规模不经济之间存在一段平均成本不变的稳定阶段，这一稳定阶段被称为规模收益不变。用图形表达的 LAC 则呈"L"形。

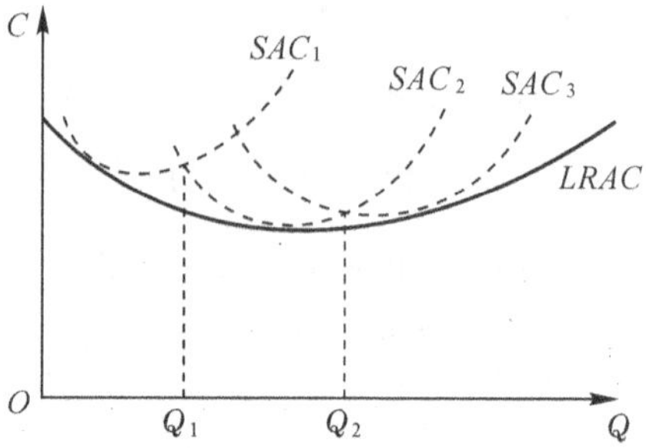

图 5-11　长期平均成本与短期平均成本的关系

长期边际成本(long-run marginal cost，LMC)是长期总成本的变动量。

$$LMC=\triangle LTC/\triangle Q=\mathrm{d}LTC/\mathrm{d}Q \tag{5.22}$$

LMC 是 *LTC* 曲线的斜率，因此长期边际成本曲线可以从长期总成本曲线中推导出来。同时长期边际成本曲线又可从短期边际成本曲线中得以推导。如图 5-12 所示。

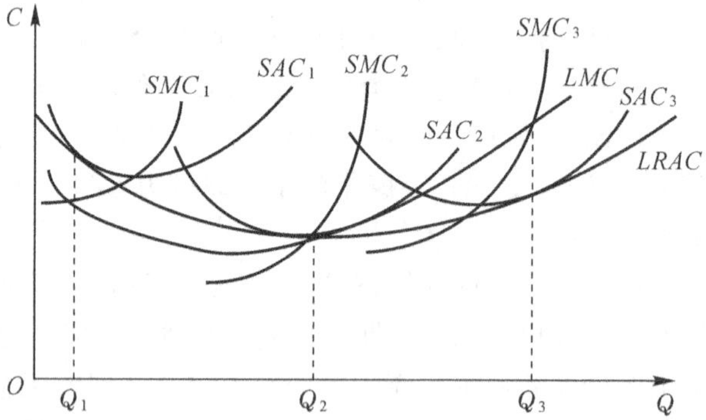

图 5-12　边际成本曲线的推导

至于 LMC 与 LAC 之间的关系与 SMC 和 SAC 之间的关系相同。当 $LMC>LAC$ 时，LAC 上升，当 $LMC<LAC$ 时，LAC 下降，所以，LMC 必然穿越 LAC 的最低点。

专栏 5-5　索尼怎样使用成本曲线确定收音机价格

2005 年，索尼这家总部位于东京的公司是世界经济中的巨人，生产电视机、电脑、卫星系统、半导体、电话、LCD 等多种产品。它目前是日本仅次于丰田和日立的第三大制造企业。在一项对高经理与商业分析师所做的调查中，索尼的受尊重程度在美国以外企业中排名第三，仅次于芬兰手机制造商诺基亚和日本的丰田。2005 年索尼的员工总数达到 160000 名，收入为 720 亿美元。同其他公司一样，索尼最开始也是一家很小的公司，它早期的成功主要归功于两位年轻企业家盛田昭夫和井深大的远见。索尼创立于 1945 年，其第一台产品为电饭锅。不久，盛田昭夫和井深大决定集中生产电子设备，他们的第一款比较成功的电子产品是录音机。

1953 年，索尼购买了美国西部电气公司(Western Electric)的贝尔实验室开发的晶体管技术的使用许可证。索尼使用这种技术开发出了一种袖珍式收音机，这种收音机的体积小于同时期所有的同类产品。在当时助听器是唯一使用晶体管的消费品。1955 年，盛田昭夫希望说服一家美国商店经销索尼的收音机。

盛田提出以每台 29.95 美元的价格销售给该商店 5000 台收音机。如果商店需要更多的收音机，则价格将会有所调整。盛田后来这样描述：

> 我坐下来，画了一条有点斜的“U”形曲线。5000 台的价格将是我们的正常价格，这一情况对应于曲线的左半边某点；如果销售量为10000台，价格将会降低，这一情况对应于曲线的底部；而如果为30000台，则价格会上升；为 50000 台时，价格将高于 5000 台的价格；如果为 100000 台，则价格将远远高于 5000 台的价格。

为什么盛田提出的价格与产量的关系会是“U”形呢？因为索尼生产收音机的平均成本曲线也是“U”形的。

如今，索尼已经成为世界上最大的电子产品制造商之一，但在 50 年以前，当它还很小，处于创业期的时候，盛田昭夫就使用一种简单的经济工具，即平均成本曲线，来做出重要的经济决策。今天大大小小的公司都会使用经济工具来做出决策。

——资料来源：改编自哈伯德、奥布来恩，《经济学》（第一版），机械工业出版社 2007 年版，第 262 页。

第五节　利润最大化原则

经济学假设厂商的生产目标是取得最大的利润。总利润是总收益和总成本的差额，我们对总成本进行了详细分析后，自然该涉及总收益和总利润问题了。

一、收益

收益（revenue）指厂商生产产品和劳务所获得的收入。有总收益、平均收益和边际收益之分。

总收益（total revenue，TR）为厂商出售一定量产品所得到的总收入。平均收益（average revenue，AR）是厂商出售单位产品的收入，即产品的价格。边际收益（marginal revenue，MR）是增加 1 单位产量所引起的总收益的增量。它们可分别表达为：

$$TR=P\times Q \tag{5.23}$$

$$AR=TR/Q=P \tag{5.24}$$

$$MR=\triangle TR/\triangle Q=\mathrm{d}TR/\mathrm{d}Q \tag{5.25}$$

二、利润最大化原则

我们知道，经济学假设理性的厂商追求的目标为利润最大化。利润最大化原则就是指厂商追求最大利润时要遵循的一般原则。

总利润是总收益和总成本的差额，要达到利润最大化就意味着厂商要力求使总收益和总成本之间的差额最大。

$$\pi=TR-TC \tag{5.26}$$

显然，总利润、总收益和总成本都是产量的函数。利润函数的极值点是其一阶导数为零，即：

$$\mathrm{d}\pi/\mathrm{d}Q=\mathrm{d}TR/\mathrm{d}Q-\mathrm{d}TC/\mathrm{d}Q=MR-MC \tag{5.27}$$

令（5.27）式为零，总利润达到最大，则有：

$$MR=MC \tag{5.28}$$

边际收益与边际成本相等即为利润最大化原则。假设 $MR>MC$，表明多生产 1 单位产品所增加的收益大于生产这 1 单位产品所耗费的成本，这时继续生产还有潜在的利润可以获得，对理性的厂商来说应继续进行生产，直至两者相等。反过来，假设 $MR<MC$ 时，则表明多生产 1 单位产品所增加的收益小于生产这 1 单位产品所耗费的成本，这时厂商出现了亏损，为了减少亏损，厂商必定要减少生产，直至两者相等。因此，只有在 $MR=MC$ 时，厂商想得到的利润都得到了，生产才达到一种均衡状态。

总之，$MR=MC$ 既是利润最大化原则，同时又是亏损最小化原则。这一原则一直贯穿于对厂商行为分析的始终。

专栏 5-6 马尔萨斯预言为什么失灵？

1798 年，托马斯·罗伯特·马尔萨斯在他的《人口论》中对人口与粮食产量的关系进行了分析。他认为如果人口增长不受控制，世界人口将每隔 25 年左右就翻一番，即人口以几何的比率增长，而粮食产量则由于土地的有限性且呈收益递减，只能按算术比率增长。对此，马尔萨斯提供了一个很好的例子：如果现在的人口是 10 亿，那么它将以 1、2、4、8、16…的速度增加，而食物则会以 1、2、3、4、5、6…的速度增加。尽管开始时每个人都拥有一篮子的食物，但 200 年后，256 人将不得不分享 9 个篮子的食物，再过 100 年，4096 人才拥有 13 个篮子的食物。因此，最终的结果必然是人类不能养活自己。

显然，马尔萨斯对未来充满悲观的预言是建立在两个假设前提之上，一是人口增长的速度不变，二是土地的边际收益递减。而边际收益递减规律注重的是短期，主要以技术不变为基础。在人类发展的历史长河中，农业生产技术一直在突飞猛进，农业革命、绿色革命使人类能够用较少的投入取得更多的产出。中国人发明的杂交水稻更是实现了农业生产技术上的重大突破。

任何规律都有前提条件，前提条件变了，规律性的结论也会随之而改变。因此，马尔萨斯悲观预言的破产也就不足为奇了。

本章小结

1. 生产函数表示在一定的技术条件下，生产要素某种组合的投入量和它所生产出来的最大产量之间的依存关系。根据技术系数的变化，生产函数可分为固定技术系数的生产函数和可变技术系数的生产函数。

2. 短期生产函数指的是一种可变生产要素的生产函数。而在长期生产函数中，不存在固定的生产要素，所有投入的生产要素都是可变的。

3. 在短期生产理论中，边际收益递减规律相当重要，它既能说明总产量、平均产量和边际产量三条曲线的走势关系，还可以进一步解释在一种生产要素变动时厂商的合理投入区域。

4. 边际收益递减规律是指在技术不变的前提下，连续增加一种同质的可变要素，与其他不变的生产要素相结合，起初边际产量可能是递增的，但达到一定程度后，边际产量会呈现递减的趋势。

5. 等产量线类似于消费者行为理论中的无差异曲线，等成本线相当于消费者行为理论中的预算线。等产量曲线与等成本线的切点是生产要素的最优组合。

6. 在两种可变生产要素的投入理论中，如果涉及的是两种生产要素按一定比例同时增加时其产量如何变化，即为规模报酬问题。规模报酬有递增、不变、递减三种情况。

7. 经济学意义上的成本均应理解为机会成本。机会成本指把既定资源用于生产某种产品时所放弃的另一种最大的收入。机会成本又可分为显性成本和隐性成本。

8. 短期总成本由短期固定成本与短期可变成本组成，短期平均成本由短期平均固定成本与短期平均可变成本组成。边际成本穿越平均成本的最低点。

9. 长期成本仅包括长期总成本、长期平均成本和长期边际成本。长期总成本与长期平均成本是短期总成本和短期平均成本的包络线。

10. 短期平均成本与长期平均成本均呈“U”形，前者由边际收益递减规律决定，后者由规模经济与规模不经济决定。

思考与练习

一、名词解释

生产函数　生产要素　短期　长期　边际产量　边际报酬递减规律
等产量曲线　等成本线　边际技术替代率　规模报酬　规模经济
扩展线　机会成本　显性成本　隐性成本　正常利润　经济利润
边际成本　内在经济　外在经济　技术系数　包络线

二、简答题

1. 短期平均成本曲线和长期平均成本曲线都呈“U”形，请分别解释其原因。
2. 用图说明总产量、边际产量和平均产量之间的关系。
3. 说明边际收益递减规律。
4. 等产量曲线的特征是什么，它和无差异曲线有何本质的区别？
5. 用图说明边际成本和平均成本之间的关系。

6. 说明利润最大化原则。

7. 用图说明 SAC 与 LAC 之间的关系。

三、论述题

1. 为什么等产量曲线和等成本线的切点是生产要素的最优组合?

2. 阐述导致规模经济与规模不经济的原因。

3. 请对生产函数进行剖析。

四、计算题

1. 企业总固定成本为 10000 元,平均成本为 500 元,平均可变成本为 100 元,求企业现在的产量。

2. 假设某产品生产的总成本函数是 $TC=3Q^3-8Q^2+100Q+60$,求 $TFC(Q)$、$TVC(Q)$、$AC(Q)$、$MC(Q)$。

3. 假设某厂商的需求函数为 $Q=675-5P$,总成本函数为 $TC=1200+Q^2$,求:

(1)利润最大化时的产量和价格;

(2)最大利润。

>>>>第六章 厂商理论:对市场竞争的分析

本章要点

在生产者行为理论的基础上进一步探究厂商如何在不同的市场结构条件下决定最优的产量和对应的价格。本章是上一章的进一步延续。生产者根据生产技术的选择进行生产后,将面临不同的市场结构。市场结构决定着厂商的行为,主要是对价格的决策。

市场理论有时又被称为厂商均衡理论,要说明的是不同市场结构条件下的厂商如何在短期和长期根据利润最大化原则来做出产量和价格的决定。

学习目标

熟练掌握各种市场结构的特征;理解厂商在不同的市场结构条件下,为达到利润最大化而进行的产量和价格决策;能从经济学的角度比较分析和评价不同的市场结构。

在不同的市场结构中,尽管条件各异,厂商的行为也有不同,但追求最大利润始终是厂商的最终目标。

经济学通常把市场分成四种类型:完全竞争市场、垄断竞争市场、寡头垄断市场和完全垄断市场。划分市场结构的主要依据为竞争程度的强弱,而竞争程度的强弱又受到许多因素的影响,它们主要包括:市场上或行业中厂商数目的多少,厂商所生产的产品的性质差别,厂商进出一个行业的难易程度,厂商和消费者对市场信息的了解程度等。

在四种类型的市场结构中,完全竞争市场和完全垄断市场是两个极端的、高度抽象的市场结构,而垄断竞争市场和寡头垄断市场介于其中,是现实经济生活中常见的市场结构。下面我们将逐一对不同的市场结构进行介绍,探讨厂商在不同的市场结构条件下如何进行价格和产量的制定决策。

第一节 完全竞争市场

完全竞争(perfect competition)市场是一种不存在任何垄断因素、不受任何阻碍和干扰的市场结构。完全竞争市场是市场结构中的一个极端。

一、完全竞争市场的特征

完全竞争市场必须满足以下条件。

第一,市场上有数量众多的买者和卖者,由于单一的买者或卖者在整个市场的买卖中所占的份额非常小,因此他们都无法影响价格,只能是价格的接受者(price taker),接受由市场供求决定了的价格。

第二,厂商所生产的产品是高标准化的、同质的(homogeneous)无任何差别的产品。或者说,完全竞争市场结构下的厂商生产的产品具有完全的替代性,所以单个厂商不存在任何操纵市场的能力。

第三,不存在任何行业壁垒,每一种生产资源具有完全的流动性,可以自由进出市场。厂商进出行业的成本低到可以忽略不计,没有任何法律或技术的障碍。

第四,买者和卖者具有完全充分的信息。每个经济活动的参与者对有关产品的一切信息了如指掌。

上述四个条件必须同时存在,否则就不是完全竞争。显然,在现实中条件如此苛刻的市场并不存在,它只是一种高度抽象的市场模式。从资源配置的角度而言,完全竞争市场是一种理想的市场结构类型,因此,把该市场作为一种尺度能帮助我们判断和评价其他市场结构资源配置的效率,同时我们也可以通过这一极端的市场结构了解市场机制运行的规律,成为理解其他类型市场的基础。在一般情况下,经济学把农产品市场如蔬菜、小麦、水果等市场看成是近似的完全竞争市场。

二、完全竞争条件下的厂商短期均衡

从完全竞争市场的条件可知,单个厂商是价格的接受者,它没有任何操纵市场的能力。因此在完全竞争市场上,厂商的需求曲线呈水平线,水平线的高低由市场均衡价格的高低决定,意味着厂商接受由市场供求决定的产品价格,同时在这一既定的价格水平下,厂商可以出售任何数量的产品而不影响价格。

我们用图 6-1 来说明完全竞争条件下的厂商如何接受一个既定的产品价格。(a)图为市场或行业的产品供求情况,市场供求决定了 P_0 是均衡价格。(b)则为单个厂商的需求曲线。厂商接受由市场决定了的价格 P_0,若高于这个价格，销售量为零；当然生产者也没有必要把价格降到 P_0 以下，因为在 P_0，可以卖出所有的产品。由于在完全竞争条件下，单个厂商的产量不影响产品的市场价格，所以产品的边际收益和平均收益都恒等于市场价格，需求曲线与边际收益线、平均收益线重叠。三线合一且为水平状是完全竞争市场与其他类型的市场从图形来看的最关键区别。

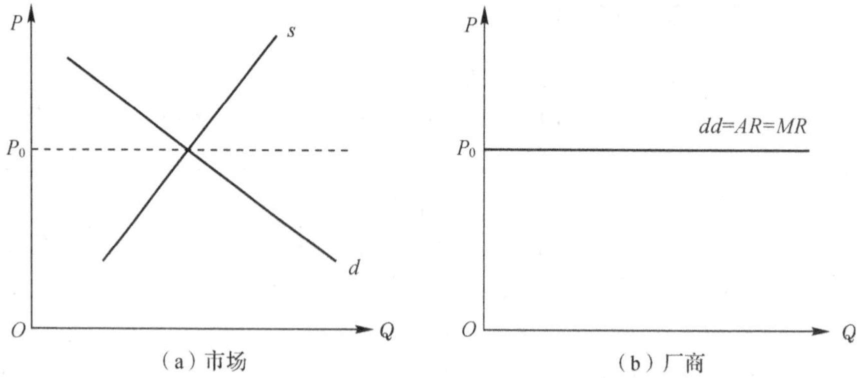

图 6-1 完全竞争的行业和厂商的需求曲线

（一）厂商的短期均衡

尽管完全竞争厂商对产品价格无可奈何，没有任何操纵能力，但能对产品的数量做出最有利的决策。如前所述，厂商遵循利润最大化原则来确定其应该生产的产量。因为在短期厂商只能调整可变投入的要素量，来不及调整固定要素的投入量，所以，厂商在短期的均衡可能出现下面几种情况。

1. 存在经济利润或超额利润。如图 6-2 所示，厂商以 $MR=MC$ 这一利润最大化原则确定的 A 点来生产 Q_0，价格为 OP_0，平均成本为由 B 点决定的 OP_1，厂商在短期内获得的经济利润为 P_0ABP_1。显然，在价格既定的前提下，厂商生产产品的平均成本越低，经济利润（也称超额利润）就越丰厚。

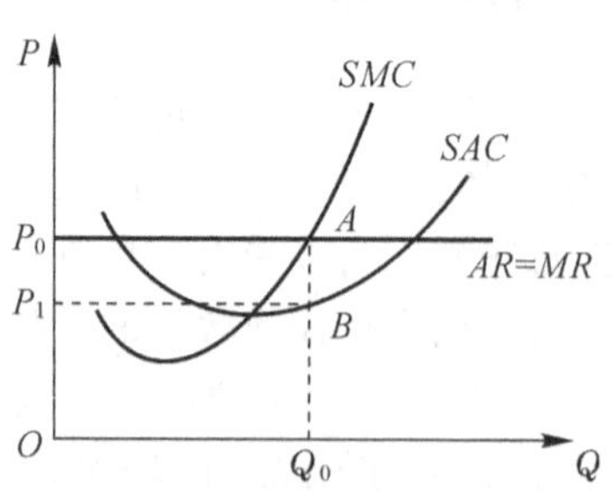

图 6-2 完全竞争厂商的短期均衡：超额利润

2. 既不存在亏损,也不存在经济利润,厂商只获得正常利润。图 6-3 显示了这种情形。为了追求利润最大化,厂商的产量为 Q_0,此时总收益与总成本相等,经济利润为零。

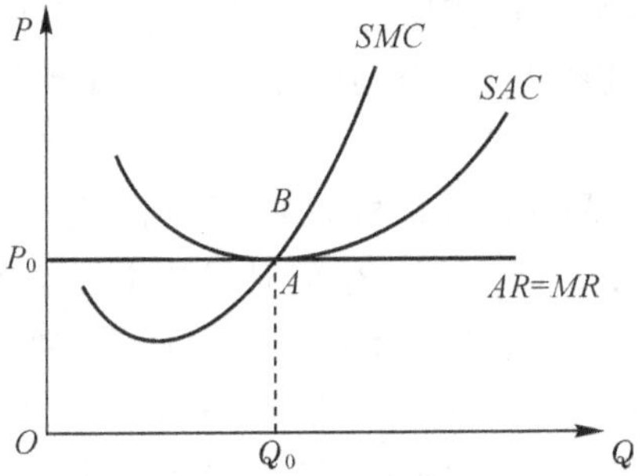

图 6-3　完全竞争厂商的短期均衡:正常利润

3. 有亏损,但继续生产。在图 6-4 中,平均收益小于平均成本,所以厂商肯定是亏损的,但由于价格 P_0 高于平均可变成本 P_2,所以厂商的收益不仅能弥补可变成本,还可以弥补一部分固定成本,厂商应选择继续生产,其亏损最小化的产量为 OQ_0,亏损额为 P_1BAP_0 的面积。如果厂商选择停产,亏损额会更大,为 P_1BCP_2 的面积。

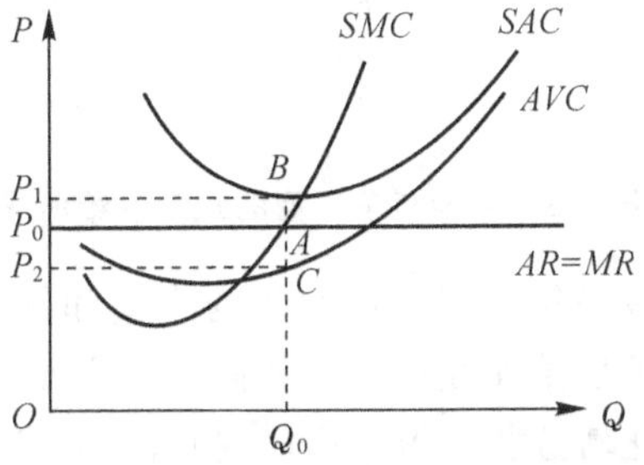

图 6-4　完全竞争厂商的短期均衡:亏损

4. 有亏损,并停止营业。当厂商有亏损且产品的价格等于或低于 AVC 时,厂商不仅损失了固定成本,连可变成本都弥补不了,因此厂商停止营业是理性的选择。因为停止营业损失的仅仅是固定成本。

综上所述,在短期厂商的均衡条件为 $MR=MC$,即根据边际收益等于边际成本的利润最大化原则来确定均衡产量。应该说这个原则无论在何种市场结构中都适用于厂商。由于完全竞争市场的特殊性,因此,$MR=MC$ 可以表述为:

$$P=MR=MC \text{ 或 } P=MC \tag{6.1}$$

（二）厂商的短期供给曲线

从完全竞争厂商的短期均衡条件 $P=MR=MC$ 中，我们就可以得出厂商的短期供给曲线。所谓供给曲线指的是厂商在不同价格水平上愿意并能够提供的产品量。在完全竞争条件下厂商愿意生产的产量由 $MR=MC$ 决定，价格与边际收益又相等，因此厂商的短期供给曲线就是它的短期边际成本曲线高于平均可变成本的部分。

在图 6-5 中，如果产品的市场价格为 P_1，则利润最大化的产量为 Q_1，因为在这一产出水平，$P_1=MR_1=MC$。在 P_1 的时候如果产量大于或小于 Q_1，那么利润会有所下降。因此 a 为供给曲线上的一点。同样，如果价格降到 P_2，相应的最优产量应为 Q_2，在其他价格水平下依此类推。d 点是平均可变成本的最低点，也是厂商的“停止营业点”或“关门点”，d 点以下厂商不愿意进行生产，所以在短期厂商的供给曲线为 d 点以上的 MC 曲线。

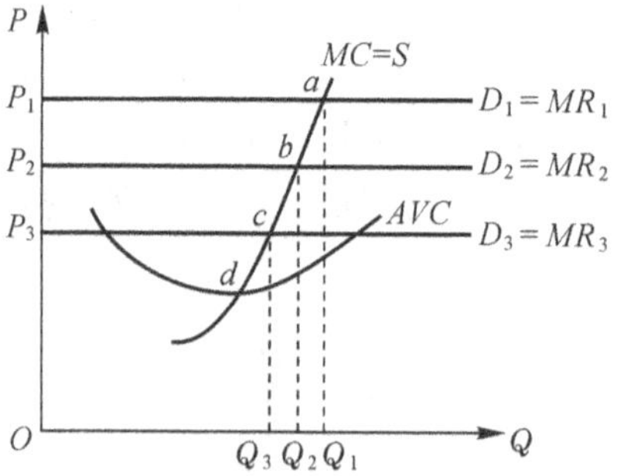

图 6-5　完全竞争厂商的短期供给曲线

由此可知，供给曲线是符合利润最大化的产量和价格的组合轨迹。在完全竞争条件下，厂商的短期供给曲线从左下方向右上方倾斜，价格和产量呈正向关系，这与 MC 曲线的变化轨迹相一致。但需注意的是，这两条曲线的经济学含义还是有些区别的，供给曲线表示厂商供给量与价格间的关系，而 MC 曲线则是边际成本如何随产量的变化而变化的轨迹。

三、完全竞争条件下的厂商长期均衡

（一）厂商的长期均衡

在长期，厂商有足够的时间调整所有要素投入的数量，使得生产规模达到最优。由于完全竞争市场不存在任何阻碍，所有资源都能自由进出，进出成本很低，因此如果行业内的完全竞争厂商可以获得超额利润的话，其他厂商就会把资源转移过来，进入该行业分享超额利润，同时行业内的某些厂商会扩大生产规模以求得更多的超额利润。在其他条件不变的前提下，随着新厂商的加入和规模的扩大，整个行业的供给会增加，供求重新达到均衡的结果就是产品的市场价格下降，直至单个厂商的超额利润消失为止，市场价格达到平均成本的最低点。反之，如果行业内的完全竞争厂商出现亏损，那么某些厂商会由于亏损而退出市场，某些厂商会减少生产，在其他条件不变的前提下，供给量的减少导致产品价格的上升，直至平均成本的最低点，即单个厂商的亏损消失为止。因此，完全竞争厂商长期均衡的条件为：

$$MR = LMC = LAC \tag{6.2}$$

图 6-6 显示了完全竞争厂商的长期均衡。当市场价格为 P_1 时，厂商有超额利润；反之，当市场价格为 P_2 时，厂商亏损。随着新厂商的进入、原先厂商的扩张，该行业厂商退出或缩减生产，价格最终由于供给量的增减而到达 P_0。此时，厂商既没有超额利润也没有亏损，只获得正常利润。

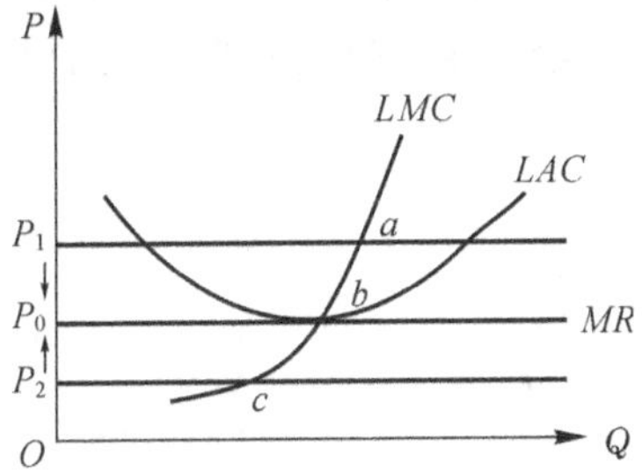

图 6-6　完全竞争厂商的长期均衡

（二）行业的长期供给曲线

如前所述，长期均衡是指行业内的所有企业只获得正常利润，不存在超额利润也不存在亏损，价格为平均成本的最低点。这种均衡状态会因为整个市场需求的变动而被打破。我们假设由于人们的收入水平提高了，对产品的需求上升，导致均衡价格上扬，如此，行业内的企业又有利可图，自然吸引其他行业的厂商进入，供给量增加，价格下跌，再次恢复到长期均衡状态。因此，行业长期供给曲线为行业长期均衡点的轨迹。

当整个行业的产量由于厂商的进出发生变动时，行业中厂商的长期平均成本曲线会受其影响。根据行业变动时对行业成本的影响，我们可以把行业划分为成本递增行业、成本不变行业和成本递减行业。

行业成本变动的主要因素在于外在经济和外在不经济。如果整个行业存在外在经济，随着行业规模的扩大，行业内厂商的数量增加，单个厂商的平均成本会下降；如果存在外在不经济，那么最终行业内的单个厂商随着行业规模的扩大其平均成本会上升。

1. 成本递增行业的长期供给曲线。

成本递增行业(increasing-cost industry)指当整个行业的产量增加后，产品的平均成本会上升的行业。成本上涨可以由多种因素引起，如新厂商的进入造成生产要素的短缺，从而生产要素的价格上升，等等。成本递增行业的长期供给曲线是一条随着产量的增加逐渐向右上方倾斜的曲线。图 6-7 说明了这种情况。

从(a)图可知，市场原先的均衡点在 a 点，P_1 和 Q_1 分别为原先的均衡价格和均衡产量，此时行业内的厂商经济利润为零。现假设市场需求由于人们的收入提高而增加了，需求曲线从 D_1 向右上方移到了 D_2，产品的市场价格也随之提高到了 P_2。市场价格的提高使得完全竞争厂商又能获得超额利润，从而吸引着新厂商的进入，整个行业扩张。行业扩张导致对生产要素的需求增加，要素价格上涨，结果致使(b)图的厂商平均成本曲线的上移。行业产量的增加使市场的供给曲线从 S_1 向右下方移至 S_2，在 b 点达到新的均衡，厂商只能得到正常利润。a、b 两点的连线即为长期供给曲线，显然，长期供给曲线是厂商长期平均成本最低点的轨迹。

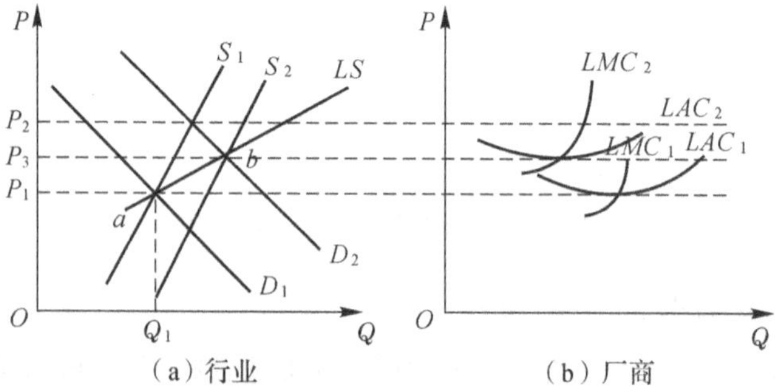

图 6-7　成本递增行业的长期供给曲线

2. 成本递减行业的长期供给曲线。

成本递减行业 (decreasing-cost industry) 指行业的产量增加时，生产要素的价格下降，从而导致产品成本的下降。成本递减行业的长期供给曲线是一条随着产量的增加逐渐向右下方倾斜的曲线。见图 6-8，其具体的形成过程与成本递增行业正好相反，在此不再赘述。

3. 成本不变行业的长期供给曲线。

成本不变行业(constant-cost industry)指行业的产量增加时，生产要素价格不变。行业内厂商的平均成本曲线并不随着行业产量的变化而移动。成本不变行业的长期供给曲线则为一条水平线。如图 6-9 所示。

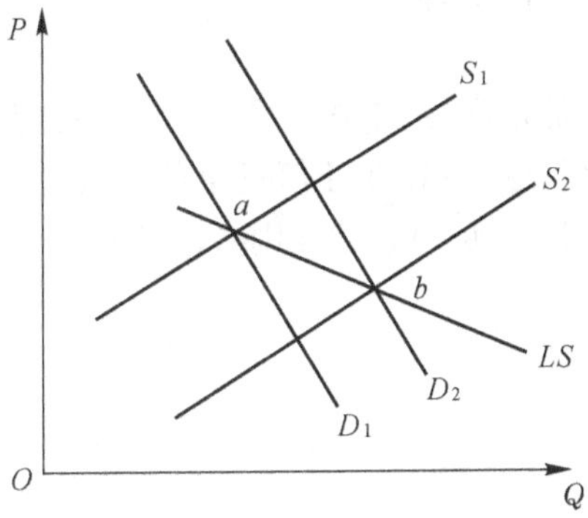

图 6-8　成本递减行业的长期供给曲线

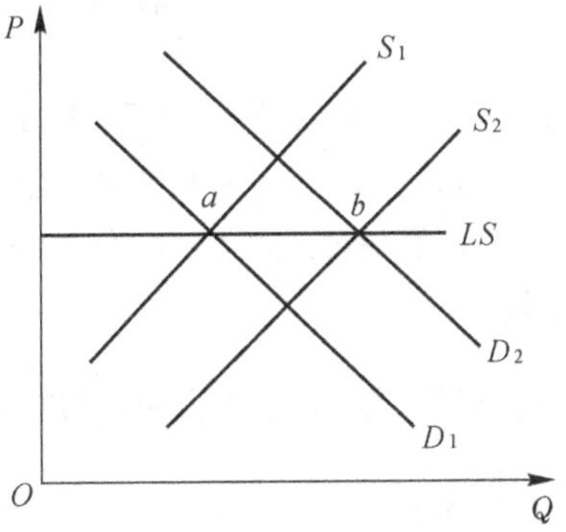

图 6-9　成本不变行业的长期供给曲线

四、对完全竞争市场的评价

从经济学的角度而言，完全竞争市场是最理想的市场结构，因为在这个市场结构下经济效率是最高的。

首先，完全竞争厂商按 $P=MC$ 进行生产，这一原则使资源能够得到最优的配置。当价格高于边际成本时，厂商还未实现利润最大化，因此，资源配置有待进一步改善，厂商应该继续增加生产；反之如果价格低于边际成本，厂商就应该减少生产。只有价格和边际成本相等时，才达到资源配置的最优。当然，要真正理解这一原则对资源配置的重要意义，就要了解边际社会收益与边际社会成本的概念。有关这部分内容将在后面的章节中阐述。

其次，完全竞争厂商的长期均衡位于长期平均成本的最低点，保证了整个行业能以成本最低的方式进行生产，保证了留存在完全竞争行业中的厂商都是最有效率的厂商。如前所述，完全竞争市场的厂商对产品的价格没有任何的操纵能力，只能接受由市场供求决定了的价格。因此，企业争取获得短期经济利润的唯一方法就是努力降低成本，成本的高低决定了厂商的命运。只有成本低的企业才能获得利润，才能继续生存下去。可以说"优胜劣汰"在完全竞争市场发挥得淋漓尽致。同时，对于消费者而言，所支付的价格也是最低的价格，这无疑是最理想的情形。

当然，完全竞争市场也有不尽如人意的地方。第一，完全竞争市场与规模经济不相宜，厂商的生产无法形成规模，不存在规模经济效应；第二，厂商的研究开发创新能力缺少资金支持；第三，产品的高标准化导致产品品种过于单一，既不能满足消费者多层次、多样化的产品需求，也不利于厂商对新产品的开发。

第二节　垄断市场

与完全竞争市场正好相反，垄断市场是市场结构中的另一个极端。垄断(monopoly)是指一家厂商控制或独占整个行业，不存在任何竞争的市场。实际上，垄断代表了一种市场势力，在市场结构中，市场势力越强则垄断性越强，反之竞争性越强。

一、垄断市场的特征和形成原因

(一) 垄断市场的特征

首先，在垄断条件下，一个厂商占据了整个行业，厂商就是行业，两者合二为一。厂商是整个行业唯一的卖者。

其次，厂商生产的产品是唯一的，不存在任何替代品，也不存在竞争的威胁。

再次，厂商是价格的制订者(price maker)，具有一定的价格决定权。因为垄断厂商是市场上唯一的卖者，所以它能控制产品的供给量，由此影响产品的价格。同时，垄断厂商还可以通过价格差别来获得超额利润。

最后，垄断市场存在着巨大的行业壁垒，各种法律、技术等障碍使得新厂商难以进入此行业与之竞争。

总之，垄断厂商是一种商品的唯一卖者。而面对垄断厂商的买者，除了考虑买或不买以外，没有任何其他的选择。现实中，如此严格意义的纯粹完全垄断几乎不存在，垄断厂商生产的产品尽管没有很强的替代品，但一定程度的替代品还是存在的。

(二) 垄断形成的原因

垄断形成主要有两大原因：一是成本优势，二是进入壁垒。

1. 成本优势。

大规模生产会导致成本的下降，所以厂商要取得成本优势，必须走规模经济的道路。最终达到规模经济的厂商在市场上逐渐排挤出规模较小的厂商，形成行业的垄断。

另一种成本优势的情形为自然垄断。所谓自然垄断(natural monopoly)是指某些行业的产品具有相当明显的规模经济性，一旦企业达到规模经济以后，一家厂商的产量足以满足整个市场的需求，哪怕多一个厂商都会使所有厂商亏损。因为高昂的固定成本只有在大规模生产时才能使成本下降，如果多家厂商争夺一个市场必将导致各自的固定投入使用不足，成本自然降不下来。公共事业如供水、供电、供气、通信、邮政等行业就被视为自然垄断的典型。

在一般情况下，垄断企业的高额垄断利润会吸引潜在竞争者的进入。但自然垄断不同，如果一个企业已经是自然垄断时，它不必担心其垄断地位的丧失。因为别人知道，他们达不到这样的低成本，哪怕真的进入了，结果只能是每个企业市场份额的减少。

2. 进入壁垒。

垄断市场存在着巨大的行业壁垒，壁垒的存在既是垄断市场的特征，也是形成垄断的重要原因。主要的进入壁垒包括法律保护和控制重要的生产资源。

依靠专利法的保护，在有效期限内限制了市场上的竞争者，用制度形成了一种严格的行业壁垒。所以，专利权被认为是一种合法垄断的权利。当然，这种法律保护的垄断不具有永久性，各国都对专利权规定了一定的时间限制。除此之外，政府还可以给予企业某种特许经营的权利，还可以采取一些措施限制企业进入某种行业，等等。

生产资源对于厂商的重要意义不言自明，如果某种重要的生产资源被一个厂商所控制的话，就可以阻止竞争者的进入。例如加拿大国际制镍公司就是其中之一，原因就在于加拿大拥有世界上 80%左右的镍矿资源。

专栏 6-1　圣诞树垄断的形成和终结

到了 12 月，猩猩木圣诞树几乎随处可见，装饰着商店、餐厅以及住房。说有人可以垄断对某种植物的生产听上去有些奇怪，但许多年来加利福尼亚州 Encinitas 城的 Paul Ecke 大农场却对猩猩木拥有垄断权。

猩猩木是原产于墨西哥的一种野生开花植物。在德国移民 Albert Ecke 于 20 世纪 20 年代早期在加利福尼亚州好莱坞的花店里出售这种植物之前，美国人对此几乎一无所知。与其他大多数开花植物不同，猩猩木在冬天开花。这样的花期以及植物闪亮的红绿颜色，使之成为圣诞节的理想饰品。

Albert Ecke 的儿子 Paul Ecke 发现如果将两个不同品种的猩猩木嫁接，则一株茎干上可能会长出许多枝叶。新的猩猩木比传统的猩猩木长有更多枝叶，因此也更为色彩缤纷。Paul Ecke 并没有为其培植猩猩木的技术申请专利。但由于 Ecke 家族将这一技术保密了数十年，他们才有可能在该植物的商业生产上保持垄断。不幸的是（对 Ecke 家族是不幸的，对消费者却是幸运的），一位大学里的研究者发现了该技术并发表在一份学术期刊上。

新厂商迅速进入该市场，因此猩猩木的价格剧跌。不久，消费者就能用10美元购买3棵猩猩木。在这一价格下，厂商不可能再获得经济利润。2003年后期，Paul Ecke农场的现任农场主Paul Ecke三世决定出售农场的一半土地，投资新技术层次的暖房以及研究新的植物品种，他希望农场可以重新获得经济利润。

——资料来源：哈伯德、奥布莱恩，《经济学》（第一版），机械工业出版社2007年版，第376页。

二、垄断条件下的厂商均衡

和完全竞争厂商不同，垄断厂商对产品的价格具有一定的操纵能力。尽管垄断厂商是价格的制订者，但并不意味着他可随意定价，如果价格过高，需求量自然下降；反之，低价会导致比较高的需求量。因此垄断厂商的需求曲线与完全竞争厂商不一样，它呈左上方向右下方倾斜的形状。需求曲线的具体形状取决于需求价格弹性的大小，产品越缺乏替代品，需求价格弹性越小，需求曲线越陡直。

由于垄断厂商的需求曲线不再呈水平状，因此其平均收益曲线和边际收益曲线也不再如完全竞争厂商那样重合，两者相分离，边际收益曲线必定位于平均收益曲线的下方。

垄断厂商的需求情况影响厂商的收益水平。见图6-10。当总收益最大时

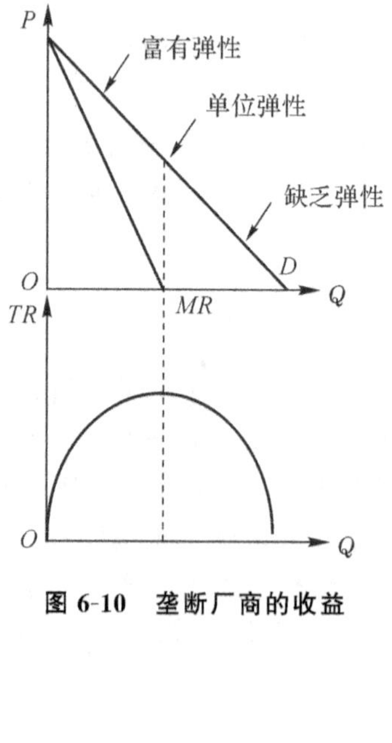

图6-10　垄断厂商的收益

边际收益为零，对应于需求曲线的中点，所以需求价格弹性为1；总收益递增时边际收益大于零，对应的需求价格弹性大于1；总收益下降时边际收益为负值，对应的需求价格弹性小于1。显然，对于一个理性的垄断厂商来说，其生产的产量应该对应在需求价格富有弹性的区域。

（一）垄断厂商的短期均衡

无论在怎样的市场结构中，厂商生产的目的总是追求利润最大化，垄断厂商当然也不例外，他按 $MR=MC$ 的原则进行生产。如图 6-11 所示。

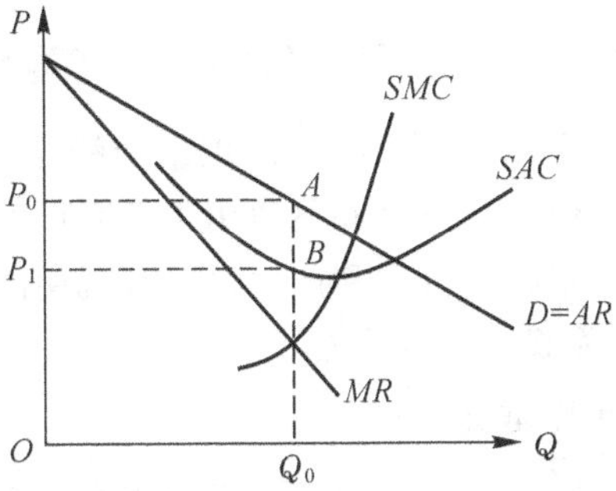

图 6-11　垄断厂商的短期均衡：经济利润

当厂商按利润最大化原则把产量定为 Q_0 时，价格为 P_0，平均成本为 P_1。厂商获得了最大利润，其利润总量为面积 P_0P_1BA。

当然垄断厂商在短期也可能出现亏损或只获得正常利润的情况，其分析思路与完全竞争一致。见图 6-12 与图 6-13。一旦存在亏损，是继续生产还是退出取决于价格和 AVC 的比较。由于这些原理与完全竞争相同，在此不再赘述。

垄断厂商的短期均衡条件为：$MR=MC$。以利润最大化的产量决定产品的价格。

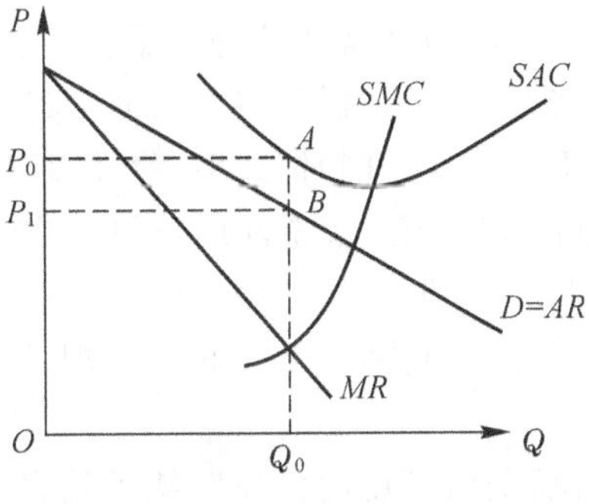

图 6-12　垄断厂商的短期均衡：亏损

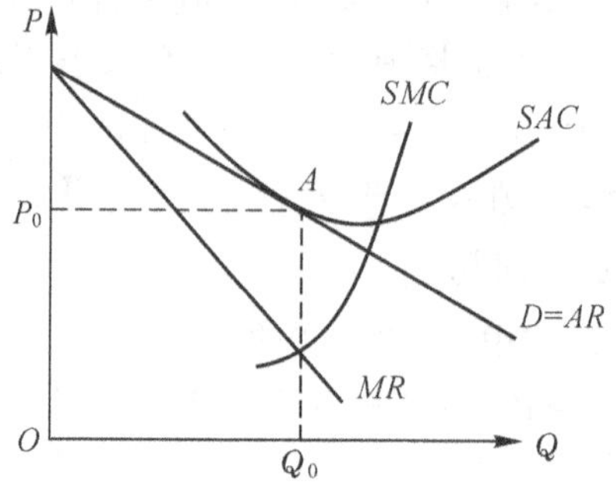

图 6-13　垄断厂商的短期均衡:正常利润

从前述分析得知,完全竞争厂商的短期供给曲线是短期边际成本曲线高于平均可变成本的那部分,但这一结论并不适用于垄断厂商。在垄断市场上,因为价格高于边际成本,所以不存在价格和产量之间有规律的对应关系,所以垄断厂商不存在明确的具有某种规律的供给曲线。

(二) 垄断厂商的长期均衡

在长期,垄断厂商可以改变生产规模以降低生产成本,尽可能用最低成本的要素组合来进行生产。如果价格低于平均可变成本,垄断厂商短期亏损还可以暂时忍受的话,那么如果长期处在亏损状态,垄断厂商就会退出这个行业。如果垄断厂商在短期有超额利润,那么鉴于其垄断市场的巨大行业壁垒,在长期中将维持垄断利润。其长期均衡的条件为:

$$MR = LMC = SMC \tag{6.3}$$

三、对完全垄断市场的评价

首先,与完全竞争相比,垄断市场在资源的配置上呈低效率的特征。

从图形上可以看出,在垄断厂商决定的均衡产量上,价格高于边际成本。而价格与边际成本相等时的产量被经济学认为是最优的生产水平。显然,垄断厂商为了维持高价而控制产量,其产量低于完全竞争厂商长期均衡时的水平,产量过少造成消费者需求得不到满足。同时,如果垄断厂商制订高价,消费者剩余将被剥夺,并且消费者剩余的损失超过了垄断厂商利润的增加,导致了社会净福利的下降。

其次,垄断厂商获得的超额利润显示了收入分配的不平等。巨大的行业壁垒排斥了竞争的存在。

从以上的分析可以说,垄断市场的存在既缺乏效率,又违背公平。因此,许多国家的政府通常对完全垄断市场进行干预和管制。

但任何事物总具有两面性,垄断厂商也具有别的市场所不具备的优势,如超额利润可支持较强的科研开发能力、技术创新能力和明显的规模经济等。垄断厂商也只有通过不断的技术创新才能保持自己的垄断优势,否则,高额的垄断利润会诱使竞争者的进入从而动摇垄断者的地位。

四、垄断厂商的价格歧视

价格歧视(price discrimination)即为价格差别,是一种差别定价,指对成本相同的商品或劳务向买者索取不同的价格。采取价格歧视是垄断厂商的一个经营策略,目的是为了获得更多的垄断利润。

在一般情况下,价格歧视被分成三个等级:一级价格歧视、二级价格歧视和三级价格歧视。

一级价格歧视(first-degree price discrimination)又被称为完全的价格歧视,指垄断厂商对不同的买者索取其愿意为商品或劳务支付的最高价。采用一级价格歧视,垄断者剥夺了消费者所有的消费者剩余。如图 6-14 所示。在统一价格为 P_0 的情况下,消费者剩余为图上部的三角形面积。一旦垄断厂商采取一级价格歧视,那么各消费者被索取的正是他们愿意付出的最高价格,则这块三角形的面积全部转化为垄断厂商的超额利润。在现实生活中,一级价格歧视并不常见,因为垄断厂商想了解每个买者的心理并非易事。

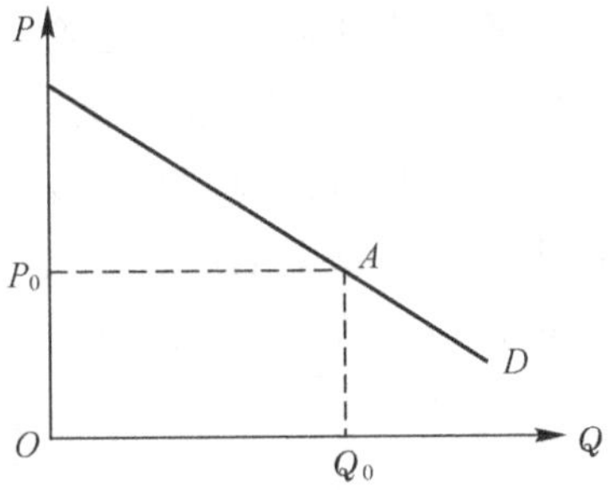

图 6-14 一级价格歧视

二级价格歧视(second-degree price discrimination)指垄断厂商根据买者购买的不同数量区间确定不同的价格,厂商采用的是分段定价,购买的数量越多,则价格越便宜。假如某个企业存在规模经济,产量越大平均成本就越低,此时厂商采取二级价格歧视的目的在于鼓励买者多购买,这样既增加了消费者的福利,又使企业获得了更多的利润。与一级价格歧视相比,二级价格歧视剥夺了部分消费者剩余,厂商得到了更多的收益。在图 6-15 中,OQ_1、Q_1Q_2 和 Q_2Q_3 为等额的数量段，如果消费者购买 OQ_1，则价格是 P_1，继续购买下一个等额数量 Q_1Q_2，价格下降到 P_2，再买下一个等额数量段，价格继续下降到 P_3。如此消费者剩余为三角形 EP_1C、CcB 和 BbA 的面积之和。但与一级价格歧视相比，消费者并不厌恶这种价格策略。

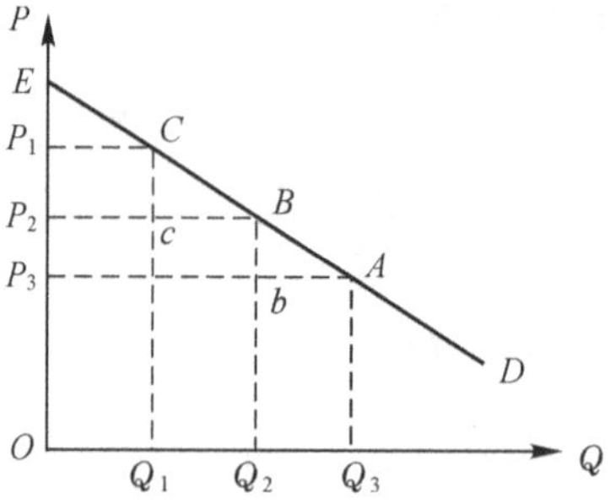

图 6-15　二级价格歧视

三级价格歧视（third-degree price discrimination）是厂商在不同的市场上以不同的价格出售同种商品。这里当然要求厂商能够对市场进行区分，同时由于在不同市场上的需求弹性差异才使厂商有可能进行差别定价，对缺乏弹性的市场制订较高的价格，而对富有弹性的市场则收取相对较低的价格，目的还是获得最大的利润。见图 6-16。假设某厂商在 A 和 B 两个独立的市场出售商品，厂商要获得最大利润，就得按利润最大化原则来确定产量。其总产量为 Q_{A+B}，这一产量必须在两个市场进行配置出售，每个市场上的出售量由 $MR_A=MR_B=MR_{A+B}=MC$ 决定。由此，市场 A 将出售 Q_A，市场 B 将出售 Q_B，A 市场的价格为 P_A，而在市场 B 的价格则为 P_B。从图上可以看出，由于市场 A 的需求价格弹性比市场 B 的需求价格弹性要小，所以前者价格高于后者。

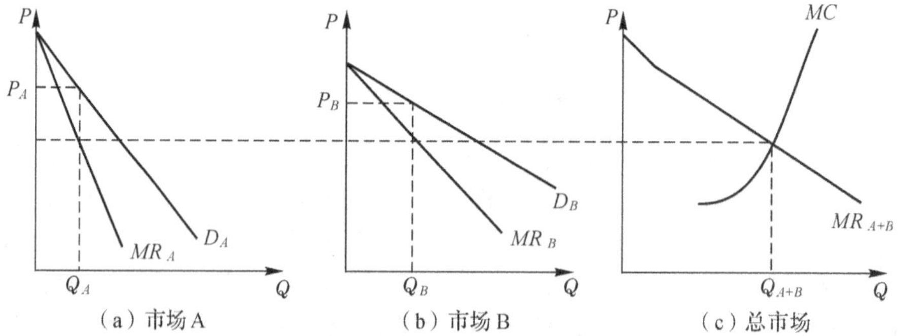

图 6-16　三级价格歧视

专栏 6-2　　　　　　登六和塔的费用

钱塘江边的六和塔，位于钱塘江大桥的一侧，外形雍容华贵，气宇不凡。六和塔自下而上塔檐逐级缩小，塔檐翘角上挂了 104 只铁铃。檐上明亮，檐下阴暗，明暗相间，从远处观看，显得十分和谐。塔内每两层为一级，由螺旋式阶梯相连，壁上还有各种雕刻，构思奇妙，是我国古代建筑艺术的杰作。千百年来，众多的文人墨客登塔抒怀，留下许多赞美的诗篇。

大约在 1980 年左右，登六和塔的费用有内宾和外宾之分。国人登塔的门票为 4 元人民币，外宾的门票则为十几美金，典型的三级价格歧视。能够实施这种差别定价的条件如下。

首先，外国人不远万里来到中国，来到著名的旅游城市杭州，就是为了饱览各个名胜，因此他们对中国旅游景点的需求价格弹性比较小。

其次，内宾和外宾两个市场容易区分开来。大部分外国人和中国人的长相能够辨别，不太容易钻空子。

最后，杭州的六和塔在中国是独一无二的。

第三节　垄断竞争市场

垄断竞争（monopolistic competition）是一个既存在垄断又存在竞争的市场结构，它是介于完全竞争和完全垄断之间但又相对接近完全竞争的市场。在我们日常的经济生活中，相当多的产品是由垄断竞争厂商提供的。

一、垄断竞争市场的特征或条件

既然垄断竞争市场是一个既具垄断色彩又有竞争因素的市场，那其特征也应包含这两方面的内容。

第一，行业中厂商的数目比较多，单个厂商对市场的影响力十分有限，厂商之间不太可能形成一致的某种协议来达到某种目的。

第二，厂商进出行业比较自由，与完全竞争相比，存在一定的行业壁垒，但作用较弱。

上述两个特征体现了垄断竞争市场的竞争性，与完全竞争市场的特性比较接近。垄断竞争市场与完全竞争市场最大的区别在于产品差别（product differentiation）这一特征。

第三，垄断竞争行业的厂商生产相似的但又有差别的产品。同种产品意味着具有一定的替代性，厂商之间的竞争比较激烈，而产品差别使厂商又具有一定的控制产品价格的能力，可谓差别越大垄断能力越强。因此，这一特征最能显示垄断竞争市场的特性。

产品差异包含产品内在的和外在的差异，有产品品质的物质差异，也有商标、服务、销售条件、企业声誉等软性差异。

从厂商的角度而言，对市场的控制力量越强则其在市场中越具有主动性，可能获得的超额利润也越可观。垄断竞争中的厂商就得利用各种手段努力提高产品的差别程度，不断进行产品的创新是提高产品差异度的重要途径。

如前所述，垄断竞争厂商之间的竞争还是相当激烈的，因此，采取各种手段进行市场的争夺成了厂商重要的经济活动。其中最常见的手段为价格竞争和非价格竞争。价格竞争主要是厂商通过降低价格来争夺市场的份额，而非价格竞争则是通过非价格的形式进行的竞争，如加强销售服务、进行大量的广告宣传、提高产品的质量、开展促销活动等。随着社会经济的发展和人们收入水平的提高，非价格竞争的手段变得越来越重要。

此外，在所有的市场结构中，垄断竞争厂商尤其注重产品的广告宣传。目的有两个：第一，通过广告宣传向消费者传递产品的差异程度，力图影响消费者的偏好；第二，广告宣传是非价格竞争的一种不可或缺的手段。

二、垄断竞争厂商的短期均衡

与其他市场相同，垄断竞争厂商的短期均衡条件还是 $MR=MC$，其图形与完全垄断厂商有些类似。只是与完全垄断厂商的需求曲线相比，垄断竞争厂商的需求曲线要平坦一些，因为垄断竞争厂商之间生产的是同种产品，其产品具有较大的替代性。见图 6-17，D_1 为垄断竞争条件下的厂商需求曲线，D_2 为完全垄断条件下的需求曲线。

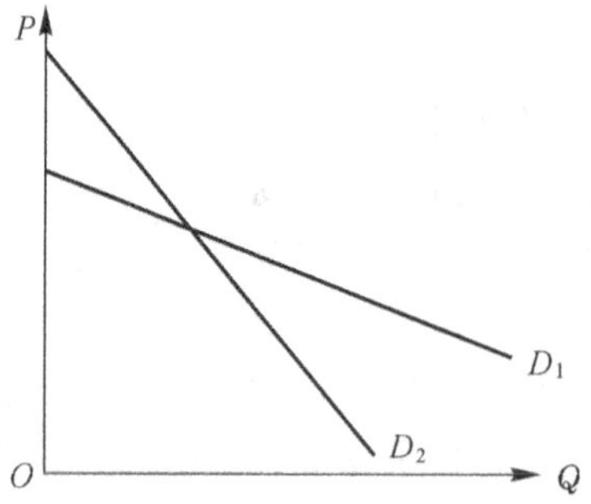

图 6-17　垄断竞争厂商的需求曲线

具体来看，垄断竞争厂商在短期可能出现以下几种情况：获得超额利润、获得正常利润、有亏损但继续生产、有亏损停产。见图 6-18，(a)图显示厂商有利可图，其利润额为 P_0ABP_1 的面积；(b)图则显示厂商的平均收益小于平均成本，按亏损最小化原则进行生产，其最小亏损额为 P_0ABP_1 的面积，在亏损时，只要价格高于平均可变成本，厂商就会选择继续生产，否则就选择停产，道理与完全竞争市场相同。如果按利润最大化原则进行生产的产量，其平均收益等于平均成本，那么垄断竞争厂商在短期只获得正常利润。

由此可知，垄断竞争厂商短期均衡条件为：$MR=MC$。

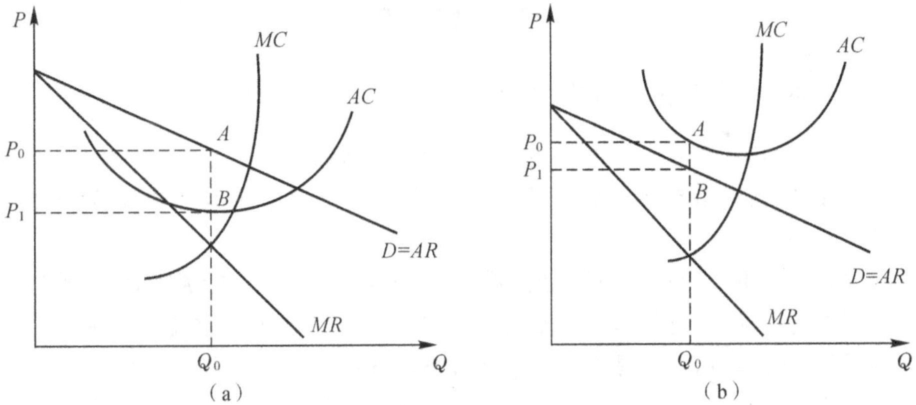

图 6-18　垄断竞争厂商的短期均衡

三、垄断竞争厂商的长期均衡

由于垄断竞争市场中厂商进出行业比较容易，所以当厂商获得超额利润时，其他行业的厂商就会进入以分享超额利润，如此，供给量的增加导致产品价格的下降，这一过程将持续到超额利润消失为止。反之，如果垄断竞争厂商短期存在亏损，则厂商会退出这个行业，供给量的下降导致产品价格的上升，同样这一过程将持续直至亏损消失为止。见图 6-19。总收益与总成本相等，总利润为零。

垄断竞争厂商长期均衡的条件为：

$$MR=MC;AR=AC \tag{6.4}$$

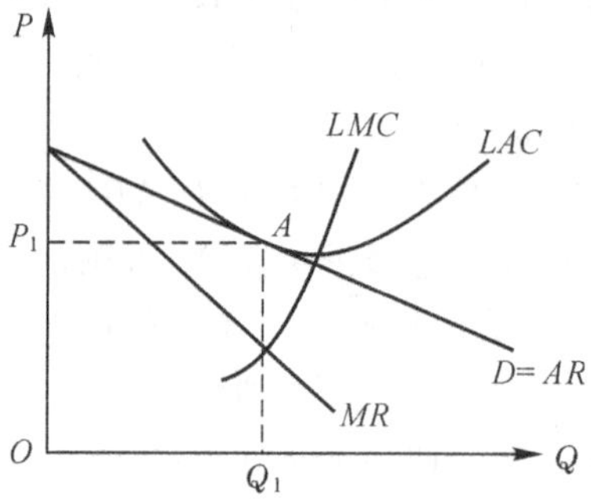

图 6-19　垄断竞争厂商的长期均衡

四、对垄断竞争市场的评价

从总体而言，垄断竞争市场是利大于弊的市场结构。

首先，垄断竞争市场的资源配置效率高于完全垄断市场而低于完全竞争市场。

在垄断竞争厂商长期均衡的水平上，产量的价格高于边际成本，意味着低于社会要求的最优量。同时，因为垄断厂商的需求曲线或平均收益曲线是向右下方倾斜的，所以均衡点总是相切于平均成本曲线的左侧而不是最低点，由此决定的产量要低于 LAC 最低点的产量水平。这就是所谓的“生产能力过剩”(excess capacity)。在图 6-20 中，Q_0Q_1 便是过剩的生产能力，它导致资源配置的低效。

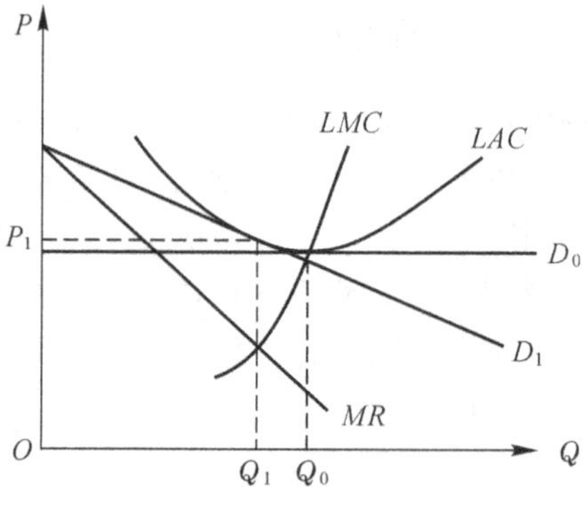

图 6-20　生产能力过剩

其次，产品差别对垄断竞争厂商的意义非常重要，因此厂商欲提升控制市场的能力就必须走创新的道路。而从消费者的角度看，尽管付出了比完全竞争市场高的价格，但得到了多样化的、有差别的产品，满足了消费者的不同偏好。

最后还应提及的是尽管广告宣传对于垄断竞争厂商必不可少,但推销成本大大增加。从经济学的角度出发,唯有真实的广告才有利于资源的最优配置,而虚假的广告无论对于厂商还是消费者,都是危害无穷。

第四节　寡头垄断市场

寡头(oligopoly)是介于完全垄断和完全竞争之间的但更接近于完全垄断的市场结构。现实生活中,寡头垄断的行业也很常见,汽车制造、电器等往往由几个大企业垄断了大部分市场。在经济学上,人们一般把垄断竞争和寡头都称为不完全竞争或非完全竞争。

一、寡头垄断市场的特征

第一,行业中厂商的数目很少,少数几家企业控制了大部分的市场份额。经济学中常用市场集中率的指标来衡量少数几家企业对市场的控制力,如 C_4——四企业集中率,C_5——五企业集中率,C_8——八企业集中率等。在一般情况下,集中率越高,垄断程度越高。

第二,寡头厂商之间关系紧密。这是寡头市场与其他市场结构相比最大的特征。因为企业数量较少且规模巨大,单个厂商的决策对整个市场必将发生重要的影响,所以单个厂商会非常慎重地做出某项决策。也正由于这一特性,使得寡头市场中厂商的行为变得十分复杂,加大了理论分析的难度。

第三,寡头厂商生产的产品可以是同质的,也可以是有差别的,所以有相同寡头或纯粹寡头和差别寡头之分。如水泥、钢铁、石油等为相同的产品,而电器、香烟便是相似的但有差别的产品了。

第四,行业壁垒较大,厂商进出市场比较困难。究其原因与垄断市场的障碍因素比较相似。

二、寡头市场理论介绍

如前所述,寡头市场上厂商之间的关系非常紧密,每个厂商的行为决策并不是独立的,他们要充分考虑到决策对其他厂商的影响及其反应,因此每个厂商的行为都存在着极大的不确定因素。显然,寡头市场比其他市场结构都要复杂,理论上很难对其均衡问题做出简单明确的结论。为此,经济学家对寡头垄断市场提出了众多的模型和理论,有些分析借助于经济学的传统工具,有些分析则运用了现代的数学工具。下面我们选择一些重要的理论和模型进行介绍。

（一）古诺模型

古诺模型是法国经济学家古诺（Augustin Cournot）在1838年提出的一个双头垄断模型。此模型以矿泉水的生产为例，假定只有两个厂商A和B生产和销售矿泉水；矿泉水的生产成本为零，所有的收入均为经济利润；两个厂商之间没有勾结行为，每个厂商不仅明了对方的产出水平还据此确定自己的最优产出量。古诺模型的均衡过程用图6-21来说明。

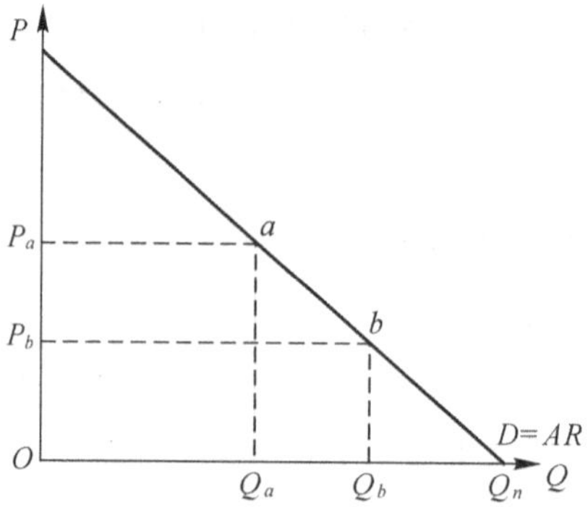

图6-21　古诺模型

需求曲线D是两个厂商面对的矿泉水市场需求曲线，假设厂商A先进入市场，其最优产量为市场总量Q_n的1/2，即Q_a，因为此时吻合利润最大化原则$MR=MC=0$，对应的价格为P_a，厂商获得的超额利润为P_aOQ_{aa}的面积。B厂商在得知A厂商生产规模的情况下也进入了市场，他最优的产量是A厂商剩下的市场份额的一半即Q_aQ_b，价格下降到P_b，由此A厂商的利润也下降。A厂商又会根据B厂商的生产重新调整和确定自己的最优产出量，生产B厂商所剩下的市场份额的一半，这个过程一直持续下去，最后达到一个均衡点。在均衡点上，每个厂商的产量相等，均为市场总量的1/3。由此可以推断，如果寡头市场有n个厂商，则每个厂商的均衡产量为$1/n+1$。古诺模型所涉及的是寡头厂商之间的非合作均衡。

（二）斯威齐模型

斯威齐模型是美国经济学家斯威齐（Panl Sweezy）在1939年提出的一种理论模型，这一模型又被称为弯折的需求曲线（kinked demand curve）。模型的假设条件为：寡头市场中某厂商降价，其他厂商也跟着降价；如果某厂商提价，其他厂商并不随之提价。如图6-22所示。

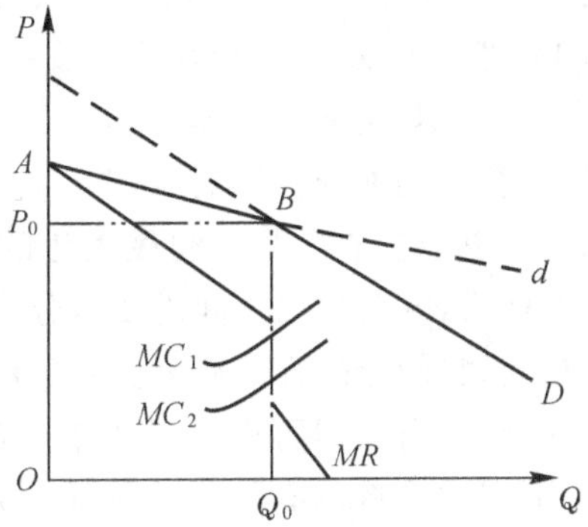

图 6-22　斯威齐模型

寡头厂商面临着两条需求曲线，一条比较平坦，另一条比较陡峭。较平坦的需求曲线 d 意味着如果该厂商改变价格，而行业内的其他厂商不跟着改变价格的需求曲线。例如该厂商降价，别的厂商不降价，那么对该厂商产品的需求量会急剧增加，很重要的原因在于其他厂商产品的价格高了。同样的道理，如果该厂商提价，其他厂商也无动于衷，那么对该厂商产品的需求量会急剧下降。另一条比较陡峭的需求曲线 D 则为厂商改变价格，行业中的其他厂商也同时改变价格的情形。假设该厂商降低产品价格，对该厂商产品的需求量会上升，但由于行业内的其他厂商也跟着降价，因此需求量的增加仅仅是降价引起的收入效应和替代效应的作用，并没有把其他厂商的客户吸引过来而增加需求量。

现假设寡头厂商的初始点在 B 点，如果厂商提高价格，行业内的其他厂商不提价，如果厂商降价，别的厂商为了在竞争中取胜也随之降价。因此，当价格高于 P_0，寡头厂商面对的是平坦的需求曲线 d，当价格低于 P_0，面对的则是陡峭的需求曲线 D，最终形成一条弯折的需求曲线 ABD。

弯折的需求曲线导致了一条独特的边际收益曲线。因为两条需求曲线有各自对应的边际收益曲线，所以与弯折的需求曲线相对应的必然是一条不连续的“断开”了的边际收益曲线。如果产量小于 Q_0，边际收益线是与需求曲线 d 相对应的那一段，如果产量大于 Q_0，边际收益线则是与需求曲线 D 相对应的那段。

毫无疑问，寡头厂商的均衡条件还是 $MR=MC$。只要边际成本曲线与间断的边际收益线相交，利润最大化的产量便是 Q_0，价格为 P_0。在这一区域范围之间，无论厂商的成本发生怎样的变化，并不能改变产量和价格的决策。

斯威齐模型解释了寡头市场产量和价格比较稳定的现象。

（三）卡特尔

寡头厂商之间的相互依赖、相互影响使他们有可能进行合谋，其目的在于限制竞争，共享垄断带来的超额利润。卡特尔就是一种公开的合谋。

卡特尔（cartel）指的是寡头市场中，同行业的少数厂商在价格和产量等方面形成的正式、公开的联合协议。其主要目的是获得共同利润最大化。在图6-23中，曲线 MC、AR、MR 均为行业的曲线。这时卡特尔可以被看成一个由几家厂商合并在一起的大厂商。显然，Q_0 是行业利润最大化的产量，市场价格为 P_0。在确定了全部的产量和价格后，寡头厂商之间需要瓜分市场份额。从理论上说，要使卡特尔获得最大的利润，它的分配方式应为所有厂商的边际成本相等，如果厂商之间的边际成本不等，则厂商之间可以通过调整产量提高总利润。但现实情况要复杂得多，现实中不同的卡特尔有不同的分配原则。可以按经济实力瓜分，也可以按地理位置进行瓜分，还可以根据厂商过去的销售能力进行瓜分，等等。

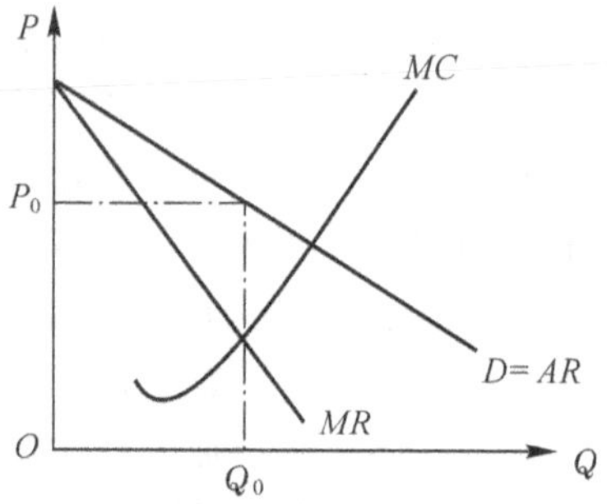

图 6-23　卡特尔

现实生活中成功的卡特尔并不多见，原因在于厂商为了获得更多的利润，总是力图突破按协议的市场份额，而卡特尔的协议又不是由法律来维持和监督的。谋求自身利益的最大、缺乏法律的限制导致卡特尔非常不稳定，比较容易引起最终的解体，有些卡特尔只维持了两年就瓦解了。在许多国家，公开合谋组成卡特尔被认为是违法行为。正因为此，国际性的卡特尔更为常见，目的就是规避国内的反垄断法。

于20世纪60年代初成立的欧佩克即石油输出国组织在国际上算是比较成功的卡特尔了，即便如此，还是存在着不稳定的情况。从1973年至1985年，欧佩克较好地进行了合作。但到了80年代中期，成员国受到增加生产取得更多利润的诱惑，私下违背协议，相互合作渐渐变得无效率了。

（四）价格领袖制

价格领袖制（price leadership）是寡头厂商常用的一种策略，它指行业中通常由一家厂商制订价格，然后别的厂商也追随这一价格。这种策略往往是通过寡头厂商之间相互协调而达成的默契，是一种不公开的，没有任何协议的合谋行为。

价格领导者可以是行业中占统治地位的厂商，可以是最有效率的厂商，也可以是对市场的反应最灵敏的晴雨表型的厂商，还可以由行业中成本最低的厂商来担当。有时为了防止潜在竞争者的进入，寡头厂商制订的价格不一定能保证获得最大的利润。

除上述模型之外，还有许多有关寡头垄断的理论模型，如斯塔克尔伯格模型、伯特兰模型等，这些模型有的是针对产量的竞争、有的是针对价格的竞争、有的是针对空间地理位置的竞争进行的理论分析。

三、博弈论

寡头垄断市场之所以复杂，就是因为每个厂商的决策取决于竞争者的行为，而竞争者的行为同样也取决于其他厂商的行为。寡头厂商由于其共同的利益要进行合谋，与此同时他们又是竞争对手，在彼此的竞争中，会出现不合作现象。博弈论是用来分析寡头厂商行为的重要分析工具。

博弈论(game theory)也称对策论，是一种分析战略行为的方法。2005年诺贝尔经济学奖获得者罗伯特·奥曼教授认为：所谓博弈，就是策略性的互动决策。它可以用来理解当每个人的行为会严重影响他人时，人们是如何相互影响，如何做出决策的。在每一次博弈中，局中人的目标都是力图获得最大的利益。实际上，在日常经济生活中，我们时时在进行着各种博弈。

由于寡头厂商之间关系的紧密性，所以与其他市场结构相比，策略性的互动决策显得更为重要。为了解决寡头市场复杂的现象，经济学往往假定在对手的行为设定的情况下，厂商总是采取最有利于自身利益的行为。

纳什均衡(Nash equilibrium)指的就是上述的这种假设，如果其他参与者不改变策略，任何一个参与者都没有改变策略的动机。在纳什均衡中，每个参与者的策略选择都是对其他参与者策略的最佳反应。例如有甲和乙两个厂商，当甲的行为设定，乙采取了最优的行为，在甲不改变策略的前提下，乙也没有改变策略的积极性，当甲改变了策略，乙也相应改变策略。反过来，当乙的行为设定时，甲也采取了最好的行为，在乙不改变策略的前提下，甲也没有改变策略的积极性，当乙改变了策略，甲也相应改变策略。纳什均衡属于非合作均衡，前面介绍的古诺模型，最终达到的均衡为古诺均衡。古诺均衡就是纳什均衡的一个特例。

与纳什均衡有一定关联的还有一个概念为占优均衡(dominant equilibrium)，指不论其他参与者做何种策略选择，每个参与者的最佳策略都是唯一的，其结果为占优均衡。“囚徒的困境”就能说明占优均衡问题。

专栏 6-3 囚徒的困境

这是经济学家塔克在 1950 年提出的一个非常经典的非合作博弈的例子。说的是两个嫌疑犯作案后被警方逮捕，由于警方缺乏充分的证据来定罪，因此分别对两人进行审讯，不允许他们相互通报信息，目的是获得相应的证据。

警方对两位嫌疑犯交代了相应的政策：如果两人都坦白供认，各判刑 5 年；如果一方坦白另一方不坦白，坦白者从轻，判刑 3 个月，不坦白者从重，要判刑 10 年；如果两人都不坦白，则从警方现在掌握的证据来看，只能各判刑 1 年。下表为囚徒困境的支付矩阵：

		囚徒 A	
		坦白	不坦白
囚徒 B	坦白	5 年，5 年	3 个月，10 年
	不坦白	10 年，3 个月	1 年，1 年

显然，由于不存在串通和合谋，两人的最优选择都为坦白。囚徒 A 的思考如下：假如 B 坦白我不坦白，那我要坐 10 年的牢，我的最优选择应是坦白，这样只需坐牢 5 年；假如 B 不坦白我坦白，我要判 3 个月，而我也不坦白的话就得坐牢 1 年，无疑我的最优选择还是坦白。反之，这一思考过程对于囚徒 B 也同样。因此，最后的结果只能是两人都选择坦白。(坦白，坦白)不仅是纳什均衡，而且还是占优均衡。

囚徒困境揭示了一个深刻的问题：个人理性和集体理性的矛盾。在上述一次性博弈中，理性的个人显然做出了有利于自身的最佳选择，但结果却并不圆满，因为如果两人都选择不坦白的话，结果要比两人都坦白好得多。

占优均衡一定是纳什均衡。在“囚徒的困境”中，不论囚徒 B 坦白还是不坦白，囚徒 A 的最优选择都是坦白；同样对于囚徒 B 来说，不论囚徒 A 坦白还是不坦白，他的最优策略是坦白。因此(坦白，坦白)的策略组合是占优均衡，同时这一策略组合又一定是纳什均衡。因为一个参与者的占优策略是对于其他参与者任何设定策略的最优选择。

纳什均衡不一定是占优均衡。因为构成纳什均衡的条件是：在其他参与者行为设定的前提下，参与者的最优策略组合。在有些博弈中，并不存在占优策略，但还是有纳什均衡的存在。例如 AB 两人在独木桥上迎面相遇，对任何一个人来说，不存在占优策略，只能根据对方的情况做出最优的选择。A 进则 B 退，A 退则 B 进，这两个组合都是纳什均衡。

应该提醒的是博弈论在现实中的用途非常广泛，既可用于寡头的理论分析，也可用于其他领域的分析。

四、对寡头垄断市场的评价

因为寡头市场接近完全垄断市场，所以上面对垄断市场的评价完全可以套用到寡头市场上。虽然寡头市场比较复杂，但在现实中，寡头市场的价格一旦决定之后往往比较稳定，厂商不会轻易改变价格和产量。因此寡头厂商之间的竞争，通常集中在非价格竞争，不断进行创新以提高产品的差别程度。

本章人物介绍：约翰·纳什

约翰·纳什(John F. Nash) (1928—　)，1994 年诺贝尔经济学奖获得者之一，美国普林斯顿大学教授，著名经济学家和天才数学家。

纳什在上大学时就开始对博弈论进行研究。1948 年他进入普林斯顿大学攻读数学系的博士，广泛涉猎数学王国的每一个分支。在大师如云的校园里，纳什坚持不懈地研究博弈论，显示出了他独特的自信和自负。

1944 年，数学家冯·诺伊曼与同在普林斯顿大学的经济学家摩根斯坦的合著《博弈论与经济行为》出版，标志着现代系统博弈理论的形成，但由于理论过于抽象，影响力受到一定的限制。

在 1950 年和 1951 年，纳什的关于非合作博弈的博士论文和其他两篇相关论文的发表对博弈理论作出了划时代的贡献。纳什的思路比冯·诺伊曼的合作博弈更能反映现实，他证明了非合作博弈及其均衡解，并证明了均衡解的存在即著名的纳什均衡，从而奠定了现代非合作博弈论的基础。

早在 1985 年，诺贝尔评奖委员会就考虑给纳什颁奖，但由于纳什在 1955 年患上了精神分裂症，病情一直没有缓解，考虑到他的病情，这项经济学领域至高无上的奖项整整迟到了 10 年。

本章小结

1. 依据竞争程度的强弱，经济学把市场分成四种类型：完全竞争市场、垄断竞争市场、寡头垄断市场和完全垄断市场。

2. 完全竞争市场是一种不存在任何垄断因素的，不受任何阻碍、干扰的市场结构。它是一种高度抽象的市场模式。

3. 在完全竞争市场条件下，需求曲线呈水平状且 $MR=AR=D$。厂商短期均衡的条件为 $P=MR=MC$，厂商可能获得超额利润，可能获得正常利润，可能亏损。当价格小于平均可变成本时，厂商就退出行业。长期均衡的条件为 $MR=LMC=LAC$，厂商只能获得正常利润。

4. 完全竞争厂商的短期供给曲线就是它的短期边际成本曲线高于平均可变成本的部分。

5. 垄断是指一家厂商控制或独占整个行业，不存在任何竞争的市场。垄断厂商是某种商品的唯一卖者。形成垄断主要有两大原因：成本优势和进入壁垒。

6. 垄断厂商的长期、短期均衡条件为 $MR=MC$。短期垄断厂商可以获得超额利润和正常利润，也有可能亏损，长期一般能获得比短期更多的超额利润。

7. 价格歧视有三种类型：一级价格歧视、二级价格歧视和三级价格歧视。

8. 垄断竞争市场的最大特征在于产品差别。此特征也决定了厂商在进行价格竞争的同时有必要进行非价格竞争。

9. 垄断竞争厂商短期均衡的条件为 $MR=MC$，可能有超额利润、正常利润、亏损三种情况。长期均衡条件为 $MR=MC$，$AR=AC$，厂商只能获得正常利润。

10. 寡头是介于完全垄断和完全竞争之间的但更接近于完全垄断的市场结构。寡头厂商之间相互影响相互依赖是这一市场最大的特点。寡头厂商在有着共同利益的同时也是竞争对手，因此他们既存在着彼此合作的动机，又存在不合作的可能。

11. 经济学家对寡头垄断市场提出了许多模型和理论，有的是针对产量的竞争，有的是针对价格的竞争，有的是针对空间地理位置的竞争。主要模型有古诺模型、斯威齐模型、卡特尔、价格领袖制和纳什均衡。

12. 博弈论是分析寡头垄断市场的一种非常有用的工具。在现实中，用途非常广泛，既可用于寡头的理论分析，也可用于其他领域的分析。

思考与练习

一、名词解释

卡特尔　价格领袖制　纳什均衡　占优均衡　价格歧视　完全竞争　垄断　垄断竞争　寡头　自然垄断　斯威齐模型　古诺模型

二、简答题

1. 简述完全竞争市场、垄断竞争市场、寡头市场、垄断市场的主要特征。
2. 用图说明完全竞争市场、垄断竞争市场的短期、长期均衡。
3. 说明斯威齐模型。
4. 为什么完全竞争厂商不需要做广告，而垄断竞争厂商则需要？

5.请具体分析三种价格歧视的形式。

6.解释古诺模型。

三、论述题

1.比较四个市场的经济效率。

2.推导完全竞争厂商的短期供给曲线。

3.推导完全竞争市场的长期行业供给曲线。

四、计算题

1.某垄断厂商的短期成本函数 $TC=-6Q^2+140Q+10$，需求函数 $Q=40-P$，求该厂商的短期均衡产量和均衡价格。

2.假设垄断厂商拥有不变的平均成本和边际成本，并且 $AC=MC=5$，厂商面临的市场需求曲线 $Q=53-P$，求：

(1)该垄断厂商利润最大化时的价格和产量及相应的利润水平。

(2)如果该市场是完全竞争时，其市场产出水平为多少？

3.完全竞争市场上需求函数为 $D=-400P+400$，单位厂商的短期成本函数 $C_i=0.1q_i^2+q_i+10$，该行业共有 100 个厂商，求：

(1)厂商的短期供给函数；

(2)行业的供给函数；

(3)市场的均衡价格和均衡产量。

第七章

生产要素理论

本章要点

本章讨论的是生产要素市场。我们将讨论生产要素的价格是如何决定的，因为生产要素所有者的收入来源于生产要素服务的出让，所以，本章也可以认为是讨论经济学中"为谁生产"的问题，即收入分配问题。我们要讨论：生产要素的需求，生产要素的供给与均衡价格的决定，劳动、资本和土地价格的确定，收入平等与否的争论。

前面各章对产品市场的供给、需求以及产品均衡价格和均衡数量的决定进行了分析。在产品市场上，消费者是需求者，厂商是供给者，而且假定生产要素的价格是既定的。本章我们转向生产要素市场。在要素市场上，厂商为了生产商品而需要不同的要素投入，因此成为了要素需求者；而要素所有者提供如劳动、资本、土地和原料等厂商生产所需要的要素以换取报酬为收入因而成为了要素供给者。要素需求者面临如何决定最优要素投入以取得最大利润的问题，要素供给者同样面临如何决定最优要素供给以取得效用最大化的问题。我们将分两种情形进行讨论：(1)完全竞争市场（产品市场和生产要素市场都是完全竞争市场）；(2)非完全竞争市场（产品市场和生产要素市场之一是非完全竞争市场）。

学习目标

了解生产要素的需求，生产要素的供给与均衡价格的决定，劳动、资本和土地价格的确定，收入平等与否的争论。

第一节 生产要素需求

一、生产要素需求特性

(一) 它是一种派生需求(derived demand)

生产要素市场的需求者是厂商,而厂商购买生产要素不是为了满足自身的消费需要,而是为了生产出可供消费的商品以满足消费者的需要。也就是说,厂商在消费者对其商品有需求时,才会对要素有需求,对生产要素的需求是源于对商品的需求。因此,它是一种派生需求。如果消费者对某种商品的需求增加了,那么厂商对生产这种商品所需要的生产要素的需求也会增加。反之,如果消费者对某种商品的需求减少,则厂商对生产这种商品所需要的生产要素的需求也会下降。"派生需求"这个概念不仅从质上反映了要素市场与商品市场之间的联系,而且从投入产出的量上反映了商品市场的类型、商品价格和数量对要素市场的直接影响。

(二) 它是一种联合需求(joint demand)

要素需求不仅是一种派生需求,也是一种联合需求。这是由于任何一种产品都不可能仅靠一种生产要素生产出来,必须依靠许多生产要素联合才行。而且各生产要素之间往往存在着互相替代或是补充的关系。因此,厂商对某一种生产要素的需求不仅受该要素价格的制约,还要受其他要素价格的制约。如果机器很便宜,使用人工比较昂贵还不如用机器更为合算时,厂商就会考虑用更多的机器来替代人力,反之亦然。

二、边际生产力理论

(一) 边际生产力

边际生产力(marginal productivity)概念是由美国经济学家克拉克于19世纪末首先提出来的。这一概念和理论的提出被认为有助于解决多种生产要素相互作用共同生产产品时,各种生产要素究竟在生产中做出多少贡献从而应当如何分配的问题。所谓边际生产力指的是在其他条件不变的前提下,每增加一个单位某种生产要素的投入所带来的产量的增加量,这其实就是我们在生产理论中用到的边际产品(MP)或者也被称为边际实物产品(marginal physical product, MPP)概念。

（二）边际收益产量与边际产品价值

当把边际实物产品表示为价值化形式时，我们就得到了两个新的概念。

1. 边际收益产品(marginal revenue product，MRP)。

边际收益产品指的是厂商多购买1个单位要素(如劳动L)投入到生产后所带来的收益额外增加的量，定义为：

$$MRP_L=\triangle TR/\triangle L=(\triangle TR/\triangle Q)\times(\triangle Q/\triangle L) \qquad (7.1)$$

右式中第一项为边际收益，第二项为边际实物产品，因此上式可写为：

$$MRP_L=MR\times MPP_L \qquad (7.2)$$

我们知道，因为受制于边际报酬递减规律，边际实物产量(MPP_L)曲线呈递减态势；边际收益(MR)在完全竞争市场时为固定值(等于价格)，在垄断市场时也呈递减态势。因此，无论在完全竞争市场还是在垄断市场，MRP_L 也一定呈递减态势。如图7-1所示，随着要素投入量的增加从 L_0 增加至 L_1，MRP_L 从 MRP_L^0 下降至 MRP_L^1，MRP_L 曲线是一条递减曲线。

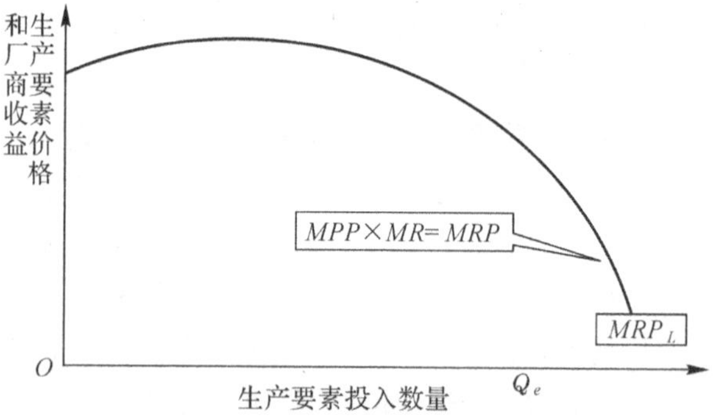

图7-1 *MRP* 曲线

2. 边际产品价值(value marginal product，VMP)。

边际产品价值是与MRP有密切关系的一个概念，是要素投入所生产的边际产品的价值。定义为：

$$VMP_L=P\times MPP_L \qquad (7.3)$$

从对 MRP 曲线的分析，我们可以知道，VMP_L 曲线的形状与 MRP 相似。

3. MRP 与 VMP 是否相等？

MRP 与 VMP 是否相等关键看 MR 与 P 是否相等。这要依赖于产品的市场结构。如果使用该种要素生产的产品属于完全竞争市场的产品，则 $MR=P$，那么我们可以得出结论：$MRP=VMP$。如果该要素生产的产品属于非完全竞争市场的产品，则 MR 随着产量增加而递减而且始终小于产品的价格 P，即 MR

$<P$。从而可以得出结论：$MRP<VMP$。

三、生产要素需求

（一）单个厂商生产要素需求

1. 单种生产要素可变情况下的生产要素需求。

在这里，我们首先假定其他要素使用量固定不变，只考察厂商对一种可变要素的需求。以 L 代表那种可变的要素投入。

(1)生产要素需求量的确定。

生产要素需求是一种"派生需求"，厂商产品生产量是决定要素需求量的重要因素。那么，获得最优产出的要素需求要符合什么条件呢？我们从前面厂商行为分析中知道，厂商利润最大化的产出条件是 $MR=MC$。从厂商作为要素需求者的角度看，这一原则本质上不会改变，即厂商使用一个单位的要素投入所带来的额外收益增加量(MR)应该等于增加使用这一个单位的要素投入所支付的额外成本的增加量(MC)。我们知道，前者其实就是 MRP，后者我们称之为边际要素成本(marginal factor cost, MFC)。

符合厂商利润最大化的最优要素需求可表示为：

$$MRP_L=MFC_L \tag{7.4}$$

其中，边际要素成本定义为：

$$MFC_L=\triangle TC_L/\triangle L \tag{7.5}$$

对应的平均要素成本(average factor cost, AFC)概念定义为：

$$AFC_L=TC_L/L \tag{7.6}$$

为什么要 $MRP_L=MFC_L$，厂商才达到最优要素需求？原因很简单，如果 MRP 大于 MFC，那么增加 1 单位投入而产生的额外收益超过了额外成本，厂商就会购买更多的生产要素；如果 MRP 小于 MFC，则增加 1 单位投入而产生的额外成本超过了额外收益，厂商就会减少对生产要素的购买。只有当 MRP 等于 MFC 时，厂商才会停止对生产要素的需求。

由此可见，单个厂商对要素的需求取决于边际收益产量和要素价格。要素价格由要素市场的需求与供给所决定，我们假定它是既定的，那么单个厂商要素需求主要取决于边际收益产量(MRP)，边际收益产量确定与产品市场结构密切相关，所以单个厂商要素需求与产品市场结构密切相关。

(2)完全竞争产品市场的生产要素需求。

当产品市场和生产要素市场都为完全竞争市场时，厂商只是要素价格的接受者。此时，每单位要素投入的价格即要素投入的单位成本，等于边际要素成本，即

$$P_L = AFC_L = MFC_L \qquad (7.7)$$

故

$$P_L = \triangle TC_L / \triangle L = \triangle (C \times L) / \triangle L = C \times \triangle L \ / \triangle L = C \qquad (7.8)$$

C 表示的是单位要素投入的边际成本。假如投入的要素为劳动，则(7.8)式中的 C 就是工资率 w；若要素为资本投入，则(7.8)式中的 C 就是单位资本的利息率。

完全竞争要素市场厂商生产的最优要素投入条件为：使用要素投入至其 MRP_L 等于 P_L 之时，即(7.4)式应等于(7.8)式，即

$$MRP_L = P_L \qquad (7.9)$$

当要素为劳动投入 L 时，(7.9)式变为

$$MRP_L = w \qquad (7.10)$$

当要素为资本投入 K 时，(7.9)式变为

$$MRP_K = r \qquad (7.11)$$

根据(7.9)式，我们可以看出，在完全竞争要素市场条件下，MRP_L 曲线实质上反映了不同要素价格下厂商希望购买的要素数量，这正是生产要素需求曲线的含义。所以，MRP 曲线其实就是厂商的要素需求曲线。

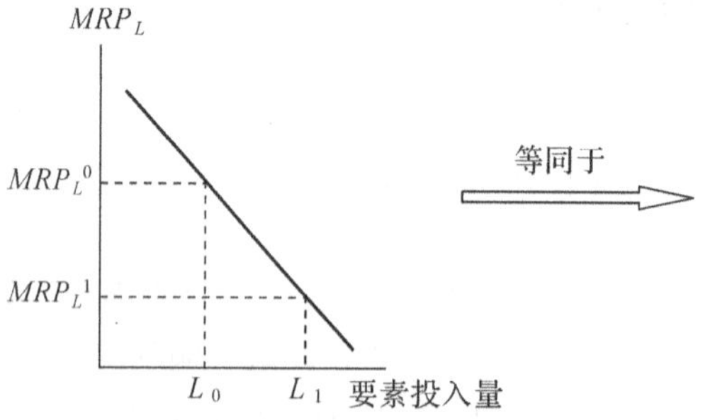

图 7-2　MRP 曲线

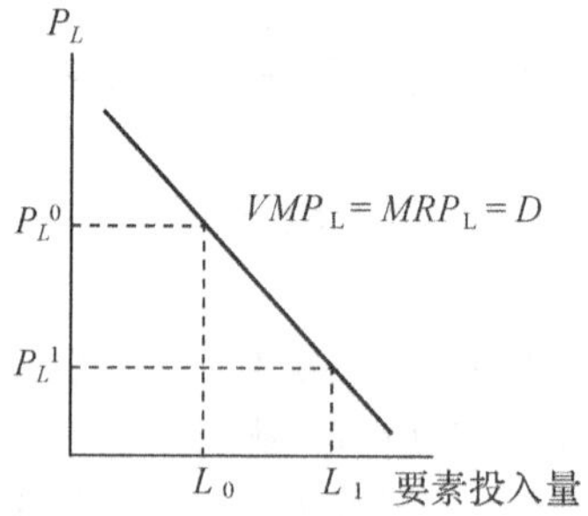

图 7-3　要素需求曲线

若产品市场为完全竞争市场时，因 $P = MR$，故 MRP_L 等于 VMP_L，而要素市场也为完全竞争条件时，得出：

$$VMP_L = MRP_L = P_L \qquad (7.12)$$

即：在完全竞争的产品市场，要素投入边际产量的市场价值等于要素投入的边际报酬。

根据(7.12)式，我们可通过图 7-3 得出完全竞争市场条件下的单个厂商要素需求曲线。

下面我们看一个具体示例。表 7-1 是一种要素的投入量(如劳动)与 MRP、VMP 的关系。第 1、2、3 三栏意义同前，第 4 是边际收益和价格，在完全竞争条

件下两者相同，第 5 栏是 MRP 和 VMP，按照这些数据，我们可以描出要素的需求曲线。

表 7-1　完全竞争市场下的边际收益产量

要素 L 投入量 (1)	总产出量 (2)	MPP (3)	边际收益(MR)和价格(P) (4)	要素 L 的 MRP，VMP (5)＝(4)×(3)
0	11*	—	6	—
1	19	8	6	48
2	26	7	6	42
3	32	6	6	36
4	37	5	6	30
5	41	4	6	24
6	44	3	6	18

* 要素 L 在 0 单位时产出量为 11，说明必定有其他要素(表中未列)也用于该类产品生产。

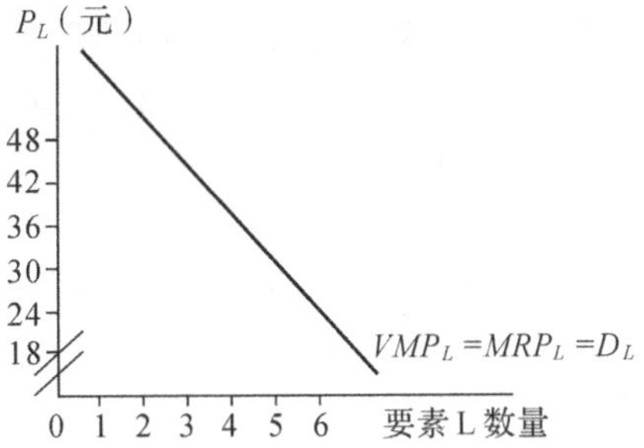

图 7-4　厂商对要素 L 的需求曲线

(3)非完全竞争产品市场的生产要素需求：以卖方独家垄断为例。

对单个厂商来说，完全竞争与非完全竞争产品市场的重要区别在于：完全竞争市场，厂商只能作为产品价格和要素价格的接受者，也就是说，要素价格是给定不变的；而在非完全竞争市场，厂商对产品和要素具有一定的影响，即具有垄断势力，产品价格是产销量的函数。

现在来分析卖方独家垄断的要素需求，假设厂商是产品市场上产品的独家卖者。为分析方便起见，我们假定要素市场为完全竞争，则 MRP 等于要素价格。所以要素需求曲线是与 MRP 曲线重合的。在这里，我们仍只分析厂商对一种可变要素 L 的需求。在产品市场完全垄断情况下，由于产品价格会随着销售量的增加而下降，边际收益不再等于产品价格，而是小于产品价格，即 $MR<$

P。因此,MRP_L 也就不等于 VMP_L 了。两者之间的差额为:

$$VMP_L - MRP_L = MPP_L \times P - MPP_L \times MR = MPP_L \times (P - MR) \quad (7.13)$$

垄断产品市场下的要素需求曲线见图 7-5,由于 $P>MR$,所以 VMP 曲线始终在 MRP 曲线的右上方,在要素投入量为 L_0 时,VMP 为 P_L^0,MRP 为 P_L^1,$P_L^0>P_L^1$。

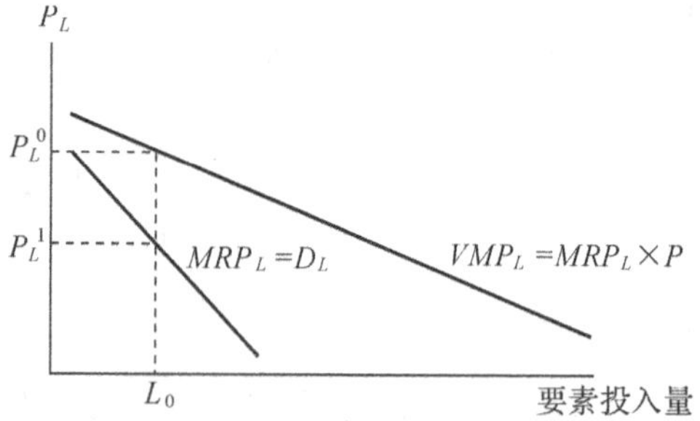

图 7-5　独家厂商垄断产品市场下的要素需求曲线

表 7-2　独家厂商的边际收益产量

要素 L 投入量	总产量 (TP)	边际产量 (MPP)	产品价格 (P)	边际收益 (MR)	边际收益产量(MRP)	边际产品价值(VMP)	VMP 与 MRP 差值
1	10	—	10.0	—	—	—	—
2	18	8	9.5	8.875	71.0	76	5.0
3	25	7	9.0	7.710	54.0	63	9.0
4	31	6	8.5	6.420	38.5	51	12.5
5	36	5	8.0	4.900	24.5	40	15.5

* 边际收益 71 来自:$18\times9.5-10\times10=71$,这是要素增加 1 单位时增加的总收益即 MRP,这些总收益增量除以增加的产量(MPP),即得到增加 1 单位产量所增加的收益,即 $MR=71/8=8.875$

2. 厂商对多种生产要素投入的需求。

当厂商同时选择两种或多种可变要素投入时,厂商如何做出最佳选择呢?对此,我们在前面分析生产者行为时已经提出一个原则:每一元钱花费在各要素投入上所获得的边际产量均相等。这一原则在此仍然适用。

(二) 市场生产要素需求

厂商要素需求曲线就是其边际收益产品曲线,那么市场要素需求曲线是否就是在不同生产要素价格下,各厂商 MRP 曲线所对应要素需求量的水平加总呢?总体上我们可以说,市场生产要素需求曲线是所有单个厂商对生产要素需求曲线的水平“加总”。请注意这里“加总”两字带上了引号，是想强调市场要素需求曲线并非是直接水平加总的边际收益产量曲线，因为我们必须考虑到商品市场的商品价格效应，从中我们可以进一步理解对生产要素的需求是派生需求的意义。

我们知道，MRP 由 MR 和 MPP 两部分组成，而 MR 受商品价格变化的影响，一旦商品价格上涨(下降)，则 MR 就会跟着上涨(下降)(在完全竞争下是同步的)。见图 7-6 所示，如果商品价格为 P_0，假定要素价格上涨，由 P_L 上涨至 $P_L{}'$，MRP 曲线上移，要素使用量由 L 下降至 L'，若简单进行水平加总，则市场要素需求量为 $L'=\sum L'$。但是减少要素使用量的同时，商品的产出会减少，商品市场供给也会跟着减少，故商品市场因供给的减少价格会上升，由原来的 P_0 上升至 P_1。商品价格上升，则边际收益也跟着上升，要素需求的 MRP 曲线也由原来的 $MRP(P_0)$ 上升至 $MRP(P_1)$，故厂商在 $P_L{}'$ 的要素均衡需求量并非降低到 L'，而是降低到 L''；由此，我们可以将与 P_L 对应的要素需求 L 和与 $P_L{}'$ 对应的需求 L'' 连接起来，这条连接线正好体现的是对生产要素的需求线。所以，**市场通过 $MRP(P_1)$ 水平加总曲线 $\sum MRP(P_1)$ 得到市场在 $P_L{}'$ 下的总要素需求量，非 L' 而是 L''**。因此，市场要素需求曲线在考虑商品价格效应后，并非是直接水平加总的边际收益产品曲线，而是一条较为陡峭(或弹性值较小)的需求曲线 D_L 的加总，见图 7-6(b)。另一方面，要素价格上升，造成成本上升，长期可能会使一些厂商退出，则该曲线会更陡峭。当然，当要素价格下降时，造成成本下降，长期可能会使一些新厂商进入，则该曲线会变平缓些。总之，市场生产要素需求曲线仍是一条为负斜率的需求曲线。

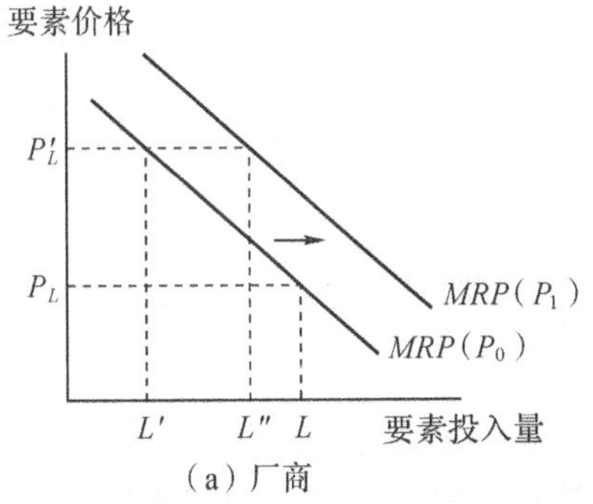

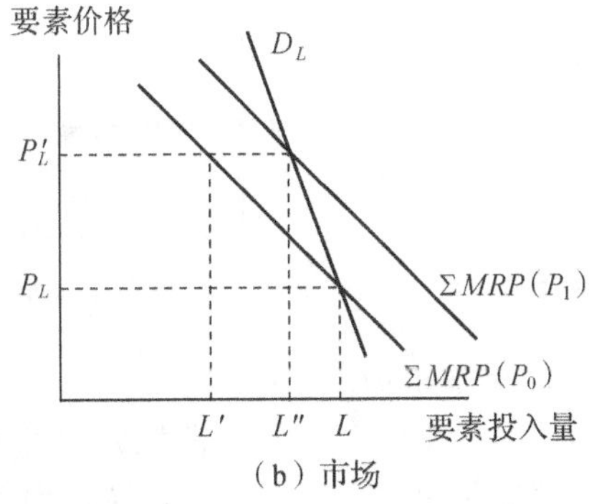

图 7-6 市场的要素需求曲线

第二节　生产要素的供给与均衡价格的决定

一、生产要素的供给

（一）完全竞争要素市场的生产要素供给

1. 单个厂商的要素供给曲线。

完全竞争要素市场有众多的要素需求者和供给者，对于单个厂商而言，其愿意购买的要素数量只占整个要素市场供给量中很小的份额，所以在他有限的需求范围内（相对于整个市场而言），无论怎样调整对要素的需求量，都不会引起整个市场需求量发生多大的变化，因而不会引起由市场供求双方共同决定的要素价格的变动。从而，使得厂商可以在既定价格水平上获得任意数量的要素供给量。也就是说，要素供给对于单个厂商来说具有完全弹性。显然，单个厂商面临的生产要素供给曲线就是厂商的边际要素成本曲线，即：

$$S_L = MFC = P_L \quad (\text{L 代表一种要素}) \tag{7.14}$$

因而，对于单个厂商所面临的生产要素供给曲线是一条等于市场价格的水平线。如图 7-7 所示，在完全竞争劳动市场上，单个厂商在既定的工资率 w_0 可以获得任意数量的劳动供给量，也就是说，劳动供给对于单个厂商是具有完全弹性的。从而得到单个厂商所面临的劳动供给曲线是一条水平线，而且满足：$S_L = MFC = w_0$

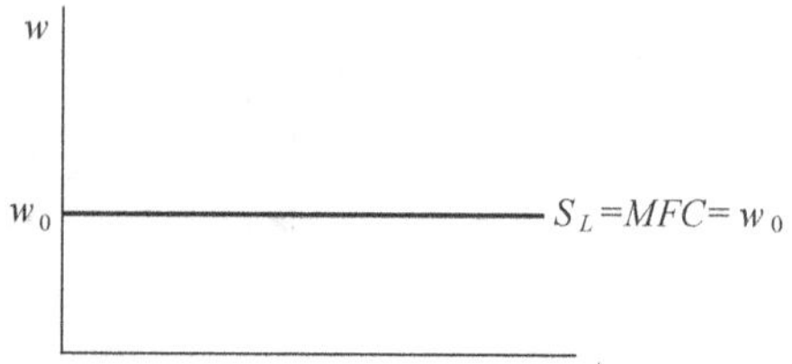

图 7-7　厂商面临的劳动供给曲线

2. 要素市场的供给曲线。

那么要素的市场供给曲线是否与单个厂商的要素供给曲线一样也是水平的？答案是否定的。与单个厂商所面临的具有无限弹性的要素供给曲线不同，要素的市场供给曲线非完全弹性，不是一条水平线。在一般情况下，整个市场的供给量会随着要素价格的上升而增加，因此市场供给曲线是一条随价格变化而同方向变化且向右上方倾斜的曲线，见图 7-8(a)。在特殊情况下，要素的市场供给是完全无弹性的，不论价格上升多少，供给量总是固定不变(如稀有生产要素)，供给曲线呈垂直形状，见图 7-8(b)。

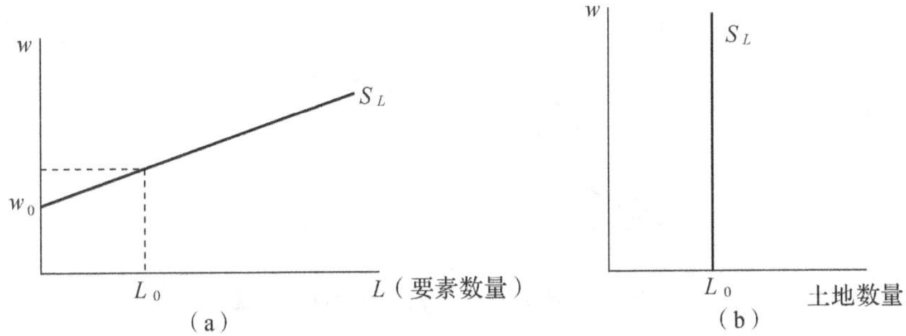

图 7-8　要素的市场供给曲线

(二) 买方垄断要素市场的生产要素供给

在要素市场对要素需求只有单独一家购买厂商时称为买方垄断。如小城镇的大型企业所雇佣的劳动者人数几乎是全镇的劳动力人口时，就是独家垄断。由于要素购买者为唯一的一个厂商，此时该厂商的要素需求就代表了整个要素市场的需求。所以独家买主所面临的生产要素供给曲线就是市场的要素供给曲线，即向右上方倾斜且斜率为正的曲线，而且该厂商对要素的需求会影响要素市场的价格。因为买方垄断厂商面临的是市场要素供给曲线，故要增加购买要素数量必须提高要素价格，由于生产要素受边际报酬递减规律左右，所以厂商对最后投入的 1 单位要素要支付的价格(边际要素成本 MFC)是逐渐升高的；从要素的供给曲线来看，它表示的是在厂商愿意给出的每一要素价格水平上市场愿意提供的要素数量。独家厂商面对的是市场的要素供给曲线，也就是向上倾斜的曲线。如图 7-9 所示，$S_L = w(L)$。

MFC 和 $w(L)$的关系可从如下得到证明：

要素供给价格为：$w(L)$，那么，总的要素供给成本为 $L \times w(L)$，由此可以推出的边际要素成本为：对 $L \times w(L)$求 L 的导数，即 $MFC = w(L) + L\dfrac{\mathrm{d}w(L)}{\mathrm{d}L}$。$MFC$ 和工资水平之间有一个差额：$L\dfrac{\mathrm{d}w(L)}{\mathrm{d}L}$，表示的是当要素使用量变化时，要素价格如何变化。在买方垄断条件下，$L\dfrac{\mathrm{d}w(L)}{\mathrm{d}L} \geqslant 0$。边际要素成本($MFC$)高于 $w(L)$，即如图 7-9 所示，$MFC_L > w(L)$。

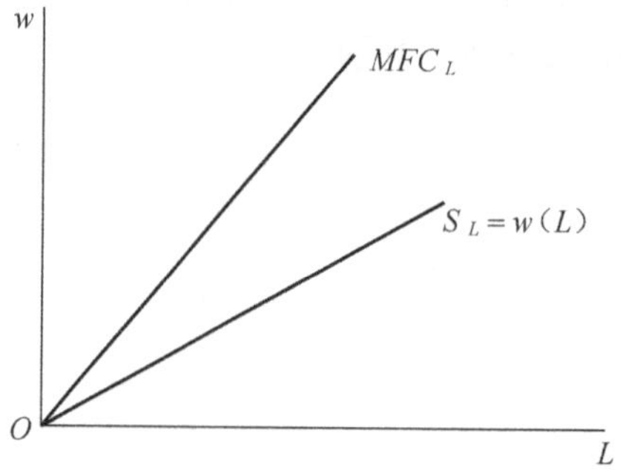

图 7-9　要素 L 的供给曲线和 *MFC* 曲线

专栏 7-1

工资上涨、生产率和 Safelite 汽车玻璃装配公司的利润

总部设于俄亥俄州哥伦布市的 Safelite 集团是 Safelite 汽车玻璃装配公司的母公司。这家汽车玻璃厂也是全美最大的汽车玻璃装配商，它拥有 600 多家修理分店。在 20 世纪 90 年代中期的时候，Safelite 对其工资支付系统进行了相应的改革。首先，它对玻璃装配工人采用的是计时制，之后 Safelite 改变了对装配工人的工资支付形式，支付的工资取决于他们所安装的玻璃数量。Safelite 已经开始使用先进的电脑系统，该系统可以帮助公司方便地记录每个工人每天所装配的汽车玻璃数量。为了确保安装过程中的质量不受影响，Safelite 增加了一条规则，如果在挡风玻璃安装之后发现由工人安装过程所带来的缺陷，该工人就必须重新安装新的挡风玻璃，对这样的重复劳动，Safelite 不会支付工资。

爱德华·拉齐尔(Edward Lazear)分析了企业所提供的数据。他发现，在新的计件工资报酬机制下，每个工人所安装的玻璃数量大约提高了 44%。拉齐尔估计，大约一半的增长是由于那些继续留在工厂的工人生产率的提高带来的，另外一半的增长则是由那些新雇用的工人要比他们所替代的老工人生产率更高所带来的。工人的报酬增加了大约 9.9%。92%的工人的工资确实提升，1/4 工人的工资水平至少提高了 28%。由于公司的汽车玻璃安装成本在稳定下降，实行计时工资时的平均安装成本是 44.43 美元，而在计件工资下则是 35.24 美元，Safelite 的利润也得到了相应提高。

有时候，社会学家会怀疑工人的劳动生产率是否可以通过货币激励来得到真正的提高。但是Safelite汽车玻璃装配公司提供了一个明确的例子，在这个例子中，我们看到工人确实对于产出增加可以带来更高的报酬这样一个交换机制做出了令人满意的反应。

——资料来源：Edward P. Lazear, *Performance Pay and Productivity*, American Economic Review, V01.90, No. 5, December 2000，P.1346—1361。引自：哈伯德、奥布赖恩，《经济学（微观）》（第一版），机械工业出版社2007年版，第443页。

二、均衡价格的决定

要素均衡价格取决于要素的供给和需求，如果在一定价格下，要素的供需达到一致，也就是要素的供给曲线与需求曲线相交，则该价格（反映在坐标轴上就是供给曲线与需求曲线相交点）就是要素的均衡价格。要素的供给曲线与需求曲线随市场结构不同而不同，所以讨论要素的均衡价格必须结合市场结构。为分析方便起见，以下假定其他要素不变，只有一种可变要素L，而且只考虑单个厂商的均衡，不考虑市场均衡。

（一）产品市场和要素市场都是完全竞争市场

产品市场为完全竞争，所以要素L的边际收益产量（*MRP*）与边际产品价值（*VMP*）相等，即*MRP*曲线与*VMP*曲线重合，构成了要素*L*的需求曲线D_L。要素市场为完全竞争，所以边际要素成本（*MFC*）与要素价格（w_0）始终相等，即*MFC*曲线和要素价格为（w_0）的水平曲线相重合，构成要素*L*的供给曲线S_L。需求曲线D_L与供给曲线S_L相交于点*E*，该点所对应的w_0就是要素*L*的均衡价格，所对应的产量L_0就是要素L的均衡投入量。见图7-10所示。

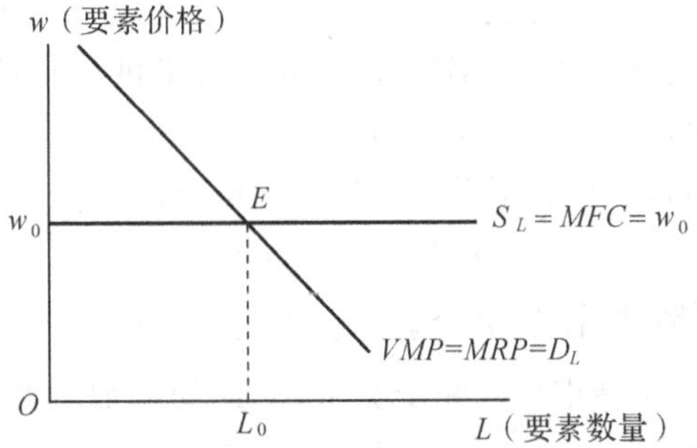

图7-10　完全竞争下要素L的均衡价格和投入量的决定

可见，在完全竞争要素市场上，要素价格并不是由某一单个厂商所决定的，由厂商决定的仅仅是要素的投入量。

由此，我们得出产品市场和要素市场均为完全竞争情况下的厂商均衡条件：

$$w_0(MFC)=VMP(MRP) \quad (7.15)$$

（二）产品市场完全竞争，要素市场非完全竞争

产品市场为完全竞争，MRP 曲线与 VMP 曲线重合，即 $MRP=VMP$。要素市场为非完全竞争，边际要素成本曲线与要素的供给曲线分离，即 $w(L)\neq MFC$。在其他要素不变情况下，厂商将要素投入量调整到边际产品价值曲线与边际要素成本曲线的交点 F，即 $VMP=MFC$ 时，厂商才能获得利润最大化。

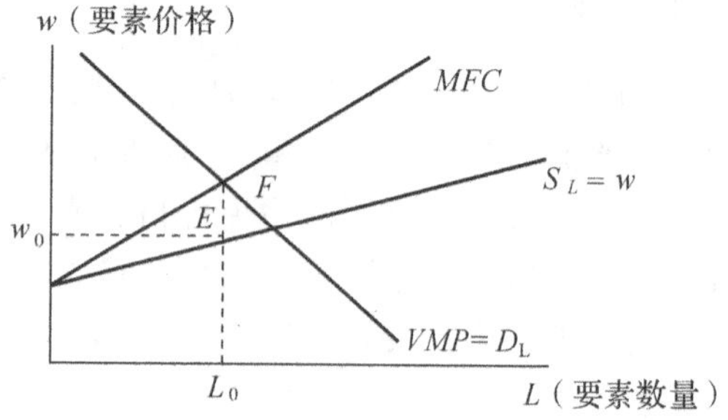

图 7-11　要素市场垄断下要素 L 的均衡价格和投入量的决定

由于要素的供给曲线与边际要素成本曲线相分离，所以在 F 点只能知道厂商对要素的均衡投入量 L_0，无法知道此时厂商愿意接受的价格，即要素的均衡价格，它必须在要素供给曲线上产生。E 点是要素数量为 L_0 时的供给曲线上的一点，它表示厂商购买 L_0 要素数量，愿意接受的价格为 w_0，因此，E 点对应的要素价格 w_0 就是均衡价格。

由此可见，在产品市场完全竞争和要素市场非完全竞争情况下，要素的均衡价格和均衡投入量需要通过两步来确定。第一步，由 VMP 曲线与 MFC 曲线的交点来确定要素的均衡投入量；第二步，再找出要素供给曲线上与该购买量对应的点所对应的要素价格，即为均衡价格。

于是，我们得出这种市场情况下的厂商均衡条件：

$$MFC=VMP(MRP) \quad (7.16)$$

（三）产品市场非完全竞争，要素市场完全竞争

见图 7-12 所示，产品市场非完全竞争，产量的增加将会导致产品价格的下降，进而使 MR 下降。由于 $MR<P$，所以 $MRP<VMP$，厂商此时决定对要素的需求只能依据增加要素投入量所带来的边际收益产量的变化，所以 MRP 曲线就是此时的要素需求曲线。要素市场完全竞争，要素的供给曲线与 MFC 曲线重合（$S_L=MFC$），所以要素价格 w_0 就是此时要素的均衡价格（此价格并不是单

个厂商所能决定的)，要素需求曲线和供给曲线相交于点 E，该点所对应的产量 L_0 就是要素的均衡投入量。

于是，我们得出这种市场情况下的厂商均衡条件：

$$MRP = w_0(MFC) \tag{7.17}$$

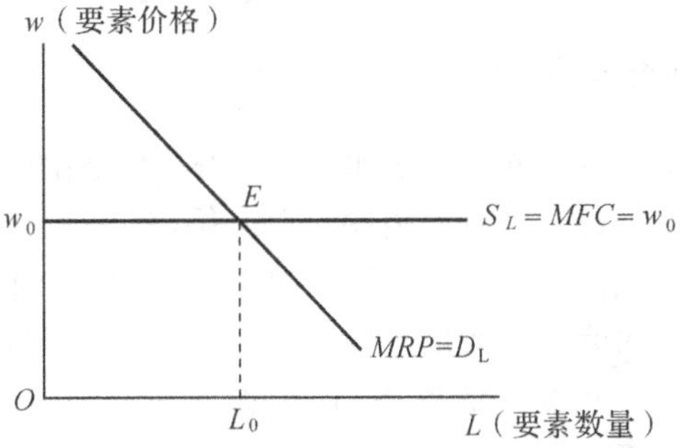

图 7-12　产品市场垄断下要素 L 的均衡价格和投入量的决定

（四）产品市场和要素市场都为非完全竞争

当产品市场和要素市场均为垄断情况下，则两市场具有上述两种市场类型的特征，如图 7-13 所示，产品市场垄断情况下，VMP 曲线高于 MRP 曲线，MRP 曲线就是此时的要素需求曲线。要素市场垄断情况下，MFC 曲线高于 S_L 曲线，即此时的要素供给曲线。在其他要素投入不变情况下，厂商将投入量调整到 MRP 曲线与同 MFC 曲线的交点 F，即调整到 $MRP = MFC$ 时，厂商实现利润最大化。此时，F 点所对应的要素投入量 L_0 为要素的均衡投入量，该点与要素供给曲线的交点 E 所对应的要素价格 w_0 就是此时的要素均衡价格。

于是，我们得出这种市场情况下的厂商均衡条件：

$$MRP = MFC \tag{7.18}$$

即 $VMP = MFC$ 时，厂商才能实现利润最大化。

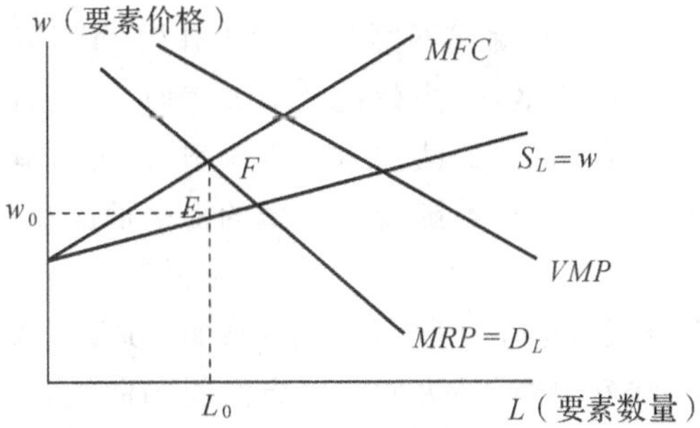

图 7-13　要素市场和产品市场均为垄断情况下要素 L 的均衡价格和投入量的决定

第三节　劳动市场和工资

上一节我们从一般意义上讨论了生产要素的均衡价格和均衡投入量的决定,本节具体分析劳动市场和工资、资本和利息、土地和地租的决定。

一、劳动的供给与需求

工资是对劳动这种生产要素提供服务的报酬,它是由劳动市场上劳动的需求与供给共同决定。工资一般指工资率,即每单位时间的工资。工资可划分为货币工资和实际工资,前者指每单位时间以货币形式得到的工资;后者指用货币工资所能买到的物品和劳务的数量,因而也被称为货币工资的实际购买力。实际工资取决于货币工资和商品的价格,它与货币工资成正比,与商品价格成反比。这里所分析的工资指实际工资。

(一) 劳动的供给

1. 单个劳动者的劳动供给。

劳动供给指劳动要素的所有者在不同的工资率上所愿意提供的劳动数量,它取决于劳动所有者对工资和闲暇之间的比较。劳动可得到工资收入,工资收入给劳动者带来效用,闲暇也给劳动所有者带来效用。闲暇总是劳动者所喜欢的,因此它是正效用的。劳动得越多,工资收入也越多,然而闲暇却会减少而产生痛苦和不愉快的感觉,劳动作为闲暇的牺牲是负效用的。所以劳动和闲暇之间存在替代关系。工资率的提高对劳动供给产生两种效应:替代效应和收入效应。

替代效应指的是,随着工资率的提高,对牺牲闲暇的补偿越大,劳动者就越愿意用多劳动来代替多闲暇。也就是说,工资率上升时,闲暇所蒙受的损失会增大,即闲暇的机会成本增大,因此,劳动者会以多劳动来代替闲暇。

收入效应则是指,随着工资率的提高,个人越有条件以较少的劳动就能获得所需要的收入和消费品,因而就越不愿意增加工作时间即劳动供给。工资率的提高会产生替代效应和收入效应,当替代效应大于收入效应时,劳动供给会随着工资率的提高而增加,劳动供给曲线向右上方倾斜,即曲线斜率为正。而当替代效应小于收入效应时,则劳动供给随着工资率的提高而减少,劳动供给曲线向左上方倾斜,即曲线斜率为负。一般来说,工资率很低时,替代效应大于收入效应;当工资率很高时,则替代效应小于收入效应。因此,随着工资率的提高,劳动供给曲线先是向右上方倾斜,然后转为向左上方倾斜的曲线,将所有单位劳动者的供给曲线加总就形成了劳动的市场供给曲线,它是一条先向右上方倾斜然后转向左上方倾斜的向后弯曲的曲线。见图 7-14 所示。

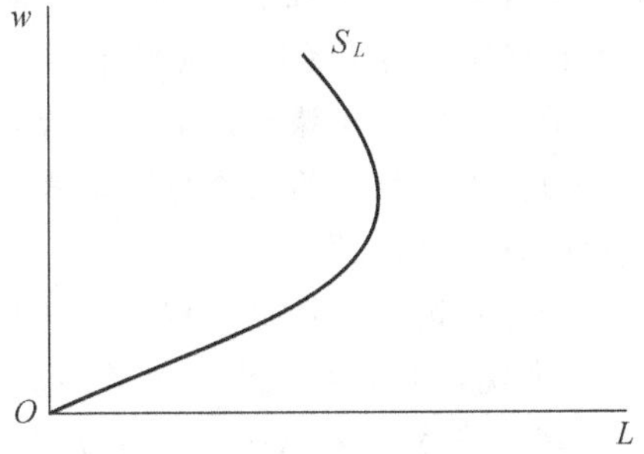

图 7-14 劳动的市场供给曲线

2. 市场的劳动供给。

当把所有劳动要素所有者在每一工资水平上愿意提供的劳动数量加总后就可以得到劳动市场的总供给曲线，其形状是向右上倾斜的。

专栏 7-2 你未来的收入与大学学历有关吗？

大部分人都能认识到大学教育的价值。有资料显示，2005 年，美国 25 岁以上具备大学学历的全职工人每周的收入要比其他的工人高，大约是高中辍学者的 2.5 倍多。

为什么大学毕业生的收入水平会相对较高呢？一个显然的答案似乎是这样的：大学教育提供了可以提高劳动生产率的技能。然而，有些经济学家却支持另外的一种解释，他们通常称之为信号假说（signaling hypothesis），这一概念首先是由斯坦福大学的经济学家斯宾塞（Michael Spence）提出的，斯宾塞是 2001 年诺贝尔经济学奖的得主。这一假说依赖于这样一个观念，求职者通常情形下总是要比那些潜在的雇主对自身的生产效率具有更多的了解。尽管雇主通常会采用面试和背景审查来甄别"好工人"和"差工人"，但事实上，他们所需要的有关雇员的信息总是显得不够。

根据信号假说，雇主会把大学教育看做具备某些合适的品质的信号，比如说自律、在规定的期限内完成任务的能力以及持之以恒的能力。即使这些品质并不和某个特定的工作相关，雇主仍然会看中这些品质，因为这些品质通常意义上总是能够导致个人的成功。人们常常相信，大学毕业生都拥有这些良好的品质。所以，雇主总是首先为报酬最丰富的职位选择具有大学学历的工人。以这种观点来看的话，大学教育实际上发出了一种有关个人内在特质的信号，但这些特质在人们进入大学之前其实就已经具备了，而且雇主对于这种信号的强调总是会超过这个人在大学所学习的具体课程。如一位大学的数学教授所说的那样(只是半开玩笑)："大学的目的只是在于向那些雇主表明你可以做一些艰苦而且无聊的事情而已。"

最近的一些经济研究则进一步提供了相应的证据，它们表明，大学毕业生的高收入，除了表现在向雇主提供的大学学历信号之外，通常还反映出他们的高生产率。普林斯顿大学 Orley Ashenfelter 和 Cecilia Rouse 教授研究了 700 对双胞胎在学校教育和收入水平之间的关系。双胞胎具有相同的基因，所以他们之间的内在能力差异相对来说应该很小。如果他们在学校的学习年限不一样，这个差异对于收入的影响可以主要反映教育是如何提高他们的生产率的。Ashenfelter 和 Rouse 发现，双胞胎每年的教育可以为他们带来 9%的回报率，这个数字足以解释高中毕业生和大学毕业生之间的收入差距。

得州大学的 Daniel Ham、Hamermesh 和 Stephen G. Donald 研究了大学生在毕业 5 到 25 年以后的收入水平的决定因素。在研究中，他们就每个研究对象收集了大量的信息，包括个人的 SAT 成绩，高中班级的成绩排名，大学里每门功课的成绩，以及大学的专业等。他们发现，在保持其余变量不变的情况下，商科以及工程专业的学生的收入通常要比其余专业的学生收入高。他们的研究还发现，选修科学和数学类课程对于未来的收入水平具有显著的影响："一个选修了 15 个学分以上科学和数学进阶课程的同学，同时他在这些课程中拿到至少是 B 以上的成绩，要比那些同一个专业的同样的学生在未来的收入水平高 10%……那些学生则没有选修相应的进阶课程。"当他们考虑到 SAT 成绩之后，这一结果仍然成立。Hamermesh 和 Donald 的研究结论是和信号假说相违背的，因为如果信号假说成立的话，大学里的课程选择与通过最终完成大学学业所发送的信号相比就是微不足道的。

——资料来源：哈伯德、奥布赖恩，《经济学(微观)》(第一版)，机械工业出版社 2007 年版，第 433 页。

(二) 劳动的需求

劳动的需求指厂商在不同的工资率上所愿意雇佣的劳动数量。厂商对劳动的需求取决于劳动的边际生产力和边际成本的比较。

从前面的分析,我们知道,厂商对劳动的需求曲线其实就是劳动的 VMP 或 MRP 线。厂商对劳动的需求曲线是一条向右下方倾斜的曲线。把所有厂商对劳动的需求曲线加总在一起即形成向右下方倾斜的劳动市场需求曲线。

二、不同市场结构下的工资和就业量的决定

(一) 完全竞争市场下的工资和就业量的决定

在完全竞争的劳动市场,劳动者和厂商的数目很多,每一个单独的劳动者和厂商的供给量和需求量在市场上所占的份额很小,因而他们都没有能力影响劳动的价格,个体的劳动者和厂商都是价格接受者,即接受由该种劳动的总的供给和总的需求共同决定的工资水平。如图 7-15(a)所示。劳动的供给曲线 S_L 和需求曲线 D_L 相交于 E,决定了均衡的工资 w_0 和均衡就业量 L_0。

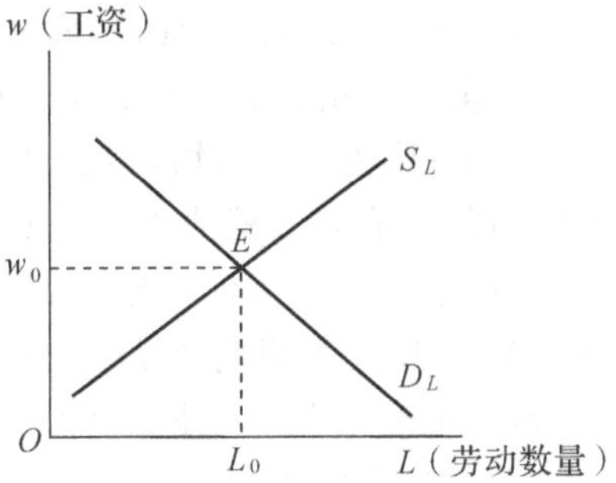

(a) 劳动市场均衡工资

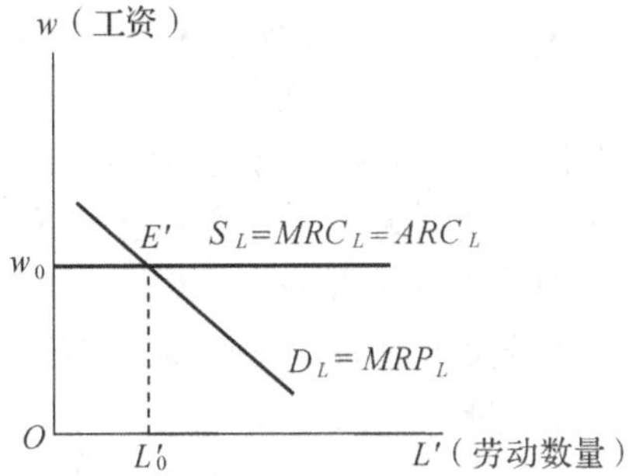

(b) 单个厂商的均衡劳动雇佣量

图 7-15 完全竞争劳动市场下的均衡工资及均衡劳动雇佣量

对于单个厂商,他们将根据劳动的 MRP_L 和劳动市场给定的工资水平来决定劳动的雇佣数量。如图 7-15(b)所示,劳动的雇佣量确定在 L_0'上。

(二) 买方垄断劳动市场下的工资和就业量的决定

在现实社会中,完全竞争的劳动市场是极其少见的,许多劳动市场都是非完全竞争的。为简单起见,我们只分析在劳动市场上雇佣劳动只有一家厂商即独买厂商的情况。

将我们前面分析买方垄断生产要素供给和需求的情形用在这里即可。通过我们前面分析,我们知道买方垄断厂商所面临的市场劳动供给曲线,它是一条斜率为正、向上倾斜的曲线,如图 7-16 所示 S_L。即欲增加雇佣劳动量就必须提高工资,而雇佣最后 1 单位劳动的工资,就是支付每一个劳动的工资。

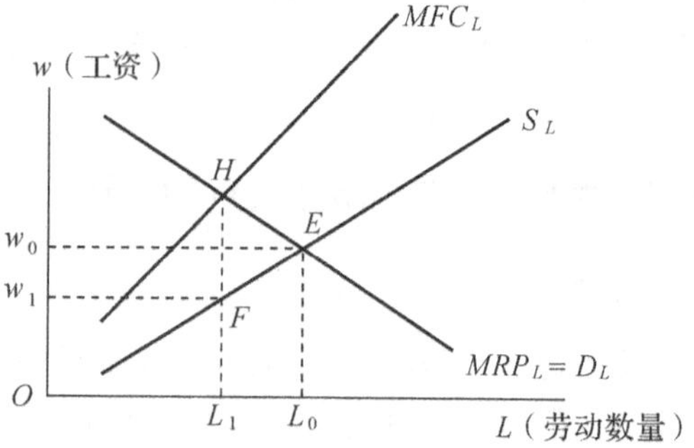

图 7-16　劳动市场买方独家垄断下的均衡工资和劳动就业量的决定

厂商的边际劳动成本要大于劳动供给曲线，如图 7-16 所示，$MFC_L > S_L$。厂商为了获得最大化利润，依照 $MRP=MFC$ 原则把雇佣劳动量确定在 MRP 曲线与 MFC 曲线交点 H 相对应的劳动数量 L_1。按照劳动供给曲线，雇佣劳动数量 L_1 厂商愿付工资为 w_1。所以，雇佣劳动数量和均衡工资分别为 L_1 和 w_1。同劳动市场为完全竞争情况相比：完全竞争情况下，均衡工资和均衡就业量分别为 w_0 和 L_0，分别高于买方垄断情况下的均衡工资 w_1 和均衡就业量 L_1。这就说明，在其他条件不变情况下，买方垄断厂商通过雇佣较少的劳动量支付较低的工资来获得最大化利润。因此，从资源使用效率来说，应增加雇佣劳动至工资等于边际收益产量，即由 S_L 和 D_L 的交点 E 点决定雇佣劳动量 L_0 并支付工资 w_0。由此可见，买方垄断的劳动市场会造成福利损失，其损失如图 7-16 所示的三角形 EFH 的面积。

（三）卖方垄断劳动市场下的工资和就业量的决定

不仅买方即厂商可以影响劳动市场，而且卖方也可以影响劳动市场。在许多劳动市场中，劳动者可通过组织工会集体与厂商讨价议价，从而形成劳动市场的卖方垄断。

假定在劳动市场上，工会力量很强大，以至于能够控制劳动的供给，而劳动的需求方厂商却很多，为雇佣劳动相互间进行竞争。在这种卖方垄断劳动市场的情况下，均衡工资的决定如何？由于工会控制劳动的供给，他可以自由选择其供给曲线上的任一点来决定劳动雇佣量，并由该劳动雇佣量对应至市场需求曲线，来决定市场的工资。正如我们假定厂商追求利润最大化，现在假定工会追求劳动报酬最大化。由于市场需求曲线决定既定劳动就业量下的对应工资，因此劳动的市场需求曲线就是工会的劳动供给的平均劳动报酬曲线，而市场边际收益则为工会的劳动供给的边际劳动报酬曲线。因此，让总劳动报酬极大化，即应让劳动的供给至边际劳动报酬等于零，也就是选择图 7-17 中的 L_1 供给量，而由市场需求决定的对应工资为 w_1。

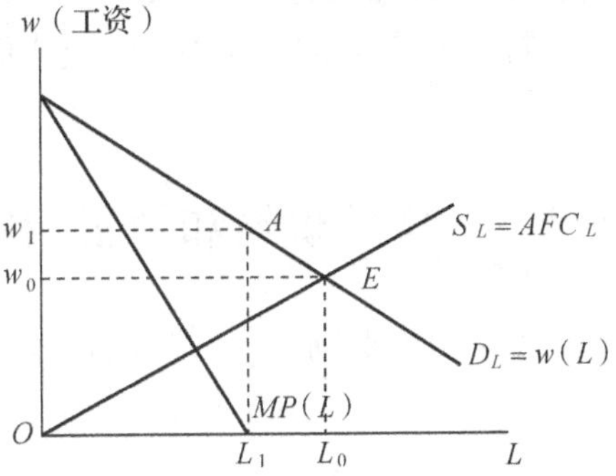

图 7-17　劳动市场卖方独家垄断下的均衡工资和劳动就业量的决定

同劳动市场为完全竞争情况相比：完全竞争情况下，均衡工资和均衡就业量分别为 w_0 和 L_0，卖方垄断情况下的均衡工资 w_1 大于完全竞争情况下的均衡工资 w_0，而均衡就业量 L_1 提供较少的劳动来提高工资以使得总劳动报酬最大化。

三、工资的差异

在现实经济生活中，无论在同一行业还是在不同行业，劳动者之间的工资水平都存在着很大的差别。导致工资差别的主要原因有以下几方面。

（一）劳动的非同质性

劳动者之间因在智力、体力、所受教育程度和技术熟练程度等方面的不同而存在着质的差异。这些质的差异造成了劳动者的边际生产力不同，以致造成了工资差别。例如，技术高超的工程师工资要比一般技术员工资高出很多，熟练工人比不熟练工人收入高，等等。这类工资差别也被称为非补偿性工资差别或质的差别。

（二）职业的差异

不同职业在安全、声誉、辛苦、环境等方面有着很大的差别，因而劳动者对不同职业的心理成本不同。如果不保持工资差别，不给那些心理成本高、人们不太愿意从事的职业以特殊的收入补偿，就难以保证这些部门的劳动供求达到均衡。这类工资差别被称为补偿性工资差别。这就说明了为什么垃圾清扫工人要比酒店服务员工资高，化工业工人要比制造业工人收入多，经理普遍比一般员工收入高，等等。

（三）市场的不完全竞争

在现实生活中，由于劳动市场往往是不完全竞争的，例如人们由于对不同职业收入差异的信息缺乏了解；由于劳动者存在着较重的乡土观念以及对搬迁的种种顾虑；由于工会组织对雇主施加压力；由于妇女歧视和种族歧视等原因，造成劳动者在不同地区、不同行业之间的流动性受阻，从而造成了工资水平的不同。

第四节　土地、资本的供给和地租、利息的决定

上节我们讨论了生产要素中的劳动。本节我们将讨论另外两种生产要素：资本和土地。

一、土地的供给和地租

土地的供给可以分为不同的情形，当土地指的是一个经济社会总的供给数量和某种特殊的用地（如杭州西湖周围一定区域范围内的土地）其供给量是固定的；但如果是指某种类型的用地，如农耕地、房地产用地等，那么其供给是可以随土地相对收益的提高而获得增长的。

地租是指租赁土地而支付的给土地所有者的收入。其水平的高低，与我们对一般生产要素价格决定分析的原理一样，是由土地的供给和需求决定的。

对于土地供给数量给定的情形来说，地租的高低完全是由需求来决定的。

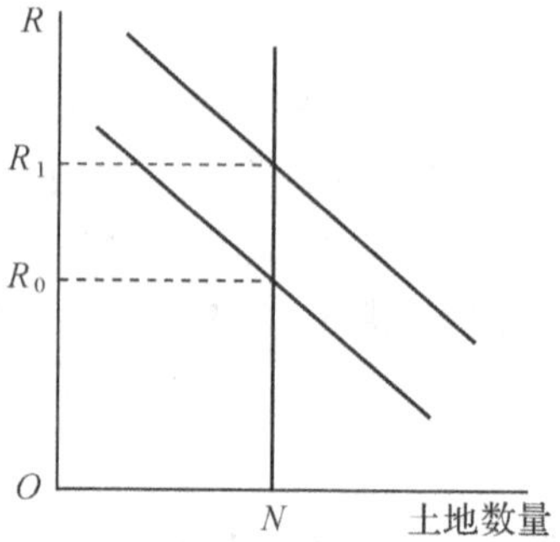

图 7-18　地租的决定

与地租概念相关的还有两个重要的概念：经济租金和准租金。

地租产生的经济原因在于土地供给是固定的。当其他的生产要素具有这种特征时，地租的概念就可以一般化为租金了。

租金(rent)一词,在经济理论中,可以泛指为使用土地、劳动、设备、思想甚至货币等资源所作的支付。一般来说,劳动的租金称作为“工资”,对土地和设备的支付称作为“租金”,为使用一种思想而支付的称作为“专利使用费”,对使用货币所作的支付称为“利息”。如果一种可供使用的资源量长期不受为使用这种资源所作的支付额多寡的影响,这种支付就被称作“经济租”,如果可供使用的资源量只是暂时不受对其支付额多寡的影响,这种支付就被称作“准租金”(quasi-rent)。这一概念,我们可以用图 7-19 来解释。

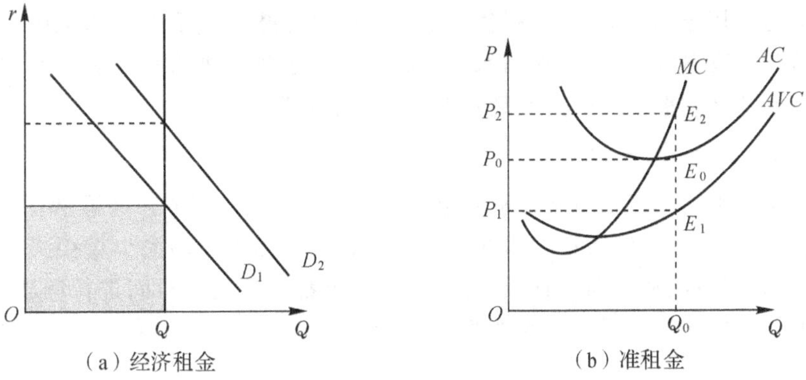

图 7-19　经济租金和准租金

图 7-19(a)中,生产要素是固定的,所以,从长期来看,无论租金水平高低,其供应量都不会改变,所以,深色区域的大小完全取决于需求水平的大小。

图 7-19(b)中,当厂商产量为 Q_0 时,对应的价格水平为 P_2,单位产品的可变成本为 Q_0E_1,固定成本为 E_0E_1,超额利润为 E_0E_2。在短期,当可变成本得到弥补后,剩余的都可以认为是对固定成本的回报,即准租金,单位产品对应的准租金为 E_1E_2,总量为 $E_1E_2 \times OQ_0 = E_1E_2P_2P_1$。

二、资本的供给和利息

(一) 资本的定义

与前两种生产要素不同,资本是人们通过经济活动用初级要素(劳动和土地)创造出来的生产要素。所以我们可以把资本定义为:由初级生产要素生产出来并被用于进一步生产更多的物品和劳务的东西。

资本可被分为三大类:建筑(工厂和房屋)、设备(机器、生产工具)、投入品和产出品的存货。

（二）利息和利率：概念

资本品可以在市场中被买卖，所以资本品有买卖的价格。但资本品也可以通过租赁被零星出卖，这样资本品也就有了只提供资本使用的价格，其绝对额被称为利息，而相对额被称为利率。

（三）资本的供给

资本的供给与利率水平和人们的储蓄紧密相关。从资本的供给的来源看，个人、一个经济社会当前的储蓄是形成未来资本的唯一来源，即人们牺牲当前的消费而将其用于未来的生产，利息正是这种牺牲的报酬。所以，当人们的消费和储蓄行为没有多大变化时，利率水平的高低就成了资本供给数量多少的主要决定变量。那么利率水平的高低又是由什么决定的呢？

（四）利率水平的决定

利率水平的决定是由储蓄量和资本需求量来共同决定的。这里也有长短期之分。在短期，由于储蓄量的基本稳定，所以，资本需求量的大小直接决定了利率水平的高低；但从长期来看，储蓄和资本需求都有充足的时间进行调整，所以两者的变化共同决定了利率水平的高低。

第五节　收入平等与否的讨论

到目前为止，我们已经分析了生产要素的价格决定理论。该理论是西方经济学分配论中的一个重要部分，但还有一个问题我们需要回答：收入分配的公平状况。目前，衡量收入分配的平等程度普遍采用的指标是：洛伦兹曲线和基尼系数。

一、洛伦兹曲线

洛伦兹曲线是由美国统计学家 M. O. 洛伦兹（Lorenz）提出的，它描述的是一国人口累积百分比和收入的累积百分比之间的关系，从而说明收入分配状况。图 7-20 是一条假设的洛伦兹曲线。表 7-3 给出了一国收入分配的数据。依据表中的数据，收入最低的 20％人口收入占总收入的 5％；收入最低的 40％人口收入占总收入的 15％，即第二个 20％人口收入占总收入的 10％；以此类推。图 7-20是根据表 7-3 的数据得出来的。图中横轴表示人口（按收入从低到高分组）累积百分比，纵轴表示收入的累积百分比，OML 曲线为该图的洛伦兹曲线。由该曲线可知，在这个国家中，收入最低的 20％人口所得到的收入仅占总收入的大约 5％；而收入从最低开始累计到 80％的人口所得到的收入仅仅占总收入的

58%，也就是说42%的收入由20%的人占有。

我们从图7-20中可以明显看到，洛伦兹曲线的弯曲程度反映了收入分配的不平等程度。弯曲程度越大，越接近于ONL折线，则收入分配越不平等，即不平等程度越严重，当与ONL折线重合时，收入分配达到完全不平等，即收入完全集中在1人之手，其余人口均一无所获。反之，如果弯曲程度越小，越接近于OL直线，则收入分配越平等，达到OL直线，收入分配就是完全平等。

一般来说，一个国家的收入分配既非完全不平等，也非完全平等，而是介于两者之间；相应的洛伦兹曲线，也既不是折线ONL，也不是直线OL，而是像OML那样向横轴凸出，只是凸出程度不同而已。

表7-3　某国收入分配比例表

人口累积百分比	累积收入份额
20%	5%
40%	15%
60%	33%
80%	58%
100%	100%

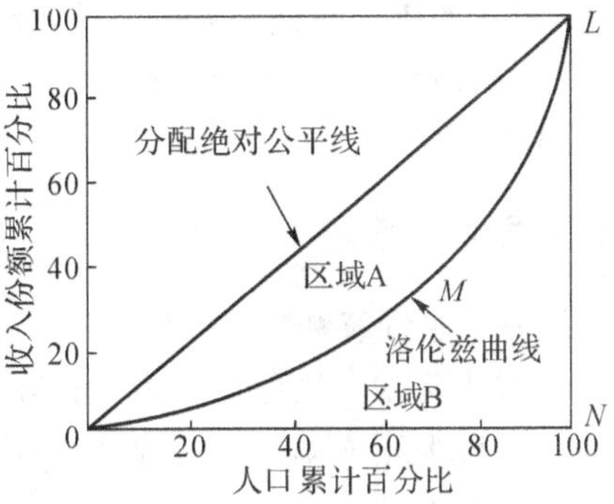

图7-20　洛伦兹曲线

二、基尼系数(Gini coefficient)

基尼系数是一种测算收入分配不平等程度的方法，它与洛伦兹曲线密切相关。它等于收入分配绝对公平线(45°线)和由现实数据绘出的洛伦兹曲线之间围成的面积占绝对收入分配公平线以下的三角形的面积的比例。反映在图7-20上：

基尼系数$=A/(A+B)$

A表示直线OL与洛伦兹曲线OML之间的面积，

B表示ΔONL减A的面积。

当收入分配越不平等，洛伦兹曲线越是向横轴凸出，从而它与完全平等线OL之间的面积即面积A越大。反之，面积则越小。所以，$0\leqslant A/(A+B)\leqslant 1$，即基尼系数在[0,1]之间，不会大于1，也不会小于0。基尼系数的值越小，收入分配越公平。

本章小结

1.本章分析了西方经济学中生产要素的需求方面和供给方面，并将这两方面结合起来讨论了要素市场的均衡，即要素价格和投入量的决定。

2.厂商对生产要素的需求是派生需求和联合需求。

3.厂商对生产要素的需求仍然受利润最大化原则支配，不过这里的 MR 现在变成了每单位要素的边际生产力，即边际收益产品(MRP)或(VMP)。MC 是厂商付给生产要素所有者的报酬。

4.完全竞争和非完全竞争条件下的要素需求量和要素价格并不相同。

5.生产要素的供给各具特色：劳动的供给曲线呈弓形，土地从总体看是垂直状，资本的供给曲线是人们的储蓄线。

6.表示一个经济社会收入分配平等与否的常用指标是：洛伦兹曲线和基尼系数。

思考与练习

一、名词解释

要素需求　边际生产力　边际物质产品　边际收益产量　边际产品价值　边际要素成本　平均要素成本　向后弯曲的劳动供给曲线　洛伦兹曲线　基尼系数

二、论述题

1.比较边际收益产量与边际产品价值。

2.为什么厂商利润最大化条件 $MC=MR$ 可表述为 $MFC=MRP$？完全竞争条件下厂商利润最大化条件 $MC=P$ 是否可表述为 $MFC=VMP$，为什么？

3.比较完全竞争要素和不完全竞争要素市场条件下要素价格、要素成本的关系，完全竞争产品市场和不完全竞争产品市场条件下边际要素产量和边际产品价值的关系。完全竞争要素市场均衡和垄断市场均衡的区别？这两类市场哪个更有效？

4.为什么会出现向后弯曲的劳动供给曲线？

5.收入分配不平等程度的测算方法？

第八章
一般均衡理论与经济效率

本章要点

市场机制在整个社会的作用如何？本章我们将介绍通过市场机制作用实现一般均衡及其所实现的经济效率。我们将学习一般均衡思想并证明其存在性问题，并分析经济效率的评价及其实现条件。

学习目标

理解一般均衡的基本思想和重要意义，掌握一般均衡与局部均衡的区别，掌握经济效率的概念、判断经济效率的标准，理解帕累托最优的含义、实现帕累托最优必须具备的条件。

到目前为止，我们所讨论的全部微观经济理论都属于局部均衡论的范畴，即假定其他条件不变的情况下，孤立地研究一种产品或生产要素的市场价格决定和变化，而没有考虑这种价格与其他价格之间的关系。而在一个现代市场经济中，所有的参与者，包括厂商和消费者之间都是相互依存的，虽然个人的决策都是在独立和自由的状态下做出的，但某一市场的均衡却取决于所有参与者的决策和行为，包括其他市场上的行为。因此，本章将从孤立的个别市场价格研究，转入整个经济系统相互关系的研究。当整个经济系统的价格体系恰好使所有的商品都供求相等时，市场就达到了一般均衡。现在要解决的总量就是：是否存在这样一个均衡价格体系？

第一节　从局部均衡到一般均衡

在前面的介绍中，我们曾经讨论过不同市场之间的相互作用、相互影响的问题。例如，在第二章需求和供给的基本原理中我们提到，就产品市场而言，产品A的价格上升将引起其替代商品B和互补商品C的需求曲线分别向右和向左移动，从而使B和C的价格分别上升和下降。则B和C的价格变化一方面会继续影响它们各处的替代商品和互补商品的价格，另一方面反过来影响产品A。同样地，在要素市场当中，任何一种要素价格的变动也将产生相应的影响。最后，产品市场和要素市场之间也是相互联系、相互影响的：产品价格的提高将提高相应的生产投入要素的需求曲线，而要素价格的提高则降低相应生产的产品的供给曲线，等等。

一、局部均衡和一般均衡

前面我们讨论的主要是局部均衡，指的是当其他因素不变时，只考察单个市场、单个行为主体和分析方法。

一般均衡则是将所有有联系的个体市场的变化作为整体来考察的一种分析方法。当价格充分调整直至所有市场的供给与需求相等时就达到了一般均衡状态。

二、从局部均衡到一般均衡

产品间的相互影响，可以通过产品与其相关产品之间、产品与生产要素之间的相互影响表现出来。产品间的相互影响，我们在第二章讨论供给和需求时已经有所了解。下面我们以产品市场与要素市场之间的相互影响来说明一般均衡实现的过程。

现在，我们分析当一种要素（产品）价格上升时，对有关的产品（要素）市场将发生什么样的影响。

在前面进行局部均衡分析中，当研究产品价格时，我们通过假定要素价格已知且不变，当研究要素价格时，又往往假定产品价格已知且不变。但实际上，这两种价格是相互影响、彼此依存的。我们用下面的例子来作一说明。

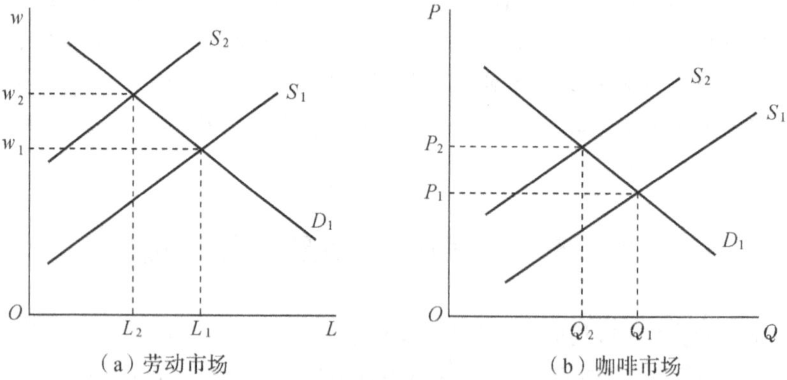

图8-1　产品市场和要素市场的相互影响

图 8-1 为要素市场与劳动市场的相互影响。当劳动工资从 ω_1 上升到 ω_2 时，劳动雇佣量将从 L_1 降到 L_2。这将至少导致以下三个方面的结果。

第一，对市场来说，由于工资上升，图 8-1(b)中的产品市场（如咖啡市场）的成本提高，供给减少，供给曲线从 S_1 向左移动到 S_2，价格从 P_1 上升到 P_2。不仅咖啡，所有其他使用劳动这种要素的一切产品都会提价。而这些产品提价的结果，将引起其替代品价格上升，互补品价格下降。

第二，对厂商来说，由于工资上升，厂商将以资本来代替劳动。资本品的需要量增加，会提高资本品的价格。这又会波及与资本相关的产品市场，引起与其有关的替代品或互补品的价格变动。

第三，对劳动者来说，由于工资上升，劳动者的收入增加，结果劳动者对各种消费品的需求提高，推动价格上升。

总之，在消费者追求满足最大化、生产者追求利润最大化的前提下，无论是产品市场还是要素市场，只要任一价格发生变动，有关的市场会发生一系列的调整与再调整，直到各个市场同时达到均衡为止。

第二节　一般均衡存在性证明*

由上一节的讨论可知，任何一种商品的供给和需求变化不仅受到该商品本身价格高低的影响，其他商品价格水平的高低也与之有关。因此，与局部均衡分析相似的一个问题就提了出来：是否存在一组价格，使所有市场同时处于均衡呢？这就是所谓一般均衡的存在性问题。

一、瓦尔拉斯一般均衡模型

法国经济学家里昂·瓦尔拉斯最早认识到一般均衡问题并且第一个提出了一般均衡的数学模型的框架，并试图解决一般均衡的存在性问题。之后，这一理论经过阿罗、德布鲁等人的发展成为一个较完善的体系。我们一般还是以瓦尔拉斯的模型作为一般均衡模型的代表。

瓦尔拉斯的一般均衡模型有以下几项重要假定：①每个家庭是产品的需求者和要素供给者；每个厂商都是生产要素的需求者和商品的供给者。消费者追求效用最大，生产者追求利润最大；②消费者偏好、要素禀赋、生产函数既定不变；③家庭收入全部来自收入，且全部用于消费；④产品市场和要素市场，都处于完全竞争状态，没有超额利润，等等。

二、一般均衡理论的存在性证明

瓦尔拉斯方程证明一般均衡存在的基本逻辑是：只要方程组中方程的数目等于未知数的数目组必定有解，一般均衡可以实现。但是瓦尔拉斯的论证逻辑显然是有问题的。例如，下述两个联立的独立方程恰好也只有两个未知数：

$$x^2+y^2=1$$
$$x^2-y^2=-1$$

但它显然无解。为此，阿罗(Arrow)、德布鲁(Debreu)和麦肯齐(Mckenzie)等人采用集合论、拓扑学等现代数学方法证明了一般均衡模型的存在。但由于他们的证明用到了非常复杂高深的数学，在此我们无法做详细的介绍。我们仅给出一个较为宽泛的结论和说明。一般均衡成立的基本条件有：①完全竞争市场；②每个家庭提供的生产要素数量不得大于初始禀赋量，出让生产要素的收益也是家庭消费的预算约束；③每个家庭的需求函数都是连续的、递增的。

(一) 超额需求函数

一种商品的超额需求，就是超过供给的需求。由于供求都是价格的函数，超额需求也是价格的函数。以 ED_i 表示超额需求，则市场 k 的超额需求函数为：

$$ED_k=\sum_{i\in l}x_{ik}(p,p\cdot e_i)-\sum_{i\in l}e_{ik}$$

其中：x 表示产品，x_i 为第 i 个家庭购买的产品量，$x_i=x_{i1},x_{i2},\cdots,x_{im},i=1,2,\cdots,n$；$e_i$ 为家庭出售的要素量，$e_i=e_{i1},e_{i2},\cdots,e_{im},i=1,2,\cdots,n$；$p$ 为产品价格，也是要素价格。

整个社会超额需求为：

$$ED_i=ED_i(ED_1(P_1),ED_2(P_2),\cdots,ED_n(P_n))\quad(i=1,2,\cdots,m)\qquad(8.1)$$

当 $ED_i=0$ 时，市场供求均衡；

当 $ED_i>0$ 时，市场求大于供；

当 $ED_i<0$ 时，市场供大于求。

(二) 瓦尔拉斯定律

超额需求函数一个重要的特征是符合瓦尔拉斯定律，即：$P\cdot ED(P)=0$，超额需求的市场价值为 0。

对于只有两种物品的经济来说，一种物品之超额需求必定对应另一种之超额供给。

$$p_1\cdot ED_1(p)=-p_2\cdot ED_2(p)\qquad(8.2)$$

对于社会中存在 n 种物品的时候，当 $n-1$ 种物品处于均衡时，第 n 种也必然处于均衡状态。

（三）一般均衡的存在

阿罗等人证明，在完全竞争性的经济中，如果超额需求函数 $ED(p)$ 符合如下的三个条件，那么一般均衡可以通过布劳维尔（Brouwer）不定点定理获得证明：①ED 在定义域上是连续的；②对于所有价格大于零的价格水平，瓦尔拉斯定律成立；③对于所有价格等于零的价格水平，则人们的需求是无限。

（四）一般均衡的应用

一般均衡理论的提出，在经济理论上对我们认识市场机制的作用机制有重要的意义。只有当通过市场竞争达到各个市场均衡时，人们在消费生产行为中追求均衡才有价值，如果这样的均衡不存在，人们的行为就失去了意义。这一思想在后来也获得了一些应用，突出表现在两个方面。

1. 投入产出模型。投入产出模型是想通过将经济运行中各个部门之间、各种生产活动之间的相互联系通过编制投入产出表得出来描述或预测各个部门间如何进行相互影响。可以看出，模型的指导思想就是一般均衡理论。

2. 金融活动分析。当金融活动全面渗入经济活动各个方面后，通过运用一般均衡理论就使经济学家们进行的分析在时间和空间上从有限集扩展到无穷集上。

第三节 社会效率的标准：帕累托最优

对一个社会来说，资源配置的效率如何显然也是需要作出回答的问题。本节我们转入对社会效率标准的考察。

一、帕累托最优的含义

帕累托最优（Pareto optimality）是新福利经济学的核心概念之一，它由意大利经济学家帕累托最先提出，并由此得名。帕累托在用序数效用论分析生产资源的最优配置问题时，提出一个检验生产资源配置是否最优的标准。

（一）帕累托改进

如果改变资源配置现状能使所有人的处境改进，那么这种改变就是有利的，它能增进社会福利；如果改变资源配置的现状能使一部分人的处境变好，同时没有人因此而处境变坏，则这种变化也是有利的，也能增进社会福利。以上两种情况都表明生产资源的配置还有改进的余地，还没有达到最优状态，故称为帕累托改进。

（二）帕累托最优

任何改变资源配置现状的活动都不可能在不损害任何一个人的处境的前提

下使任何一个人的处境变好，这就意味着生产资源的配置已达到最优状态，从而社会经济福利达到极大值。这种状态被称为“帕累托最优状态”。

帕累托最优状态实际上是把国民收入分配作为既定的前提来考察生产资源的最优配置，也就是说，帕累托最优状态没有考虑影响社会福利的收入分配因素，单纯从资源配置的效率这个因素来论证社会福利极大化。

现代经济学所认为经济效率的标准，就是指帕累托最优状态。从社会产品的分配来看，如果产品的分配已经达到这样一种状态，即任何一种分配的变化都会至少降低一个人的满足程度，那么，这种状态就是产品分配的帕累托最优状态。从社会生产要素或生产资源的配置来看，如果已经达到这样一种状态，即任何一种配置的改变，都会至少降低一个企业或一种产品的产量，那么这种生产要素或生产资源的配置就是帕累托最优状态。

二、帕累托最优状态的实现条件

我们在一个传统的 2×2×2 模型中进行分析，即两个行为人、两种产品（要素）和两种生产要素。

（一）交换的帕累托最优状态

交换的帕累托最优是指在社会资源既定条件下，消费者之间通过产品交换达到消费者总体效用最大化的状态。

假设在一个经济社会中有 X 和 Y 两种产品，数量既定，在 A 和 B 两个消费者之间分配，假定这两个消费者在交换开始的时候各自持有一定数量的 X 和 Y 产品。现在要通过 A、B 两个消费者交换各自持有的 X、Y 产品以提高总的效用水平，当交换进行到 A、B 两人持有的 X、Y 使总效用最大时，交换就不再进行。因为进一步的交换已不可能再提高他们的总效用水平。这时就称为达到了交换的帕累托最优状态。

达到交换的帕累托最优的条件是 A、B 两人对于 X、Y 两种产品的边际替代率相等。即：

$$MRS_{XY}^{A}=MRS_{XY}^{B} \tag{8.3}$$

若两种产品的边际替代率对 A、B 两人来说是不同的，则他们两人拥有的效用水平必定不是最高的。例如，对于 A 来说 X 和 Y 的边际替代率是 4 ∶ 1，即 $MRS_{XY}^{A}=\left|\frac{\Delta Y}{\Delta X}\right|=\left|\frac{MU_x}{MU_y}\right|=\frac{4}{1}$，也就是说 1 单位的 X 的效用相当于 4 个单位 Y 的效用。而对于 B 来说，X 和 Y 的边际替代率是 2 ∶ 1，即 $MRS_{XY}^{B}=\left|\frac{\Delta Y}{\Delta X}\right|=\left|\frac{MU_x}{MU_y}\right|=\frac{2}{1}$，即 1 单位的 X 的效用相当于 2 个单位的 Y 的效用。当 A 用 2 个

单位 Y 与 B 交换 1 个单位 X 时，对 B 来说，他的效用水平不变，但 A 却比交换前增加了相当于 2 个单位的 Y 的效用，即 A 的效用水平有了提高。或者 A 用 4 个单位的 Y 与 B 的 1 单位的 X 交换，此时对 A 来说，他的效用水平不变，但 B 却比交换前增加了相当于 2 个单位 Y 的效用，B 的效用水平有了提高。

可见，由于 A、B 两人对于 X、Y 两种产品的边际替代率不同，就可以通过交换来提高总的效用水平，交换比率会在 4∶1 和 2∶1 之间。即 A、B 两人都能通过交换增加自己的效用水平，至少是不降低自己的效用水平。

交换的帕累托最优状态可以用英国经济学家埃奇沃斯(F. Y. Edgeworth)建立的埃奇沃斯盒状图(Edgeworth box diagram)来形象地描述，见图 8-2。

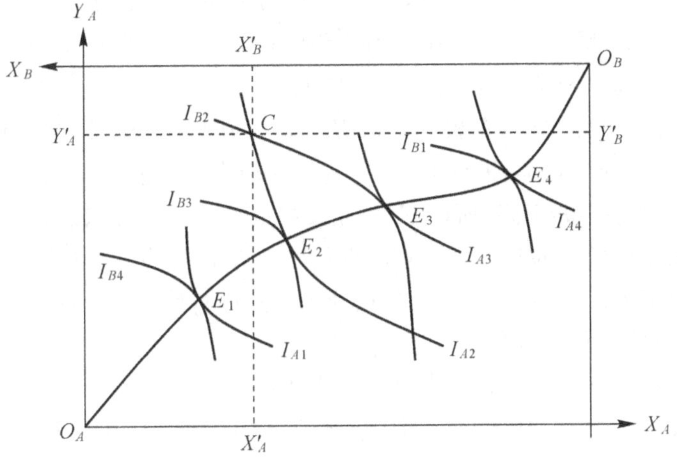

图 8-2　交换的埃奇沃斯盒状图

假设 X 产品总量表示在横轴，Y 产品总量表现在纵轴。在这个盒形图中的任意一点代表了一种分配状态，如 C 点代表 A 消费 O_AX_A' 的 X 商品，O_AY_A' 的 Y 商品；B 消费 O_BX_B' 的 X 商品，O_BY_B' 的 Y 商品。

图中的 I_{A1}、I_{A2}、I_{A3}、I_{A4} 代表消费者 A 在消费 X、Y 两种产品时不同效用水平上的无差异曲线，以 O_A 为原点，靠近原点的代表的效用水平低，远离原点的代表的效用水平高，因此，从 A 的效用水平来看 $I_{A1}<I_{A2}<I_{A3}<I_{A4}$。图中的 I_{B1}、I_{B2}、I_{B3}、I_{B4} 代表消费者 B 在消费 X、Y 两种产品时不同效用水平上的无差异曲线，以 O_B 为原点，靠近原点的代表的效用水平低，远离原点的代表的效用水平高，因此，从 B 的效用水平来看 $I_{B1}<I_{B2}<I_{B3}<I_{B4}$。

假设最初消费者 A 和 B 处在图中 C 点，即 A 消费的 X 为 O_AX_A'，消费的 Y 为 O_AY_A'，其效用水平由 I_{A2} 表示；B 消费的 X 为 O_BX_B'，消费的 Y 为 O_BY_B'，其效用水平由 I_{B2} 表示。我们知道，边际替代率就是过无差异曲线的切线的斜率。

对 A 来说，X、Y 两种商品的边际替代率等于无差异曲线 I_{A2} 上过 C 点的切线的斜率；而对 B 来说，是过无差异曲线 I_{B2} 上 C 点的切线的斜率。显然这两者是不相等的。于是，A、B 两人就可以通过交换来提高他们的总的效用水平。他们的交换可能有三种情况。

第一种情形：交换是沿着无差异曲线 I_{B2} 进行的。在 C 点，A 对 X、Y 的边际替代率大于 B 对 X、Y 的边际替代率，因为 I_{A2} 上过 C 点的切线的斜率大于 I_{B2} 上过 C 点的切线的斜率。此时，A 拿出一部分 Y 商品按照 B 对 X、Y 的边际替代率来交换 X，则 A 拿出较少的 Y 就能从 B 中换得较多的 X，当这种交换沿着 I_{B2} 达到 E_3 点时，A 所享有的效用水平从 I_{A2} 提高到 I_{A3}，而 B 享有的效用水平不变，仍然维持在 I_{B2} 水平上。显然，按照 B 对两种商品的边际替代率来交换，交换的好处全由 A 享受，而 B 的效用水平没有减少。当达到 E_3 点时，A 的效用水平达到最高，此时，两条无差异曲线 I_{A3} 与 I_{B2} 相切，这表明对 A、B 两人来说，X、Y 这两种商品的边际替代率相等，即 $MRS_{XY}^{A}=MRS_{XY}^{B}$。这时，就达到了均衡状态，如果交换继续沿着 I_{B2} 进行下去，则 B 的效用水平还是维持在 I_{B2} 的水平上，但 A 的效用水平开始下降，所以 E_3 点是交换的帕累托最优状态，满足前面提出的交换的帕累托最优的条件，即 A、B 两人对 X、Y 两种商品的边际替代率相等。

第二种情形：交换是沿着无差异曲线 I_{A2} 进行的，情况与上面类似，A 的状况不变，而 B 的状况得到改善。

第三种情形：交换沿着 I_{A2} 与 I_{B2} 之间的某条轨迹进行。这时，X 和 Y 两种商品的交换比率介于 MRS_{XY}^{A} 和 MRS_{XY}^{B} 之间，直至达到 A、B 两人的无差异曲线新的切点，该切点必定位于 E_2 和 E_3 之间，这时，A、B 两人的效用水平都达到了最大，交换使 A、B 两人都得到改善。

在埃奇沃斯盒状图中，满足 $MRS_{XY}^{A}=MRS_{XY}^{B}$，即满足交换的帕累托最优的条件，或者说满足 A、B 两人的无差异曲线相切的点有许多个，如图中的 E_1、E_2、E_3、E_4…都符合帕累托最优条件，把这些点连接起来组成的曲线 O_AO_B 叫做交换契约线，它表示 A、B 两人交换商品的契约都应该落在这条线上，即 A、B 两人无差异曲线的相切点上。在这条契约线上，A、B 两人的 X、Y 商品的边际替代率相等，所以交换契约线上的每一点都符合交换的帕累托最优，至于 A、B 两人的交换最终停留在哪一点则取决于交换开始前即初始状态时 A、B 两人各自持有的 X、Y 的数量，即全部社会财富在 A、B 两人之间的分配状况。

（二）生产的帕累托最优状态

生产的帕累托最优是指在技术与社会生产资源总量既定的情况下，社会对于资源的配置使得生产产品的产量达到最大的状况。如果所生产产品的产量没有达到最大，可以通过资源的重新配置使之达到最大。

假定在一个经济社会使用 K 和 L 两种生产要素生产 X 和 Y 两种产品，假定该经济社会中拥有的 K 和 L 这两种生产要素的量既定，要使 X 和 Y 两种产品的产量达到最大，必须满足对于 X 和 Y 来说，使用 L 和 K 这两种生产要素的边际技术替代率相等，即：

$$MRTS_{LK}^{X}=MRTS_{LK}^{Y} \tag{8.4}$$

这就是说，当两种产品使用生产要素的边际技术替代率不相等时，通过调整资源配置至少可以使一种产品的产量增加；如果两者已经相等，则资源配置的任何调整至少使一种产品的产量下降。

同样，我们可以使用埃奇沃斯盒状图来描述调整过程，具体分析略。

（三）生产与交换的帕累托最优状态

因为交换的帕累托最优说明了消费者的效用达到最大，生产的帕累托最优说明了生产者的产量达到最大，下面我们要将交换和生产综合起来，讨论交换和生产的帕累托最优。

第一章，我们学习过生产可能性曲线，它又称为生产可能性边界线或产品转换曲线，它表明一个经济社会在一定时期内，在资源总量既定，生产技术水平既定的前提下，充分有效地利用全部资源所能生产出来的两种商品所有可能的组合的曲线。这一曲线可以由生产的契约线导出。见图 8-3。

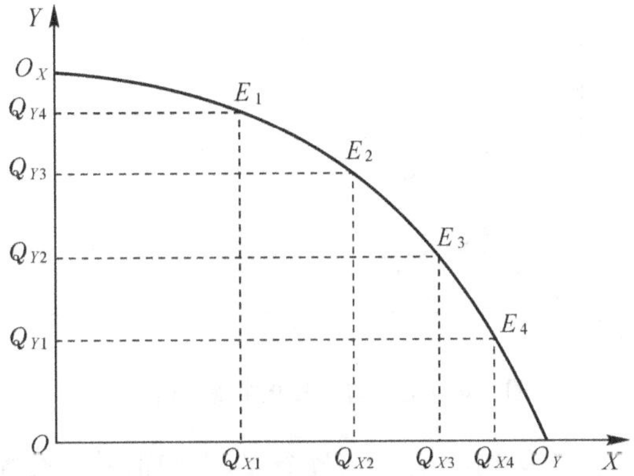

图 8-3　生产可能性曲线

图 8-3 中的横坐标和纵坐标分别代表 X 和 Y 产品的数量，在生产可能性曲线的某点上，如果要增加 X 的产量就必须减少 Y 的产量，也就是说，X 和 Y 之间存在着一定的转换比例，这一转换比例相当于生产可能性曲线在该点的斜率的绝对值，叫做边际转换率（marginal rate of transformation，MRT）。即 MRT_{XY}

$=\lim_{\triangle x \to 0}\left|\frac{\Delta Y}{\Delta X}\right|=\left|\frac{dY}{dX}\right|$。故生产可能性曲线又称为产品转换曲线。

现在我们要利用生产可能性曲线将生产和交换两个方面综合在一起，从而得到生产和交换的帕累托最优。参见图 8-4，首先复制图 8-3 中的生产可能性曲线，在生产可能性曲线上任意选取一点，比如 E_2 点，由于生产可能性曲线上的点对应生产契约线上的相应点，故 E_2 点一定满足生产的帕累托最优条件。同时 E_2 点又表示一个经济社会在一定时期内，在资源总量既定，生产技术水平既定的前提下，充分有效地利用全部资源所能生产出来的两种产品 X、Y 的一种组合，即 Q_{X2} 和 Q_{Y3}。现在从 E_2 点分别引一条垂直线到 X 轴，引一条水平线到 Y 轴，则得到一个矩形 $OQ_{X2}E_2Q_{Y3}O$。该矩形正好与前面讨论的交换的埃奇沃斯盒状图相符，它的水平长度代表一定量的 X 商品 Q_{X2}，垂直长度代表一定量的 Y 商品 Q_{Y3}。如果设 O 点和 E_2 点分别为消费者 A、B 的原点，该矩形中的任何一点则表示一定量的 X、Y 商品在 A、B 两个消费者之间的一种分配状态。应用交换的埃奇沃斯盒状图的讨论，可以在此埃奇沃斯盒状图中找出一条交换契约线，如图中连接 O 点和 E_2 点的曲线，在该交换契约线上的任意一点都满足 A、B 两个消费者对 X、Y 两种商品的边际替代率相等，即 $MRS_{XY}^{A}=MRS_{XY}^{B}$。

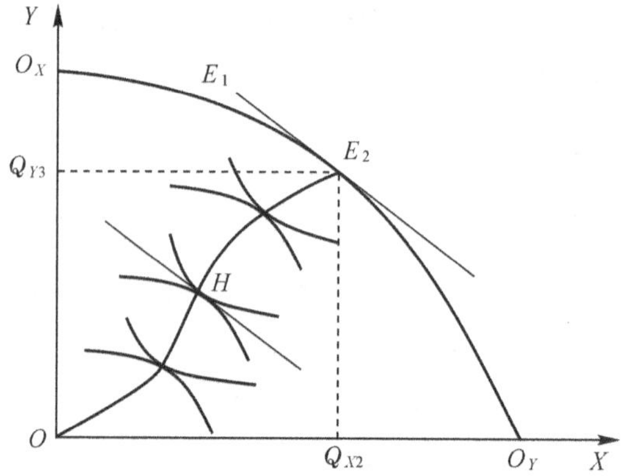

图 8-4　生产与交换的帕累托最优

现在的问题是，交换契约线上有无数个点，它们都满足交换的帕累托最优条件，但并不一定满足生产和交换的帕累托最优，如何才能满足生产和交换的帕累托最优，我们利用产品的边际转换率和边际替代率这两个概念来说明。

生产与交换的帕累托最优条件是产品的边际转换率和边际替代率相等，即：

$$MRT_{XY}=MRS_{XY} \tag{8.5}$$

下面举例说明这一条件：假设 X、Y 产品的边际转换率为 2，即 $MRT_{XY}=$

$\left|\frac{\Delta Y}{\Delta X}\right|=2$，它意味着生产者通过减少1单位X产品的生产可以增加2单位Y产品的生产；X、Y产品的边际替代率为1，即 $MRS_{XY}=\left|\frac{\Delta Y}{\Delta X}\right|=1$，它意味着消费者愿意通过减少1单位X产品的消费来增加1单位Y产品的消费。在这种情况下，由于 $MRT_{XY}>MRS_{XY}$，如果生产者少生产1单位X产品，从而消费者少消费1单位X产品，但生产者可以多生产出2单位Y产品，从多增加的2单位Y中拿出1单位Y给消费者即可维持消费者的效用水平不变，而多余的1单位Y就可增加消费者的效用水平，这就说明如果产品的边际转换率大于边际替代率，则还有改进的余地，还没有达到生产和交换的帕累托最优。同样也可以分析产品的边际转换率小于边际替代率的情况：假设X、Y产品的边际转换率为1，即 $MRT_{XY}=\left|\frac{\Delta Y}{\Delta X}\right|=1$，它意味着生产者通过减少1单位X产品的生产可以增加1单位Y产品的生产；X、Y产品的边际替代率为2，即 $MRS_{XY}=\left|\frac{\Delta Y}{\Delta X}\right|=2$，它意味着消费者愿意通过减少2单位Y产品的消费来增加1单位X产品的消费。在这种情况下，由于 $MRT_{xy}<MRS_{XY}$，如果生产者少生产1单位Y产品，从而消费者少消费1单位Y产品，但生产者可以多生产出1单位X产品，从多增加的1单位X产品中拿出0.5单位X产品给消费者即可维持消费者的效用水平不变，而多余的0.5单位X就可增加消费者的效用水平，这就说明如果产品的边际转换率小于边际替代率，同样还有改进的余地，还没有达到生产和交换的帕累托最优。

由上面的分析可得出生产和交换的帕累托最优的条件必定是产品的边际转换率等于边际替代率，即 $MRT_{XY}=MRS_{XY}$。

从图8-4上来看，产品的边际转换率就是生产可能性曲线上相应点的切线斜率的绝对值，如图8-4中 E_2 点上的切线。产品的边际替代率是无差异曲线上相应点的切线斜率的绝对值，如图8-4中交换契约线上 H 点过两条相切的无差异曲线的切线。这两条切线可能平行，也可能不平行，即产品的边际转换率与边际替代率可能相等，也可能不相等。当两条切线平行时，就满足了生产和交换的帕累托最优，即 $MRT_{XY}=MRS_{XY}^{A}=MRS_{XY}^{B}$。因为生产可能性曲线上的点满足生产的帕累托最优，而交换契约线上的点满足交换的帕累托最优，要使生产与交换同时达到帕累托最优，我们必须在确定一定量的X、Y组合如 E_2 点后，在其所对应的交换契约线上找到一个边际替代率与 E_2 点的边际转换率相等的点，如 H 点。在 H 点的无差异曲线的切线与 E_2 点的生产可能性曲线的切线平行，满足 $MRT_{XY}=MRS_{XY}^{A}=MRS_{XY}^{B}$。同理，在生产可能性曲线上的任意一点，都可以通过构造交换的埃奇沃斯盒状图来找到交换契约线上的一点，满足产品的边际转换率等于边际替代率，即生产和交换的帕累托最优。帕累托最优状态的条件是：所有消费者对于任何两种商品的边际替代率 MRS 等于这两种商品生产的边际转换率 MRT。

第四节　竞争与社会效率的实现

在前面的章节中，我们分析了假定条件下的完全竞争，根据亚当·斯密的观点，在完全竞争条件下能达到最高效率，在这一章中我们又分析了社会效率的标准，即帕累托最优状态。那么，竞争与社会效率的实现之间存在着怎样的关系呢？

一、竞争与交换的效率

在完全竞争条件下，每种商品的价格对消费者来说是既定不变的，消费者均衡的条件是每个消费者把他既定的收入，按照既定的商品价格分配到每一种商品上，直到最后 1 单位货币用于购买任一商品所得到的边际效用相等，即等边际原则：

$$\frac{MU_x}{P_x}=\frac{MU_y}{P_y}=\frac{MU_z}{P_z}=\cdots=\lambda \tag{8.6}$$

这时消费者对任意两种商品的边际替代率正好等于这两种商品的价格之比，如 A 消费者对 X、Y 两种商品的边际效用之比正好等于 X、Y 商品的价格之比，即：

$$\frac{MU_X}{MU_Y}=\frac{P_X}{P_Y} \tag{8.7}$$

则其边际替代率也为两种价格之比，即：

$$MRS_{XY}^{A}=\frac{MU_x}{MU_y}=\frac{P_X}{P_Y} \tag{8.8}$$

同理，其他消费者如 B 在完全竞争条件下的效用最大化条件也满足任意两种商品的边际替代率等于这两种商品的价格之比，即：

$$MRS_{XY}^{B}=\frac{P_X}{P_Y} \tag{8.9}$$

因为商品的价格比确定，由上面两式可得出：

$$MRS_{XY}^{A}=MRS_{XY}^{B} \tag{8.10}$$

这一结论还可推广到：在完全竞争条件下任一消费者对任意两种商品的边际替代率相等，也就是符合交换的帕累托最优条件。或者说，在完全竞争条件下，产品的均衡价格实现了交换的帕累托最优状态。

二、竞争与生产的效率

当要素市场是完全竞争状态时，要素市场就会形成一个均衡的要素价格，如资本和劳动的市场均衡价格分别为 P_K 和 P_L。每种生产要素的价格对于生产者来说是既定不变的，如某厂商 A 达到均衡的条件是最后 1 单位成本无论用于购买资本还是劳动，得到的边际产量相等，即：

$$\frac{MP_L}{P_L}=\frac{MP_K}{P_K} \tag{8.11}$$

这时劳动和资本这两种生产要素的边际产量之比正好等于这两种要素的价格之比，即：

$$\frac{MP_L}{MP_K}=\frac{P_L}{P_K} \tag{8.12}$$

则其边际技术替代率也为两种要素的价格之比，即：

$$MRTS_{LK}^{A}=\frac{MP_L}{MP_K}=\frac{P_L}{P_K} \tag{8.13}$$

同样，其他厂商如厂商 B 在完全竞争条件下达到均衡时也满足任意两种生产要素的边际技术替代率等于这两种要素的价格之比，即：

$$MRTS_{LK}^{B}=\frac{MP_L}{MP_K}=\frac{P_L}{P_K} \tag{8.14}$$

由于资本和劳动的市场均衡价格对于所有的厂商来说都是相同的，所以生产要素的边际技术替代率对于所有厂商而言也都是相等的，即：

$$MRTS_{LK}^{A}=MRTS_{LK}^{B} \tag{8.15}$$

即使对于同一个厂商生产不同的产品，其生产要素的边际技术替代率也应该是相等的。

由此，在完全竞争条件下任一厂商生产的任一产品对任意两种生产要素的边际技术替代率相等，这正好符合生产的帕累托最优条件。换句话说，生产要素的均衡价格实现了生产的帕累托最优状态。

三、竞争与生产和交换的效率

当产品市场和要素市场都为完全竞争市场时，消费者均衡满足两种商品的边际替代率等于两种商品的价格之比，即：

$$MRS_{XY}=R_X/P_Y \tag{8.16}$$

完全竞争厂商则会根据利润最大化原则来调整生产，直至满足边际收益等于边际成本，即 $MR=MC$。由于完全竞争市场中产品的价格既定，边际收益即为产品的价格，于是厂商的利润最大化条件可以转化为价格等于边际成本，即

$P=MC$。当厂商达到利润最大化时，对于两种商品 X、Y 来说，其边际成本之比也就等于它们的价格之比，即：

$$MC_X/MC_Y=P_X/P_Y \tag{8.17}$$

由于产品的边际转换率等于其边际成本之比，所以：

$$MRT_{XY}=MC_X/MC_Y=P_X/P_Y=MRS_{XY} \tag{8.18}$$

式(8.18)正好满足生产与交换的帕累托最优状态，以上分析说明完全竞争市场是有效率的，换句话说，完全竞争的长期均衡状态即是帕累托最优状态。

本章小结

1.本章主要介绍了在完全竞争条件下的一般均衡问题，即整个经济体系的所有商品市场同时达到均衡。分析了瓦尔拉斯一般均衡理论的基本思想和一般均衡的存在性问题。

2.帕累托最优状态是指在收入分配既定的情况下，所有的帕累托改进都已实现，若对经济状态进行任何改变都会至少使一个人的状况恶化。帕累托最优状态即是社会效率的标准。

3.社会效率的三种情况：交换的效率，满足消费者对两种商品的边际替代率相等；生产的效率，满足生产者对两种要素的边际技术替代率相等；生产与交换的效率，满足消费者对两种商品的边际替代率等于生产领域中这两种产品的边际转换率。

4.完全竞争能够实现社会效率，即完全竞争条件下能达到交换的效率、生产的效率及生产与交换的效率。

思考与练习

一、名词解释

一般均衡　局部均衡　瓦尔拉斯定律　规范经济学　实证经济学
帕累托最优状态

二、简答题

1.简述一般均衡与局部均衡的关系。
2.简析在生产上符合帕累托最优的条件是什么？
3.交换的帕累托最优条件是什么，为什么？
4.为什么完全竞争的市场机制符合帕累托最优状态？

三、论述题

1.试述瓦尔拉斯一般均衡的基本思想。
2.瓦尔拉斯是如何解决一般均衡存在性问题的？其主要缺陷是什么？
3.何为帕累托最优状态？试述实现帕累托最优状态的主要条件。

第九章
市场的边界与政府微观政策

本章要点

本章将学习在存在垄断、外部性、不完全信息以及在公共产品领域当市场机制无法使资源达到最优的配置时市场失灵的情形。市场失灵有狭义和广义之分。狭义的市场失灵是指完全竞争市场所假定的条件得不到满足而导致的市场配置资源的能力不足从而缺乏效率的表现。广义的市场失灵则还包括市场机制在配置资源过程中所出现的经济波动以及按市场分配原则而导致的收入分配不公平现象。在本章我们讨论的是狭义的市场失灵，主要从外部性、垄断、公共产品及不完全信息这样几个原因来考虑。

学习目标

了解市场机制无法使资源达到有效配置的原因，主要有外部性、垄断、公共物品及不完全信息；掌握市场失灵时政府应采取的干预措施，包括税收、补贴、明确产权、反垄断、价格管制、提供公共物品、提供信息、制订激励机制等。

在现实的市场中，通常会由于各种原因而无法达到前一章所描述的帕累托最优标准。本章主要考察致使市场失灵的各种可能的原因，它们分别是外部性、垄断、公共产品及不完全信息。

第一节　外部性

外部性是指生产者或消费者的行为对社会上其他人的福利产生影响，却没有承担相应的成本或获得相应的收益。外部性可分为外部收益和外部成本，外部收益指生产者或消费者的行为对社会上其他人产生有利的影响，包括生产的外部收益和消费的外部收益；外部成本指生产者或消费者的行为对其他人产生了有害的影响，包括生产的外部成本和消费的外部成本。

一、外部性与市场失灵

无论是外部成本还是外部收益，都会对社会效率的实现产生不利的影响，导致市场失灵。以下分别讨论四种外部性对社会效率的影响。

（一）生产的外部成本

当企业的生产行为给他人带来损害，但企业不需要为此对受害者作出赔偿，便产生了生产的外部成本。比如一家化工厂在生产过程中排放废水、废气等污染物，就会给其他生产者与消费者造成损害，但该化工厂并没有给这些污染的受害者相应的赔偿，即没有承担污染造成的成本。因此，当存在生产的外部成本时，生产的全部社会成本将大于企业承担的私人成本，如图 9-1 所示，社会边际成本（MC_S）大于私人边际成本（MC_P）。

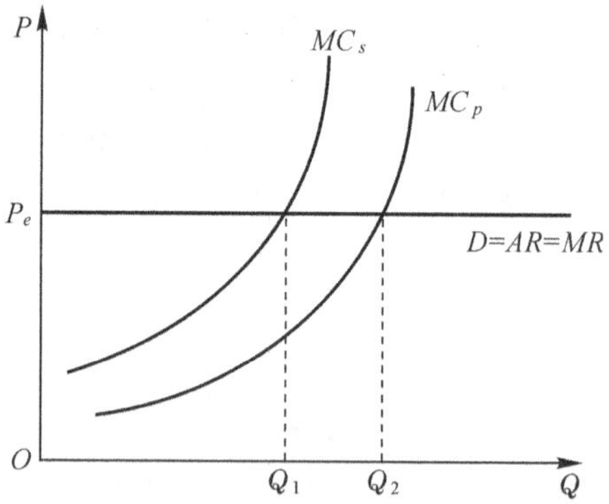

图 9-1　生产的外部成本

在图 9-1 中，社会边际成本（MC_S）在私人边际成本（MC_P）的上方，它们之间的垂直距离即边际外部成本（marginal external cost）。从图 9-1 中可以看出，生产的外部成本导致企业过量生产，因为从整个社会的角度来看，社会边际成本等于社会边际收益时的最优产量为 Q_1，而从企业利益出发，私人的边际成本等于边际收益时的最优产量为 Q_2。对社会来说，Q_2 的产量水平太高，造成的污染太大，但由于没有哪个受害者能阻止企业生产 Q_2 这么多的产量，因此社会效率无法自主地达到。

生产的外部成本的其他例子还有把污水排放到河流中的造纸厂、向长江倾倒垃圾的游轮、核电厂产生的核废料等。

专栏 9-1 全球变暖

许多生产外部性的问题在性质上都是地区性的，一条小河的污染或有毒废物的堆放主要只影响附近的居民。但某些环境危害却可能影响整个地球，这就需要国际间的合作。今天，最严重的全球环境问题莫过于全球变暖，即由于诸如二氧化碳等温室气体的累积就像温室一样储存太阳的能量，使地球的温度上升。许多有力的证据显示这些气体在不断积累，而且关于温室气体累积后果的证据越来越多。一系列国际专家会议都指出，其影响是巨大的，而且可能产生十分严重后果，比如极地冰帽的融化和海平面的上升，将淹没世界上地势较低的地区。在1992年里约热内卢的国际会议上，世界各国政府签署了一项协定，承诺控制温室气体排放。1997年，在京都签订了进一步的协议，旨在使排放的减少更有约束力。2001年，乔治·W.布什总统宣布，虽然美国签订了这一协议，但它不会执行。美国的这一单边行动引起了世界其他国家的强烈愤怒，因为美国是最大的排放国。美国坚持，如果其他国家不限制排放，它限制排放也没有意义，而依据《京都议定书》，发展中国家必定不会减少它们的排放。它还指出，发展中国家的排放很快就会超过发达国家。另外，布什总统声称，相对于可能产生的危害，减少排放的成本太高。而发展中国家反驳说，这是一个公平问题：按人均计算，它们的排放量远远低于美国的排放量。它们注意到，全球变暖对美国的影响可能是有限的，对美国的有些地区甚至可能是有益的，但是，我们都生活在同一个地球上，美国不能也不应该只从自己的观点看问题。许多发展中国家极端贫穷，为什么在连美国都声称负担不起排放的减少时，要它们作出经济上的牺牲呢。世界在这个问题上陷入了僵局，同时，温室气体在继续累积，并可能使未来控制全球变暖的进程变得更为困难。

——资料来源：斯蒂格里兹、瓦什，《经济学(上册)》(第三版)，中国人民大学出版社2005年版。

(二) 生产的外部收益

当企业的生产行为给他人带来利益，但企业并不能因此而获得补偿，便产生了生产的外部收益。比如一家养蜂场在养蜜蜂的过程中帮助果树传授花粉，使果园主获得了利益，但果园主并不需要为此而向养蜂场支付对价。即相当于蜂场为果园主承担了一部分成本，因此存在生产的外部收益时，生产者的私人成本大于社会成本，如图 9-2 所示，社会边际成本低于私人边际成本。

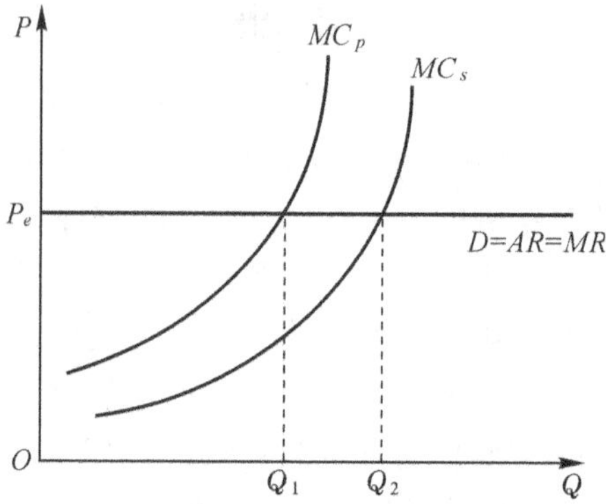

图 9-2　生产的外部收益

在图 9-2 中，社会边际成本 MC_S 小于私人边际成本 MC_P，它们之间的垂直距离就是边际外部收益(marginal external benefit)，从图 9-2 中可以看出，当存在外部收益时，生产者倾向于减少生产。因为从社会的角度来看，社会边际成本等于社会边际收益时的最优产量为 Q_2，而从企业利益出发，私人的边际成本等于边际收益时的最优产量为 Q_1。对社会来说，Q_1 的产量水平太低，社会资源没有达到最优的配置，但由于没有哪个受益者能要求企业生产 Q_2 这么多的产量，因此社会效率还是无法自主地达到。

（三）消费的外部成本

当个人的消费行为给他人带来损害而不需要承担相应的责任，便产生了消费的外部成本。比如在公共场所随意抽烟的行为，使其身边的人呼吸了有害的烟雾，但抽烟者不需要给身边的人赔偿。抽烟者从抽烟的行为中获得满足，但他人却因此而得到了负效用。即该消费的私人收益大于总的社会收益，如图 9-3 所示，私人边际收益(MB_P)大于社会边际收益(MB_S)。

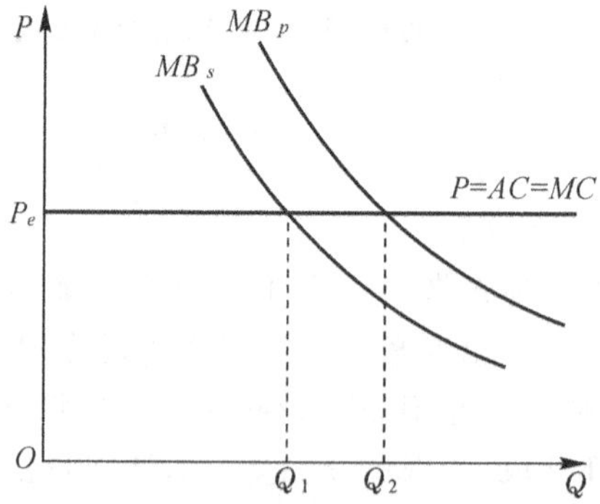

图 9-3　消费的外部成本

在图 9-3 中，私人的边际收益 MB_P 大于社会的边际收益 MB_S，它们之间的垂直距离就是边际外部成本。从图 9-3 中可以看出，当存在外部成本时，消费者倾向于增加消费。因为从社会的角度来看，社会边际成本等于社会边际收益时的最优的消费量为 Q_1，而从消费者利益出发，边际成本等于私人边际收益时的最优消费量为 Q_2。对社会来说，Q_2 的消费量水平太高，但由于没有哪个受害者能要求消费者仅消费 Q_1 这么多数量，因此出现市场失灵。

（四）消费的外部收益

当个人的消费行为给他人带来利益，而消费者本人并没有因此而得到补偿，便产生了消费的外部收益。比如当消费者接种传染病疫苗，对于其周围的人来说也就减少了被感染的风险，即他人也获得了收益，这种消费的社会总收益大于消费者自己得到的私人收益，如图 9-4 所示。

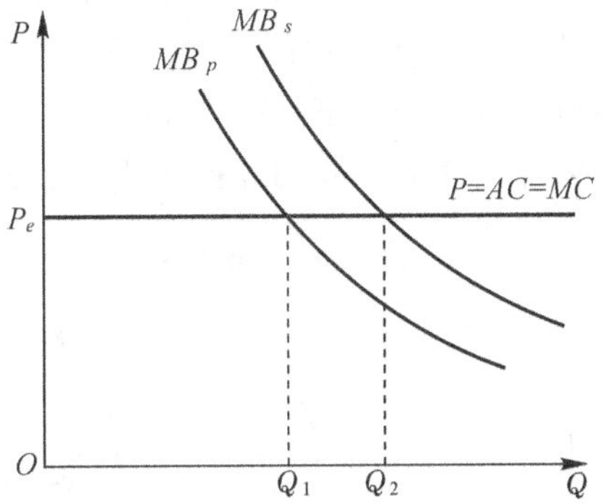

图 9-4　消费的外部收益

在图 9-4 中，社会边际收益 MB_S 大于私人边际收益 MB_P，它们之间的垂直距离就是边际外部收益。从图 9-4 中可以看出，当存在消费的外部收益时，消费者倾向于减少消费。因为从社会的角度来看，社会边际成本等于社会边际收益时的最优的消费量为 Q_2，而从消费者利益出发，私人边际成本等于私人边际收益时的最优消费量为 Q_1。对社会来说，Q_1 的消费量水平太低，但由于没有哪个受益者能要求消费者消费 Q_2 这么多数量，因此出现市场失灵。

总结以上外部性的四种情况，无论是生产的外部性还是消费的外部性，也无论是外部成本还是外部利益，只要存在外部性，私人效率就无法导致社会效率，出现市场失灵。

二、对外部性问题的干预

由于外部性的存在，使私人成本和私人收益与社会成本和社会收益相背离，生产者和消费者在决策时虽然都达到了私人的最高效率，但不能达到社会的最高效率。解决外部性问题的基本思路是让外部性内部化，即通过制度安排将经济主体经济活动所形成的外部收益或外部成本，转化为私人收益或私人成本，主要通过税收、补贴、界定产权等间接干预的方法及对外部性直接管制的方法来实现。

（一）税收用于解决生产的外部成本

英国经济学家庇古提出：如果要达到社会总福利的极大化，任何经济活动的社会边际收益与社会边际成本必须相等。因此，在存在外部性成本的情况下，政府应该对带来外部成本的经济主体征税，单位税额等于边际外部成本，通过税收的调节，使私人的边际成本与社会的边际成本相等，此时私人的最优产量即是社会的最优产量，这就是庇古税。工厂排污造成外部性社会成本，政府可以把污水排放造成的社会成本转换为适当水平的税费，向排放企业征收，从而消除外部性。如图 9-5 所示，税收使厂商的私人边际成本曲线向左上方移动到社会边际成本曲线的位置，企业的最优产量从 Q_2 下降到 Q_1，达到社会的最优产量。可见，通过收税可以使外部成本内部化(Internalized)，从而解决污染的外部性问题。

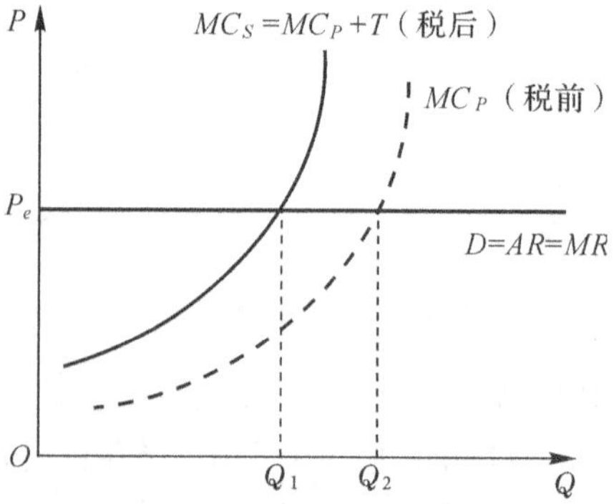

图 9-5　税收使存在外部成本的产量减少

（二）税收用于解决消费的外部成本

当存在消费的外部成本时，私人的边际收益大于社会的边际收益，消费者的选择倾向于增加这种消费行为，如图 9-3 所示。为了解决这一外部成本问题，政府同样应该向带来外部成本的消费行为征税，通过征收消费税提高消费者消费行为的边际成本，征收的税额应该等于该消费行为带来的边际外部成本，最终减少这种带来外部成本的消费行为，使私人的最优选择与社会的最优选择一致。如图 9-6 所示。

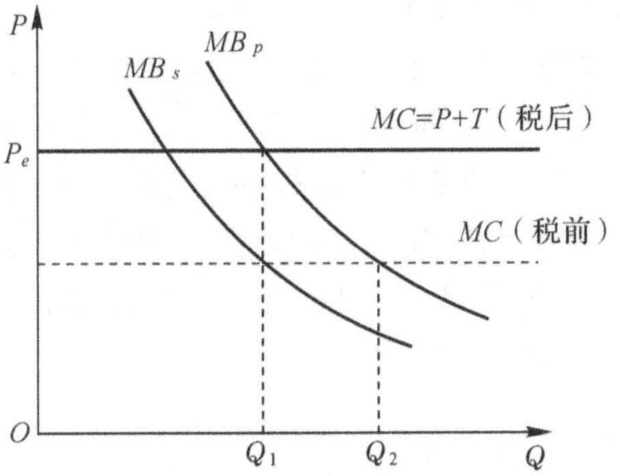

图 9-6　税收使存在外部成本的消费行为减少

从图 9-6 可以看到，政府通过对带来外部成本的消费行为征税，使得该商品的价格上升，比如针对抽烟这种能带来外部成本的消费行为，在征税前，消费者的最优选择是 Q_2，而社会的最优选择是 Q_1，通过征税，使得香烟的价格上升，此时消费者的最优选择降低到了 Q_1，正是社会的最优选择。即通过税收降低了产生外部成本的消费行为。

（三）补贴用于解决生产的外部收益

与税收的作用机理相同，当存在外部收益的情况下，政府应该对带来外部收益的经济主体给予补贴，单位补贴额正好等于边际外部收益，通过补贴可使私人的边际收益与社会的边际收益相等，此时私人的最优产量即是社会的最优产量。例如生产绿色环保餐具的成本较高，但可以给整个社会带来收益，如果由市场决策，该产品的产量必定小于社会的最优产量。而通过政府给予生产企业补贴，使企业的成本下降，就可以达到社会的最优产量。如图 9-7 所示，企业的产量水平从补贴前的 Q_1 增加到补贴后的 Q_2。

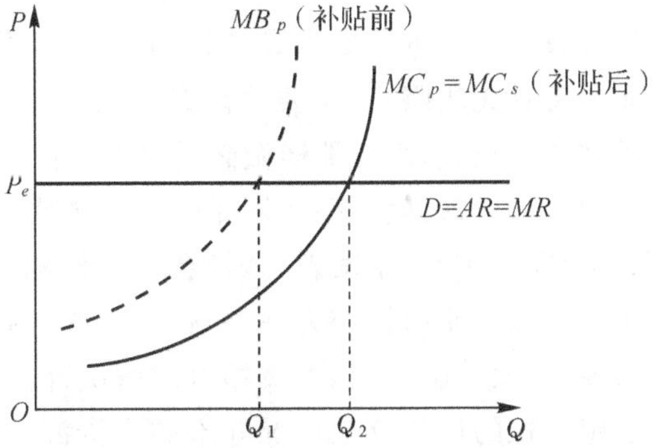

图 9-7　补贴使存在外部收益的产品增加

（四）补贴用于解决消费的外部收益

当存在消费的外部收益时，私人的边际收益小于社会的边际收益，消费者的选择倾向于减少这种消费行为，如图 9-4 所示。为了解决这一外部性问题，政府应该对带来外部收益的这种消费行为进行补贴，通过补贴降低消费者这种消费行为的边际成本，单位补贴额应等于这种消费行为带来的边际外部收益，由此，私人的边际成本下降，这种能带来外部收益的消费行为增加，私人的最优选择与社会的最优选择一致，如图 9-8 所示。

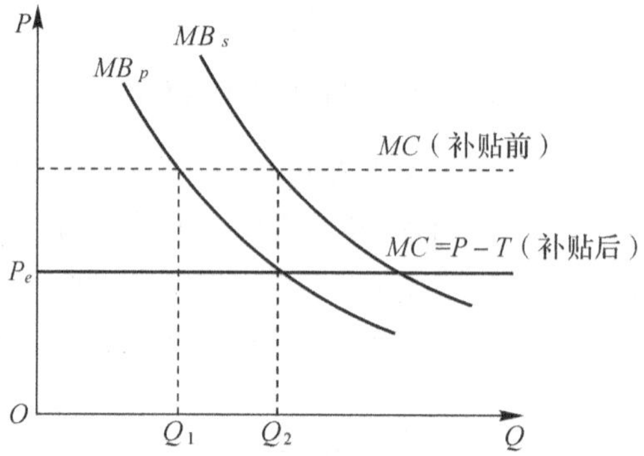

图 9-8　补贴使存在外部收益的消费增加

从图 9-8 可以看出政府通过对带来外部收益的消费行为进行补贴，使得该商品的价格下降(补贴可看作是负税收)。比如针对接种传染病疫苗这种能带来外部收益的消费行为，在政府补贴前，消费者的最优选择是 Q_1，而社会的最优选择是 Q_2，通过补贴，使得疫苗的价格下降，此时消费者的最优选择上升到了 Q_2，正好是社会的最优选择。即通过税收增加了产生外部收益的消费行为。

（五）界定产权

外部性引起市场失灵的一个重要原因是产权的不明确，比如造纸企业随意向河流中排放污水而受害者无法阻止，主要原因是这条河的产权不明确。没有哪个企业会向私人领地倾倒垃圾，因为那样做必须付出代价。因此，如果产权是明确的并且得到充分的保障，那么就不存在外部性。英国经济学家罗纳德·H. 科斯(Ronald H. Coase)在于 1960 年发表的《社会成本问题》中认为，要解决外部性问题的关键在于把环境的使用权作为一种财产权，并且把这种财产权明晰化。只要交易成本为零，产权明确，则私人市场就能解决外部性问题，并且有效地配置资源。至于法定产权的最初分配情况并不妨碍资源达到最有效的配置。这些观点被人们称为“科斯定律”。

我们用一个例子来说明科斯定律，假设一家造纸厂的旁边有一条河，河边有个10户人家的小村庄，村里的人以河水为饮用水。现在造纸厂要向河中排放污水，这种行为会使河水变质，无法饮用。假如河边的这10户人家因此受到的损失可以用货币来衡量，每户10万元，则总共损失是100万元。要避免这100万元的损失可以有两种方法，一是在造纸厂安装污水处理系统，需要20万元，或者在每户人家安装河水净化器，每台4万元，总共40万元。可见，最有效的方法应该是在造纸厂安装污水处理系统。

根据科斯定理，不管这条河的产权是属于造纸厂还是小村庄，只要交易成本为零，市场机制就会找到最有效的处理方法。如果这条河的产权属于造纸厂，则造纸厂有权向河里排放污水，它不会自己投入成本安装污水处理系统。而村民的选择是要么忍受每户10万元的损失，要么每户花4万元安装净水器，或者每户承担2万元为造纸厂安装污水处理系统，最终的选择显而易见，每户承担2万元是最低的成本。如果这条河的产权是属于村民的，那么造纸厂要向河中排放污水必须承担由此造成的损失，造纸厂的选择是要么赔偿每户10万元的损失，要么为每户村民安装4万元的净水器，或者花20万元自己安装污水处理系统，显然，花20万元安装污水处理系统是最好的选择。

但科斯定律中的另一个条件即交易成本为零这一条在现实生活中很难达到，比如在上一个例子中，10户村民之间相互的商量、村民与造纸厂之间的商量都需要时间、精力和费用，这就是所谓的交易成本。当存在交易成本时，市场机制往往就不能自动地找到最有效率的解决方案。

（六）对外部性的直接管制

政府直接管制主要是对产生外部成本的情况加以管制，上面提出的通过征税的方法是要企业将他们行为的成本和利益进行权衡而作出决策的间接管制方式，其效果取决于企业对税收激励所作出的反应。但有一些生产的外部成本非常严重的情况下，间接管制无法奏效，就需要政府进行直接的管制。由政府制定标准与法规对污染者加以取缔与惩罚。这就必须知道把污染控制在什么程度才是合适的，所谓合适即经济学中的最优均衡点。

那最优的均衡点是不是绝对没有污染呢？从理论上讲，零污染是最优的方案，但在现实情况下是不可能达到的，有些企业只要进行生产就会不可避免地造成污染。有研究数据表明，在对空气和水污染影响中，低水平的污染没有多少损害，但随着污染水平的提高，损害的程度会急剧上升，因此最优的污染程度应该是较轻程度的污染。对于整个社会而言，最优的污染标准应该是治理污染造成的社会成本等于治理污染带来的社会收益。

在不同程度的污染情况下，治理污染所花费的边际成本是不同的，随着污染程度的加强，治理污染所花费的边际成本是越来越低的，如图 9-9 中的 MC_W 线。而在不同程度的污染情况下，治理污染所带来的社会收益也是不同的，随着污染程度的加强，治理污染所带来的社会收益是越来越大的，如图 9-9 中的 MR_W 线。可见，当污染较严重时(污染程度超过图 9-9 中的 We)，治理污染带来的社会收益大于治理污染所造成的社会成本，此时，治理污染对整个社会来说是合算的。但随着污染程度的降低，治理污染的边际成本不断上升，而治理污染的社会收益则下降，当污染程度较轻时(污染程度低于图 9-9 中的 We)，此时治理污染的社会成本高于由此带来的社会收益，即治理污染对整个社会来说是得不偿失的，继续治理污染会降低效率。因此，图 9-9 中的 We 是最优的污染标准。

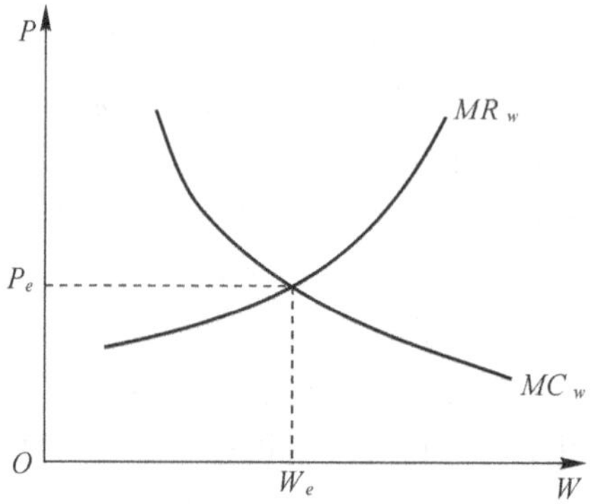

图 9-9　最优污染标准

最优污染标准的确定可以使政府以此为依据，来制定控制污染的标准。凡是超过这一污染标准的厂商将会受到高额的罚金，甚至法律的处罚，而符合这一标准的厂商，则可以进行正常的生产。这一标准的实施可以迫使不符合标准的企业安装治理污染的设备，使其污染符合社会的最优污染标准。

第二节　垄　断

依照帕累托最优标准，垄断市场是缺乏效率的。因为在垄断市场的均衡状态下，商品的价格总是高于生产这一商品的边际成本，边际收益大于边际成本，因此存在着帕累托改进的可能。但市场机制并不能促使垄断企业多生产这些边际收益大于边际成本的商品从而提高效率。

一、垄断导致的福利损失

垄断的低效率还可以用社会福利的损失来说明。社会福利是消费者剩余和生产者剩余的总和，如图 9-10 所示，在垄断条件下，垄断厂商的最优产量在 Q_1，产品价格在 P_1，此时消费者剩余是图中 a 的面积，生产者剩余是图中 $b+d$ 的面积，社会福利即 $a+b+d$。而如果该行业是完全竞争的，则会满足价格等于边际成本，即均衡的价格在 P_2，均衡的产量在 Q_2，此时消费者剩余为 $a+b+c$，生产者剩余为 $d+e$，社会福利为 $a+b+c+d+e$ 的面积。垄断与竞争相比较，社会福利损失了 $c+e$ 的面积。可见，在垄断的市场条件下，社会福利损失，同时消费者剩余更是大大下降。

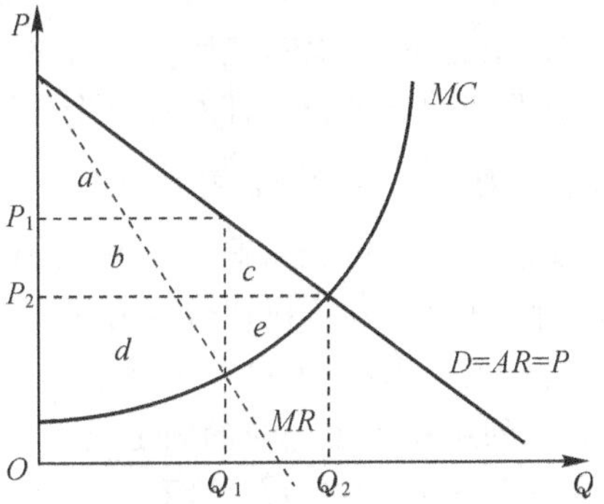

图 9-10　垄断的社会福利损失

注：各部位的面积不考虑边际收益曲线 *MR* 对图形的影响。

二、垄断引起的寻租行为

所谓寻租行为是指获得超额利润的企业为保持其超额利润而采取的各种非正规的行为。从上面的分析可以看到，垄断使得社会福利损失了 $c+e$，同时使消费者剩余 b 转化成了生产者剩余。现在的问题是这一部分从消费者剩余转化来的生产者剩余 b 也有可能最终成为寻租行为的成本而损失。

图 9-10 中 b 的面积代表了垄断者的超额利润。如果其他企业可以自由地进入该市场，并引入竞争，那么这些超额利润会很快地消失，所以赚取了超额利润的企业会尽量防止其他企业的进入，为了防止其他企业的进入，潜在的垄断者愿意为此支付的金额小于或等于 b 的面积，对于这一潜在的垄断者来说，无论这次支付后能留下多少利润，都比引入竞争后没有任何超额利润要好。

潜在垄断者的寻租行为有很多种，可以是要求政府出面来限制竞争，或者通过其他方法建立行业的进入障碍，从而维持高价格、高利润。但这种寻租行为不是没有成本的，它们会消耗资源，事实上，超额利润有可能在寻租行为中全部消耗掉。可见，寻租行为首先会导致资源配置偏离帕累托最优状态，而资源配置不合理及其造成的资源浪费使产量下降，从而减少社会福利。其次，寻租活动导致人们把大量经济资源从生产性用途转移到非生产性用途，这类活动只能给个人或特殊利益集团带来收益，而不能增加社会的商品或劳务供给，属于利益再分配。

三、对垄断的干预

垄断存在的问题主要有三个方面：一是缺乏效率，当企业的边际成本等于边际收益时，产品价格高于边际成本；二是缺乏公平，垄断企业通常凭借着垄断地位获取超额利润；三是与完全竞争相比较，垄断产品价格高、产量低，抑制需求且不利于增加供给。政府对垄断的干预正是针对这三个方面的问题来进行的。

（一）税收用于减少垄断企业的超额利润

垄断企业通常可以凭借垄断地位获得高额的垄断利润，高额的垄断利润带来低效率，同时又缺乏公平，这一问题可以通过政府向垄断企业征收固定数额的税来降低垄断企业的利润。如英国在 1997 年对各种私有化公用事业的利润征收“暴利税”，由于固定数额的税相当于企业的固定成本，它不影响企业的边际成本，只是使企业的平均成本曲线向上移动。如图 9-11 所示，在征税前，企业的平均成本曲线为 AC，征税后企业的平均成本曲线变为 $AC+AT$，而边际成本曲线不变，对企业来说，边际成本等于边际收益的最佳产量 Q_e 和价格 P_e 都没有变化，但由于平均成本的大大提高而使企业的超额利润大幅下降，图 9-11 中的灰色区域就是通过征税将垄断企业的超额利润转化而来的政府的税收收入。

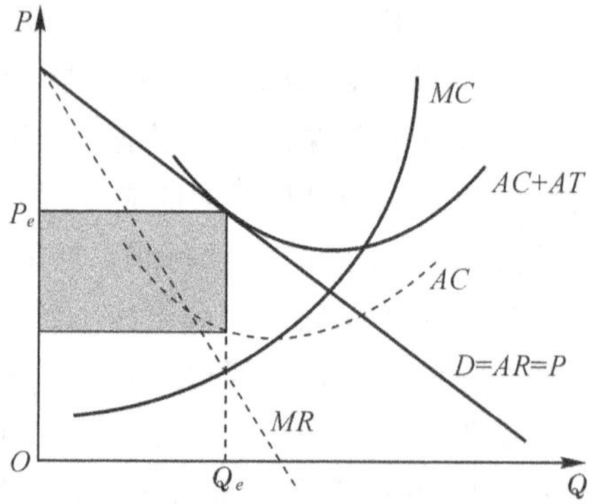

图 9-11　暴利税减少垄断利润

（二）反托拉斯法（反垄断法）

针对垄断的低效率，各国都制定了特定的法律来限制垄断行为，特别是西方国家对于反垄断的立法已有很长的历史，美国在1890年就通过了现代第一个反垄断法《谢尔曼法》，《谢尔曼法》有两个主要的规定：一是任何限制各州之间和与外国的贸易和商业来往的合约、托拉斯或其他形式的联合或勾结均属违法；二是任何垄断、企图垄断或与其他人联合或共谋，以垄断各州之间或与外国人之间的贸易或商业来往的人，都被视为犯罪。1914年，美国又通过了《克莱顿法》，《克莱顿法》对价格歧视、独家交易和搭售、兼并、兼任董事等几种限制竞争或垄断的行为作了原则规定，并宣布这些做法均为非法。1936年，美国又通过了《罗宾逊——帕特曼法》，规定商品卖主为了消除竞争而实行的价格歧视为非法。1950年又通过了《谢勒尔——凯弗维尔法》，禁止大公司之间的兼并和大公司对小公司的兼并，并宣布任何公司购买竞争对手的股票或资产，减少它们之间的竞争或形成垄断均为非法。

《欧洲经济共同体条约》中的有关条款也形成了一个适用于欧洲共同体的反垄断法体系。它禁止在欧共体内结成卡特尔，如固定价格、瓜分市场、限制供应等协议。如果用兼并手段形成垄断地位，并滥用支配市场的力量来获取垄断利益，也可以应用有关条款予以禁止。

我国也于1993年12月开始实施《中华人民共和国反不正当竞争法》，2008年8月1日开始实施《中华人民共和国反垄断法》，开启了我国反垄断的新时期。

（三）价格管制

价格管制可以用来防止垄断企业收取高价。价格管制的程度通常考虑两个目标，即效率和公平。

1. 边际成本定价法。为了达到高效率，实现帕累托最优状态，就要使价格等于边际成本，即 $P=MC$，如图9-12所示。

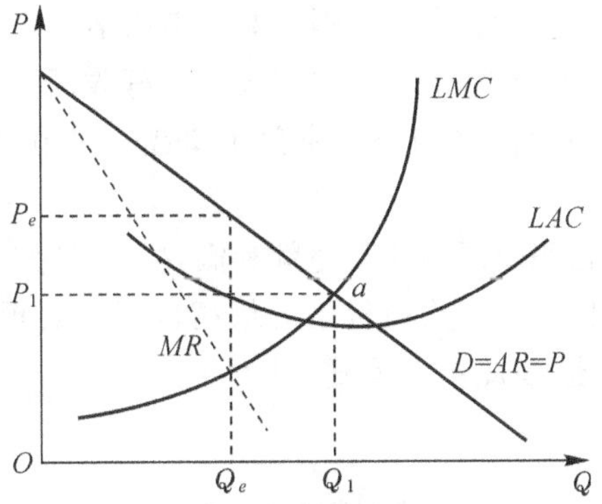

图9-12　边际成本定价法

在图 9-12 中，垄断企业的最优产量和价格分别在 Q_e 和 P_e，此时价格 P_e 大于企业的边际成本 MC，通过降低价格可以提高效率。如果将该垄断企业的产品价格控制在 P_1，产量为 Q_1，即边际成本曲线与需求曲线的交点 a，则能使价格等于边际成本，实现帕累托最优。

2. 平均成本定价法。为了实现公平，应该尽量消除垄断企业的超额利润，当价格等于平均成本时，企业只能获得正常利润。如图 9-13 所示。

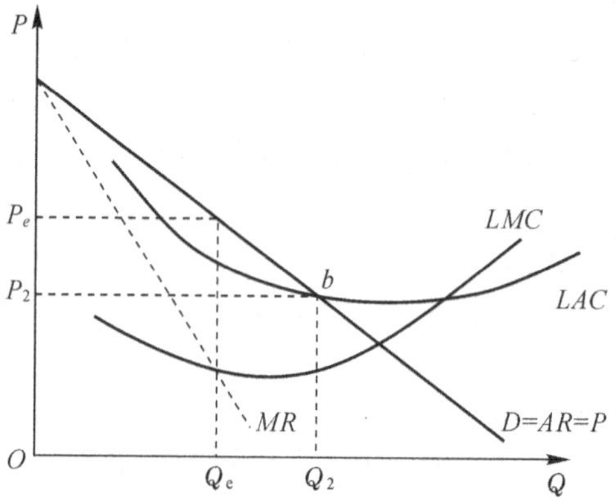

图 9-13　边际成本定价与充分成本定价

从图 9-13 中可以看出，在不实行管制时，垄断厂商的价格为 Pe，供给量为 Qe。如果企业有明显的规模经济特征，即在一定范围内长期平均成本随着规模的扩大而不断下降，就不适合采用边际成本定价原则进行价格管制，因为此时的边际成本低于平均成本，边际成本定价法必然造成企业的亏损，使这一价格无法维持，也不符合帕累托最优的标准。平均成本定价法则可以避免这一问题，以平均成本定价法将管制价格调整到 P_2，即长期平均成本与需求曲线的交点 b 所代表的价格，垄断厂商按 P_2 的价格出售商品 Q_2，正好收回全部成本，不再亏损，也不存在超额的利润，只获得正常利润，避免了垄断企业获得超额利润的不公平状况。

价格管制除了防止垄断厂商获得超额利润，提高效率以外，还可以通过制订高于均衡价格的最低价或低于均衡价格的最高价用于实现收入再分配，这一内容在第三章中已有论述，在此不再重复。

专栏 9-2　　微软垄断案

1999 年 11 月，一位联邦法官判定微软公司（Windows 操作系统的生产商)在个人计算机市场上具有垄断地位。这一判决源自于1998年美国司法部和20个州对微软的指控。2000年6月,审理该案件的法官托马斯·彭菲尔德·杰克逊判定将微软拆分为两家公司。某些评论者鼓掌欢呼,认为这是对一家危险的垄断厂商的沉重打击,是对最终有利于消费者的竞争的馈赠。批评者声称,法庭判令拆分这种反托拉斯手段曾在1984年针对AT&T电话垄断案和1911年标准石油公司能源垄断案中使用,然而,这一次却是将旧经济的政策用于新的数字经济的错误尝试。

为了理解为什么美国司法部对微软进行反托拉斯诉讼,我们可以回顾第六章中的某些基本原理,垄断企业的生存必须存在阻止潜在竞争对手进入这个产业的障碍,这些障碍往往包括法律障碍、规模经济及政府政策等。微软的Windows操作系统具有进入障碍是由于有大量可以在上面运行的应用软件。一旦Windows操作系统主导了操作系统市场,竞争对手要想进入就十分困难。如果编程人员还没有为新的操作系统编写许多应用软件,那么就很少会有人转向新的操作系统,即使它比Windows更好。另一方面,应用软件公司也会发现编写在很少有人使用的操作系统上运行的软件是不划算的。由于不能为用户提供许多应用软件,其他操作系统就不能有效地进行竞争。美国司法部称这种情况为"进入的应用软件障碍"。

使用最为广泛的一种应用软件是微软的办公软件Office,它是一组包括文字处理软件Word和工作表软件Excel的程序。那些不使用Windows操作系统的用户(比如他们使用Linux)也希望使用这类软件。但是微软的软件开发人员没有使Office适用于Linux的激励。编写适用于Linux的Office实际上很可能会使微软自己的Windows操作系统的销量下降。

杰克逊法官提出的解决办法是将微软拆分为两家不同的公司,一家控制Windows操作系统,另一家出售包括Office在内的微软的其他应用软件。这种拆分的合理性是基于经济学的一个核心思想——激励的重要性。杰克逊法官接受了司法部的观点:只有法庭改变了微软的激励,软件产业中的竞争程度才会增加。如果创立了一家新公司专门生产微软的应用软件,它的利润就不再仅仅依赖于Windows的销量,因为Windows由另一家公司生产。微软的应用软件可以通过帮助其他操作系统的成长来增加自己的销售量,因为它可以不再担心夺走Windows的市场。

当然,微软对“进入的应用软件障碍”保护其垄断势力的说法进行驳斥。该公司认为应用软件障碍很小或甚至不存在,因为许多应用软件企业都在为其他操作系统而不是Windows编写程序。微软声称,为数不多的一组应用软件就足以满足几乎所有计算机用户的需要——文字处理软件、图表软件、电子邮件程序和互联网浏览器——这一论断由套装软件诸如微软的Office或Lous Smart-Suite的广泛使用即可得到证实。微软认为,要开发能够成功地与微软进行竞争的操作系统,并不需要编写成百上千种与其相适应的应用软件,只需要几种就够了。

微软公司将杰克逊法官的判决向联邦上诉法院提起上诉,并且在2001年6月,上诉法院否决了杰克逊法官将该公司一分为二的判决。不过,上诉法院接受了杰克逊法官关于微软从事反竞争活动的裁决,并任命了一名新的法官审理此案,同时决定将对微软公司处以适当的惩罚。司法部与微软最终达成了和解协议。

微软案说明了即使在数字经济中,经济学原理同样可以指导政府反托拉斯政策。政府是否应该实施反托拉斯方案取决于对进入障碍的评价,即进入障碍是否在实际上显著地妨碍了竞争以及有关厂商是否利用其市场势力从事不公平的竞争。不管是在新经济产业还是在旧经济产业中,反托拉斯政策都旨在减少进入障碍以促进有利于消费者的竞争。

——资料来源:斯蒂格里兹、瓦什,《经济学(上册)》(第三版),中国人民大学出版社2005年版。

第三节　公共物品

公共物品也称为公用物品或共用物品,是具有极端正外部性的特殊产品或服务,它能使全社会都受益,因此也可以说公共物品是一种集体消费品,最典型的公共物品是国防,当然还有很多其他的公共物品,如公众医疗、治安保护、野生资源保护等。

一、公共物品的特征

我们通常根据两个特点来对经济中的物品进行分类,即物品是否具有排他性(Excludability)和竞争性(Rivalry)。排他性是指可以阻止某些人使用这些物品,比如商场里的商品,只有支付价格的消费者才能消费这些商品,而不支付价格的消费者无法获得这些商品;但有些物品并不具备排他性的特征,如城市里的道路无法排除任何人使用它。竞争性是指一个人使用了某种物品其他人就无法再使用该物品，如一个人吃冰激凌就排除了其他人再吃这一个冰激凌，但一个人在城市的道路上行走并不排除其他人同时在该道路上行走。

根据这两个特点可以将物品划分为四类，如图 9-14 所示。

	竞争性	非竞争性
非排他性	公有资源 如：海洋中的鱼	公共物品 如：国防
排他性	私人物品 如：冰激凌	公共设施 如：高速公路

图 9-14　物品的分类

从图 9-14 的分类可以看出，私人物品(Private Goods)同时具有排他性和竞争性的特征，如食用的饭菜水果、鞋帽衣服、飞机或火车座位等，要获得这些物品首先要支付，而且一个人使用就会减少其他人使用，或者说增加一个人的使用就要增加生产这一物品的边际成本，这样的物品可以通过市场机制达到有效的配置。公共物品(Public Goods)则同时具有非排他性(Non-excludability)和非竞争性(Non-rivalry)的特征，典型的公共物品如国防，任何人无需支付都可以获得国防的保护，而且增加一个人享受国防的保护并不会减少其他人享受的国防保护，或者说增加一个人的消费并不会增加政府提供国防的边际成本。

二、公共物品与市场失灵

从前一章的分析可知，高效率的生产水平必须满足边际成本等于边际收益这一条件。公共物品的非竞争性特征意味着边际成本等于零，那么边际收益也应该为零，即公共产品是免费提供的，这是公共物品的非排他性，显然这样的公共物品不可能由私人企业生产，无法通过市场机制来提供公共物品。即使公共物品具有排他性，可以阻止某些不付费的人使用公共物品，但这样做的结果只会减少社会福利，因为它减少了不付费或付不起费的人的满足程度，却不会因此增加别人的满足程度。可见，在公共物品这一领域，市场机制完全不起作用。

（一）公共物品的最优数量

一种产品的最优数量应该是需求和供给相等时候的均衡数量。虽然增加对公共物品的消费并不会增加其边际成本，但提供公共物品还存在着边际成本，因而我们可以根据提供公共物品的边际成本给出公共物品的供给曲线。但由于不存在市场价格,无法得到公共物品的需求曲线,在此用“支付意愿曲线(Willingness to Pay)”来表示公共物品在不同的数量水平上带给消费者的边际收益,转化为消费者愿为新增一个单位公共物品所支付的货币额。图 9-15 假设是某国居民对国防的支付意愿,将居民以收入的高低划分为三类,则对公共物品的总体支付意愿是将这三类居民的支付意愿加总。但与私人物品不同的是,三类居民的支付意愿并不是水平相加,而是垂直相加,因为公共物品的非竞争性特点,每个人消费的国防都是同一个国防数量,所以每类居民的消费量都与总量相等,对这个总量所愿意支付的加总即是整个社会的支付意愿,社会的支付意愿也就是公共物品对整个社会带来的边际收益。如图 9-15 所示,根据总的支付意愿曲线(边际收益曲线)和供给曲线就可得出公共物品的最优数量 Q_e。

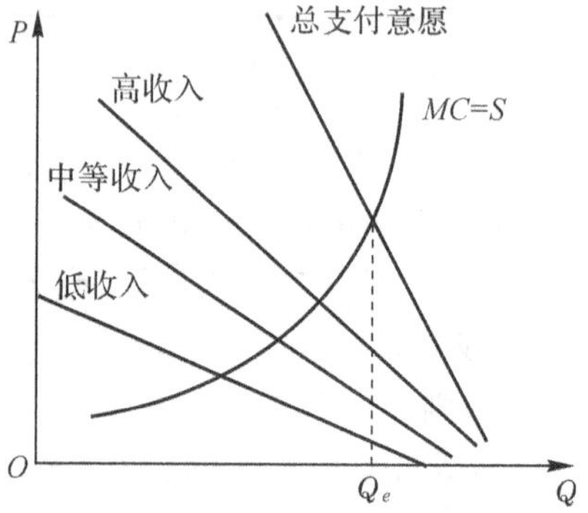

图 9-15　公共物品的最优数量

以上的分析只是一种理想化的假设,该分析中得出的公共物品的最优数量事实上是无法实现的。因为对公共物品的支付意愿曲线只是一种假设,无法具体描绘。单个消费者通常不是很清楚自己对公共物品的支付意愿,即使单个消费者清楚地了解自己对公共物品的支付意愿,他们也不会如实说出来,为了少支付或不支付价格,消费者通常会降低或隐瞒自己对公共物品的支付意愿。因此,总的支付意愿更是难以推导得出,也就无法根据供给曲线来得出公共物品的最优数量。

（二）公共物品的搭便车问题

前面对于支付意愿线的讨论只是一种假设,由于公共物品具有非排他性的特征,人们在消费公共物品时都想当“免费搭车者”,即不付费就可以享受到公共物品带来的利益。对于消费者来说,不支付就可以受益当然是最优的,因此,为了少支付价格或不支付价格,消费者通常会故意降低自己的支付意愿。如果无法得到消费者的真实支付意愿曲线，也就无法根据图 9-7 来得出公共物品的最优数量。以下以一个最简单的例子来说明搭便车问题。

假设要在一个居民居住区安装路灯，安装后每月的支出需要 2000 元，该居住区共有居民 5000 户，每户居民每月愿意为路灯支付 1 元，由于 5000 元的利益大于 2000 元的成本，在该小区安装路灯是有效率的。但市场能提供这种有效率的结果吗？我们设想一下让一家私人企业来提供该小区的路灯，但它在收费的时候肯定会遇到麻烦，由于路灯不具有排他性，很多小区的居民都会想到，即使不付费也能享受到路灯带来的利益，因此他们会尽量避免这种支付。最后这家私人企业也就无法提供该小区的路灯，市场的选择是无效率的。

三、对公共物品的干预

（一）政府直接提供公共物品

由于公共物品的非排他性和非竞争性的特征，其生产和消费问题不能由市场决策来解决，此时市场是失灵的。没有哪个私人企业愿意提供公共物品，但社会又需要公共物品，因此，公共物品必须由政府来提供。比如一个国家必不可少的国防、义务教育、基础设施等都得由政府来提供，但政府又是如何确定某种公共物品应该提供多少呢？

前面已提到个人对公共物品的支付意愿通常是很难获得的，在无法使用边际成本等于边际收益这一方法来决定公共物品的生产数量时，常用的一种方法是总成本—总收益分析。

总成本—总收益分析是对某公共投资项目预期收益的现值进行估计，然后同它预期所需支出的成本相比较，以求出该项目可能产生的全部收益与全部成本的比率，最后将各项目的效率加以比较，决定取舍，作出决策。成本估算中不仅要考虑私人成本，而且重点要考虑社会成本、外在成本；收益估算中还要考虑社会收益、外部收益。根据这种方法，在公共物品生产之前，应该先由专家对它的总成本和总收益进行评估，然后将成本和收益进行比较，如果收益大于成本，则说明该公共物品值得提供，反之，如果成本大于收益，则是亏损，此公共物品不值得提供。

假定政府正在考虑一个公共项目，如在城市中修建一条新的高架公路，为了决定要不要修这条高架公路，政府必须比较所有使用这条高架公路的人的总收益和这条高架公路的总成本，即估算该项目对于社会而言的总成本和总收益。但要分析修建一条高架公路的总收益和总成本也是个难题，因为所有的人都可免费使用高架公路，没有判断高架公路价值的价格，通常来说，那些要用高架公路的人倾向于夸大他们所得到的收益，而那些受到高架公路伤害的人（如高架公路旁的居民)则倾向于夸大这条高架公路将给他们带来的成本。因此,政府在评价是否应该提供某种公共物品时,成本—收益分析并没有提供任何价格信号,其结果也只是近似而已。

（二）公共物品的成本补偿

对于纯公共物品来说通常是免费提供的,即消费者不需要为该公共物品支付价格。但公共物品的生产或供给总是要花费成本的,这些成本支出必须要得到补偿,才能保证公共产品的提供。公共产品的成本补偿通常有三种形式。

1. 以税收形式补偿。对于像国防、环保、新闻、天气预报等纯公共物品,消费者都无需支付价格。这些公共物品从表面上看是免费的,而且是所有人共享的,但政府的支出可以通过征税的形式来获得提供这类公共物品的补偿,因此消费者实际上还是为公共物品进行了支付。

2. 以价格形式补偿。对于像邮电、交通、供水、供电等公共物品,它们不同于纯公共物品,虽然通常由政府或其公共部门提供,但具有一定的排他性和竞争性的特征,可以通过收取价格来进行成本补偿。比如由物价部门主持,通过价格听证会的方式确定水、电、煤气等的价格。

3. 补贴加收费形式的补偿。对于像教育、医疗等公共物品,在由政府管理的公共部门提供时,考虑到社会公平、政治安定等因素,往往采取部分由政府给予补贴、部分按较低的价格收费的成本补偿形式。

第四节　不完全信息

市场有效工作的结论是建立在消费者和生产者都对产品的特性、市场价格等具有完全信息的基础上的。信息不完全将导致市场的低效率。

完全竞争模型的一个重要假定是信息是完全的,或信息是免费的。每个人都有他所需要的全部信息,消费者完全了解他们所购买物品的价格、质量,也完全了解他们所出售的生产要素的价格。同样,企业也完全了解消费者的偏好及其竞争企业的产品与价格。完全信息的假定(以及其他一些关于完全竞争市场的假定)保证了帕累托最优状态的实现。

一、信息的不完全

但在现实世界中,信息是稀缺的,也不是免费的。比如人事部职员着力寻找潜在雇员,贷款职员努力发现潜在借款人违约的可能性,市场研究者努力发掘某种新产品的潜在市场;大型零售商的采购人员走遍全世界寻找他们的新供应商。无论我们拥有多少信息,与我们想要知道的相比都少得可怜。为了获得有关物品、劳务与资源的价格、数量和质量等信息，我们需要为之付出成本，该成本又称为信息成本（information cost）。但信息不同于普通的商品，人们在购买普通商品时，先要了解它的价值，看看值不值得买。但是，购买信息商品却无法做到这一点。人们之所以愿意出钱购买信息，是因为还不知道它，一旦知道了它，就没有人会愿意再为此进行支付。

二、信息的不对称

信息不仅是不完全的，而且不同的人拥有不同的信息，即信息的不对称，有俗语说，“买的没有卖的精”或“只有买错没有卖错”，都说明了卖方通常处于信息优势，而买方则处于信息劣势。比如二手汽车的卖主比买主更清楚车的毛病；工人总比他求职的企业更了解自己的长处和短处；借方比贷方更明白某些可能影响其还款能力的突发事件。对于一些复杂的产品，消费者更难判断购买这种产品的潜在收益和成本，如购买人寿保险的消费者很难弄明白各种复杂的保险单之间的差别，也无法了解它们真正的“价格”；对于需要专业知识的服务领域，比如医疗保健，消费者根本无法判断他们需要什么服务，更不用说服务的质量了，病人进了医院一切都只能由医生说了算。由于交易各方并不总是具有提供完全真实信息的激励，因而要使具有较多信息的一方令人信服地把他知道的信息传递给其他人可能相当困难。

信息的不完全、不对称会带来许多问题，在很多情况下，市场的价格机制并不能够解决或者至少是不能够有效地解决这些问题。不完全信息条件下带来的问题主要有：逆向选择和道德风险问题，委托—代理问题（对这些问题的分析参见第四、十两章）。

三、对不完全信息的干预

（一）提供信息

当信息不完全是导致市场失灵的原因时，政府可以通过提供信息来矫正市场失灵，比如政府获得的就业服务中心可以帮助那些寻找工作的人获得就业信息，也帮助企业更方便地找到它们所需要的劳动力，通过就业服务中心可以促使劳动力市场更有效地运转。又比如当消费者由于缺乏信息而受到假冒伪劣商品的蒙骗时，政府可以通过新闻媒体发布识别假冒伪劣商品的信息，一方面可以帮助消费者识别商品，另一方面也可以有效地制止假冒伪劣商品的生产。政府还可以提供价格、成本、就业、销售趋势等方面的统计数据，这些信息能使消费者更全面地了解市场，也能使企业的生产计划具有更大的确定性。

（二）有效的制度安排

对于由信息不对称产生的逆向选择问题可以通过有效的制度安排加以排除。在以上提到的旧车市场中，如果规定旧车出售者必须向购买者发送有关旧车质量的信息，包括提供旧车质量证明书、运行公里数及大修次数等，就不会产生逆向选择问题。或者还可以规定旧车的出售者必须负责一定时间的保修期，在此期间内出现质量问题由旧车的出售者负责一定比例的经济赔偿，也能抑制逆向选择的产生。

（三）制订适当的激励机制

对于一些信息不对称问题，政府无法向信息劣势一方提供更多的信息，这时可以通过制订适当的激励机制来进行调节，典型的信息不对称问题是委托—代理问题。当一个人（代理人）为另一个人或机构（委托人）工作，如果工作的成果同时取决于主观的努力和各种客观因素，而委托人无法完全区分这两种不同的因素时，就会产生代理人的“道德风险”，如偷懒或偷工减料等，这时就需要设计适当的激励机制。

以农场主（委托人）雇佣农民（代理人）进行耕种为例，其作物产量除了取决于农民的努力劳作以外，还取决于气候、肥料等的因素，农场主无法知道每个农民在工作中付出的真实劳动。在这种情况下通常可以采取激励机制以促使代理人努力工作。

1. 租金制。委托人将土地租给代理人耕种，农民能够获得除去固定租金后的所有产品，此时农民更愿意努力工作，因为努力工作也就意味着更多的收益。但租金制使代理人承担了由客观因素决定的产量波动的风险。如果农民是一个风险规避者，他就不一定愿意接受这样的报酬制度，或者他会要求降低租金，以较高的预期收益作为承担风险的补偿。

2. 计件工资。农场主在年底以农作物的产量来决定农民的工资，这样也可以促使农民努力工作，因为产量越高，农民的收益也就越高。但如果农作物产量受到自然灾害的影响，计件工资与代理人投入的劳动就不一定成正比，这样的工资计算与租金制一样，让代理人承担过多的风险。

3. 分成制。由上可知，当存在不对称信息时，要使代理人竭尽所能努力工作，就必须让报酬与产出相联系，但这样做就让代理人承担了过多的风险；而如果由委托人承担全部的风险，代理人获得固定的工资，则代理人又没有动力努力工作，而且委托人无法及时完全地发现代理人的偷懒行为，或监督成本很高，生产将是低效率的。所以让委托和代理双方共同承担风险是一种折中的激励机制，这就是分成制，按年产量对半开，各占二分之一，或者四六分成。代理人的报酬与产量直接相关，而产量波动的风险分摊在委托人和代理人之间。

本章小结

本章我们学习了市场失灵的表现及政府对市场失灵的干预，主要内容如下。

1. 市场失灵的概念，市场失灵就是指市场机制不能有效地配置资源。

2. 市场失灵的表现形式有外部性、垄断、公共物品及不完全信息等。外部性是指生产者或消费者的行为对社会上其他人的福利产生影响，却没有承担相应的成本或获得相应的收益。当经济行为存在外部性时，私人效率和社会效率不一致，导致市场失灵。针对外部性问题，政府可以采取税收、补贴、确定产权等干预方式。

3. 由于在垄断企业的最优产量上价格大于边际成本，故垄断是低效率的。针对垄断问题政府可以通过征收固定税来降低垄断企业的超额利润，或通过制定相应的法律来限制垄断行为，还可以通过管制价格，边际成本定价法使价格等于边际成本，充分成本定价法使价格等于平均成本。

4. 公共物品是同时具有非竞争性和非排他性的物品。没有市场价格公共物品无法由市场提供，必须由政府直接提供。政府在提供公共物品时要进行成本—收益的分析，以决定合理的公共物品数量。

5. 信息的不完全也会导致市场的失灵，常见的有逆向选择和道德风险等问题。针对信息不完全的问题，政府应该提供更多的信息或制订相应的激励机制。

思考与练习

一、名词解释

市场失灵　外部性　外部成本　外部收益　科斯定律　公共物品

非竞争性　非排他性　免费搭车者　逆向选择　道德风险

二、简答题

1. 外部性怎样会导致资源配置失效？

2. 公共物品有什么特点？公共物品为什么不能靠市场来提供？

3. 什么是不完全信息和不对称信息？

三、论述题

1. 政府解决外部经济问题的方法有哪些？解决外部经济只有依靠政府吗？

2. 你认为我国出现环境污染的原因是什么？应当如何解决？

3. 简要分析市场失灵的原因及其对策。

>>>>> 第十章

微观经济学前沿专题*

本章要点

本章对微观经济学的前沿专题理论进行了介绍，目的是让读者了解微观经济分析的一些新理论和新方法。这些理论有：企业理论，行为经济学的效用理论——预期理论，信息不对称条件下的逆向选择问题和道德风险问题以及拍卖理论。

学习目标

了解信息不对称条件下微观经济学的新理论和新方法。

第一节　企业理论

一、企业为什么存在的理论解释

（一）企业和市场：两种协调方式

企业是指能独立做出决策的经营单位，它可以独立地决定生产什么、如何生产以及为谁生产等问题，其决策主要以市场情况作为依据和基础。

市场交易或价格调节只是人类经济活动的一种组织形式。交易还可以通过其他的组织形式来完成，企业就是这样一种组织形式。同一笔交易，可以通过市场完成，也可以在企业内部完成，例如，有些企业产品制造所需的零配件可以通过向其他企业购买零配件，也可以在本企业内部自己生产完成。在市场上，交换双方是平等的，决策是分散的，信息由价格来传递；在企业内部，交换双方是上下级关系，决策是集中的，信息通过指令和汇报传递。

同样的市场结果，为什么会存在通过市场交易和内部指令两种方式来完成，或者说，每个企业或每个人都进入市场讨价还价，反复地进行交易谈判，应该更符合经济人的自由意志，为什么一定要组建企业，并且把本来可以自由进行的市场交易行为转化为企业内部的非交易行为？企业的本质究竟是什么？

美国经济学家科斯《企业的性质》一文为寻找这一问题的答案给出了独特的见解，他认为：市场与企业是两种不同的资源配置和协调机制，两种协调机制在一定程度上可以相互替代，替代的原因在于企业可以节省市场机制下的交易成本。它们之间的不同表现在于：在市场上，资源的配置是由非人格化的价格来调节的，而在企业内部，相同的工作则通过权威关系来完成。两种资源配置方式都要支付交易成本，如果不是通过市场机制，而是通过一个组织并利用该组织的权威来配置资源，且这种配置方式比市场机制配置资源更能节约交易成本时，企业就将产生。

然而，企业对于市场机制的替代是有成本的，例如管理企业需要支付管理成本，管理人员对市场的决策失误可能带来决策成本。另外，由于信息不完备和经济主体具有机会主义倾向，企业内部需要计量、监督和激励，也都会发生相应成本。随着企业扩大，等级组织变得复杂，企业在信息处理、监督和激励方面困难越来越大，组织监督成本也就越来越高。企业规模扩大会节省市场交易成本，但是它本身又会带来企业组织成本增加。从理论上看，当最后一笔交易在企业内完成的组织成本增加量与在市场上完成的交易成本增加量相等时，企业达到了最优规模。

由此可见，科斯把企业的起源和规模扩张的原因归于节约市场交易成本，并认为企业的本质是作为价格机制的替代物，是一种经济协调组织。这是对传统新古典经济学的突破，因为传统新古典经济学一直把企业看成是一个基本的生产单位，看成是一个“黑箱”，对企业的本质及其内容从来不去探讨。

通过交易成本这一突破性概念，可以将市场和企业两种资源配置机制连接起来，两种机制各有其优势。

市场的优势在于：在市场上购买中间产品，由于大量的企业从一个供应商那里买货，这就有利于该供应商实现生产上的规模经济和降低成本。而且，中间产品供应商之间的市场竞争压力，也迫使供应商们努力降低生产成本。另外，当单个供应商面对众多的中间产品的需求时，单位供应商可以避免由于单位企业的需求不稳定所可能带来的损失，以利于在总体上保持稳定的销售量。

企业的优势在于：第一，企业可以减少交易成本，企业在市场购买中间产品是需要花费交易成本的，如果企业能够在自己内部生产一部分中间产品，就可以消除或降低一部分交易成本，并且产品质量可以得到相应的保证；第二，是专门化设备投资和生产的需要，如果单个企业所需要的是某种特殊类型的专门化设备，则供应商不太愿意进行仅有一个买主的专门化设备的投资和生产，这种投资的风险太大，这就需要企业内部解决专门化设备的生产问题；第三，企业雇佣一些具有专项技能的雇员，并建立长期的契约关系，这比从其他企业那里购买相应的服务更有利，因为这可减少相应的交易成本。

（二）企业与市场：两种合约关系

市场是人们在经济活动中形成的一种竞争与合作关系，即互相独立的利益主体之间自愿交换关系，价格机制通过交换系统来实现对社会经济活动的调节和资源配置功能。独立主体在交换过程中实现的各自利益，必然需要通过各种合约来界定，因而市场经济是一种合约经济，或者说市场是有关产品和劳务交换的契约。

现代企业理论认为，企业也是一种契约组合，它代表个人之间交易产权的一种形式。依据前面讨论，企业能够节约交易成本，是因为在企业内部不需要每天发生市场主体之间交易，组合在企业内的各个生产要素，不必每天签订一系列买卖合约，因而原来由于签订执行和这些市场合约的费用被节约了。然而，企业并不是以一个非市场合约代替市场价格机制，而是以另一类契约取代市场契约的结果。企业契约的特点在于，生产要素为获得一定报酬同意在一定限度内服从企业家指挥，它限定了企业家的权力范围。在通过契约实现交换关系意义上，企业与市场有共同属性，然而，企业所代表的契约有两方面相互联系的重要特点。

首先，企业和市场契约的对象内容不同。市场是涉及产品交易的契约，而企业则是涉及要素交易的契约，因而，企业代替市场实际是用要素市场合约代替产品市场合约。要素交易契约必然涉及人力资本的交易，因而，企业是财务资本与人力资本结合的产物。

其次，企业和市场契约的完备性程度不同。一个具有完备性的契约，指契约准确描述了与交易有关的所有未来可能出现的状态，以及每种状态下契约各方的权利和责任。如果一个契约不能准确地描述与交易有关的所有未来可能出现的状态以及每种状态下的权利和责任，这个契约就是不完备契约。

虽然不存在绝对完备的契约，但是相对而言，市场契约比较完备，有关企业的合约则通常是不完备契约。企业契约不完备意味着，当不同类资源所有者组建企业时，每个参与人在什么情况下干什么，得到什么，并没有完全明确地说明。比如说，劳动合同规定了工人上下班时间和每月工资水平，但是没有说明工人每天在什么地方做什么具体工作。

企业契约不完备性与企业契约涉及的人力资本交易存在深刻联系。人力资本的产权特性，使其在直接利用这些资源时无法采用"事先全部讲清楚"的完备合约模式。在利用工人劳动的场合，即使是那种简单到可以把全部细节在事前交代清楚的工作，执行劳务合同时仍然可能出现问题，因此，企业合约不同于一般市场合约，关键在于企业合约中包含了劳务要素的利用。

（三）企业制度

历史和现实表明，企业制度存在三种基本类型和形态：业主制、合伙制和公司制。

业主制，建立在一家一户私有财产基础上，特点是企业家与经理人力资本合二为一，业主直接经营，享有全部经营所得，并对企业一切债务负有无限责任。业主制一般结构简单，决策简便，经营灵活，权责明确；缺点是财力有限，规模较小，企业的生命基本上取决于业主的个体状况。

合伙制是两个或两个以上业主的个体财产为基础建立起来的企业，是若干业主的简单相加。每个人都同意提供一部分工作和资本，分离一定比例的利润，分摊一定的亏损和债务。合伙制有三个重要特点：第一，每个业主对企业的债务负无限责任；第二，业主之间拥有互为代理权，即每个人都能签署对所有其他合伙人具有法律约束力的合约；第三，有限期的合伙关系，即出现某位合伙人死亡、破产、被驱逐或退出情况时，合伙关系自动解体。

公司制指的是合法拥有一个企业的契约性机构，它的资本来自投资者，并由若干董事和经理阶层经营。现代公司制有三个基本特点。第一，法人地位。它意味着一个公司可以用它自己的名义起诉和应诉，而不必以个人名义起诉和应诉。第二，无限期。不同于合伙制企业有限期性质，公司创立人可以在公司建立条款中规定无限期，即无论公司的投资者如何变化，公司将继续存在。当然，无限期规定并不能保证实际生活中每个公司制将永远存在。第三，有限责任。公司仅仅以它注资建立的资本财产为基础并对它运营过程中可能带来的损失承担责任，不必以投资人所有财产负无限责任。因此，公司是一个和股东截然不同的实体，即它以公司名义承担合同债务，而不是由股东个人承担债务。

二、企业内部关系分析：委托—代理关系

（一）委托—代理问题的产生

企业是一个抽象体，它由企业所有者、经理、工人等组成。那么所谓厂商追求利润最大化问题，究竟是这个抽象体中的谁在追求利润最大化？一旦企业偏离了利润最大化目标，就不可能达到社会范围内资源的有效配置，当代美国经济学家莱宾斯坦（Leibenstein）所提出的“X—非效率”问题主要表现在厂商没有达到最优化的目标，所谓“X—非效率”是指厂商在给定资源下所生产的实际产量低于它能够达到的最大产量。产生“X—非效率”的重要原因之一就是厂商内部各微观经济行为主体并没有按照利润最大化的目标行事。

之所以在厂商内部产生各经济行为主体之间的目标差异，原因在于企业内

部存在委托—代理问题。利润为资本所得,利润最大化是资本所有者或者说是企业财产所有者的目标。企业内部存在委托—代理关系,企业所有者是委托人,企业的雇员包括经理与工人都是代理人,委托人利润最大目标需要通过代理人的行为体现。但是委托人的目标并非就是代理人的目标,代理人有代理人的目标,比如,经理可能追求企业规模的扩张以扩大自己对企业的控制力。由于企业所有者与经理、工人所追求的目标不同,并且他们所掌握的信息不对称,因而产生了委托人—代理人问题。根本原因在于以下几方面。

1. 委托人与代理人目标不一致。对于所有者而言,其动机在于获取较大的资产收益,因此,追求利润最大化是股东的行为目标。而对代理人来说,其行为动机是多元的,除了获取个人经济收入的动机外,还包括提高自己社会地位的动机、扩大调动资源权力的动机以及实现自我价值的动机。代理人行为动机的多元化,决定了其行为目标多元化,他不仅有经济收入目标,还有名誉、地位及权势等目标,因此,代理人完全可能用其个人目标代替股东利润最大化目标,损害所有者利益。

2. 信息存在非对称性。股东所掌握的经营信息远少于经营者,因而委托人想完全监督代理人是不可能的,委托人难以准确判断代理人是否尽最大努力增加股东利益。代理人就可以利用这种信息非对称性采取机会主义行为,损害所有者利益。

3. 存在委托人和代理人责任不对称的问题。代理人掌握着企业的生产经营管理权,却对企业的盈亏不负责任,而委托人失去了对企业的生产经营管理权,却最终要对企业的盈亏负责任。这种责任上的不对称,极大地弱化了对代理人的制约,使代理人可能不认真决策和不努力工作,由此产生委托—代理问题。

(二)形成委托—代理关系的基本条件

委托人—代理人问题是由于委托人不能确知代理人的行为而产生的问题,构成委托—代理关系应具备以下五个基本条件。

1. 委托人与代理人双方一般具有谈判、订立契约的行为能力。委托—代理关系是一种契约关系。委托人与代理人之间有一个显性或隐性的契约,该契约规定委托人与代理人的权、责、利界限以及某一可立约指标之间的函数的关系。委托人必须具备的第一个条件是能够作为契约的一方来谈判、签约并履行契约中的有关规定。如果委托人不具备谈判、立约与履约的能力,就不能作为名副其实的委托人,因而也难以实现其财产的保值、增值。同时,代理人也必须具备谈判、签约与履约的行为能力,他必须能够同委托人讨价还价,并在许多可供选择的契约中选择一项预定行为,既能满足自身利益的要求,又能尽量满足委托人利润最大化的要求。

2. 委托人必须是财富的所有者或财富的代表者，他必须具有付酬能力，拥有规定付酬方式和付酬能力以及付酬数量的权力。只有如此，委托人才能真正关心财富的增减。所以，拥有财富是成为委托人的必备条件。

3. 代理人必须具有信息优势。由于代理人所拥有的私人信息比委托人更多，代理人更了解市场行情，更熟悉企业的经营管理，所以，他代理委托人经营比委托人自已经营企业，更能带来经营效率的提高和财富的增长，否则，就没有必要发生委托—代理关系。

4. 委托代理双方都面临市场不确定性风险。而且他们之间掌握的信息是非对称性的：一方面，委托人不能直接观察代理人的具体操作行为；另一方面，代理人不能完全控制委托人选择行为后的最终结果。正因为如此，委托人不能完全根据对代理人的观察结果来判断代理人的绩效。所以，在委托人建立和维护委托—代理关系的过程中，如何确立委托代理双方都有利的合同，是委托—代理关系的核心内容。

5. 委托代理双方在其中一方违反合约时，可自由退出其契约关系。如果委托人或代理人都不能退出合约，而是被合约“锁定”，那么这种委托—代理关系是封闭性的，缺乏效率的。换句话说，不存在有效的退出机制的委托—代理关系，就不是规范的、高效的经济代理关系，而是非规范的、非效率的非经济代理关系。

（三）委托—代理关系的特征

1. 委托—代理关系首先是一种经济利益关系。

委托人先确定一种报酬机制，激励代理人尽心尽责、努力实现委托人利润最大化目标；代理人据此选择自已的努力行为，以求自身效用最大化。尽管委托人与代理人目标函数是不一致的，但是他们都是利益最大化的追求者。按照亚当·斯密的解释，他们都是“经济人”，因此，他们之间的关系表现为利益关系。

2. 委托—代理关系也是一种契约关系。

委托人与代理人之间绝不是一种普通的合作关系，而是一种经济契约关系。不管这种契约是显性契约还是隐性契约，它们都规定着委托人和代理人的权利和职责。显性契约是指有书面协议或法律协议的合约，它严格规定了委托人与代理人之间的协作关系和利益关系。隐性契约是约定俗成的一些规则，包括成文与不成文的各种惯例。隐性契约一般都具有长期性，但不一定具有严格的法律效力。

3. 委托—代理关系契约是不完备的。

完备契约，是指合约面面俱到地规定当事人之间的权利义务以及未来可能出现的情况。从人们的良好愿望出发，当然是契约越完备越好。然而，由于对将来预期的不完备性以及人们知识的有限性，契约不可能是完备的。此外，以下因素也会导致人们不可能事前签订一份完备的合约。

(1)合同内容是相对静止的,而跟合同相关内容的利益关系则是不断变动的,有些事情不可能完全预测到,如自然灾害、技术变动等;有些契约规定的事情会随着时间的推移而变化,因此,人们事前不可能对合同相关的所有内容以及利益关系进行完全的约定,签订一份完备的合同即便是可能的,也会产生十分高昂的交易成本,因此,人们可能会理性地选择放弃签订一份完备的合同。

(2)在履约过程中,由于双方信息不对称,其中一方可能欺骗另一方,这样也会使本来显得完备的契约变得不完备。

(3)企业本身就是一个契约组织,因此,如果契约可以做到完备化,那么企业本身就将不会存在,市场将可以完全取代企业,即,在这种状态下,交易成本为零,代理成本就不存在,也就不存在委托—代理关系。

4. 委托—代理关系契约的可操作性。

任何委托—代理关系契约,都必须具有可操作性,这样代理人才可能依照委托人的意愿行事。要满足契约可操作性要求,一方面应在契约中尽量将内容规定得简单、明了、具体、现实、易于履约和监督。另一方面,委托人与代理人可以在讨价还价中达成契约,这便于代理契约的顺利执行。

(四) 建立有效的激励与约束机制

解决委托人—代理人问题最有效的办法是实施一种最优合约,最优合约是委托人花费最低限度的成本而使得代理人采取最有效率的行动实现委托人目标的合约。如果委托人能够无成本地监督代理人的行动,并且代理人不需要承担收入的风险,则最优合约可以实现。由于委托人与代理人所掌握的信息是不对称的,而且监督行为不是无成本的,因此,最优合约很难实现。

在最优合约不能实现的情况下,委托人如何设计出一个代理人能够接受的契约促使代理人采取适当选择,使代理人在追求自身效用最大化的同时,最大限度地增进委托人的利益。因此,委托人只能采取次优合约对代理人加以监督和约束,这种次优合约是一种利益共享、风险共担合约。这种合约是在一定的约束下寻求委托人期望利润最大的合约。这些约束主要有三条。

第一,该合约应该使代理人为委托人工作所得到的效用至少与他从其他最佳的工作所获得的效用一样。

第二,该合约应该使代理人的努力程度与委托人对其所希望的努力程度保持一致,因此需要委托人对代理人的努力给予补偿。

第三,在代理人执行这个契约之后,委托人所获得利润最大化,采用其他契约都不能使委托人的利润所得超过或等于执行该契约的所得。

对于委托人来说,只有使代理人自身效用最大化,才能最大限度地实现委托人自己的利益，但是，要使代理人做出最大的努力，必须对其工作给予有效的激励和监督，这样，委托人与代理人之间的利益协调问题，就转化为激励约束机制的设计问题，就是委托人设计一套信息激励机制。一个有效的激励机制应该能够使所有者与经营者利益共享，使代理人在谋求自身利益最大化的同时，保证企业的长远发展。因此，在设计经营者的报酬结构上必须考虑以下基本因素。

第一，由于所有者与经营者之间的信息不对称，对经营者工作努力的评价要有一个容易衡量的客观标准，这就要求代理人的报酬必须与代理人努力工作的结果有关。

第二，由于企业的经营成果不仅取决于代理人的工作努力程度，而且还受到代理人所难以控制的外部因素的影响，因此，单纯的以经营成果来评价代理人的努力程度可能会使代理人所面临的风险程度增加，进而降低其努力工作的程度，如果风险超过了代理人所能承受的程度，代理人就会辞职离开企业。

第三，代理人的报酬不仅取决于企业的利润，而且还与企业长远发展有关。

考虑上述三个方面的基本因素，可以通过合理的激励机制来解决。虽然激励代理人努力工作是要花费成本的，但是，只要委托人所选择的导致代理人努力工作的次优合约的成本小于委托人所选择的导致代理人采取最有效行动的最优合约所产生的成本，委托人就应该选择次优合约。下面我们就分别运用次优合约的理论讨论企业所有者对经理人员的激励与经理对于工人的激励。

1. 企业所有者对于经理人员的激励。

一般而言，企业外部的竞争，如企业间的收购或兼并、经理市场的建立，以及企业内部的约束，如董事会的监督、股东抛出股票的威胁会对企业的经理造成一种压力，但调动经理内在的积极性，使他主动为实现企业利润最大化作出努力，才是解决委托人—代理人问题的关键。要解决这一问题，企业所有者必须使经理从他努力工作所获得的成果中得到好处。具体地讲，企业所有者可以企业利润分配上采取某些有效的措施调动经理的积极性，可以考虑以下两种常见的方法：一是根据企业赢利情况给经理发奖金，二是让经理参与利润分享。

首先来分析企业所有者如何通过奖金形式促使经理努力工作。经理的努力程度是影响企业赢利的重要因素，但不是唯一的因素，偶发事件也会影响企业的赢利。为了简化，我们把企业的赢利情况概括为受两种因素影响：一种是经理的努力程度，另一种是偶发事件。把经理的努力程度简单地分为尽力与不尽力；把偶发事件分为发生与不发生，发生的概率为 p 与不发生的概率 q 各为 0.5。在这些假定下我们得到企业赢利的情况表。

表 10-1　企业赢利情况

	偶发事件发生(p=0.5)	偶发事件不发生(q=0.5)	期望利润
尽力	60000 元	100000 元	80000 元
不尽力	100000 元	500000 元	300000 元

如果经理不尽力工作,他无须付出额外的代价。如果他尽力工作,则需要付出额外代价,例如在别处兼职的收入、体力与精力消耗的补偿等。假定他额外付出的代价为 20000 元。如果在年终至少要使经理获得 30000 元的奖金才能使经理尽力工作,那么,企业的所有者可采取下列奖励的办法既能使经理努力工作,又能使企业的所有者获得较高的利润。对于经理而言,如果他不尽力,一分奖金也没有。如果他尽力工作,虽然在发生偶发事件的情况下他也拿不到奖金,但是在不发生偶发事件的情况下,他可以得到 110000 元的奖金,综合偶发事件发生与不发生两种情况,其奖金的期望值是 55000 元,从中减去因尽力工作而额外花费的 20000 元代价,经理还剩 35000 元期望金额,超过促使经理努力工作所需要的 30000 元数额。对于企业所有者而言,采取这种奖励办法,他可以获得 300000 元的期望利润,其净利润是 245000 元。

企业所有者也可以同经理采取利润分享的方式调动经理的积极性。可以采取下列利润分享方案。在利润的期望值超出 80000 元的情况下,经理分享的利润份额 B 为:

$$B=0.25(\pi-80000)$$

其中,π 为期望赢利额,很明显,在经理尽力工作的情况下,这种利润分享方案与发放奖金的方案产生相同的结果,该分享方案中,分享系数为 0.25。

2. 企业所有者对于工人的激励。

企业所有者对工人激励的与企业所有者对于经理人员的激励相类似。通常企业有多种方式支付工人的报酬。其中一种最基本的方式是支付给工人固定的报酬,而不管工人的产出水平如何。另一种基本方式是按工人产出量给工人报酬。第一种报酬方式的弊端是由于工人不承担风险,因此工人有可能偷懒,从而使企业受损失。第二种报酬方式的弊端是有可能使工人承担不应该由他承担的风险,因为产出水平并不完全由工人控制。工人产出水平高低一方面与工人努力程度有关,同时还受外部和内部因素影响(如机器运转状态、其他人配合状况)。

为了使工人努力工作,所有者人员需要设计一种相对而言成本不高而又有效的激励方式促使工人努力工作,一种有效的激励措施是满足具有以上两个重要约束条件的次优合约。具体而言,促使工人实现委托人目标的激励方式需要满足这样两个约束条件:一个是参与约束,另一个是激励相容约束。

根据前面所述可知,委托人—代理人关系中最主要的问题,是在委托人只有不完全信息的情况下,如何使代理人采取有利于委托人的行为。不完全信息委托人—代理人关系中,由于委托人无法完全掌握代理人的工作情况,因此不能直接根据代理人的努力程度给予相应的报酬,无法设计出强制代理人选择委托人利益最大化所要求的努力水平的机制。因此,参与约束和激励相容约束都是非常重要的。

专栏 10-1　　不完善的激励政策

一家软件公司经理想要更快地发现和杀灭软件病毒。他设计了一项激励计划,鼓励病毒检验人员,每发现一种病毒就奖励 20 元;而对于程序人员,每杀灭一种病毒也付给 20 元。由于杀灭病毒的程序员同样也是制造病毒的人,他们对这一激励计划的反应就是在软件中制造更多的病毒。这一计划只推出一个星期就被迫取消了,而在这一星期中,有的职员已经净赚了 1700 元的奖金了。

第二节　行为经济学

一、概述

行为经济学(behavioral economics)又称为"心理学的经济学"或"心理学和经济学",就是在心理学的基础上研究经济行为和经济现象的经济学分支学科,早在 20 世纪 50 年代就有学者开始研究行为经济学,但早期的研究比较零散。直到 20 世纪 70 年代,才由卡尼曼(Kahneman)与特沃斯基(Tversky)对这一领域进行了广泛而系统的研究。行为经济学强调,人们的行为不仅受到利益的驱使,而且还受到多种心理因素的影响。心理学的实验结果发现,在一些情况下人的决策与经济学的理性假定有系统性偏差。行为经济学(包括行为金融学,behavioral finance)结合经济学和心理学,吸收现代心理学中的经验证据,修改经济学中某些有关人的理性的基本假定。它研究在这种修改后的理性的条件下市场中人的经济行为,由此得出很多与已有的理论不同的结论,并能够解释一些令人困惑的经济现象。行为经济学之所以正在逐渐被主流经济学接受,也正是因为它运用现代经济学的基本分析方法,并且将通常的理性假设的情况包含在其中。通常的理性假设在某些情况下是合适的,而在另一些情况下,修改后的理性假设下的理论更能解释现实。卡尼曼因为其“将来自心理研究领域的综合洞察力应用在了经济学当中，尤其是在不确定情况下的人为判断和决策方面做出了突出贡献”，被授予了2002年度诺贝尔经济学奖。行为经济学的兴起与蓬勃发展标志着经济学家对经济生活中的心理效应的认识实现了深化和发展。

二、预期理论

在20世纪中叶，心理学本身发生了重大变化，人的心理活动被当作完整的认知过程来理解，大脑被视为信息处理器，而不再是刺激反应器，这样，大脑本身也有一个活动秩序问题，这一问题和行为的理性又紧密关联。正因为心理学的快速进展使得心理学家得以重新检验新古典效用理论的理性假定。行为经济学的这一新的决策理论框架是由卡尼曼和特维斯基在1979年发表的《预期理论》（*Prospect Theory*，也有译为前景理论）中奠定的。在这篇经典论文中，他们全面反驳了新古典期望效用理论的构造基础，后续的研究均是以此为基础展开的。按照预期理论，新古典经济学的消费者选择理论有两个致命弱点：一是它假定程序不变，即不同期望的偏好独立于判断和评价偏好的方法和程序；二是假定描述不变，即不同期望的偏好纯粹是相应期望后果的概率分布的函数，不依赖对这些给定分布的描述。但是，卡尼曼和特维斯基等人经过广泛的实验研究发现，决策程序以及决策对象或环境的描述本身的确影响到当事人的偏好，偏好既不满足完备性假定，也不满足传递性假定，比如当事人决策时出现损失厌恶、框架效应、偏好逆转、后悔厌恶、过度信心、从众、攀比、炫耀、成瘾等。

大量的实验发现决策个人的效用不是财产存量的函数，而是财产变化量的函数。而且，个人往往在收益时表现出风险规避，而在损失时呈现出风险偏好，这样效用函数对于预期而言显示出“S”形，如图8-4所示。较多的文献将此效用函数形式称为价值函数，并分析了价值函数与标准效用函数相比存在的特点。第一，参照点W_0的存在。投资者价值函数的自变量是投资者的损失或收益而不是财富或消费的绝对水平，因此投资者判断损益的标准是基于一个参照点的，是按未来事件带来的结果与参照点的偏离幅度及方向来评估的。参照点可以是当事人当前的财富水平，也可以是决策人期望的财富水平，参照点取决于投资者的主观感觉或心理价位，并因人而异。第二，价值函数的形式是一条中间有拐点的“S”形曲线。当其结果W大于W_0，则价值函数曲线为凹函数；当结果W小于W_0，则价值函数曲线为凸函数。这意味着，投资者的风险偏好不是一致的，即当投资者处于赢利状态时，投资者是风险规避者，愿意较早卖出股票以锁定利润；当投资者处于亏损状态时，投资者是风险偏好者，愿意继续持有股票。第三，价值函数呈不对称性，投资者由于亏损导致的感觉上的不快乐程度大于相同数量的赢利所带来的快乐程度,投资者对损失更为敏感。

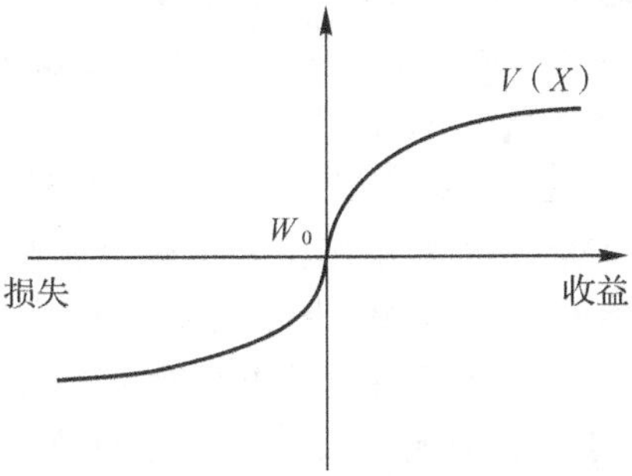

图 10-1 预期理论的效用函数

总的来说,大多数行为经济学家承认其研究是对新古典经济学的改进或修正,而不是革命,行为经济学的宗旨是让经济学更现实,更具解释力。行为经济学批评新古典经济学脱离实际,忽视当事人现实的决策模式,从而无法有效解释经济现象。但这不等于说行为经济学是对新古典经济学的替代范式,至少现在还不具备这种革命性影响。但要指出的是,行为经济学并不全盘否定新古典经济学,因为新古典经济学通过效用最大化、均衡和效率建立了较完整的经济和非经济行为分析理论框架,并使得这种分析能够进行实证,这使得新古典经济学的分析仍然是有用的。

专栏 10-2　卡尼曼和特维斯基的价值函数

卡尼曼和特维斯基的价值函数其实包含了两个方面的内容。一是人们对待收益和损失是不对称的,在决策中赋予后者更多的权重。二是先单独评估各个事件,然后再将单独的值加起来。第一个方面并不必然包含非理性行为,因为损失带来的痛苦比起相同数量的收益带来的幸福对一个人的感受要强烈得多。经常显得不理性的是第二个方面,单独评估每一事件,而非考虑它们的综合效应。

这是综合考虑一系列事件的关键问题。如果有人指出 A 和 B 事件的净效应是使得总财富增加 200 元,那么他很有可能会同意让事件发生。作为一个整体,很明显会改进当前的状况,但问题是在实际决策中,单独考虑各个事件似乎更普遍一些。有这样一个案例可以说明这一点。例如,有一家公司对其员工实行新的医疗保险计划。旧的计划是全部报销医疗费用,并且保费是每个家庭每年 500 元。新的计划的特点是有一个200元的扣除条款——人们必须支付其每年医疗费用的前200元部分，但达到200元后，剩下的全部由保险支付。新保费是每个家庭每年250元，是旧的计划的一半。雇员可以选择继续采用旧的计划，也可以转移到新的计划。

通过理性选择来看，新的计划是优于旧的计划。250元保费的节省可以补偿未来200元的扣除条款。医疗费用每年低于200元的家庭在新的计划下要更好。尽管如此，许多雇员很顽固的继续采用旧的计划。那是因为人们会将250元保费的节省和未来200元的额外医疗费用作为两个单独的事件来处理，正是由于人们将收益和损失分开计量，所以很多雇员仍然拒绝转移到新的计划。

——资料来源：罗伯特·H.弗兰克，《微观经济学》（第五版），中国财政经济出版社2005年版，第231页。

第三节　不对称信息理论

在前面章节中所论述的市场，包括商品市场和要素市场，都是假定市场参与者掌握的信息是完全的、对称的。但在现实生活中，更多的市场参与者掌握的信息是不完全的、非对称的。因此本节讨论了不完全信息市场的情况，主要围绕着逆向选择和道德风险两个问题展开的。

近三十年来，经济学对于信息分析和信息不对称问题的研究，获得了突破性的进展。2001年的诺贝尔经济学奖就是授予给阿克洛夫、斯宾塞和斯蒂格利茨三位美国经济学家，以表彰他们为信息经济学作出了奠基性和开创性的贡献。他们的研究发现：不对称信息对市场运行有很大的影响，许多不好理解的经济现象都可以用不对称信息来解释。他们的研究使得经济学家对实际经济运行机制的理解有了根本的改进。这表现在以下两方面。第一，经济学的传统理论认为市场这只"看不见的手"通过价格调整使供给等于需求，这在通常情况下可以达到有效率的资源配置。但是他们发现在买卖双方信息不对称的情况下，仅仅通过价格有时无法达到有效率的资源配置。第二，他们还发现，在这种情况下买卖双方会作出各种经济决策的调整，以提高效率，从而使双方受益。

不对称信息（asymmetric information）是指某些参与人拥有但另一些参与人不拥有的信息，即在市场上买方和卖方所掌握的信息不对称。在商品市场和要素市场上，卖方掌握的信息一般多于买方，优于买方。如打印机的卖者比买者更了解商品的性能，劳动力的卖者比买者更了解劳动力的生产率。但在保险信用市场，卖者的信息反而不如买者。如医疗保险的购买者显然比保险公司更了解自己的健康状况，信用卡的购买者比金融机构更了解自己的信用状况。信息不对称问题的存在会产生逆向选择问题和道德风险问题。从信息不对称发生的时间来看，可以分为：当事人签约之前（ex ante），也可以发生在签约之后（ex post），被称为事前不对称和事后不对称。研究事前不对称的信息博弈模型称为逆向选择（adverse selection）模型，研究事后不对称的信息博弈模型被称为道德风险（moral hazard）模型。“逆向选择”和“道德风险”的概念都是经济学家阿罗从保险业的研究中引申而来。此外从不对称信息的内容来看，可以分为：参与人的行动（action）和参与人的信息（information）或知识（knowledge）。研究不可观测行动的模型被称为隐藏行动（hidden action）模型；研究不可观测信息的模型称为隐藏信息（hidden information）模型或隐藏知识（hidden knowledge）模型。根据上述两类划分，可以将模型进行归类，基本情况如表 10-2。

表 10-2　基本模型归类

	隐藏行动	隐藏信息
签约之前		逆向选择模型 信号传递模型 信息甄别模型
签约之后	隐藏行动的道德风险模型	隐藏信息的道德风险模型

一、逆向选择

阿克洛夫 1970 年的论文《柠檬市场：质量的不确定与市场机制》研究了旧车市场的信息不对称问题，并得出了逆向选择的有关结论。在旧车市场上，卖者知道车的质量，而买者不知，只愿按平均质量出中等价格，这样高于中等价格的上等旧车就可能会退出市场，买者会继续降低估价，次上等车又会退出市场，最后的结果必定是：市场成了破烂车的市场。在美国俚语中，“柠檬”俗称“次品”，因而此种情况称为“柠檬市场”。逆向选择理论给人们提供了不同的理解市场的路径和方法，由此改变了许多之前被认为是“常识”的结论，使市场有效性理念受到了重创。旧车市场模型具有普遍的经济学分析价值，可以延伸到所有市场，信息不对称会形成“劣币驱逐良币”的效应，甚至导致市场瘫痪。

在保险市场上遭受损失可能性比较大的是劣等客户，遭受损失较小的是优等客户。保险公司无法区分两类客户，只能按平均水平收取费用，这导致了优等客户补贴了劣等客户。显然劣等客户乐见其成，而优等客户将会拒绝，于是一些优等客户选择退出交易，保险公司面临整体风险的提高，必然会提高保费。循环往复的结果是优等客户完全退出市场，即劣等客户驱逐优等客户的情况，保险市场规模萎缩。同样当一些信誉低的保险公司急需资金或无视履行保险合同责任的时候,会用极低的保费来吸引投保人。由于信息不对称,投保人只看到低保费而不知道公司的真实情况,信誉好的保险公司在竞争中处于劣势并逐渐被挤出市场。

斯宾塞和斯蒂格利茨分别建立了信号传递(signaling)和信息甄别(screening)模型来解决逆向选择问题。斯宾塞在论文《劳动力市场信号》中论证了信号传递模型,该模型研究了用教育投资的程度作为一种传递信息的工具。他认为某个具有较强能力的个人能以较低的成本获得学历证书,而能力低的人要以较高的成本获得同样证书。所以学历对较高能力的劳动者显示了自身能力的信号,具有重要作用。信号传递模型具有普遍的经济学意义,涵盖了诸多的经济行为和现象,如作为产品质量信号的广告和质量担保,作为讨价还价能力信号的工资拖延支付策略,作为赢利能力信号的用债务而不是增发新股的融资手段,以及作为降低高通货膨胀的强硬许诺信号的紧缩性货币政策等。斯蒂格利茨在一篇与罗斯查尔德合著的经典论文《竞争性保险市场的均衡》(1976)中表明,保险公司(信息劣势方)可以通过信息甄别,给它的客户(信息优势方)设立有效的激励机制来显示他们的风险类型的信息。具体说,投保人知道自己的风险状况,而保险公司并不清楚。但不具有私人信息的保险公司可以针对不同类型的潜在投保人,通过提供不同种类的保险合约(对较高的免赔额实行较低的保险费率),把客户按风险大小分成不同的类别,这样投保人可以根据自己的风险特征选择一个合适的保险合约。

专栏 10-3

为什么“接近全新”的二手车,比真正的新车便宜得多?

一旦新车开出经销商的停车坪,立刻就跌价 20%以上。考虑到如今的汽车,使用寿命一般在 20 万英里以上,那为什么里程表上多了几英里,就能让汽车价格陡降呢?

一部分跌价,反映的是批发和零售的价格差异。新车第一次卖出,买家付的是零售价,比经销商的批发价要高 15%左右。倘若私人消费者买了一辆车,然后决定立刻卖掉它,就成了一个业余的汽车经销商。他当然希望尽可能按照最初的零售价卖掉它。可在尝试的过程中,他必须跟大量专业经销商展开竞争,而后者有着亮堂好看的展示厅,聘有经验丰富的销售员和维修机师,又因为专业经销商更容易吸引感兴趣的顾客,私人卖家索价较低在意料之中。

近乎全新的二手车比真正的全新车卖得便宜得多,这还有一个重要的原因。由于制造和装配流程的不同,新车下线时,不同的车可靠性并不完全一样。这种可靠性上的差异,又因为不同车主保养汽车的差异而遭到放大。有一部分二手车虽然新,但有缺陷,可即便是受过专业训练的维修师都不一定能将之分辨出来。结果,对二手车的车况,车主一般比潜在买家了解更多。

这一信息不对称,对二手车的价格有着巨大影响。假设一个人认为一辆性能可靠的二手车值 2 万美元,不可靠的二手车只值 1 万美元;又假设一半的二手车性能可靠,那么所有二手车的平均价值就变成了 1.5 万美元。

在这样的条件下,二手车的售价会低于 1.5 万美元。想知道为什么?让我们假设所有的二手车都卖 1.5 万美元。那什么样的二手车会卖这个价呢?如上所述,假设人们认为可靠的二手车价值 2 万美元,那拥有一辆可靠二手车的车主绝不会索取较低的价格。反之,拥有不可靠二手车的车主,会很乐于以 1.5 万美元的价格卖掉它,因为他们认为自己的车只值 1 万美元。这也就是说,只有不可靠的二手车,才会愿意以 1.5 万美元的价格出售。所以,除非二手车价格的折扣大,否则不会有人愿意购买。

当然,在现实当中,一部分二手车的转手原因,跟它们性能的可靠性没有关系。在这种情况下,卖方会尽力公开自己迫不得已买车的原因。("因为我被公司调职到伦敦,只好卖掉这辆沃尔沃……"或者"刚生了孩子,只好忍痛卖掉这辆保时捷"。)

——资料来源:罗伯特·H.弗兰克,《牛奶可乐经济学》,中国人民大学出版社 2008 年版,第 150 页。

二、道德风险

隐藏行动的道德风险是:代理人(信息优势方)行动的努力程度和一系列不受委托人(信息劣势方)和代理人控制的外生变量(如自然环境、经济环境、社会环境、技术环境、市场环境等)共同决定代理行动的结果。在契约签订以后,委托人只能观测到结果,而不能直接观测到代理人的行动和外生变量,代理人就可能实施对委托人不利的行动。一旦委托人追究责任,代理人往往将结果的不理想归咎于外生变量。简单的例子是雇员和雇主的关系,雇主不能观测到雇员是否努力工作,但可以观测到雇员的任务完成得如何。隐藏信息或知识的道德风险是：外生变量首先决定代理人的行动选择，代理人不同的行动选择决定不同的行动结果。在契约签订之后，委托人不但能够观测到代理人的行动结果，而且能够观测到代理人的行动，但却不能观测到外生变量的实际发生情况，代理人就可能截留有关外生变量的知识，选择有利于己乃至有损于委托人的行动。一个简单的例子是企业经理和企业销售人员的关系，销售人员知道顾客的特征，而经理对此信息是不清楚的。

在保险市场上，保险公司在契约签订之后无法观察到人们在投保后防灾行为而产生"隐藏行动"，从而面临人们松懈责任而引致的损失。例如：某年国内某大学自行车被盗率为10%，一个保险公司经过精算之后，推出了15元保费的自行车保险计划，并卖出100张保单，保险收入为1500元。按照10%的赔率和100元的赔偿额计算，利润为500元。但结果是：年底前来领取赔款的人数达到20人，共亏损500元。造成该情况的关键在于保险公司事先没有认识到自行车保险引发的"隐藏行动"，也即当学生投保后，不再像过去那样精心看管自己的自行车了，这种"隐藏行为"使得车子的被盗率由10%增加到20%。

解决道德风险的方法在于采取一些合理的机制，激励代理人的行为。从理论上讲，一个好的激励机制要具有激励兼容(incentive compatible)或者是自我强化(self-enforcing)特征，也就是说即使在没有外在强制力的条件下，代理人也愿意自觉实施，因为它能够符合双方的利益最大化。例如在证券市场上，证券首发后，由于决定管理层行动结果的还有自然状态，管理层的行动与自然状态一起决定可观测的结果。而投资人只能观测到结果，无法知道这个结果是管理层本身的行动导致还是自然状态造成的。在这种情况下，投资者必须设计一个激励机制以诱使管理层从自己的利益出发，选择对投资者有利的行动。也就是说，必须防止管理层为了维持其对公司的控制权和利用内幕交易获利，披露虚假信息和隐瞒重大信息的冲动。在这方面的一个典型例子是滞后的信息披露，因为一旦发现未披露信息的重要性，管理层几乎能同时进行交易。一旦交易，管理层又有强烈的冲动释放积极或消极的信息，以期市场做出回应。在这里，降低激励成本的一个有效手段就是强制信息披露制度，它可以作为反欺诈条款的理想补充。

第四节　拍卖理论

一、拍卖的含义及历史

拍卖(auction)，从狭义上看，是针对一定适用范围及特色规则的市场交易类型；而从广义上理解，它反映的是市场拒绝价格均衡机制及资源配置的内在过程和本质机理。拍卖是一种投票机制,它由一组确定谁是赢者及其支付价格的拍卖规则组成。在新古典经济学中,这方面的研究比较薄弱,与之相关的仅有瓦尔拉斯的“卖者喊价”和埃奇沃斯“重订契约”的简单描述。发展到了现代经济学,拍卖理论的发展尤其引人注目,有关拍卖制度和行为的研究也广泛地涉及和运用到博弈论、信息经济学及机制设计理论等新兴领域,对微观经济学的深化起到了重要的作用。

拍卖作为一种交易方式具有悠久历史。有关拍卖的记录最早可能是古希腊历史学家 Herodotus 对公元前 500 年左右发生在巴比伦的对丈夫和妻子的拍卖所进行的记载。早期出现的拍卖,一般用于特殊商品的交易,如奴隶、古董、艺术品乃至赃物等,通常这类商品的供给是缺乏弹性的,并且对于供给者来说估价较为困难,此外拍卖方式的运用也有助于克服买方之间的串谋。在古罗马,拍卖还被用于商业性交易、清算资产和出售战利品等。最著名的拍卖是公元 193 年古罗马警卫军对帝位的拍卖。在杀了前任皇帝后,这些警卫军宣布在拍卖中最高的投标者将成为下一任皇帝。尤利安努斯(Didius Julianus)压倒所有的竞争对手而成为赢者,两个月后塞维鲁(Septimius Severus)又将他杀害并取得了帝位——这是有关“赢者的诅咒”的极端例子。而随后,拍卖也被沿用到其他商品如烟草、皮革、鱼类等乃至农产品、金块及政府债权等标准化产品的交易中。从目前来看,拍卖的适用范围很广,并且在制度规则上具有多样性。

专栏 10-4 赢者的诅咒

当美国西北大学心理学家马克思·贝泽曼(Max Bazeman)几年前在波士顿大学教书的时候,他与同事威廉·萨缪尔森(William Samuelson)在他们的微观经济学课堂上进行了以下的实验。首先,他们在一个透明的玻璃坛子中放入价值 8 美元的硬币。让学生认真观察瓶子后,他们开始拍卖——硬币和所有的一切——给出价最高的人。他们还请每个学生上交一张写有瓶中硬币估计的小纸片。

平均而言,不论是他们的出价还是交上去的估计,学生们的行为很保守。事实上,平均估计只是 5.13 美元,大概比硬币的实际价值少了 1/3。类似的,许多学生在拍卖价格没有达到 8 美元之前就已经放弃继续下去了。

在任何拍卖中赢家的出价不仅取决于一般出价者的行为,而且更取决于最高出价者。在 48 次重复实验中,最高的出价是 10.01 美元,大概比真实价值高出 20%。贝泽曼和萨缪尔森因此从赢者的总花费中赚了将近100美元的利润。

在那个价格上，赢家会认为这是一个不必花费太多就能学到的教训。但是当在20世纪70年代前期，石油公司决策人却是花费了巨大的成本才学到这些教训。联邦政府第一次将墨西哥湾一个有潜在价值的石油井通过拍卖租赁出去。公司在这种租赁的出价上没有经验，但是它们又确实有办法通过标准地质方法来估计它们的价值。事后，我们现在发现可以看到，获得油井租赁的价格太高了。赢家为租赁支付了数百万美元的价格，他们如果把同样的钱存到银行里能获得更高的投资回报率。

赢家为一件物品出价常常超过它的真实价值，这个普遍原理被称为赢者的诅咒。关于赢者的诅咒最令人惊讶的是，它并不需要有哪个人采用偏误估计来衡量价格。问题在于，所有的估计都包含着某些随意的成分。如果一个估价平均来说等于真实价值，这个估价就被称为无偏误。举个例子，气温预报是无偏误的：在有些日子里预报过高，另一些时候又预报过低，但是长期平均值是完美体现真实值的。同样，就算每个竞价人的估价都是无偏误的，有些时候仍会过高，而另一些时候又过低，并且拍卖的赢家当然是估价最高的人。

——资料来源：罗伯特·H.弗兰克，《微观经济学》(第五版)，中国财政经济出版社2005年版，第198页。

二、拍卖的方式

拍卖的对象可以是一个单一的项目或商品，也可以是多单位的某种同质物品，但理论性的文献一般假设所拍卖的是单件物品。拍卖的形式可以分为开放式拍卖和封闭式拍卖。

开放式拍卖包括英国式(English auction，或称价格上行式)拍卖与荷兰式(Dutch auction，或称价格下行式)拍卖。英国式或价格上行式拍卖，是一种广为人知的、开放式的拍卖形式，它以较低的第一次喊价或某一特定的保留价格为起点，低于起点价该项目将不予出售，然后拍卖者开始寻求越来越高的竞价。在日本举行英式拍卖时，投标价格被显示在屏幕上并不断上升。任何想继续投标的人都必须按住特定按钮。一旦放开按钮，就意味着该投标者已经退出拍卖，这时将不被允许重新投标。世界上最古老也是最大的两家专业拍卖行，索士比(Sotheby's)和克里斯蒂(Christie's)都起源于英国伦敦，因此这种增价拍卖方式被称为英国式拍卖。荷兰式或价格下行式拍卖，是另一种开放式拍卖形式，主要来源于荷兰人拍卖水果蔬菜和鲜花时所使用的方法。喊价从某一高价开始，然后逐次下降，直到某个买主大喊一声“我的了！”或者按照现行做法，按一下键钮，于是一台计价钟就停止在所接受的价格上。荷兰式拍卖曾在罗马尼亚应用于再融资贷款的分配上，在玻利维亚、加纳、牙买加等国被应用于外汇的拍卖上。

密封式拍卖包括第一价格（first-price auction，或称差别价格）拍卖与第二价格（second-price auction，或称统一价格）拍卖。第一价格或差别价格拍卖，这是一种密封式竞价拍卖形式，它与开放式拍卖不同。在拍卖单一项目的情况下，人们通常会使用“第一价格”的概念。在这种拍卖中，喊价最高者可以通过其喊出的价格获得该拍卖项目。当多单位项目同时拍卖时，这一过程被称为差别式拍卖。拍卖者将彼此封闭的竞价从高至低分列开来，这些拍卖物品将卖给那些出价最高的买主，直到供给全部出清。差别价格拍卖形式曾经用于再融资信贷和外汇分配。第二价格或统一价格拍卖，这是另一种密封式拍卖形式。如果拍卖的是单一项目，出价最高的买主则以其之下的最高出价获得该拍卖物，这便是第二价格名称的由来。第二价格拍卖虽然在伦敦的邮市中有过类似情形，但十分罕见，由维克里提出，故也称“维克里拍卖”（Vickrey auction）。在多单位拍卖的情况下，这种形式又称为统一价格或竞争性拍卖，因为所有成功的买主都以相同的价格获得被拍卖物。

此外还有一种双重式拍卖。在这种形式下，买卖双方均出价，然后从高到低排列起来，以显示供求状况。根据这种情况，最大限度的交易量可通过将卖方报价（从最低价开始向上取）与买方出价（从最高价开始向下取）相平衡的方法来确定，不过均衡价格仍然很难确定。罗马尼亚曾使用过此种拍卖形式。

三、拍卖的应用

一些实验经济学家将研究视角更多地转向现实经济背景下拍卖制度的运用或创新研究，从双向拍卖实验来设计最优拍卖机制。双向拍卖（double auction）制度与现实经济中的证券和商品交易所的结合竞价制度较为类似，其特征为：有多个买方和卖方，买卖双方均有多单位的商品交易能力；当市场开盘时，任何一个买方可自由出价，任何一个卖方也可自由要价；双方均可重复出价和要价，但必须符合一定的顺序；当任何卖方接受了任何买方的出价，或任何买方认可了任何卖方的要价，则达成交易；在交易期内达成交易的买卖双方要即刻退出市场；可以有多个交易期，买卖双方可进行多个单位的商品交易，但一般限定在一个交易期内只完成一个单位的商品交易。新的拍卖机制的设计包括双向荷式拍卖、持续出价要价拍卖、统一价格下的密封式出价要价拍卖等，很大程度上都是源于实践背景和现代经济发展的需要。以下几大拍卖的实例很好地说明了拍卖理论与现实制度的结合。从1954年开始，美国联邦政府就用招标的方式，把石油和天然气的开采权转让或租赁给私有公司。Porter(1995)综述了在石油开采权拍卖过程中非对称信息对竞价策略的影响，并强调了实证分析的重要性。美国财政部每周定期拍卖期限为13周和26周的政府债券，其他期限更长的政府债券会以较长的周期拍卖，所广泛采用的拍卖方式是“歧视性拍卖机制”。在美国联邦通讯委员会(FCC)每年售出大量的无线通讯执照，主要采用的是“同时增价拍卖”。目前最为流行的网上拍卖，作为电子商务的特殊形式，以惊人的速度发展，已经成为一种令人瞩目的贸易方式。

本章小结

1. 市场与企业是两种不同的资源配置和协调机制，两种协调机制在一定程度上可以相互替代，替代的原因在于企业可以节省市场机制下的交易成本。

2. 企业与市场是两种并行的契约组合关系，各自所包含的内容和完备程度不同。

3. 企业制度存在三种基本类型和形态：业主制、合伙制和公司制。

4. 现代企业制度条件下，由于所有权与管理权的分离，以及存在信息不对称等问题，使得企业所有者与管理者的目标发生偏离，从而产生委托—代理问题。

5. 委托—代理关系也是一种不完备契约的表现形式，表明了不同经济主体的经济利益不一致时的行为变化。

6. 解决委托人—代理人问题最有效的办法是实施一种最优合约，最优合约是委托人花费最低限度的成本而使得代理人采取最有效率的行动实现委托人目标的合约。

7. 行为经济学是在心理学的基础上研究经济行为和经济现象的经济学分支学科。卡尼曼和特维斯基在1979年发表的《预期理论》中反驳了新古典经济学期望效用理论的构造基础，得出一条“S”形效用曲线。

8. 在保险市场中，保险公司为消费者提供保险服务，消费者可以通过购买保险的方式应对可能发生的风险。

9. 不对称信息是指某些参与人拥有但另一些参与人不拥有的信息，即在市场上买方和卖方所掌握的信息不对称。研究事前不对称的信息博弈模型称为逆向选择模型，研究事后不对称的信息博弈模型被称为道德风险模型。

10. 拍卖是一种投票机制，它由一组确定谁是赢者及其支付价格的拍卖规则组成。

思考与练习

一、名词解释

交易费用　产权　科斯定理　不完备契约　企业制度　委托—代理关系　激励机制　机制设计　预期理论　不对称信息　逆向选择　道德风险　不对称信息　拍卖

二、简答题

1. 简述企业形成理论以及企业的本质。

2. 企业与市场的关系怎样？或者说，企业是对市场的替代吗？企业与市场机制有何不同之处？

3. 企业治理结构与其功能之间的关系如何理解？

4. 什么是委托—代理关系？为什么会存在这种关系？

5. 委托—代理关系具有哪些主要特征？怎样解决委托—代理关系产生的相关问题？

6. 预期理论的效用函数与期望效用函数有什么区别？

7. 举例说明道德风险和逆向选择。

8. 为什么二手车比真正的新车便宜得多？

9. 英国式拍卖与荷兰式拍卖有什么不同？

10. 举例说明什么是“赢者的诅咒”。

11. 请列举拍卖的几种主要形式。

第十一章 宏观经济问题和理论争论

本章要点

本章将对宏观经济研究的主要问题：国民产出(经济增长与经济周期)、失业、通货膨胀、国际收支与汇率作引导性介绍，并介绍政府要实现的四个宏观经济目标：稳定、持续、合理增速的经济增长、低失业、低通货膨胀、避免国际收支赤字和汇率的过度波动。最后我们还将介绍不同经济学流派如何对宏观经济做出解释。

学习目标

了解宏观经济学与微观经济学的区别与联系；掌握宏观经济学研究的主要问题；了解宏观经济学流派之争，特别是新古典宏观经济学与新凯恩斯主义之间的争论。

经过微观经济学的学习后，对于经济个体如何选择其行为(消费者如何实现消费最优、生产者如何实现生产最优)、个体产品和生产要素在交易过程中产量与价格如何决定、市场机制如何实现社会福利等方面有了较为系统的认识，也得到了经济学最基本的“5W”问题的答案。但当我们把分析的视角从个体转向一个国家、一个经济体时，经济学面临的问题又有哪些呢？从本章开始，我们将开始宏观经济学的学习。

第一节 宏观经济学的起源

一、宏观经济学的诞生

宏观经济学将一个国家(或经济体)作为一个整体来考察，研究与经济总量有关的各种现象，揭示整体经济的运行状况及规律，并说明资源如何才能得到充分利用。

宏观经济学是对人类经济活动认识发展到新的历史阶段后形成的一门新的经济学分支。现代宏观经济学诞生的标志是1936年凯恩斯《就业、利息和货币通论》(简称《通论》)的发表。此后,经济学的研究在最基础层面上被分为两个领域:微观经济学和宏观经济学。

宏观经济学关注哪些问题呢?是不是到了1936年之后才出现这些问题呢?

其实从经济学说演进的历史来看,现代经济学研究的主要问题:经济增长、通货膨胀、失业和国际收支等在18世纪50年代已经进入经济学家研究的视野。但是,促成宏观经济学建立的最终时机则是大萧条的发生。20世纪30年代席卷世界的经济大萧条,全面暴露了没有政府干预条件下,由个体自发联系形成的经济运行可能导致的恶果:产出水平严重下降、失业人员剧增、银行体系运转不灵……以当时的美国为例,在危机高峰的1933年,美国农场、工厂等总的产出仅仅相当于1929年的70%,失业率高达25%。如何对经济现实做出解释并找到解决良策已经成为当时西方世界各国政府面临的难题。凯恩斯另辟新径,在传统理论之外提出了新的解释和政策建议。

在凯恩斯之前,大多数经济学家和政策指定者对于商业周期的出现束手无策,看成是自然现象,所以面对大萧条也感觉茫然。凯恩斯在《通论》中提出了两个重要观点:第一,市场经济中高失业率和生产能力闲置可能会长期存在;第二,政府通过选择经济政策(财政政策和货币政策)可以影响产出。特别是在短期,政府更应该这么做。所以看重短期也就成了后来研究宏观经济学最重要的视角,凯恩斯的名言之一就是“在长期,我们都死了”。当然,随着后续问题的不断增加,宏观经济学已经同时关注短期和长期问题了。

二、从微观经济学到宏观经济学:整体大于部分之和

宏观经济学既然是将一个国家(或经济体)作为一个整体来考察,那么可不可以认为宏观经济就是该经济体各个部分之和?我们先来比较一下宏观经济学和微观经济学研究问题的区别,如表11-1所示。

表 11-1 微观经济学与宏观经济学讨论的问题

微观经济学问题	宏观经济学问题
(1)大学毕业,我应该去考研究生,还是应该立即找份工作?	(1)今年我国总共有多少人得到了新工作和职位?
(2)中国银行根据什么因素对一名 MBA 应届毕业生付酬?	(2)该年度一国工人的总体薪酬水平受什么因素影响?
(3)一所大学或学院开设一门新课程的成本取决于什么因素?	(3)经济中的总价格水平会受到什么因素影响?
(4)为使来自低收入家庭的学生更容易念大学,政府应该采取什么样的政策?	(4)为促进就业和经济增长,政府应该采取什么样的政策?
(5)中国银行在美国设立一个新办事处会考虑什么因素?	(5)中国与世界上其他国家之间进行产品、劳务和金融资产交易,会考虑什么因素?

从表 11-1 可以看出,微观经济学关注的是个人和企业如何进行决策,以及这些决策会产生什么样的后果。例如,一所大学对是否增设一门新课程,如“西方经济学”,可以进行成本核算,包括:支付的教师工资、课程相关的各种资料购置等,然后再计算开课带来的收益,学校可以决定是否开设西方经济学这门新课程。而宏观经济学研究的是经济总量——一个经济体中,所有个人和企业行为的相互影响来决定的整体经济绩效,如经济中的总产出水平与上年相比是提高了还是降低了,并不专注于某种特定产品或劳务的产量,如汽车、电视机的产量是提高了还是降低了。

除了研究问题不同外,宏观经济并不等于个体行为的简单相加。因为数以千百万计的个体行为的累计效果将远远大于这些个体行为的简单加总。我们先看,诺贝尔经济学奖获得者托马斯·谢林(Thomas Schelling)提出的一个事例。

专栏 11-1 为什么高速公路上在北行车道上发生了车祸,却使南行车道堵了车?

要是高速公路的北行道上发生了一起事故,想必各位很清楚这条道上为什么会堵车吧。撞毁的车辆、救护车、警车,往往使北行车道一连几个小时都走不通。可为什么车祸也会让南行的车道堵车呢?而且经常一堵就堵上好几里地?

其中的原因应该不难理解,在事故现场,南行的驾车者会出于好奇心,放慢车速,仔细观察事故现场。如果从每个个体来说,可能想只是耽搁几秒钟,影响并不大,从满足好奇心的收益来看,这种耽误也还划算。但为大多数驾车者没有想到的是，一个人耽搁几秒钟的决定，会让后面的成百上千辆车都耽搁几秒钟。仔细看一眼事故现场的累积成本，可能会让每一名司机都耽搁一个多小时。如果让驾车者全体投票的话，相信没有人愿意为了看一眼事故现场而耽搁一个小时，如果想到这个结果他们肯定也不会放慢速度。可他们到达事故现场后一个接一个做出的是减速的决定。

——资料来源：改编自 Frank，Robert，*The Economics Naturalist: in Search of Explanations for Everyday Enigmas*，Basic Books，2007。（中文译本《牛奶可乐经济学》，中国人民大学出版社 2008 年版）

从案例 11-1 中，我们可以理解，为什么个体行为的简单相加并不等于总量的道理。在生活中我们确实可以观察到这种现象。如在后面我们将要学习的"节俭的悖论"：当每个家庭和企业为了应对未来的不确定而削减支出时，导致的结果却是整个经济活动水平降低，企业裁减员工，导致人们进一步节俭，整个经济陷入衰退。结果，家庭和企业的境况会比他们不削减支出时的状况更糟糕。悖论由此而生：出于良好愿望的节俭导致了意想不到的坏结果。

正是基于微观经济学到宏观经济学考虑问题视角的差异，在宏观经济学中，对政府所能发挥的作用也有了不同。在微观经济学中，市场机制是实现社会资源最优配置的最好的机制，除了一些特定的市场失灵的情形，政府对市场的干预通常都会使社会整体状况变得更糟。因此，政府微观经济政策的主要任务是确保市场机制发挥作用，政府干预只在局部发挥作用。相反，宏观经济学则要求政府发挥更大的作用，因为个体无法消除他们自身的累积行为，作为现代社会动员资源最重要的行为人，政府有责任也有能力缓解短期波动，消除负面事件对总体经济的影响。

第二节　宏观经济学研究的主要问题

作为研究一个国家或者经济体总体经济的学科，宏观经济学应该研究什么问题呢？如果回顾宏观经济领域关注的问题，其实与现实宏观经济运行中面临的问题有密切的联系。

宏观经济学诞生之初，主要是为了解决大萧条带来的问题，所以短期的国民产出波动和失业问题成为关注的主题；到了 20 世纪 70 年代，各国为高通货膨胀所困，对通货膨胀的原因和政策研究成为当时的主要话题；发展到 20 世纪 80 年代，当原有的欧美强国感受到东亚经济增长奇迹威胁时，经济增长问题再次成为时下热门话题;进入90年代后,全球化趋势借助信息技术革命和国际贸易扩大的推动大大强化,宏观经济学又转向全球视角。

宏观经济学研究的问题,一般认为主要集中在两个领域:(1)理论研究,也就是宏观经济学在理论上要关注哪些宏观经济问题;(2)政策研究,在理论研究基础之上,政府应该采取什么经济政策来实现宏观经济运行的目标。

一、宏观经济理论研究的主要问题

从目前的研究来看,宏观经济学的研究主要集中在如下4个方面。

(一)经济增长和国民产出水平的决定与波动

宏观经济学以一个国家或经济体为研究对象,首先要知道的第一个问题应该是该经济体的经济产出水平如何。目前表现一个经济体产出水平的指标被称为国内生产总值(GDP),该指标试图通过计算一个经济体所生产的最终产品和服务的价值来近似表现经济活动的全貌。但由于该指标无法表现居民家庭内部的活动(如家务劳动)和一些非法的地下活动,同时又要剔除价格变化的影响,所以只能说是近似表现,而且确切地说应该是实际GDP(real GDP)表现了经济总量。

经济增长从指标来看就是GDP的增长。每个经济体每一年度都会核算GDP,当我们把GDP放在一个随时间推移的过程中来考察时,就可以看到经济总量的变化,这种变化就是经济增长,变化率就是经济增长率。

对经济增长还可以从如下几点来理解。

第一,经济增长实质上表现的是一个国家国民财富的增长,增长率上升表明该年度的产出水平要高于前一个对比期,如果下降则表示产出的东西要少于前期。

第二,经济增长还可以表示一个经济体潜在生产能力的增加。所以,经济增长可以表现为生产可能性前沿的外移。

第三,经济增长除了用一国GDP总量来表示外,还可以用人均GDP水平的提高来表现。

以下为一些经济增长的事实。

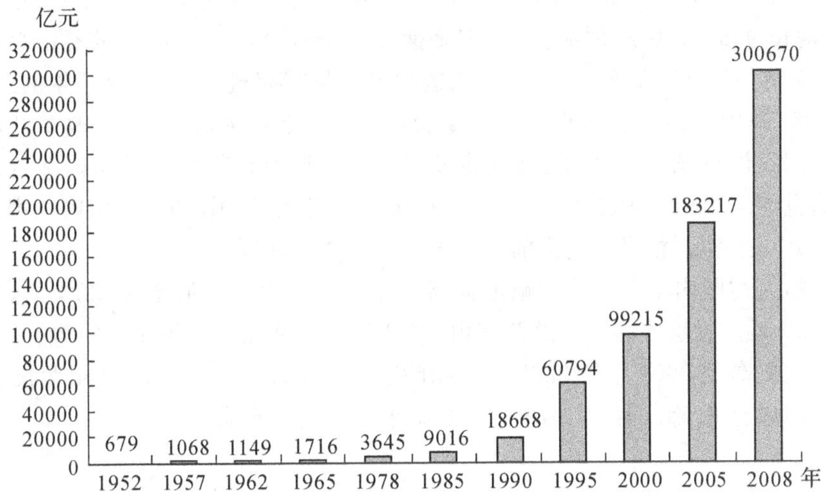

图 11-1　我国 1952—2008 年国内生产总值变化

图 11-2　我国 1953—2008 年的 GDP 增长率变化

资料来源：国家统计局，http://www.stats.gov.cn。

1. 我国的经济增长。

中华人民共和国成立 60 年，我国的经济增长表现出了一些显著的特点①。

(1)经济增长速度快，总量进入世界前三。1952 年，我国国内生产总值只有 679 亿元，到 1978 年增加到 3645 亿元。改革开放后经济总量增长迅速，2008 年超过了 30 万亿元，达到了 300670 亿元，年平均增长 8.1%。

① 以下资料引自国家统计局：《系列报告之一：光辉的历程 宏伟的篇章》，http://www.stats.gov.cn。

1961—2008年世界年平均增长速度只有3.6%。其中,1979—2008年我国年均增长9.8%,快于同期世界经济增速6.8个百分点。2008年的经济总量比1952年增加了77倍,2008年一天创造的财富量就超过了1952年一年的总量。1952年,我国经济总量占世界的比重很小,1978年才达到1.8%。改革开放以来,我国经济总量占世界的比重不断提高,2008年为6.4%,位居美国和日本之后,居世界第3位。根据世界银行资料,折合成美元,我国2008年国内生产总值为38600亿美元,相当于美国的27.2%,日本的78.6%。

(2)人均国内生产总值大幅度提高。人均国内生产总值增长32.4倍,年均增长6.5%。人均国内生产总值在由1952年的119元上升到1978年的381元后,迅速提高到2008年的22698元,扣除价格因素,2008年比1952年增长32.4倍,年均增长6.5%,其中1979—2008年年均增长8.6%。

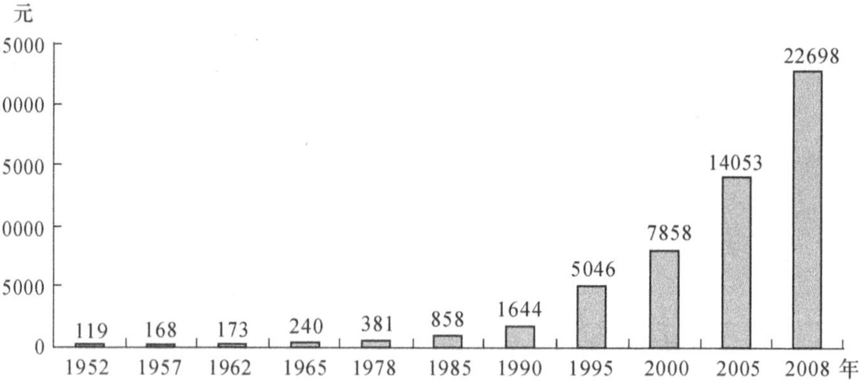

图11-3　我国1952—2008年人均GDP水平变化

(3)经济增长率波动率高。1958—1960年、1966—1969年、1985年、1990年等都出现了大幅波动。1995年后,波动率大大减小。

2. 世界主要国家和地区的经济增长。

从世界范围来看,各个地区都在经历经济增长,但各国增长率并不相同,如表11-2、表11-3所示的主要地区,在1970—2007年之间,差异还是比较明显,总的来看,发达国家的增长率要慢于发展中国家。但在发展中国家和地区中,最为突出的是亚洲国家和地区,30多年一直保持了快速的经济增长。我们也知道正是这种经济增长速度,成就了这一地区迅速成为世界上最具经济活力的地区。其中最为突出的就是在此期间,该地区先后形成3个增长点:20世纪70—80年代中期的日本、整个80年代"四小龙"和80年代之后中国改革开放后经济的突飞猛进。相对来说,西半球发展中国家增长相对最慢。

表 11-2　1961—2008 年世界主要地区实际 GDP 增长率比较

国家和地区	1961 年	1979 年	1990 年	2000 年	2006 年	2008 年	1961—2008 年平均增长率
世界总计	4.6	4.2	2.9	4.1	3.9	2.1	3.6
美　国	2.7	3.2	1.9	3.7	2.9	1.1	3.2
欧元区	6.6	3.9	3.5	3.9	2.7	0.9	3.2
日　本	12	5.5	5.2	2.9	2.2	−0.6	4.4
中　国	−27.1	7.6	3.8	8.4	11.6	9	7.8
中国香港	14.9	11.6	3.9	8	7	2.5	7
韩　国	4.9	6.8	9.2	8.5	5.1	2.2	7
新加坡	13.8	9.4	9.2	10.1	9.4	1.1	7.8
马来西亚	7.6	9.3	9	8.9	5.9	4.6	6.5
印　度	3.9	−5.2	5.5	4	9.7	7.3	5
俄罗斯联邦			−3	10	7.4	5.6	0.4
巴　西	10.3	6.8	−4.3	4.3	3.7	5.1	4.4

注：俄罗斯联邦为 1990—2008 年增长率。

资料来源：世界银行数据库，2008 年数据来自于国际货币基金组织 WEO 数据库。转引自国家统计局，《系列报告之 18：国际地位明显提高 国际影响力显著增强》，http://www.stats.gov.cn。

在考察 GDP 随时间变化的路径时，我们发现经济增长率时高时低，呈现波动变化形态。国民产出水平呈现出的不规则周期变化特征，在经济学上被称为经济周期(business cycle)。什么是经济周期呢？

经济周期是经济运行中存在的自然现象，也就是说，经济增长并不会一直持续匀速保持下去。一般说来，经济周期一般可分为两个阶段：经济衰退和经济扩张。两个转折点是：增长波峰和衰退谷底，见图 11-2。目前对经济衰退的界定通常采用如下标准：连续两个季度实际 GDP 增长率出现下降，或者出现负增长率。

3. 长期经济增长。

经济增长的影响如果从一个更长的历史时期来看，所导致的后果还是非常"严重"的。历史上看，各国现在的差距其实是历史增长率差异积累的结果，请见表 11-3、表 11-4。

表 11-3 世界各主要地区 1000—1998 年间人均 GDP 增长率和 GDP 增长率

年份	1000—1500	1500—1820	1820—1870	1870—1913	1913—1950	1950—1973	1973—1998
人均 GDP 增长率							
西欧国家	0.13	0.15	0.95	1.32	0.76	4.08	1.78
西欧移民国	0	0.34	1.42	1.81	1.55	2.44	1.94
日本	0.03	0.09	0.19	1.48	0.89	8.05	2.34
亚洲(不含日本)	0.05	0	−0.11	0.38	−0.02	2.92	3.54
拉美国家	0.01	0.15	0.10	1.81	1.42	2.52	0.99
东欧与前苏联国家	0.04	0.10	0.64	1.15	1.50	3.49	−1.10
非洲国家	−0.01	0.01	0.12	0.64	1.02	2.07	0.01
世界	0.05	0.05	0.53	1.30	0.91	2.93	1.33
GDP 增长率							
西欧国家	0.30	0.41	1.65	2.10	1.19	4.81	2.11
西欧移民国	0.07	0.78	4.33	3.92	2.81	4.03	2.98
日本	0.18	0.31	0.41	2.44	2.21	9.29	2.97
亚洲(不含日本)	0.13	0.29	0.03	0.94	0.90	5.18	5.46
拉美国家	0.09	0.21	1.37	3.48	3.43	5.33	3.02
东欧与前苏联国家	0.20	0.44	1.52	2.37	1.84	4.84	−0.56
非洲国家	0.06	0.16	0.52	1.40	2.69	4.45	2.74
世界	0.15	0.32	0.93	2.11	1.85	4.91	3.01

资料来源：Maddison, *The World Economy A Millennial Perspective*, 2001, P. 126。

表 11-4 世界各主要地区 1000—1998 年间人均 GDP 水平和地区差距

（以 1990 年国际美元标准值计算）

年份	1000	1500	1820	1870	1913	1950	1973	1998
西欧国家	400	774	1232	1974	3473	4594	11534	17921
西欧移民国	400	400	1201	2431	5257	9288	16172	26146
日本	425	500	669	737	1387	1926	11439	20413
亚洲(不含日本)	450	572	575	543	640	635	1231	2936
拉美国家	400	416	665	698	1511	2554	4531	5795
东欧与前苏联国家	400	483	667	917	1501	2601	5729	4354
非洲国家	416	400	418	444	585	852	1365	1368
世界	435	565	667	867	1510	2114	4104	5709
地区差	1.1∶1	2∶1	3∶1	5∶1	9∶1	15∶1	13∶1	19∶1

资料来源：Maddison, *The World Economy A Millennial Perspective*, 2001, P. 126。

经济增长的波动以及长期的累积效果，我们已经看到，导致了各国间人均财富拥有水平的巨大差异。

当然，经济增长在增进人们福利的同时，也带来了许多伴生的问题，突出的就是环境污染，也就是说，人们在享受经济增长带来的福利的同时，也为此付出了资源枯竭、环境恶化的代价，所以如何权衡经济增长成本和收益也是人类面临的难题之一。

从宏观经济学来看，在经济增长和经济波动方面，有如下问题需要回答：经济增长的推导因素是什么？为什么各国间的经济增长率会有那么大的差距？经济周期为什么会发生？能够避免像大萧条那样的经济危机吗？政府在经济增长中扮演着什么角色？经济增长短期和长期的影响因素一样吗？等等。

（二）就业和失业

宏观经济学最终形成为一个经济学分支的契机，部分原因是20世纪30年代时的失业问题异常严重，激发了经济学家们去思考解决问题之道。最终由凯恩斯提出了现代宏观经济学的分析思路和框架。所以，失业或就业问题一直是宏观经济学关注的核心问题之一。

失业之所以成为宏观经济学研究的重要论题，是因为从一个国家所拥有的资源来看，劳动是最重要的，它与自然资源不同，因闲置造成的损失是无法挽回的，因为劳动提供的是劳动时间服务。此外劳动闲置对劳动者个人也会带来许多问题，没有工作岗位，也就没有收入，生活负担的压力会引发一系列社会问题。

由于劳动要素并非同质，个体差异很大，找到合适的工作岗位并非易事。所以，并非每个人都能找到工作可做，一个经济体总会有一定数量的人处在失业状态。在经济繁荣时期，劳动闲置相对会减少，但在经济不景气时，如何解决就业，成了各国政府要面对的重要问题。

如何衡量一个国家的失业状况呢？经济学上用失业率指标。所谓失业率就是失业人数占劳动力总人数的百分比。尽管由于技术上的原因，很难精确计算出一个国家的失业率，但这一指标还是较好地表现了劳动力闲置的情况。而且通过观察失业率水平变化，也可以对一个国家的宏观经济状况做出判断。因为，失业率水平上升是与经济不景气紧紧联系在一起的，一方面它是产出水平下降的结果，另一方面它也成为判断经济形势的指标之一。

宏观经济学要解释：为什么经济社会中总存在失业？什么类型的失业是一个社会必须关注的？造成不同失业的原因是什么？为什么各国的失业率会不同？如何降低失业率？政府会通过什么政策来降低失业率？失业与其他经济现象之间有什么关系？

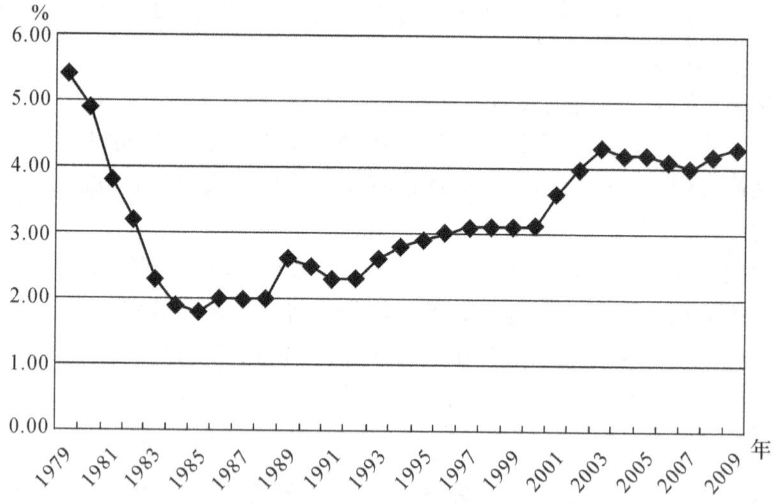

图 11-4　1979—2009 年我国城镇居民失业率

资料来源:《中国统计年鉴》各期。

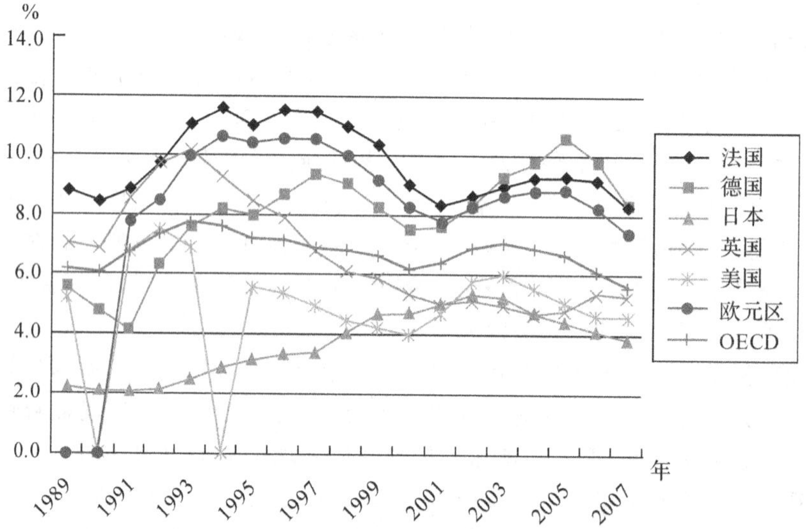

图 11-5　几个主要发达国家和欧元区 1995—2008 年失业率

资料来源:OECD Outlook 84(2008)。

(三) 通货膨胀

价格是微观经济学关注的核心概念,在宏观经济学中,价格问题同样重要。不过,宏观经济学关注的是总量水平上的价格水平,或者说是一般价格水平。反映一般价格水平变化的指标也被称为通货膨胀水平，通常用消费者价格指数(consumer price index，简称 CPI)来表示。

通货膨胀之所以是宏观经济学研究的对象，是因为从一个经济体总体来看，一般价格水平对人们的决策产生重要的影响，对政府来说，一般价格水平是判断经济形势的重要指标，也是制定政策的重要依据；对企业来说，一般价格水平虽然不像自己产品价格和所需生产要素价格那样影响直接，但对企业经营的环境和企业做出决策的信心却有显著影响；对个人来说，一般价格水平事关所获收入的购买力，所以，同样需要关注。尤其是当发生通货膨胀时，不仅会破坏原有的均衡关系，而且会带来一系列问题，如：引起收入和财富的再分配、导致资源被浪费在一些无谓活动中、引起人们预期改变、对未来不确定感增强等。

宏观经济学把通货膨胀作为研究的问题，还在于对通货膨胀的预测依然是个难题，如何通过分析通货膨胀发生的具体原因以及制定相应的政策一直是宏观经济学研究的重要内容。

改革开放后，随着我国政府放松对价格的管制，价格水平的波动也逐渐加大。从 1979 后，我国发生过 4 轮较大幅度的物价指数上涨，分别是 1980、1985、1988—1989、1994。见图 11-6 所示。从 1998 年起，又经历了连续 5 年左右的通货紧缩(与通货膨胀相反的经济现象，表现为价格指数下降，经济不景气)。我国价格水平变化其实折射出了近 30 年改革过程中，我国经济社会所经历的许多调整和变革，1997 年之前，价格变化主要受到了内部经济关系调整影响，而 1997 年之后的价格变化还要再加上国外因素的变化。

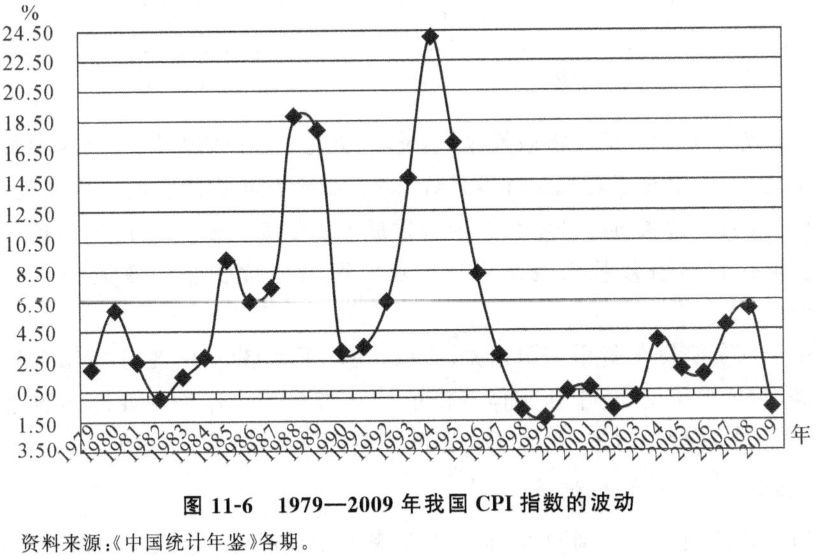

图 11-6 1979—2009 年我国 CPI 指数的波动

资料来源：《中国统计年鉴》各期。

从世界各国1990年后的情况看(表11-6),我们也会发现通货膨胀差距较大,发达国家的通货膨胀水平要普遍低于发展中国家。对于发展中国家来说,差距也较为明显,最低的是亚洲新型国家和地区,而西半球的发展中国家也就是拉丁美洲以及非洲国家的通货膨胀率都相对较高。这正好和国民产出的实绩相反。

表11-5 1990—2007年世界主要国家和地区消费者价格指数 单位:%

年　份	1990—99	2000	2001	2002	2003	2004	2005	2006	2007
发达国家	3.0	2.2	2.1	1.5	1.8	2.0	2.3	2.4	2.2
美　国	3.0	3.4	2.8	1.6	2.3	2.7	3.4	3.2	2.9
欧元区	…	2.2	2.4	2.3	2.1	2.1	2.2	2.2	2.1
日　本	1.2	−0.8	−0.7	−0.9	−0.3	—	−0.3	0.3	—
其他发达国家	3.5	1.8	2.1	1.7	1.8	1.7	2.1	2.1	2.1
新兴及发展中国家和地区	51.3	8.5	7.7	6.8	6.6	5.9	5.7	5.4	6.4
非　洲	24.9	11.7	11.0	9.0	8.6	6.4	7.1	6.3	6.2
中欧和东欧	60.1	24.9	21.5	16.4	10.1	6.3	5.1	5.4	5.6
新兴亚洲国家和地区	8.7	1.9	2.8	2.1	2.6	4.1	3.8	4.2	5.4
中　东	10.9	4.1	3.8	5.3	6.1	7.1	6.2	7.0	10.6
西半球	98.4	8.3	6.5	8.7	10.5	6.6	6.3	5.3	5.4

资料来源:International Monetary Fund, *World Economic Outlook*, October, 2008。

从世界主要国家的经济政策来看,防止发生严重通货膨胀已经成为最主要的目标之一,所以对于宏观经济学来说,除了要研究通货膨胀的成因和类型外,还要研究:通货膨胀对经济增长和经济发展的影响是什么?政府如何预测通货膨胀?通过什么有效政策控制通货膨胀?医治通货膨胀的政策处方有无副作用?

由于通货膨胀与货币密切相关,所以,在宏观经济学中,对于货币数量的供给和需求、货币价格、货币与实体经济的相互影响等也作为主要的内容进行研究。所以,在后续学习中,我们还要学习许多货币金融方面的知识。

(四) 国际收支和汇率

当经济活动越出一国国境,与其他国家发生商品和生产要素的流动和交换时，就要把一个一个的国家作为一个整体来分析它们之间的关系。其中涉及的许多问题值得研究，如：体现一国对外交换总记录的国际收支状况如何？是处在顺差状态（本国从国外获得的总经济活动流量值大于本国流出的流量值）还是处在逆差状态（本国从国外获得的总经济活动流量值小于本国流出的流量值）？一国商品进出口规模以及目前处于什么状况，是进口大于出口，还是出口大于进口，差额规模如何？一国货币如何与其他国家的货币进行兑换？等等。

在经济全球化趋势日盛的今天，各国间经济活动相互影响的程度越来越大，所以只有在开放形势下研究宏观经济问题才能反映真实社会的现实。

事实上也是如此，如从 1997 年的东南亚金融危机体现出了强烈的国际传染性的特征，从 2007 年开始的美国次贷危机更是引发了一次第二次世界大战后世界性的经济大衰退，几乎所有地区都卷入其中，目前危机仍在进行之中。如果不考虑外部经济变量的影响，我们已经很难从理论上解释清楚宏观经济怎样运行了。对我国来说，近 30 年经济增长中，对外贸易发挥了重要作用，见图 11-7。同时，外汇储备和人民币汇率问题也已经影响了我国宏观经济政策制定和实施中的独立性，也成了近阶段中外经济关系中一个敏感话题。

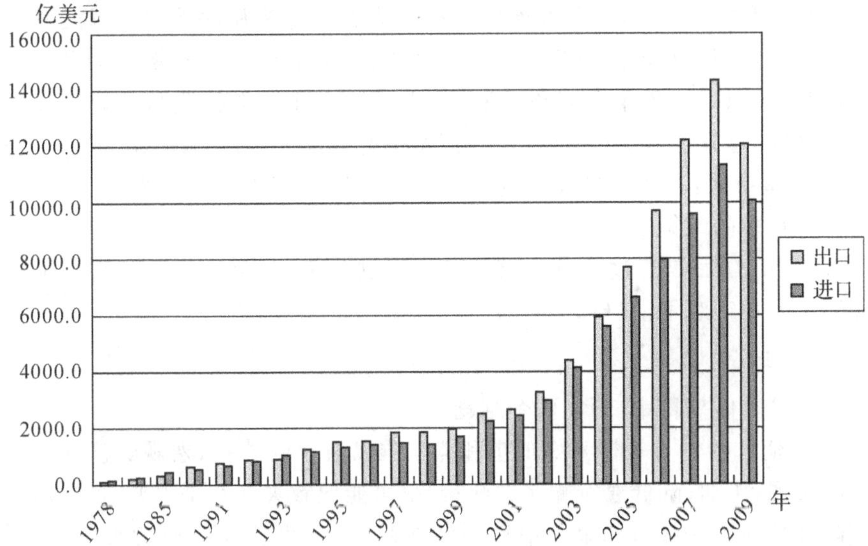

图 11-7　1978—2009 年我国的进出口总额变化

资料来源：《中国统计年鉴》(2008)。

二、宏观经济政策

宏观经济理论的研究，帮助我们弄清楚了为什么会发生这些经济现象，这仅仅是问题的第一步，重要的一步还在于我们如何治理这些问题或者预防这类问题的发生。所以，宏观经济政策也是宏观经济学研究的重要内容。

（一）宏观政策目标

从目前对宏观经济的认识来看，上述研究的问题，都应该是政府关注的问题，所以，宏观经济政策也就有了如下4个政策目标。

1. 稳定、持续、合理增速的经济增长；
2. 低失业率；
3. 低通货膨胀率；
4. 避免国际收支失衡和汇率的过度波动。

（二）政策工具

一个经济体只有能掌握全局者才能担当对经济进行调控和治理的重任，从目前来看，各国的中央政府和货币管理当局承担着执行宏观经济政策的角色。

政策工具：能从总体上影响经济体行为人的措施和做法才能发挥宏观经济政策工具的作用。目前的政策工具分为两类：一是影响长期经济行为尤其是总供给的政策工具，如产业政策和规划；二是对经济波动进行调整的短期政策工具，主要针对总需求，这也是在宏观经济学中的政策工具：财政政策和货币政策。

1. 财政政策：就是通过政府改变财政收入和支出来影响总需求，从而实现宏观经济目标的政策工具。

2. 货币政策：是通过货币当局改变货币供应量、利率水平和汇率水平来影响总需求实现宏观经济目标的政策。

（三）政策难题

在政策具体执行中，面临两个难题。

1. 如何选择优先目标。好似鱼和熊掌难以兼得的选择，宏观经济的目标很难同时实现，比如，降低通货膨胀的政策，很可能导致失业水平上升，经济增长速度下降，国际收支盈余；如果是治理失业的政策，有可能导致通货膨胀上升等。因此，政府在制定政策时必须考虑经济目标的优先次序，是治理通货膨胀重要还是降低失业率重要？有时候这种选择会很难。

2. 根据什么理论和思想制定政策。宏观经济的问题明了，但对问题的解释却存在争论。不同的经济学派对于现象背后的原因给出了不同的解释，这自然会反映在政策目标的取舍、政策工具的选择上。不同学派大致分为两类：主张政府干预或者不干预。如此，政策制定者所信奉的经济思想影响着政府所选择的经济政策工具。如果信奉自由放任的经济思想，认为市场机制是实现上述四个宏观经济目标的最佳途径，政府可能实施旨在让市场自由发挥作用的政策。相反，如果政府认为市场无法实现上述四个宏观经济目标，就会采纳干预主义理论和政策，更加积极地干预经济，试图驾驭整个经济。

第三节 宏观经济学理论与方法争论

一、早期宏观经济思想

现代宏观经济学诞生的标志是1936年凯恩斯《就业、利息和货币通论》（简称《通论》）的发表，但是宏观经济的思想在此前一直存在。经济学说史上有许多经济思想到如今还在发挥作用。如18世纪法国经济学家魁奈提出的经济表，是对总体经济循环框架的雏形；英国哲学家大卫·休谟提出的货币数量论思想，即物价总水平是由货币供应量来决定的，经过李嘉图、穆勒等学者的发展，形成了古典的货币数量论，现代货币学派代表人物弗里德曼以此为基础提出了现代货币数量论理论；马尔萨斯的有效需求概念被后来的凯恩斯借鉴；还有瑞典经济学家威克塞尔有关货币和利率的理论，等等。

二、古典学派理论

古典学派的方法就是相信市场的方法。对于市场机制我们在微观部分已经学习过，也就是相信以价格灵活波动、资源自由流动、人们对市场价格信号及时反应的一套机制可以把资源配置到合理的领域，从而保证宏观经济中的总供给和总需求一直会实现均衡的一种分析方法。这种分析方法在凯恩斯理论诞生以前是经济学分析的主要方法。该方法起源于亚当·斯密的《国富论》，经过李嘉图、穆勒、马歇尔等人的不断完善已经成为体系完善的分析框架。

应该说，古典学派的理论框架下的理论不能称为宏观经济学理论，但其中包含了后来宏观经济分析问题的思想和观点，所以也可以认为是古典宏观经济学方法。这一方法的核心是市场机制可以保证所有市场——商品市场、劳动市场、货币市场等都能运行良好，都能实现均衡，所以宏观经济能实现总体上的均衡。因为相信市场的这个作用，所以才有了萨伊定律，即供给会创造对产品的需求，这样供求自然不会失衡；才有了资金市场中作为资金提供方的储蓄和资金需求方投资的均衡，因为资金价格利率的灵活变动促成了这种平衡的实现；也才有了劳动力市场的均衡，因为工资可以灵活上下变动。

既然市场如此运行，那么政府政策的作用自然就不是去干预市场的独立运行，而是去“保护”市场的正常运行，是去消除干扰市场运行的因素。所以，这种方法其实是主张政府对正常的市场运行采取不干预政策，政府如果还想有所作为，就是创造良好的市场运行环境，如建立法规体系。当然，对于市场失灵的地方政府可以施展自己的影响，如提供公共物品等。

对古典学派形成致命打击的是近代经济史上最大的经济大萧条的发生。在这场空前严重的世界经济危机中，从表 11-6 可以看出，主要国家的国民产出水平(GDP)都出现了大幅度的下降，而且持续时间长，美国经济衰退达 43 个月。生产普遍过剩，失业不再是暂时的现象，产品市场、劳动力市场、资本市场处于较长时间的失衡。这场危机宣告了“萨伊定律”的破产。危机呼唤着新的经济理论诞生。

表 11-6 大萧条期间国民产出下降的幅度

国家	GDP 下降幅度	国家	GDP 下降幅度
阿根廷	−13.72	澳大利亚	−5.78
奥地利	−19.79	比利时	−7.09
加拿大	−24.08	智利	−30.02
法国	−14.66	德国	−23.50
墨西哥	−17.66	新西兰	−14.64
英国	−5.09	美国	−26.99
委内瑞拉	−21.20		

资料来源：Maddison, *Monitoring the World Economy* 1820—1992, OECD Paris, 1995。

三、凯恩斯主义理论

大萧条证明市场机制无法自动实现经济总体目标。所以，英国经济学家凯恩斯提出了不同于传统经济学的理论，他在 1936 年出版的《就业、利息和货币通论》一书中，摒弃了古典经济学关于市场会自动出清的假定，主要原因就在于工资和价格的黏性，或者说价格调整要慢于产量调整，因此市场上的供给与需求未必经常相等，“非出清”状态出现，均衡不再，“萨伊定律”也失效了。凯恩斯对为什么资源无法有效利用从而出现闲置提出的解释，原因就在于有效需求不足。因为有效需求不足，失业存在，产出下降。既然价格不能灵活调整，而且需求不足，所以就要从如何刺激需求来解决这些问题。他从总需求的角度分析了国民收入决定的问题。在政策上则提出了放弃自由放任、国家要积极干预经济的主张。

《通论》的出版，不仅带来了理论上的“凯恩斯革命”，产生了现代宏观经济学体系框架，而且在政策上对政府干预经济奠定了基础，自此以后，可以说走进了一个经济政策的新时代。

《通论》发表以后，经济学家们在理解、修正、完善或拒绝凯恩斯理论的基础上发展自己的思想，于是，在当代的经济学界形成了众多的经济思潮和流派纷争的局面。

四、非凯恩斯主义宏观经济学的形成和发展

20 世纪 70 年代初期以后，西方国家出现了大量失业与剧烈通货膨胀并存的“停滞膨胀”现象，凯恩斯主义宏观经济学的地位动摇了，一些非凯恩斯主义宏观经济学迅速兴起发展，其中最重要的就是货币主义、新古典经济学派等。

（一）货币主义

货币主义是以美国经济学家弗里德曼为代表的经济学流派。他们的基本观点主要有以下几方面。①市场机制在长期可以实现宏观经济均衡，应该让市场充分发挥作用。②政府干预，尤其是通过财政政策的干预，是造成滞胀出现的原因所在。③货币最重要。要让市场发挥作用，政府该做什么呢？货币主义的观点就是：控制好货币供应量。弗里德曼在古典货币数量论的基础上提出了新的解释，形成了现代货币数量论。他认为，货币供给对名义收入变动具有决定性作用。在短期，货币供给量可以影响实际变量，引起产量和就业变动。在长期中，货币供应量的作用就只是影响价格而不影响就业量和实际国民收入水平。

政策主张是：①反对凯恩斯主义的财政政策，认为财政政策不但无效，反而对经济有害；②反对“斟酌使用”的货币政策；③力主单一政策规则，以货币供给量作为货币政策的唯一控制指标，在没有通货膨胀的情况下，通过确定货币存量的不变增长率使货币存量稳定增长，以保障经济稳定。

货币主义对凯恩斯主义的批评，大大推进了宏观经济理论的进步与发展。

（二）新古典经济学

凯恩斯理论被认为面临两种挑战：①无法对滞胀在原有理论框架下给出合理的解释，因此也没有合理的政策可以提供；②如何与已经发展了 200 多年的原有理论衔接，即如何建立宏观经济学的微观基础。这就是另一学派经济学家对凯恩斯理论的批评了，这一学派，也被称为“新古典主义学派”，主要代表人物有卢卡斯、萨金特、华莱士、巴罗等。

这一学派从核心观点来看是相信市场机制，但对宏观经济存在的问题并不

否认，尤其是相信市场能够实现出清。该学派还有两个重要特征：①应该把分析宏观经济运行建立在个体利益最大化的基础之上；②经济行为人的预期是理性的，即认为人们利用可获得的信息所做出的关于将来的预见是准确的或逐渐接近于准确，所以也称理性预期学派。依据上述观点，他们对宏观经济学提出了许多新的思想和观点，许多已经产生了重要影响，如：实际经济周期理论、理性预期、卢卡斯批评、李嘉图等价等。

对宏观政策来说，该理论认为，既然人们的预期是理性的，并且会对政府的政策提前做出反映，因此政府任何在人们预期到的情况下实施的政策都是无效的。因此，他们主张回到古典学派相信市场机制的状态。从这一点上讲，新古典经济学派比货币主义在自由放任的道路上走得更远。

尽管有不同的争论，但各学派观点的相互借鉴融合趋势也非常明显，尤其是从实践的角度来看，谁能对现实经济给出合理的解释并提出有价值的建议，谁就很好地完成了经济研究的任务，毕竟经济学是致用之学。

专栏 11-2　　现代宏观经济学的共识

在20世纪60年代、70年代和80年代宏观经济学领域存在着激烈的争论。然而近来局面已经稳定下来。这不是说宏观经济学的争论时代已经结束，而是在几个关键的宏观经济问题上获得了广泛的共识。

为了更好明白现代宏观经济学的共识从何而来，还存在着什么争论，宏观经济学家对与宏观经济政策有关的五大关键问题的回答使他们相互区分开了，如表11-7所示。要注意的是古典宏观经济学并没有提出过其中的任何一个问题。从根本上说，古典宏观经济学家认为宏观经济政策不会有什么大的作为。

扩张的货币政策有助于治理经济衰退吗？

我们已经知道，古典宏观经济学家一般认为扩张的货币政策对于治理经济衰退不仅毫无作为而且有害。在凯恩斯主义经济学发展的早期，宏观经济学家们并不反对在经济萧条时采用扩张的货币政策，但是他们一般会怀疑它的有效性。米尔顿·弗里德曼及其追随者使经济学家们相信货币政策是完全有效的。

现在几乎所有的宏观经济学家都认为货币政策可以引起总需求曲线的移动，减少经济波动。古典学派关于货币供给的变化只影响总价格水平不影响总产出水平的观点现在已经很少有人赞同了。一部分凯恩斯主义经济学家曾经认为的货币供给变化收效甚微的观点，现在的支持者也同样人数寥寥。这一观点的例外情形是：当存在流动性陷阱时货币政策是无效的。

在治理经济衰退时财政政策有效吗？

相对于货币扩张政策，古典宏观经济学家对财政扩张的反对更为激烈。相反，凯恩斯主义经济学认为在治理经济萧条时财政政策处在核心地位。货币主义者认为，只要货币供应是稳定增长的，财政政策就是无效的。但是这样坚决的观点已经很少有人支持了。

许多宏观经济学家现在都同意，像货币政策一样，财政政策也会引起总需求曲线的变动。大多数宏观经济学家也同意，政府不应该无视经济状况而寻求预算平衡。他们都同意，财政预算作为自动稳定器会发挥我们在第十二章讨论的作用，有助于经济保持平稳状态。

货币政策和(或)财政政策有助于减少长期失业吗？

面对失业，古典宏观经济学家不相信政府能有所作为。一些凯恩斯主义经济学家走向了另一个极端，他们认为扩张政策可以永久保持低失业率，当然要付出一些高通货膨胀的代价。货币主义者相信失业不可能低于自然失业率水平。

几乎所有的宏观经济学家现在都接受了自然失业率假说。该假说也使他们接受了货币政策和财政政策的作用有限的观点。大多数宏观经济学家相信有效的货币和财政政策可以降低实际失业率围绕自然失业率水平波动的幅度，但是不能使用它们来使失业率保持在低于自然失业率的水平。

可以相机选择财政政策吗？

我们已经学过，关于财政政策的观点忽左忽右，从古典宏观经济学家的完全抛弃，到凯恩斯主义经济学的大力推崇，而货币主义者又提出批评。到今天，大部分宏观经济学家相信减税和增加开支在增加总需求上至少是可以部分发挥作用的。

许多(并非全部)经济学家认为相机选择的财政政策通常是有害的，我们在第十二章讨论过其中的原因：财政政策调整的滞后意味着经常出现的情况是出于治理经济衰退目的的政策最后成了对经济繁荣的火上浇油。

总之，宏观经济学的共识使得货币政策在稳定经济中发挥着首要作用。相机选择的财政政策只有在货币政策不能发挥作用的特殊情况下才能发挥主要作用，比方说日本在20世纪90年代时所面临的情形。

货币政策也应该采用相机选择的方法吗？

古典宏观经济学家认为货币政策不应该被用于治理经济衰退；凯恩斯主义经济学家并不反对相机选择的经济政策，但是他们怀疑政策的效果；货币主义者认为相机选择的货币政策弊多利少。到今天对此仍然争论多多。

目前宏观经济学家就如下观点达成了广泛的共识：

- 货币政策在稳定经济的政策中发挥着主要作用。
- 为了避免发生政治商业周期，不受政治压力的干扰，中央银行应该是独立的。
- 相机选择的财政政策应该节制，因为存在政策时滞和导致政治商业周期的风险。

但是对于中央银行如何制定政策仍然存在着争论。中央银行应该遵循一个简单、目标明确的政策，还是应该采用适合经济发展现状而相机选择的手段？中央银行应该确立目标还是不确立目标？近年来特别关心的问题是中央银行应该把对资产价格如股票价格的管理看成是自己责任的一部分吗？

表 11-7　各学派对宏观问题的回答和共识

	古典学派	凯恩斯学派	货币主义学派	现代共识
扩张的货币政策有助于治理经济衰退吗？	否	效果一般	是	是，除非特殊情形下
在治理经济衰退时财政政策有效吗？	否	是	否	是
货币政策和（或）财政政策有助于减少长期失业吗？	否	是	否	否
可以相机选择财政政策吗？	否	是	否	否，除非特殊情形下
货币政策也应该采用相机选择的方法吗？	否	是	否	未明确

资料来源：克鲁格曼、韦尔斯，《宏观经济学》，赵英军等译，中国人民大学出版社 2009 年版，第 534 页。

本章小结

1. 宏观经济学采取比较特殊的分析视角，将一个国家（或经济社会）作为一个整体来考察，研究经济中各有关总量的决定、变动及相互关系，以揭示整体经济的运行状况及规律，说明资源如何才能得到充分的利用。

2. 微观经济学与宏观经济学同属于一个理论体系，既有区别又有联系。

3. 宏观经济学研究的问题可以分为两类：一是理论上要研究的问题，经济增长与经济周期、失业、通货膨胀、国际收支与汇率；二是宏观经济政策问题。

4. 政策工具是政府采取的各种实现政府政策目标手段和工具的总称。从需求管理来看有两种政策工具：财政政策和货币政策。

5. 宏观经济学的理论有不同流派，各流派大致归结为两种：一种信奉自由放任的经济，另一种则信奉政府干预经济。

思考与练习

一、名词解释

国民生产总值　财政政策　货币政策

二、简答题

1. 请分析微观经济学与宏观经济学的区别与联系。

2. 宏观经济学理论研究的主要问题有哪些？

3. 经济增长的解释可有几种意义？你认为经济增长最核心的是什么？

4. 近 30 年，我国的经济增长表现出了哪些显著的特点？

5. 经济周期是什么意思？

6. 宏观政策目标有哪些？政府可采用哪些政策工具实现这些目标？具体执行中，面临的两个难题是什么？

7. 各学派对宏观问题达成了哪些共识？

>>>>>第十二章

国民收入核算

本章要点

本章将介绍国民收入核算的指标和方法，其中包括国内生产总值等一系列总量指标。学习计算国内生产总值的三种方法：生产法、支出法、收入法；了解如何从国内生产总值中导出国民生产总值、国民生产净值、国民收入、个人收入、个人可支配收入等指标。引入实际国内生产总值的概念可以剔除价格变动对国内生产总值的影响。

学习目标

掌握国内生产总值的概念，掌握计算国内生产总值的三种方法，掌握衡量国民收入的其他指标的概念及计算，了解与国民收入核算相关的一些概念。

宏观经济学以整个国民经济的活动为研究对象。因此，在分析宏观经济问题时，首先要解决国民经济总量的衡量问题，而国民收入核算(national income accounting)理论就是用来解决这一问题的。国民收入核算是定义和计算总产出或总收入的一套方法，它包括以国内生产总值为核心的一系列总量指标。本章将介绍国内生产总值的概念和核算方法，并讨论它与其他总量指标之间的关系。

第一节　衡量总产出的指标：国内生产总值

要对一个国家的产出水平作出评价，就得有一个衡量总产出的指标，目前各国普遍采用国内生产总值(gross domestic product，简称 GDP)来衡量。这是一个综合性衡量一国产出水平的指标。更准确地说，它是一定时期(通常为一年)在一个国家或地区范围内所生产的全部最终产品(包括产品和服务)的市场价值总和。这一概念含有如下几个方面的意思。

一、GDP使用市场价值而非数量进行计算

在微观中我们还可以用数量来标示产出，但在宏观经济学中，我们没有办法把它们在数量上进行加总，一国每年生产的产品千千万万，每个企业生产的产品又各不相同。所以，需要用货币这把尺子去度量一国所生产的各种最终产品，使性质不同的各种最终产品能够加总起来，得到一国产出的总价值，以便于比较各年度产出水平的高低。例如，某国第一年生产的是两件上衣和三斤大米，第二年生产的是三件上衣和两斤大米，那么，哪一年的产出水平高呢？这时需要借助于货币去度量上衣和大米的价值并加总，即：(上衣的数量×上衣的价格)+(大米的数量×大米的价格)，若在这两年内，上衣的价格为2元/件，大米的价格为1元/斤，则第一年的产出总价值为7元，第二年的产出总价值为8元，第二年的产出水平高于第一年。

二、GDP一般仅指市场活动导致的价值

家务劳动、自给自足生产等非市场活动，由于其目的不在于赢利且没有价格，不能计入GDP中。例如，一个女佣人给一位单身男主人提供的有偿家务劳动，可以计入GDP中，一旦她嫁给了男主人，同样的家务劳动，却不能计入GDP中，反而使得GDP水平“下降”。这说明，只有经过市场交换的产品和劳务，才能计入GDP中。

三、GDP测度的是最终产品的价值

所谓最终产品是一定时期内由最终使用人购买的产品和服务；中间产品是指由企业购买被用于生产最终产品和服务的那些产品和服务。中间产品价值不计入GDP中，否则会造成重复计算。

在现代经济中，许多的产品都经历了若干生产和分配阶段。例如一件上衣，农民种植棉花，以1元的价格卖给纺纱厂；纺纱厂把棉花制成棉纱，以2元的价格卖给织布厂；织布厂将棉纱织成棉布，以3元的价格卖给成衣厂；成衣厂制成上衣后，在市场中以5元的价格卖给消费者。一件上衣，经历了种棉、纺纱、织布、成衣等阶段，前三阶段的产品(棉花、棉纱、棉布)都作为生产要素投入到了下一阶段的生产中，其价值也随之转移到了下一阶段生产的产品中，它们是中间产品；而最后一阶段的产品(上衣)是最终产品。可见，中间产品指作为生产要素继续投入生产、流通过程中的产品和劳务，最终产品指提供给最后使用者的商品和劳务。那么一件上衣的生产，应该有多少计入GDP中？答案应该是5元，即最终产品的价值。如果不区分中间产品与最终产品，将所有产品的价值进行加总

(1 元+2 元+3 元+5 元=11 元)并计入 GDP,就会出现重复计算,GDP 的值会被夸大。原因在于中间产品的价值已转移到了最终产品中,把中间产品价值(1 元+2 元+3 元)与最终产品价值(5 元)相加,就造成了重复计算。

计算最终产品的价值的一种方法是加总每一生产阶段的价值的增加值,称为“增加值法”。每一阶段的增加值等于该阶段产品的价值减去购入的中间产品的价值。如表 12-1 所示,在上衣的例子中,其增加值总额为 5 元(1 元+1 元+1 元+2 元),这也等于最终产品上衣的价值 5 元。对于整个经济来说,所有的价值增加值之和必定等于所有的最终产品的总价值。

表 12-1　一件上衣在生产中的增加值　　单位:元

生产阶段	中间产品的价值	产品的售价	增加值
植棉	—	1	1
纺纱	1	2	1
织布	2	3	1
成衣	3	5	2

四、GDP 只与一定时期(如本年度)的产出有关

GDP 只包括计算期内(如 2010 年度)所生产的而不是所售卖掉的最终产品的价值。例如,某企业建造了两套新房,在本年度只卖掉一套,另一套未售出,成为企业的存货,因为 GDP 测度的是现期即本年度的产出,所以这套未售出的房屋的价值同样应计入本年度的 GDP 中。又例如,某人以 20 万元卖掉了一套旧房,但这 20 万元不能计入本年度的 GDP 中,因为它在生产的当年已经计算过了。

一些非生产性的交易不能计入 GDP 中。非生产性的交易具体表现为三类:证券的买卖、政府的转移支付(如福利补助、救济金、公债利息等)、个人转移支付(赠与)。证券的买卖仅仅是货币与证券之间的金融资产的转移,与生产行为无关;政府和个人的转移支付只是简单地把收入从一些人或组织转移到另一些人或组织,并没有引起本年度生产价值的增加,只引起了国民财富分配的变化。

五、GDP 按“国土原则”来核算

GDP 核算的是一国范围内生产的最终产品的市场价值,也就是说,只要在一国领土内生产的产品和劳务,无论它是否属于本国公民所生产的,都要核算,从而 GDP 是一个地域概念。而与此相联系的国民生产总值(GNP)则是一个国

民概念，它是指某国国民所生产的最终产品的价值。因此，一个在中国工作的美国人，所创造的价值要计入中国的 GDP 中，但不能计入中国的 GNP 中。

第二节　国内生产总值的核算

一、国内生产总值核算的思想

如何核算一个国家的 GDP 呢？描述宏观经济运行的简单收入循环图，为我们理解国内生产总值的核算提供了思路，见图 12-1。从宏观经济来看，一个经济体总产出的价值，从最终分配归属看应该属于该经济体所有要素所有者，即产品价值分解为：工资＋利息＋地租。这些收入自然也是该经济体支出的来源。

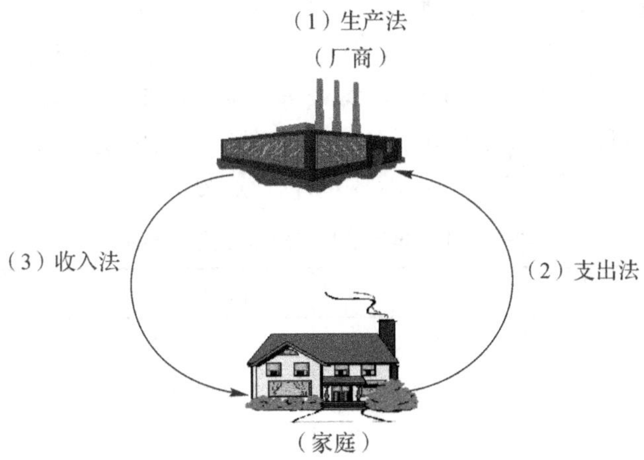

图 12-1　国民收入循环图

在简单的社会经济中，如果生产出来的最终产品都被卖掉，那么，生产出来的最终产品的总价值等于最终产品的总销售收入，也等于购买最终产品的总支出，即：

总收入＝总产出＝总支出

这样，我们就可以用三种方法核算 GDP：用生产法计算得到的总产出；用支出法计算得到的总支出；最终产品的总销售收入被分配成工资、利润、租金和利息，形成家庭的收入，即总收入。

从理论上讲，以上三种核算方法对 GDP 的衡量所得出的结果在量上是相等的。在实际统计中，当这三种方法计算的结果出现差异时，一般以支出法计算的结果为基准，用"统计误差"这一项目予以平衡。

二、核算国内生产总值的三种方法

第一种核算 GDP 的方法是把一国各行业生产的所有最终产品的价值进行加总。这种方法着眼于企业，把它们生产的全部最终产品和服务价值加总起来，所以叫“生产法”(或产品法)。

第二种方法着眼于购买本国生产的最终产品的支出。用购买本国各种最终产品的支出总和来求得 GDP，这种方法称为“支出法”。

商品和服务的生产，产生了家庭的收入，其形式有工资、利润、租金和利息。因此，第三种方法是把生产中形成的这些收入加总起来，称为“收入法”。

(一) 生产法

生产法是把一国一年内各产业部门生产的所有最终产品的价值加总来计算国内生产总值。采用生产法核算 GDP 时，一般统计的是各行业的产品的增加值之和。联合国 1993 年颁布的 SNA 体系，将一国产业细分为农业、采掘业、制造业、金融保险业、公用事业、商业、服务业等行业。我国 2007 年的 GDP 值见表 12-2。从表中可以看出，对我国 GDP 增长贡献率最大的是第二产业，2007 年的贡献率为 48.5%，第三产业为 40.4%，第一产业为 11.1%。

表 12-2　2007 年我国按行业增加值计算的 GDP

行　业	增加值(亿元)	占总增加值比重(%)
总　计	257305.6	100.0
第一产业	28627.0	11.1
农林牧渔业	28627.0	11.1
第二产业	124799.0	48.5
工　业	110534.9	43.0
采矿业	13460.7	5.2
制造业	87464.8	34.0
电力、燃气及水的生产和供应业	9609.2	3.7
建筑业	14264.1	5.5
第三产业	103879.6	40.4
交通运输、仓储和邮政业	14805.9	5.8
信息传输、计算机服务和软件业	5999.7	2.3
批发和零售业	18866.1	7.3

续　表

行　业	增加值(亿元)	占总增加值比重(%)
住宿和餐饮业	5547.2	2.2
金融业	13332.0	5.2
房地产业	12277.5	4.8
租赁和商务服务业	3771.6	1.5
科学研究、技术服务和	2925.8	1.1
水利、环境和公共设施管理业	1105.3	0.4
居民服务和其他服务业	3997.8	1.6
教　育	7286.3	2.8
卫生、社会保障和社会福利业	3804.5	1.5
文化、体育和娱乐业	1513.6	0.6
公共管理和社会组织	8646.3	3.4

注:按当年价格计算。

资料来源:《中国统计年鉴》(2009)。

(二) 支出法

支出法,又称最终支出法、产品流动法,是从使用者支出的角度出发,核算在一定时期内整个社会购买最终产品的总支出即最终产品的总买价。在现实生活中,最终产品的购买者是居民、企业、政府以及国外购买者。因此,用支出法核算GDP,就是核算经济社会在一定时期内居民消费、国内总投资、政府购买以及国外购买这几方面支出的总和。

1. 居民消费(C)。它是指居民个人的各种消费支出,包括购买的耐用消费品(如汽车、家电)、非耐用消费(如食品、服装)和劳务(如医疗、理发)的消费支出。请注意,购买住宅的支出不包括在内。

比较表 12-3、表 12-4,我们可以看出,我国消费支出在总支出中的比重偏低。

2. 国内私人总投资(I)。投资是指增加或更替资本品(包括厂房、住宅、设备及存货)的支出。国内私人总投资可分为三类:企业固定资本投资、居民住房投资以及存货投资。

企业固定资本投资:指企业购买的新厂房、新设备、新商业用房的投资。

居民购买住房投资:居民购买新建住宅属于投资。为什么它属于投资而不属于消费呢？因为住宅可以出租，和厂房、商业用房一样都可获得租金，即使自用住宅不出租时，理论上也可以估算房租。所以购买新住宅应计入投资。

存货投资：是企业在某年度的存货价值的增加（或减少）。企业为了保持连续的生产和经营，必须掌握一定的存货，从这个意义上讲，存货同厂房、设备一样，是人们生产出来的用于生产其他产品的资本财货，所以，存货价值的变动（增加或减少）被看作是投资。如果全国企业年末的存货为 2500 亿美元而年初的存货为 1000 亿美元，那么存货价值增加，存货投资为 1500 亿美元，存货投资是正值。反之，年末存货价值小于年初存货，存货价值减少，存货投资为负值。

在理解“国内私人总投资”时要注意折旧这一概念。资本品在使用中由于损耗而造成的价值减少称为折旧。总投资的一部分是用于更换已被折旧的老资本，总投资与折旧的差额为净投资，即当年净增加的投资。

专栏 12-1　　实际投资和金融投资

经济学家将“投资”（有时称为实际投资）定义为耐用资本品的生产。而在一般用法上，“投资”通常是指诸如购买通用汽车公司的股票或去开立银行存款户头这类东西。为了不致混淆，经济学家将后者称为金融投资。请不要将投资一词的两种用法混淆起来。

如果我从我的保险柜里取出 1000 美元购买网络股票，这并不是宏观经济学家称作的投资. 所发生的只是我将一种形式的金融资产转变为另外一种形式的金融资产，只有生产出有形的资本品时. 经济学家才认为形成了投资。

——资料来源：萨缪尔森、诺德豪斯，《经济学（18 版）》，人民邮电出版社 2008 年版，第 374 页。

3. 政府购买（G）。政府购买指各级政府购买物品和劳务的支出。如政府花钱设立法院、提供国防、开办学校等方面的支出。政府购买只是政府支出的一部分，政府的另一部分支出如转移支付等不计入 GDP 中，因为这类支出不是用于购买当年生产的产品与劳务，只是社会收入的转移。

4. 净出口。商品和服务的出口（X）是国外购买本国产品的支出。

商品和服务的进口（M）不是用于购买本国产品的支出，应从本国总购买中去除。

$X—M$ 称净出口，是出口减去进口得到的差额。

将上述项目加总，用支出法计算 GDP 的公式是：

$$GDP=C+I+G+(X-M)$$

我国 2007 年用支出法核算的 GDP 构成见表 12-3，图 12-2。其中没有具体给出政府购买的数。

表 12-3　2008 年用支出法核算的我国 GDP 的构成

项　目	总额(亿元)	所占比例(%)
国内生产总值	306859.8	100.00
最终消费	149112.6	48.59
资本形成	133612.3	43.54
货物和服务净出口	24134.9	7.87

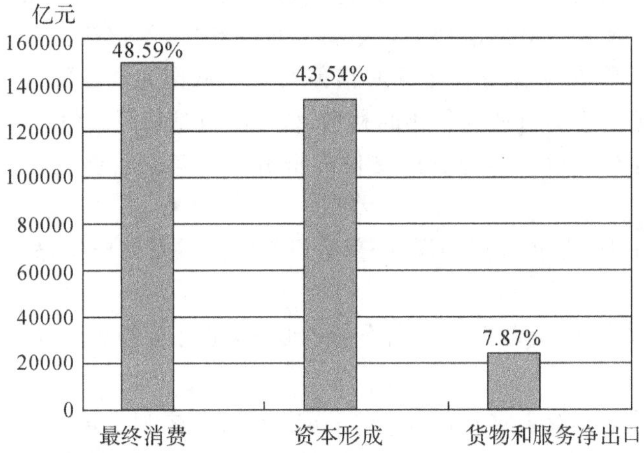

图 12-2　2008 年用支出法核算的我国 GDP 的构成

注：按不变价格计算。

资料来源：《中国统计年鉴》(2009)。

作为比较，我们看美国 2008 年用支出法得到的 GDP 值，见表 12-4。

表 12-4　美国 2008 年用支出法计算的 GDP

项　目	数额(10 亿美元)	占 GDP 百分比(%)
个人消费支出(C)	10130	70.0
私人国内投资(I)	2136	15.0
政府购买产品和服务支出	2883	20.0
产品和服务净出口	−708	−5.0
国内生产总值 GDP	14441	100.0

资料来源：*U. S. Bureau of Economic Analysis*。

（三）收入法

收入法，又称要素收入法、要素支付法。是企业为使用的生产要素支付的报酬之和。我们知道，生产要素基本上可以分为4种：劳动、资本、土地和企业家才能，所以相对应的收入分配也可以分为4种：劳动者工资、资本利息、土地租金和利润。

在核算GDP的账户中，上述收入可以具体对应如下项目。

1. 雇员报酬：是对劳动者提供服务的报酬。包括雇员的工资或薪金，还包括一些辅助项目，如社会保险、养老金和其他福利费等项目。

2. 净利息：企业借入资本支付给要素所有者的利息。企业借入资本，主要用于国民产出的生产，这种借贷所支付的利息应计入GDP中，如企业为债券支付的利息。其他如政府公债利息只是属于转移支付，不包括在GDP计算之内。这里“净利息”是指，如果居民还同时借债时就要从作为资本要素所有者得到的利息中减去他们作为借债人归还的利息，统计时只是计算净值。

3. 租金：对土地和其他资源支付的报酬。如房屋租赁收入、专利、版权等收入。

4. 企业利润：是指公司利润，一部分以红利形式发给居民，另一部分以未分配利润留存。

5. 所有者收入：是指归企业所有者的收入，是对其劳动、付出资本等的报酬再加上利润。

以上五项属于要素收入，应计入GDP。这五项之和也是以要素成本来衡量的国内生产总值的净值。也就是生产最终产品的要素总成本。现在使用的GDP概念是用产品和劳务的市场销售价格来衡量的。这样两者之间也就有了一些差异，在要素收入之外如折旧、企业的间接税等项目也包含在产品和劳务的销售价格中，所以在计算GDP时要在要素收入之外加上折旧、企业的间接税。

6. 折旧：它不是要素收入，但却包括在总投资中，而且产品的市场价格中含有资本的折旧，所以折旧应计入GDP。

7. 企业的间接税：间接税是消费者对所购买的商品和劳务支付的税收，通过企业再转交给政府，所以称为间接税。间接税虽然不是要素收入，但却被企业作为成本反映在销售价格中。所以企业间接税也应计入GDP。

此外，政府对企业还有补贴，因此，消费者对补贴产品支付的价格要低于厂商所得，要素成本大于市场价格，所以要从价格中减去。还有个人还需缴纳社会保险费，如果在计算个人收入时，可以不考虑在内。

这样用收入法来核算GDP为：

GDP＝雇员报酬＋净利息＋租金＋企业利润＋所有者收入＋折旧＋企业的间接税－补贴

表 12-5 按收入法计算的美国 2006 年 GDP

项目	数额(10 亿美元)	占 GDP 的比重(%)
(1)雇员报酬	7322	56.3
(2)净利息	706	5.4
(3)租金收入	77	0.6
(4)企业利润	1343	10.3
(5)所有者收入	1008	7.8
(6)间接税－政府补助	751.3	7.7
(7)折旧	1548	11.9
国内生产总值	13008	100.0

资料来源:帕金,《宏观经济学》(原书第 8 版),人民邮电出版社 2008 年版。

统计国内生产总值时,从理论上说按收入法得到的“总收入”和按支出法得到的“总支出”应该相等,但在实际核算中常有误差,因而还要加上调整和统计误差。

三、衡量国民收入的其他指标

在国民收入核算体系中,还包括与 GDP 定义略有不同的其他总量指标,如国民生产总值、国民生产净值、国民收入、个人收入、个人可支配收入。广义上讲,这些总量指标都叫国民收入;狭义上讲,只有其中的国民收入指标才能称为国民收入。

为了说明它们之间的关系,我们从 GDP 开始,加上或减去各种数量,然后导出其他总量指标。

(一) 国民生产总值

国民生产总值(gross national product,简称 GNP)是指在一定的时期(通常为一年)内由一国公民所生产的最终产品的市场价值总和。GDP 是按国土原则计算的,而 GNP 是按国民原则计算的。

国民生产总值(GNP)＝国内生产总值(GDP)＋本国公民在国外获得的要素收入－外国公民在本国获得的要素收入

从“本国公民在国外所获得的要素收入”中扣除“外国公民在本国所获得的

要素收入”，称为“净国外要素收入”，所以，

国民生产总值(GNP)＝国内生产总值(GDP)＋净国外要素收入

(二) 国民生产净值

国民生产净值(net national product，简称 NNP)是指在一定的时期(通常为一年)内由一国公民新创造出来的最终产品的价值。它等于 GNP 扣除折旧后的剩余部分。任何产品的市场价值中不但包含有消耗的原材料、燃料等的价值，还包含有使用的资本的折旧。最终产品价值中并未扣去资本消耗的价值，因此还不是净增价值。如果把最终产品价值中消耗的资本价值也扣除了，就得到净增价值，因而从 GNP(最终产品的价值总和)中扣除折旧，就得到 NNP。

国民生产净值(NNP)＝国民生产总值(GNP)－折旧

同样地，

国内生产净值(NDP)＝国内生产总值(GDP)－折旧

(三) 国民收入

国民收入(national income，简称 NI)是指一国在一定时期(通常为一年)内用于生产的各种生产要素所得到的报酬总和，它包括工资、利息、租金、利润等。折旧、间接税虽然构成产品的价格，但不是要素收入，应扣除。相反，政府给企业的补助金虽然不列入产品价格，但成为要素收入，应加入。

国民收入(NI)＝国民生产净值(NNP)－间接税＋政府对企业补助金

(四) 个人收入

个人收入(personal income，简称 PI)是指一国在一定时期(通常为一年)内所有个人得到的全部收入之和。要素报酬意义上的国民收入并不会全部成为个人收入。如公司利润收入中，一部分要给政府缴纳所得税，一部分公司留存，剩下的一部分利润才会以红利和股息形式分给个人。另外，公司职工还要向社会保险机构缴纳社会保险税(费)。与此同时，个人收入也会因政府和企业给予个人的转移支付(如失业救济金、职工养老金、企业的捐款等)、利息调整等途径而增加。这里的利息调整是指不包含在利息净额(个人从企业获得的因资金借贷所产生的利息)中的利息收入，如消费者之间相互支付的利息。因此，从国民收入中减去公司未分配利润、公司所得税、社会保险税(费)，加上政府和企业给予个人的转移支付、利息调整，大体上就得到个人收入。

个人收入(PI)＝国民收入(NI)－公司所得税－公司未分配利润－
社会保险税(费)＋政府和企业向个人的转移支付

(五) 个人可支配收入

个人可支配收入(personal disposable income，简称 DPI)是指一国在一定时

期(通常为一年)内所有个人可以随意支配的全部收入。它等于个人收入扣除个人所得税后的余额。个人可支配收入可以分为个人消费和个人储蓄两部分。

个人可支配收入(DPI)=个人收入(PI)-个人所得税

专栏 12-2 20 世纪伟大发明之一:国民收入核算账户

与现代宏观经济学类似,国民收入核算账户的诞生同样是源于大萧条。在经济陷入萧条的时候,政府官员发现,他们的反应能力不足不仅是由于缺乏足够的经济理论,缺乏足够的信息也带来许多问题。他们所拥有的只是散乱的统计数据:铁路货运数据、股票价格,以及工业生产的不完全指数。他们只能猜测整体经济的大致状况。

商务部对缺乏信息这种状况的反应是任命西蒙·库兹涅茨,一名年轻的俄裔经济学家,来开发一套国民收入账户体系。(库兹涅茨后来因这项工作而获得了诺贝尔经济学奖)该账户体系的第一版见于名为《国民收入(1929—1935)》的研究报告,它于 1937 年提交国会。

开始的时候,有部分人士对此类账户体系的有用性表示怀疑。1936 年,英国经济学家约翰·梅纳德·凯恩斯出版了《就业、利息与货币通论》一书,这标志着现代宏观经济学的诞生。

凯恩斯反对采用总产出或总体价格水平等概念:"声称今天的净产量比十年前或一年前高,但价格水平比十年前或一年前低,这就好比是说维多利亚女王作为一个女王比伊丽莎白女王好,但作为一个女人不如伊丽莎白女王幸福——这种说法尽管并非无聊或者没有意义,但是不适合用于微积分计算。"但是宏观经济学家们很快就发现,总产出和总体价格水平等概念在赋予实际数据指标之后对于理解经济发展状况非常有帮助。

库兹涅茨最初的测算因为针对收入而不是产量,因而还不能构成现代账户体系的全部。对国民收入核算账户的扩充工作完成于第二次世界大战期间,当时政策制定者们掌握整体经济状况的愿望比以前更为急迫。联邦政府从 1942 年开始发布国内生产总值和国民生产总值的测算数据。

2000 年 1 月,商务部出版的《现代商业概览》(*Survey Current Business*)中刊登了一篇题为《GDP:20 世纪的伟大发明之一》的文章。这似乎有些言过其实,但是美国发明的国民收入账户核算体系迄今确实已经成为一个世界通用的经济分析和政策制定的工具。

——资料来源：克鲁格曼、韦尔斯，《宏观经济学》，赵英军等译，中国人民大学出版社 2009 年版，第 207 页。

第三节　关于国民收入核算的几点说明

一、名义国内生产总值与实际国内生产总值

名义国内生产总值（ nominal GDP ）是以生产物品和劳务的当年价格计算的全部最终产品的市场价值。引起名义国内生产总值变动的原因有二：一是所生产的物品和劳务的数量变动；二是物品和劳务的价格变动。数量变动引起的名义国内生产总值变动，反映了国民产品总量的实际变动，而价格变动引起的名义国内生产总值变动，不能真实地反映国民产品总量的实际变动，如果要比较不同年度国民产品总量的大小，就必须剔除价格变动对国内生产总值的影响。剔除的方法是引入实际国民生产总值的概念。

实际国民生产总值（real GDP）是以（某一年）基期价格计算的现期全部最终产品的市场价值。

例如某国只生产两种最终产品：大米和上衣。两种产品在 2010 年、2011 年、2012 年的价格和产量见表 12-6 所示。

名义 GDP 为：2010 年的名义 GDP ＝2010 年的价格×2010 年的产出，具体等于 2000 元；2011 年的名义 GDP＝2011 年的价格×2011 年的产出，等于 7700 元；2012 年的名义 GDP＝2012 年的价格×2012 年的产出，等于 10800 元。

实际 GDP 以 2010 年确定为基期，按 2010 年价格来计算这三年的实际 GDP。

$$\left.\begin{array}{l}\text{2010 年的产出}\\ \text{2011 年的产出}\\ \text{2012 年的产出}\end{array}\right\}\times \text{2010 年的价格}\left\{\begin{array}{ll}\text{2010 实际 GDP} & \text{2000 元}\\ \text{2011 实际 GDP} & \text{3100 元}\\ \text{2012 实际 GDP} & \text{3600 元}\end{array}\right.$$

在上例中，2011 年的名义 GDP 比 2010 年的名义 GDP 增加了 285 %＝[(7700－2000)÷2000×100%]，2012 年的名义 GDP 则比 2011 年的名义 GDP 增加了 40.26 %。扣除物价变动因素，2011 年的实际 GDP 比 2010 年的实际 GDP 只增加了 55%，2012 年实际 GDP 比 2011 年的实际 GDP 只增加了 16.1%，此处的增加完全是由于产量的增加所带来的。可见，通过把价格固定在基期水平得到实际 GDP，就能比较不同年度国民产品总量的大小，从而反映社会福利的实际改善。

某一年名义 GDP 和实际 GDP 的差别，可以反映出这一时期和基期相比价

格变动的程度。名义 GDP 与实际 GDP 的比值称为 GDP 缩减指数，计算公式如下：

$$\text{GDP 缩减指数} = \text{名义 GDP} / \text{实际 GDP} \times 100$$

在上例中，基期(2010 年)的 GDP 缩减指数为 100，2012 年 GDP 缩减指数为 300，表明 2012 年相比于基期物价水平上升了 200%。因此，GDP 缩减指数可以反映社会经济物价变动的程度，一般来说，GDP 缩减指数的大幅上升意味着通货膨胀，而大幅下降则意味着通货紧缩。

表 12-6 名义 GDP 与实际 GDP

年份	① 大米价格（元/斤）	② 大米产量（斤）	③ 上衣价格（元/件）	④ 上衣产量（件）	⑤ 名义 GDP(元) ①×②+③×④	⑥ 实际 GDP(元) ②×1+④×2	⑦ GDP 缩减指数 ⑤/⑥×100
2010	1	1000	2	500	2000	2000	100
2011	3	1500	4	800	7700	3100	248.4
2012	4	1200	5	1200	10800	3600	300

表 12-7 我国按 2000 年价格计算的实际 GDP 和名义 GDP

年份	(1)按 2000 年价格计算的 GDP(亿元)	(2)按当年价格计算的 GDP(亿元)	(3)=(2)−(1)（亿元）	(4)=(2)÷(1)（%）
2000	99214.55	99214.55		
2001	107449.7	109655.2	2205.49	2.01
2002	117208.3	120332.7	3124.36	2.60
2003	128958.9	135822.8	6863.85	5.05
2004	141964.5	159878.3	17913.87	11.20
2005	156775.3	183217.4	26442.13	14.43

资料来源：《中国统计年鉴》(2007)。(3)、(4)两栏系笔者自己计算。

二、人均国内生产总值

GDP 反映了一国总产出、总收入的大小，考虑到人口规模，把 GDP 除以人口总数就得出人均 GDP，用人均 GDP 可以更好地衡量一国经济发展水平。例如，中国的 GDP 总量虽然较大，但人均 GDP 却较低，见表 12-8。

表 12-8 1997—2008 年中国与世界前十位国家和地区人均国民总收入比较

单位:美元

位次	1997 年		2008 年	
	国家和地区	人均国民总收入	国家和地区	人均国民总收入
1	列支敦士登	50000	列支敦士登	①
2	卢森堡	47740	百慕大	①
3	瑞士	44440	挪威	87070
4	日本	38420	卢森堡	84890
5	挪威	36920	海峡群岛	68640
6	百慕大	35990	瑞士	65330
7	丹麦	34670	丹麦	59130
8	开曼群岛	32000	卡塔尔	①
9	美国	29910	瑞典	50940
10	新加坡	27180	荷兰	50150
	中国	750(145)	中国	2770(130)

注:①无数据,近似排位。

资料来源:世界银行数据库。

三、比较不同国家的 GDP 水平:利用购买力平价方法

不同国家人均 GDP 是用本国货币计算的,进行人均 GDP 的国际比较常用的方法有两种。一是按照名义汇率将人均 GDP 折算成一种共同的货币(如美元),但名义汇率与购买力无关,例如,2003 年 1 美元可以兑换 8.275 元左右的人民币,然而 1 美元在美国购买的商品与 8.275 元在中国购买的商品数量是不同的。二是按照“购买力平价”将人均 GDP 折算成一种共同的货币,购买力平价(purchasing power parity 简称 PPP)是以购买力计算的两种不同国家货币之间的兑换比率,一般说来,两个国家同一组数量、质量相同的商品或服务的总价格之比,就是体现两国货币实际购买力的换算率,即购买力平价。举一个汉堡包的经典案例,如果一个汉堡包在美国 2 美元能买到,在英国 1 英镑也能买到。那么,按购买力平价计算,2 美元可以兑换 1 英镑。

通过购买力平价,美国和英国一个汉堡包可以调整为相同的价格,同样,这两个国家同一组数量、质量相同的商品或服务也可以调整成相同的价格。以购

买力平价计算 GDP,就可以修正不同国家的价格差异,使真实产出和支出水平的有效比较成为可能。实际上,各国在比较人均 GDP 时,大多采用基于购买力平价的人均 GDP 数据。

以名义汇率折算的 GDP 与以购买力平价折算的 GDP 区别非常大。表 12-9 是国际货币基金组织核算的按 PPP 汇率和按市场汇率计算的世界上主要国家的 GDP 在世界 GDP 总和中的份额。从中可以看出,两者差异较大,有些国家用 PPP 计算的 GDP 要小于按市场汇率计算的值,如美国、日本、英国、法国等,但有些国家则为要高出许多,如中国、印度、俄罗斯和巴西。

表 12-9 2007 年用 PPP 汇率和市场汇率计算的主要国家 GDP 占世界 GDP 总额的份额

国家	(1)按 PPP 汇率计算的 GDP 份额	(2)按市场汇率计算的 GDP 份额	(1)/(2)
美国	21.36	25.51	0.84
中国	10.83	5.99	1.81
日本	6.61	8.08	0.82
印度	4.58	2.02	2.27
德国	4.34	6.12	0.71
英国	3.30	5.11	0.65
俄罗斯	3.18	2.38	1.34
法国	3.17	4.72	0.67
巴西	2.81	2.42	1.16
意大利	2.76	3.88	0.71

资料来源:*IMF World Economic Outlook*,2008(4)。

四、GDP 统计不足之处

GDP 主要是用来衡量一国的总产出,但很多时候 GDP 被作为衡量和比较福利指标来使用。一般说来,GDP 水平高的国家,人民享受的福利水平越高。但两者并非完全等价,许多反映福利的因素没有反映在 GDP 中。如下方面即是其中的一些。

(一) 没有包括非市场的经济活动

家务劳动:许多与人们生活改善的活动,可能并没有市场价值,如许多家务劳动以及 DIY 的活动。

地下经济活动：这是指那些没有上报政府机构和统计机构的经济活动，其中既有合法活动（如私下进行的一些临时性质的雇工），目的是逃避税收；也有非法活动（如毒品、走私等）。

专栏 12-3　为什么发展中国家的地下经济规模庞大？

最新估计，美国地下经济的规模为 GDP 的 8%，西欧国家为 13%。但在某些发展中国家，地下经济超过了 GDP 的一半。在发展中国家，地下经济涉及的是那些非正规部门，以区别于用产品和服务衡量的正规部门。尽管产品和服务的产出是否包括在 GDP 中看上去似乎并不重要，但大规模非正规部门的存在可以看成是政府政策阻碍经济成长的一种标志。

因为非正规部门的企业基本上是非法经营，它们一般比正规部门的企业规模更小，投资更少。其创办者可能会担心某天他们的企业被政府关闭或充公，因此，企业主们会限制对企业的投资。结果，这些企业的工人只有更少的机器装备可供使用，从而只能生产更少的产品和服务。非正规部门的企业主同样必须支付成本避免政府权威。这些成本可以是以贿赂政府官员的方式存在。巴西非正规部门的建筑企业必须雇用报信者，当政府的检察人员靠近时能够及时通知工人们躲藏。非正规部门的规模在某些国家相当之高，因为税赋很高且政府规制很广泛。比如，巴西的企业支付了全国总税收的 85%，而这一数据在美国则是 41%。意料之中的是，一半的巴西工人受雇于非正规部门。在津巴布韦和秘鲁，非正规部门的工人占到工人总数的 60%～70%。

很多经济学家认为，发展中国家的税赋如此之高是因为这些国家试图保持相当于其他工业化国家的政府部门，而这样的政府部门对这些国家的经济而言，又过于庞大。比如，巴西的政府支出是 GDP 的 39%，而美国是 37%。20 世纪早期，当时美国远比今天要穷的多，政府支出只占 GDP 的 8%，因此当时美国企业税赋很低。在巴西这样的国家，把企业从非正规部门带入正规部门，需要政府缩减支出和税赋。然而在许多发展中国家，投票者又不情愿政府减少服务。

——资料来源：转引自 Hubard and O'Brien，*Macroeconomics*，3e，Prentice Hall，2010，P. 220。

（二）没有包括对闲暇时间的估价

闲暇显然是福利水平重要的组成部分。借助现代科学技术水平手段的丰富和功能提高，现代人的工作时间已经大大缩短，这也是现代人福利水平提升的重要方面。工业发达国家普遍的工作时间要比发展中国家短，如图 12-7

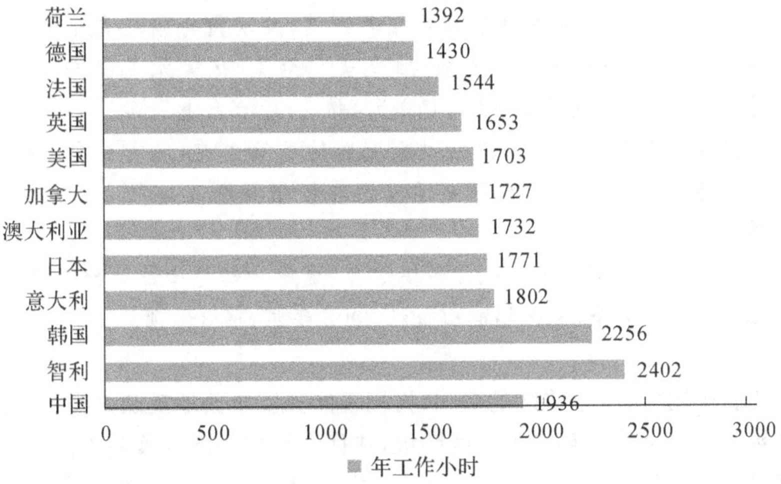

图 12-7 中国与一些国家每名工人每年工作小时对比(2008 年)

资料来源：其他数据来自 OECD Statistics，2009；中国工作日除正常假日外，按每人每年休息 8 天带薪假计算。

（三）没有对环境成本进行扣除

对污染、生态环境破坏、交通拥挤等造成的福利损害从 GDP 中扣除，尽管也进行绿色 GDP 的扣除，进行碳交易，但显然对其中有许多低估。

（四）没有对犯罪等社会问题进行调整

生活周围环境显然影响福利水平。

（五）收入分配状况没有得到反映

许多国家的情况都证明，在经济增长后，如果居民收入分配不平等加剧带来的可能是福利水平的下降，这会引发许多社会不稳定的问题。

专栏 12-4　　美国的扩充国民收入账户

1944 年，美国商务部公布了扩充国民收入账户，其中包括了环境账户(有时也称绿色账户)，用来统计自然资源和环境资源对国民收入的贡献。第一步工作是设计用来统计石油、天然气、煤等地下资源对经济的贡献的账户。

环境批评家指出,美国人喜欢浪费的生活方式,并正在挥霍着宝贵的自然资源。许多人对于绿色账户的分析结果感到震惊,该分析考虑到,勘探新发现增加了我们已探明的资源储量,而开采减少或消耗了这些储量,事实上,这两种活动正好相互抵消:发现量与消耗量相抵之后的净影响从1958—1991年在负20亿美元至10亿美元范围内。而这一时期年均GDP大约是4200亿美元(按1992年价格计算)。

在我们对非市场的经济活动有完整的了解之前,还有许多进一步的工作要做。经济学家和环境学家正在仔细观察着这些令人激动的进展。

——资料来源:保罗·A.萨缪尔森、威廉·诺德豪斯,《经济学(第18版)》,肖琛等译,人民邮电出版社2008年版,第380页。

在发展中国家,由于传统的GDP指标不能如实全面地反映人类社会经济活动对自然资源的消耗和环境品质的降级,往往会导致经济发展陷入高耗能、高污染和高浪费的粗放型发展误区,从而对人类社会的可持续发展产生负面影响。为了弥补传统GDP在资源和环境核算方面存在的诸多缺陷,一些政府组织和国家逐步开展了绿色GDP账户体系的编制和试算工作,并取得了一定的进展。在中国,一些地方启动了绿色GDP试点工作,试图在现行GDP核算体系的基础之上,加上资源环境核算,建立绿色GDP核算账户。

本章小结

1. 国内生产总值(GDP)是一定时期(通常为一年)在一个国家或地区范围内所生产的全部最终产品(物品和劳务)的市场价值总和。

2. 核算国内生产总值有三种方法:生产法、收入法、支出法。

3. 用支出法计算GDP的公式是:$GDP=C+I+G+(X-M)$。

4. 衡量国民收入的其他指标:国民生产总值、国民生产净值、国民收入、个人收入、个人可支配收入。

5. 名义国内生产总值(nominal GDP)是以现期价格计算的全部最终产品的市场价值。实际国民生产总值是以基期价格计算的现期全部最终产品的市场价值。

思考与练习

一、名词解释

国内生产总值　国民生产总值　名义国内生产总值　实际国民生产总值
最终产品　中间产品　折旧　存货投资　净投资　净出口　国民生产净值
国民收入　个人收入　个人可支配收入　人均国内生产总值

二、简答题

1. 下列项目是否计入 GDP 中？为什么？

(1)政府的转移支付　　(2)购买一辆用过的二手车

(3)购买普通股票　　(4)购买新住宅

2. 计算 GDP 的三种方法有什么区别和联系？

3. 请举例说明,GDP 是福利水平的一个良好指标。

4. 请举例说明,GDP 并非表示福利水平的一个良好指标。

三、计算题

1. 根据下列统计资料(见表 1),计算国内生产总值(GDP)、国内生产净值(NDP)、国民收入(NI)、个人收入(PI)、个人可支配收入(DPI)

表 1　　单位:亿美元

净投资	125
净出口	15
储蓄	130
资本折旧	50
政府转移支付	80
企业间接税	70
政府购买	75
社会保险金	30
个人消费支出	500
公司未分配利润	10
公司所得税	50
个人所得税	5

2. 一个经济社会生产三种产品:书本、面包、牛奶,它们在 1998 年、1999 年、2000 年的产量和价格如表 2 所示:

表 2

	1998 年		1999 年		2000 年	
	数量	价格	数量	价格	数量	价格
书本(本)	100	10 美元	110	10 美元	115	15 美元
面包(条)	200	2 美元	250	3 美元	260	3 美元
牛奶(斤)	500	1 美元	450	1.5 美元	500	2 美元

试求：

(1)1998 年的名义 GDP;1999 年的名义 GDP;2000 年的名义 GDP。

(2)以 1998 年为基期,1998 年的实际 GDP;1999 年的实际 GDP;2000 年的实际 GDP;1999 年和 2000 年实际 GDP 变化多少百分比。

(3)以 1998 年为基期,计算 1999 年和 2000 年的 GDP 缩减指数。

第十三章 总支出与国民产出水平的决定：短期视角

本章要点

国民产出水平决定是宏观经济学的核心理论。本章重点考察的是在短期国民产出水平是如何决定的。该模型的基本假设是，总支出（总需求）决定国民产出水平。基于这个假设，模型进一步得出结论，总支出的变化将使国民产出成倍变化，乘数理论对此做了较为全面的分析。而乘数—加速模型对于经济周期性波动的问题进行了较为系统的阐述。

学习目标

理解在短期国民产出决定水平如何由总支出（总需求）决定的模型；熟悉消费函数、储蓄函数与投资函数的含义；熟练掌握两部门、三部门和四部门国民产出决定模型；熟练掌握乘数理论；掌握均衡国民产出的变动；了解通货膨胀缺口和通货紧缩缺口；掌握经济周期理论，并用其解释经济波动的原因。

国民产出水平，也就是实际GDP水平，是如何决定的，有不同的分析视角。短期和长期关注的因素并不相同，本章我们关注短期，下一章我们从长期视角来分析。

本章分析传统凯恩斯主义关于国民产出决定的基础理论模型，也就是讨论在短期国民产出水平怎样决定的问题。为了讨论方便，根据短期特征，我们做如下假设。

第一，利率水平不变，即厂商投资不受利率变动影响。这一假设的含义是暂时不考虑货币因素在总需求分析中的作用，目的是分析实物经济条件下国民产出均衡所需的条件，即在分析产品市场上的国民产出均衡问题。

第二，价格不变。厂商能提供在既定价格水平上市场需要的任何数量的产品，这就是说总供给曲线是完全平坦的。

由于基本模型仅涉及产品市场的分析，所以称之为简单的国民产出决定模型。在随后的IS-LM模型和总需求与总供给模型的分析中将逐渐放松这些假设条件。

第一节　总需求、总供给与国民产出概述

一、总需求与总供给

总需求(aggregate demand,AD)是指在其他条件不变的情况下,在给定一个价格水平时对一国产品和劳务需求的总价值,其中包括:消费支出、投资支出、政府购买以及净出口。如图13-1所示,横轴代表国民产出(Y),纵轴代表价格水平(P),总需求是一条向右下方倾斜的曲线(AD)。

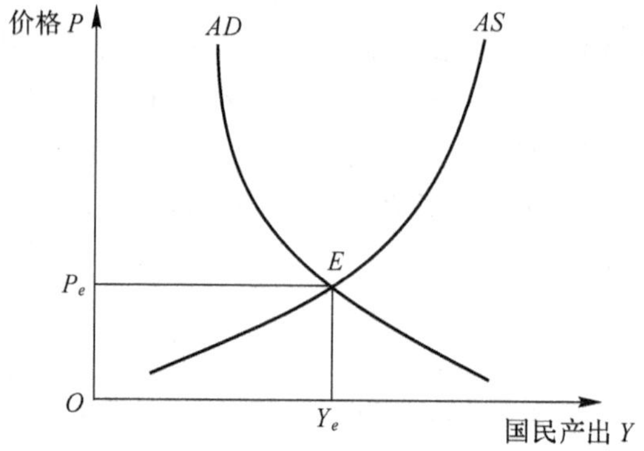

图 13-1　总需求与总供给

所谓总供给(aggregate supply,AS),是在每个给定的价格水平上,一个经济体中所有厂商愿意提供的产品和劳务的价值总和,也就是实际GDP水平。如图13-1所示,总供给曲线是一条向右上方倾斜的曲线(AS)。

当总需求等于总供给时,即AD与AS相交于E时,实现了宏观经济均衡,如图13-1所示,国民产出水平为Y_e,价格水平为P_e。

二、总供给曲线的不同形状

对于总供给曲线的形状,不同学者和学派有不同的看法。图13-1中是普通意义上的总供给曲线,总供给水平与价格水平同方向变动,总供给曲线是倾斜向上的。但是,总供给曲线有两种重要的特例:凯恩斯主义总供给曲线与古典总供给曲线。

凯恩斯主义总供给曲线是一条水平的总供给曲线,表明在既定的价格水平时,厂商愿意供给社会所需求的任何数量产品,如图13-2所示。对于这种曲线的存在,凯恩斯认为,当社会资源闲置严重,如高失业率时期,厂商可以在现行工资水平上雇用到它们所需要的劳动力,生产成本不会随产量的变动而变动,厂商

愿意在现行价格之下供给任何数量的产品。

从图 13-2 可以看出，如果总供给曲线是水平的，则均衡国民产出将由总需求曲线的位置决定。例如，如果总需求曲线为 AD，则均衡产出为 Y_e；如果总需求曲线移动到 AD_1，则均衡产出为 Y_{e1}。直至实现充分就业之前，均衡产出水平均由总需求决定。换句话说，与总需求相等的产出为均衡国民产出。

古典总供给曲线是一条垂线，表明无论价格水平如何变动，总供给都是不变的，如图 13-2 所示。古典总供给曲线是根据劳动市场总是处于充分就业均衡的假设提出的。即由于全部劳动力都得到了就业，即使价格水平再上升，产量也无法增加，国民产出已经实现了充分就业。从长期看，经济是可以实现充分就业的，古典总供给曲线反映的是长期总供给曲线。

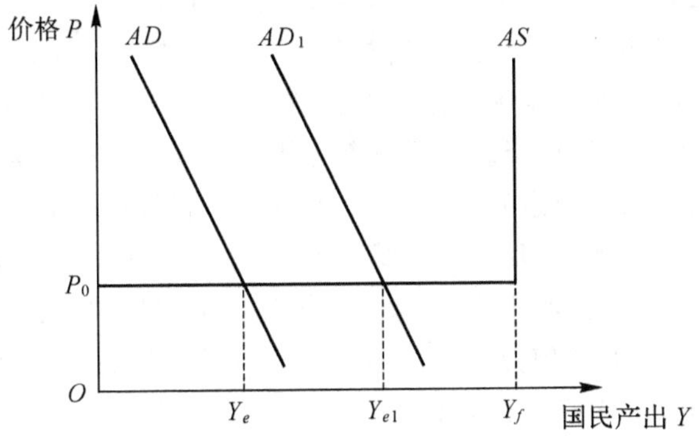

图 13-2　总需求决定国民产出

第二节　凯恩斯主义宏观模型

一、均衡国民产出

简单的国民产出水平决定模型建立在凯恩斯的短期总供给曲线为水平的情况下，均衡的国民产出水平就取决于总需求水平。即在厂商有闲置生产能力的情况下，总需求越多，厂商所提供的产出量越多。

在凯恩斯的简单国民产出水平决定模型中，一般用总支出（AE）来替代总需求（AD）的概念。两者不同之处在于，总需求（AD）取决于价格水平，而总支出（AE）是在价格水平不变的情况下，取决于国民产出（国民收入）水平。

简单国民产出水平决定模型是假定价格不变的情况下来分析国民产出如何决定，所以这里用总支出的概念进行分析。

总支出由四项构成:消费、投资、政府购买和净出口,或者:

$$AE=C+I+G+NX \tag{13.1}$$

在凯恩斯模型中,是计划总支出变化决定了国民产出也就是实际 GDP 水平和波动。因此,总支出几项都应该是计划消费、计划投资、计划政府购买和计划出口减去计划进口。

均衡国民产出是指宏观经济实现均衡时的总产出,也就是当总支出等于总产出或者说实际 GDP 时的产出水平。

为了进一步说明总支出如何决定和影响国民产出水平,我们还需要介绍一下计划总支出和实际总支出的区别。计划总支出中,计划投资、计划政府支出和计划出口不受实际 GDP 影响,消费计划和计划进口会受到实际 GDP 影响。

实际总支出是实际实施的支出,总是等于国民产出水平。

计划总支出与实际总支出不一定相等。这主要源于计划消费、计划政府开支和计划投资可能会实际实施。但厂商投资中,有一部分计划投资和实际投资会出现差异,那就是存货投资。计划投资可能大于也可能小于实际投资,这样存货就可能低于或者高于合意的存货水平(也就是厂商愿意保留的水平)。

为了了解凯恩斯理论,我们还需要引入 45°线。如图 13-3 所示,纵轴表示计划总支出,横轴表示国民产出水平(实际 GDP)。45°线到横轴距离等于到纵轴距离。因此 45°线上的任何点都有 $Y=AE$,也就是计划总支出水平等于国民产出水平,即实际 GDP 水平。计划总支出用 AE 表示,国民产出水平为 Y_e。在 Y_e 右边表示国民产出(产出)超过计划总支出,厂商所持有的存货超过合意的存货水平,这时厂商将会减少生产,国民产出水平会因此下降;相反,在 Y_e 左边表示国民产出(产出)小于计划总支出,厂商所持有的存货低于合意的存货水平,这时厂商将会增加生产,国民产出水平会因此上升。因此,计划总支出水平等于国民产出水平就是所谓的均衡国民产出水平。

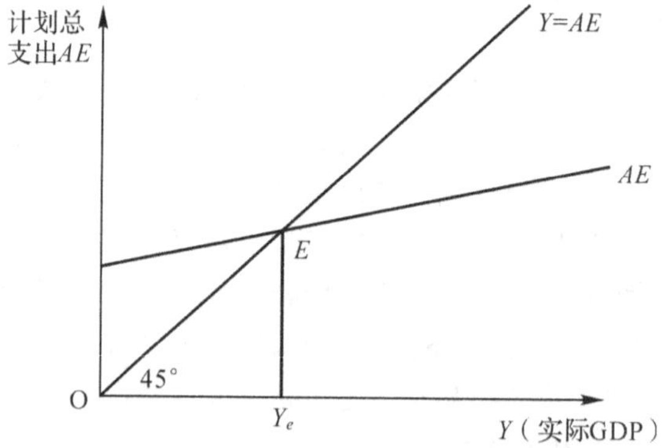

图 13-3　45°线、计划总支出和均衡国民产出水平

二、消费函数、储蓄函数与投资函数

下面我们分别考察总支出的构成因素。为了简化起见，暂不考虑政府支出和进出口。

（一）消费函数

影响人们消费支出的因素很多：当前可支配收入、财富、预期收入和价格水平等。但可支配收入是最重要的。

消费支出显然会随着可支配收入水平的提高而增加（我们用 Y_d 代表个人可支配收入）。那么，消费和可支配收入之间的这种关系表示为消费函数。

$$C=\alpha+\beta Y_d \quad \alpha>0 \quad 0<\beta<1 \tag{13.2}$$

可支配收入（Y_d）又如何定义呢？我们从第十二章知道，可支配收入可近似表示为：可支配收入＝国民收入－税收。

这里有必要再改变一下视角，那就是国民收入。从计算来看，国民收入与国民产出水平（实际 GDP）之间尽管存在一些差异，但从总量和我们分析问题的目的来看，其中的差异对分析问题没有影响。因此，在下面我们将根据分析需要分别使用国民收入、国民产出（实际 GDP），意义是等价的，于是：

可支配收入＝国民产出－税收

如果考虑到政府因素，居民可支配收入还包括：政府转移支付（T_R）－向政府纳税（T_x）之后净值。在两部门经济中，因为 $T_R=T_x=0$，所以 $Y=Y_d$，则消费函数为：

$$C=\alpha+\beta Y$$

如图 13-4 所示。

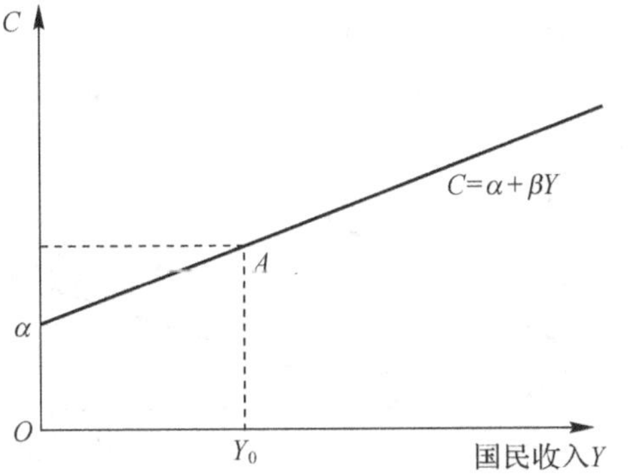

图 13-4　消费函数

变量 α 即截距表示当收入等于 0 时的消费水平，它称之为自发性消费，表示全部消费支出中不随收入变化而变化的那部分消费支出。这一部分消费支出是针对短期分析而言的。在短期，人们如果收入太低，甚至没有收入，这时必须通过借钱或取出原有的存款来维持生计。但是，从长期角度分析，人们如果没有收入，则不可能有消费。所以长期消费函数应该是 $C=\beta Y$，是一条从原点出发的直线。

（二）平均消费倾向与边际消费倾向

消费倾向（propensity to consume）指人们的消费支出在其收入中所占的比例，记为 C/Y，也称为平均消费倾向（average propensity to consume，APC）。

边际消费倾向（marginal propensity to consume，MPC）是指每增加 1 单位收入时所增加的消费，记为 $\Delta C/\Delta Y$。在消费函数中就是系数 β，即每增加 1 元收入，消费水平将增加 β 元。例如，若 β 等于 0.9，则收入每增加 1 元时，消费将增加 0.9 元。在这个例子中，边际消费倾向小于 1，它意味着当收入增加 1 元时，仅仅是其中的一部分，即 β 被用于消费支出。

（三）储蓄函数

从消费函数来看，没有被用做消费支出的每单位收入中的剩余部分，也就是 $(1-\beta)$，代表了什么呢？在不考虑政府和对外贸易的经济中，收入不是用于消费支出就是用于储蓄，它没有其他的用途，所以有：

$$S=Y-C \tag{13.3}$$

根据定义，储蓄等于收入减去消费。可见，通过消费函数可以推出储蓄函数。即：

$$S=Y-C=Y-(\alpha+\beta Y)=-\alpha+(1-\beta)Y \tag{13.4}$$

在图 13-5 中的 $S=-\alpha+(1-\beta)Y$ 表示为储蓄函数。

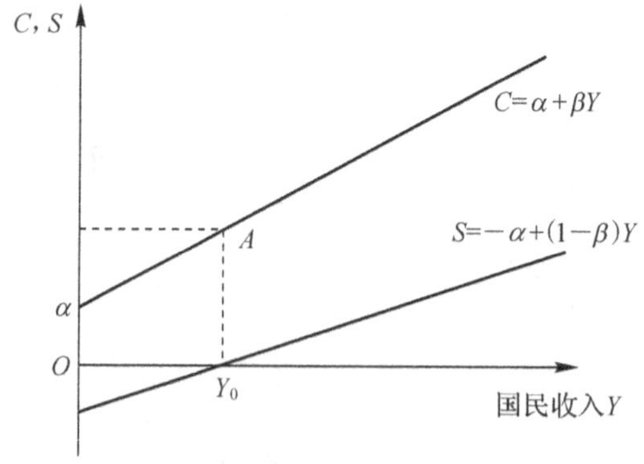

图 13-5 储蓄函数

与消费函数一样,平均储蓄倾向(average propensity to saving,APS)指人们的储蓄在其收入中所占的比例,记为 S/Y。

边际储蓄倾向(marginal propensity to saving,MPS)是指每增加 1 单位收入时所增加的储蓄,记为 $\Delta S/\Delta Y$,在储蓄函数中即为系数$(1-\beta)$。由储蓄函数可见,储蓄是收入水平的一个增函数,因为边际储蓄倾向$(1-\beta)$是正值。换言之,储蓄随着收入的增加而增加。例如,假设边际消费倾向 β 等于 0.9,这意味每增加 1 元收入时,其中的 0.9 元是被消费掉的。于是,边际储蓄倾向$(1-\beta)$等于 0.1,这意味每增加 1 元收入里余下的 0.1 元是被储蓄起来的。

在两部门经济中,由于国民产出除了用于消费就是用于储蓄,所以关于消费倾向和储蓄倾向应该存在这样的关系:$APC+APS=1$ 以及 $MPC+MPS=1$。

(四) 投资函数

下面我们考察投资支出的决定因素,也表示为投资函数。为简化起见,假定投资支出是外生变量,也就是说它不随国民产出水平的变化而变化,在图 13-6 中表现为一条水平线 I_0。这里的投资主要是指私人投资,包括前面所说的:固定资产投资、存货投资和新建住房购买。记住,这里的投资是计划投资。

(五) 总支出函数

因为假定政府支出和净出口都为 0,所以总支出就等于消费支出和投资支出之和,则总支出函数为:

$$AE=C+I_0=\alpha+I_0+\beta Y=A_0+\beta Y \tag{13.5}$$

总支出中的一部分 $A_0=\alpha+I_0$ 与收入水平无关,或者说是自发的。但总支出也取决于国民收入水平的变化,如消费支出随着收入水平的增加而增加。总支出函数 AE,如图 13-6 所示。

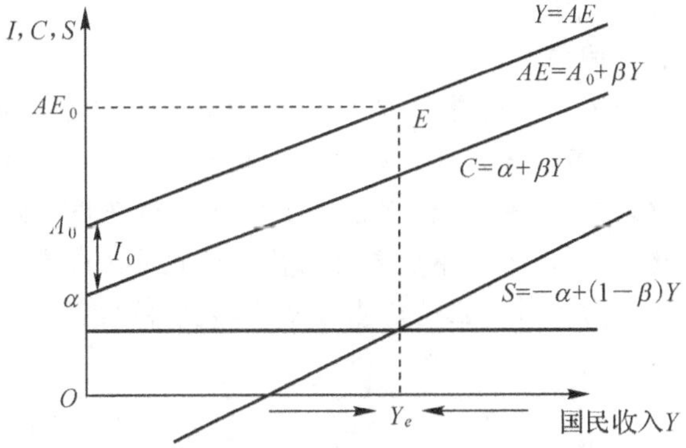

图 13-6　投资函数与总支出函数

专栏 13-1　　消费函数的三种理论

绝对收入假说

这是凯恩斯消费理论关于收入的假定,也是我们在此之前一直考察的理论,它假设人们的消费取决于他们的可支配收入的绝对水平;还假设随着收入增加,人们的花销占其收入的比例越来越少。

这个理论与短期行为很相符。遗憾的是,它不太适合于长期消费行为。有证据显示,从长期来看,消费占可支配收入的比例大致保持不变。由此得到长期消费曲线,它是一条始于原点的直线。

短期消费随着收入的增加而变得越来越少,长期消费却随着收入的增加而成比例增加,对此我们如何解释?另外两个消费理论对此作了解释。

相对收入假说

这个理论是由J.S.杜森伯里在1947年提出的。该理论假设,人们的消费行为受其他人的影响。如果你的朋友拥有CD机、录像机或一辆二手小汽车,你可能也会买这些东西,即使你比他们穷。相反,如果你的收入比其他人更高,你购买这些东西的开销占你收入的比例就会比他们的低。

这解释了短期和长期消费函数的差异。从短期来看,如果人们的收入提高了,他们就会觉得比其他人的境况相对更好。因此,他们只是适度增加他们的消费。

从长期来看,国民产出增加,人们并没有感觉到比其他人的境况相对更好。随着平均收入的增加,当人们看到其他人增加消费时,他们一般也会增加自己的消费。

永久性收入假说

这是米尔顿·费里德曼于1957年提出来的。费里德曼把一个人的收入分成两类,即永久性收入和暂时性收入。

永久性收入是指一个人预期在一生中获得的平均(贴现后)收入,为了估计出这类收入,人们不仅要看到他们现在的工资水平,还要看他们未来可能挣得的收入。正是以此为基础,人们做出正常的支出计划。

众多经济学家对永久性假说进行了扩展,考察人们在一生中挣得的典型收入格局。

暂时性收入是指临时的、意料之外的收入。人们在做消费计划时并不会以此为基础。如果人们意料之外的收入增加了,他们若不是把其全部存起来,也很可能把其大部分存起来。

这种区别如何用来解释短期和长期的消费函数的差异?

从短期来看,国民产出增加很可能导致个人收入意外增加。例如,在经济周期的繁荣阶段,许多工人需要加班,这会带来意外收入,由于这是暂时性收入,故其大部分都被存起来。消费只是略有增加。从长期来看,如果较高的收入一直维持下去,人们就会调高他们的永久性收入预期。因此,他们就会调高他们的生活水平,开销更多。

——资料来源:约翰·斯罗曼,《经济学》(原书第4版),经济科学出版社2001年版,第156—157页。

三、均衡收入的决定:两部门模型

图13-7所示是收入循环图的基本模型,其中没有发生漏出和注入。如果扩展一下,我们知道,居民收入不一定完全用于消费,还有一些漏出(withdrawal, W)发生,如:居民会有储蓄行为(存款和从银行取款,记为净储蓄)(S)、会向政府缴纳税收并从政府活动转移支付(记为净税收)(T)和进口支出(M),即:

$$W=S+T+M \tag{13.6}$$

三个漏出量决定于国民产出水平,即:

$$Y=C+W \tag{13.7}$$

与之对应,从对厂商产品需求角度看,除了消费(C)外,还有三个注入量(injection, J):计划投资(I)、政府购买(G)和计划出口(X),所以有:

$$J=I+G+X \tag{13.8}$$

$$AE=C+J \tag{13.9}$$

根据前面的分析,与总支出(总需求)相等的产出为均衡国民产出,所以满足均衡国民产出的条件有:$Y=AE$(收入—支出法)。

或者:根据$Y=C+W$,$AE=C+J$,则有:$Y_e=C+W=AD=AE=C+J$,即还可以表示为:$J=W$(注入—漏出法)。

通过图13-7的收入流量循环模型可以说明各经济单位之间的联系。

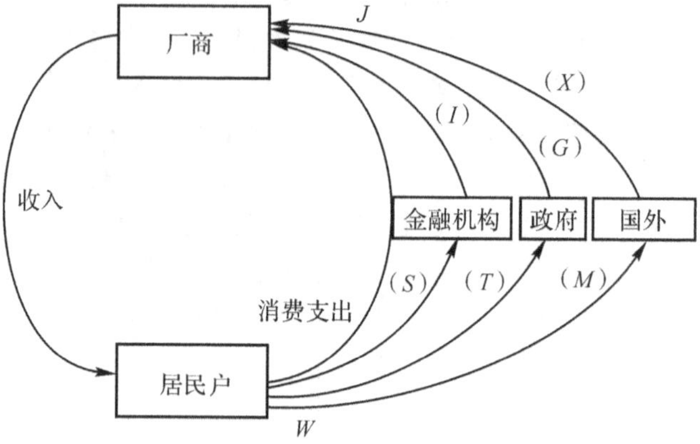

图 13-7　收入流量循环模型

为进一步分析国民产出水平的决定，下面我们来看总支出、漏出量、注入量与国民产出之间的关系。

（一）收入—支出法($Y=AE$)

根据上文中的定义，均衡国民产出是与计划总支出相一致的产出水平。在图 13-8 中，45°线上的任何点都有 $Y=AE$，也就是计划总支出水平等于国民产出水平，因此，Y_e点所对应的就是均衡收入水平。所以这种分析也被称为收入—支出法。

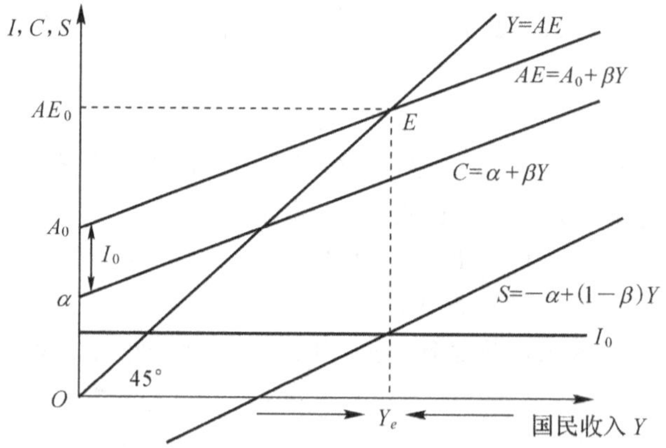

图 13-8　均衡国民产出水平的决定

图 13-8 中的箭头表明经济是如何向均衡点调整。在任何低于 Y_e 的水平，厂商发现存货水平已经低于合意水平，因此他们会增加生产，国民产出水平会随

之提高。反之,在高于 Y_e 的产出水平,厂商发现存货超过意愿水平,出现非意愿存货,他们因此将缩减生产,国民产出水平随之减少。如箭头所示,这一过程导致产出运动到均衡收入水平 Y_e,在这一收入水平上,现期生产完全与总支出相一致,而且,非意愿的存货此时等于 0。

以上是利用图示说明均衡国民产出的决定,我们还可通过代数方法求解均衡国民产出。

在两部门经济中,根据收入—支出法,达到均衡国民产出时应满足 $Y_e=AE=C+I$。消费函数由 $C=\alpha+\beta Y$ 决定,而假定投资是一个固定的量,不随国民产出水平而变化(外生变量),即投资函数为 $I=I_0$。这样,把消费函数和投资函数代入 $Y_e=C+I$ 中,就可得到均衡国民产出:

$$Y_e=(\alpha+I_0)/(1-\beta) \tag{13.10}$$

(二) 注入—漏出法($J=W$)

根据前面的结论,我们还可以从 $J=W$ 的角度分析均衡国民产出的决定。在两部门模型中,注入量等于 I,漏出量等于 S,所以满足均衡国民产出的条件就是:

$$I=S \tag{13.11}$$

为了理解这种关系,我们回到图 13-8。在图中,总支出和消费曲线之间的垂直距离等于投资支出 I_0。此外,消费曲线和 45°线之间的垂直距离衡量的是每一收入水平下的储蓄($S=Y-C$)。

均衡的收入水平出现在 AE 与 45°线的相交处,即 E 点。相应地,在均衡的收入水平,并仅在那个水平下两个垂直距离是相等的($I_0=S$)。于是,在均衡的收入水平下,计划投资等于储蓄。相比较而言,在均衡的收入水平 Y_e 之上,储蓄(45°线和消费曲线之间的距离)超过投资,而在 Y_e 之下,投资超过储蓄。因此:$I=S$ 是表述基本的均衡条件的另一种方式。在图 13-8 中可以看出,虽然两种方法不同,但得出的均衡国民产出是一致的。

与收入—支出法一样,在注入—漏出法中,我们亦可通过代数方法求解均衡国民产出。

在两部门经济中,根据注入—漏出法,达到均衡国民产出时应满足 $I=S$。投资函数 $I=I_0$,储蓄函数由 $S=-\alpha+(1-\beta)Y$ 决定。这样,把储蓄函数和投资函数代入 $I=S$ 中,同样可以得到均衡国民产出 $Y_e=(\alpha+I_0)/(1-\beta)$。

四、均衡收入的决定:三部门模型

在两部门的基础上我们现在引入政府,随之引入的变量是政府收入——税收(T)和政府支出(G)

经济出现衰退时，政府可以采用两种相互独立的方式直接地影响均衡收入的水平。首先，政府对商品和劳务的购买是总支出的一个组成部分，例如，购买军事装备和政府官员的劳务。其次，税收和转移支付会影响国民产出 Y 与可支配收入 Y_d 之间的关系，例如，增加税收使居民所获得的可支配收入减少。下面将说明政府购买支出、政府税收和政府转移支付是如何影响均衡收入水平的。

加入政府以后的三部门经济，从总支出看，包括消费支出、计划投资支出和政府购买支出，而总收入则用于消费支出、储蓄和税收，需要注意的是，这里的税收是指总税收（T_X）减去政府转移支付（T_R）以后所得的净税收（T_X^N）。另外，我们在这里假定政府购买支出 G 和政府税收 T 以及政府转移支付 T_R 均为外生变量，与当期国民产出水平没有关系，记为 $G=G_0$、$T=T_{X0}$ 和 $T_R=T_{R0}$。我们应该注意到，政府净税收加入模型的途径与政府购买支出加入模型的途径有所不同。净税收是通过消费函数对均衡国民产出水平发生作用的。在两部门经济中，消费函数为 $C=\alpha+\beta Y$，在没有税收和转移支付时，个人可支配收入 Y_d 等于国民产出 Y。而一旦税收和转移支付不为 0 时，个人可支配收入就不再等于国民产出。个人可支配收入与国民产出的关系为：个人可支配收入＝国民产出－税收＋转移支付。可以表示为：$Y_d=Y-T_{X0}+T_{R0}=Y-T_{X0}^N$。这样，消费函数则为：$C=\alpha+\beta(Y-T_{X0}^N)$。而政府购买支出是直接改变总支出来影响国民产出的。鉴于此，加入政府部门后的均衡收入 $Y_e=AE=C+I+G$，或表示为 $I+G=S+T(J=W)$。下面用图 13-9 对这两种方法进行分析。

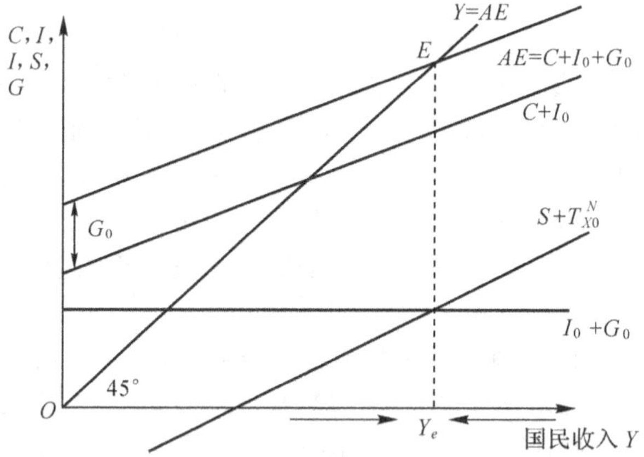

图 13-9　三部门经济的国民产出决定

（一）收入—支出法($Y=AE$)

现在的总支出线表示为 $AE=C+I+G$，满足均衡国民产出是与总支出相一致的收入，表示为 $Y_e=AE$。与两部门模型相似，在图 13-9 中，由总支出线 AE 交 45°线于 E 点，相应的均衡收入水平为 Y_e。均衡收入调整的过程在此不赘述。

同样，利用收入—支出法，均衡收入由 $Y_e=AE=C+I+G$ 决定，分别把消费函数、投资函数和政府支出函数代入，求出均衡收入为：

$$Y_e=(\alpha+I_0+G_0-\beta T_{X_0^N})/(1-\beta) \tag{13.12}$$

（二）注入—漏出法（$J=W$）

在三部门模型中，注入量等于（$I+G$），漏出量等于（$S+T$）。所以满足均衡国民产出的条件就是 $I+G=S+T$。如图 13-9 所示，注入函数 $I+G$ 与漏出函数 $S+T$ 的交点决定了均衡的国民产出水平 Y_e。

通过注入—漏出法，均衡收入由 $I+G=S+T$ 决定，分别把投资函数、政府支出函数、储蓄函数和税收函数代入，求出均衡收入为：$Y_e=(\alpha+I_0+G_0-\beta T_{X_0^N})/(1-\beta)$。

五、均衡收入的决定：四部门模型

在三部门的基础上，加入对外贸易以后形成四部门经济。从总支出看，包括消费支出、投资支出、政府购买支出和出口支出。而总收入则用于消费支出、储蓄、税收和进口。据此有 $AE=C+I+G+X$，$W=S+T+M$，以及 $J=I+G+X$。在这里做出假设，即进口和出口均为外生变量，与当期的国民产出水平无关，表示为 $M=M_0$ 和 $X=X_0$。在四部门经济中，用收入—支出法表示的均衡国民产出为 $Y_e=AE=C+I+G+X$，用注入—漏出法表示的均衡国民产出由 $J=W$，即 $I+G+X=S+T+M$ 来确定。在此略去图形分析和代数分析。

六、均衡国民产出水平的变化

从前面对均衡国民产出决定的分析可以看出，一旦总支出增加（注入量增加或漏出量减少），国民产出水平也随之增加，反之亦是。图 13-10、图 13-11 和图 13-12分别说明了总支出变化、注入量变化和漏出量变化对国民产出的影响。在图 13-10 中，总支出（例如投资支出）从 AE_1 增加到 AE_2，国民产出随之由 Y_{e1} 增加到 Y_{e2}。图 13-11 表示，注入量从 J_1（例如投资支出）增加到 J_2，国民产出从 Y_{e1} 增加到 Y_{e2}。而图 13-12 说明漏出量（例如储蓄）由 W_1 减少到 W_2，国民产出从 Y_{e1} 增加到 Y_{e2}。

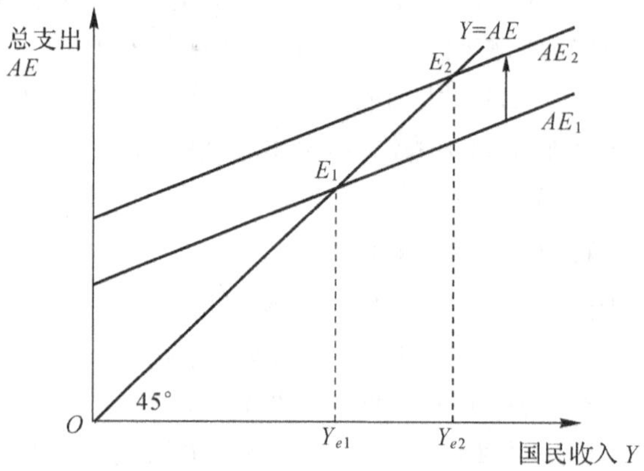

图 13-10 总支出变化对国民产出的影响

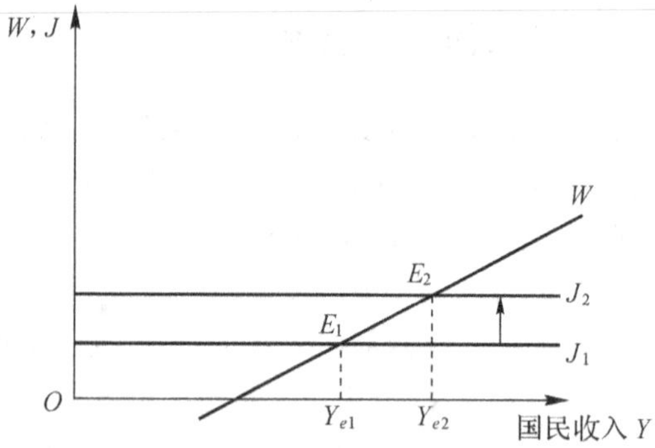

图 13-11 注入量变化对国民产出的影响

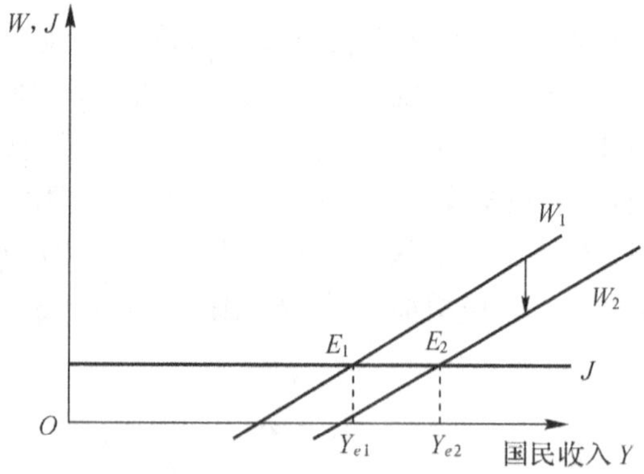

图 13-12 漏出量变化对国民产出的影响

在总支出或注入量和漏出量发生变化后，国民产出增加或减少的幅度是多少？下面我们通过乘数理论对此进行分析。

第三节　乘数理论

经济学家们试图理解为什么战时大量军事开支会导致GDP的快速增长，为什么20世纪60年代或80年代的减税引发了一场时间较长的经济扩张，这些都可以在乘数理论中找到最简单的解释。

乘数理论(multiplier theory)是一个用来解释如何决定短期产出水平的宏观经济学理论。与均衡国民产出决定的分析相对应，对乘数也从收入—支出和注入—漏出两种方法进行分析。

一、乘数的含义

乘数是指某些支出(例如投资)的每1元变化所引起的国民产出1元以上(或多倍)的变化。乘数理论是要说明在一个存在资源闲置的经济中，对于投资、外贸、政府税收和支出政策等各种冲击会怎样影响产出和就业水平。

当自发支出(不受当期国民产出影响的支出，即外生变量，例如，投资支出I_0和政府支出G_0等)增加1元时，均衡的收入水平将增加多少？这看起来似乎有一个简单的回答。由于在均衡时收入等于总支出，自发支出增加1元，理所当然也应该使均衡收入增加1元。然而，问题并没有这么简单。

首先假定自发支出增加1元，为满足增加了的自发支出水平，产出随之增加1元。接着，由于收入水平已经上升了，无疑这种产出和收入的增加会促使引致支出即消费的增加。在最初增加的1元收入中，有多少会被花在消费上呢？根据消费函数，每增加1元收入，其中将有一部分(β)被消费掉。然后，为了满足这个引致支出，再假定生产得到进一步的增加，也就是说，这时支出和收入都增加了$(1+\beta)$。这将仍然留给我们一个超额支出，因为，生产和收入扩张$(1+\beta)$将促使引致支出进一步增加。很清楚，这个过程可以一直下去，具体过程如下。

第一轮开始于自发支出的一个增加量ΔA_0，我们让产出有一个扩张，以刚好满足那个支出增加量，相应的产出增长是ΔA_0。产出的增长带来一个相等的收入增长，并且通过边际消费倾向β，带来了第二轮的引致支出，其规模为$\beta\Delta A_0$。假定产出又一次扩张以满足这一支出的增长。这次产出的调整是$\beta\Delta A_0$，而且，它也就是收入的增加量。这又带来了第三轮的引致支出，它等于边际消费倾向乘以收入的增加量$\beta(\beta\Delta A_0)=\beta^2\Delta A_0$。因为边际消费倾向$\beta$小于1，所以$\beta^2$这一项小于$\beta$，而且，第三轮的引致支出小于第二轮的引致支出。

如果我们想写出由初始的自发需求增加所引起的一轮轮的支出增加，则我们得到 $\Delta AE=\Delta A_0+\beta\Delta A_0+\beta^2\Delta A_0+\beta^3\Delta A_0+\cdots=\Delta A_0(1+\beta+\beta^2+\beta^3+\cdots)$，由于 $\beta<1$，所以，在这一数列中的连续的各项是逐步变小的。事实上，我们涉及的是一个几何级数，因此该等式可以简化为：

$$\Delta AE=[1/(1-\beta)]\Delta A_0=\Delta Y_0 \tag{13.13}$$

以上是从自发支出增加方面说明乘数效应的。事实上，自发支出的减少也会引起收入若干倍的减少，乘数效应的发挥是两方面的。

这样，总支出的积累性的变化量等于自发支出的增加量的倍数。倍数 $1/(1-\beta)$ 被称为乘数。乘数指当自发的总支出增加 1 单位时均衡产出（收入）的变化量。

乘数概念十分重要，乘数的一般定义是 $\Delta Y/\Delta A_0$，它表示当自发支出增加 1 单位时均衡收入的变化。在这个省略了政府部门和对外贸易的特殊场合，我们将乘数记为 k，并规定为：

$$k=1/(1-\beta) \tag{13.14}$$

从乘数的计算公式可见，边际消费倾向越大，乘数就越大。若边际消费倾向为 0.6，则乘数为 2.5；若边际消费倾向是 0.8，则乘数是 5。一个比较大的边际消费倾向表示新增加的 1 元收入中的大部分将被消费掉，由此引起了支出上的一个较大的引致增加。

乘数说明产出随着自发支出（包括投资）的变化而变化，而且，产出的变化能够大于自发支出的变化。分析乘数的意义在于，我们正在建立一种关于产出波动的解释。假如经济由于某种原因（例如，由于丧失信心引起投资支出减少）而经受了一种冲击，它使得收入减少，而人们在收入下降后又将减少支出，并由此引起均衡收入进一步下降。所以，乘数对产出为什么会波动作出了部分解释。

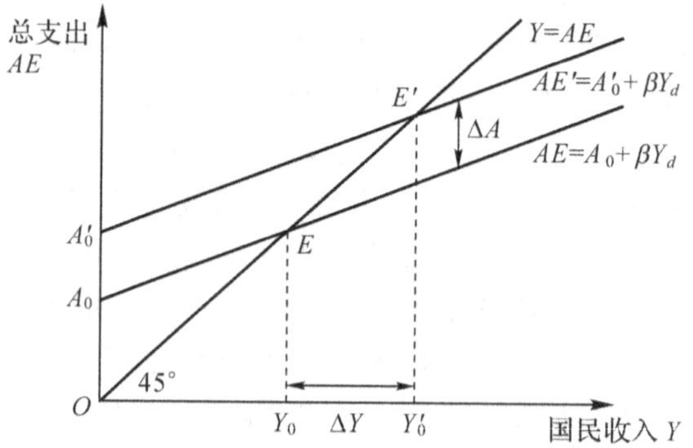

图 13-13　乘数的作用

图 13-13 提供了一个关于自发支出增加对均衡收入水平的作用的图形说明。最初的均衡点是 E 点，相应的收入水平为 Y_0。现在，自发支出由 A_0 增加到 A_0'，这表现为总支出曲线向上平移到 AE'。向上移动表示目前在每一个水平上的总支出都增加了，其增加量为 $A=A_0'-A_0$。

总支出水平现在超过初始的产出水平 Y_0，结果，存货开始减缩。厂商将以扩张生产来对支出的增加和存货的下降作出反应，收入水平增加到 Y_0'。在边际消费倾向小于 1 的情况下，足够的产出扩张将重新恢复总支出和产出之间的平衡。在图 13-13 中，新的均衡点以 E' 点表示，相应的国民产出水平是 Y_0'，变化量则是 $\Delta Y=Y_0'-Y_0$。

重新恢复均衡所要求的国民收入变化量的大小取决于两个因素。在图 13-13 中，以总支出曲线平行移动所表示的自发支出的增加越大，则收入的提高就会越大。此外，边际消费倾向越大即总支出曲线越陡峭，收入的提高也就越大。

另外，这里关于乘数的分析是以自发支出的增加引起国民产出成倍增加。同样，如果自发支出减少也将引起国民产出成倍减少。因此，乘数作用具有两面性，经济学家把具有这种作用的乘数称作是一把“双刃剑”。

请注意，在现实生活中，乘数作用的大小要受到一定的限制，即受到社会中闲置资源多少的限制。如果没有闲置的资源，在投资增加后及由此造成的消费支出增加，并不会引起生产增加，只会刺激物价水平上升。

二、乘数的类型

根据均衡国民产出的定义，有：

$$Y=C+I+G+X=\alpha+\beta(Y-T_X+T_R)+I_0+G_0+X_0 \qquad (13.15)$$

经过整理有：

$$Y=(\alpha+I_0+G_0-\beta T_X+\beta T_R+X_0)/(1-\beta) \qquad (13.16)$$

根据这个公式，我们可以得到以下乘数。

（一）投资乘数

投资乘数是指投资变动 1 单位引起国民产出变动多少。如果 ΔI 表示投资变动，而 ΔY 表示国民产出变动，K_I 表示投资乘数，则：$K_I=\Delta Y/\Delta I=1/(1-\beta)$。

（二）政府支出乘数

政府支出乘数是指，政府支出变动 1 单位引起国民产出变动多少。如果 ΔG 表示政府支出变动，而 ΔY 表示国民产出变动，K_G 表示政府支出乘数，则 $K_G=\Delta Y/\Delta G=1/(1-\beta)$。

（三）税收乘数

税收乘数是指，税收变动1单位引起国民产出变动多少。如果 ΔT_X 表示税收变动，而 ΔY 表示国民产出变动，K_{TX} 表示政府税收乘数，则 $K_{TX}=\Delta Y/\Delta T_X=-[\beta/(1-\beta)]$。税收乘数为负值，这表示收入随税收增加而减少，随税收减少而增加。其原因是税收增加，表明人们可支配收入减少，从而消费会相应减少，因而税收变动和总支出变动方向相反。税收乘数小于政府支出乘数，这一点也说明了税收对国民产出的影响与政府支出对国民产出的影响途径不同，前者是通过消费支出来影响总支出的，而后者是直接影响总支出的。

（四）政府转移支付乘数

政府转移支付乘数是指，政府转移支付变动1单位引起国民产出变动多少。如果 ΔT_R 表示政府转移支付变动，而 ΔY 表示国民产出变动，K_{TR} 表示政府转移支付乘数，则 $K_{TR}=\Delta Y/\Delta T_R=\beta/(1-\beta)$。政府转移支付乘数与税收乘数的值相等，因为它也是通过影响消费支出来影响国民产出的，但是符号与税收乘数相反。

（五）平衡预算乘数

平衡预算乘数是指，政府收入和支出同时以相等数量增加或减少时国民产出变动对政府支出变动的比率。以 K_B 代表平衡预算乘数，ΔY 表示政府支出和税收各增加同一数量时国民产出的变动量，$\Delta Y=K_G\Delta G+K_{TX}\Delta T_X=[1/(1-\beta)]\Delta G-[\beta/(1-\beta)]\Delta T_X$，而如果 $\Delta G=\Delta T_X$，那么有 $\Delta Y=K_G\Delta G+K_{TX}\Delta T_X=[1/(1-\beta)]\Delta G-[\beta/(1-\beta)]\Delta G=[(1-\beta)/(1-\beta)]\Delta G=\Delta G$，或 $\Delta Y=K_G\Delta G+K_{TX}\Delta T_X=[1/(1-\beta)]\Delta T_X-[\beta/(1-\beta)]\Delta T_X=[(1-\beta)/(1-\beta)]\Delta T_X=\Delta T_X$。鉴于此，必然有：$K_B=\Delta Y/\Delta G=\Delta Y/\Delta T_X=1$。

（六）对外贸易乘数

对外贸易乘数是指，出口变动1单位引起国民产出变动多少。如果 ΔX 表示出口的变动，而 ΔY 表示国民产出变动，K_X 表示对外贸易乘数，则 $K_X=\Delta Y/\Delta X=1/(1-\beta)$。

专栏 13-2

恭喜你的橱窗被打破了——经济学上的乘数效应

一群无法无天的小流氓砸碎了一家商店的橱窗，然后逃之夭夭。店主自认倒霉，只好花1000元买了一块玻璃换上。这个时候一个经济学家走过来,说要恭喜店主。正在窝火的店主见有人说风凉话,气得要揍这个经济学家一顿。经济学家不慌不忙一番解释,居然让店主目瞪口呆。

经济学家这样说,玻璃店老板因为商店橱窗的损失得到1000元收入,假设他支出其中的80%,即800元用于买衣服,衣服店老板得到800元收入。再假设衣服店老板用这笔收入的80%,即640元用于买食物。食品店老板得到640元收入,他又把这640元中的80%用于支出……如此一直下去,你会发现,最初是商店老板支出1000元,但经过不同行业老板的收入与支出行为之后,所有人的总收入增加了5000元。所以商店的橱窗被打破了是一件可喜可贺的事情。

其原因何在呢?经济学家用乘数原理回答了这一问题。

在社会经济中,增加一笔投资很可能引起国民产出成倍增加,这就是宏观经济学中的乘数效应。乘数是指最初投资增加所引起的国民产出增加的倍数。在上述例子中,最初的投资就是商店老板购买玻璃的1000元,这种投资的增加引起的衣服店、食品店等部门收入增加之和为5000元,所以乘数就是5(5000元除以1000元)。

经济中为什么会有乘数效应呢?因为国民经济中各部门之间是相互关联的,一个部门的支出就是另一个部门的收入,如此循环下去,一个部门支出的增加就会引起国民经济各部门收入与支出增加,最终收入的增加将是最初支出增加的好几倍。

不过乘数效应也不能生搬硬套,否则就会失之毫厘,谬以千里。

2001年,美国遭遇"9·11"恐怖袭击,两栋大厦被摧毁。当美国人沮丧万分的时候,有些不知趣的经济学家却跳出来发表了一番令人哭笑不得的言论,说这次恐怖袭击对美国的宏观经济大有好处。

他们的理由是美国国会批准了400亿美元的紧急预算,这些钱创造了第一轮的需求和增收,估计一年内就会见效,这个开支增加又会继续创造下一轮的需求。经济学家经过一番推算后认为,在美国经济目前不景气的时候,这400亿美元的增加开支,可以使国民生产总值最终增加1000亿美元……在一个经济已经不景气的时刻,财政开支的增加不失为一剂强心针。

这似乎有些奇怪了,如果损失两栋大楼可以促进国民经济发展的话,美国为什么不自己动手炸掉几栋大厦,何必劳恐怖分子的大驾呢?

也有人根据乘数原理得出了相反的结论。乘数原理既然可以放大好处,也同样可以放大坏处。那几幢大楼很值钱,里面死伤的各路精英更是无价之宝,所以美国经济将会节节败退,进入恶性循环。

然而，事实证明，美国经济在“9·11”之后，既没有突飞猛进，也没有一败涂地，两种结论都错了吗？或者是乘数效应错了？

——资料来源：王晓月，《恭喜你的橱窗被打破了——经济学上的乘数效应》，《大科技》2006年第9期。

第四节　缺口理论与宏观经济失衡

本节围绕充分就业国民产出概念分析宏观经济失衡状态下出现的通货紧缩缺口和通货膨胀缺口。

一、充分就业国民产出

凯恩斯主义宏观经济理论认为，经济社会在任何时期都存在一个最佳的国民产出水平，也就是从长期来看资源有效利用时的产出水平，称之为充分就业国民产出(full-employment national income)或潜在国民产出水平，用 Y_f 表示，这也是长期总供给曲线所在位置。

均衡国民产出与充分就业的国民产出是两个完全不同的概念。均衡国民产出可以等于充分就业的国民产出水平(政府通常会通过宏观经济政策调节总支出水平以实现这一目标)，但也可以小于或大于充分就业的国民产出水平。

二、通货紧缩缺口

当一个国家的均衡国民产出水平 Y_e 小于充分就业国民产出 Y_f 时，这个经济社会就存在过剩的生产能力，需求不足失业便出现了，我们把这一状态称为存在通货紧缩缺口(deflationary gap)，如图13-14所示。

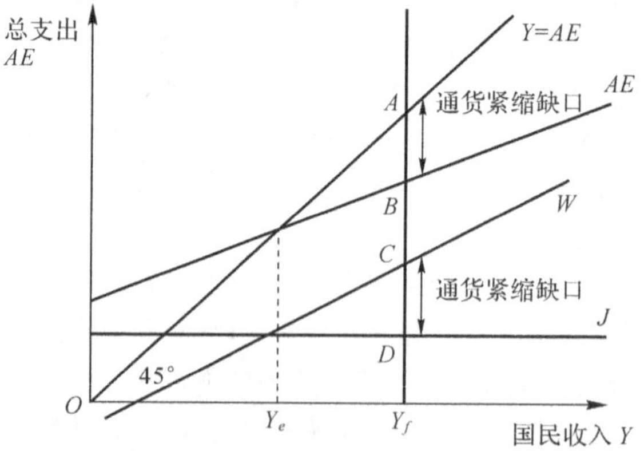

图 13-14　通货紧缩缺口

如图13-14所示，充分就业国民产出水平为Y_f，可以用一条垂直于横轴的直线表示。我们先从收入—支出分析来看，如果要实现充分就业国民产出水平，总支出线应该经过A点。但现实的总支出线是AE，由AE经过45°线决定的均衡国民产出水平为Y_e。结果是，均衡国民产出低于充分就业国民产出。为实现充分就业的国民产出水平，必须把总支出提高到与充分就业国民产出相等的水平。在这里，把在充分就业国民产出水平下总支出低于国民产出水平的垂直距离称为通货紧缩缺口，在图中就是AB之间的距离。从注入—漏出分析看，通货紧缩缺口就是在充分就业国民产出水平下，注入量低于漏出量的垂直距离，即CD之间的距离。

在凯恩斯的这个模型中可以得出这样的结论，解决需求不足失业的方法是，政府通过扩张性的财政政策，如增加政府支出、降低税收，以及扩张性的货币政策，如增加货币供应量、降低利率。这些方法均可以达到提高总支出的目的，最终可以消除通货紧缩缺口，使均衡国民产出水平达到充分就业国民产出水平。

专栏13-3　　大萧条时期的财政政策

美国经济大萧条笼罩整个20世纪30年代，直至40年代初期，二战爆发才结束。在这一时期诞生了凯恩斯主义经济学。根据凯恩斯主义经济学，扩张性财政政策，即减税和增加支出会帮助经济走出衰退，那么凯恩斯主义的财政政策是否真的在大萧条时期被运用了呢？

根据麻省理工学院早期的经济学教授E.加里·布朗的研究，“看来在30年代财政政策似乎一直不是成功的经济复苏措施——这不是因为它无效，而是因为它根本就没有被使用”。在30年代，政治家并不相信凯恩斯主义财政政策，这主要是因为他们惧怕政府预算赤字将带来的后果。根据布朗的研究，在大萧条时期只有1931年和1936年两年的财政政策具有扩张性。这两年，国会提出给老兵增加薪金，但最终却被赫伯特·胡佛和富兰克林·罗斯福总统否决了。虽然30年代政府支出是增加的，但税收收入也得到了增长，因此最终并不存在净的财政扩张。

——资料来源：阿瑟·奥沙利文、史蒂芬·M.谢菲林，《经济学》，北京大学出版社2001年版，第577页。

二、通货膨胀缺口

与通货紧缩缺口正好相反，如果在充分就业国民产出水平上，总支出大于国民产出水平，此时，经济就会出现需求过度的问题。在图 13-15 中，均衡国民产出 Y_e 大于充分就业国民产出水平 Y_f。而 Y_f 代表的是最大可能实现的产出水平，其含义在于现实的国民产出水平不能超出这一最大产出。也就是说，均衡产出 Y_e 在现实中是不可能实现的。这个结果便产生了需求拉上的通货膨胀，也就是出现了通货膨胀缺口(inflationary gap)。

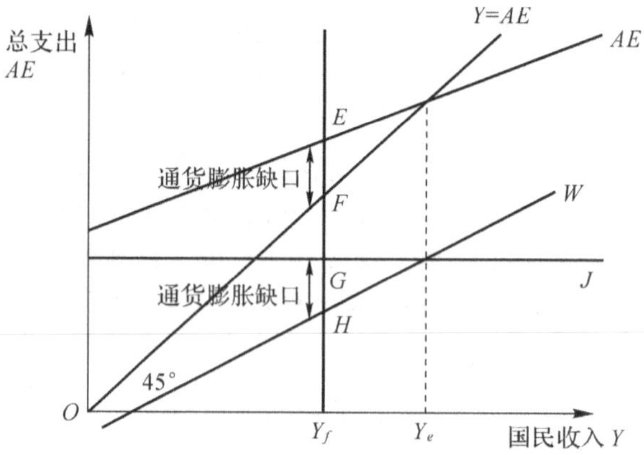

图 13-15　通货膨胀缺口

在图 13-15 中，充分就业国民产出水平为 Y_f，如果要实现充分就业国民产出水平，总支出线应该经过 F 点。但现实的总支出线是 AE，由 AE 经过 45°线决定的均衡国民产出水平为 Y_e。结果是，均衡国民产出高于充分就业国民产出水平。由于总支出超出了潜在的国民产出水平，经济存在超额的需求，必然导致价格上涨，产生需求拉上的通货膨胀。为此，把在充分就业国民产出水平下总支出高于国民产出水平的垂直距离称为通货膨胀缺口，在图 13-15 中就是 EF 之间的距离。从注入—漏出分析看，通货膨胀缺口就是在充分就业国民产出水平下，注入量高出漏出量的垂直距离，即 GH 之间的距离。

如何治理需求拉上的通货膨胀？从图 13-15 中看同样是要消除通货膨胀缺口，最终使得均衡的国民产出 Y_e 等于充分就业的国民产出 Y_f。具体方法是，政府通过紧缩性的财政政策，如减少政府支出、提高税收，以及紧缩性的货币政策，如减少货币供应量、提高利率。政府的宏观经济政策就是要达到降低总支出的目的，消除通货膨胀缺口，使均衡国民产出达到充分就业国民产出水平。

第五节　经济周期波动的凯恩斯主义解释

在 20 世纪 30 年代之前，经济学家们对于经济周期的形成原因存在许多看法与争论，根据凯恩斯对总需求的强调，对于决定经济周期也可从中得到解释。即从总需求波动解释经济波动。

一、经济周期的含义

资本主义经济活动的历史是繁荣与萧条、衰退与扩张不断循环往复的过程，呈现出周期变动的特征。一些时候，经济形势很好：就业机会充分、工厂加班加点、价格水平上升、利润比较丰厚。例如，美国 20 世纪 90 年代中期就经历了这样一个经济扩张时期。但在另一些时候，则会出现商品积压、工作难找、利润微薄等问题。有时候（如美国 1990—1991 年间的那一次）经济下滑的趋势是暂时而温和的；而有时候（如 1933 年经济大危机时期）经济收缩趋势又是长期而严重的。

究竟什么是经济周期（business cycle）呢？关于这个概念，经济学家们有不同的定义。凯恩斯为经济周期下的定义是："所谓循环运动者，是指当经济体系向前进时，使其向上前进之力初则逐渐增大，相互加强，继而逐渐不支，到某一点时，向下力乃代之而起，后者也是初则逐渐扩大，互相加强，达到最高发展，最后逐渐衰退，最后也让位于相反力量（即向上力）。"美国经济学家密契尔认为：经济周期是国家总体经济活动的一种波动，一个周期是由很多经济活动的差不多同时扩张，继之以普遍的衰退、收缩与复苏所组成的这种变动重复出现。这一定义基本被一些西方经济学家所接受。

概括地说，所谓经济周期是指一个国家总的经济活动中出现高涨与收缩的循环交替过程。如图 13-16 所示，经济学家一般将经济周期划分成两个主要阶段，即经济衰退（recession）和经济扩张（expansion）。增长波峰和衰退谷底代表的是周期的转折点。由图 13-16 可以看见经济周期先后继起的各个阶段。衰退是经济周期的下降期，一般定义是实际 GDP 至少连续两个季度下降。衰退开始于峰而结束于谷。根据美国国家经济研究局有关经济周期开始和结束的记载，美国经济在 1991 年夏天到达峰顶之后，紧接着就是一次轻度的衰退。此后，美国经济享受到了一次其历史上最长的扩张期。

需要注意，经济周期形式是不规则的，没有两个完全相同的经济周期，也没有像测定行星或钟摆运动那样的精确公式，可用来预测经济周期的发生日期和持续时间。而且就其不规则性而言，经济周期可能更像气候那样变化无常。

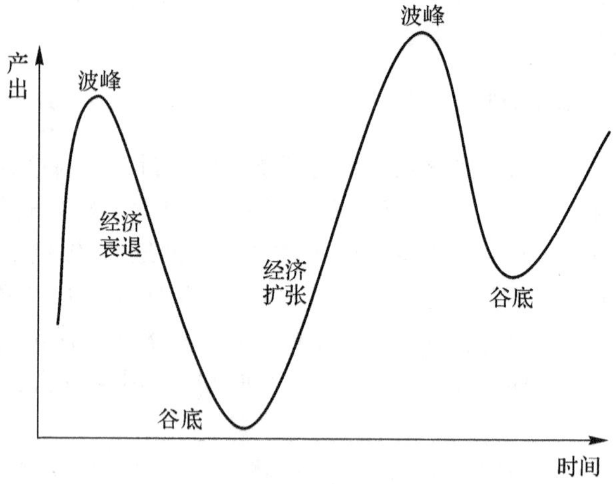

图 13-16　经济周期

二、乘数—加速数模型：凯恩斯主义对经济周期波动的解释

在凯恩斯主义的经济周期理论中，乘数—加速数模型是比较有影响的，这种模型是汉森和萨缪尔森提出的。下面对这一模型进行分析。

凯恩斯主义认为，总需求的波动导致经济波动，投资的不稳定是经济出现扩张和衰退的主要原因之一。当经济从衰退开始复苏的时候，投资便开始迅速增长。然而，当经济增长速度逐渐放慢时，投资将急剧下降，在经济衰退期投资甚至于完全消失。由于投资是总支出（或注入量）的组成部分，所以投资的变化会在乘数的作用下使国民产出水平加倍变化，这必然会扩大经济扩张的幅度或加剧经济的衰退。这种影响就是下面将要分析的乘数—加速数模型所要解释的。

（一）加速原理

加速原理（accelerator theory）是指产量水平的变动和投资支出数量之间的关系。“加速”的含义在于，产量一个相对较小的提高会带来投资相当大幅度的提高。

一般情况下，在产量没有发生变化时，所需要的投资仅仅是数量较小的重置投资（replacement investment，I_r）而已。然而，一旦产量水平增加，必然需要更多的资本，这就需要进行投资以扩大资本的存量。把这一部分由于满足增加的产量所需要的投资称为引致投资（induced investment，I_i）。当然，如果产量水平不再进一步地增加，投资又将回到仅需要重置投资的水平。如果产量继续增加，则引致投资随之提高。

为了分析加速原理，有必要知道资本—产量比率和加速系数。资本—产量比率就是指生产1单位产量所需要的资本量。在一定的限度内，厂商有可能用现有的资本通过集约的使用来生产更多的产品，但在任何时候，厂商总认为有一个最优的资本对产量的比率。这个比率不仅在行业与行业之间差别很大，而且还随着社会技术和生产环境的变动而发生变动。在分析时为简化起见，假定这个比率在一定时间内保持不变。加速系数(accelerator coefficient)是指增加一个单位产量所需增加的资本量。在技术不变的条件下，这两个数值是相等的。

我们以K代表资本量、Y代表产量、V代表资本—产量比率、a代表加速系数、ΔI代表投资增量、ΔY代表产量增量。根据定义有：

$$V=K/Y \tag{13.17}$$

$$a=\Delta I/\Delta Y \tag{13.18}$$

根据假定，这里的$V=a$。假定$V=3$，则若要生产200元的Y，就需要600元的K。

因为假定在一个相当长时期内V不变，所以所要求的资本存量只是随着产量的变动而在连续的时期内变动。设在$(t-1)$期生产Y_{t-1}产量所需的资本存量为K_{t-1}，则有：

$$K_{t-1}=VY_{t-1} \tag{13.19}$$

如果产量从Y_{t-1}上升到t期的Y_t，资本存量也从K_{t-1}增加到K_t，由于V不变，所以有：

$$K_t=VY_t \tag{13.20}$$

在$(t-1)$到t期内资本存量从K_{t-1}增加到K_t，说明资本总量的增量净投资为(K_t-K_{t-1})，设这个时期的净投资为I_t，则：

$$I_t=K_t-K_{t-1} \tag{13.21}$$

将式(13.19)和式(13.20)代入式(13.21)，得：

$$I_t=VY_t-VY_{t-1}=V(Y_t-Y_{t-1}) \tag{13.22}$$

式(13.22)说明这个时期净投资取决于产量变化。如果$Y_t>Y_{t-1}$，表明这个时期有正的净投资。这也表明净投资是因为产量变动而引致的。变动的幅度大小取决于V的数值。

由于总投资由净投资与重置投资构成，则：

$$t\text{时期的总投资}\ I_g=V(Y_t-Y_{t-1})+t\text{时期的重置投资}\ I_r \tag{13.23}$$

式(13.23)成立的一个重要前提是厂商没有过剩的生产能力。

下面试举一例说明加速原理。设有一个工厂，$V=5$，重置投资I_r每年为300万元，没有生产能力闲置，表13-1说明了加速原理情况。

表 13-1　加速原理　　单位:万元

时　期	年产量	资本存量	净投资	重置投资	总投资
第一阶段					
第 1 年	600	3000	0	300	300
第 2 年	600	3000	0	300	300
第 3 年	600	3000	0	300	300
第二阶段					
第 4 年	900	4500	1500	300	1800
第 5 年	1200	6000	1500	300	1800
第 6 年	1500	7500	1500	300	1800
第三阶段					
第 7 年	1500	7500	0	300	300
第四阶段					
第 8 年	1440	7200	－300	300	0

从表 13-1 看出,在第一阶段的 3 年中,年产量均保持在 600 万元,因此,工厂没有因为产量变动而产生的引致投资,也就是净投资,只有 300 万元的重置投资维持工厂生产规模不变。这样,工厂资本存量与总投资不变。

从第二阶段的第 4 年开始,工厂年产量开始增长,在第 4 年,年产量增长了 50%(由 600 万元增至 900 万元)。由于资本—产出之比为 5,因此,由于产量的增加产生了 1500 万元的引致投资(净投资)。总投资随之由 300 万元增至1800 万元,增长了 500%。加速原理正是投资对产量变量的加速反应得来的。

如果工厂年产量在第 5 年和第 6 年继续增加相同的数目,即 300 万元,为了维持工厂产量的增加,则工厂每年必须净投资 1500 万元,使总投资保持在1800 万元。

如果工厂年产量不能再以 300 万元速度递增,稳定在第三阶段的第 7 年 1500 万元的高水平上,那么净投资下降为 0,总投资下降为 300 万元。

如果在第四阶段的第 8 年,工厂年产量下降到 1440 万元,则净投资为－300 万元,总投资下降为 0。因此,投资可能急剧下降,也许会引起一次衰退。

从以上的加速原理可以说明,如果加速数为大于 1 的常数,资本存量所需要的增加就必须超过产量的增量。必须指出,加速原理发生作用是以资本存量得到了充分利用,且生产技术不变,从而资本—产出比率固定不变为前提的。

（二）乘数—加速原理

乘数—加速原理是要说明，最初由于总支出（也可以是注入量或漏出量）的变化，从理论上分析，由此将会在乘数和加速数的相互作用下发生一系列的连锁反应。例如，如果最初投资支出由于某个原因增加，这将在乘数的作用下促使国民产出增加。当人们收入增加时，他们会购买更多的物品，为满足人们的消费需求的增长，厂商将提高产量水平，通过上面所分析的加速数的作用，产量的增加会促进投资以更快的速度增长，而投资的增长又会在乘数的作用下引起国民产出再次增长，从而使人们的消费增加，厂商的产量增加。可以预见的是，在乘数—加速数的相互作用下，将促使国民产出不断增长，此时，社会便处于经济周期的扩张阶段。

但是，这种经济的扩张不可能永无止境地持续下去。这是因为，社会的资源是有限的，收入的增长迟早会达到资源所能允许的峰顶（一定时期总存在一个潜在的国民产出水平）。一旦经济达到经济周期的峰顶，收入的增长将开始放慢，甚至于停止增长，这样一来，消费需求不再继续提高，产量当然也就不再增长。根据加速原理，产量增长的停止意味着投资量下降为 0（表 13-1 中的第 7 年到第 8 年）。由于投资的下降，收入减少，从而消费需求下降，产量随之也下降。又根据加速原理，产量的减少使得投资进一步减少，而投资的下降又使国民产出进一步下降，这一趋势将使国民产出持续下降。这时，社会便处于经济周期的衰退阶段。

而收入的持续下降使社会最终达到经济周期的谷底。由于厂商的投资在衰退阶段长期处于停止的状态，资本存量（生产设备）逐年减少，所以仍在营业的一部分厂商会感到有必要更新设备。这样，随着厂商投资的增加，收入开始上升，消费需求随之开始增加，产量也开始增长。上升的产量通过加速数的作用又一次使经济进入扩张阶段。一次新的经济周期又拉开了序幕。

从以上的分析可以得出这样的结论，在社会经济生活中，投资、收入、消费和产量相互影响，相互调节，通过加速数，上升的收入和消费会促使厂商增加产量，从而引致新的投资，通过乘数，投资又使收入进一步增长，假定政府支出为一固定量，则靠经济本身的力量自行调节，就会自发引起经济周期性的波动，经济周期中的各个阶段正是乘数与加速数交互作用而形成的：投资影响收入和消费（乘数作用），反过来，收入和消费又影响投资（加速数作用）。两种作用相互影响，形成经济扩张（繁荣）或收缩（衰退）的局面，这正是凯恩斯主义对经济周期性波动作出的一种解释。据此，他们认为，只要政府对经济干预，就可以改变或缓和经济波动。例如，采取适当经济政策提高政府购买支出，刺激投资，鼓励消费等措施，以达到克服和缓和经济萧条的目的。

专栏 13-4　　真实经济周期理论

最新的经济周期理论被称为真实经济周期理论(real business cycle theory)。这一理论认为生产率的随机波动是经济波动的主要原因。生产率的波动被认为主要来源于技术变革速率的波动。但它们也可能源于其他,例如国际动乱、气候异常或自然灾害。实际经济周期理论的来源可追溯到小罗伯特·卢卡斯(Robert E. Lucas,JL)(诺贝尔经济学奖得主)为代表进行的理性预期革命。这一理论的代表人物是芬恩·基德兰德(Finn Kydland)与爱德华·普雷斯科特(Edward Prescott),2004 年两位学者共同获得诺贝尔经济学奖。

实际经济周期理论的推动力是由技术变革带来的生产率的增加率,这种推动力主要由引起新技术创造和使用的研究与发展过程而产生的。在大多数时间里,技术变革是稳定的,生产率以适度的速度增长。但有时生产率加速增长,并且偶尔会下降——平均而言劳动生产率下降。生产率快速增长的时期带来经济周期的扩张,而生产率下降引发衰退。很容易理解为什么技术变革引起生产率的提高。但它如何降低生产率呢?所有的技术变革最终提高了生产率。但如果一开始,技术变革使相当数量的现有资本——特别是人力资本——废弃不用,生产率就会暂时下降。在这个时候,所消灭的工作岗位大于所创造的。企业的破产多于企业的创建。

实际经济周期理论的机制是:引起扩张或收缩的生产率变动会导致两方面的影响,即投资需求的波动和劳动需求的波动。

真实经济周期理论之所以得名是因为该理论认为是实际因素而非货币(名义)因素导致了经济周期的产生。如果只有货币因素而没有实际因素变化,只会引起价格变化。

——资料来源:改编自帕金,《宏观经济学》,人民邮电出版社 2008 年版,第 303—305 页。

本章人物介绍:保罗·A. 萨缪尔森

保罗·A. 萨缪尔森,于 1915 年生于美国。萨缪尔森毕业于芝加哥大学经济系,后获得哈佛大学博士学位。其博士学位论文的题目是《经济理论操作的重要性》,获哈佛大学威尔斯奖。萨缪尔森在 1947 年获美国第一届克拉克奖章,并于 1970 年获得了诺贝尔经济学奖。萨缪尔森的著作颇丰,主要著作有:《经济分析的基础》、《经济学》、《线性规划与经济分析》等。

萨缪尔森作为新古典经济学和凯恩斯经济学综合的代表人物,其理论观点体现了西方经济学整整一代的正统的理论观点,并且成了西方国家政府制定经济政策的理论基础。20 世纪 70 年代,西方国家经济陷入"滞胀"困境,使以"新古典综合"为理论基础的经济政策遭到破坏,萨缪尔森的经济理论受到了来自各方面的挑战,由此,形成了西方经济学界旷日持久的大论战。虽然,以萨缪尔森为代表的经济理论的正统地位发生了动摇,但是,西方国家经济作为一种"混合经济"仍然离不开萨缪尔森的经济理论。萨缪尔森也从其他学派的经济理论中吸收了许多重要的理论观点,对自己的理论加以修正和完善,使之适合于变化了的经济情况。

本章小结

1. 在凯恩斯的简单国民产出决定模型中,采取了短期分析方法,假定总供给不变的条件下说明总支出(总需求)如何决定均衡的国民产出水平及其变动。

2. 国民产出与总支出(包括消费、投资、政府购买和出口)、漏出量(包括储蓄、税收、进口)等的关系可以在 45°线图中说明。其中,消费与储蓄随国民产出的提高而增加,是内生变量。通过边际消费倾向可以表示它们之间的关系。在模型中,为了简化起见,对于投资、政府购买、出口、税收和进口等均假设与国民产出没有关系,为外生变量。

3. 满足均衡国民产出的条件是:国民产出等于总支出($Y_e=AE$),或注入量等于漏出量($J=W$)。

4. 如果总支出发生变化,则会导致均衡国民产出的变化。国民产出变化的幅度取决于乘数,乘数表示当自发支出增加 1 单位时均衡收入的变化,可以记为 $k=\Delta Y/\Delta A_0$。

5. 充分就业国民产出是指当资源(主要指劳动力)实现充分就业时所能生产出来的国民产出。当一个国家的均衡国民产出水平小于充分就业国民产出时,就出现了通货紧缩缺口。而均衡国民产出大于充分就业国民产出水平,这就出现了通货膨胀缺口。政府可通过扩张性(或紧缩性)的财政政策消除两种缺口,使均衡国民产出达到充分就业国民产出水平。

6. 凯恩斯主义对经济周期性波动的原因是通过乘数与加速的相互作用进行解释的。

思考与练习

一、名词解释

总支出　总需求　总供给　均衡收入(产出)　消费函数　平均消费倾向

边际消费倾向　平均储蓄倾向　边际储蓄倾向　投资乘数　政府支出乘数
税收乘数　政府转移支付乘数　平衡预算乘数　对外贸易乘数
充分就业(潜在)国民产出　通货紧缩缺口　通货膨胀缺口　加速原理
加速数　资本—产出比率

二、简答题

1. 按照凯恩斯主义的观点，增加储蓄对均衡国民产出会有什么影响？

2. 试在一张图上作出用收入支出法和注入漏出法决定同一均衡国民产出的两种画法。

3. 税收、政府购买和转移支付这三者对总支出的影响方式有何区别？

4. 假设政府采取增加政府购买和减少转移支付同一数量，即 $\Delta G=\Delta T_R$，试问：这一政策将导致均衡收入水平上升还是下降，为什么？

5. 简述乘数理论。

6. 简述加速原理。

三、计算题

1. 假设在两部门经济中，$C=50+0.75Y$，$I=I_0=150$(单位：亿元)。试求：

(1)均衡的收入、消费、储蓄和投资各为多少？

(2)若投资增加 25，在新的均衡下，收入、消费和储蓄为多少？

(3)如果消费函数的斜率增大或减少，乘数将有何变化？

2. 假定某经济的消费函数为 $C=100+0.8Y_d$，Y_d 为可支配收入，投资支出 $I=50$，政府购买 $G=200$，政府转移支付 $T_R=62.5$，税收 $T_X=250$。单位均为亿元。试求：

(1)均衡的收入；

(2)投资乘数、政府购买乘数、税收乘数、转移支付乘数、平衡预算乘数。

四、论述题

1. 试剖析凯恩斯的简单国民产出决定模型的基本观点。

2. 为什么投资对国民产出具有乘数作用？乘数在经济中发生作用的前提条件是什么？

3. 评述乘数和加速原理的相互作用模型。

第十四章

经济增长理论

本章要点

本章围绕生产要素投入量、技术进步、储蓄和投资等影响长期经济增长的因素，通过对哈罗德-多马经济增长模型、新古典经济增长模型、经济增长因素和内生经济增长模型的分析讨论，试图揭示是什么决定一个经济社会长期的经济增长，以此为政府制定促进经济增长的政策提供理论依据。

学习目标

熟练掌握哈罗德-多马经济模型，了解该模型存在的不足；掌握新古典经济增长模型，了解该模型存在的不足；掌握经济增长的源泉；了解内生经济增长模型。

第十三章主要分析总支出(总需求)对短期产出水平的决定作用。它说明的是在资源没有实现充分利用的情况下，一个经济社会的国民产出水平是如何决定的。这一理论为政府制定经济政策、稳定经济波动提供了依据。然而，关于国民产出不断增长的问题，仅有总支出(总需求)分析是不够的，从长期来看，经济增长(economic growth)必须把供给考虑进来。在长期中，一国经济的增长取决于其潜在的产出增长。本章将考察长期的经济增长趋势。

从第十一章我们已经了解了长期经济增长的重要(参见表 11-3、表 11-4)。我们在第一章引用过美国经济学家德龙(Delong) 研究，从公元前 100 万年到公元前 1300 年，人均 GDP 按照 2004 年美元价值计算，一直为 123 美元，也就是仅仅能够维持生存，没有显著的增长。现代意义上的经济增长是从 1750 年左右英国发生工业革命开始的。也正是 260 多年的经济增长，除部分地区外，世界多数地区人们的生活水平才有了根本改善，尤其是工业化程度高的国家改善的结果更为明显。

其实一个微小的增长率差异，经过一段时间后就可能带来截然不同的增长后果。一个显著的对比是,1950 年时,阿根廷的人均实际 GDP 为 6430 美元(按照 1996 年美元值计算),法国为 5490 美元。50 年后,2000 年法国的人均实际 GDP 为 22358 美元,而阿根廷为 11006 美元,如此大的差异就是因为法国的经济增长率为 2.9%,而阿根廷为 1.1%。按复利计算的增长率,真会有差之毫厘,谬以千里的效果。

在宏观经济学中,经济增长既可以表示总产出增加,也可以表示为人均产出水平提高。那么,经济增长的快慢是由什么来决定的呢? 现代经济增长理论中,较为流行的经济增长模型是哈罗德-多马经济增长模型和新古典经济增长模型。这两个模型也是本章的重点。另外,本章还将对经济增长因素进行分析,并介绍内生经济增长模型。

第一节　哈罗德-多马经济增长模型

哈罗德在 1939 年发表的《论动态理论》一文中,试图把凯恩斯采用的短期、静态均衡分析方法提出的关于国民产出决定理论或就业理论长期化和动态化。1948 年出版了他的《动态经济学导论》一书,进一步将其理论系统化,提出一个关于经济增长的模式。20 世纪 40 年代中期,美国经济学家多马独立地提出了与哈罗德经济增长模型基本一致的模型,因而一般地把他们的增长模型通称为哈罗德-多马经济增长模型。

由于多马与哈罗德模型基本相同,所以这里仅对哈罗德的经济增长模型作重点介绍。

一、哈罗德-多马经济增长模型的基本公式

哈罗德经济增长模型包括一些假设前提:

(1)社会只生产一种产品,既可以是消费品,也可以是投资品;

(2)国民产出水平决定储蓄水平;

(3)生产中仅使用两种生产要素:资本与劳动;

(4)资本—产量比率不变;

(5)生产的规模报酬不变;

(6)技术状态是固定不变的,不考虑技术进步对经济增长的影响,也不存在资本折旧问题。

在这些假设条件下,哈罗德主要研究三个变量的相互关系。这三个变量分别是:实际国民产出增长率 G,$G=\Delta Y/Y$;储蓄率 s,即储蓄(S)在实际收入(Y)中所占的比例,$s=S/Y$;资本—产量比率 V,即生产 1 单位产量所需要的资本,$V=$

K/Y，且 V 是常数。

根据前面技术不变的假设条件，资本—产量比率(V)应该等于边际资本—产量比率($\Delta K/\Delta Y$)，所以 $V=\Delta K/\Delta Y$。则：

$$\Delta K=V\Delta Y \tag{14.1}$$

并且由于假设对资本的投资不存在折旧，所以，$I=\Delta K$。这样，式(14.1)就可以写成：

$$I=V\Delta Y \tag{14.2}$$

在凯恩斯的国民产出决定模型中，国民产出短期均衡条件是 $I=S$。在此基础上，哈罗德进一步提出，在经济增长过程中，同样只有实现了 $I=S$ 这一条件，经济才能实现均衡增长。另外，由于有 $s=S/Y$，所以 $S=sY$。据此可以得到如下关系：

$$V\Delta Y=sY$$

或写作

$$\Delta Y/Y=s/V$$

由上式可得：

$$G=s/V \tag{14.3}$$

式(14.3)就是哈罗德经济增长模型的基本公式。这个模型说明，如果 V 不变，则 G 就取决于 s。如果 G 的值能确保 $I=S$，则经济增长是稳定的，这时的 G 是均衡的增长率。

哈罗德经济增长模型的含义是：经济增长率取决于社会储蓄率。在模型公式中，已假定生产技术不变，即加速系数 V 为一固定比率，显然，如果要获得一定的经济增长率 G，则必须保证一定的储蓄率。反之，在加速系数不变的情况下，要使一定储蓄率下的社会储蓄量为投资所全部吸收，则必须保证一定的经济增长率。因此，哈罗德经济增长模型表示的是经济增长率、储蓄率和用加速系数反映的生产技术水平这三个经济变量之间的关系。

我们通过一个例子来说明哈罗德经济增长模型的经济意义。如果一国国民产出为 100 亿元，储蓄 $S=15$ 亿元，储蓄率 $s=15\%$。如果要求充分就业下的均衡增长，必然需要所有储蓄转化为投资，才不会造成有效需求不足，即投资也应为 15 亿元。假定技术条件不变，资本—产出比为 3，这样 15 亿元的投资形成的国民产出在下一年将是 15/3＝5 亿元。这样增长率为：$G=15\%/3=5\%$。当然，这 5%的增长率不仅是国民产出的增加，也是生产能力的提高。为使这增加了的生产能力得到充分发挥，在每年不变的储蓄率下，自然要保证这些储蓄完全能转化成投资。但从长期来看，如果考虑到劳动生产率的提高、人口的增长、企业家的心理作用，这种稳定增长就必须满足其他条件。

二、经济长期稳定增长的条件

在现实的经济活动中，为了维持经济的稳定增长，是否能自动地使每年投资保持一定数量从而使储蓄全部转化成投资，哈罗德认为还应该考虑一系列影响因素。哈罗德用实际增长率、有保证的增长率和自然增长率来说明经济增长的原因，以及经济波动的原因。

（一）实际增长率

哈罗德在分析经济中短期波动的原因时，引进了实际增长率的概念。实际增长率(G)是实际发生的增长率，即本期产量（或收入）的增量与上一期产量（或收入）之比。实际增长率是由实际发生的储蓄率(s)和实际的资本—产量比率决定的。如果将投资看作是厂商在一定时期为一定的利润所完成的储蓄，则实际储蓄率(s)＝实际投资率($i=I/Y$)。据此有：$G=s/V$，或 $G=i/V$。

（二）有保证的增长率

哈罗德在分析经济稳定增长的条件时，提出了有保证的增长率的概念。此时哈罗德使用的经济增长模型是：

$$G_w = s_d / V_r$$

在这个公式中，G_w 是有保证的增长率，也就是实际投资等于合意储蓄的增长率；S_d 是合意的储蓄率，即人们当前想要进行的储蓄率；V_r 是合意的或人们满意的资本—产量比率。

这个公式说明，要实现经济稳定增长必须是实际增长率与有保证的增长率相等，即 $G=G_w$。也就是厂商实际完成的储蓄率(s)（或实际投资率 i）与合意储蓄率 s_d 相等时，充分就业的稳定均衡增长才能达到。实际完成的储蓄率（投资率）大于或小于合意的储蓄率，其结果必然是经济的不稳定增长或造成通货膨胀或失业。但现实中，实际增长率与有保证的增长率是很难相等的，正是这种不相等导致了国民产出的短期波动。

（三）自然增长率

哈罗德在论述经济稳定增长的基础上，又引进劳动力增长与技术进步两个因素来进一步考虑经济的长期发展趋势及其原因。在分析这一问题时，哈罗德提出了自然增长率(G_n)的概念。

所谓自然增长率，是指人口增长与技术进步所允许达到的长期的最大增长率，其公式为：$G_n=s_0/Vr$，或写为：$s_0=G_n \cdot V_r$。

G_n 为自然增长率，取决于劳动力增长率和技术进步。G_n 是一国能够实现的最大增长率。这是因为，任何一年度的最大国民产出是充分就业时会有的国民产出。所以，国民产出最大的增长率取决于劳动力及其效率的增长率。因此，长期内充分就业的均衡增长率就是自然增长率(G_n)。这样，在 $s_0=G_n \cdot V_r$ 这个方程中，s_0 被定义为实现 G_n(V_r 确定)所需要的储蓄率。

哈罗德还通过有保证的增长率与自然增长率之间的相互关系，考察了长期经济波动问题，这种关系有以下三种。

当 $G_w>G_n$ 时，表明储蓄和投资的增长率超过了人口增长与技术进步所能允许的程度，或者说当前合意的储蓄率超过了维护充分就业的增长率所需要的储蓄率。此时，由于生产的增长受到劳动力不足和技术水平的限制，结果是生产效率下降，从而出现长期停滞的趋势。

当 $G_w<G_n$ 时，表明储蓄和投资的增长率还没有达到人口增长与技术进步所能允许的程度，或者说当前合意的储蓄率小于实现充分就业的增长率所需要的储蓄率，说明还存在可供使用的剩余劳动力和潜在的生产率，生产还有进一步扩大的可能性，此时，生产的增加不会受到劳动力不足和技术水平的限制，从而会出现长期繁荣的趋势。

当 $G_w=G_n$ 时，表明社会的全部劳动力和生产设备在既定的技术水平下得到了充分利用。如果此时实际增长率与有保证的增长率也相等，即 $G=G_w$，则全社会既实现了均衡增长，又保证了劳动力的充分就业，这就实现了充分就业的均衡增长。所以经济社会长期实现最理想的均衡增长的条件是：

$$G=G_w=G_n$$

三、对哈罗德-多马模型的评价

哈罗德-多马经济增长模型认为，经济稳定增长的关键是投资与储蓄如何在长期中相等。从这个意义上说，该模型把凯恩斯投资等于储蓄这一公式动态化、长期化了。也就是说，哈罗德-多马经济增长模型是从凯恩斯主义出发来探讨长期经济增长问题的。

哈罗德为长期稳定增长提出了一个十分苛刻的条件。但是，因为三个增长率 G、G_w、G_n 都是由不同因素所决定的，所以要实现长期均衡增长是相当困难的。首先，决定投资的因素是厂商对未来利润的预期，预期利润的多少决定了投资的多少。然而储蓄率决定于公众的储蓄倾向。人口增长和技术进步更被认为是难以把握的。这样看来，三个增长率的相等实际上是不可能的。一些经济学家把这种很难实现的稳定增长称为“刃锋”上的增长。当这三者不一致时便会出现经济的长期波动。

哈罗德也认识到稳定增长的路线很难实现，并借此说明自由资本主义经济不可能自动达到和保持均衡。哈罗德认为，可以通过国家干预的力量，根据不同的情况采取适当的政策，使三种经济增长率相等。

专栏 14-1　解决中国经济的近忧更需远虑①

2008 年 11 月，中国政府突然公布高达 4 万亿的财政扩张计划，并公开宣布宏观政策调整为“积极的财政政策和适度宽松的货币政策”。时机的选择让人非常明确地感受到政策出台背后的紧迫性。

2007 年底，中国宏观政策的基调还是“稳健的财政政策和从紧的货币政策”，那时宏观政策的着眼点很明显是抑制经济过热和控制通货膨胀。到 2008 年 7 月，政策基调变成了“保持经济平稳较快发展、控制物价过快上涨”，也就是一般所说的“一保一控”。这一政策微调体现了中国经济当时所处的两难境地：一方面物价上涨速度依旧偏高，另一方面经济增长开始出现疲态。

2008 年第三季度开始，世界经济和中国经济开始出现了前所未有的大逆转。不断加深的全球性金融危机让欧美工业国家的经济处于自由落体的状态，各大机构纷纷预测，从 2008 年第四季度到 2009 年上半年，欧美日等发达国家都将陷入衰退，衰退的时间和深度都很有可能是 20 世纪 30 年代大萧条以来前所未见的。金融危机对中国经济的直接冲击并不算大，各种公布的数据表明，中国虽然在次贷危机中也遭受了损失，但并没有对中国的金融机构造成重大的影响。

可是，中国经济增长的两大重要支柱（投资和出口）从 2008 年第三季度开始迅速冷却。一方面，受到汇率升值和成本上升等因素拖累，出口在迅速恶化的全球环境中遭受进一步打击，出口和相关的投资，特别是在广东、浙江等沿海发达地区，开始迅速减缓。另一方面，房地产业进入寒冬，这对固定资产投资的增长造成了严重拖累。内部投资和外部需求的同时恶化，让中国经济在不到一年的时间内由过热变成了偏冷。而最让人担心的还是经济加速变冷的趋势，如果允许这样的趋势继续下去，那中国 2009 年的经济极有可能陷入 1998 年以来最困难的时候。

中国一直在用增长来解决问题，用增长来换取时间，增长的放缓很有可能导致很多社会问题的集中爆发，从而埋下不稳定的因素。

中国的经济是既有近忧又有远虑。近忧十分明确，就是要防止中

---

① http://view.QQ.com，2008.11.20。

国经济在这场全球性的危机中严重放缓，同时要防止通货膨胀卷土重来，这是十分迫切的问题。在外需没有指望的情况下，只有靠国内的需求拉动经济。

鉴于中国政府的负债率不高，这些年收支相差不大，没有什么赤字，有时候还稍有盈余，这些都保证了政府有充分的空间运用财政政策。作为一个发展中大国，中国也有很多地方需要政府的投入，比如说基础设施，三农，医疗教育，低收入群体，还有灾区重建。这次增加支出，可以算是补上一些历史欠债或者追加一些对未来的投资，钱并不会白花。虽然扩张性的财政政策并不是包治百病的万灵药，特别是在欧美的衰退究竟有多严重仍然没有定数的情况下，经济下行的风险并不能完全排除，但只要政府这次承诺的投入能够快速有效到位，是有理由对 2009 年中国的经济增长保持乐观的。

然而，扩张性的财政政策可以救急，但解决不了中国长期可持续增长的问题，这才是中国经济面临的更严峻挑战。从这场危机中我们可以清楚地看到中国经济的“畸形”，即经济增长严重依赖于投资和出口，而这些都是中国经济中深层次结构性问题的体现。如果仅仅满足于短期的拉动，而忽视经济中的结构性失调，远虑总有变成近忧的那一天。

中国更深的结构性问题在于经济中配置资源的价格信号仍然被十分严重地扭曲着。长期以来，中国的投资成本一直非常之低，从利率到能源、土地和地方政府的各种优惠措施，均是如此。这导致的不仅仅是大量资源被用于投资，从而减缓了居民收入增长的速度。更糟糕的是，因为成本低，加上金融体系缺乏效率，这些投资可以在很低的水平上重复进行。这就导致了中国的大量投资没有被用于最有效率、最能在未来带来经济增长的领域，造成资源的浪费。

中国的出口领域也是一样，对汇率的管制以及各种税收优惠政策，导致了一些出口行业规模超出了应该的水平，很多赢利能力非常脆弱的企业，靠着汇率的保护和税收的优惠继续生存着，这本身就意味着我们的资源没有被用在更有效率的地方。而所有的这些，反过来则都是对消费者的变相剥夺。

在政府公布的财政扩张方案里，虽然有很多支出是用于民生，但并没有从根本上面对中国经济的结构性失调。事实上，为了保持短期的增长，很多措施甚至是要继续保持现有的扭曲。比如为了维持出口的稳定，大量地增加出口退税。可是谁都知道，我们的顺差恐怕是太多了，而不是太少了。为了防止投资下滑过快，各地又重新开始出台措施支持房地产，可是我们大概不应该忘记，这场全球性的危机就是由房地产泡沫引起的。

要保持中国经济的长期稳定增长，政府必须拿出勇气消除经济中的结构性问题，特别是消除关键价格的扭曲。只有这样，资源才能被引导到最有效率，最有利于长期增长的地方，我们的消费、投资和出口的比重才能更合理。这同时也意味着，这样的调整不可能是无痛的。投资和出口比重的下降必然意味着这两个部分增速要下降，这背后会是很多企业的关闭，很多劳动力的重新分配。对个人和具体企业而言，这会是痛苦的过程。但从另一个角度看，这就是经济结构调整的应有之意。把资源从那些不具有持续性的行业里释放出来，转移到更有前途的行业里。

结合本专栏，请你谈谈短期经济增长与长期经济增长的关系。

——资料来源：郭凯，《解决中国经济的近忧更需远虑》，《瞭望东方》2008 年第 11 期。

第二节　新古典经济增长模型

由于认为哈罗德-多马经济增长模型所提出的稳定增长途径是“刃锋”，很难实现，在 1956 年，索洛和斯旺分别提出了新古典经济增长模型。后来米德又对此作了系统的表述。新古典经济增长理论中，既有凯恩斯经济学的成分，又有凯恩斯以前传统经济学的成分，因此，经济学家称这种理论为“新古典经济增长理论”。

新古典经济增长模型的假定主要有：①全社会只有一种产品；②假定有资本和劳动两种生产要素，这两种生产要素能互相替代，即能够以可变的比例来组合；③规模收益不变，但资本或劳动的边际生产力递减；④完全竞争，工资率和利润率分别等于劳动与资本的边际生产力；⑤劳动力按一个不变的比例 n 增长。

用式(14.4)和式(14.5)来表示新古典经济增长理论的生产函数：

$$Y=AF(K,N) \tag{14.4}$$

式(14.4)中，Y 代表总产量，K 代表总资本量，N 代表总劳动量，A 代表技术进步。为方便起见，我们假定一个给定且不变的劳动力增长率，即 $\Delta N/N=n$，也没有任何技术进步，即 $\Delta A/A=0$。

把生产函数表示为人均形式：

$$y=f(k) \tag{14.5}$$

其中，y 是每个工人的产量，k 是每个工人的资本。图 14-1 显示了每个工人的生产函数即式(14.5)。这条曲线反映了资本报酬递减规律：随着每个工人拥有的资本量上升，每个工人的产量也增加，但增加的速度是递减的。

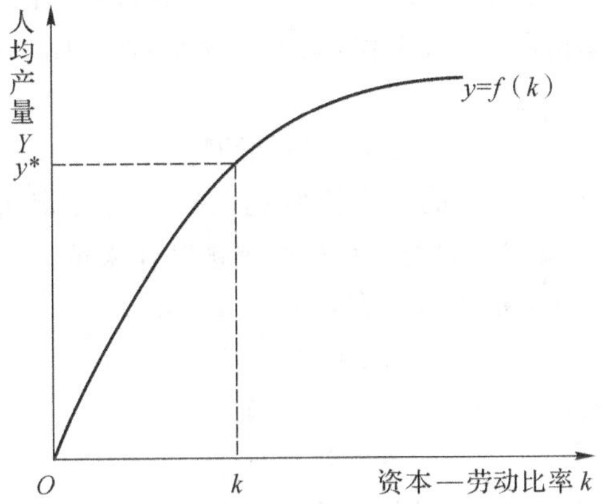

图 14-1　人均产量和资本—劳动比率

一、新古典经济增长模型的基本方程

新古典经济增长模型与哈罗德-多马经济增长模型不同，它强调了资本和劳动对经济增长的共同作用。在哈罗德-多马经济增长模型中，与有保证的增长率相对应的只有一个储蓄率。如果投资水平与这一储蓄水平不符，经济将会出现不稳定的局面。在新古典经济增长模型中，增长不是唯一决定于资本这一投入要素。它还取决于劳动和资本的相互结合。这样，如果储蓄率有所变动，可以通过利润率—边际生产率的变化，使储蓄全部转化成投资。利润率的变化会使资本和劳动投入成本相对变化。由于模型中资本与劳动是可以替代的，因而可以强调两者投入的组合，使资源全部得到利用。下面对新古典经济增长模型作进一步的解释。

n＝劳动力增长率＝$\Delta N/N$，暂时不考虑技术进步，所以这里的 n 其实就是哈罗德-多马经济增长模型的自然增长率 G_n。

现在的问题是，在一个有人口增长和储蓄从而资本存量增长的经济里，是否能达到人均产量和人均资本都变为固定的稳定状态。而达到稳定状态的含义是，如果人均资本不变，给定技术，则人均产量也不变。尽管人口在增长，但为使人均资本保持不变，资本必须和人口以相同的速度增长，即有如下关系：

$$\Delta Y/Y=\Delta N/N=\Delta K/K=n \tag{14.6}$$

在 $\Delta A/A=0$ 的情况下，我们确认式(14.6)能得到满足。于是当总产量、资本存量和劳动力都以速度 n 增长，且人均产量固定时，就可以达到稳定状态。

从图 14-1 中可以看出，经济停留在固定的资本—劳动比率 k^* 上，生产函数显示此时相应的人均产量为 y^*，经济处于稳定状态。

现在来讨论储蓄与资本增长之间的联系。在两部门经济中，投资或资本的总增加等于储蓄扣除折旧，也就是说，资本存量的净增加(ΔK)等于储蓄(S)减折旧。

$$\Delta K = S - \text{折旧} \tag{14.7}$$

根据假定，储蓄是收入 Y 的一个固定比例 s，并且假定折旧率是固定的，为资本存量的 $d\%$，每年有 $d\%$ 的资本存量必须被替代来抵消机器的磨损。

把这些假设代入式(14.7)，则有：

$$\Delta K = sY - dK$$

上式两边同时除以 N，有：

$$\Delta K/N = sy - dk \tag{14.8}$$

另一方面，由于 $k = K/N$，因此 k 的增长率就为：

$$\Delta k/k = (\Delta K/K) - (\Delta N/N) = (\Delta K/K) - n$$

根据上式有：

$$\Delta K = (\Delta k/k)K + nK$$

而上式两边同时除以 N，则有：

$$\Delta K/N = \Delta k + nk \tag{14.9}$$

把式(14.8)与式(14.9)合并，则有：

$$\Delta k = sy - (n+d)k \tag{14.10}$$

式(14.10)是新古典增长模型的基本方程。其表明，如果人均资本增量 $\Delta k = 0$，则人均产量不变，经济处于稳定状态，即稳定状态时人均储蓄(sy)正好提供了充足的投资来抵消折旧(dk)和为新增的劳动力装备的资本设备(nk)，总计为 $(n+d)k$ 的人均储蓄被称为资本广化。而如果人均储蓄超过这个数额，导致人均资本 k 的上升($\Delta k > 0$，这被称为资本深化)，最终会带来人均产量的上升。反之，如果人均储蓄不足，人均资本 k 会下降($\Delta k < 0$)，最终导致人均产量也下降。

在这里需要注意的是，稳定状态虽然意味着 y 和 k 的值是固定的，但总产量和资本存量都在增长。事实上，在稳定状态中，总产量和总的资本存量的增长率均与劳动力的增长率相等，也就是 n。

二、经济稳态的调整

在新古典经济增长模型中，经济稳态指的是一种长期均衡状态。在稳态时，人均资本达到均衡值并维持在均衡水平不变，在忽略了技术变化的条件下，人均产量也达到稳定状态。

利用图 14-2 可以分析稳态的调整过程。这一调整过程的关键在于储蓄率和投资率与折旧率和人口增长率之间的关系。

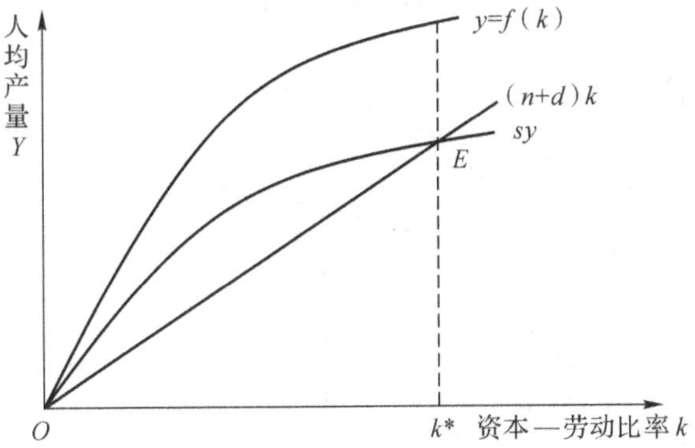

图 14-2　经济增长的稳态

由于个人储蓄是其收入中的一个固定部分，并且 $0<s<1$，所以 sy 曲线表明了人均储蓄水平。人均储蓄曲线与人均生产函数曲线具有相同的形状，但在生产函数曲线的下方。直线 $(n+d)k$ 则显示了在每一资本—劳动比率上为保持资本—劳动比率不变而需要的投资额。

根据稳定状态的条件，在 $sy=(n+d)k$ 时，图 14-3 中表示为两者的交点 E，经济达到稳态。而在 E 点的左侧，sy 大于 $(n+d)k$ 时，k 就会上升，调整过程一直进行到 E 点对应的 k^* 为止。这点与该资本—劳动比率相关的储蓄正好等于要求的投资。由于实际的和意愿投资完全相吻合，资本—劳动比率既不上升也不下降，所以最终达到了稳态。而在 E 点的右侧，情况正好相反，人均资本 k 有下降的趋势，最终达到 k^*。

稳态时 k 和 y 都固定不变。由于人均收入不变，总收入以和人口相同的速度增长，即增长率为 n。由此可以推论：稳态增长率不受储蓄率的影响，这是新古典经济增长理论的关键结论之一。

三、储蓄率的增加

在图 14-3 中，我们将分析储蓄率的增加是如何影响产量增长的。储蓄率的增加提高了产量的短期增长率，它并不影响产量的长期增长率，但它提高了人均资本和产量的长期水平。

在图 14-3 中，经济最初位于 E 点的稳态均衡，在这点储蓄恰好与要求的投资相匹配。现在储蓄率增加，由 s 增加到 s'，这引起储蓄曲线上移至虚线位置。

在 E 点，虽然初始状态下到达了稳态均衡，但现在储蓄相对于投资已经上升，也就是说，这时储蓄比为保持人均资本固定而要求的投资额要多，额外的储蓄转化为投资后使得人均资本存量上升。人均资本存量将持续上升直至到达E'点，人均资本（由k^*到k^{**}）和人均产量也都上升。

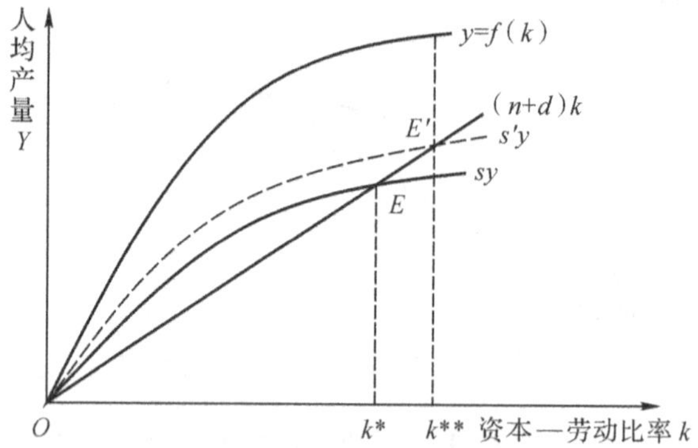

图 14-3　储蓄率的增加对稳态的影响

然而在E'点，经济重新回到其稳定增长率n。这样，在规模报酬不变的生产函数中，储蓄率的增加在长期仅仅提高了人均产量和资本水平，而没有提高人均产量增长率。

为什么长期增长率会独立于储蓄率呢？难道一个10%的收入被放到一个用作资本存量的经济中，其资本从而产量增长不应该比另一个只有5%的收入被储蓄起来的经济增长更快吗？

在转变过程中，事实上更高的储蓄率也导致了产量增长率和人均产量增长率的增加，这可以简单地从资本—劳动比率从初始稳态的k^*上升到新稳态中的k^{**}这一事实中看出。使资本—劳动比率增加的唯一途径是资本存量比劳动力（和折旧）增长更快，但达到稳态后经济增长率不再提高。

图14-4总结了储蓄率增加的影响。图14-4(a)显示了人均产量水平的时间路径。从在t_0时的初始长期均衡出发，储蓄率的增加引起储蓄和投资的增加，人均资本存量也随之增加，从而增加人均产量，直到达到新的稳态为止。在图14-4(b)中则显示了初始稳态中的产量增长率的时间路径。储蓄率的增加立刻提高了产量的增长率，这是由于资本的更快增长从而引起了产量的更快增长。因此，储蓄率的提高短期内使产量增长率增加，但长期中最终回落到人口增长的水平。

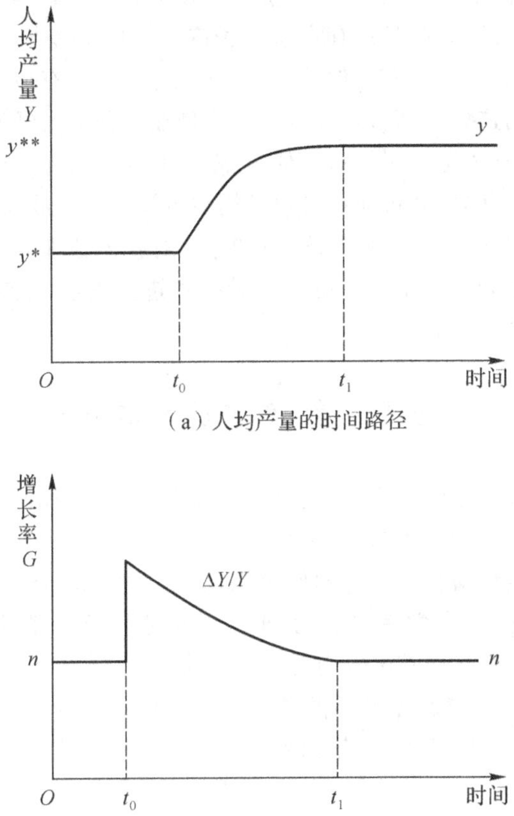

（a）人均产量的时间路径

（b）产量增长率的时间路径

图 14-4　人均产量和增长率随时间变化的轨迹

四、对新古典经济增长模型的评价

从新古典经济增长模型可以得出几个关键结论：该模型说明了，储蓄和人口增长如何决定经济的稳定状态的资本存量，以及稳定状态的人均收入水平。正如我们所看到的，它说明实际增长经验的许多特征——为什么日本和德国在被第二次世界大战摧毁之后增长如此迅速，为什么那些储蓄和投资在其产出中所占比例高的国家比那些储蓄和投资在其产出中所占比例低的国家增长迅速，以及为什么人口增长率高的国家比人口增长率低的国家贫穷。

在新古典经济增长理论中，稳态增长率是外生的，有着相同技术和人口增长率的国家，虽然收入的稳态水平可能会不同，但是最终会接近于相同的稳态增长率。

然而，随着时间的推移，新古典经济增长理论也逐渐暴露出一些不足。现实中我们看到的是，各国之间长期存在着增长率上的巨大差异。并且也有如同印度一类的国家，尽管这些国家的储蓄率比美国要高，却没有显示出任何接近于富裕国家收入水平的迹象。新古典经济增长模型在解释现实经济增长过程中之所以会出现一些问题，关键在于模型中储蓄率、人口增长率、资本折旧率和技术进步都是外生变量。并且，新古典经济增长模型也没有区分物质资本的具体类型，但事实上不同类型或不同行业的资本或投资，对技术进步的作用是有差异的。从技术进步的角度，应该特别鼓励那些对技术进步有特别推动作用的投资和行业。

第三节　经济增长因素分析

根据经济增长模型的分析，我们可以总结出决定经济增长的主要因素为：生产要素（劳动和资本）的投入，技术进步。

这些因素在经济增长中各自的作用究竟有多大？对于资本（包括人力资本的）和技术进步，有许多学者进行过研究。由美国经济学家丹尼森（Edward Denison）所作的研究就是其中较为著名的一项成果。

20 世纪 60 年代开始，丹尼森根据美国历史统计资料，对美国经济增长的因素进行分析和估算，并于 1985 年出版了《1929－1982 年美国经济真正趋势》一书。

丹尼森把经济增长的因素归纳为两大类，第一类是生产要素投入总量（主要是劳动和资本的投入量）的增加，第二类是每单位生产要素投入量的产量的增加。每一类因素又可进一步加以细分，而其他的（例如土地等）忽略不计。丹尼森所做的分析，就是采用定量的方法，把国民产出总增长率按照每一种投入因素所做出的贡献逐一分解，以考察每一种投入因素在经济总增长中所起的相对作用。其具体做法是，按生产要素原则划分投入要素，生产要素分为劳动和资本两种。然后选择某一年作为基年，考察该年中每一单位投入要素对产量所做出的相对贡献以及各投入要素的数量，并得出基年的总产量。随着时间的推移，生产要素的投入量和总产出量都将增长。但是，如果在生产要素投入量增加的同时，生产效率也有所提高，则总产量的增长率一定大于投入要素的增长率。因此，丹尼森把总产量增长率中扣除投入要素增长率的剩余部分，都看作是由于劳动效率的提高而使单位投入要素的产出增加。

丹尼森将每一种因素对经济增长率所做出的贡献计算后得到如下结果，见表 14-1。

表 14-1　1929—1982 年经济增长因素分析

增长源泉	增长率(%)
生产要素总投入	1.90
其中：	
劳动	1.34
资本	0.56
每单位投入要素的产量增加	1.02
知识	0.66
规模经济	0.26
资源配置	0.23
其他	−0.03
国民产出	2.92

资料来源：Edward F. Denison，*Trends in American economic growth*，1929—1982 / Brookings Institution，Washington，D. C. table8. 1，P. 111.

从表 14-1 中可以看出，1929—1982 年，美国国民产出的年平均增长率为 2.92%，其中，由于生产要素投入量增加所导致的国民产出增长率为 1.90%，由于单位投入要素的产量增加所导致的国民产出增长率为 1.02%。

一、生产要素总投入的增加

（一）劳动的增加

劳动的增加使国民产出增长 1.34%。劳动投入量的增加分为数量和质量两个方面。数量的增加就是指就业人数的增加；质量的增加主要包括就业和工时、教育程度等方面的有利变动。首先，就业和工时。就业是指被雇佣人数的变动情况；工时是指由于正常劳动时间的缩短而引起的劳动的质的变化。工时缩短会引起产量的损失，但同时又会使单位工作时间的产量增加。如果前者的损失超过后者的增加，则会引起国民产出的减少；反之，则会引起国民产出的增加。

（二）资本的增加

资本的增加是指能够再生产的资本投入量的增加，是把统计期间各年资本的存量按基年不变价格折算，然后按全部要素生产率的概念，计算出资本投入量的增加对于国民产出增长率的影响。1929—1982 年该数值为 0.56%。

资本增加和劳动增加对国民产出增长率的作用之和，就是生产要素总投入的增加对国民产出增长率的作用。

二、单位投入要素的产量增加

（一）知识进步

丹尼森认为，增长因素中，知识进步是非常重要的因素。知识进步包括技术知识和管理知识的进步，以及运用知识的迅速性。技术进步对经济增长的作用是明显的，但管理知识进步的作用更大。所谓管理知识是指管理技术和管理企业组织的知识。美国1929—1982年由知识进步带来的国民产出增长率为0.66%，在单位投入要素产量增加中占到65%。

（二）规模经济

当经济活动的规模扩大时，各种生产要素按一定的比例增加，使经济效率提高，这就是规模经济带来的经济增长。丹尼森用市场范围的扩大来表示规模经济，这是因为，市场的扩大可以提高专业化程度，扩大销售范围，增加产量和销售量，并且由此获得的好处足以抵消由于规模扩大带来的一些不经济的作用而有剩余，此即经济效率的提高。丹尼森所指的市场包括国内市场和世界市场两个方面。

丹尼森根据他的分析，把提高经济增长率的措施分为两大类：一类是可使增长率在短时期内见效，例如促使资源更合理、畅通地流动，提高国民产出中储蓄和投资的比重等；另一类则可促使保持长期增长率，例如加快提高教育质量，使劳动力的素质尽快得到提高。

总之，丹尼森在进行经济增长因素分析之后得出的结论是：要使经济增长，就要更勤奋地工作，节制消费，增加投资，改善流通环节，发展教育，开发智力，推进科学技术和管理技术的研究，并尽快推广其成果，使之变为生产力，最有效地配置生产资源等。

专栏 14-2

生产力的提高是中国经济增长的重要贡献因素

从1978—2008年，中国这30年的增长不仅仅是要素投入的结果，经济效率的提高也是一个重要的因素。世界上很多经济学家，还有我们中国人自己经常说，我们没有效率改进，就是投入，就是劳动力便宜，就是靠着资本积累，等等。然而，相关研究表明，我们过去平均每年9%到10%的增长速度当中，要素投入当然还是主要的部分。在全部的增长速度当中，1979年到1988年占6.7%，1989年到1998年占

5.16%,1999 年到 2005 年占 5.36%,还是主要的部分,占 60%左右的增长。但是,生产力的提高确实是一个重要的贡献因素。扣除投入的贡献之后的“全要素生产力”(TFP)的提高幅度,就是度量效率改进、生产力改进所导致的增长的指标。20 世纪 90 年代大概有 4.4%左右。到了 1999 年以后仍然有 3.7%左右。应该说这是一个相当高的贡献,相当大的贡献!所以说我们的增长也是效率改进的结果。

美国布鲁金斯基金会曾有一个研究,是关于中国全要素生产力的研究,研究对象不是整个 GDP 的增长,而是制造业的增长。结论是过去 20 年中国全要素生产力每年的增长速度是 6%。

——资料来源:樊纲,《中国经济增长的要素因素分析与展望》,《资本市场》2008 年第 4 期。

第四节　内生经济增长模型

20 世纪 60 年代到 80 年代中期,新古典经济增长模型在经济增长的研究中一直占有主导地位。但是,该模型对规模收益不变的假设与现实不符。另外,新古典模型中储蓄率、人口增长率、资本折旧率和技术进步都是外生变量的结论,也很难对现实中的经济现象做出解释。这里比较好理解的是资本折旧率是外生常数,因为资本折旧速度不容易人为控制,不同经济的资本折旧率不会有明显差距。储蓄率、人口增长率和技术进步是由人们的行为决定的,政府可以通过政策等加以影响的,在不同的经济中其水平很不相同。鉴于此,在 20 世纪 80 年代中后期以来,经济学家罗默和卢卡斯等人在对新古典经济增长理论反思的基础上,陆续发表了关于经济增长的一系列成果,逐步形成了“新经济增长理论”。新经济增长理论是在新古典经济增长模型不能很好解释增长时,就应该将储蓄率、人口增长率和技术进步等重要参数作为内生变量来考虑,从而可以由模型的内生变量来决定经济的长期增长率,因此,这些模型也被称作内生经济增长模型。

一、内生经济增长的基本模型

以内生经济增长为主要特征的新经济增长理论的诞生,标志着现代经济增长理论进入了一个新的发展阶段。

由于经济增长可以分为由资本或劳动等要素增长推动的和由技术进步推动的两种类型,因此,内生经济增长也可以分为“要素投入的内生增长”和“技术进步的内生增长”两种类型。

各种生产要素的增长是经济增长的源泉之一。经济增长理论中考虑的生产要素主要是资本和劳动，因此，内生要素增长推动的内生经济增长包括资本投入内生决定的增长和劳动供给内生决定的增长。一个经济的内生资本增长依靠自身的资本积累，而储蓄率是决定资本积累的关键变量。要将储蓄率作为内生变量引入增长模型，就必须分析家庭的消费行为，因为储蓄率取决于家庭在消费与储蓄之间的选择。另外，一个经济的劳动供给取决于人口增长率、移民和人们对工作和闲暇的选择。因此，居民对生育、移民和工作时间的选择，是从劳动供给内生决定的角度考察内生经济增长的模型。

经济增长除了依靠要素的增长以外，就是靠生产率的提高，而生产率的提高主要依靠技术进步。当一个经济的技术进步速度和路径由这个经济中家庭、厂商的行为决定而不是外生决定的常数时，这种技术进步就被称为“内生技术进步”。

技术进步(A)是指可使同样数量的劳动和资本生产出更多产品的任何因素。因此，许多事情都可以导致技术进步，例如，生产的流水线方法，用拖拉机代替马拉的犁，工人技能的提高等。因为技术进步种类多种多样，发展一个模型包括所有这些行为是很难的。

罗默提出一个方法，设想代表技术的思想和发明像其他物品一样由劳动和资本生产出来。要看这个模型是如何运作的，可以设想经济中有很多“发明工厂”，那里的工人生产出“发明”。事实上，在美国和许多国家有很多研究实验室，在研究实验室工作的研究者的工作就是生产出新的思想和发明。实验室的管理者部分地依赖于获得新的专利的数量来度量实验室的生产率。但是“发明工厂”的概念含义一般包括不太正式的但依然是有目的性的提高技术的方法，不管是否是在实验室里。

类似于产品的生产函数，我们可以定义一个技术的生产函数如下：

$$\Delta A = T(N_A, K_A, A) \tag{14.11}$$

也就是说，每年的技术进步 ΔA 依赖于用于生产技术的劳动的数量 N_A，用于生产技术的资本的数量 K_A 和现有的技术 A，函数 T 是技术的生产函数。

方程(14.11)已经说明为什么技术是内生的。如果更多的劳动力资源被用于技术的生产，则技术会得到更大提高；如果更多的资本被用于技术的生产，则技术也会得到更大提高。

注意技术本身(A)也对新技术(ΔA)的生产有贡献。技术有着重要的溢出效应，在一个实验室中发展出来的思想可以帮助在其他实验室里创造出新的思想。虽然一些发明可以注册专利，因而未经允许不能用来生产商品，但专利包含的思想常常可以被其他实验室的研究者使用：技术可以被用来生产新的技术，是非排他品的一个例子；一个厂商无法阻止其他厂商使用技术。因为一个人可以一次又一次地使用同一想法,技术在本质上不同于其他经济物品。

将技术进步内生化的方法很多,归结起来有以下四类内生技术进步增长模型。

(一) 报酬递增的生产函数

通过选择具有要素报酬递增性质的生产函数,可以解释内生经济增长的存在性和原因。1986 年,罗默在他的《收益递增与长期增长》一文中认为,企业通过投资增加资本存量的行为提高了知识的水平。知识是非竞争性的,具有外部效应,这种效应不仅使其自身形成收益递增,而且也使物质资本和劳动等其他投入要素也具有收益递增的特性,而这种收益递增会导致经济的长期增长。

(二) 人力资本

卢卡斯在《论经济发展机制》一文中,用人力资本解释了长期经济增长。人力资本不同于一般的知识,是关于"特定人的知识或一个民族的特殊的文化";人力资本也不同于劳动力,必须通过教育和培训成本等投入才能形成。人力资本可以相互传递,其结果不仅提高了投资者本身的生产率,而且也增加了劳动与物质资本的生产率,从而形成了生产的收益递增。拥有大量人力资本的国家会取得较快的经济增长速度,人力资本水平低下则是不发达国家经济增长缓慢的重要原因之一。

(三) 边干边学

边干边学模型强调从事生产的过程也是获得知识的学习过程。生产过程中积累了资本品的同时也积累了更多的知识,因为新生产的资本品所含的技术水平在提高。边干边学积累起来的经验使劳动力和固定资产的效率在生产过程中都有所提高,我们把这种现象称为知识的溢出效应(spillover effect)。技术水平随着资本水平的提高而提高,学习参数的提高会促使长期增长率的提高,边干边学模型以此来解释经济的长期增长。

(四) 创新

创新是厂商投资进行研究开发(R&D)的成果。根据创新产品的类型不同,创新可以分为中间品创新和消费品创新。当创新产品为中间品时,创新表现为中间品的品种增加和质量的上升,实际上意味着消费品生产率的提高。生产率的提高保证了在中间品投入总量不变的情况下消费品总量的上升,从而产生了经济增长。当创新产品为消费品时,在消费总支出不变的情况下,创新表现为消费品的品种增加或质量的上升,这可以提高消费者的效用,这样经济增长就表现为福利的增加。

二、对内生经济增长模型的评价

内生经济增长模型否定了新古典经济增长模型外生技术变革的假设，把注意力集中于解释技术进步，而不是把技术看作是外生的。内生经济增长理论致力于提供一个清晰的理论来解释技术因子变化的决定因素。新古典模型并没有对技术进步的原因和机制进行分析，只是把技术进步作为一种外生的因素，但内生经济增长理论讨论了技术进步本身的机制和规律，并把技术进步作为内生变量引进了经济增长模型。例如，内生经济增长理论把技术进步与投资和资本积累联系起来，认为技术进步是某些投资和生产活动的正的“外部性”，如在投资生产过程中产生的生产方式改进等。据此，罗默等人认为，如果政府不对科学技术的发展加以倡导，则分散经营的经济增长率就会过低。因此，政府可以通过对研究和开发提供补贴而达到促进经济增长的目的。

当然，内生经济增长模型对影响一国经济增长的制度以及市场发育程度等问题仍没有引起足够的重视。而这些往往是制约发展中国家经济增长的重要因素。

本章小结

1.哈罗德-多马经济增长模型认为，经济稳定增长的关键是投资与储蓄如何在长期中相等，哈罗德-多马模型把凯恩斯投资等于储蓄这一关系动态化、长期化了。在哈罗德-多马经济增长模型中，要实现长时期内的充分就业的均衡增长，最理想的均衡增长的条件是：$G=G_w=G_n=n$。

2.新古典经济增长模型说明，在长期中，一个经济的储蓄率决定其资本存量规模，从而决定其生产水平。储蓄率越高，资本存量越多，产出水平也越高。在新古典经济增长模型中，储蓄率提高引起一个迅速增长的时期，但最终当达到新稳定状态后经济增长保持一个不变的速度。因此，虽然高储蓄率引起了稳定状态的高产出水平，但储蓄本身不能引起长期的经济增长。新古典经济增长模型说明了，一个经济的人口增长率是决定长期生活水平的另一个因素。新古典经济关于稳定状态的结论是：$sy=(n+d)k$。因此，在新古典经济增长模型中，稳态收入水平由储蓄率和人口增长所决定。如果没有技术变化，总产量的稳态增长率等于人口增长率。在新古典经济增长理论中，稳态增长率是外生的。

3.肯德里克用全部要素生产率的概念研究生产率的变化。要衡量全部投入量的节约或衡量生产效率的变化，就要把产量和“全部要素投入量”联系起来。肯德里克认为，对于提高生产率的因素主要有：无形投资的增加；资源配置的合理化及其适应经济变化的速度；技术革新的扩散程度；生产规模的变动；人力资源与自然资源固有的质量等。丹尼森把经济增长的因素归纳为两大类,第一类是生产要素投入总量的增加,第二类是每单位生产要素投入量的产量的增加。丹尼森所做的分析,就是采用定量的方法,把国民产出总增长率按照每一种投入因素所做出的贡献逐一分解,以考察每一种投入因素在经济总增长中所起的相对作用。

4. 内生经济增长理论试图在理论之内决定经济增长率。内生经济增长模型把注意力集中于解释技术进步,而不是把技术看作是外生的。内生经济增长理论致力于提供一个理论来解释技术因子变化的决定因素。

思考与练习

一、名词解释

经济增长　实际增长率　有保证的增长率　自然增长率　稳态
全部要素生产率

二、简答题

1. 简述哈罗德-多马经济增长模型。

2. 为什么在新古典经济增长模型中,储蓄率的提高短期内使产量增长率增加,但长期中最终回落到人口增长的水平?

3. 说明丹尼森的经济增长因素及影响。

4. 简述内生经济增长模型的主要思想。

三、计算题

如果要使一国的产出年增长率 G 从 5%提高到 7%,在资本—产出比率 V 等于 4 的前提下,根据哈罗德-多马增长模型,储蓄率相应有何变化?

四、论述题

1. 评述新古典经济增长理论。

2. 试比较哈罗德-多马经济增长模型与新古典经济增长模型。

>>>>> 第十五章
金融、货币与利率的决定

本章要点

前面我们在讨论国民产出决定和经济增长时，一直把利率等影响实际变量的因素看作是固定不变的。但货币和金融因素一直是宏观经济中的重要变量。本章将学习货币供给和货币需求如何决定均衡利率的基本理论。其中将会介绍金融体系的运行、货币供给的度量和货币需求的基本原理和货币市场均衡时均衡利率水平的决定。

学习目标

了解资金的融通过程和金融体系的构成要素；理解货币的定义，并能识别不同货币总量的构成；熟练掌握货币创造过程和流动性偏好理论；熟练掌握均衡利率的水平，并加以运用。

前面几章的讨论一直都假定利率是一个给定的外生变量，从本章起，将逐渐放松这一假设来讨论国民产出的决定。本章，将从货币的功能和金融体系的运行机理入手，探讨货币需求和供给的影响因素，从而分析利率是怎么被决定的。

第一节　货币基础

经济活动和日常生活离不开货币，下面将从货币的定义入手，分析货币的功能、货币的度量以及货币的供求和均衡利率的决定。

一、货币的定义和功能

货币是任何一种被普遍接受为交换媒介，并且具有价值贮藏和计量单位功能的经济工具。换言之，在购买商品劳务或清偿债务时被广泛接受的任何物品，都可以称作货币。其功能主要体现为以下四个方面。

（一）流通手段

货币在商品交换过程中发挥媒介作用时，执行流通手段职能。货币作为流通手段必须是现实的货币，即一手交钱、一手交货。货币这个媒介的出现，使商品交换再也不受时空、需求巧合的限制，任何商品，只要换取了货币，价值就得到了社会的承认，得以实现。

（二）价值尺度

货币在衡量商品价值时，执行着价值尺度职能。通过这一职能，商品的价值就可表现为同名的量，使他们在质上相同，在量上可以相互比较。货币的这个职能克服了在物物直接交换条件下，由于价值表现不同而给商品流通造成的困难。执行价值尺度的货币本身必须有价值；本身没有价值，就不能用来表现、衡量商品的价值。货币在执行价值尺度时，人们可以从观念语言中用货币来衡量商品的价值，而不需要现实的货币存在。

（三）贮藏手段

这是货币退出流通领域被人们当做独立的价值形态和社会财富的一般代表保存起来的职能。作为贮藏货币，不能是观念上的货币，也不能是不足值的货币或一种符号货币，它应是足值的金属货币或是作为货币材料的贵金属。在现实生活中，货币并非唯一的价值贮藏手段，对于个人来说，家具、房屋、有价证券等有价值的资产都可以执行这一职能，当然这些东西都存在不同程度的缺点，如流动性不强，贮藏要付出一定的代价等。而货币作为一般等价物具有直接流通性，使购买力一般化，这样，人们随时都可以购买到自己所需要的商品和劳务。

（四）支付手段

这是货币作为交换价值和交换价值的独立形式，用来清偿债务、支付租税、货币借贷时所发挥的职能。它是商品价值脱离使用价值单独转移或运动而产生的职能。这一职能的产生发展是和信用关系的产生和发展密切相关的，最初是由商品赊销预付而产生的。在现代经济中，货币作为支付手段发挥的作用将越来越大。货币作为流通手段克服了物物交换的种种局限性，而作为支付手段，又进一步克服了作为流通手段一手交钱、一手交货的局限性，极大地促进了商品交换。

二、货币的形式

货币自产生以来已有几千年的历史，货币的形式随着商品交换和商品经济的发展也在不断地变化，经历了以下几种形式。

（一）实物货币

这是指以自然界存在的某种物品或人们生产的某种物品来充当货币，如龟壳、海贝、皮革、布帛、牲畜、农具等，最终固定在金、银等贵金属上。最初使用金属货币是以称量货币形式出现的，因为称量货币在交易前要鉴定成色、称重量，而且分割不易，给交易带来很大不便，人们逐渐以标有固定成色与重量的铸币来代替它，便产生了铸币的流通。

（二）代用货币

这是货币的代表物，通常是政府或银行所发行的纸币，其代表的是金属货币。代用货币持有者可以自由地向发行机关兑换足值的金属条块或铸币。这种代用货币即银行券。由于代用货币有足够的贵金属做保证，并且能自由兑换，因此代用货币可以代表贵金属的价值进行流通。代用货币的优点在于：能够节约与金属货币流通有关的费用，能够避免或减少金属货币的损耗，便于携带、运输等。

（三）信用货币

20 世纪 30 年代，世界性的经济危机和金融危机的爆发，迫使各主要西方国家先后放弃金本位和复本位，取而代之的是不兑现的纸币，即信用货币。信用货币不但本身的价值远远低于其货币价值，而且和代用货币不同，不再代表任何贵金属。信用货币作为一般的交换媒介必须具备两个条件：一是人们对此货币的信心，二是货币发行的立法保障。两者缺一不可，例如在一国的恶性通货膨胀时期，人们往往拒绝接受纸币。信用货币又可分为辅币、现金或纸币、银行支票等形式。

（四）其他货币形式

伴随着迅速发展的电子商务，电子货币应运而生。目前各国货币当局尚无法在法律上对电子货币严格界定。巴塞尔银行监管委员会在综合各国货币当局对电子货币的看法后认为：电子货币是在零售支付机制中，通过销售终端、不同电子设备之间以及在公开网络撒哈拉开执行支付“储值”和预付支付机制的货币①。储值是指保存在物理介质中可用来支付的机制，如信用卡等。它的出现使现金交易减少甚至消失，而且在日常支付中占的比例也越来越高。还有一种复合货币，指由多种货币的汇率加权确定的一种用于国际间债务支付和储备资

① Basle Committee on Banking Supervision (1998): Risk Management for Electronic Bank and Electronic Money Activities, March 1998 BS/97/122.

产的货币，如国际货币基金组织的"特别提款权"。

三、货币的度量

为了更好地观察经济内部的货币总量，依据货币流动性程度的高低，经济学家把货币划分为不同种类或层次。

各国普遍采用 M_1 来表示狭义货币，它包括现金、活期存款、其他支票存款和旅行支票等流动性最强的金融资产。由于 M_1 可以直接用于支付，因而在货币量中居于核心地位。另外，M_1 以外的某些金融资产也可能较快地转换为狭义货币形态。例如，长期储蓄存款流动性很强，能够以很小成本快速转变为现金或短期支票存款，因而，各国一般在 M_1 基础上增加储蓄存款获得 M_2。依据类似道理，国库券、银行承兑汇票等金融资产，也能以较小成本较快变现，所以在 M_2 基础上增加国库券、银行承兑汇票、商业票据等短期流动资产得到 M_3。不同国家货币种类具体划分细节不尽相同，但基本原则和方式一致：都以资产流动性强弱作为确定标准，并以 M 加数字下标表示不同货币层次。

我国的货币量指标设计采用了国际通用规则，将货币表示成以下四个不同的层次。

M_0＝现金。指经济中企业和居民手持现金。单独设置现金层次是我国货币度量体系的特色，它反映出我国金融业仍处于发展中，信用制度不够发达，现金在中国所占比例较高，具有特殊重要性。

M_1＝M_0＋企业活期存款＋机关团体部队存款＋农村存款＋个人持有的信用卡类存款。

M_2＝M_1＋城乡居民储蓄存款＋企业存款中具有定期性质的存款＋外币存款＋信托类存款。M_1 与 M_2 之差称为准货币。

M_3＝M_2＋金融债券＋商业票据＋大额可转让定期存单。

中国人民银行从 1994 年第四季度开始公布数据，M_3 指标是考虑到未来金融创新而增设的，目前尚未公布数据。到 2009 年底，我国三个层次的货币供应量如表 15-1 所示。

表 15 1　1990　2009 年我国 M_0、M_1、M_2 的货币供应量

（各年年底数值）　　单位：亿元

年份	货币和准货币（M_2）	货币（M_1）	流通中现金（M_0）
1990	15293.4	6950.7	2644.4
1995	60750.5	23987.1	7885.3
2000	134610.4	53147.2	14652.7

续 表

年份	货币和准货币(M_2)	货币(M_1)	流通中现金(M_0)
2005	298755.7	107278.8	24031.7
2006	345603.6	126035.1	27072.6
2007	403442.2	152560.1	30375.2
2008	475166.6	166217.1	34219.0
2009	606225.0	220001.5	38246.0

资料来源:《中国统计年鉴》(2009);中国人民银行网站,http://www.pbc.gov.cn。

专栏 15-1　　人民币发行概况

我国货币历史悠久,种类丰富,绚丽多彩。人民币在我国货币文化历史中占有重要地位。人民币是纯粹的法定货币,它本身没有价值,没有任何本位作为基础。中华人民共和国货币自发行以来,已发行五套人民币,形成纸币与金属币、普通纪念币与贵金属纪念币等多品种、多系列的货币体系。

第一套人民币　自 1948 年 12 月 1 日开始发行,共 12 种面额 62 种版别。1948 年,随着人民解放战争的顺利进行,分散的各解放区迅速连成一片,为适应形势的发展,亟须一种统一的货币替代原来种类庞杂、折算不便的各解放区货币。为此,1948 年 12 月 1 日,在河北省石家庄市成立中国人民银行,同日开始发行统一的人民币。当时任华北人民政府主席的董必武同志为该套人民币题写了中国人民银行行名。

人民币发行后,逐步扩大流通区域,原各解放区的地方货币陆续停止发行和流通,并按规定比价逐步收回。1949 年初,中国人民银行总行迁到北平(今北京),各省、市、自治区相继成立中国人民银行分行,至 1951 年底,人民币成为中国唯一合法货币,在除台湾、西藏以外的全国范围流通(西藏地区自 1957 年 7 月 15 日起正式流通使用人民币)。

统一发行人民币是为了迎接全国解放采取的一项重大措施,它清除了国民党政府发行的各种货币,结束了国民党统治下几十年通货膨胀和中国近百年外币、金银币在市场流通买卖的历史,促进了人民解放战争的全面胜利,在新中国成立初期经济恢复时期发挥了重要作用。

第二套人民币　1955 年 2 月 21 日国务院发布命令,决定由中国人民银行自 1955 年 3 月 1 日起发行第二套人民币,收回第一套人民币。第一套人民币的面额较大(最大为 50000 元),而且单位价值较低,在流通中计算时,以万元为单位,不利于商品流通和经济发展,给人民生活带来很大不方便。另外,由于受当时物质条件和技术条件的限制,第一套人民币的纸张质量较差,券别种类繁多(62 种),文字说明单一,票面破损较严重。

为了改变第一套人民币面额过大等不足,提高印制质量,进一步健全我国货币制度,1955 年 2 月 21 日国务院发布命令,决定由中国人民银行自 1955 年 3 月 1 日起发行第二套人民币,收回第一套人民币。第二套人民币和第一套人民币折合比率为:第二套人民币 1 元等于第一套人民币 1 万元。

第三套人民币 第三套人民币是 1962 年开始发行的。当时,我国经过了连续三年经济困难时期,在党中央以“调整、巩固、充实、提高”八字方针指引下,克服重重困难,大力发展生产,使国民经济开始恢复和发展,国家财政金融状况逐渐好转。为了促进工农业生产发展和商品流通,方便群众使用,经国务院批准,中国人民银行于 1962 年 4 月 20 日开始发行第三套人民币。第三套人民币和第二套人民币比价为 1∶1,即第三套人民币和第二套人民币票面额等值。

第三套人民币 1962 年 4 月 15 日开始发行,到 2000 年 7 月 1 日停止流通,历时 38 年。

第四套人民币 该套货币是在经济发展、商品零售额增加、货币需要量增加的情况下发行的。随着党的十一届三中全会的召开,改革开放政策的实施,我国国民经济迅速发展,城乡商品经济日益活跃,社会商品零售额大幅度增长。这样,不仅要求货币发行在总量上与之相适应,而且在券别结构上也要与之相适应。为了适应经济发展的需要,进一步健全我国的货币制度,方便流通使用和交易核算,1987 年 4 月 25 日,国务院颁布了发行第四套人民币的命令,责成中国人民银行自 1987 年 4 月 27 日起,陆续发行第四套人民币。

第五套人民币 为适应经济发展和市场货币流通的要求,1999 年 10 月 1 日,在中华人民共和国成立 50 周年之际,根据中华人民共和国国务院第 268 号令,中国人民银行陆续发行第五套人民币。第五套人民币共 8 种面额:100 元、50 元、20 元、10 元、5 元、1 元、5 角、1 角。第五套人民币根据市场流通中低面额主币实际大量承担找零角色的状况,增加了 20 元面额,取消了 2 元面额,使面额结构更加合理。

第五套人民币继承了我国印制技术的传统经验,借鉴了国外钞票设计的先进技术。第五套人民币应用了先进的科学技术，在防伪性能和适应货币处理现代化方面有了较大提高。

第五套人民币各面额正面均采用毛泽东同志建国初期的头像，底衬采用了我国著名花卉图案，背面主景图案分别选用了人民大会堂、布达拉宫、桂林山水、长江三峡、泰山、杭州西湖。通过选用有代表性的寓有民族特色的图案，充分表现了我们伟大祖国悠久的历史和壮丽的山河，弘扬了伟大的民族文化。

——资料来源：中国人民银行网站，http:// www.pbc.gov.cn。

第二节 银行在货币体系中的作用

一、银行是最重要的金融机构

金融，即资金融通，指资金盈余单位与资金短缺单位就让渡资金使用权发生的交易行为。金融有直接融资和间接融资两种渠道或方式。直接融资指资金短缺单位直接在金融市场向盈余单位出售债券、股票等凭证来获得资金，盈余单位持有这些凭证以获得未来利息、股息或资本增值等收益。间接融资指盈余单位把资金存放到银行等金融中介机构获得利息等收益。这些机构再以贷款或证券投资形式将资金转移给短缺单位。资金盈余方通过间接和直接融资方式向资金短缺方提供资金，并相应获得利息、股息等收益。这一过程如图 15-1 所示。

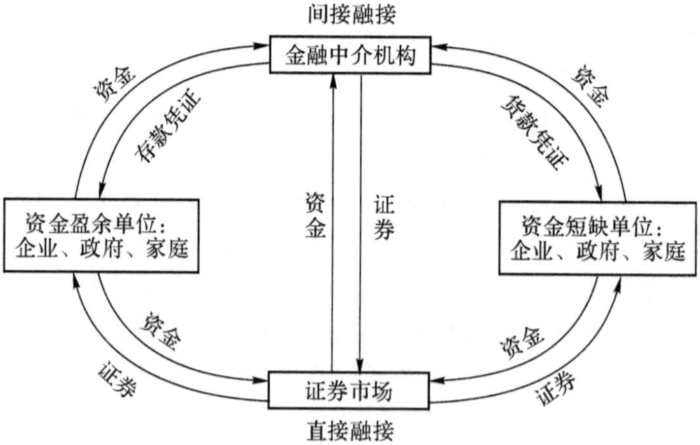

图 15-1 资金的融通过程

金融体系包括金融工具、金融市场和金融机构三个基本要素，金融工具是资金交易合同的书面保证，大量的金融工具被创造出来保证了筹资的需要；金融市场作为金融工具交易的场所或机制，为证券的分配和交易提供了便利；而金融机构则创造流动性和安全性，促进了资金在余缺者之间的流动。

（一）金融工具

金融工具指那些标准化的、在金融市场上具有可转让性和流通性的金融资产或有价证券，如国债、股票等。一般可将金融工具分为短期资本市场（也称为货币市场）工具和长期资本市场工具两类。货币市场工具指期限在一年以内的金融工具，资本市场工具包括股票、一年期以上的各类债券以及抵押贷款等。金融市场则是指确定金融工具的价格并进行金融工具交易的场所或机制。在这个市场上，各类金融工具的价格得以形成，并在具体的时点上完成交易。

（二）金融市场

金融市场可以分为短期资本市场和长期资本市场。货币市场是最重要的短期资本市场。在这一市场上交易的金融工具有：商业票据、短期国库券、大额可转让存单、回购协议等。货币市场主要有：短期政府债券市场、商业票据市场、银行承兑汇票市场、大额可转让存单市场、同业拆借市场和回购协议市场。

资本市场则解决长期性融资问题，交易的对象是期限一年以上的各种金融工具，如股票、一年期以上的各类债券以及抵押贷款等。货币市场和资本市场尽管职能有所差异，但内在联系十分紧密，资金经常在两个市场之间流动。

（三）金融中介机构

在金融交易中，金融中介机构发挥着吸收资金和分配资金的功能。它的优点体现在：减少了交易中的信息成本和合约成本，通过多样化贷款（投资）降低风险，并且可实现贷款（投资）期限的转换。因此，在资金融通过程中扮演着极为重要的角色。主要可分为以下几种类型。

1. 存款型金融机构。这是从个人和机构接受存款并发放贷款的金融中介机构。西方存款型金融机构主要有商业银行、储蓄银行和信用合作社等。

其中，商业银行主要通过发行支票存款、储蓄存款和定期存款来筹措资金，用于发放工商业贷款、消费贷款和抵押贷款，购买政府债券、提供广泛的金融服务，在整个金融中介机构体系中，具有机构数量多、业务渗透面广和资产比重大等特点。

储蓄银行是指办理居民储蓄并以吸取储蓄存款为主要资金来源的银行。与我国几乎所有的金融机构均经营储蓄业务的情况不同，在西方国家，储蓄银行是专门建立的、独立的金融机构。

信用社，即信用合作社，是西方国家中普遍存在的一种互助合作型金融组织。资金来源于合作社成员缴纳的股金，支付给社员的收益一般不以利息而以股利的方式支付。

2. 投资型金融机构。这是指在直接金融领域内为投资活动提供中介服务或直接参与投资的金融机构，主要包括投资银行、证券经纪和交易公司、金融公司和共同基金等。虽然机构名称各异，但服务方式或经营的内容都以证券投资活动为核心。

3. 契约型金融机构。这是以契约方式定期定量地从持约人手中收取现金（保险费、养老金预付款），然后按契约规定向持约人履行赔付或资金返还义务的金融机构。这类机构主要有保险公司、养老基金和退休基金等。由于他们的资金来源相当稳定、可靠，可以把其余的资金投资于股票、公司债券、公债等较长期的证券上，因而成为当今各国资本市场股票和债券的重要投资者。

4. 政策性金融机构。这是指由政府和政府机构发起、出资创立、参股或保证的，不以利润最大化为经营目的，在特定的业务领域内从事政策性融资活动，以贯彻和配合政府的社会经济政策或意图的金融机构。如开发银行、农业政策性银行和进出口政策性银行。

二、中央银行

中央银行实质上并不是真正意义上的银行，因为它并不直接经营像商业银行一样的业务，不以营利为目的。它是一国政府的管理部门，代表政府管理金融货币金融事务，制定一国的货币政策。中央银行的职能包括以下几方面。

（一）发行的银行

国家赋予中央银行集中和垄断货币发行的特权，是国家发行货币的唯一机构。这是它全部职能的基础。

（二）银行的银行

这一职能体现在两个方面。一方面从事以商业银行为服务对象的银行业务，如存款、贷款等。另一方面，管理商业银行的业务活动，具体有：管理商业银行的法定准备金，即按法律规定，商业银行对吸收的存款必须按照一定的比率（法定准备金率）交存于中央银行；充当最后贷款人（lender of last resort），即当商业银行支付困难、出现流动性危机时，中央银行必须提供资金支持，以防止出现金融挤兑风潮；组织全国性的清算。

（三）政府的银行

中央银行既要为政府提供各种金融服务，还要作为政府管理整个金融业的工具。除了代表政府制定并贯彻执行货币金融法规和政策外，中央银行还发挥代理国库的职能、发行国债的职能、保管和管理外汇、黄金的职能以及代表政府从事对外金融活动等。

我国中央银行是中国人民银行，2003年之前它承担了全部的中央银行职能。但随着银行监督委员会的成立，对银行具体监督的职能从中国人民银行分离出来，后者只专注于货币政策的研究和制定。但我们可以把两者职能的统一看作是中央银行职能。

专栏15-2 中国人民银行简史

1931年11月7日，在江西瑞金召开的"全国苏维埃第一次代表大会"上，通过决议成立"中共苏维埃共和国国家银行"（简称苏维埃国家银行），并发行货币。从土地革命到抗日战争时期一直到中华人民共和国诞生前夕，人民政权被分割成彼此不能连接的区域。各根据地建立了相对独立、分散管理的根据地银行，并各自发行在本根据地内流通的货币。1948年12月1日，以华北银行为基础，合并北海银行、西北农民银行，在河北省石家庄市组建了中国人民银行，并发行人民币，成为中华人民共和国成立后的中央银行和法定本位币。

一、中国人民银行的创建与国家银行体系的建立(1948—1952)

1948年12月1日，中国人民银行在河北省石家庄市宣布成立。华北人民政府当天发出布告，由中国人民银行发行的人民币在华北、华东、西北三区统一流通，所有公私款项收付及一切交易，均以人民币为本位货币。1949年2月，中国人民银行由石家庄市迁入北平。1949年9月，中国人民政治协商会议通过《中华人民共和国中央人民政府组织法》，把中国人民银行纳入政务院的直属单位系列，接受财政经济委员会指导，与财政部保持密切联系，赋予其国家银行职能，承担发行国家货币、经理国家金库、管理国家金融、稳定金融市场、支持经济恢复和国家重建的任务。

在国民经济恢复时期，中国人民银行在中央人民政府的统一领导下，着手建立统一的国家银行体系：一是建立独立统一的货币体系；二是迅速普建分支机构，形成国家银行体系，接管官僚资本银行，整顿私营金融业；三是实行金融管理，疏导游资，打击金银外币黑市，取消在华外商银行的特权，禁止外国货币流通，统一管理外汇；四是开展存款、放款、汇兑和外汇业务，促进城乡物资交流，为迎接经济建设做准备。到1952年国民经济恢复时期终结时，中国人民银行作为人民共和国的国家银行，建立了全国垂直领导的组织机构体系；统一了人民币发行，逐步收兑了解放区发行的货币，全部清理并限期兑换了国民党政府发行的货币，很快使人民币成为全国统一的货币；对各类金融机构实行了统一管理。中国人民银行充分运用货币发行和货币政策，实行现金管理，开展"收存款、建金库、灵活调拨"，运用折实储蓄和存放款利率等手段调控市场货币供求，扭转了新中国成立初期金融市场混乱的状况，终于制止了国民党政府遗留下来的长达二十年之久的恶性通货膨胀。

二、计划经济体制时期的国家银行(1953—1978)

在统一的计划体制中，自上而下的人民银行体制，成为国家吸收、动员、集中和分配信贷资金的基本手段。随着社会主义改造的加快，私营金融业纳入了公私合营银行轨道，形成了集中统一的金融体制，中国人民银行作为国家金融管理和货币发行的机构，既是管理金融的国家机关又是全面经营银行业务的国家银行。

与高度集中的银行体制相适应，从 1953 年开始建立了集中统一的综合信贷计划管理体制，即全国的信贷资金，不论是资金来源还是资金运用，都由中国人民银行总行统一掌握，实行"统存统贷"的管理办法，银行信贷计划纳入国家经济计划，成为国家管理经济的重要手段。高度集中的国家银行体制，为大规模的经济建设进行全面的金融监督和服务。

中国人民银行担负着组织和调节货币流通的职能，统一经营各项信贷业务，在国家计划实施中具有综合反映和货币监督功能。银行对国有企业提供超定额流动资金贷款、季节性贷款和少量的大修理贷款，对城乡集体经济、个体经济和私营经济提供部分生产流动资金贷款，对农村中的贫困农民提供生产贷款、口粮贷款和其他生活贷款。这种长期资金归财政、短期资金归银行，无偿资金归财政、有偿资金归银行，定额资金归财政、超定额资金归银行的体制，一直延续到 1978 年，其间虽有几次变动，基本格局变化不大。

三、从国家银行过渡到中央银行体制(1979—1992)

1979 年 1 月，为了加强对农村经济的扶植，恢复了中国农业银行。同年 3 月，适应对外开放和国际金融业务发展的新形势，改革了中国银行的体制，中国银行成为国家指定的外汇专业银行；同时设立了国家外汇管理局。以后，又恢复了国内保险业务，重新建立中国人民保险公司；各地还相继组建了信托投资公司和城市信用合作社，出现了金融机构多元化和金融业务多样化的局面。

日益发展的经济和金融机构的增加，迫切需要加强金融业的统一管理和综合协调，由中国人民银行来专门承担中央银行职责，成为完善金融体制，更好发展金融业的紧迫议题。

1983年9月17日，国务院作出决定，由中国人民银行专门行使中央银行的职能，并具体规定了人民银行的10项职责。从1984年1月1日起，中国人民银行开始专门行使中央银行的职能，集中力量研究和实施全国金融的宏观决策，加强信贷总量的控制和金融机构的资金调节，以保持货币稳定；同时新设中国工商银行，人民银行过去承担的工商信贷和储蓄业务由中国工商银行专业经营；人民银行分支行的业务实行垂直领导；设立中国人民银行理事会，作为协调决策机构；建立存款准备金制度和中央银行对专业银行的贷款制度，初步确定了中央银行制度的基本框架。

四、逐步强化和完善现代中央银行制度(1993年至今)

1993年，按照国务院《关于金融体制改革的决定》，中国人民银行进一步强化金融调控、金融监管和金融服务职责，划转政策性业务和商业银行业务。

1995年3月18日，全国人民代表大会通过《中华人民共和国中国人民银行法》，首次以国家立法形式确立了中国人民银行作为中央银行的地位，标志着中央银行体制走向了法制化、规范化的轨道，是中央银行制度建设的重要里程碑。

1998年，按照中央金融工作会议的部署，改革人民银行管理体制，撤销省级分行，设立跨省区分行，同时，成立人民银行系统党委，对党的关系实行垂直领导，干部垂直管理。

2003年，按照党的十六届二中全会审议通过的《关于深化行政管理体制和机构改革的意见》和十届人大一次会议批准的国务院机构改革方案，将中国人民银行对银行、金融资产管理公司、信托投资公司及其他存款类金融机构的监管职能分离出来，并和中央金融工委的相关职能进行整合，成立中国银行业监督管理委员会。

具体地说，中国银行业监督管理委员会和中国人民银行一起承担着我国中央银行的职能。

——资料来源：中国人民银行网站，http://www.pbc.gov.cn。

第三节　货币需求与货币供给

在货币市场中，我们将进一步关注有哪些因素影响了货币需求和货币供给能力，以及均衡的利率水平是如何决定的。

一、货币需求

现实生活中，人们可以选择以各种不同形式持有财富。货币需求，就是指人们愿意以货币这一特殊的资产形态持有的那部分财富。因而，它实质上反映的是人们对资产持有形态的选择关系。人们为什么要以货币形式持有资产呢？经济学说史提供了丰富的货币需求学说。

（一）古典学派的货币数量论

货币基本功能是交换媒介。美国经济学家欧文·费雪（Irving Fisher）的古典货币数量论概括了交易需要与货币需求的关系，它提出了著名的费雪交易方程式：

$$MV=PT \tag{15.1}$$

其中，M 是一定时期内流通的货币数量，V 是货币的流通速度，P 是价格水平，T 是该时期商品和服务的交易量，因而 PT 表示各种商品和服务交易的总价值。由于难以获得交易量数据，通常用国民产出代替交易量，用下式表示：

$$MV=PY \tag{15.2}$$

其中，Y 是一定时期内不变价格表示的国民产出，而 PY 则是名义国民产出。这两个等式表明：交易中的货币支付总额（MV）等于被交易的商品和服务的总价值（PT 或 PY）。然而，货币流通速度（V）取决于人们的支付习惯、信用发达程度、运输与通信条件等因素，与流通中货币量无关。V 只会发生缓慢变动，在短期内变化不大，因而实际需要的货币数量取决于交易数量，式（15.2）可以表示成：$M=(1/V)\times PY$。这就把货币需求归结为用名义国民产出代表的交易需求：名义国民产出越高，货币需求越大；反之亦然。

（二）凯恩斯的流动性偏好理论

凯恩斯认为人们之所以持有货币主要是出于三种动机，即：交易动机、预防动机和投机动机。由于货币富有灵活性，极易流动、容易转变为其他资产，因而货币的需求也被称为流动性偏好（liquidity preference）。

1. 交易动机。指人们为了日常交易的方便而在手头上保留一部分货币。这部分货币，对个人或家庭来说是作为日常支出费用，厂商则作为周转资金。交易动机所持有的货币多少，与人们收入的多少有关。一般地，收入越多，人们为交易目的而持有的货币就越多，反之亦然。

2. 预防动机。是指人们为了应付意外发生的事件而保留的一部分货币。该动机的产生是由于人们无法准确地预测未来一段时期中难以避免的事件，如疾病、失业和其他天灾人祸。出于预防动机而形成的货币需求仍然与收入水平有关。一个有较高收入的人，有必要并有能力比低收入者持有较多货币以备意外需要。

3. 投机动机。是指人们为了抓住购买债券等生息资产的有利机会而持有一部分货币的动机。一般来说，利率越高，有价证券的价格越低，人们若认为价格已降低到正常水平以下，预计很快会回升，就会抓住有利机会及时买进有价证券，因而人们手中出于投机动机持有的货币量就会减少。对有价证券的需求增加，通过货币向有价证券的转换，投机性的货币需求相应减少。反之，低利率条件下有价证券的价格则较昂贵，对有价证券的需求减少，因而投机性的货币需求相应增加。这表明了货币的投机性需求主要取决于利率。

假定影响交易动机和预防动机形成的货币需求量的主要因素是收入 Y，而投机动机货币需求量的主要影响因素是利率 r，那么对货币的总需求量 L 就可以表示为：

$$L = L_1(Y) + L_2(r) \tag{15.3}$$

其中，$L_1(Y)$表示出于交易动机、预防动机的货币需求量，$L_2(r)$表示投机动机的货币需求量。货币需求曲线可以表示如下：

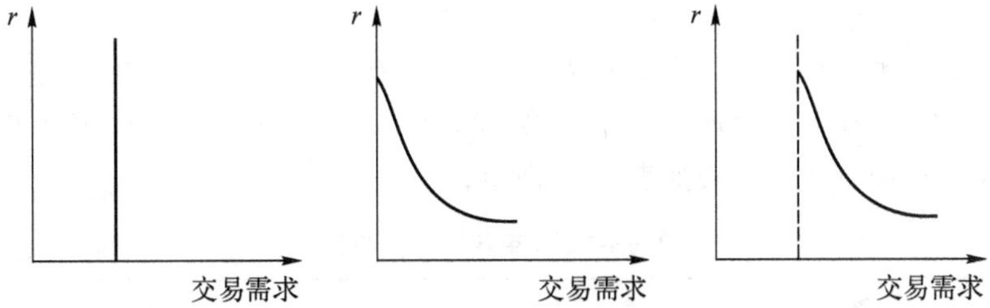

图 15-3 货币需求的动机

(三) 其他货币需求理论

继凯恩斯的货币需求理论之后，鲍莫尔(Willian Baumol)和托宾(James Tobin)等经济学家丰富了凯恩斯理论。货币主义的代表人物弗里德曼则扩大了资产选择的范围，把债券、股票及各种实物资产都列为替代货币的资产，不同于凯恩斯把资产选择范围只限定在货币和债券之间，从而得到与凯恩斯完全不同的结论,它认为货币需求量是由财富总量、人力财富与非人力财富的比例、持有货币的预期报酬率、其他资产的报酬率等因素共同决定的。

二、货币供给

在现行信用货币制度下,各国对货币供给的管理都由中央银行来承担,中国人民银行管理我国的金融货币事务。管理货币供给的工具有:公开市场业务、存款准备金、中央银行贷款和利率政策。具体分析见第十八章"货币政策"。本章主要介绍货币供给过程,分为两部分:一是中央银行对基础货币的供应;二是基础货币自身的膨胀,也称为货币创造。

(一) 存款准备金与存款创造

商业银行是通过吸收存款来发放贷款的,在它的存贷过程中会产生一个存款货币创造的过程。商业银行每吸收一笔存款后,不是把这笔资金存放起来,而是贷放给企业。当然银行为了应付存款人的提款需求,要把一部分存款以准备金的形式留存,现在大多数国家对于留存比例有具体规定,也被称为法定存款准备金,法定存款准备金与存款的比率被称为法定存款准备金率。当银行将可贷资金贷出后,企业运用贷款进行交易后,这笔贷款有可能会成为其他银行的存款,后者可以再留足准备金后再把可贷资金贷放出去,如此循环。那么最终一笔存款资金可以"创造"多少呢?下面我们用一个简单事例来说明。

为了更简单地叙述存款创造过程,我们做如下假设:(1)银行的客户将其全部货币收入都存入银行,而不持有现金(即没有货币的漏出);(2)银行按照法定的存款准备金比率提取存款准备金。

假设A银行接收到了现金存款1000元。按照准备金制度规定,它必须按20%的法定准备金率提取现金准备金200元。那么,其余的800元就可贷出。这时A银行的资产负债表如表15-2所示。

表15-2 A银行资产负债表 单位:元

资产		负债	
准备金	200	现金存款	1000
贷款与投资	800		
总额	1000	总额	1000

当A银行向客户贷出800元后,客户又会把得到的贷款800元存入A银行或另一家B银行。如果存入B银行,B银行按照规定保留20%的准备金,其余部分贷出。这时B银行的资产负债表如表15-3所示。

表 15-3　B 银行资产负债表　　单位：元

资产		负债	
准备金	160	现金存款	800
贷款与投资	640		
总额	800	总额	800

而 B 银行贷出这 640 元后，很快又会被客户转存进第三家 C 银行。C 银行同样在留下 20%的准备金后，其余部分又贷出去，其资产负债表如表 15-4 所示。

表 15-4　C 银行资产负债表　　单位：元

资产		负债	
准备金	128	现金存款	640
贷款与投资	512		
总额	640	总额	640

至此，我们已经能够看出，最初的 1000 元原始存款通过在不同银行之间的存进贷出 3 次之后，银行系统的存款已增加了 2440 元，大大超过原来的货币存量。而且，这个过程显然还会继续下去，初始的 1000 元存款到底派生出多少的存款呢？

$1000+1000\times(1-20\%)+1000\times(1-20\%)\times(1-20\%)\cdots$

$=1000\times(1-20\%)^0+1000\times(1-20\%)^1+1000\times(1-20\%)^2+\cdots$

运用初等数学中的等比数列求和公式，我们很容易得到最终答案为 5000 元。

一般地，假定各银行的原始存款为 A，存款准备金率为 r，那么整个银行系统总存款的增加额 D 和这两者之间的关系可以表示为：

$$D=A(1/r) \tag{15.4}$$

由原始存款到派生存款总额的扩展倍数，称为**存款创造乘数**，用 k 表示乘数，则

$$k=1/r \tag{15.5}$$

如上例中的乘数为 $k=1/20\%=5$。

当然，在现实经济中，不可能有这么大的存款创造乘数。第一，客户可能会有现金需求，即出现所谓现金漏出；第二，银行可能会有超过法定准备金以外的超额准备金；第三，定期存款有着与活期存款不同的法定准备金率，从而影响存款货币创造的基础。

（二）基础货币与货币乘数

理解了一笔存款的创造过程后，我们就可以知道，从中央银行流出的基础货币最终会创造出多倍于自身的货币供应量了。所谓基础货币（monetary base）是指中央银行所发行的现金和商业银行的准备金（包括商业银行在中央银行存放的存款准备金和超额准备金）之和：

$$M_b = C + R \tag{15.6}$$

其中，M_b 是基础货币，C 是现金，R 是准备金。

由于上述两项可以作为准备金或基础来支撑数倍货币供给额，因而称为基础货币或高能货币。又因为基础货币构成中央银行负债，是中央银行为影响货币供给额所能强力控制的，所以也称为强力货币（high-powered money）。

如前所述，货币是现金和存款的总和，即

$$M = C + D \tag{15.7}$$

其中，M 是货币，C 是现金，D 是存款。

为了表示货币内部现金与存款的数量关系，通常引入现金储蓄率（currency deposit ratio）概念，它表示现金对存款的比率：$c = C/D$。

因而，$M = C + D = cD + D = (c+1)D$ (15.8)

$$M_b = C + R = cD + rD = (c+r)D \tag{15.9}$$

比较货币表达式与上面基础货币表达式，由于存款准备金 R 是整个存款 D 的一小部分，因而基础货币仅仅是总货币量的一小部分。由式（15.9）和（15.10），不难推导出 M_b 与 M 的关系：

$$M = (c+1)\ M_b/(c+r) \tag{15.10}$$

由于$(c+1)/(c+r) > 1$（因 $r < 1$），所以基础货币 M_b 有一个较小变动，会引起货币总量 M 发生较大的波动。设 $c = 0.1$，$r = 0.1$，$M = 5.5M_b$，即每当 M_b 变动 1 亿元，M 变动 5.5 亿元。M 与 M_b 的倍数关系，即$(c+1)/(c+r)$，称为货币乘数（monetary base multiplier）。中央银行对基础货币的调节控制，会通过货币乘数的杠杆作用对货币供给产生放大影响。例如，货币乘数为 5 时，如果中央银行希望增加 1000 万元的货币供给量，它只需增加约 200 万元（1000/5＝200）的基础货币就能达到目的。

（三）货币供给与利率的关系

一般的货币理论常常假设货币供给与利率完全无关，如图 15-2（a）所示，货币供给是外生的，即完全是由货币当局决定的。也有学者认为，货币供应不完全是外生的，至少有一部分是内生的，即较高的利率水平将导致较高的货币供给水平，如图 15-2（b）所示。其理由为：当银行有多余准备金时，信贷需求增加导致的利率提高会导致信贷供给量的增加；高利率会吸引国外资金流入；利率上升会促使储户将活期存款账户转换为定期存款账户，这会使银行减少流动性资产，从而增加信贷供给量。

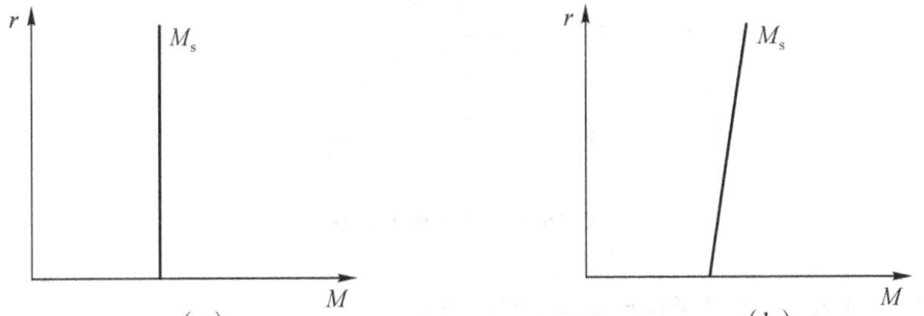

（a）　　　　（b）

图 15-4　货币供给与利率的关系

第四节　均衡利率水平的决定

一国的利率水平是如何决定的？经济学家们对此有不同的认识，形成了不同的利率决定理论。按照马克思的观点，利息量的多少取决于利润总额，利率取决于平均利润率，平均利润率是利率的上限，下限是大于零的正数，利率总是在零和平均利润率之间受供求关系影响波动。西方经济学家的利率决定理论主要是从供求关系分析，认为利率是由供求均衡点决定的，他们之间主要的分歧在于是什么供求关系决定利率。

一、古典利率决定理论

古典利率理论的基本观点是认为利率由储蓄和投资决定，即由资本的供给和资本的需求共同决定。图 15-5 就是古典利率理论的基本模型，图中 I 为投资曲线，该线向右下方倾斜，表示投资量与利率成反比关系；S 为储蓄曲线，该线向右上方倾斜，表示储蓄量与利率成正比关系。两条曲线的交点所决定的利率 r_e 为均衡利率。

按照该理论，只要利率是灵活变动的，它就和商品的价格一样，具有自动调节储蓄和投资，使其达到均衡状态的功能。

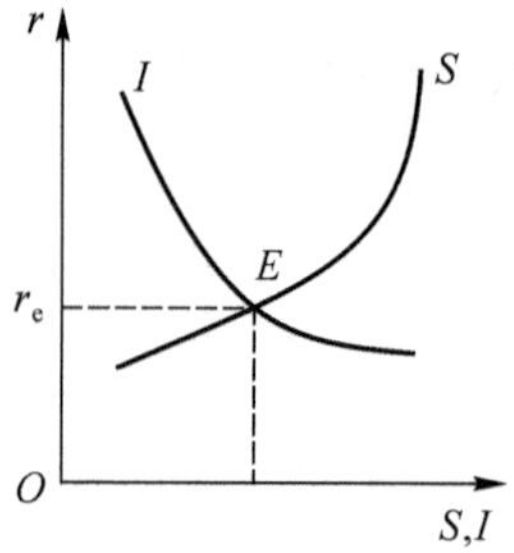

图 15-5　古典利率理论

二、凯恩斯的流动性偏好利率理论

20 世纪 30 年代西方经济大危机，摧毁了以利率自动调节为核心的古典利率理论。凯恩斯的利息理论应运而生。凯恩斯认为：利率属于货币经济范畴，而不属于实物经济范畴。他极力主张利率是由货币供求来决定的。在货币市场中，当人们愿意以货币形式持有的财富量(即货币需求)和现有的货币存量(即货币供给)相等时，货币市场就实现了均衡。即：

货币需求：$L=L_1(Y)+L_2(r)$

货币供给：$M_s=M_0$

货币市场的均衡：$L=M_s$

其基本模型如图 15-6 所示，横轴表示货币量，纵轴表示利率，M_s 表示货币供给曲线，由货币当局控制，是外生变量，可视为常数，L 表示货币需求曲线，即流动性偏好曲线，它是一条由左上方向右下方倾斜的曲线，表明利率越低，货币需求量越大，也就是人们的流动性偏好越大。当利率降到某一程度(如 r_2)时，货币需求会无限大，人们不愿持有其他资产，而只愿持有货币，这就是所谓“流动性陷阱”(liquidity trap)。图中 E 为货币需求与货币供给的均衡点，r_e 为该点决定的均衡利率。

当货币供给固定时，利率高低就取决于货币需求：如果货币需求曲线向上移动，则利率上升，反之则下降。当货币需求不变时，利率高低就取决于货币供应量：如果货币供应增加，利率会下降；反之亦然。因此，利率高低就由货币需求和货币供给决定。

该理论假定，人们可以以货币和债券两种形式持有财富。当利率低于均衡利率时，即 $r_1<r_e$，人们愿意持有的货币量大于其手中持有的货币量。为了得到更多的货币，人们将在市场上出售债券，当所有人都为了在自己的资产组合中包含更多的货币而出售债券时，债券的价格就会下降，而债券的价格和利率成发向

关系，债券价格的下降也就意味着利率的上升。这一过程将一直持续到利率 r_1 上升到均衡利率 r_e 为止。反之，当利率高于均衡利率水平时，即 $r_2 > r_e$，人们持有的货币量大于他们的意愿持有量，他们就会希望把手中多余的货币转换成债券，当大家都这样做时，债券的价格就上升，这也就意味着利率的下降。这一过程同样要持续到利率 r_2 下降到均衡利率 r_e 为止。如图 15-6 所示。

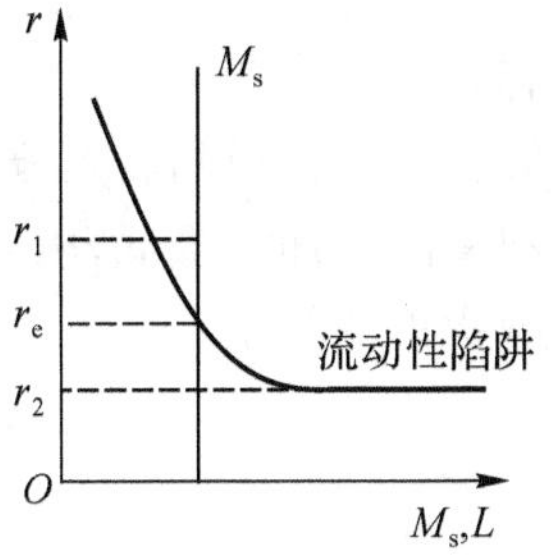

图 15-6 流动性偏好利率理论

本章小结

1.金融体系包括金融工具、金融市场和金融机构三个要素。金融工具指那些标准化的、在金融市场上具有可转让性和流通性的金融资产或有价证券，如国债、股票等。按照各种金融工具的性质以及债务类型进行分类，金融市场主要由货币市场、资本市场和套期保值市场三大类具有不同功能的市场体系构成。

2.金融中介机构在金融交易中发挥着吸收资金和分配资金的功能。而中央银行则代表政府管理金融货币金融事务，制定一国的货币政策。

3.货币需求，就是指人们愿意以货币这一特殊的资产形态持有的那部分财富。凯恩斯认为，人们持有货币主要有三个动机：交易动机、预防动机和投机动机。

4.在现代银行体系下，货币具有信用创造功能，在基础货币的基础上会形成多倍的货币供应。

5.货币市场的均衡决定了利率水平。

思考与练习

一、名词解释

金融市场　货币　货币乘数　存款创造乘数　交易需求　投机性需求
货币数量论　流动性陷阱

二、简答题

1.什么是货币？货币的职能是什么？

2.金融中介机构的主要类型有哪些？

3.分析简化情形下的存款创造过程。

4.比较古典利率理论和凯恩斯流动性偏好理论在分析均衡利率水平决定上的差异。

5.简述货币数量论的内容。

6.为什么扩展性货币政策会提高货币的收入流通速度？

7.为什么货币需求随着利率的增加而降低，随着收入的提高而增加？

8.简述货币供给量和基础货币的关系。

>>>>> 第十六章

IS-LM 模型和 AD-AS 模型

本章要点

在第十三章中学习了产品市场中国民产出决定的问题，并在第十五章对假定前提中的一个变量——利率水平如何决定通过货币市场均衡得到了解决。但对两个市场是如何相互影响的，还没有进行讨论，本章我们将通过 IS-LM 模型把两个市场连在一起，完成这一讨论。并在此基础上进一步讨论价格水平与国民产出和总需求的关系，这就是总需求—总供给模型（AD-AS 模型）。

学习目标

熟练推导 *IS* 曲线和 *LM* 曲线，掌握影响 *IS* 和 *LM* 曲线的斜率和使其发生移动的主要因素，运用 IS-LM 模型进行相应的政策分析，掌握总需求—总供给模型的分析方法。

完成了对国民产出水平决定和利率水平决定的讨论后，到了把它们放在一起进行讨论的时候了。两个市场相互影响，需要建立一个框架把两者结合起来，这就是由英国经济学家约翰·希克斯在 1937 年提出的 IS-LM 模型完成的。通过这一模型，我们将了解两个市场、两个变量国民产出和利率之间相互影响的机制。同时也需要对价格水平与国民产出和总需求的关系进行讨论。本章将完成对这两个主题的讨论。

第一节　*IS* 曲线

IS 曲线表示的是当产品市场达到均衡时，利率与国民收入之间反方向变动的关系。在简单的凯恩斯模型中，假设投资是外生变量，现在放宽假定，认为投资是由利率决定的，但利率是由货币市场决定而非由产品市场决定。

一、IS 曲线及其推导

下面以两部门经济为例，介绍 IS 曲线的两种推导方法：代数方法和几何方法。

（一）代数方法

利率作为影响投资成本的重要变量，对投资产生如下影响：利率越高，投资动机越弱，即反向关系。方便起见，假定投资与利率之间存在线性关系，即投资函数可以表示为：$I=e-dr$（其中，I 表示投资，r 表示利率，e 表示自发需求，也就是不受利率影响的需求，d 表示投资对利率变化的敏感系数）。若该经济的消费函数为：$C=\alpha+\beta Y$，则依据宏观均衡条件：

$$Y = I + C$$

$$\Rightarrow Y = e - dr + \alpha + \beta Y$$

$$\Rightarrow Y = \frac{\alpha + e}{1 - \beta} - \frac{d}{1 - \beta} r \tag{16.1}$$

$$\Rightarrow r = \frac{\alpha + e}{d} - \frac{1 - \beta}{d} Y \tag{16.2}$$

因为，$\alpha<\beta<1, d>0$，所以 Y 与 r 存在反向关系。式(16.1)或(16.2)都是产品市场均衡的条件。

图 16-1 描述了两者的关系。以 r 为纵轴，Y 为横轴所画出的是一条由左向右倾斜的曲线，线上每一点都满足产品市场均衡的条件。或者说该曲线代表了满足产品市场均衡条件的所有利率和收入组合的集合。在简单国民收入决定模型中，投资(I)等于储蓄(S)是产品市场均衡的条件，因而把描述满足产品市场均衡前提下总产出和利率关系的这一曲线称为 IS 曲线。

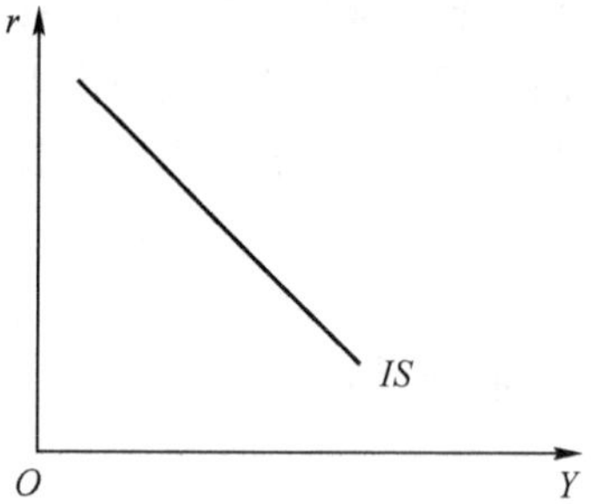

图 16-1　IS 曲线

同理，我们可以推导出三部门经济和四部门经济中的 IS 曲线。例如，在三部门经济中（投资函数同上例，税收函数假定为：$T_X=tY$，t 为边际税率，政府支出：$G=G_0$)，根据总收入等于总支出的均衡条件，可得到：

$$Y=C+I+G$$

$$\Rightarrow Y=\alpha+\beta Y_d+e-dr+G$$

$$\Rightarrow Y=\alpha+\beta(Y-T_X)+e-dr+G_0$$

$$\Rightarrow Y=\alpha+\beta(Y-tY)+e-dr+G_0$$

$$\Rightarrow Y=\frac{\alpha+e+G_0}{1-\beta(1-t)}-\frac{d}{1-\beta(1-t)}r \tag{16.3}$$

$$\Rightarrow r=\frac{\alpha+e+G_0}{d}-\frac{1-\beta(1-t)}{d}Y \tag{16.4}$$

上述(16.3)和(16.4)即为三部门经济中 IS 曲线的表达式。由于 $0<t<1$，因而，不论是式(16.3)中的 $\frac{d}{1-\beta(1-t)}$ 还是式(16.4)中的 $\frac{1-\beta(1-t)}{d}$ 都大于零，Y 与 r 之间仍然呈现出反向变动关系。

（二）几何方法

为了更为直观说明推理过程，我们用一个具体事例来说明：假设投资函数 $I=60-10r$，消费函数 $C=20+0.5Y$，我们可以将这些函数关系反映在图形上，并通过均衡时储蓄等于投资这一相互关系，来推导出 IS 曲线。

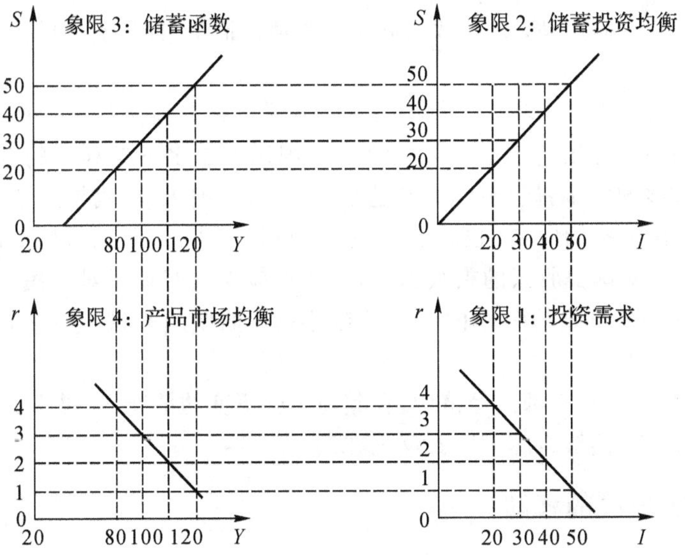

图 16-2　*IS* 曲线推导图示

如图 16-2 所示，象限 1 的曲线描述的是投资函数。纵坐标和横坐标分别表

示利率 r 和投资 I,因为投资需求是利率的减函数,所以形状向右下方倾斜。

象限2的曲线表示储蓄等于投资。纵坐标和横坐标分别表示储蓄 S 和投资 I。图中的45°线表示投资等于储蓄的组合点的集合,即线上任何一点都代表了产品市场的均衡。

象限3的曲线描述的是储蓄函数。纵坐标和横坐标分别表示储蓄S和均衡时的国民收入,因为储蓄是收入的增函数,所以曲线形状向右上方倾斜。

象限4表明由利率变化开始,引起投资、储蓄和收入的变化,并使投资与储蓄达到均衡所形成的 IS 曲线。线上任何一点都是投资与储蓄相等时的均衡点,故这条曲线也被称为 IS 曲线。如,当利率 $r=3$ 时,由象限1的投资曲线可知,此时企业的投资水平是30。把 $I=30$ 延伸到象限2,依45°条件,即 $I=S$,所对应的储蓄水平为30。接着继续把 $S=30$ 延伸到象限3,当储蓄水平为30时,市场上应有100的收入水平与之对应。最后,将 $Y=100$ 延伸到象限4,同时将象限1的 r 向右延伸到象限4,我们便可以得到一个能够维持产品市场均衡的利率和收入(3,100)组合点。

二、*IS* 曲线的斜率

从式(16.3)中的 $\frac{d}{1-\beta(1-t)}$ 或式(16.4)中的 $\frac{1-\beta(1-t)}{d}$ 可以看出,利率与国民收入呈反方向变动,IS 曲线的斜率为负值。而 IS 曲线斜率的大小,则取决于下列因素。

一是投资需求对于利率变动的反应程度 d。在其他条件不变的情况下,如果投资对利率的变化越敏感,即 d 越大,则国民产出水平对利率的变化也越敏感,则 IS 曲线的斜率就越小,即 IS 越平缓。反之,则 IS 曲线越陡峭。

二是边际消费倾向 β。在其他条件不变的情况下,边际消费倾向越大,则投资或政府支出对国民收入的乘数越大,因而相应支出变动量对国民收入的影响也越大,所以 IS 曲线的斜率的绝对值越小,IS 曲线越平缓。反之,IS 曲线越陡峭。

三是税率 t。在三部门经济中,在其他条件不变的情况下,税率 t 越小,乘数会越大,因而 IS 曲线也越平缓。反之亦然。

三、*IS* 曲线的移动

从式(16.3)或者式(16.4)可以看出,引起 IS 曲线移动的主要有以下几种因素。

一是乘数的大小:$\frac{1}{1-\beta(1-t)}$,当 β 增大或 t 减小时,IS 曲线变平缓,发生逆

时针转动，反之，IS 曲线顺时针转动。

二是自发性因素，自发消费支出 α、投资支出 e、政府支出 G_0 的变动。当 a、e、G_0 增加时，IS 曲线向右上方平移，平移距离为其改变量乘以各自乘数。反之，IS 曲线向左下方平移。从中可以窥见政策变化的影响。当政府支出 G_0 的增加或减税时，实施扩张性的财政政策，会引起 IS 曲线向右上平移；反之，如果政府实行紧缩性的财政政策，IS 曲线将左移。

总之，凡是引起总需求增加的因素，会导致 IS 曲线向右移动；凡是引起总需求减少的因素，会导致 IS 曲线向左移动。

四、产品市场的失衡

如前所述，在 IS 曲线上的任何一点都是使产品市场达到均衡的点，也就是说，在这条线上的任何一点，利率和收入的组合都能使产品市场出清。除了这条线上的点，产品市场都处于失衡状态。下面通过图 16-3 来说明产品市场失衡的情况。

图 16-3 中有四个点 E_1、E_2、E_3 和 E_4，我们已经知道在 IS 曲线上的点 E_1 和 E_2 是产品市场达到均衡的点，现在考察 E_3 和 E_4 点的情况。

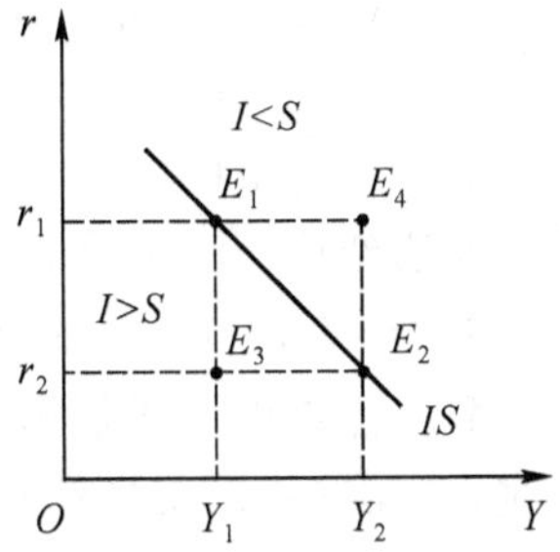

图 16-3　产品市场的均衡与失衡

在 E_3 点上，其对应的收入水平为 Y_1，与 E_1 对应的收入水平相同，但是其利率 r_2 低于 E_1 点对应的利率 r_1，所以 E_3 点的投资需求高于 E_1 点的水平。这表明，即 $I>S$，存在着对产品的过度需求，在市场机制的作用下，将导致产出的增加，直至回复到 IS 曲线的 E_2 点。类似地，在 E_4 点，其收入水平与 E_2 点对应的收入水平相同，但其利率高于 E_2 点，这说明在 E_4 点，$I<S$，存在着对产品的过度供给，在市场机制本身的作用下，将导致产出的下降，直至回复到 E_1 点。

结论：在 IS 曲线右上方的点都表示存在着对产品的过度供给；在 IS 曲线左下方的点都表示存在着对产品的过度需求。

第二节　*LM* 曲线

IS 曲线表示给定利率水平上的均衡总需求水平。利率是由货币需求和货币供给决定的，LM 曲线表示的是当货币市场达到均衡时，利率与国民收入之间同方向变动的关系。

一、*LM* 曲线及其推导

（一）代数方法

按照凯恩斯流动偏好理论，货币市场的均衡模型为：

货币需求：$L=L_1(Y)+L_2(r)$

货币供给：$m=M_0/P$　（m：实际货币需求）

均衡条件：$L=m$

假设货币需求函数为线性函数：$L_1=kY$，$L_2=-hr$，其中 k 和 h 分别表示货币交易需求和投机需求对收入和利率的敏感程度，P 表示价格水平，则由货币市场的均衡条件得到：

$$M_0=(kY-hr)P$$
$$\Rightarrow r=-\frac{M_0}{hP}+\frac{kY}{h} \tag{16.5}$$

式(16.5)反映了当货币市场达到均衡时 Y 和 r 的关系。如果以纵坐标表示利率 r，横坐标表示 Y，则上式在图形表现为一条向右上方倾斜的曲线，如 16-4 所示。由于该线上的任何一点都符合货币市场均衡的条件 $L=M_0$，故此曲线也称为 LM 曲线。所谓 LM 曲线，是描述货币市场达到均衡时，利率 r 和国民收入 Y 之间的函数关系。

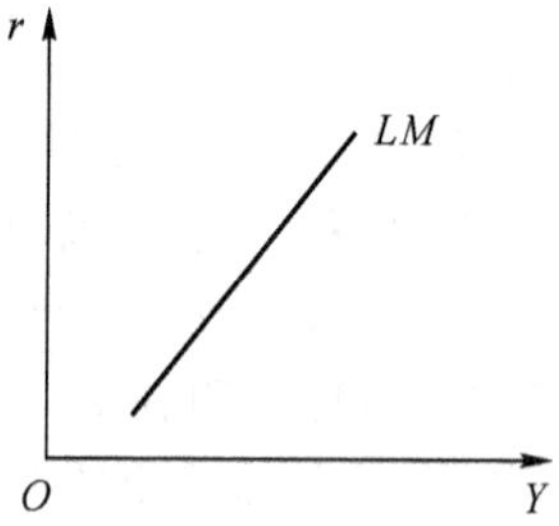

图 16-4　*LM* 曲线

（二）几何方法

假设投机需求函数 $L_2=120-20r$，货币供给量 $M_0=120$，$L_1=0.5Y$，我们可以将这些函数关系反映在图形上，并通过货币市场均衡时货币供给等于货币需求这一相互关系，来推导出 LM 曲线。

象限 1 描述的是货币的投机需求函数，投机需求是利率的减函数。象限 2 描述的是当货币供给量 $M_0=120$ 时用于货币交易需求 L_1 和投机动机需求 L_2 之间各种可能的组合。象限 3 描述的是货币的交易需求函数，货币的交易需求是国民收入的增函数。象限 4 描述货币市场均衡时利率和国民收入的各种组合。如，当利率 $r=1$ 时，$L_2=100$，由于 $M_0=120$，所以 $L_1=20$；当 $L_1=20$ 时，需要有收入 $Y=40$ 相适应。象限 4 则进一步描述了当供给为 120 时，只有当 $r=1$，$Y=40$ 时，货币总需求才是 120，从而达到货币市场的均衡。同样地，当利率在 2 和 3 时，收入分别为 80 和 120 时，货币市场才达到均衡。将满足货币市场均衡条件的利率和收入的各个组合点连接起来，就得到了 LM 曲线。

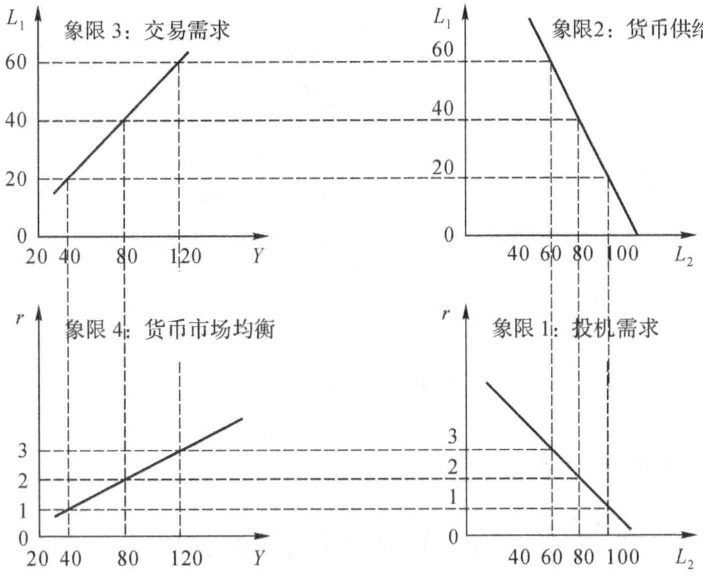

图 16-5　*LM* 曲线推导图示

二、*LM* 曲线的斜率

从 LM 曲线公式：$r=-\frac{M_0}{hp}+\frac{kY}{h}$ 可以看出，LM 曲线的斜率取决于 k 与 h 两个因素。

k，货币交易需求对国民产出变化的敏感程度。在 h 不变的情况下，货币交易需求对国民产出的变动越敏感，即 k 值越大，LM 线的斜率越大，说明国民产出较小幅度变化，可以导致利率较大变化。当 k 值小时，LM 曲线较平缓，说明国民产出较大幅度变化，才能导致利率较大变化。

h，货币投机需求对利率的敏感程度。当 k 值一定时，如果投机需求对利率的变化越灵敏，即 h 值越大，LM 曲线的斜率越小，说明国民产出较大幅度变化，才能引起利率水平的变化。反之，h 值越小，LM 曲线的斜率越大，国民产出较小幅度变化，就能引起利率水平较大幅度的变化。

两个特例：

• 货币需求无穷大(凯恩斯陷阱)：当利率变得很低时，人们预期利率不会进一步下降，债券价格最大，人们对货币需求最大。LM 线接近于一条水平线。

• 货币需求为零：当利率很高时，人们预期利率必然下降，人们不愿意持有货币，而是持有债券(债券价格最低)。这时 LM 线接近于一条垂直线。

这两种特例，对分析财政政策和货币政策很有用。

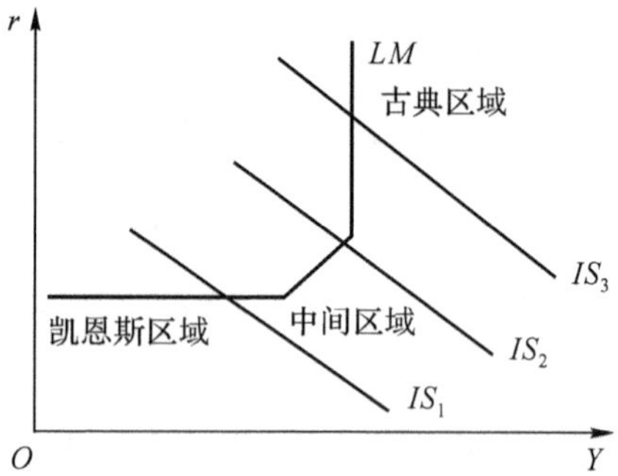

图 16-6　LM 曲线上的三个区域

三、LM 曲线的移动

从 $r=-\frac{M_0}{hP}+\frac{kY}{h}$ 可以看出，导致 LM 曲线移动的因素有两方面。

第一，货币供应量(M)增加/减少，使 LM 曲线向右/向左移动。

第二，价格水平变化。价格水平提高等于在减少实际货币需求，价格水平降低等于在增加实际货币需求，因为经济中真实货币供给总量等于(M/P)水平。

四、货币市场的失衡

如前所述，在 LM 曲线上的任何一点都是使货币市场达到均衡的点，也就是说，在这条线上的任何一点，利率和收入的组合都能使货币市场出清实现均衡。除了这条线上的点，产品市场都出于失衡状态。下面通过图 16-7 来说明产品市场失衡的情况。

图 16-7 中有四个点 E_1、E_2、E_3 和 E_4，我们已经知道在 LM 曲线上的点 E_1 和 E_2 是产品市场达到均衡的点，现在考察 E_3 和 E_4 点的情况。

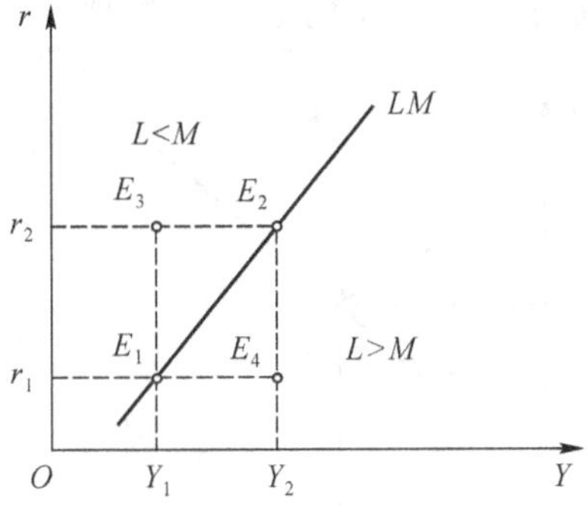

图 16-7　货币市场的失衡与均衡

在 E_3 点上，其对应的收入水平为 Y_1，与 E_1 对应的收入水平相同，但是其利率 r_2 高于 E_1 点对应的利率 r_1，这表明 E_3 点对货币的投机需求低于 E_1 点的水平。再从利率水平来看，其对应的利率为 r_2，与 E_2 点的利率水平相同，但是其收入 Y_1 低于 E_2 点的 Y_2，说明在 E_3 点对货币的交易动机需求低于 E_2 点的。类似地，在 E_4 点，其收入水平与 E_2 点对应的收入水平相同，但其利率高于 E_2 点。而在 E_1 和 E_2 点，货币的需求等于货币的供给，因此，在 E_3 点，货币的需求小于货币的供给。同理可知，在 E_4 点，货币的需求大于货币的供给。这两种情形都代表货币市场处于失衡状态。

一般来说，在 LM 曲线左上方的任何一点，都表示货币市场的货币需求小于货币供给，即 $L<M$；而 LM 曲线右下方的点都表示货币市场的货币需求大于货币供给，即 $L>M$。这两种情况都属于货币市场的失衡。

第三节　IS-LM 模型

无论是产品市场的均衡，还是货币市场的均衡，都是单个市场的局部均衡，只有两个市场同时均衡，整个经济才能均衡。IS-LM 模型确定了一个特定的 Y 和 r 的组合点，在这一点上，能同时满足两个市场的均衡。这一模型可用来分析财政政策和货币政策的配合关系，同时，我们也可以通过该模型进一步认识财政支出和货币供给量变动对国家宏观经济的影响。

一、产品市场和货币市场的同时均衡:IS-LM 模型

(一) 均衡的形成

由 IS 和 LM 曲线所表达的函数关系可知,它们都是由共同的两个变量——利息率和国民收入的配合关系决定的,现在,我们把 IS 曲线和 LM 曲线放在同一个图形中,得到图 16-8 所示的 IS-LM 模型。

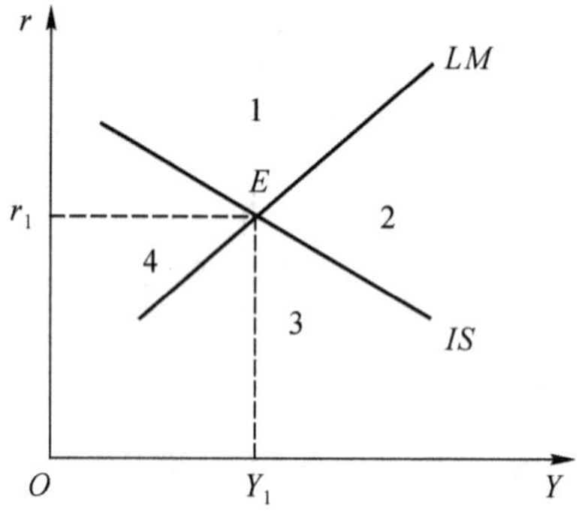

图 16-8　*IS-LM* 曲线的均衡

在图 16-8 中,IS 曲线与 LM 曲线相交于 E 点,只有在这一交点上,才能使两个市场同时均衡。E 点决定的 r_1 和 Y_1 就是同时满足两个市场均衡时的利息率和国民收入水平,被称为均衡利息率和均衡国民收入水平。这时既满足产品市场的均衡条件 $I=S$,又满足货币市场的均衡条件 $L=M$。

(二) 非均衡向均衡的调节

在图 16-8 中,坐标平面被相交的 IS 曲线和 LM 曲线分割成四个区域,在这四个区域中的每个点都代表产品市场和货币市场处于非均衡状态,这四种非均衡状态可概括在图 16-9 中。

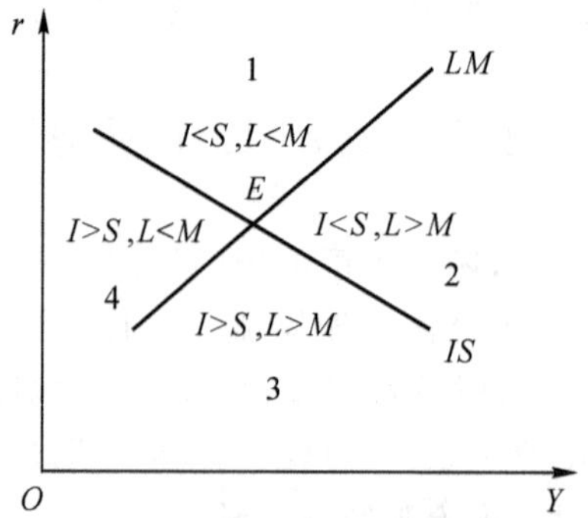

图 16-9　产品市场和货币市场的失衡情况

产品市场不均衡会导致国民收入的变动，货币市场不均衡会导致利息率变动。在任何失衡状态下，国民收入和利息率水平从非均衡向均衡的调整过程如图16-10所示。

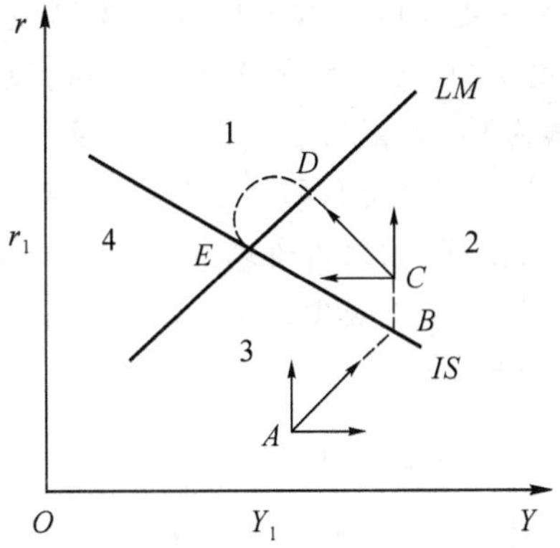

图16-10 从非均衡向均衡的调整过程

在图16-10中，第3区域的A点是非均衡点，在这一点商品需求和货币需求过量，因此，必然要向均衡点运动。具体过程如下：A点过剩的商品需求导致国民收入上升，将沿着横轴方向移动，同时A点过剩的货币需求导致利息率上升，将沿着纵轴方向移动，这两种力的共同作用将使得A点沿着对角线所示方向移动到B点。

B点位于IS曲线上，表明产品市场已达到均衡，但是它位于LM曲线的右下方，那么在货币市场上货币需求大于货币供给，货币市场处于失衡状态，利息率水平将上升，B点将沿着箭头方向移至C点。

C点位于第2区域，这一点存在过剩的货币需求，导致利息率上升，同时存在过剩的商品供给，导致国民收入下降，这两种力量的共同作用将使得C点沿着对角线的箭头方向移动到D点。

D点的状态与C点基本相同，需要进行进一步的调整。如此下去，利息率与国民收入的组合最终移动到能使产品市场和货币市场同时达到均衡的E点，完成了产品市场与货币市场从不均衡到均衡的调整过程。只要外生变量不发生变化，经济就会处于这种均衡状态中不变。

与此同理，其他三个区域中任何一个非均衡点，从非均衡到均衡的调整过程和原理与A点基本相似。

二、产品市场和货币市场均衡的变动

IS曲线和LM曲线的交点所决定的利率和国民收入的均衡组合并不是恒

定不变的。当 IS 曲线和 LM 曲线中的一方或两方出现移动时，就会引起这种均衡状态的变动。

（一）IS 曲线移动对产品市场和货币市场均衡的影响

造成 IS 曲线移动的主要原因有政府收支的增减变化、储蓄的变化以及投资量的变化，其中政府收支与 IS 曲线的关系是：政府支出增加或税收减少，IS 曲线右移；反之，IS 曲线左移；储蓄与 IS 曲线的关系是：储蓄增加（消费相应地减少），IS 曲线左移；反之，IS 曲线右移。在这些要素中，投资的变动是最重要的。在其他条件不变的前提下，如果投资增加，IS 曲线将向右移动，则利率与国民收入的均衡组合增大；如果投资减少，IS 曲线将向左移，则利率与国民收入的均衡组合减少，如图 16-11 所示。

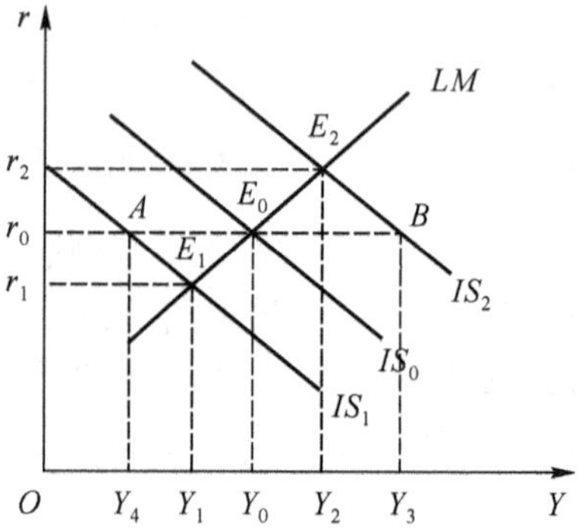

图 16-11　IS 曲线的移动对产品市场和货币市场均衡的影响

在图 16-11 中，IS_0 是初始状态的曲线，它与 LM 曲线相交于 E_0，与之相应的初始利率为 r_0，国民收入为 Y_0。当 IS_0 曲线向右上方移动时，如果保持利率仍为 r_0，则 IS_2 曲线上 B 点对应的国民收入应为 Y_3。但是，由于利率由 r_0 上升至 r_2，阻碍了投资数量的增加，从而减少了国民收入，使其实际值为 E_2 点所对应的国民收入 Y_2，从图中可以看出，$Y_2 < Y_3$。当 IS_0 曲线向左下方移动时，如果保持利率仍为 r_0，则 IS_1 曲线上 A 点对应的国民收入应为 Y_4。但是，由于利率由 r_0 下降至 r_1，阻碍了投资量的减少，从而阻碍了国民收入的减少，其实际值为 E_1 点所对应的国民收入 Y_1，从图中可以看出 $Y_1 > Y_4$。

（二）LM 曲线移动对产品市场和货币市场均衡的影响

造成 LM 曲线的主要原因是货币供给的变化，它是货币政策的结果。当货币供给增加时，意味着有较多的货币供给量可以满足对货币的需求，从而使国民收入增加，LM 曲线因而向右下方移动；反之，货币供给减少，LM 曲线向左上方移动。在 IS 曲线固定不变的条件下，若 LM 曲线向右下方移动，则均衡的利率下降，均衡的国民收入增加；若 LM 曲线向左上方移动，则均衡的利率上升，均衡的国民收入减少，如图 16-12 所示。

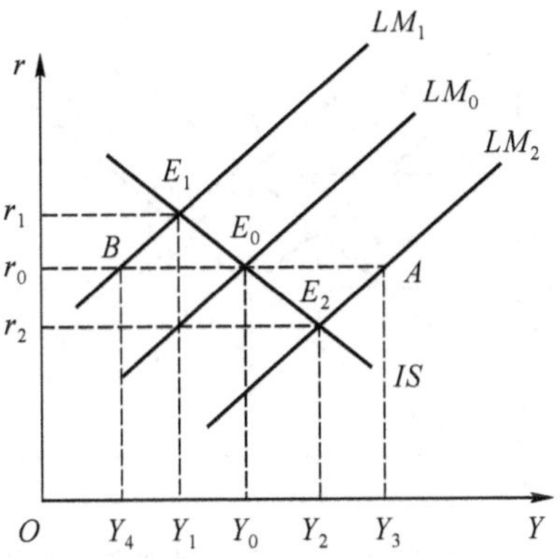

图 16-12　*LM* 曲线的移动对产品市场和货币市场均衡的影响

在图 16-12 中，LM_0 是初始状态的曲线，它与 IS 曲线相交于 E_0，与之相应的初始利率为 r_0，国民收入为 Y_0。当 LM_0 曲线向右下方移动到 LM_2 时，而利率仍为 r_0，则 LM_2 曲线上 A 点对应的国民收入应为 Y_3。但是，由于利率由 r_0 下降至 r_2，增加了货币的投机需求，限制了货币的交易需求，进而减少了国民收入水平，其实际值为 E_2 点所对应的国民收入 Y_2。相反，当 LM_0 曲线向左移动 LM_1 时，如果保持利率仍为 r_0，则 LM_1 曲线上 B 点对应的国民收入应为 Y_4。但是，由于利率由 r_0 上升至 r_1，减少了货币的投机需求，增加了货币的交易需求，进而抑止了国民收入的减少，其实际值为 E_1 点所对应的国民收入 Y_1。

（三）*IS* 曲线与 *LM* 曲线移动对产品市场和货币市场均衡的影响

IS 曲线与 LM 曲线同时移动对均衡的影响不同于单一曲线移动的影响。两曲线的移动可以有多种不同情况的组合。IS 曲线与 LM 曲线的新的交点将随两条曲线变动的方向与程度的不同而不同。在各种情况下，利率与收入的变动，可以从上面两种情况中推导出来。

如图 16-13 所示，假设投资增加使 IS 曲线右移，即从原来的 IS_0 移至 IS_1，相应的国民收入由 Y_0 增加至 Y_1，此时如没有 LM 曲线的相应变化，利率将从 r_0 上升至 r_1。如果利率不上升，则投资造成的乘数作用会使收入增加至 Y_2。所以单独的 IS 曲线的右移使利率上升，抑制了投资，进而使国民收入的进一步扩大受阻。要达到 Y_2 的收入，必须同时扩大货币供给，才能保证利率不上升，如图中的 LM_0 线移至 LM_1 线时的情形。所以，为了保持利率不变情况下国民收入的增减，必须通过经济政策来达到两曲线的共同移动。扩张性和紧缩性的财政政策能使 *IS* 曲线向右或向左移动，扩张性和紧缩性的货币政策能使 *LM* 曲线向右或向左移动。在某种程度上调节均衡点的位置，以达到某种宏观经济目标。

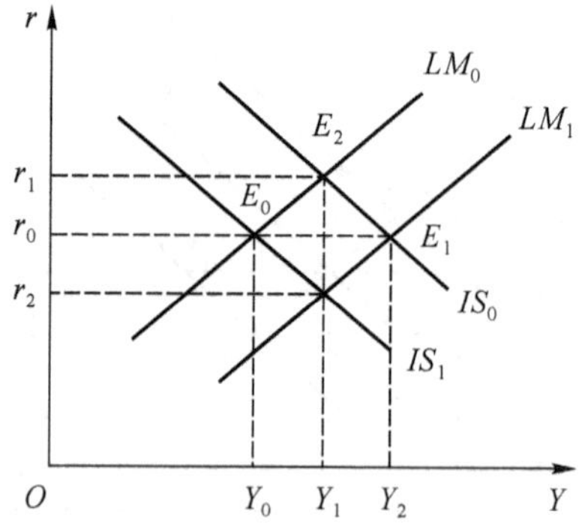

图 16-13　*IS* 与 *LM* 线同时移动对总均衡的影响

专栏 16-1　　为什么货币政策在日本失灵了

日本经济曾是第二次世界大战后令人称奇的一个成功经验，几乎没有经济学家预料到日本经济会在 20 世纪 90 年代初期开始表现得那么差。在 20 世纪 50—90 年代间，日本的实际 GDP 以每年平均 6.9% 的速度增长，相形之下美国年平均增长不过 3.5%。这样的增长速度使日本跃居世界第二经济大国，仅次于美国。

当日本经济在 1992 年遭遇衰退时，大多数经济学家都认为它会很快复苏并继续它飞速的增长率。事实上，自从 1992 年起日本经济只是经历了缓慢的增长。1992—2004 年，日本的实际 GDP 年平均增长率仅为 1.4%。在 1998 年和 2002 年两个年度，实际 GDP，还有所下降。同一时期，美国的实际 GDP 以每年平均 3.2% 速度增长着。从 20 世纪 90 年代早期开始，日本还经历着显著的通缩，即价格水平下降。通货紧缩意味着提高实际利率，增加债务的实际价值，迫使消费者推迟购买以期在将来以更低的价格买进，等等，从而造成了低速的经济增长。

而在美国，自从 20 世纪 30 年代以来，物价水平就没有整年地下降过。

在 20 世纪 90 年代，日本中央银行——日本银行，曾使用扩张性货币政策来刺激经济，但是即使是利率被降到非常低的水平，政策仍然不奏效。到 1999 年，同业拆借利率——类似于美国的联邦基金利率——降至 0，其他利率也非常低，如 3 个月期银行存单的利率仅为 0.2%。

但即使是如此低的利率，总需求的增长仍然十分缓慢。

为什么它在日本就不能发挥同样的作用呢？已经将短期利率降至0了，似乎日本的扩张性货币政策已经不能进一步了，然而事实并非如此。我们知道：名义利率是一项贷款索要的利率，而实际利率是名义利率减去通胀率。尽管名义利率不可以低于0，但是如果通货膨胀率比名义利率大，则实际利率可以为负。一些经济学家认为如果日本银行可以充分地提高货币供给以产生一个显著的通货膨胀水平，那么由此产生的负实际利率可能会引起投资支出可观的上升。而且，用通货膨胀代替通货紧缩，很可能会通过使债务的实际价值降低，并使家庭分期付款消费的激励降低来使支出上升。以上这些可以促使支出上升的因素或许足以把经济带回到潜在 GDP。

然而，日本银行不愿意尝试这种方法。日本银行的领导坚信日本经济在 20 世纪 80 年代末期以及 20 世纪 90 年代初期过热了。他们认为日本所经历的通货紧缩事实上有助于扭转先前在不动产和股票市场上尤为严重的通货膨胀。尽管 2004 年日本的实际 GDP 增长超过了4%，但是消费物价仍然持续下滑。

——资料来源：哈伯德、奥布赖恩，《经济学（宏观）》，机械工业出版社 2007 年版，第 357—358 页。

第四节　总需求—总供给模型*

在前面有关宏观经济问题的分析中，假定总需求增加会由厂商增加供给来满足，也就是一般价格水平是固定不变的。然而在经济发展中，价格会不断变化。本节我们运用总需求—总供给模型来讨论价格与国民产出之间的关系。

一、总需求函数与总需求曲线的推导

（一）总需求函数

总需求是指在其他条件不变的情况下，在给定一个价格水平时对一国产品和劳务需求的总价值。为了简化讨论，我们假设不存在政府需求与世界市场的需求，则总需求由家庭部门的消费需求与企业部门的投资需求构成。此时，社会总需求取决于家庭消费支出与国内私人投资支出。

总需求函数被定义为总需求和价格水平之间的关系。在价格水平为纵坐标，国民产出水平为横坐标的坐标系中，总需求曲线表现了这种关系。由于总需求函数反映的是人们对总产品和服务的需求与总价格水平的关系，所以这个关

系必须同时满足产品市场和货币市场的均衡条件。从这一点出发，我们可以通过 IS 和 LM 曲线找出需求和价格的关系。

在前面的分析中，我们已经知道 IS 曲线表明在产品市场均衡时利率 r 与收入(产出)Y 之间关系为式(16.1)(以两部门的经济为例)：

$$Y=\frac{\alpha+e-dr}{1-\beta}$$

货币市场均衡时，LM 曲线的方程为式(16.5)：

$$r=\frac{kY}{h}-\frac{1}{h}\cdot\frac{M}{P}$$

总需求函数要求在 Y 和 P 之间建立函数关系，将式(16.1)和式(16.5)联立求解，则可得含变量 P 和 Y 的解析式，即总需求函数：

$$\frac{\alpha+e}{d}-\frac{1-\beta}{d}Y=\frac{kY}{h}-\frac{1}{h}\cdot\frac{M}{P} \tag{16.6}$$

我们可以把这个等式整理成一个关于总需求 Y 和价格之间的关系式：

$$Y=\theta_1+\theta_2\frac{M}{P} \tag{16.7}$$

其中，

$$\theta_1=\frac{h(\alpha+e)}{d-k+h(1-\beta)}$$

$$\theta_2=\frac{d}{dk+h(1-\beta)}$$

上述(16.7)式就是总需求函数，该式表明总产出与总价格水平 P 成反比关系。所以在纵轴代表价格水平 P，横轴代表总产出 Y 的坐标中，AD 曲线是一条向右下方倾斜的曲线(见图 16-14)。

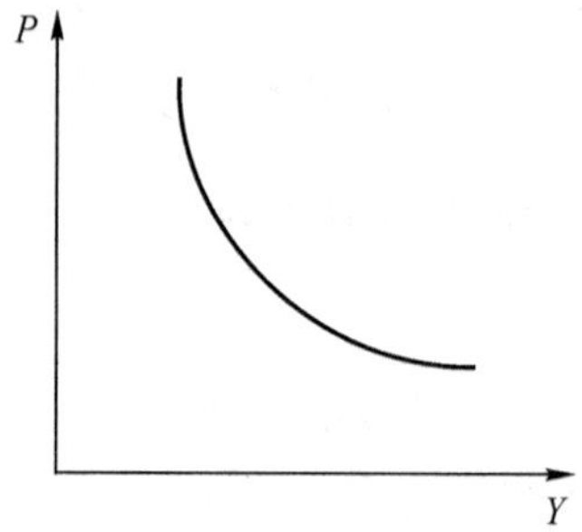

图 16-14　*AD* 曲线的形状

(二) 总需求曲线的推导：图形法

在 IS-LM 模型中，在价格水平不变和货币供给既定的条件下，IS 曲线和 LM 曲线的交点决定均衡的收入水平。

如果价格水平发生变化，情况会怎样呢？仍然假定名义货币供给量不变，那么，实际货币供给量与价格水平呈反向变化，即价格水平下降，实际货币供给量增加；价格水平上升，实际货币供给量减少。实际货币供给量的变化会引起 LM 曲线的移动，从而使均衡的产出水平发生变动，因此我们可以根据不同价格水平的 LM 曲线来确定不同的均衡产出或收入水平，具体见图 16-15。

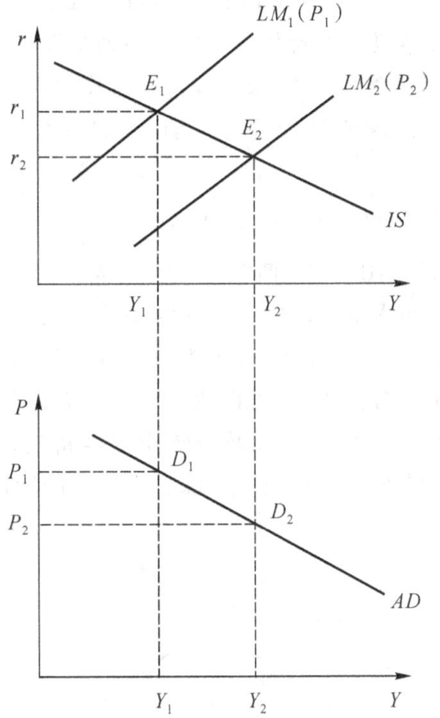

图 16-15　总需求曲线的推导

图 16-15 分为上下两个部分：上图为 IS-LM 图；下图为总需求曲线图，当价格 P 的数值为 P_1 时，此时的 LM 曲线 $LM(P_1)$ 与 IS 曲线相交于 E_1，E_1 点所表示的产出或收入水平和利率依次为 Y_1 和 r_1，将 P_1 和 Y_1 标在下部分图中就得到了总需求曲线上的一点 D_1。现在，假设 P 由 P_1 下降到 P_2，则由于 P 的下降，LM 曲线移动到 $LM(P_2)$ 的位置，它与 IS 曲线的交点为 E_2。E_2 点所表示的产出或收入水平和利率依次为 Y_2 和 r_2。对应于上部分图中的点 E_2，我们又可以找到 D_2。按照同样的程序，随着 P 的变化，LM 曲线和 IS 曲线可以有许多交点，每一个交点都标志着一个特定的 Y 和 r。于是就有许多 P 和 Y 的组合，从而构成了下部分图中的一系列点。这些点的连线就是 AD 曲线。

从以上关于总需求曲线的推导中看到，总需求曲线表示社会的需求总量和价格水平之间的反向关系，即总需求曲线是向右下方倾斜的。它反映了价格水平越高，需求总量越小；价格水平越低，需求总量越大。

二、*IS* 曲线和 *LM* 曲线移动对总需求曲线的影响

总需求是由消费、投资、政府支出和净出口构成的，因此，任何总支出的增加，都会使总需求曲线移动。在价格以外的其他因素发生变化情况下，总需求曲线都将发生移动，总需求增加，总需求曲线将向右移动，总需求减少，总需求曲线将向左移动。这些因素的影响可以通过移动 *IS* 曲线和 *LM* 曲线反映到总需求曲线的移动上。

（一）*IS* 曲线移动对 *AD* 曲线的影响

在图 16-16 的上部分图中，*IS* 曲线与 *LM* 曲线对应于一定的货币数量和价格水平。均衡点为 E，与下部分图中 *AD* 曲线中的 E 点对应。假定政府增加支出，将使 *IS* 曲线右移至 IS'。在原来的价格水平下，新的均衡点为 E'，此时利率提高，收入增加。在下部分图中，也可以找到对应的 E'，E' 点是新的总需求曲线 AD' 上的一点。AD' 曲线反映了增加政府支出对经济的影响。可见，在一个既定的价格水平下，政府支出的增加也就意味着总需求的增加。

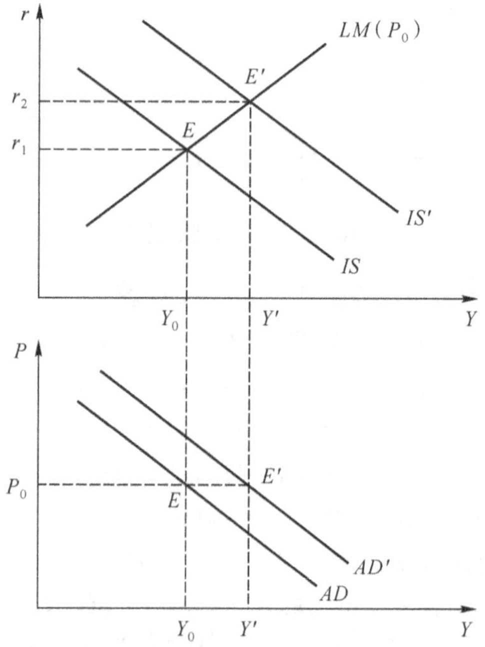

图 16-16 *IS* 曲线移动对 *AD* 曲线的影响

（二）*LM* 曲线移动对 *AD* 曲线的影响

如图 16-17 所示，假定 *IS* 曲线不变，物价水平不变，货币供给增加使 *LM* 右移到 LM'，则均衡的国民收入从 Y_0 增加到 Y'，总需求曲线从 *AD* 右移到 AD'。

以上讨论了扩张性的财政政策或货币政策使总需求曲线向右移动的情况。与此相反，在既定的价格水平下，无论是紧缩性的财政政策还是紧缩性的货币政策，都将使总需求曲线 *AD* 向左移动。

总需求曲线只给出了价格水平与和以收入水平来表示的总需求水平之间的关系，并不能决定价格水平和均衡的总需求水平。如果要能说明整个经济价格水平和总产出水平是如何决定的，则需要引入另一个分析工具，即总供给曲线。

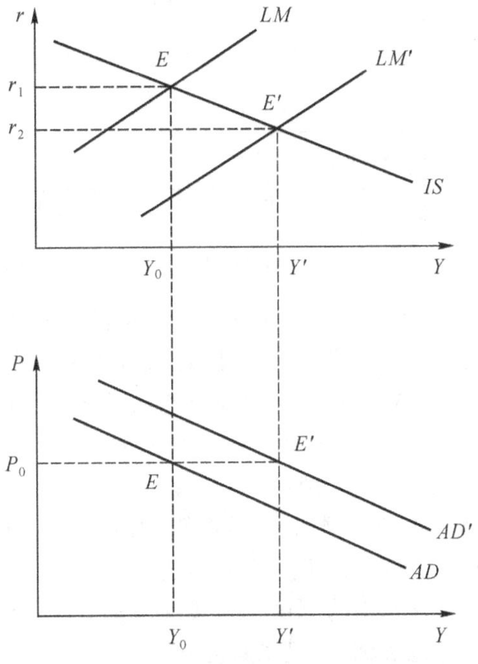

图 16-17　*LM* 曲线移动对 *AD* 曲线的影响

三、总供给

（一）总供给曲线

总供给曲线表示一般价格水平与总产量之间的关系，它反映了在每个给定的价格水平上厂商愿意提供的产品和劳务的总和。西方学者认为，价格水平的变动，会影响实际工资，实际工资的变动又影响劳动市场的供求，市场供求决定了实际的就业量，最后就业量的变化影响总产量。也就是说，对于总供给，西方学者大都同意存在总供给曲线的说法，但是对于总供给曲线的形状，却有着不同的看法。

总供给取决于资源利用的情况。在不同的资源利用情况下，总供给曲线，即总供给与价格水平之间的关系是不同的。可以用图 16-18 来说明总供给曲线的这种不同变动情况，可以看出总供给曲线的变动有三种情况。

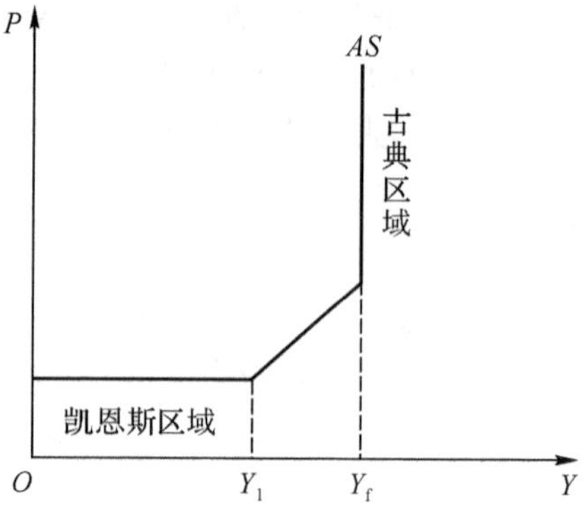

图 16-18

第一种情况：产出水平大于 0 小于 Y_1，这时总供给曲线是一条与横轴平行的线，这表明：在既定的价格水平上，厂商愿意供给社会需要的任何数量的产品。

其原因在于社会上存在大量的闲置设备与失业者，企业可在价格不变时得到所需的任何数量的劳动力，在增加产量时不必付出更多的工资与增添更多的设备，使边际成本处于较低水平，劳动的边际产量不变。同时，由于工资水平与物价水平不变，产量减少时价格水平也不降低，因此，在现行的价格水乎下企业愿意在充分利用现有资源的条件下生产并出售任何数量的产量，这种情况是凯恩斯提出来的，所以，这种水平的总供给曲线又被称为“凯恩斯主义的总供给曲线”，在图上的这一部分也被称为“凯恩斯区域”。

第二种情况：产出水平大于 Y_1 小于 Y_f，这时总供给曲线是一条向右上方倾斜的线，递增的总供给曲线表明总供给与价格水平同方向变动。这是因为生产资料已得到一定程度的利用，但还未到达充分利用的程度。当产品市场价格上升时，厂商就要购买更多的生产要素、雇佣更多的工人以生产更多的产品，而生产要素的需求增加将导致要素市场价格的上升，产品的边际成本会逐渐增加，进一步导致总价格水平上升。随着总产量的继续增加，生产资源、劳动力供给的短缺和生产能力的限制越来越严重，因而更多的商品和劳动力的价格将上升，总产量的增加也越发困难。总产量越接近充分就业水平，产量的增加越少，价格的上升越快，总供给曲线越陡峭。这是短期中存在的情况，所以这种向右上方倾斜的总供给曲线被称为“短期总供给曲线”。

第三种情况：产出水平超出 Y_f 以上的部分，这时总供给曲线是一条垂线，它表明无论价格水平如何上升，总供给也不会增加。这是因为资源已经得到了充分利用，即经济中实现了充分就业，总供给已无法增加。由于在长期中总是会实现充分就业的，因此，这种垂直的总供给曲线被称为“长期总供给曲线”，在图上的这一部分也被称为“古典区域”。而长期产出水平 Y_f 称为潜在产出水平。充分就业产出或自然水平产出在这一产出水平上，经济资源得到充分利用，失业率为自然失业率。

（二）总供给曲线的移动

总供给的位置和移动取决于两组不同的因素：潜在产出水平和生产成本。决定总供给的基本因素是经济的生产能力，即潜在产出，或者说在劳动、资本和土地数量以及其他资源既定的条件下，经济所能提供的最大可持续产出。从长期来看，总供给主要依赖于潜在产出，长期 AS 曲线的位置是潜在产出水平所决定的。潜在产出取决于劳动力的数量和质量，其他投入品的数量和质量以及技术和生产效率水平等。因此，投入的增加以及技术的进步引起潜在产出增长时，总供给曲线向右移动，如图 16-19 所示。

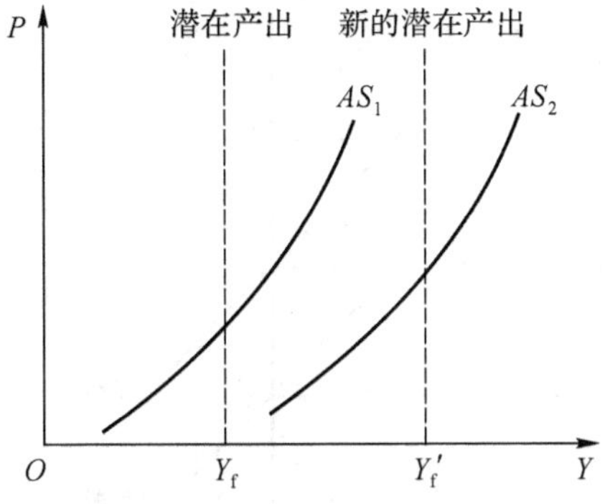

图 16-19

在短期内，总供给曲线受生产成本变动的影响最大。生产成本上升时，只有在较高的价格水平上，企业才愿意提供一定数量的产出，因此，在同样的产出水平上，价格上升，AS 曲线会向上移动，如图 16-19 生产成本下降时 AS 曲线向下移动。影响生产成本的因素主要包括工资、进口品成本和其他投入的成本，这些投入因素影响总供给的程度取决于它们在经济中的重要性。比如，20 世纪 70 年代的两次石油危机导致石油价格暴涨，无疑使大多数工业化国家的生产成本暴涨，拉动了 AS 曲线上移；另外，工资的变化将会对劳动报酬占全部生产成本 3/4 的美国经济的总供给曲线造成很大影响；此外，前期总体价格水平对生产成本影响也很重要，因为无论由于什么原因形成的前期总体价格水平的变动都会影响各种投入要素的成本，进而影响总供给曲线。

四、总需求和总供给模型

总需求曲线表示的是商品市场和货币市场同时达到均衡的价格水平与收入水平之间的关系；总供给曲线表示的是劳动市场达到均衡时的价格水平和收入水平之间的关系。将总需求曲线和总供给曲线放在同一张图中，就构成了总需求一总供给模型，简称 AD-AS 模型。它同时反映了三类市场均衡与不均衡的状况，并且决定了均衡的收入水平和价格水平。

（一）古典的 AD-AS 模型

古典的 AD-AS 模型，如图 16-20 所示：在古典的 AD-AS 模型中，总供给曲线 AS 是位于充分就业的产量水平上的一条垂线，也就是说，在充分就业状态下，不论价格水平如何变化，总产量都不再改变。此时，总供给曲线完全缺乏弹性，产量是达到充分就业的产量。

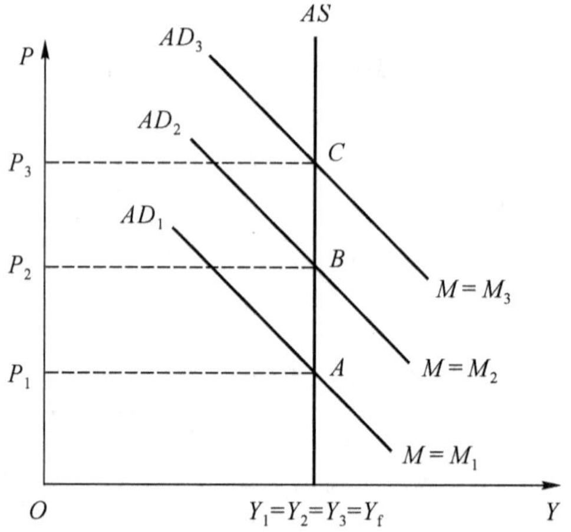

图 16-20　古典 AD-AS 模型

在古典的总需求—总供给模型中，总需求曲线 AD 是一条向右下方倾斜的曲线。总需求曲线取决于货币数量 M_0 图中有 AD_1、AD_2、AD_3 三条总需求曲线，表示货币数量分别为 M_1、M_2、M_3 时的总需求曲线（$M_1<M_2<M_3$）。按照古典货币数量论的交易方程 $MV=PY$，在产量 Y 已定时（这里等于充分就业的产

量Y_o)，如果V为常数，则$\frac{M}{P}=\frac{Y}{V}$=常数，即货币数量与价格水平成正比。在图16-20中，随货币数量由M_1增加到M_2时，总需求曲线由AD_1上升到AD_2。此时，总供给曲线是对应于充分就业的产量(这里为Y_f)上的一条垂线AS，总需求曲线AD_1、AD_2与它分别交于点A、B，它们是总需求曲线与总供给曲线的均衡点，决定的产量和价格水平的组合分别为$A(Y_1,P_1)$、$B(Y_2,P_2)$。

同理，当货币数量由M_2增加到M_3时，总需求曲线则由AD_2上升到AD_3，它们与总供给曲线AS的交点则由B变成C，即在C点达到新的总需求与总供给平衡。C点对应的产量和价格水平分别为Y_3与P_3，而$Y_3=Y_2=Y_1=Y_f$。故C点坐标为(Y_3,P_3)。

由此可知，按照古典的AD-AS模型的解释，均衡点所决定的所有产量都等于充分就业的产量Y_f，即在达到充分就业状态下，货币数量的增加不影响产量的增减，只能引起价格水平的上升，即在充分就业状态下价格水平与产量之间的关系是，价格水平的变化不影响产量的变化。

(二) 凯恩斯的AD-AS模型

凯恩斯的AD-AS模型表示，在达到充分就业之前、总需求的增加会引起产量增加但不影响价格变化，在达到充分就业之后，总需求的增加则只使价格水平上升而不改变总产量水平。

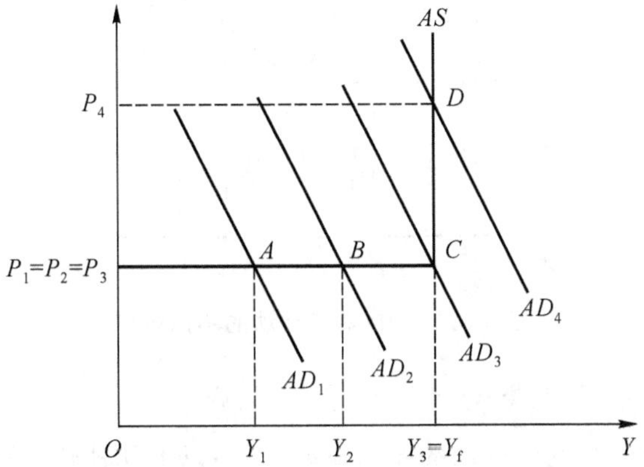

图16-21　凯恩斯的AD-AS模型

如图16-21所示，总供给曲线AS的水平段表示产量取决于总需求，而不受总供给的制约。此时总供给曲线完全缺乏弹性。只要总需求增加，产量就会增加，但价格水平却保持不变。在总需求曲线AD向右移动，由点AD_1移动到AD_2再移到AD_3时，其对应的产量则由Y_1增加到Y_2再增加到Y_3，曲线AD_1、

AD_2、AD_3 与总供给曲线 AS 的水平段的交点分别为 A、B、C，其对应的价格水平分别为 P_1、P_2、P_3，由于此时总供给曲线完全无弹性，产量增加而价格不变，即 $P_1=P_2=P_3$，所以 A、B、C 的坐标分别为(Y_1,P_1)、(Y_2,P_2)、(Y_3,P_3)。

总需求增加而价格不变的原因是：总供给曲线 AS 的水平段只是在产量水平低于充分就业时才存在。在低于充分就业状态下，存在大量的非自愿失业，增加产量不会引起货币工资的提高，同时还存在着大量的闲置设备等，使增加产量可以不必增加固定成本，产品的边际成本较小，产量增加不会引起单位成本的增加，从而使价格水平固定不变。

（三）综合总供给曲线情况下的总需求曲线移动

图 16-22 考察了在正常的具有正斜率的总供给曲线情况下，总需求曲线移动的不同效应。在总供给曲线的平坦部分，经济存在过剩的生产能力。这时，总需求曲线的移动从 AD_1 移动到 AD_2，这时产量以较大的幅度增加，价格以较小的幅度增加。另一方面，在总供给曲线的陡峭部分，经济接近于其生产能力。这时，总需求曲线的移动从 AD_3 移动到 AD_4，产量增加很少，而价格显著增加。

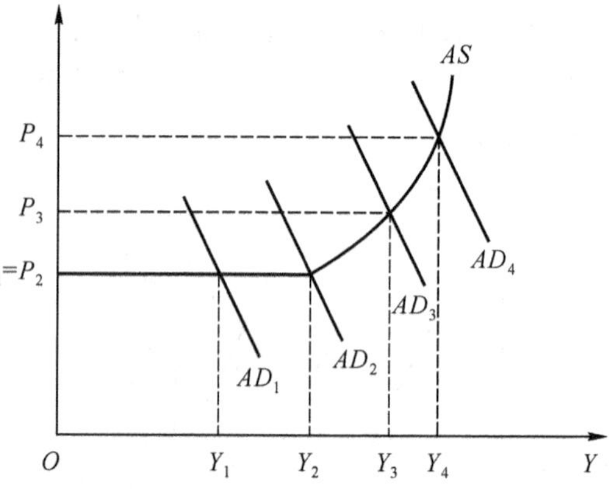

图 16-22　AD 曲线移动的不同效应

（四）总供给曲线变动对均衡点的影响

引起总供给曲线发生移动的原因较多，其中以下几种较为重要。

第一，自然和人为的灾祸。总供给曲线发生剧烈的变动往往是源于自然的或人为的灾祸。地震或战争会极大地减少经济中资本的数量，结果导致产出数量的减少，使总供给曲线左移。

第二，技术变动。技术的变化能使任一给定投入组合能够生产的产出数量得以提高。所以技术进步的影响是使总供给曲线向右移动。

第三,进口商品价格的变化。引起总供给曲线移动的更为可能的原因是进口商品价格的变化。厂商愿意生产的数量依赖于相对于生产必须支付的成本而言他们能够得到的价格。例如石油就是一种重要的投入品,石油价格的每一次变动都引起总供给曲线的移动。

第四,对风险的感知或承担风险意愿的变化。生产总是伴随着风险,当经济进入衰退期时,风险增加,厂商承担风险的意愿和能力也下降。由于这些危险,经济的不确定性的上升会使厂商更加谨慎。谨慎经营的一种方式是削减产量和存货,即减少厂商在任一价格水平上愿意供给的数量,因此当经济进入衰退期时,厂商愿意供给的数量将会减少。

第五,工资率的变化。当工资率较低时,对于任一给定的价格水平,厂商愿意供给更多的产品,因而降低工资将使总供给曲线向右移动。

当总需求和总供给不相等时,就会出现宏观经济失衡的现象,在现实经济中,宏观经济失衡有两种最重要的表现形式:失业和通货膨胀。下面我们具体讨论这两种宏观现象。

本章小结

本章引入IS-LM模型,介绍了货币市场和产品市场同时实现均衡的条件,主要内容为:

1. IS模型表示在产品市场达到均衡时,利率与国民收入的关系。其经济含义为:在其他条件不变的情况下,当利率上升,投资将减少,总需求将减少,从而导致国民收入减少;反之亦然。

2. LM模型表示在货币市场达到均衡时,利率与国民收入的关系。其经济含义为:在其他条件不变的情况下,当国民收入上升,货币需求将增加,为使货币市场保持均衡,市场利率必须相应上升;反之亦然。

3. *IS* 曲线和 *LM* 曲线结合在一起,就可得到产品市场和货币市场同时均衡时,利率和国民收入的关系。IS-LM模型经常被用于宏观经济失衡的分析,以及宏观经济政策的解释。

思考与练习

一、名词解释

IS 曲线　古典区域　凯恩斯区域　产品市场的均衡　*LM* 曲线

二、简答题

1. 简要回答 *IS* 曲线的推导过程。

2. *IS* 曲线位置由哪些因素决定?

3.分析 LM 曲线的斜率受到哪些因素影响？

4.如果政府降低税率，会怎样影响 IS 曲线、均衡的收入水平以及均衡利率？

5.用 IS-LM 模型分析中国当前的政策：

(1)用乘数表示投资方程；

(2)写出净出口方程，并说明含义；

(3)写出 IS 曲线的表达式；

(4)写出货币市场的均衡关系式；

(5)写出 LM 曲线的表达式；

(6)谈谈你对 LM 曲线中利率与总产出关系的理解。

6.考虑下述经济结构：消费 $C=0.8(Y-T)$；投资 $I=20-0.4r$；政府支出 $G=10$；税收 $T=20$；货币供给 $M=50$；货币需求 $M=(0.5Y-r)P$。

(1)求 IS 曲线方程、政府支出乘数和税收乘数；

(2)假定 $P=2$，求 LM 曲线方程；

(3)求均衡利率和均衡收入(产出)；

(4)如果政府支出从 10 增加到 80 时，求它对于产出、利率和价格水平的影响，分析极端凯恩斯学派情形(假定 $P=2$)和古典情形的情况(假设 $Y=60$)。

第十七章

失业与通货膨胀

本章要点

本章将对宏观经济失衡的两种类型失业与通货膨胀进行讨论。讨论失业与通货膨胀的含义、成因及分类等基本知识，最后运用菲利普斯曲线研究失业与通货膨胀之间的关系。

学习目标

理解失业与通货膨胀的定义，掌握引起失业与通货膨胀的成因，了解失业与通货膨胀的影响，描述失业与通货膨胀之间的长短期关系。

第一节　失　业

一、失业的定义和衡量方法

所谓失业(unemployment)，是指具有劳动能力、想要工作而没有工作的人所处的状况，处于此种状况的劳动者被称为失业者。理解这一概念时，要注意如下问题。

首先，失业者不包含非劳动力。非劳动力指那些不在就业年龄范围内的人，具体包括全日制学生、家务劳动者、退休者等。各国对就业年龄有不同的规定。在美国，就业年龄是16—65岁；英国女性是16—59岁，男性是16—64岁；中国一般规定16周岁为法定就业年龄。

其次，失业者必须是非自愿的。在既定工资水平下愿意工作但没有工作的人。

再者，失业者必须具有劳动能力，这样应排除掉那些“无法雇佣的人”，如身体上有严重残疾或精神有问题而不能工作的人。

失业状况有两种衡量方法，一种用人数表示，如失业人数达100万人；另一种用百分比表示，如失业率达10%。失业率是衡量一个经济中失业状态的最基本指标，所以通常情况下用它来衡量失业状况。失业率是失业人数占劳动力人数的百分比，用公式表示为：

$$失业率=\frac{失业者人数}{失业者人数+就业者人数}\times 100\%=\frac{失业者人数}{劳动力总数}\times 100\%$$

与失业者相对的一个概念是就业者，就业者是指处于受雇或自我雇佣状态的劳动力。就业者人数和失业者人数之和称为劳动力总数。

失业率也并不能完全准确反映一个国家的失业状况，因为一方面官方统计数据很可能把未登记的失业者排除在外；另一方面，可能因有些登记的失业者并没有认真在寻找工作，而使数字夸大了真实情况。尽管失业率是一个不完善的指标，但仍然是一个重要的宏观经济指标，它不仅能在一定程度上反映一国的失业状况，也可以反映出失业的一些重要特征。

此外，还有一个间接表示失业、直接表示就业的指标，劳动参与率：

$$劳动参与率=\frac{劳动力}{适龄工作年龄人口}\times 100\%$$

在不同的人口统计群体中，失业率会有不同的表现，如：不同性别、不同种族、不同地域等。

表17-1　2009年底主要工业化国家的失业率

国家	总失业率	男性	女性
加拿大	8.3	9.4	7.0
法国	9.1	8.9	9.3
德国	7.7	8.1	7.2
意大利	7.8	6.8	7.9
日本	5.1	5.3	4.8
英国	7.6	6.4	6.4
美国	9.3	10.3	8.1
欧盟	8.9	8.9	8.8

资料来源：OECD statistic data。

二、失业的成因

造成失业的原因有很多，经济学家通常将失业分为：均衡失业和非均衡失业两种类型。均衡失业也称为自然失业，非均衡失业则包括：周期性失业、实际工资失业和劳动力供给增加失业。

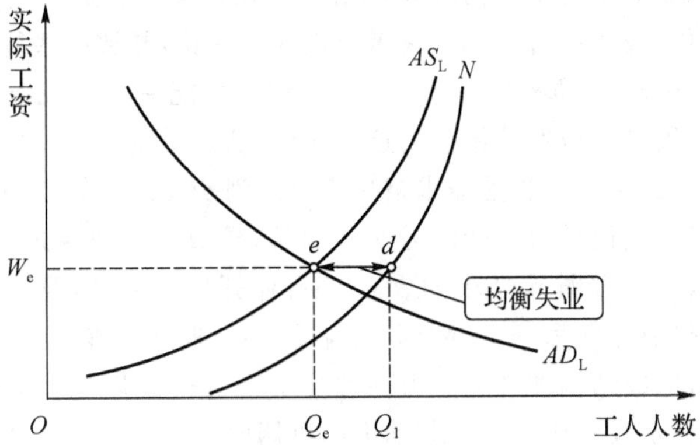

图 17-1 均衡失业

（一）均衡失业

均衡失业是指当一个经济体的劳动力市场处于均衡状态时所存在的失业。之所以也被称为自然失业，因为这是任何一个国家都不可避免的、普遍存在的失业现象。这时只存在局部不均衡所致的失业。如图 17-1 所示，图中 AS_L 和 AD_L 是指劳动总供给和劳动总需求。N 表示的是总的劳动力人数。从图中可以看出，当 $AS_L=AD_L$ 时，劳动力市场处在均衡状态，但 N 和 AS_L 之间的差 e—d 仍然存在。自然失业包括：摩擦性失业、结构性失业和季节性失业。

1. 摩擦性失业(frictional unemployment)是指劳动者在劳动力市场中寻找合适工作、职位而暂时处于失业的现象，如转换工作产生的暂时失业，初次或再次进入劳动力市场，一时找不到合适的工作，均属于此类。摩擦性失业被看作是一种求职性失业，即一方面存在职位空缺，另一方面存在着与此数量相对应的寻找工作的失业者。造成摩擦性失业的原因是劳动力市场信息不完备、不对称，厂商找到所需要的雇员和失业者找到合适的工作都需要花费一定时间。处在一个变化着的经济中，劳动力的流动是正常的，平时总会有一些工人不满意现有的工作，希望换一个职业或寻找更理想的工作或者是雇主对工人不满而解雇了工人。在工人找到另一个工作之前，常常需要一星期、一个月甚至更长时间。无论是工人被解雇还是自身原因放弃现有工作，都会进入再寻找工作的过程中。这样，在劳动力的流动过程中总有部分失业者存在。摩擦性失业在任何国家、任何时期都存在，而且此类失业者其失业期间通常是短的，从而对社会的影响也不大。

2. 结构性失业(structural unemployment)是指由于技术发展、市场需求的长期性变化而引起的经济结构变化，产业兴衰转移而造成的原有工作岗位消失或工作岗位数量大幅度减少而引起的失业。经济结构的长期性变化导致特定工业部门、地区和职业中劳动力需求和供给的变化。某一工业部门或地区中比较成本水平的变化、技术的进步和最终需求模式的变化,导致有些行业的就业可能在收缩,导致对劳动力需求的减少。而且劳动力可能一时难以改变技术结构和地区结构,使之很难适应经济结构的这种变化,从而出现结构性失业。结构性失业的原因主要有两种。一种是需求格局变化。消费者的偏好会随时间的推移而改变,原先偏好一些商品可能转向另一些商品,导致有些商品过时,从而使某些行业走向衰退,产生过剩劳动力;而另一些行业开始新兴,需要大量劳动力。但劳动力从一个行业流向另一个行业会因流动成本、职业技能、居住地区等原因而出现困难,从而造成结构性失业。另一种是生产方式变化即技术变革引起的失业。由于技术进步或采用了节约劳动力的机器而引起的失业。新的生产技术常常用较少的工人就可以生产相同水平的产量,这就是所谓的"节省劳动力的技术进步"。除非产量扩张足以吸收剩余劳动力,否则人们就被解雇。比如火车头改用电力机车后,原有的火车司机不再需要,他们原有的劳动技术要转移到其他行业是很困难的,因此造成失业。结构性失业者通常失业时间较长,而且对社会所产生的影响要比摩擦性失业来得严重。

3. 季节性失业(seasonal unemployment)是指由于某些行业生产的季节性变动所引起的失业。有些行业如农业、旅游业和农产品加工业对劳动力的需求有季节性,在需求淡季,就会存在失业。这种季节性失业也是正常的,而且是无法完全避免的。

摩擦性失业、结构性失业和季节性失业这3类失业都属于一个社会的自然失业现象。一个国家或地区处于自然失业状态又称为这个国家达到了充分就业。充分就业并非100%劳动力都有工作。充分就业是由英国经济学家凯恩斯在《就业、利息和货币通论》中提出的概念,指在某一工资水平下,所有愿意接受工作的人都获得了就业机会。充分就业不等于人人就业,即使在充分就业下依然有一定失业率。因为即使有足够多的职位空缺,由于存在摩擦性失业和结构性失业,失业率也不会等于零。在一个变化着的经济中,永远会存在职业流动和行业的结构性兴衰,所以总会有一部分人处于失业状态。这是一个市场经济社会正常运作中不能够彻底消除的,是社会效率的一种反映,也是现代社会发展变动的必然结果。对于充分就业正确的理解应该是:充分就业是指除了摩擦性失业、结构性失业和季节性失业之外,所有愿意工作的人都在从事某种工作的就业状态。

达到充分就业状态的失业率在现代宏观经济中被称为"自然失业率"。自然失业率就是当经济只存在着摩擦性失业、结构性失业和季节性失业时的失业率,也是一个国家的正常失业率。自然失业率这一概念由货币主义代表弗里德曼提出，指的是在没有货币因素干扰情况下，劳动市场和商品市场都处于均衡状态下的失业率。没有货币因素干扰指失业率高低与通货膨胀率高低之间不存在替代关系。在自然失业率下，作用于价格与工资的向上和向下的力量处于均衡状态，所以价格与工资的上涨是稳定的，没有通货膨胀加速或递减的趋势。自然失业率事实上是维持通货膨胀不变的最低失业率，它代表最高的可以维持住的就业水平，相当于一国的潜在产出。当实际失业率高于自然失业率，意味着有效需求不足和市场疲软，经济处于萧条时期，工资有下降压力；当实际失业率低于自然失业率，意味着有效需求过度，经济处于繁荣时期，工资有上升压力。

自然失业率的高低取决于劳动力市场的完善程度、经济状况等各种因素。它往往由各国政府根据实际情况确定。各国在各个时期所确定的自然失业率也都是不同的。如美国 20 世纪 60 年代，自然失业率约为 4%；70 年代自然失业率约为 5%；到 90 年代，将自然失业率上升至 6%～7%之间，即有 93%～94%的人就业就是实现了充分就业状态。目前，大多数国家认为存在 5%～6%的失业率是正常的，属于自然失业率水平。此时，社会经济达到充分就业状态。

以下所要讲述的周期性失业和实际工资失业则都属于非均衡性失业，即社会总供给大于总需求所致的失业，是全局失衡现象，也是政府通过经济政策可以加以避免的失业现象。

(二) 非均衡失业

非均衡失业是指劳动力市场处于非均衡时存在的失业，如图 17-2 所示。非均衡失业的类型有：周期性失业、实际工资型失业和供给过剩型失业。

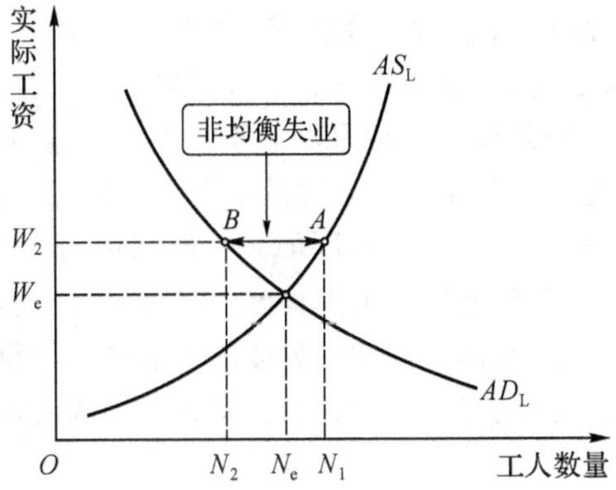

图 17-2　非均衡失业

1. 周期性失业(cyclical unemployment)又称需求不足失业、凯恩斯式失业，是指由于总体经济活动水平降低，如在经济衰退、萧条阶段，对劳动力的总需求下降而造成的失业。根据凯恩斯的分析，需求不足失业是与经济领域中商品和服务的总需求过小相联系的。总需求的任何一个组成部分，即消费支出、投资、政府支出或净出口的缩减，都会引起这类失业。由于它一般出现在经济周期的衰退、萧条阶段，所以称之为**周期性失业**。可用图 17-3 来说明周期性失业产生的原因。

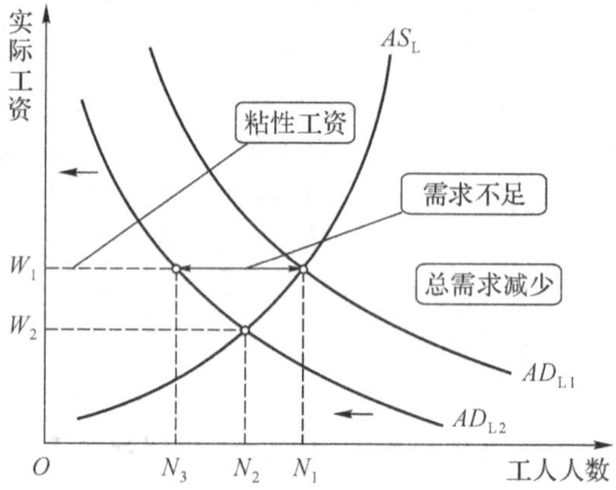

图 17-3 周期性失业

假定整个经济最初处于充分就业状态。此时，劳动力总需求曲线与劳动总供给 AS_L 相交，就业人数为 N_1，均衡工资水平为 W_1。假设由于某种原因，总需求减少(投资减少，出口下降等)，总需求下降导致对劳动总需求左移到 AD_{L2}，如果工资水平可以灵活调整，新的均衡位于(N_2，W_2)，但是，由于工资黏性存在，工资水平 W_1 不变，劳动供给超过劳动需求，出现失业 N_1-N_3 的失业。

在解释周期性失业时，工资黏性是非常重要的一个条件，对此可以从几个方面来理解。如：工资合同是按一定时间段来签订的，不会随时因为对产品需求的改变而变化，工会的影响以及企业担心降低工资会打击工人积极性等。

周期性失业对各行业的影响是不同的。一般来说，需求收入弹性越大的行业，由于随着人们收入下降，产品需求大幅度下降，周期性失业的影响会越严重。反之，需求收入弹性越小的行业，周期性失业的影响越不严重。周期性失业通常失业者失业时间较长，对社会的影响面很大，是人们最为关注的失业现象之一。

专栏 17-1

为什么在 2008—2009 年经济衰退中,男性失业率居高不下

2007—2009 年的经济衰退给劳动力市场造成巨大困难。20 世纪 30 年代经济大萧条后,这是失业率第 2 次突破 9%。尽管不同人口统计群体的失业率都上升了,但引人注意的现象是相对于女性失业人数来说男性失业人数大幅度增长。从经济衰退开始的 2007 年 12 月到 2009 年 7 月,总就业人口下降了 670 万,其中男性占了 75%。从年龄超过 16 岁以上男性人口和女性人口的失业率对比中可以看出,尽管在 2001 年的经济衰退中,男性失业率也高于女性失业率,但两者的差距在 2009 年是有记录以来最高的。2009 年 7 月,总失业率为 9.4%,男性失业率为 10.5%,女性失业率为 8.1%。例如,在 2008 年 3 月,也就是危机开始后的前几个月,已婚男性的失业率仅仅为 2.8%,而已婚女性为 3.4%。到了 2009 年 7 月,已婚男性失业率上升到了 6.9%,而已婚女性上升到了 5.5%。

这种前所未有的性别失业率的缺口如何解释呢?解释似乎要从 2007—2009 年经济衰退受冲击最大的行业说起。建筑业、金融服务业和制造业男性雇员比例很大,而诸如医疗服务和教育这些女性雇员多的行业,在此次衰退中几乎没有受到冲击。从萧条开始到 2009 年中期,建筑业丧失了 140 万个工作机会,而制造业丧失 200 万个。金融服务业与高峰时的 2006 年 12 月相比已经丧失 60 万工作职位。而与此同时,教育和医疗服务出工萧条开始实际上增加了 200000 个工作职位。所以,产生如下现象就不觉得奇怪了,2009 年 7 月建筑业的失业率为 18.2%,而教育和医疗服务为 6.1%。

资料来源:US Bureau of Labour Statistics。引自 Hubbard and Obrien,Macroeconomics,Prentice Hall,2010,P. 240—241。

2. 实际工资失业(real-wage unemployment)是指工会或政府推动工资上升至市场均衡水平之上,造成劳动力总供给超过总需求而产生的失业。从图 17-2 可以得到说明,劳动力市场供给与需求均衡的工资水平为 W_e。在这种均衡工资下,劳动供给量与需求量相等,等于 N_e。假设,政府实施最低工资法或工会力量或企业实施效率工资将实际工资抬高至 W_1,超过了均衡工资 W_e,劳动力供给量增加至 N_1,需求量减少至 N_2,结果导致劳动力过剩,$N_1 - N_2$,这就是实际工资失业。任何一个高于均衡水平的实际工资,其结果就是失业。

政府推动实际工资水平超过均衡水平之上的主要手段是最低工资法。许多国家都通过立法给定一定时间段雇主向雇员支付的最低工资标准。由于最低工资相当于最低保护价格,有时可能会造成劳动力供给超过需求,因而形成失业。

表 17-2　一些国家政府规定的最低标准

国家	最低工资
美国	7.25 美元/小时
英国	5.8 镑/小时(22 周岁以上)
法国	8.82 欧元/小时
日本	618～739 日元之间

资料来源:http://en.wikipedia.org。

我国从 2004 年也开始施行最低工资标准由各省区制定标准。我国规定的确定最低工资标准应考虑的因素有:确定最低工资标准一般考虑城镇居民生活费用支出、职工个人缴纳社会保险费、住房公积金、职工平均工资、失业率、经济发展水平等因素。可用公式表示为:

$$M=f(C,S,A,U,E,a)$$

式中,M—最低工资标准;

C—城镇居民人均生活费用;

S—职工个人缴纳社会保险费、住房公积金;

A—职工平均工资;

U—失业率;

E—经济发展水平;

a—调整因素。

3. 供给过量失业。这是指由于某种原因造成的劳动力供给超过需求而导致的失业。

三、失业的影响

自然失业的存在作为正常的社会现象,是任何时期任何国家都不可避免的,对社会的影响非常有限,所以不做讨论。这里主要讨论的是周期性失业和实际工资失业的影响。失业对社会存在着有利的一面,失业可以促进劳动力资源的有效配置。劳动力的有效配置是通过劳动力的不断流动来实现的,而劳动力的流动不可避免会引起失业。失业也可以促进劳动力不断提高自身的素质和工作技能,从而提高工作效率。失业的存在对于失业者和就业者都存在着一种外在的压力，从而促使他们不断去掌握新的知识和技术，以适应社会经济结构变化对劳动力更高的要求。然而失业对个人、家庭和社会都会带来损失。

（一）失业对个人和家庭的影响

失业会给失业者本人及家庭造成物质上和精神上的双重损失。他们失去了本来用劳动换取的收入，失业津贴虽然可以减轻一点点损失，但毕竟还是弥补不了这种损失。如果能弥补，就不会有人去找工作了，而宁愿靠津贴过日子。失业工人及其家庭地位和声望也会因失业而下降，因而他们身心健康也会受到极大影响。在失业率很高时，心脏病、酒精中毒、精神错乱、虐待家庭成员以及自杀的比率也都会上升。

（二）失业对社会的影响

对社会来说，失业造成人力资本损失，因为使一些已有的人力资本得不到利用，社会实际产量就无法达到充分就业下的产量水平，从而引起国民生产总值的损失。

反映失业率与产出之间关系的著名定律叫“奥肯定律”(Okun' Law)，它是由美国经济学家奥肯在 20 世纪 60 年代提出的，用来说明失业率与实际国民产出之间关系的经验规律。这一规律表明，产出缺口(即实际 GDP 水平和潜在产出水平之间差的百分比)与失业率之间存在负相关关系。即：

失业率＝自然失业率－(0.5×产出缺口)

假设自然失业率为 5.2%，目前的产出缺口为－2%，根据奥肯定律，失业率为 5.2%－[0.5 ×(－2%)]＝6.2%

这里的 0.5 系数没有实际意义，可能会随着时间的变化而变化。

失业还会增加政府财政压力。失业会使失业津贴、社会保险等转移支付增加，引起政府财政支出大大增加，从而造成财政上的困难。再者，失业也会影响社会的安定，有证据表明，较高的失业会导致犯罪、抢劫、自杀行为的增加，从而引发种种社会问题。

第二节　通货膨胀

本节将介绍通货膨胀的定义、衡量方法、成因以及种类，同时也讨论了通货膨胀对一个国家社会和经济的影响。

一、通货膨胀定义和衡量

（一）概念

西方经济学界对通货膨胀(inflation)的解释并非完全一致。美国经济学家货币主义创始人米尔顿·弗里德曼认为："物价普遍的上涨就叫通货膨胀。"美国经济学家保罗·A.萨缪尔森认为："通货膨胀指的是物品和生产要素的价格普遍上升的时期——面包、汽车、理发的价格上升，工资、土地价格、资本物品的租金等也都上升。"不过，大多数西方经济学家比较倾向于这样一个定义：通货膨胀是指商品和劳务的一般价格水平普遍持续上涨现象。这个定义突出通货膨胀的两个特点：一是物价总水平的上升，物价的上升不是指个别商品价格的上升，而是指绝大多数商品或劳务的物价水平的上升；二是通货膨胀是持续一段时期的物价上升，而不是物价的一时上升。因此，某种商品的价格变得昂贵或物价水平的短时间波动都不属于通货膨胀。通货膨胀的反义是通货紧缩，指商品和劳务的一般价格水平普遍持续下跌现象。无通货膨胀或极低通货膨胀率称之为稳定性物价。

（二）通货膨胀的衡量指标

衡量通货膨胀的指标通常用物价指数来表示。

通常通货膨胀率计算公式为：$\frac{P_t - P_{t-1}}{P_{t-1}} \times 100\%$。

在现实中，通货膨胀率不可能直接计算出来，往往通过价格指数的增长率来间接表示。价格指数通常包括以下三类。

1. 消费价格指数。

消费者价格指数(Consumer Price Index，CPI)，是指通过计算城市居民日常消费的生活用品和劳务的价格水平变动而得到的指数。CPI计算公式为：

CPI＝(一组固定商品按现价计算的价值)/(一组固定商品按基期价格计算的价值)×100％。

它主要反映购买具有代表性的一组商品，消费者家庭支出现在和过去相比变化情况。如2011年，一经济体普通家庭每个月购买一组代表性商品的花费为2000元，而2012年购买这一组商品的花费为2500元，那么此国家2012年的CPI为2500/2000×100％＝125％，CPI上涨了25％。这一指标优点在于资料较容易获得，公布次数多，能够较快反映物价变动趋势，缺点是范围比较狭小，存在一定的误差性。

专栏 17-2 我国CPI指数的计算

我国目前编制居民消费价格指数的资料采用抽样调查和重点调查相结合的方法取得，即在全国选择不同经济区域和分布合理的地区，以及有代表性的商品作为样本，对其市场价格进行定期调查，以样本推断总体。目前，国家一级抽选出的调查市、县226个。编制过程按下列几个步骤进行。

1.选择调查地区和调查点。调查地区按照经济区域和地区分布合理等原则，选出具有代表性的大、中、小城市和县作为国家的调查地区，在此基础上选定经营规模大、商品种类多的商场（包括集市和服务网点）作为调查点。

2.选择代表商品和代表规格品。代表商品是选择那些消费量大、价格变动有代表性的商品；代表规格品的确定是根据商品零售资料和5.6万户城市居民、6.8万户农村居民的消费支出记账资料，是按照有关规定筛选的。筛选原则：(1)与社会生产和人民生活关系密切；(2)消费（销售）数量（金额）大；(3)市场供应稳定；(4)价格变动趋势有代表性；(5)所选的代表规格品之间差异大。

目前，居民消费价格调查按用途划分为8大类，263个基本分类，各地每月调查600—700种规格产品价格；商品零售价格按用途划分为16个大类，229个基本分类，各地每月调查500种以上的规格产品价格。

3.价格调查方式。采用派员直接到调查点登记调查，同时全国聘请近万名辅助调查员协助登记调查。

4.权数的确定。商品零售价格指数的计算权数主要根据社会商品零售额资料确定；居民消费价格指数的计算权数根据近12万户城乡居民家庭消费支出构成确定。

——资料来源：国家统计局。

2. 生产者价格指数。

生产者价格指数(Producer Price Index)，又称批发物价指数，是通过计算生产者在生产过程中所有阶段上所获得的产品的价格水平变动而得到的指数。这些产品包括产成品和原材料。这种指数与产品出厂价紧密相连，对经济周期较为敏感，所以被许多经济学家称为预期通货膨胀的最敏感的早期信号之一。不过，它一般仅仅用来衡量有形的物质生产领域，在范围上不包括各种劳务，所以范围比较狭小。

3. GDP平减指数。

GDP平减指数(GDP Deflator),又称GDP缩减指数,指没有剔除物价变动前的GDP(名义GDP)与剔除了物价变动后的GDP(实际GDP)的比值。用公式表示:GDP平减指数=(名义GDP/实际GDP)×100。这种指数通过衡量全国所有商品和劳务的价格变动情况而计算出来的指标,它的计算基础要比CPI广泛得多,不仅包括消费,还包括生产资料和资本品、进出口商品和劳务等所有商品和服务,能全面、较准确反映总体物价水平的变化趋势。不仅如此,而且与投资相关的价格水平在GDP平减指数中具有更高的权重,这就可以比较消费物价上涨与投资价格上涨。例如,我国2004年CPI上涨3.9%,而GDP平减指数上涨6.9%,比CPI增长高三个百分点,反映投资价格上涨远远高于消费物价上涨。缺点就是资料获取比较困难,年度公布,公布次数少,从而反映物价变动趋势带有滞后性。

由GDP平减指数计算出通货膨胀率公式为:

当年通货膨胀率=(当年平减指数/上年平减指数-1)×100%

二、通货膨胀的成因及其分类

(一)按通货膨胀成因进行分类

经济学家按引起通货膨胀的具体原因把通货膨胀分为以下三个类型。

1. 需求拉上型通货膨胀(demand-pull inflation)指一段时期内物价水平持续上涨是由总需求的过度增加导致总需求超过总供给所致,即产品和劳务的需求超过了现行价格条件下所能提供的最大产量而导致物价水平上升,它是由需求方面因素造成的。用通俗的话讲就是,太多的货币追逐较少的产品,造成需求过度,钱不值钱,购买不到足够的东西,迫使商品价格上涨。

根据凯恩斯观点,当经济中已实现充分就业时,如果总需求仍然增加,就会发生总需求过度而引起通货膨胀。国民收入决定模型中的通货膨胀缺口就是对这种现象的一种解释。

总需求的增加也许是由于消费者需求增加、政府支出水平提高所致,也可能是因企业投资增加、本国产品出口增加所引起的,也可能是这四个因素中一些或所有共同起作用的结果。究竟什么因素引起了总需求的增加,经济学家之间的争议很大。主要分为两类因素:货币因素与非货币因素。货币主义经济学家将需求拉上型通货膨胀归咎于货币因素,即货币供给的增加。在经济中有更多的货币,就需要更多的支出。他们提出治理需求拉上型通货膨胀的措施是,政府控制经济中的货币供给增长。而另外一些经济学家将需求拉上型通货膨胀归咎于非货币因素，他们认为，货币与支出之间并不存在明显关系。在货币供给没有增长的情况下，支出也可能会自发增加。比如，政府减少所得税率也会促使消费者增加支出。

如果总需求增加，将会发生怎样情况？所有企业对需求增加将作出如下反应：一方面是增加产量，另一方面是提高价格。那么到底会把价格提高到什么程度，这取决于 AS 曲线的形状（参见图 17-4）。

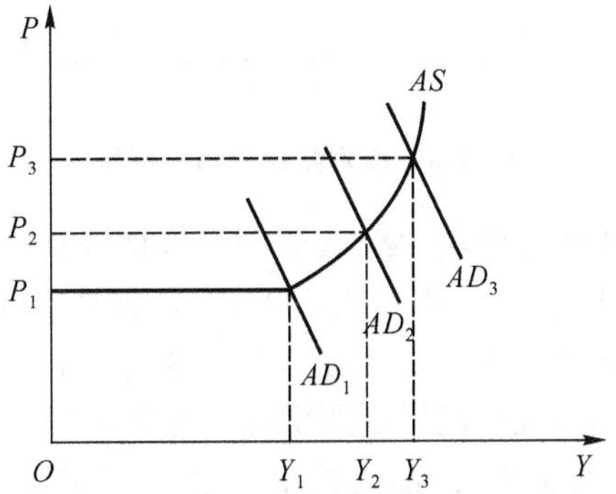

图 17-4　需求拉上型通货膨胀

如图 17-4 所示，总需求的增加用总需求曲线向右位移来表示，从 AD_1 依次移到 AD_2，再移到 AD_3，AD_4。价格从 P_1 依次上升到 P_2，再上升到 P_3。国民总产出从 Y_1 依次上升到 Y_2、Y_3，Y_2 与 Y_3 产量相同。随着总需求曲线不断右移，总供给曲线越陡直，价格上升得越大，而国民总产出增加得越少。随着经济越来越趋近于经济周期的繁荣期，总供给曲线就会变得更陡直。也就是说，现实产出与潜在产出越接近，随着资源逐渐得到充分利用，企业越会以提高价格方式对需求增加作出反应。从图 17-4 中可以看出，总需求曲线移至 AD_2 时，国民总产出已达到充分就业水平，AS 曲线呈垂直线，因为从 AD_2 移到 AD_3，只有价格提高，而没有产出变化。此时，经济达到顶峰时期，总需求扩大不会引起总产出提高，只会引起物价水平按同比例上涨，这就是需求拉上型通货膨胀或纯粹的通货膨胀。

需求拉上型通货膨胀一般与经济繁荣相联系。由此，许多经济学家认为，需求拉上型通货膨胀的对立面是需求不足失业。当经济处于衰退时期，需求不足失业会很高，而需求拉上型通货膨胀会很低。相反，当经济处于经济周期的顶峰时期，需求拉上型通货膨胀会很高，而需求不足失业却会很低。

2. 成本推动型通货膨胀（cost-push inflation）是指物价水平上升由生产成本提高而推动的，是由供给方面因素造成的。即使经济中没有过度总需求的存在，也会由于生产成本提高而引起通货膨胀，参见图 17-5。

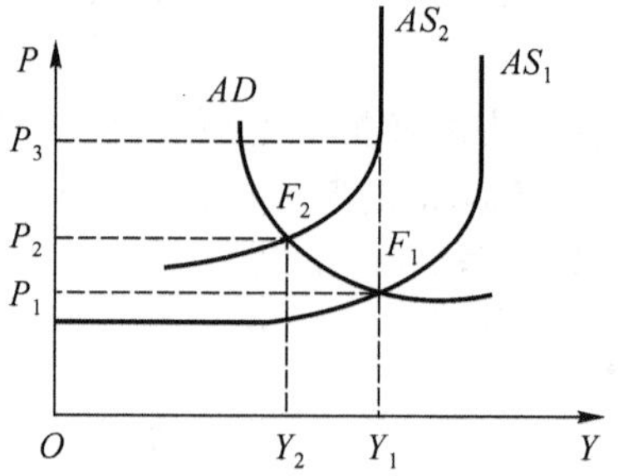

图 17-5　成本推动型通货膨胀

如图 17-5 所示，初始总供给曲线 AS_1 与 AD 曲线相交于 F_1，决定了国民收入水平为 Y_1，价格水平为 P_1。现在由于工资、税收等提高导致生产成本提高，总供给曲线由 AS_1 移动到 AS_2，此时，为了维持初始的国民收入水平 Y_1，价格就会上升至 P_3，这就是成本或利润增加所引起的通货膨胀。此时由于价格水平太高，在总支出水平不变情况下，产品无法卖出去，于是产出从 Y_1 向 Y_2 减少。在这个过程中，价格水平也由 P_3 向 P_2 下降。直到新均衡点 F_2 点。此时，产量为 Y_2，价格水平为 P_2。与原均衡价格水平 P_1 相比，价格仍然上升了。这样，在总需求保持不变的情况下，由于供给方面因素而产生了通货膨胀，这就是成本推动型通货膨胀。

按成因分，成本推动型通货膨胀大致包括以下三种。

(1)工资推动的通货膨胀。这是指由于劳动力市场上的不完全竞争造成工资率的增长超过劳动生产率的提高，引起一般价格水平上涨。劳动力市场的不完全竞争往往是由于存在着具有强大谈判能力的工会组织，操纵工人的工资水平，它可以将工资提高到市场竞争力量所形成的货币工资上，并使工资增长率超过生产增长率。企业将工资的上升打入成本，转嫁到消费者身上，导致产品价格上涨。而在物价上涨之后，工人又要求提高工资，再度引起物价上涨，如此循环上升，就形成一种所谓工资—价格螺旋上升势头。

(2)利润推动的通货膨胀。这是由于市场上具有垄断地位的厂商对利润的追逐，他们可以利用其垄断地位通过利润加成以获得高额垄断利润，从而造成产品价格上涨。在不完全竞争市场上，具有垄断地位的厂商具有某种程度操控价格的能力，可通过削减产量减少供给来提高产品价格。如果这一过程扩大到普遍的程度，就将发生利润推动的通货膨胀。

(3)进口商品价格推动的通货膨胀。这是由于进口商品价格上涨导致物价水平上涨，进口商品价格上升与总需求水平无关。石油输出国组织(OPEC)在

1973—1974 年推动石油价格上升了 4 倍，从而使进口国发生通货膨胀。

在所有这些情况中，通货膨胀的发生都是由于一个或多个集团操纵经济权力而引起的。因此，如果随着时间的推移，经济权力越集中即市场垄断程度越高，这个问题就会越严重。

3. 结构性通货膨胀

结构性通货膨胀(structural inflation)是由于社会经济中各部门结构性因素的变动而引起的一般物价水平的持续上涨，它是从经济结构变动入手来分析通货膨胀原因。这种通货膨胀理论认为，在一国经济中，从生产率增长快慢来看，有些部门劳动生产率增长快，有些部门劳动生产率增长慢；从经济发展过程来看，有些部门属于扩展部门，有些部门属于非扩展部门。不同部门由于经济发展状况不同，工资水平应该不同，但由于工会或其他力量作用，会出现工资"攀比"效应引致的一些部门的工资成本上升。这些部门把增加的工资成本通过提高价格的方式转移到消费者身上，从而引起物价水平的上涨。

(二) 按通货膨胀的程度分类

目前根据通货膨胀的程度进行划分，即根据通货膨胀率的高低及其影响进行划分，可将通货膨胀分为三种。

1. 温和的通货膨胀。通货膨胀率一般是个位数，在 3%～10%之间。温和的通货膨胀所具有的特征：一是通货膨胀率低；二是相当稳定，一般对经济不会形成不利的影响。但也有些经济学家认为，从长期来看，这种通货膨胀的积累会引起不良后果，可能会导致较高通货膨胀率。

2. 奔腾的通货膨胀。又叫加速的通货膨胀，是指较长时期内一般物价水平以较大幅度持续上升。通货膨胀率通常在两位数以上(10%～100%之间)。20 世纪 70 年代的巴西出现的通货膨胀就是属于这种类型。对于此类型通货膨胀若不采取有力措施加以控制，就有可能发展成为恶性通货膨胀，从而对社会经济造成严重的后果。

3. 恶性通货膨胀。这是指流通中的货币量快速增长，货币购买力急剧下降，物价水平以加速度上涨，令当局根本无法控制的通货膨胀。年通货膨胀率一般在三位数以上(在 100%以上)，有时甚至出现天文数字。这种通货膨胀不仅严重破坏货币体制与正常生活水平，而且会使经济完全崩溃，甚至出现政权更迭。

(三) 按通货膨胀的预期分类

如果把通货膨胀预期作为分类标志，可以把通货膨胀划分为已预期到的通货膨胀和未预期到的通货膨胀。如果通货膨胀已完全预期到，则比较稳定，那么各经济主体就会按其预期来调整其行为，从而通货膨胀在短期的扩张效应将不复存在。如果通货膨胀是突发的、未被预期的，它一般是多变的和不稳定的。由于通货膨胀未被预期，货币工资率的增长会滞后于物价上涨，从而使利润上升，短时间内会具有一种扩大就业、扩大总产出的效应。

（四）按对价格的影响划分

按照对价格的影响可以将通货膨胀划分为平衡的和非平衡的通货膨胀。平衡的通货膨胀是指所有商品价格按相同比例增长。非平衡的通货膨胀是指各种商品价格上涨的比例不尽相同。

三、通货膨胀的影响

通货膨胀的影响可分为对经济的影响和社会的影响两个方面，对经济的影响包括对收入分配的影响和产量的影响。要讨论通货膨胀对两种经济影响的具体情况以及对社会影响需要同通货膨胀的类型相结合才能阐明。

（一）预期到的通货膨胀的影响

在这种通货膨胀发生时，价格增长能被人们准确地预测到，所以人们在交易过程中会把通货膨胀因素考虑进去，从而在工资、借贷合同上采取相应的措施，以减少通货膨胀的影响，这样人们的收入分配也不会受太多的影响。比如，银行会在纯粹利率上加上预期通货膨胀率，工人会要求更高的工资。

（二）未预期到的通货膨胀的影响

在通货膨胀发生时，如果人们没有预期到价格水平的上涨，就不会把通货膨胀因素考虑在交易过程中。因此，这一类通货膨胀对收入分配有明显的影响。比如：债权人如租金收入者和利息收入者受损，债务人获益；有固定货币收入的人如工资劳动者和退休人员受损，雇主得益；持有现金或存款者受损，持有货物者获益，等等。因为在这一类通货膨胀条件下，有固定货币收入的人，其收入增长滞后于物价的增长，从而使实际收入下降；对于债权人贷出的是未贬值的货币，收回的却是贬值了的货币。对于持有现金或存款之人事实上实际拥有货币价值降低，所能购买的货物较通货膨胀前减少了。相反，对于非固定收入者（包括企业主、股票持有者）、持货物人以及债务人却是受益者。对于企业主，他们借入未贬值的货币购买平价的货物和劳动力，经过一个生产过程后，按通货膨胀后的价格出售，并且用贬值后的货币来付债务，能够获得额外利润；对于股票持有者，其股票价格往往会随着价格水平的上涨而提高。对于债务人，以未贬值的货币借入，而以贬值的货币归还，从而获益；对于持实物者，因通货膨胀商品价格上涨，拥有实物的货币价值上升。

当通货膨胀率较低，属于温和的通货膨胀时，对经济没有多大不利影响，某种程度上会刺激企业生产更多产品，从而使国民产出增加，所以也有经济学家认为此类通货膨胀可以作为经济增长的“润滑剂”。但当通货膨胀率较高，属于奔腾的通货膨胀时，要估计一个投资项目的未来收益就有更大的风险，从而使企业减少投资和员工雇佣，这样导致就业减少。同时因为人们要求有一个较高报酬，为并对贷出的货币要求补偿，从而使利率上升。因此，较高的通货膨胀率会导致失业增加，使经济增长受到较大影响。当通货膨胀率异常高而达到恶性的通货膨胀时，不仅会对经济增长带来严重的影响，而且也会对社会造成严重的后果。恶性通货膨胀一方面使生产和就业出现停滞和混乱局面，另一方面收入再分配会使社会各阶层发生冲突，从而引发社会恐慌，造成不安和动乱，有时会带来灾难性后果，引发严重的政治事端。

由于较高的通货膨胀率会使社会承受严重代价，所以西方政府和经济学家都主张对通货膨胀进行控制，把尽可能保持较低的通货膨胀率作为政府宏观政策基本目标之一，但控制通货膨胀又可能会对生产和就业产生影响。下面就讨论失业与通货膨胀之间的关系。通货膨胀与失业之间究竟呈现什么关系是一些经济学家一直关注的重要问题。西方经济学家是通过菲利普斯曲线做出解释的。

专栏 17-3　　通货膨胀的成本

预期到的通货膨胀是否也会对经济整体造成损害？结果是否也会改变经济中收入的整体水平？对这一问题的回答是肯定的：预期到的通货膨胀也会造成经济的实际损害。经济学家们已经指出了其中的几种，最重要的有：鞋革成本(shoe-leather costs)、菜单成本和价值尺度成本(unit-of-account cost)。

通货膨胀的鞋革成本是公众努力避免通货膨胀税而增加交易所引起的成本增加，这一说法是对人们为了尽可能避免持有货币而四处跑动造成的皮鞋磨损的形象比喻。在高通货膨胀经济中，鞋革成本相当高。在德国超级通货膨胀期间，商人雇用了多名善跑之人，一天中多次到银行把钱存进生息账户或转成更为稳定的外国货币。这些都说明，为了尽力避免通货膨胀税，人们贡献出了本来可以用于其他生产性活动的有效资源——德国善跑之人的劳动。在德国超级通货膨胀期间，银行交易业务剧增，所以银行雇员几乎翻了两番——从 1913 年的大约 100 000 人增加到 1923 年的 375 000 人。同样在巴西超级通货膨胀期间，金融部门创造的GDP占了总量的15%，是美国金融部门同样指标的两倍。金融部门通过扩张来应付通货膨胀带来的影响其实表示的是一个社会实际资源的浪费。

菜单成本是指改变标价而引致的成本。当通货膨胀发生时，相对于总价格水平保持稳定的环境，企业当然会被迫经常改变价格。这意味着经济作为整体的成本增加了。

在超级通货膨胀时期，菜单成本会更高。在巴西超级通货膨胀时期，有报道说超市的工作人员有一半时间花在更换价格标签上。

价值尺度成本是指由于通货膨胀使得货币作为价值尺度的可信程度降低而带来的成本。

价值尺度成本在税收制度中特别重要。在收入累进税制度下，人们的收入越高适用的所得税税率越高。尽管有些国家如美国对收入所得税税率进行指数化调整，也就是说，纳税人必须支付更高税率级别的税，收入起征点每年随着通货膨胀率的提高而增加，目的是防止人们只是要赶上通货膨胀速度而增加的收入会按照更高的税率来缴税。但是，在许多国家，应税收入自身是用名义变量来计算的。例如，应税利润的计算就等于公司名义收益与名义成本之差。如果成本支付在先，获得收益在后，那么通货膨胀就会对名义上的利润计算造成扭曲，用实际变量衡量没有利润或者亏损时，在名义变量上仍然可能是正值。

——资料来源：改编自克鲁格曼、韦尔斯，《宏观经济学》，赵英军等译，中国人民大学出版社2009年版。

第三节　菲利普斯曲线

本节运用菲利普斯曲线（Philips curve）讨论通货膨胀和失业之间的关系。菲利普斯曲线最初是由新西兰经济学家菲利普斯（A. W. Phillips）提出，然后经经济学家萨缪尔森和索洛的改进，再经货币主义学派弗里德曼等经济学家的扩展，是目前解释通货膨胀和失业之间关系最为著名的一条曲线。

一、菲利普斯曲线的由来及其含义

1958年，经济学家菲利普斯通过整理英国1861—1957年近百年的历史统计资料，发现货币工资增长率与失业率呈交替关系，这种关系用公式表示为：$\Delta W_t = f(U_t)$，其中ΔW_t、U_t分别指t时期的货币工资增长率和失业率。

货币工资增长率与失业率两者之间具有负相关的函数关系，失业率越低，名义工资在一年中上升的百分比就越高，两者之间的关系是非线性的。如图 17-6(a)所示，图中横轴表示失业率，纵轴表示货币工资增长率。菲利普斯曲线是一条向下倾斜的曲线，显示货币工资增长率与失业率之间呈负相关关系。

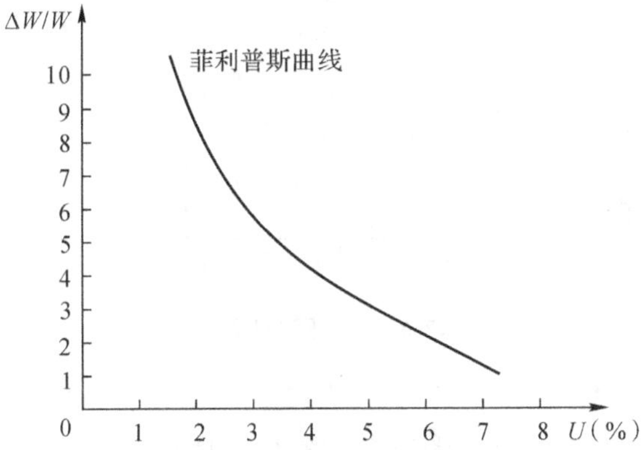

图 17-6(a) 原始的菲利普斯曲线

货币工资增长率与失业率之间的负相关关系，由英国经济学家利普赛(Lipsey)从理论上进行了最初的阐述，货币工资增长率是劳动力市场超额程度的正向函数，而失业率是劳动市场超额需求的负向函数，当劳动力的需求不断增加导致超额需求产生时，失业率会不断降低，而雇主之间的竞争会驱使货币工资率不断上升。反之，失业率会越高，劳动力市场上越是供过于求，货币工资率上涨就越少。

菲利普斯曲线只描述货币工资率与失业率之间的关系，这一曲线经美国经济学家保罗·A.萨缪尔森和罗伯特·索洛的演化，而成为了反映通货膨胀率与失业率之间的曲线。他们运用美国数据资料表明通货膨胀率与失业之间类似的负相关关系。如图 17-6(b)所示，图中横轴表示失业率，左边纵轴表示通货膨胀率，右边纵轴表示货币工资增长率。菲利普斯曲线反映了通货膨胀与失业之间的负相关关系。

为什么通货膨胀与失业之间负相关关系类似于货币工资增长率与失业率之间的负相关关系呢，即为什么可以把原始菲利普斯曲线描述的那种关系延伸为失业率与通货膨胀率的替代关系呢？萨缪尔森和索洛认为，工资是成本的主要构成部分，因而也是产品价格的主要构成部分，货币工资的增长导致成本推动的通货膨胀。从而可以得出，通货膨胀率与货币工资增长率有同方向变动的关系。货币工资增长率高时，通货膨胀率也是高的，而失业率却是低的；反之，当货币工资增长率低时，通货膨胀率也是低的，而失业率却是高的。不过，通货膨胀率与货币工资率并不是相同的，两者之间的差距为劳动生产率的增长率，即通货膨胀

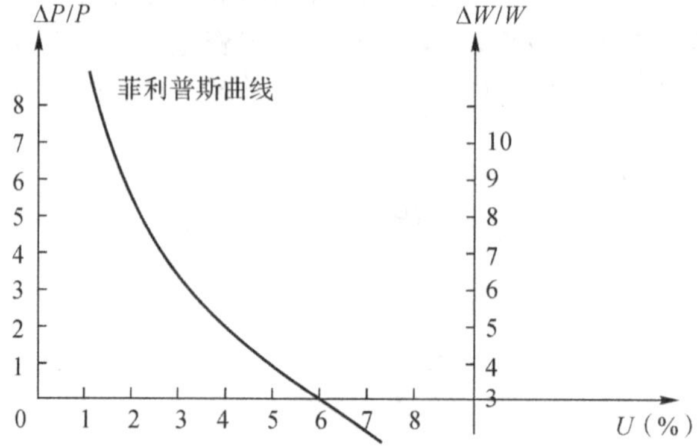

图 17-6(b) **菲利普斯曲线**

率＝货币工资增长率－劳动生产率。图 17-6(b)两条纵轴反映了货币工资率与通货膨胀率之间的联系。图中假定劳动生产率增长率为 3%，而货币工资也增长 3%，则没有引起物价上涨，也就是通货膨胀率为零。右边货币工资增长率为 3%时，左边通货膨胀正好为 0。而当货币工资增长率超过 3%时，物价会随着货币工资的上升而上升，即通货膨胀率大于 0。

诸多经济学家关注菲利普斯曲线，是因为菲利普斯曲线提供的通货膨胀与失业之间关系为决策者提供了可供选择的菜单。它意味着决策者可以通过采取扩张性货币政策和财政政策以较高的通货膨胀率为代价，来降低失业率；或采取紧缩性货币政策和财政政策以较高的失业率为代价，来降低通货膨胀率和稳定物价。决策者会偏好低通货膨胀率和低失业率，但根据菲利普斯所总结的数据资料，两者结合是不可能的。所以决策者不得不面临着通货膨胀与失业之间的权衡取舍，要不高通货膨胀和低失业，要不高失业低通货膨胀。

二、菲利普斯曲线的扩展

20 世纪 70 年代以来，菲利普斯曲线所描述的失业与通货膨胀之间关系引起了一些经济学家的质疑，其中较有代表性的是货币主义学派的观点。货币主义学派以弗里德曼为代表从两个方面对菲利普斯曲线进行了扩展，一个方面是引入预期，原来的菲利普斯曲线反映的是预期通货膨胀率为零的失业率与通货膨胀率之间的负相关关系。那么考虑预期因素，菲利普斯曲线会怎样？另一个方面考虑时间因素。货币主义学派得出，通货膨胀率与失业率之间的负相关关系只适合短期，从长期来看，菲利普斯曲线不再向下倾斜，而是垂直的，甚至是向上倾斜的曲线。

（一）考虑预期因素

加入预期因素，菲利普斯曲线将向右上方移。表现为，要使失业率降低到一定的水平，只有以比过去更高的通货膨胀率为代价。如图 17-7 所示，PP 为移动之前的菲利普斯曲线，$P'P'$ 为移动之后的菲利普斯曲线。移动之后的菲利普斯曲线使得为维持初始失业率，必须付出更高的通货膨胀率这一代价。假如要把失业率降低到 4％水平，以前用 2％的通货膨胀率，而现在必须用 4％的通货膨胀率。

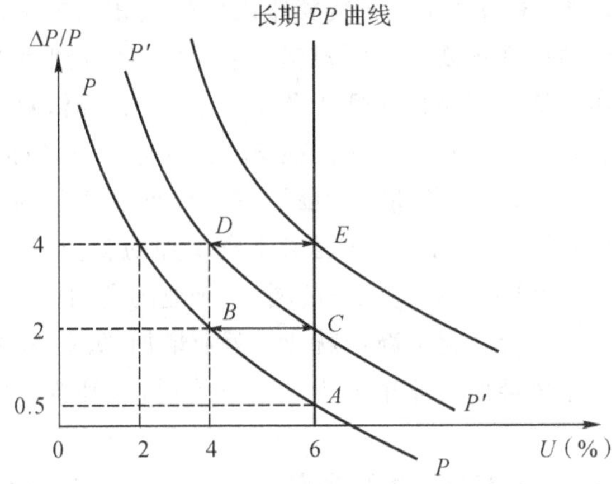

图 17-7　短期和长期的菲利普斯曲线

注：向右下方倾斜的曲线 PP、$P'P'$ 为短期菲利普斯曲线，垂直于 E 的曲线为长期菲利普斯曲线。

为什么菲利普斯曲线会向右上方移动？货币主义学派的解释是，原来的菲利普斯曲线 PP 反映的是预期通货膨胀率为零的失业率与通货膨胀率之间的负相关关系。如果通货膨胀率年年上升，特别是当政府运用菲利普斯曲线进行相机抉择时，即以高通货膨胀率来换取低失业率的情况下，就会形成通货膨胀预期。如果通货膨胀被预期到，工人就会要求更高的货币工资以避免生活水平深受通货膨胀之害。如果人们预期通货膨胀率以 2％的速度上升，那么，当货币工资率上升 4％时，人们认为实际工资率只上升了 2％。因而，以前货币工资率上涨 2％便能使失业率下降到 4％，那么现在如果要使失业率下降到 4％，就必须使货币工资率上涨 4％。即以前的货币工资上涨率再加上 2％的预期通货膨胀率。

用公式表示：

$$\Delta W_t = f(U_t) + \pi^e$$

式中，ΔW_t—t 时期的货币工资增长率；

U_t—t 时期的失业率；

π^e—t 时期的通货膨胀预期。

（二）考虑时间因素

考虑预期因素，使菲利普斯曲线向右上方移动，失业率与通货膨胀率之间仍然呈负相关关系。货币主义者提出，这一结论只适用短期，在长期中，菲利普斯曲线会变成一条垂线，通货膨胀与失业之间不存在相关关系。

货币主义者认为，短期失业与通货膨胀之间呈负相关关系是由于适应性预期因素所致。所谓适应性预期指人们根据过去预期的偏差来形成并调整对未来的预期。当本期实际通货膨胀预期低于预期通货膨胀率时，对下一期通货膨胀预期就会相应减少；反之，则相应增加。在这种预期方式下，短期内，工人往往来不及调整通货膨胀预期，他们预期通货膨胀率可能低于实际的通货膨胀率。这样，使工资的增长滞后于物价上涨，在名义工资增加的刺激下，劳动力的供给会增加。与此同时，因物价上涨超过工资的增长，企业的利润增加，投资便会增加，从而使增加的劳动供给会转化为新增就业。就业增加，失业率便下降。于是，短期内较高的通货膨胀率会使失业率减少。也就是说，菲利普斯曲线在短期内是成立的。

如图 17-7 所示，假定起先通货膨胀率很小，为 0.5，人们没有预期通货膨胀，经济运行为 A 点。现在假定因某一因素如出口突然增加等使总需求也突然增加，通货膨胀率上升到 2%。由于人们事先没有预期到通货膨胀，经济会沿菲利普斯曲线 PP 变动到 B 点，通货膨胀率上升到 2%，失业率从 6%下降到 4%。较高的通货膨胀率导致较低失业率，这就是通货膨胀与失业之间在短期内的负相关关系。

假定通货膨胀率年年上升，比如说是 2%，则人们就会形成 2%的通货膨胀率预期。工人们就要求以预期通货膨胀率 2%提高工资，则企业意识到物价上升时工人实际并未降低，因而企业会减少雇用人数，所以企业的雇工数又回到原来水平，失业率回复到原先的 2%水平，从而经济达到 C 点。这时，自然失业率为 6%。如果此时政府采取扩张性经济政策使失业率降到自然失业率以下，经济会沿第二条菲利普斯曲线 $P'P'$变动到 D 点，这时通货膨胀率为 4%。如果通货膨胀率以此速度年年上升，人们便会形成 4%的通货膨胀预期，从而会把 4%的通货膨胀率放入到下一轮工资谈判中。一旦如此，企业劳动雇用量又会回到原先的自然失业率，经济达到 E 点。通过短期菲利普斯曲线不断右移，上述过程反复进行，形成一条以点 A、C、E 相连的垂直的菲利普斯曲线，这就是长期的菲利普斯曲线。长期的菲利普斯曲线是联结每一条短期菲利普斯曲线上实际通货膨胀率与预期通货膨胀率相等的那一点而成的曲线。在长期，预期通货膨胀与实际通货膨胀一致，所以通货膨胀不会引起就业的增加和失业的减少，通货膨胀与失业之间不存在相关关系。而且，又由于长期中，经济会自动实现充分就业，失业率保持在自然失业率水平之上，因而，长期的菲利普斯曲线是一条垂直于自然失业率水平的垂线。它表明，在长期，无论通货膨胀率如何变动，失业率都保持在自然失业率水平之上。所以以提高通货膨胀为代价来降低失业率的扩张性经济政策是无效的。也就是说，宏观经济政策在短期内具有有效性，但在长期内是无效的。

长期菲利普斯曲线不断右移，不但会形成垂直的长期菲利普斯曲线，甚至可能形成向右上倾斜的正相关关系。如果实际通货膨胀率低于人们预期通货膨胀率，人们按预期通货膨胀率来增加工资，企业会把雇员减少到原先水平，甚至低于原先水平。这样，就会形成 20 世纪 70 年代西方发达国家普遍陷入的通货膨胀与失业并发的“滞胀”现象。

本章小结

1. 失业是指具有劳动能力、想要工作而没有工作的人所处的状况。衡量失业状况的方式有两种：一种是人数，另一种是百分比。

2. 失业可分为均衡失业和非均衡失业。

3. 均衡失业也被称为自然失业，包括摩擦性失业、结构性失业和季节性失业。

4. 非均衡失业包括周期性失业、实际工资不足失业和劳动力供给增加失业。

5. 通货膨胀是指商品和劳务的一般价格水平普遍持续上涨现象。衡量通货膨胀的指标通常用消费者价格指数、生产者价格指数和 GDP 平减指数这三类物价指数。

6. 通货膨胀分类有很多种：通货膨胀按其成因分为需求拉上型、成本推动型和结构型通货膨胀；按通货膨胀程度分为温和的、奔腾的以及超速通货膨胀；按是否预期到分为已预期到的和未预期到的通货膨胀；按价格的影响分为平衡的和非平衡的通货膨胀。

7. 失业和通货膨胀都会给社会带来损失，尤其较高的失业率和通货膨胀率会产生严重的社会和经济后果。

8. 菲利普斯曲线最初是由新西兰经济学家菲利普斯提出的，然后经经济学家萨缪尔森和索洛的改进后，对通货膨胀和失业之间的关系作出了解释。再经货币主义学派弗里德曼等经济学家引入预期和时间因素进行扩展，对通货膨胀和失业之间的关系做出了更完善的解释。

思考与练习

一、名词解释

失业　自然失业　摩擦性失业　结构性失业　需求不足失业　充分就业　自然失业率　通货膨胀

二、简答题

1. 什么是失业？失业会造成怎样的经济损失？
2. 结构性失业有哪些类型？对每一类型举例说明。
3. 通货膨胀定义及其衡量。
4. 简述菲利普斯曲线的形成。

三、论述题

1. 哪些失业可以消除，哪些失业不可以消除？解释其原因。
2. 通货膨胀产生的根源及其影响。
3. 运用菲利普斯曲线来分析失业与通货膨胀之间的关系。
4. 失业和通货膨胀怎样影响一国的经济运行？
5. 有人说："失业和通货膨胀也并非一无是处，还是有积极作用的。"你怎么看？

>>>>第十八章

宏观经济政策

本章要点

前面我们已经对宏观经济学的基本理论进行了学习，但经济学是致用之学，所以宏观经济学的重要内容之一是对于宏观经济政策的讨论。本章我们将学习需求管理政策中的财政政策和货币政策，并且运用 IS-LM 模型对两种政策的效果进行分析。

学习目标

理解宏观经济政策目标，掌握财政政策和货币政策内容，掌握对财政政策工具效果的分析，掌握对货币政策工具效果的分析，了解促进经济增长的政策。

我们在第一章中提出过，宏观经济学理论包括两大领域——宏观经济理论和宏观经济政策。前面我们已经完成了对宏观经济理论的学习，本章我们开始学习宏观经济政策的内容。从实际来看，宏观经济政策已经成为现代国家管理经济的重要手段。

第一节　宏观经济政策目标

宏观经济政策是指国家或政府为实现总体经济目标而制订的指导原则和措施。任何一项经济政策总是依据一定的经济目标制定和贯彻的。依照西方经济学理论，宏观经济政策目标包括：稳定、持续、合理增速的经济增长，低失业率，低通货膨胀率，避免国际收支失衡和汇率的过度波动等几项。

依据前面的理论分析可知，上述四个政策目标可以通过以总需求分析为核心的凯恩斯理论来解释，所以政策设计也是从需求管理入手。上述四个政策目标是互补的，如充分就业会促进经济增长，物价稳定是经济增长的根本，国际收支平衡有利于一国的物价稳定、充分就业与经济增长，但目标之间也是相互矛盾的，如经济快速增长一方面实现充分就业，但另一方面也会引发大量商品进口，从而导致国际收支不平衡；经济过热虽可能实现充分就业，却也会使价格水平较大波动，通货膨胀率上升。当经济增长趋缓或停止时，虽可能可以维持稳定的价格水平，却会使失业率提高，无法实现充分就业。

正是由于各政策目标之间的相互矛盾，所以各目标不可能同时实现，在一些目标实现同时往往会恶化另一些目标，这就使得一国政府会陷入两难困境。政府往往会考虑有个侧重，各目标之间排个序，确定哪些宏观经济问题最先需要解决，然后制定相应政策目标。不过，政府在制定政策有侧重之外，更需要对各目标之间进行相互协调，不能只追求单一目标，而应该综合考虑，否则会带来经济上和政治上的负面效应。因此，要实现既定政策目标，政府不仅需要运用各种政策手段，而且各政策手段之间需要相互配合、协调。也就是说，政府在制定经济目标和经济政策时应从整体性宏观战略来考虑和安排。

第二节　财政政策

财政政策(fiscal policy)是现代国家干预经济的主要政策之一。财政政策是指一国政府通过改变财政收入和支出来达到既定的经济政策目标的政策手段。要了解财政政策具体内容，首先需要了解现代国家财政的基本构架。

一、现代国家财政收支

现代国家中，政府已经成为最重要的经济活动参与人之一。通过政府收入和支出活动，现代国家的政府还对一个国家总体的经济活动形成干预。

政府收入包括税收和公债两部分，政府支出包括政府购买和政府转移支付两部分。

(一) 财政收入

1. 税收(taxes)是现代国家财政收入的主要来源。根据不同标准可对税收做不同分类。

(1)按课税对象分类。

①流转税。流转税是以商品生产流转额和非生产流转额为课税对象征收的税种。流转税是我国政府收入中主要的税收来源，目前包括增值税、消费税、营业税和关税等。流转税因原来纳税人生产商和销售商通常采取提高销售价格的方法使至少一部分负担的税转嫁给最终消费者，因而，又被称为间接税。

②所得税。所得税是指以各种所得额为课税对象的税种。所得税也是我国主要的税收来源，目前包括企业所得税、个人所得税等税种。所得税是由纳税人

直接负担、不能转嫁给别人的税,所以又被称为直接税。

③财产税。财产税是指以纳税人所拥有或支配的财产为课税对象的税种。包括遗产税、房产税、契税、车辆购置税和车船使用税等,财产税为直接税。

④行为税。行为税是指以纳税人的某些特定行为为课税对象的税种。我国目前的城市维护建设税、固定资产投资方向调节税、印花税、屠宰税和筵席税都属此类。

⑤资源税。资源税是指对在一国境内从事资源开发的单位和个人征收的税种。如我国现行的资源税、土地增值税、耕地占用税和城镇土地使用税等。

(2)按税收的计算依据为标准分类。

①从量税。从量税是指以课税对象的数量(重量、面积、件数)为依据,按固定税额计征的税种。如资源税、车船使用税和土地使用税等。

②从价税 。从价税是指以课税对象的价格为依据,按一定比例计征的税种。从价税实行比例税率和累进税率,税收负担比较合理。如我国现行的增值税、营业税、关税和各种所得税等税种。

(3)根据收入中被扣除的比例分类。

①累进税。累进税是税率随着征税客体总量增加而增加的一种税。所得税多属于此类型。

②累退税。累退税是税率随着征税客体总量增加而减少的一种税。

③比例税。比例税是税率不随征税客体总量变动而变动的一种税,它是按固定比例征收的税。财产税和流转税多属于比例税。这三种税收通过税率大小和变动方向反映赋税负担轻重和税收总量关系。因而,税率大小和变动方向对经济活动(如个人收入和消费)直接产生很大的影响。

2. 公债(national debt)是政府财政收入的又一组成部分。公债不同于税收,它是政府运用信用形式筹集财政资金的特殊形式,是政府对公众的债务,包括中央政府的债务和地方政府的债务。中央政府的债务称为国债。

政府负债也分为短期、中期和长期债三类。短期债一般通过进入短期资本市场(货币市场)出售国库券获得,期限不超过一年,利息较低。中长期债一般通过发行中长期债券获得,中期期限为一至五年,长期债一般为五年以上。考虑到时间价值和风险因素,中长期债的利息一般较高。中长期债券是西方国家长期资金市场(资本市场)最主要的交易手段之一。因此,政府发行公债能起到双重作用:一方面能增加财政收入,影响财政收支,属于财政政策;另一方面又能够对包括货币市场和资本市场在内的金融市场的扩张和收缩起到重要调节作用。

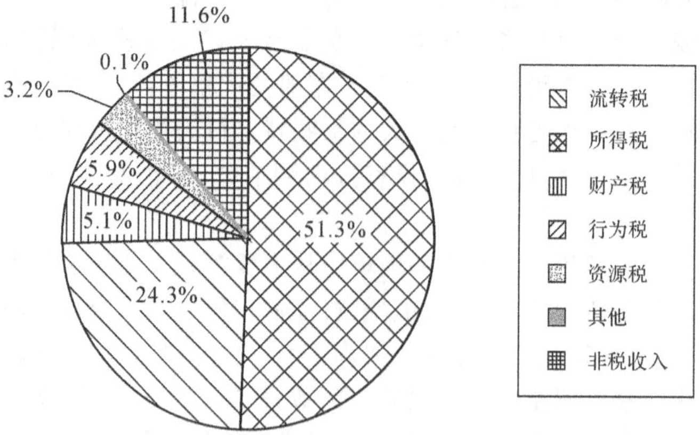

图 18-1　2008 年我国财政收入各种类所占比例

资料来源:《中国统计年鉴》(2009)。

(二) 政府支出

政府支出(government spending)指一个国家各级政府支出的总和,由许多具体的支出项目构成。根据国民收入核算体系,政府支出主要分为:政府购买和转移支付两大类。

政府购买指政府对商品和服务的购买支出,如购买军需品、政府部门公共用品、支付给政府雇员薪金及公共工程项目所需的支出等。政府购买是一种实质性支出,即有商品和服务的实际交易,所以直接形成社会需求和购买力,是国民收入的一个重要组成部分。

政府转移支付是指政府在社会福利、保险、失业救济、贫困救济等方面的支出。这是一种货币性支出,即政府在付出这些货币时并没有相应的商品和服务的交换发生,所以是一种不以取得本年生产出来商品和服务作为报偿的支出,如政府对农业补贴、政府公债利息支付也属于转移支付。因此,转移支付区别于政府购买,它不能算作国民收入的组成部分,它只是通过政府将收入在不同社会成员之间进行重新分配,社会总收入水平仍没有改变。

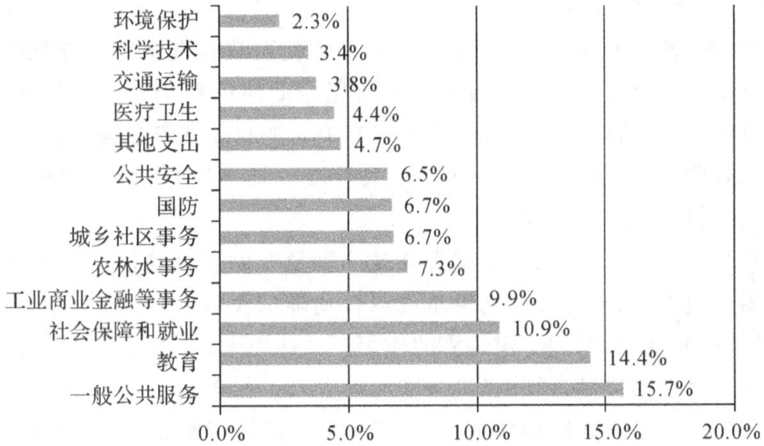

图 18-2　2008 年我国财政支出各种类所占比例

资料来源:《中国统计年鉴》(2009)。

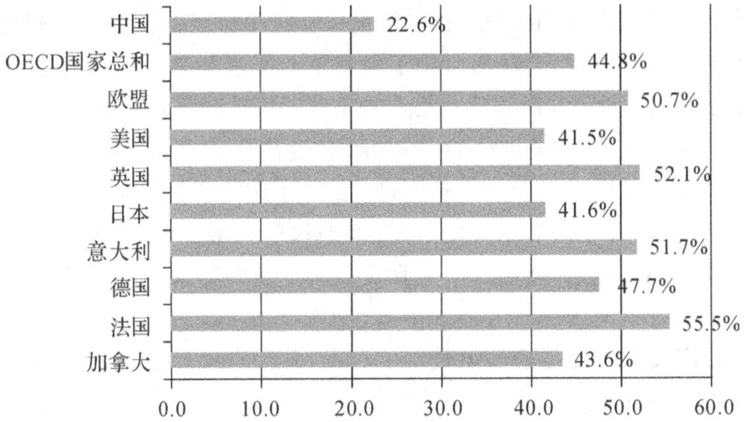

图 18-3　2009 年主要发达国家和中国的财政支出占 GDP 的比重

资料来源:OECD outlook(2009),中国财政部网站。

二、财政政策内容

政府实行宏观财政政策是通过政府收入和政府支出活动的调节以实现既定的政策目标。要实现财政政策目标,政府需要运用财政政策工具来操作。财政政策工具是指实现既定的政策目标所选择的手段。财政政策工具主要有:政府购买支出、政府转移支付、税收等。

（一）自动稳定器

自动稳定器(automatic stabilizers)是指现代财政收支制度本身所具有的一种能够自动调节经济活动朝着政府预想目标变动的机制。具体说来就是：在经济繁荣时期会自动抑制通货膨胀，在经济衰退时期自动减轻萧条。

现代各国财政制度中的税收和政府转移支付具有某种自动调节经济的灵活性，这种灵活性有助于经济稳定。

从税收上看，所得税的征收本身就是一种重要的自动稳定器。各国所得税都实行累进税制度，所征收的纳税额可以自动随国民收入的变化而放大变化幅度，逆经济风向变化，起到稳定经济的作用。具体说来，当经济处于繁荣时期，随着国民收入水平的提高，税收累进会增加得更多。这样，人们税后的可支配收入上升幅度就会小于收入增加幅度，在一定程度上抑制消费和投资需求增长，减缓因需求增长过快造成的经济过热。反之，当经济处于萧条时期，随着国民收入的减少，税收减少得更多，人们税后的可支配收入减少幅度就会大于收入减少幅度，从而缓和消费和投资需求的下降。

从政府支出上看，政府转移支付也是一个自动稳定器。转移支付的进行方式有助于稳定可支配收入，从而有助于稳定消费需求和总需求。具体说来，当经济处于萧条和衰退时期，劳动者失业人数增加，申领失业救济金的人数增加，其他贫困救济和其他社会福利支出在内的政府转移开支也相应增加，这样就在一定程度上抑制了居民可支配收入的下降，缓解消费需求下降。反之，当经济处于繁荣时期，劳动者失业人数减少，符合救济条件的人数也相应减少，政府转移开支也随之减少，从而达到降低可支配收入和减少消费需求，防止经济过热现象出现之目的。

只要政府收入和支出这些财政制度存在，各种自动稳定器就会起作用，能够减轻或缓和经济波动。

（二）相机选择的财政政策

自动稳定器作用是有限的，它不可能消除经济波动，只能减轻或缓和经济波动。因此，仅靠自动稳定器是不够的，还需要政府审时度势，积极主动采取变动收入或支出的财政政策。

1. 概念。

为实现既定政策目标，政府这种有意识地制定改变税收和政府支出的财政政策，称之为相机选择的财政政策。

2. “需求管理”和逆经济风向行事。

如何选择财政政策，所依据的理论其实是凯恩斯的需求管理理论。根据凯恩斯国民收入决定理论，当总需求小于总供给会产生经济萧条以及失业，当总需求大于总供给产生经济过热以及通货膨胀。对政府来说，当政府认为总需求水平过低，经济可能出现衰退时，政府应通过削减税收、增加支出或双管齐下来刺激经济增长，防止可能出现的经济衰退。反之，当认为总需求水平过高，出现严重通货膨胀时，政府应增加税收或(和)减少支出，以抑制经济出现过热势头。这就是所谓的“扩张性财政政策”(膨胀性财政政策，expansionary fiscal policy)和“紧缩性财政政策”(contractionary fiscal policy)。究竟什么时候采用扩张性财政政策、什么时候采用紧缩性财政政策，是由政府经过对经济发展形势的分析权衡，相机抉择，以逆经济风向行事。

20 世纪 30 年代美国经济危机爆发后，从罗斯福新政到 60 年代初肯尼迪的繁荣，在一定的限度内，是运用了这套相机选择的财政政策来提高有效需求的结果。2007—2009 年出现严重经济衰退时，西方国家政府更是推出了前所未有的政府开支持久计划。如美国奥巴马政府推出了总额达到 7870 亿美元的政府刺激计划，这也是美国历史上最大规模的财政政策行动。

三、财政政策的局限性

采用财政政策刺激经济的过程中，受到种种因素的制约，财政政策的作用可能会小于预期。财政政策实行过程中遇到的问题主要有以下几方面。

(一) 时滞

政府对经济形势的认识，再提出政策建议，并经立法机构讨论，最后作出决定并加以实施，直到政策起作用，整个过程需要相当长时间。

(二) 不确定性

实行财政政策时，政府主要面临两个方面的不确定。

1. 乘数大小难以确定。如政府减税 1 美元从而使得人们可支配收入增加 1 美元时，人们是否一定按照边际消费倾向增加消费无法确定。当人们预期政府减税是暂时的而不是长期政策时，减税可能并不会增加消费。这样，税收乘数就起不了作用。而当减税使人们增加的 1 美元可支配收入用来增加储蓄，而不是用来增加消费时，国民收入也无法按照税收乘数增加。

2. 政府必须预测总需求水平通过财政政策作用达到预定目标需要多少时间。在这段时间内，总需求尤其是投资可能会发生意想不到的变化，这就可能导致决策失误。

(三) 挤出效应

政府支出可能造成对私人消费、私人投资等的挤出，影响政策作用的具体效

应。(分析见后面章节)

四、功能财政和财政预算

财政预算与财政政策是紧密相连的。所谓财政预算指国家财政的收支计划,是国家财政实现计划管理的工具,它可以促使宏观经济政策目标的实现。政府财政政策的目的是努力实现宏观经济目标。为实现这一目标,财政预算可以盈余,也可以是赤字。

预算盈余(budget surplus)指政府收入超过支出的余额;预算赤字(budget deficit)指政府支出超过收入的余额。实行紧缩性财政政策会产生预算盈余。反之,实行扩张性财政政策会产生预算赤字。这样的财政称为功能财政。

(一) 平衡预算思想

功能财政是凯恩斯主义者的财政思想,它是对传统提倡的预算平衡思想的否定。西方各政府长期奉行预算平衡思想。这种思想也经过了几个不同的发展阶段。

第一阶段:年度预算平衡。亚当·斯密《国富论》(1776)中提出政府理财的原则:一个谨慎行事的政府应厉行节约,量入为出,每年预算都要保持平衡。

第二阶段:周期平衡预算。此预算思想是从整个经济周期来安排财政收支平衡。在经济繁荣时,安排预算盈余;反之,在经济衰退时,安排预算赤字。以盈余补赤字,整个经济周期预算还是平衡的。

第三阶段:充分就业预算平衡。以充分就业条件下的盈余或赤字来判断财政政策应是扩张还是收缩。若充分就业时的盈余增加了,财政政策就是紧缩的;反之,就是扩张的。

(二) 功能财政思想

功能财政思想与上述平衡预算政策观点不同,主张财政预算不在于追求政府收支平衡,而在于追求宏观经济目标的实现。为实现既定宏观经济目标,预算可以是盈余的,也可以是赤字的。在经济衰退时,国民收入低于充分就业的收入水平,存在通货紧缩缺口,应采用赤字预算,即采用扩张性财政政策。反之,在经济繁荣时,国民收入高于充分就业的收入水平,存在通货膨胀缺口,应采用盈余预算,即采用紧缩性财政政策。这种财政观点是通过主动改变财政收支以消除经济波动,促进经济增长。它关心经济增长要胜于预算平衡。这种财政思想是斟酌使用的财政政策的指导思想,而斟酌使用的财政政策是功能财政思想的贯彻与实现。

（三）公债

按功能财政思想，预算可能要赤字，也可能要盈余，但多数情况下是赤字。对于如何来弥补赤字，依靠减少支出是不可行的，如果减少支出，就无法实现克服经济萧条和提高就业水平的目标。也不能通过增税来弥补，如果增加税收，人们可支配收入和消费支出便会下降，也无法实现克服经济萧条和提高就业水平的目标。那么究竟如何来弥补赤字呢？西方国家普遍采用发行公债。公债是公众对政府拥有的债权。

对于公债发行的利弊，学者看法各异。一些学者不支持发行国债，他们认为，国债无论是内债还是外债，都会增加人们的负担，是个累赘。因公债虽是政府债务，但最终还是由纳税者负担。它不仅是当代人身上的负担，也是加在下一代人身上的负担。公债到期需要还本付息，而这需要通过增税等办法来实现。如果提高税收方面存在种种困难，政府不得不举新债还旧债，债务越来越多，最终迫使政府采用扩张性货币政策，增加货币发行量，造成通货膨胀。国债对经济长期增长也存在不利影响，因国债增加意味着人们以公债形式占有财富比重增加从而使得以不动产形式占有财富比重减少。

这是对公债比较传统的看法，现代西方学者将内债与外债对经济影响作了区分。他们认为，外债对本国人民而言是一种负担，因为它需要本国商品来偿还。但内债则不同，它是政府欠人民的钱，而政府与人民的利益是一致的，也就是自己欠自己的钱。因而，也就没有什么负担了。而且，政府是长期存在的，会用发新债办法还旧债，所以即使用征税办法来偿还公债，也只是财产的再分配，对整个国家并没有财产损失。美国数据统计资料表明，美国国债的绝对值在大幅度增加，不过，经济也在逐渐增长，相比较而言，国债占国内生产总值比例在逐渐下降。所以公债问题并不大，关键得看公债用途。只要政府能用于刺激经济增长，而不是用于浪费和战争，而且只要经济增长速度超过国债增长速度，举债是可取的。

专栏 18-1　财政政策的局限：20 世纪 90 年代的日本

1950—1990 年，日本实际 GDP 以年平均 6.9%的速度增长。但是 1992—2004 年，速度只有 1.4%。即使在日本中央银行一夜之间将利率降低到 0，投资支出仍然没有增加到使日本经济恢复到潜在 GDP 的水平。

日本政府也使用了财政政策来刺激经济。政府支出从 1991 年 GDP 的 30%增加到 2001 年的 40%，税收收入从 GDP 的 34%降到大约31%。然而财政政策并没有将经济拉到潜在GDP水平。对于财政政策为什么在日本失效，经济学家们的意见并不相同。一些经济学家认为财政政策比看起来要有效，因为如果没有扩张性财政政策日本经济会陷入更深的衰退，而不仅仅是低速增长。在20世纪80年代末和90年代初，很多资产的价格特别是房地产和股票达到一个不可以持续的水平。而资产价格在20世纪90年代初的崩溃导致了消费和投资的减少，而这些又因为扩张性财政政策得到缓解。这种意义上说，这些经济学家认为，财政政策至少是部分成功的。

另外一些经济学家认为严重的问题在于日本的银行系统使得家庭和公司感到保证支出融资很困难。他们认为财政政策需要和银行系统的改革结合起来。然而，另外一些经济学家说投资支出在日本相对于保证潜在GDP水平的投资需求而言实在太低了，连扩张性财政政策也无法来填补这个空缺。最后，一些经济学家强调政府支出有很多浪费现象，他们相信经过良好规划的财政政策会有更好的效果。

——资料来源：哈巴德、奥布赖恩，《经济学》（原书第1版），机械工业出版社2007年版。

第三节　货币政策

一、概念

货币政策（monetary policy）是指中央银行通过控制货币供应量和利率，从而影响社会总需求以实现既定宏观经济目标的政策。

货币政策与财政政策的总目标是一致的，即实现经济增长、稳定物价、充分就业和国际收支平衡。但两者有较大区别。财政政策直接对总需求产生影响。如政府开支本身就是总需求的组成部分。货币政策则需要通过中间变量：货币供给量和利率的变动来影响总需求，因而是间接地发挥作用。

从近些年许多国家货币政策的实践来看，主要盯住通货膨胀正成为许多货币当局最主要的政策目标，如欧洲中央银行、英国、加拿大等。

二、货币政策作用机制

一国中央银行怎样来实现其政策目标呢？这就需要了解作用机制和操作目标。

（一）货币政策作用机制

总的来看，中央银行通过改变货币供应量，引起利率变化，影响总需求，实现自己的政策目标。

具体作用机制如下：

$$M^S\uparrow\Rightarrow r\downarrow\Rightarrow I\uparrow,C\uparrow\Rightarrow AD\uparrow\Rightarrow Y\uparrow$$

也就是说，中央银行增加或者货币供应，导致利率变化，企业投资、居民支出以及国际贸易发生变化，即总需求发生变化，最终引起就业、产出和价格水平的变化。

货币政策包括紧缩性和扩张性两类。紧缩性货币政策是通过减少货币供应量，提高利率，引起投资与家庭支出减少，从而减少社会总需求，最终影响产出和价格水平的变化。反之，扩张性货币政策是通过增加货币供应量，降低利率，引起投资与家庭支出增加，致使总需求增加，最终影响产出和价格水平。经济萧条时，为刺激经济增长多采用扩张性货币政策，货币供给增加，利率降低，取得信贷更容易，从而导致投资需求与社会总需求增加；经济过热时，为抑制通货膨胀，采用紧缩性货币政策，削减货币供应量，利率上升，取得信贷困难，从而抑制投资需求与社会总需求。

（二）货币政策工具

在执行货币政策方面各国的做法也有些不同。最具代表意义的是美国中央银行、美国联邦储备银行通过三种货币政策工具来影响货币供应量。

1. 公开市场业务。

公开市场业务是指中央银行在金融市场上公开买卖政府证券，以调节货币供给的政策行为，它是中央银行控制货币供给最常用的也是最重要的工具。

当经济处于萧条和衰退时期，中央银行在公开市场上买进证券，无论从个人手中还是从商业银行手中购买都可以增加商业银行的准备金。根据货币乘数理论，银行准备金的增加使得货币供给量增加。而且，中央银行购买证券会促使对证券需求增加，价格提高，证券价格和利率之间呈反向关系。所以利率下降导致投资需求增加，从而使总需求增加，这就是扩张性货币政策，也称之为放松银根。反之，当经济处于繁荣时期，中央银行则在公开市场上卖出证券，市场上货币供给减少，而且中央银行售出证券，促使对证券需求减少，价格下降，从而提高利率，利率上升导致投资需求下降，致使总需求减少。这就是紧缩性货币政策，也称之为紧缩银根。

在公开市场业务中，中央银行可依照一定规模买卖政府证券，因而比较容易控制银行体系的准备金。如果中央银行不希望大幅度变动货币供给，只要买进、卖出少许证券就可以了。而且由于在公开市场上操作很灵活,所以中央银行可以及时改变货币供给变动方向,变卖出为买进证券,立即就有可能使减少货币供给转为增加货币供给。中央银行可以在公开市场上连续灵活地操作自主决定证券的数量、时间和方向,而且即使中央银行有时有可能因判断出错导致政策失误,也可以及时予以纠正,这是下面所要讨论的再贴现率和法定准备金比率所不具有的长处。公开市场业务具有的这些优势使之成为中央银行控制货币供给量最主要的手段。

2. 再贴现率。

再贴现率是中央银行最早运用的货币政策工具。再贴现率是指中央银行对商业银行及其他金融机构的放款利率。本来,这种贴现率指商业银行把票据出售给联邦储备银行,后者按贴现率扣除一定利息后再把所贷款项回到商业银行的准备金账户上作为增加的准备金。也就是说,商业银行将商业票据拿到联邦储备银行再贴现,以增加准备金。现在,商业银行主要不再用商业票据而是用政府债券作为担保向中央银行贷款。所以现在都把商业银行向中央银行的贷款称为“贴现”。在美国,联邦储备银行作为最后贷款者,主要是为了协助商业银行及其他金融机构对存款备有足够的准备金。假如某一家商业银行的准备金临时觉得不足,当某一银行大客户突然需要把一大笔存款转到其他银行时就会出现准备金临时不足这种情况,这时该银行就可以用它持有的政府证券向联邦储备银行办理再贴现或申请贷款。当这种贴现减少时,意味着商业银行准备金减少,进而引起货币供给量多倍减少。而当这种贴现增加时,则意味着商业银行准备金增加,进而引起货币供给量多倍增加。中央银行通过改变贴现率,来改变商业银行准备金,从而改变商业银行贷款规模。在经济过热时,通过提高贴现率,来减少商业银行的准备金,因而可以压缩商业银行贷款规模,致使企业投资需求减少,从而减少社会总需求。反之,在经济萧条时,通过降低贴现率,来增加商业银行的准备金,因而可以扩大商业银行贷款规模,致使企业投资需求增加,从而增加社会总需求。贴现率政策通过货币乘数,改变货币供给。它被认为是一国中央银行向社会传递货币政策导向的一种方式,因此具有“窗口”效应。

然而,因为中央银行给予商业银行贴现主要用于满足商业银行临时准备金不足,通过贴现借款时间较短。因而,目前变动贴现率在货币政策中的重要性已大大降低。而且商业银行和其他金融机构也尽可能避免到中央银行贴现,以免被人误解为自己财务状况出了问题。而且,再贴现率政策不具有主动性。因为中央银行只能等待商业银行或其他金融机构向它借款,而不能要求商业银行这么做。如果商业银行与其他金融机构不到中央银行借款,贴现率政策就不起作用了。另外,通过变动贴现率来控制货币供给本身也存在问题,比如当银行十分缺乏准备金时，即使贴现率再提高，银行依然会到中央银行贴现或借款。所以，通过贴现率变动来控制银行准备金其效果是非常有限的。

3. 法定准备金比率。

从前面的学习中，我们已经知道，法定准备金率是控制货币乘数和货币供应量的重要工具。中央银行通过改变商业银行和其他金融机构的法定准备金比率达到调节货币供应量的目的。如果中央银行认为需要减少货币供给，就可以增加法定准备金比率，使所有金融机构对每一笔客户的存款需要留出更多的准备金。假定原来法定准备金比率是 10%，则 100 美元存款必须留出 10 美元准备金，可贷金额为 90 美元。这样，商业银行按 10∶1 比率扩大贷款，增加 100 美元的准备金就可以派生出 1000 美元的存款。若中央银行把法定准备金比率调高至 20%，则 100 美元存款必须留出 20 美元准备金，可贷金额只有 80 美元。这样，商业银行按 5∶1 比率扩大贷款，增加 100 美元的准备金只能派生出 500 美元的存款。货币供给因此减少了一半。所以，提高法定准备金比率其实意味着减少银行准备金，而降低法定准备金比率其实意味着增加银行准备金。当经济萧条时，通过降低法定准备金比率，使商业银行准备金增加，从而使商业银行扩大了信用基础，增加了贷款能力，通过货币乘数效应，来增加社会货币供给。反之，当经济过热时，通过提高法定准备金比率，使商业银行必须按照更高的准备金率也就是按较低的倍数扩大贷款，从而减少了贷款能力，通过货币乘数效应，来减少社会货币供给。

欧洲中央银行和英格兰银行则是通过在公开市场操作来控制货币供应。

除了调节货币供应量的工具外，现代中央银行也通过盯住基准利率来影响货币供应量和市场利率水平。一般各国都选择银行间市场的利率作为盯住目标，如美国联邦基金利率(federal fund rate)、英国的银行间的拆借利率和欧洲银行公开市场(主要是回购)目标利率。

（三）中国的货币政策工具

中国的货币政策是由中国人民银行具体制定和执行的。货币政策的目标是：保持货币币值的稳定，并以此促进经济增长。货币政策的具体工具有：公开市场业务、存款准备金、中央银行贷款、利率政策、汇率政策。

1. 公开市场业务：中国公开市场操作包括人民币操作和外汇操作两部分。外汇公开市场操作 1994 年 3 月启动，人民币公开市场操作 1998 年 5 月 26 日恢复交易。1999 年以来，公开市场操作已成为中国人民银行货币政策日常操作的重要工具，对于调控货币供应量、调节商业银行流动性水平、引导货币市场利率走势发挥了积极的作用。

2. 存款准备金：该项工具与世界上主要国家中央银行的所做相同。然而，最近几年，当该政策工具在主要发达国家淡出货币当局视野之时，存款准备金率的调整却成了中国中央银行最为重要的货币政策手段，经常使用。

3. 中央银行贷款：也就是中央银行对商业银行提供短期贷款的制度。在中国，中央银行贷款分为两种：再贷款和再贴现。这也与其他国家的再贴现政策相似。

4. 利率政策：由于我国目前的存款和贷款利率并没有完全市场化，所以，控制利率仍是我国中央银行重要的政策手段。货币当局适时地运用利率工具，对利率水平和利率结构进行调整，进而影响社会资金供求状况，实现货币政策的既定目标。

中国人民银行采用的利率工具主要有以下几种。

(1)调整中央银行基准利率，包括：再贷款利率，指中国人民银行向金融机构发放再贷款所采用的利率；再贴现利率，指金融机构将所持有的已贴现票据向中国人民银行办理再贴现所采用的利率。

此外，对于存款准备金中央银行业支付利息。又分为两种：存款准备金利率，指中国人民银行对金融机构交存的法定存款准备金支付的利率；超额存款准备金利率，指中央银行对金融机构交存的准备金中超过法定存款准备金水平的部分支付的利率。

(2)调整金融机构法定存贷款利率。

(3)制定金融机构存贷款利率的浮动范围。

(4)制定相关政策对各类利率结构和档次进行调整等。

5. 汇率政策：随着我国经济逐渐融入国际市场，对外经济交往已经对我国经济正常运行产生了重要影响，在货币金融事务中突出表现在汇率水平变化和汇率机制形成方面。货币当局通过盯住汇率水平来服务于货币政策目标。

专栏 18-3　为什么华尔街关注货币政策

几乎在每次美国公开市场委员会(FOMC)开会之前，报纸总要报道股票交易员对于美联储可能的行动的预测以及这些行动对股票价格影响是涨还是跌的猜测。一些华尔街分析家都是以“美联储观察家”的身份被大家所熟知的。

因为他们研究美联储，并试图对目标联邦基金利率的未来变化做出预测。为什么联邦基金利率的变化会影响股市有两个主要解释。考量这两个解释时，要记住联邦基金利率变化通常引起其他利率的变化。

股价会对美联储提高或者降低利率做出反应的第一个解释是因为

利率变化影响经济。正如我们所看到的,低利率通常引起实际GDP的上升。根本上,股票的价值依赖于发行股票的企业的赢利状况。当实际GDP上升时,很多企业的赢利能力也会相应增加。当投资者预期美联储将降低利率来刺激经济时,股票价格会上升。当投资者预期美联储将抬高利率来减缓经济以降低其通货膨胀率变高的风险时,股票价格会下跌。

股价对利率化做出反应的第二个解释,是因为利率的变化会令股票相对于其他金融资产而言,对人们的投资吸引力发生改变。假定投资风险不变,投资者总是在寻找投资收益率最高的投资。如果国债、银行存单和其他的公司债券的利率都非常低,那么股票市场上的投资就会更具吸引力一些。当利率很高时,股票投资的吸引力就会下降。

——资料来源:哈巴德、奥布赖恩,《经济学》(原书第1版),机械工业出版社2007年版。

三、货币政策规则

在控制货币供应量和盯住利率水平时,是应该灵活地随机选择还是应该遵守一定的行为规则,不同的人有不同的看法。美国斯坦福大学经济学家泰勒(John Talor)认为货币政策规则就是遵循某一简单规则,使货币政策工具如短期利率或基础货币对经济变量的变化做出反应。他提出了著名的泰勒法则(Talor rule):

联邦基金目标利率=当前通货膨胀率+均衡联邦基金利率+
0.5×通货膨胀缺口+0.5×国民产出缺口

通货膨胀缺口=指实际通货膨胀率-目标通货膨胀率

国民产出缺口=实际GDP-潜在GDP水平。

例如:当均衡联邦基金利率为2%,目标通货膨胀率为2%,通货膨胀率为1%,实际GDP比潜在GDP低-1%,那么:

联邦基金目标利率=1% + 2% +0.5×(-1%) +0.5×(-1%)=2%

第四节　宏观经济政策效果分析

无论是财政政策还是货币政策都是通过影响消费、投资支出进而影响总需求,然后使得就业和国民收入得到调节。扩张性财政政策和货币政策都能产生增加国民收入的效果,而紧缩性财政政策和货币政策则产生减少国民收入效果。

那么政策效果大小如何呢？这就需要运用第六章所讲述的 IS-LM 模型进行阐明。财政政策即通过财政收支变化影响 *IS* 曲线位置，从而影响产出。而货币政策即通过改变货币供给量影响 *LM* 曲线位置，从而影响产出。政策效果大小依据 *IS* 曲线和 *LM* 曲线的斜率不同而显著不同。

一、财政政策效果和挤出效应

（一）财政政策效果

财政政策效果是指政府收支变化（包括变动税收、政府购买和转移支付等）使 *IS* 变动（即 *IS* 曲线移动）对国民产出的影响。财政政策效果大小主要取决于财政政策对国民产出变动的影响程度的大小。从 IS-LM 图形可以看出，这种影响的大小是随 *IS* 曲线和 *LM* 曲线斜率不同而不同的。

1. 假定 *LM* 曲线不变，财政政策效果随 *IS* 曲线斜率不同而不同。

如图 18-4(a)和(b)，假定 *LM* 曲线斜率相同，初始均衡国民产出 Y_0 和利率 r_0。以增加政府支出为例（扩张的财政政策），假定政府增加相同一笔支出 ΔG，则导致 IS_0 曲线右移至 IS_1，右移的距离相等，都为 E_0E_3，E_0E_3 为政府支出乘数乘以政府支出增加额，用公式表示：$E_0E_3=k_G\cdot\Delta G$，意指一笔政府支出所能带来的若干倍国民产出的增加，图形中反映为国民产出应从 Y_0 增加到 Y_3，$Y_0Y_3=\Delta Y=k_G\cdot\Delta G$。然而国民产出并没有按乘数原理增加到 Y_3，而是仅增加到了 Y_1 和 Y_2。原因在于 *IS* 曲线右移，国民产出增加，因而对货币的交易需求增加，然而货币供给并未变化，所以用于投机需求的货币必须减少，从而使利率上升。利率上升抑制了私人投资，这就是所谓的“挤出效应”(crowding out)。由于存在政府支出“挤出”私人投资的问题。因此，新的均衡点只能位于 E_1 和 E_2，国民产出不可能从 Y_0 增加到 Y_3，而只能增加到 Y_1 和 Y_2。

从图 18-4(a)和(b)可以看出，$Y_0Y_1<Y_0Y_2$，表明相同财政收支变化，引起的国民产出增加前者小于后者。反映了图(a)财政政策效果小于图(b)财政政策效果，原因是因 *IS* 斜率大小主要由投资对利率反应系数所决定，*IS* 曲线越平坦，表示投资对利率反应系数越大，即利率变动所引起的投资变动幅度更大。若投资对利率反应比较敏感，那么一项扩张性财政政策使利率上升同时，私人投资会下降得更多，也就是“挤出效应”较大。图(a)和(b)中 Y_1Y_3 和 Y_2Y_3 表示的就是利率上升而被挤出的私人投资所减少的国民产出。图(a)的 IS 曲线比图(b)的 *IS* 曲线较平坦，实行扩张性财政政策时被挤出的私人投资 $Y_1Y_3>Y_2Y_3$ 即图(a)比图(b)多，从而使国民产出增加 $Y_0Y_1<Y_0Y_2$，即图(a)比图(b)少。因此，政策效果图(a)比图(b)小。*IS* 曲线越平坦，当实行扩张性财政政策时被挤出的私人投资就越多，从而使国民产出增加得越少，财政政策效果就越小。

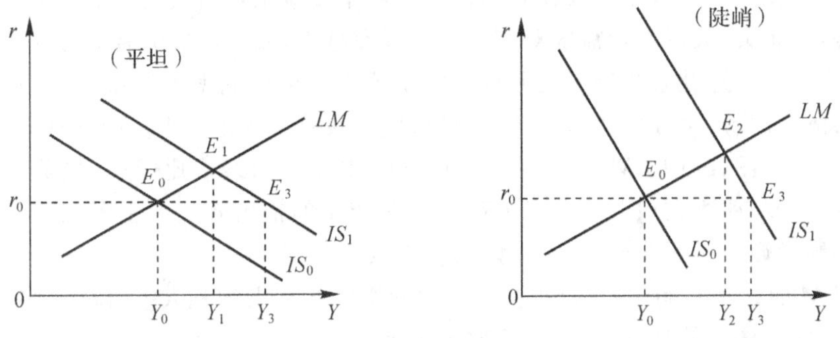

(a) 政策效果小　　(b) 政策效果大

图 18-4　财政政策效果因 *IS* 曲线斜率而不同

由此可知，在 *LM* 曲线不变时，*IS* 曲线斜率的绝对值越大，即 *IS* 曲线越陡峭，则移动 *IS* 曲线使国民产出变化就越大，即政策效果越显著。

2. 假定 *IS* 曲线不变，财政政策效果随 *LM* 曲线斜率不同而不同。

如图 18-5(a)和(b)，假定 *IS* 曲线斜率相同，*LM* 曲线斜率不同，初始均衡国民收入都为 Y_0 和利率都为 r_0。同样以增加政府支出为例，即政府实行扩张性财政政策，假定政府增加相同一笔支出 ΔG，则导致 IS_0 曲线右移至 IS_1，右移的距离相等为 E_0E_3，即 Y_0Y_3，它等于政府支出乘数乘以政府支出增加额。然而由于存在政府支出"挤出"私人投资的问题，因此，新的均衡点只能位于 E_1 和 E_2，国民收入不可能从 Y_0 增加到 Y_3，而只能增加到 Y_1 和 Y_2。

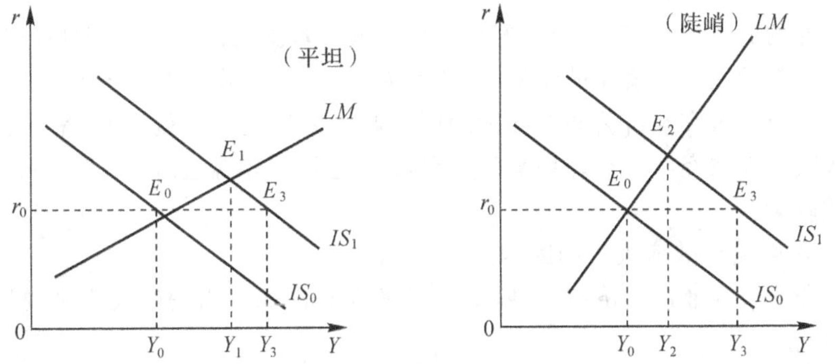

(a) 政策效果大　　(b) 政策效果小

图 18-5　财政政策效果因 *LM* 曲线斜率而不同

从图(a)和(b)可以看出，$Y_0Y_1 > Y_0Y_2$，表明相同财政收支变化，引起的国民收入前者大于后者。反映了图(a)财政政策效果大于图(b)财政政策效果，原因

在于 LM 曲线斜率大小主要由货币需求对利率反应系数所决定。LM 曲线越陡峭即斜率越大，表示货币需求对利率反应系数越小，或者说货币需求对利率的反应越不灵敏。这就意味着一定的货币需求增加将会使利率上升得更多，从而对私人部门投资产生较大的挤出效应，结果使财政政策效果较小。图(a)中 LM 曲线斜率小于图(b)中 LM 曲线斜率，即图(b)中 LM 曲线要比图(a)更陡峭。反映了图(b)扩张性财政政策对私人部门投资产生的挤出效应大于图(a)，从而图(b)中财政政策效果小于图(a)中财政政策效果。

LM 曲线越陡峭，当实行扩张性财政政策时被挤出的私人投资就越多，从而使国民收入增加得越少，财政政策效果就越小。

由此可知，在 *IS* 曲线斜率不变时，财政政策效果随 *LM* 曲线斜率不同而不同。*LM* 曲线斜率越大，即 *LM* 曲线越陡峭，则移动 *IS* 曲线使国民收入变化就越小，即政策效果越小。反之，*LM* 曲线越平坦，则财政政策效果就越大。

（二）挤出效应

1. 挤出效应存在的条件。

为了更深入理解财政政策效果，将对上面提到过的挤出效应进行进一步的阐述。财政政策的挤出效应是指政府支出的增加，引起利率上升，从而压缩了私人投资，使得国民收入水平没有达到预期的效果，其中减少的国民收入部分称之为挤出效应。挤出效应是因为政府支出增加导致了私人投资水平的降低。政府支出增加导致社会总需求增加，在非充分就业的经济中，总需求增加导致国民收入增加，从而使货币交易需求增加，在货币供给保持不变的情况下，货币需求大于货币供给，从而引起利率上升，利率上升会使私人投资水平下降。因此，在非充分就业的经济中，政府支出会部分挤出私人投资支出，但不会完全挤出私人投资支出。然而在充分就业的经济中，长期内，政府支出增加会完全挤占私人投资支出。政府一般在经济萧条即均衡的国民收入未达到充分就业时，采取扩张性财政政策。而在经济过热即均衡的国民收入达到充分就业时，不太会采取扩张性财政政策。

2. 影响挤出效应大小的因素。

在非充分就业的经济中，政府支出对私人支出的挤出程度大小主要取决于哪些因素呢？

(1)投资需求对利率变动的敏感程度。投资对利率的反应系数 d 越大，即投资需求对利率变动越敏感，一定量的利率水平的变动会引起投资需求更大幅度的变动，因而挤出效应就越大。反之，投资对利率的反应系数越小，则挤出效应就越小。

(2)货币需求对产出水平的敏感程度。货币需求对产出水平的反应系数 k

越大，政府支出增加所引起的一定量产出水平的增加所导致的对货币交易需求的增加幅度更大，因而使利率上升得越多，从而挤出效应也越大。

(3)货币需求对利率变动的敏感程度。货币需求对利率变动的反应系数 h 越小，即货币需求对利率变动越不敏感。所以货币需求较小变动会引起利率更大幅度变动。因此，当政府支出增加引起货币需求增加时，会导致利率上升得更高，因而对投资支出的挤出也越多，挤出效应也就越大。相反，如果 h 越大，则挤出效应就越小。

由于货币需求对产出水平的敏感程度 k 主要取决于支付习惯和制度方面因素，一般是比较稳定的。所以挤出效应大小关键取决于投资需求以及货币需求对利率变动的敏感程度。

挤出效应的大小除了受以上三个重要因素影响之外，也受政府支出乘数影响。不过，政府支出乘数主要决定于边际消费倾向，而边际消费倾向一般被认为是比较稳定的。所以政府支出系数大小对挤出效应的影响也比较稳定，就不做主要考虑了。

二、货币政策效果

货币政策效果是指一国政府通过中央银行对货币供给进行调节，使 LM 变动（即 LM 曲线移动）对国民收入变动的影响。货币政策效果大小主要取决于货币政策对国民收入变动的影响程度的大小，它同样取决于 IS 和 LM 曲线的斜率。

首先假定 LM 曲线不变，货币政策效果随 IS 曲线斜率的不同而不同。

如图 18-6(a)和(b)，假定 LM 曲线斜率相同，初始均衡国民收入都为 Y_0，利率都为 r_0。以政府通过中央银行增加货币供给量为例（扩张的货币政策），假定中央银行增加相同一笔货币供给量 ΔM，则导致 LM_0 曲线右移至 LM_1，右移的距离相等，都为 E_0E_3，$E_0E_3=Y_0Y_3=\Delta M/k$，k 是指货币需求函数中货币交易需求对产出水平的反应系数。如果央行增加发行货币供给量，并未使利率发生变化，仍然为 r_0，那么货币供给增加所引起的国民收入的增加应为 Y_0Y_3。然而事实上国民收入并未增加到 Y_3，而是仅增加到了 Y_1 和 Y_2。原因在于货币供给增加会使利率下降，因而增加的货币供给量中有一部分要用来满足增加了的投机需求，只有一部分才用来满足增加的交易需求。那么究竟会有多少货币量用来增加的交易需求，这就取决于货币供给增加时所能增加的国民收入的多少。IS 曲线图(a)比图(b)较平缓，扩张性货币政策使国民收入增加图(a)比图(b)多 $Y_0Y_1>Y_0Y_2$。原因在于，IS 曲线较平缓表示投资对利率的反应系数较大。因此，当 LM 曲线由于货币供给量增加而向右移动使利率下降时，投资会增加得很多，从而使国民收入有较大增加。反之，*IS* 曲线较陡峭时，投资对利率的反应系数较小，*LM* 曲线右移引起利率下降时，投资不会增加得很多，从而使国民收入也不会增加得很多。

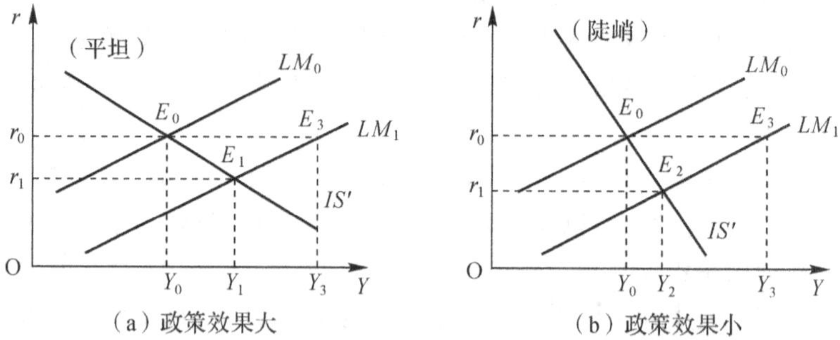

图 18-6　货币政策效果因 *IS* 曲线斜率而不同

由此可知，在 *LM* 曲线斜率不变时，*IS* 曲线斜率的绝对值越小，即 *IS* 曲线越平缓，则移动 *LM* 曲线（因实行货币供给量变动的货币政策）对国民收入变化影响就越大，即政策效果越大。反之，*IS* 越陡峭，移动 *LM* 曲线对国民收入变化影响就越小，即政策效果越小。

再假定 *IS* 曲线不变，货币政策效果随 *LM* 曲线斜率不同而不同。

如图 18-7(a)和(b)，假定 *IS* 曲线斜率相同，初始均衡国民收入都为 Y_0 和利率都为 r_0。同样以政府通过中央银行增加货币供给量为例（扩张的货币政策），假定中央银行增加相同一笔货币供给量 ΔM，则导致 LM_0 曲线右移至 LM_1，右移的距离相等，都为 E_0E_3，即 Y_0Y_3。事实上因为对货币的投机需求存在，货币供给增加并未完全用于交易需求，所以实际国民收入并未增加到 Y_3，而是仅增加到了 Y_1 和 Y_2。*LM* 曲线图(a)比图(b)较平缓，扩张性货币政策使国民收入增加图(a)比图(b)少 $Y_0Y_1 < Y_0Y_2$。原因在于，*LM* 曲线较平缓表示货币需求对利率的反应系数较大，也就是说利率稍有变动就会使货币需求变动很多。因而货币供给量变动对利率变动的作用较小，从而增加货币供给量的货币政策不太会对投资和国民收入有较大影响。反之，若 *LM* 曲线较陡峭表示货币需求对利率的反应系数较小，即货币需求受利率影响较小。因而增加货币供给量的货币政策会对投资和国民收入有较大影响。

由此可知，在 *IS* 曲线斜率不变时，*LM* 曲线斜率越大，即 *LM* 曲线越陡峭，则移动 *LM* 曲线（因实行货币供给量变动的货币政策）对国民收入变化影响就越大，即政策效果越大。反之，*LM* 曲线越平缓，移动 *LM* 曲线对国民收入变化影响就越小，即政策效果越小。

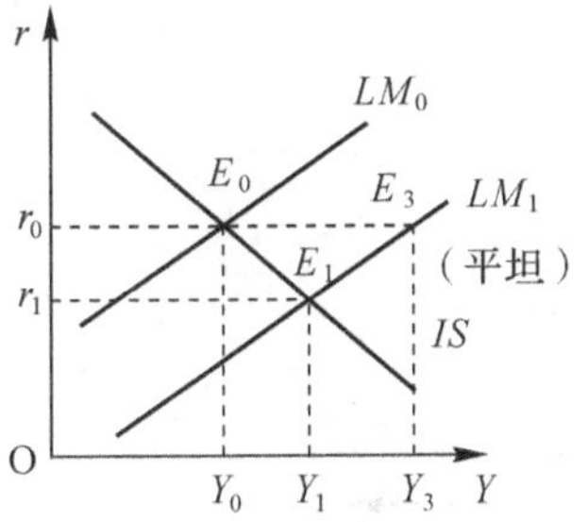

（a）政策效果小

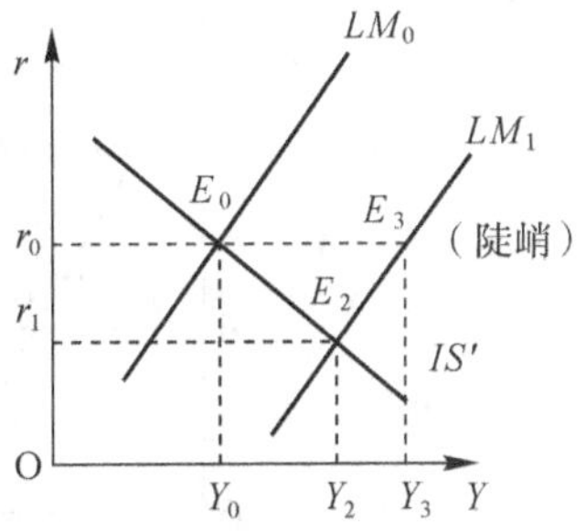

（b）政策效果大

图 18-7　货币政策效果因 *LM* 曲线斜率不同而不同

三、两个特例：凯恩斯主义的极端情形和古典主义的极端情形

运用 IS-LM 模型对货币政策和财政政策效果分析可以得出，*LM* 曲线越平坦，则财政政策效果越显著，货币政策效果越弱。而当 *LM* 曲线越陡峭，则财政政策效果越弱，货币政策效果越显著。

在这里需要考虑两个极端情形：一是当 *LM* 曲线呈水平状；二是当 *LM* 曲线呈垂直状，它们的财政政策与货币政策效果会怎样？前一种情况往往称之为凯恩斯主义情形，后一种情况则称之为古典主义情形。

（一）凯恩斯主义极端情形

这种情形与凯恩斯提出的“流动性陷阱”（又被称之为凯恩斯陷阱）密切联系在一起。凯恩斯认为，当利率非常低，处于“流动性陷阱”时，货币的利率弹性无限大，即货币的投机需求对利率的反应系数为无穷大，即 *LM* 曲线呈水平状，如图 18-8 所示。根据资产组合理论，此时债券价格最高，人们更愿意持有任何数量的货币。在这种情况下，货币量的任何变动都不会影响利率与国民收入，从而货币政策失效，不发生任何作用。政府采取扩张性财政政策时，IS_0 右移到 IS_1，均衡点由 E_0 移动 E_1。初始均衡国民收入和利率分别为 Y_0 和 r_0，新均衡国民收入为 Y_1，而利率未变。由于利率非常低，投资对利率的反应不敏感，政府支出对私人投资并无“挤出效应”。所以，扩张性财政政策能够对克服萧条、增加就业和提高国民收入产生很好的效果。

因此，在凯恩斯主义的极端情形下，即 *LM* 曲线是一条水平线时，财政政策作用最显著，而货币政策会失效。

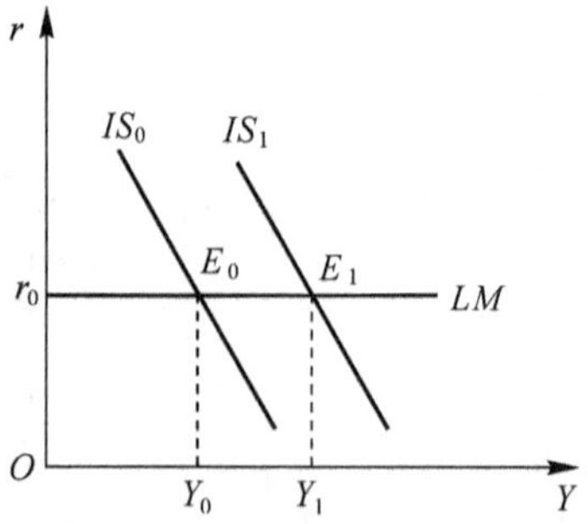

图 18-8　凯恩斯主义的极端情形

（二）古典主义极端情形

与凯恩斯情形相反，如果 LM 曲线呈垂直状，这时财政政策完全失效，而货币政策有效，这种情况称之为古典主义情形。

为什么在古典主义情形下财政政策失效，货币政策有效呢？政府采用扩张性货币政策情况下，见图 18-9(a)所示，LM 曲线呈垂直状，初始状态 IS 与 LM_0 相交于点 E_0，均衡国民收入与利率分别为 Y_0 和 r_0。扩张性货币政策使 LM_0 右移动 LM_1，于是新的均衡点为 E_1。这时，均衡国民收入与利率分别为 Y_1 和 r_1，政策效果获得最大的产出效应为 Y_0Y_1。由于 LM 曲线呈垂直状，即 $h=0$，扩张性货币政策使货币供给超过货币需求，导致利率下降。利率下降导致投资增加，产出也增加。$h=0$ 意味着货币需求的利率弹性为零，即对利率变动不会作出任何反应，则货币需求仅仅取决于国民收入水平，而与利率的变动无关。产出的增加致使货币交易需求增加，但没有使货币投机需求增加。也就是说，扩张的货币政策，增加的货币供给仅用于交易需求的需要，故产出效应最大，货币政策效果最为显著。

政府采用扩张性财政政策情况下，见图 18-9(b)所示，LM 曲线呈垂直状，初始状态 IS_0 与 LM 相交于点 E_0。现在政府增加支出，使得 IS_0 右移动 IS_1。然而图中国民收入仍然为 Y_0，而利率却从 r_0 上升到 r_1。这就说明财政政策是无效的。原因在于政府增加支出，使产出增加，而产出增加又使货币需求增加。由于 LM 曲线呈垂直状，即 $h=0$，货币需求对利率变动不作出任何反应。这就意味着一定的货币需求增加将会使利率上升得非常多，从而对私人部门投资产生完全的挤出效应，结果使财政政策失效。

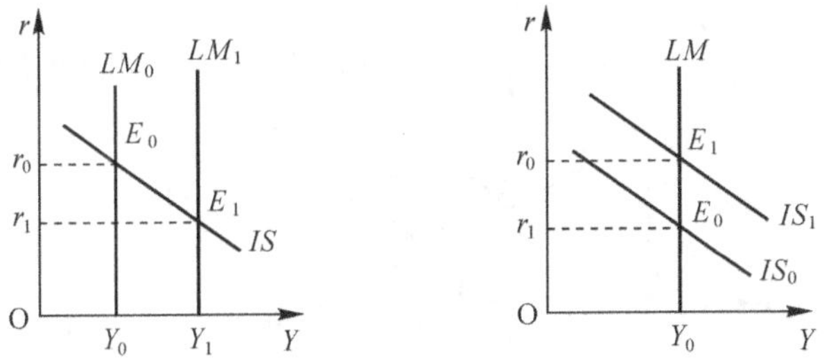

（a）扩张性货币政策　（b）扩张性财政政策

图 18-9　古典主义的极端情形

因此，在古典主义的极端情形下即 LM 曲线是一条垂直线时，财政政策无效，而货币政策效果最为显著。

西方经济学家认为，凯恩斯主义极端情形和古典主义极端情形在现实生活中是极其少见的，常见的往往是 LM 曲线向右上方倾斜而 IS 曲线向右下方倾斜，也就是介于这两种极端情况之间的中间区域。无论是财政政策还是货币政策，都可以对经济起一定的稳定作用。尽管凯恩斯主义极端情形和古典主义极端情形并不常见，但这两个模型有一定的理论价值，为分析财政政策和货币政策效果提供了依据。一些经济学家着重于财政政策，而另一些经济学家着重于货币政策，原因在于他们对 IS 和 LM 曲线的形状有着不同的看法。

四、两种政策混合使用效果分析

财政政策是政府通过收支变化，作用于社会总需求，以此来影响整个社会的产出。货币政策是国家通过中央银行调节货币供给量，来改变社会利率水平，从而影响整个社会的总需求，并以此来影响国民收入水平。当一个国家经济处于萧条和衰退时期，政府可采用扩张性财政政策，也可采用扩张性货币政策。在实际中，往往会考虑将两种政策结合起来使用。

如图 18-10 所示，假定初始状态为 IS_0 和 LM_0 相交于点 E_0，均衡国民收入与利率分别为 Y_0 和 r_0，充分就业国民收入为 Y^*。由于经济处于萧条时期，如果政府只采用扩张性财政政策，使 IS_0 向右移至 IS_1，均衡国民收入并不能达到 Y^*，只能达到 Y_1。因为扩张性财政政策会导致利率上升，从而产生 Y_1Y^* 的挤出效应。所以如果要使国民收入达到充分就业时的国民收入，需要使 IS_1 继续右移至与 LM_0 相交的点正好位于 Y^* 上方，此时利率会上升很多，波动幅度大。同理，如果政府只采用扩张性货币政策，要使国民收入达到充分就业时的国民收入，需要使 LM_1 继续右移至与 IS_0 相交的点正好位于 Y^* 上方，此时利率会下降

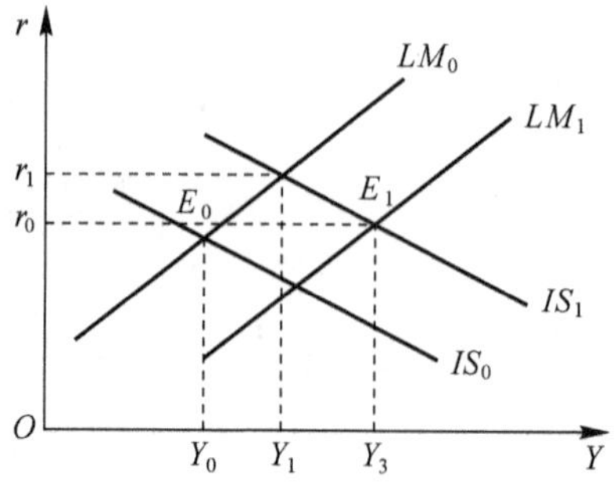

图 18-10 财政政策和货币政策的混合使用

很多。如果既能使国民收入增加到 Y^*，又不使利率发生变动，就需要将扩张性财政政策和扩张性货币政策相结合使用。如图中所示，为了将国民收入提高到 Y^*，可实行扩张性财政政策，使 IS_0 向右移至 IS_1，使产出水平上升。但为了抑制利率水平提高，可相应地采用扩张性货币政策，增加货币供给量，使 LM_0 向右移至 LM_1，从而使得利率保持在原先水平 r_0。这样，既达到了充分就业，又没有使利率提高，从而也不会发生挤出效应。在这种情况下，政策目标是降低失业率，促进经济增长，财政政策和货币政策的结合保证了目标的实现。

财政政策和货币政策可有多种混合，这种混合的政策效应有的可事先预计到，有的则必须依据这两种政策何者更强，因而是不确定的。见图 18-9，如果 IS 曲线和 LM 曲线移动幅度相同，则产出增加时利率能保持不变。如果财政政策影响大于货币政策，则 IS 右移距离超过 LM 右移距离，从而导致利率上升。反之，如果财政政策影响小于货币政策，则 LM 右移距离超过 IS 右移距离，利率便会下降。由此可知，这两种政策结合使用对利率的影响是不确定的。各种政策混合使用的效果见表 18-2。

表 18-2 财政政策和货币政策混合使用的政策效果

序号	政策混合	产出	利率
1	扩张性财政政策和扩张性货币政策	增加	不确定
2	扩张性财政政策和紧缩性货币政策	不确定	上升
3	紧缩性财政政策和扩张性货币政策	不确定	下降
4	紧缩性财政政策和紧缩性货币政策	减少	不确定

政府可根据不同政策目标以及结合具体情况，选择不同的政策组合。在考虑如何组合使用这两种政策时，需要对当时经济形势有个清晰、准确的认识。当

经济出现严重萧条时，可考虑采用第一组，用扩张性财政政策增加总需求以及产出水平，并用扩张性货币政策降低利率以防止“挤出效应”。当经济出现萧条但不太严重时，可考虑采用第二组，用扩张性财政政策刺激总需求，又用紧缩性货币政策控制通货膨胀。当经济出现通货膨胀但不太严重时，可考虑采用第三组，用紧缩性财政政策抑制总需求，同时又用扩张性货币政策来降低利率，以防止经济衰退。当经济过热，出现严重通货膨胀时，可考虑采用第四组，用紧缩性财政政策来抑制总需求水平，同时又用紧缩性货币政策来提高利率。

不过，在考虑两种政策混合使用时，不仅仅要看当时经济形势，还需要多方面综合考虑，尤其还得看政治上的需要，因为不同政策其后果会对不同人群产生不同的影响。例如政府同样是增加支出，既可以用于基础设施建设，或用于防止污染，也可以用于教育等。不同的支出，人们的受益情况是不同的。因此，政府在作出混合政策使用时，也需要考虑不同行业和阶层的人群的利益协调问题。

本章小结

1. 宏观经济政策目标包括充分就业、价格稳定、经济持续稳定增长和国际收支平衡四个目标。

2. 宏观经济政策包括财政政策和货币政策。财政政策其内容主要包括财政收入和财政支出。调整支出和收入的财政政策工具主要包括：变动政府购买支出、改变政府转移支付、变动税收和公债等。财政制度依靠自动稳定器和相机选择的财政政策两种结合发挥调节经济功能。货币政策工具主要包括公开市场业务、再贴现率和法定准备金比率。

3. 宏观经济政策效果分析，无论是财政政策还是货币政策都是通过影响消费、投资支出进而影响总需求，然后使得就业和国民收入得到调节。扩张性财政政策和货币政策都能产生增加国民收入的效果，而紧缩性财政政策和货币政策则产生减少国民收入效果。

4. 在考虑财政政策效果分析时，必须考虑到挤出效应，挤出效应是因为政府支出增加导致了私人投资水平的降低。

思考与练习

一、名词解释

财政政策　自动稳定器　货币政策　公开市场业务　法定准备金比率

挤出效应　财政政策乘数　货币政策乘数

二、简答题

1. 宏观经济政策目标内容以及相互关系。

2. 中央银行的货币政策工具包括哪些？

3. 平衡预算的财政思想与功能财政思想之间的区别。

4. 政府支出对私人支出的挤出效应大小主要取决于哪些因素呢？

三、论述题

1. 财政政策与货币政策不同组合使用对产出和利率如何影响？

2. 财政政策效果与 IS 曲线和 LM 曲线的斜率有什么关系？并解释其原因。

>>>>> 第十九章
开放经济与对外经济政策*

本章要点

现代经济一个重要的特点是经济一体化程度越来越高。所以宏观经济运行和宏观经济政策在开放经济条件下有什么新的特点？本章对此给出了一个分析框架。产品跨国流动产生了国际贸易，如何解释这种现象呢？目前提出的最为重要的理论是比较优势理论，此外我们还分析了要素禀赋理论、规模经济和不完全竞争条件下新的国际贸易理论。产品流动必然带动货币流动，所以本章还对涉及外汇汇率水平和决定的理论作了介绍。对产品流动和货币流动进行统计记录就形成了一国的国际收支账户。最后，我们把 IS-LM 模型推广到开放经济条件下，形成了新的表示内外经济运行的模型 IS-LM-BP 模型，并运用这一模型对宏观经济政策在固定汇率制度下和浮动汇率制度下的作用做了分析。

学习目标

掌握国际贸易为什么发生的原因，并理解几种解释国际贸易发生的理论；了解汇率的几种标价方法和汇率制度；熟悉国际收支账户的具体结构和主要内容；掌握运用 IS-LM-BP 模型在开放经济条件下分析不同宏观经济政策作用效果的原理。

前面我们讨论问题的基础都是在封闭经济条件下，本章我们把分析的视野放大，对开放经济条件下的经济理论做出分析。

第一节　对产品跨国流动的解释：国际贸易理论

经济全球化的发展大大促进了商品和服务在世界各国范围内的流动。但是各国为什么要进行贸易？贸易中各个国家应该如何确定自己生产的产品？想对此做出了解，我们就需要学习国际贸易的相关理论。

一、国际贸易存在的原因

国际贸易为什么会存在呢？我们可以从资源禀赋、需求差异和供给成本变化中获得解释。

（一）资源差异

各个国家由于拥有的资源禀赋并不相同，如 A 国可能拥有丰富的矿藏资源、B 国可能拥有丰富的劳动力资源、C 国的资本资源丰富……由于并非所有的资源都能流动，所以不同的资源拥有量就决定了各国在提供不同产品时的生产成本和供应能力出现差别。

（二）偏好差异

这是从需求来看的。即使生产成本相同条件下，当人们之间的偏好存在差异时，就有了进行贸易的可能和基础。国与国之间的贸易也应如此。如：同样地处北欧的挪威和瑞典，海洋捕鱼和陆地上通过养殖获得肉类的成本差距不大，但是两国人的偏好并不相同，瑞典人偏爱肉，挪威人偏爱鱼，所以，两国的鱼肉贸易就成了有利于了双方的善行。

（三）成本差异

这大概是解释国际贸易存在最具影响力，也是最持久的理论。这种成本优势可从几个角度来分析。

一是一国的生产成本具有绝对的低水平：当一个国家相对于其他国家来说生产一种产品的资源耗费水平较低时，我们就说该国生产这种产品具有绝对优势(absolute advantage)。如中国在生产衣服方面比美国花费的资源少，而美国在生产电脑方面比中国成本低，那么我们就认为中国在生产衣服方面具有绝对优势，而美国在生产电脑方面具有绝对优势。如果每个国家都能生产自己具有绝对优势的产品并相互进行贸易，无疑对大家都有好处。但是事情远没有这么简单。世界上的产品并非都是在生产成本最低的地方生产的。

二是一国具有相对成本优势，即当每个国家把自己的生产集中于相对于生产其他产品更有效率的产品上时，通过贸易也会有利于双方，那么我们说该国利用了自己的比较优势(comparative advantage)(下面我们还要对此做详细分析)。

三是一国可以利用规模经济优势。规模经济是降低成本、获得技术上优势最有效的手段。这也是解释当今世界产业间贸易最主要的贸易理论，因为现实中的许多工业发达国家并非生产所有可以生产的工业品，而是各有侧重，尤其是在规模经济效应明显的工业产品上。

二、比较优势理论

（一）从机会成本角度解释

比较优势理论其实是解释包括国际贸易在内的许多与社会分工相关的经济现象最为重要的理论原理之一。一国生产自己最具有竞争力的产品无疑可以获得利益，但一国专注于自己最擅长的产品而把生产其他产品的任务交给他国（从生产成本上看比本国生产还要高），同样可以获益。这就是比较优势理论的精巧所在。为什么呢？下面我们用一个两国模型来加以说明。

假设有两个国家，一个是A国，另一个是B国，两国都能生产两种产品：食物和衣物。具体情况如表19-1，从表中可以看出，A国无论在衣物还是在食物的生产上所耗费的劳动时间都低于B国。A国劳动1小时的食物工资为1单位衣物或1/3单位食物，而B国为1/2单位衣物或1/4单位食物。如果是封闭经济条件下，两国两种产品的价格存在差异。A国食物价格是衣物的3倍，而B国的食物是衣物的2倍，即A国的食物价格将相对贵一些，而B国的衣物相对贵一些。

表19-1　两种产品的劳动投入

	衣物(C)	食物(F)	自给自足时的价格比
A国	1小时/单位	3小时/单位	1F∶3C
B国	2小时/单位	4小时/单位	1F∶2C

A国在衣物生产上具有比较优势，而B国在生产食物方面有比较优势。A国在衣物上的比较优势很明显，因为生产衣物的相对劳动成本(1/2)要低于生产食物的相对劳动成本(3/4)。

如果贸易是按某一国自给自足经济下的比价进行，则另一国将有贸易利益获得。比如，贸易如果是以1F∶3C的国际贸易条件来进行，则B国每换出1单位食物就能比国内多得1单位衣物，而A国却徒劳无益。相反，如果以1F∶2C的比例进行，A国每出口1单位衣物，可以多得(1/2－1/3＝1/6)食物的贸易利益。因此如果国际交换价格（也称贸易条件）居于两国自给自足经济下的相对价格之间，则两国都有贸易利用获得。

为了说明两国从贸易得到的总利益，我们假定每个国家能使用的资源（如劳动）数量为：

A国可使用的劳动为9000劳动小时，而B国为16000个劳动小时。我们可以画出各国在自给自足经济下的生产可能性曲线。A国可以生产9000单位衣服,不生产 1 单位食物;或者生产 3000 单位食物,而不生产衣物,或者用完 9000 劳动小时得到两种商品的任意组合;另一方面,B 国可以生产 8000 单位衣物,不生产 1 单位食物.或者生产 4000 单位的食物,而不生产 1 单位衣物,或者用完 16000 劳动小时得到两种商品的任意组合。假定在开展贸易前,A 国有 6000 单位衣物,生产了 1000 单位的食物,B 国有 3000 单位衣物,生产 2500 单位的食物。假设两国按照 1F∶2.5C 的贸易条件进行交换,同时假定 A 国用 2500 单位衣物从 B 国换取了 1000 单位的食物,但是两国的产量都不改变。

(二) 对贸易前后的状况进行比较

在贸易进行前,投入 9000 小时劳动,A 国生产并消费 6000C 和 1000F。贸易后,A 国消费了 3500C(6000 单位衣物－出口 2500 单位到 B 国)和 2000F(国内生产 1000 单位＋从 A 国进口 1000 单位),如果这些商品完全国内自产,需要 9500 小时劳动(3500 小时用于生产衣物,因为每单位衣物需要投入 1 小时劳动;2000 单位食物,每单位食物需要 3 小时,共需 6000 小时)。因此,通过贸易,A 国获得了 500 小时劳动(9500－9000)。B 国又如何呢? 在贸易进行前,B 国生产并消费 3000 单位衣物和 2500 单位食物, 用完全部 16000 小时劳动。进行贸易后,B 国消费了 5500C(3000 单位衣物自产＋2500 单位进口)和 1500F(国内生产 2500 单位－出口 1000 单位到 A 国),如果这些商品完全国内自产,需要 17000 小时劳动(11000 小时用于织布,5500 单位布,每单位布需要 2 小时;6000 小时生产食物,1500 单位食物,每单位食物需要 4 小时)。通过贸易,B 国获得了 1000 小时劳动(17000－16000)。

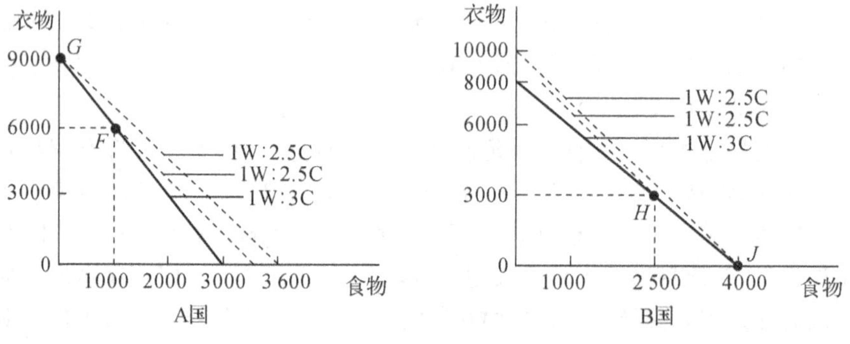

图 19-1　A 国和 B 国贸易发生前后的生产可能性曲线和消费可能性曲线

从图 19-1 可以看出,在封闭经济条件下,A 国的生产可能性曲线如图中 6000 万衣物和 1000 万单位食物,消费点在 F,B 国为 8000 万单位衣物和 2500 万单位食物,消费点在 H。但是当贸易发生后,两国的生产可能性曲线和消费可能性曲线都外移，说明两国从贸易中获得了额外的利益。

三、其他贸易理论

（一）赫克歇尔和俄林的要素禀赋论

比较优势理论对商品跨国贸易做出了有说服力的解释。但是，除了商品劳动生产率的差异之外，其他生产要素也对产品的生产成本有很大的影响，所以在20世纪初，瑞典经济学家赫克歇尔（Heckscher）和俄林（Ohlin）（简称H-O理论）又从各国的生产要素禀赋的角度对国际贸易做出了解释。

由于各国生产要素的禀赋不同，所以在不同产品的生产上就会造成生产成本的差异。如：劳动密集型国家生产劳动密集产品时，产品的生产成本就会相对低一些，而资本密集型国家在生产资本密集型产品时生产成本也会相对低一些。这样不同国家在国际市场上所生产的不同产品的价格和竞争力就会有差异。各国会尽可能利用自己具有优势的生产要素来生产产品而通过贸易来换取自己资源稀缺、竞争力差的产品，所以，不同的生产要素禀赋决定了国际贸易的发生和贸易模式。

（二）规模经济、非完全竞争条件下的新贸易理论

在H-O理论中，进行贸易的两个国家被假定为是在规模报酬不变的背景下进行贸易，但现实世界存在的贸易中，大量存在的贸易是产业内贸易，尤其是工业发达国家之间行业内贸易所占的比重已经大大增加。如何对此做出解释，就对贸易理论提出了新的挑战。

表19-2　部分工业发达国家产业内贸易占总制造业贸易的比重

国　家	1988—1991年(%)	1996—2000年(%)
法　国	75.9	77.5
加拿大	73.5	76.2
英　国	70.1	73.7
德　国	67.1	72.0
美　国	63.5	68.5
意大利	61.6	64.8
日　本	37.6	47.6

资料来源：OECD, *Economic Outlook* No.71，Chapter 6，2002。

美国学者克鲁格曼、赫尔普曼等人运用规模报酬递增和非完全竞争理论对此做出了解释。在规模报酬递增条件下，当一个国家的某种产品的产量越来越

大时，其单位产品成本将会越来越低，或者说同等数量的资源生产的产品数量越来越多，这样当把具有这种特质的产品生产由原来两国生产转为一个国家生产，即每个国家都各自生产规模经济效应明显的产品时，总的产出水平将会提高。

规模经济的存在使得各国专注于生产自己具有优势的产品，即使是在同一行业或产业内，各国生产同一行业中不同的产品，然后相互进行交换。这样也就形成了产业内贸易。

除此之外，还有许多其他的理论，如：技术缺口和产品生命周期贸易理论等。我们在此不再过多叙述。

第二节　汇率和国际收支

商品在各国间的流动必然会带来国家间货币的兑换，这样也就有了汇率。所谓汇率就是一国货币与另一国货币的兑换比率。

一、汇率标价

对汇率的标价，关键是要搞清楚是用哪种货币作为基准，所以也就有了所谓的标价法。

直接标价法：是以外国货币作为基准，把一定整数单位（如可以是 1、100 或者 1000）的外国货币兑换成一定数额的本国货币的标价方法。这也是目前国际上绝大多数国家采用的方法。我国目前采用的就是这种标价方法。如 2007 年 7 月 6 日，1 美元对人民币的汇率为 7.61 元人民币。所以，当我们看到这一数值上升时，就表示人民币贬值了，而美元升值了。相反，如果这一数值下跌，则表示本币升值，而外币贬值了。

间接标价法：是以本国货币作为基准，把一定整数额的本国货币兑换成一定数额的外国货币的标价方法。这种标价方法主要为英国和美国采用。在历史上，这两个国家的货币都曾经是（现在仍然是）国际上主要的储备货币，采用这样的标价方法主要是为了在外汇市场上与其他国家采用的标价方法一致起来。数值变化的意义与以上相反。在这种标价制度下，当一定单位的本国货币兑换的外国货币数值变小时，就表示本币贬值了；相反当数值变大时，就表示本币升值了。

其实，我们可以看出，两种标价方法互为倒数，所以知道了一种方法得到的汇率值，也就可以推出另一种标价法的数值。如：2007 年 7 月 6 日，美元对人民币的汇率如果用间接标价法，1 元人民币＝0.131 美元。

二、汇率制度

所谓汇率制度是指一国政府就汇率水平的形成机制所制定的一套管理制度和规则。从理论和现实世界存在的情形来分析，存在两种汇率制度：固定汇率制和浮动汇率制。

固定汇率制：是指一国货币与其他国家的货币之间的兑换比率基本固定、调整幅度也控制在一定范围内的汇率制度。汇率水平与变动基于一种共同的基准（如黄金）或由一国政府部门和货币当局控制或规定。

人类经济发展史上到目前为止存在过两种典型的固定汇率制度：一种是金本位制，另一种是布雷顿森林体系下的以美元为基准的汇率制度。在金本位制度下，由于各国货币与黄金价格挂钩，所以形成了以黄金价值为衡量基准的汇率制度。在布雷顿森林体系下，各国货币的币值与美元挂钩，而美元又与黄金挂钩，所以就形成了一种通过兑换美元再兑换成黄金的金汇兑本位制。

浮动汇率制：是指一国货币与其他国家的货币之间的兑换比率由外汇市场的供给和需求决定的汇率制度。在浮动汇率制度下，从理论上说政府没有义务维持汇率的稳定。

按照不同的标准，汇率制度又可以分为以下几类。

第一，以政府或货币管理当局是否对汇率进行干预为标准，浮动汇率具体又分为两种形式：自由浮动的汇率制度和有管理的浮动汇率制度。前者是指汇率水平完全由市场供求来决定，政府对此不做任何干预，所以，又称为清洁浮动，意指汇率灵活变动会使市场出清。这也是浮动汇率制度的核心意义。有管理的浮动汇率制度是指政府或货币当局通过各种手段对汇率水平进行干预，使市场汇率符合政府的某种目标，这也被称为肮脏浮动。这也是目前国际上主要国家货币兑换中主要采用的汇率制度形式。

第二，从浮动采取的形式来分：可分为独立浮动和联合浮动。独立浮动是指一国的货币对其他所有货币的汇率都由市场供求来决定。联合浮动是指在某种经济体内部成员国之间的货币汇率是固定的，但统一对外共同浮动。

此外，还有弹性汇率制度和钉住汇率制度的分法。前者是指一国货币与某一国（或某一货币篮子）保持一种相对稳定的兑换比率，而后者是除钉住汇率制度外所有其他制度的统称。

三、汇率水平的决定和相关理论

（一）汇率水平的决定

当我们把汇率看做为一国货币的对外价格时，其实就把一国的货币当作为一种商品来看待了。故此,我们可以用分析普通商品价格水平决定的供求模型来讨论汇率的决定了。

我们就以英镑汇率和美元汇率为例来看汇率水平如何决定。假定两种货币在市场中的兑换价格不受政府控制。这样对美元的需求和供给可以用图 19-2 来解释。

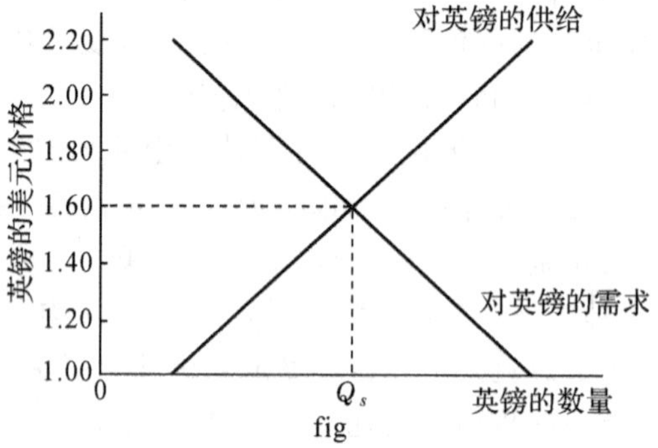

图 19-2 英镑对美元的汇率决定

在外汇市场中,当对英镑的需求(即愿意卖出美元、买入英镑)和英镑的供给(即愿意卖出英镑、买入美元)相等时,就可决定出均衡的汇率水平。在图 19-2 中,纵轴表示的是 1 单位英镑可以兑换的美元的数量。显然,供给曲线向上倾斜,表示的是随着 1 单位英镑可以兑换的美元的数量的增加,愿意卖出英镑而持有美元的人便会增多;而需求曲线表示的相反的意思,所以向下倾斜。当影响英镑和美元的因素变动时,两种货币兑换的相对水平将会发生变化。

(二) 汇率决定理论

如何解释汇率水平决定是一项非常复杂的工作。到目前为止,经济学家们已经提出了许多理论解释。下面我们将介绍几种有影响的理论模型。

1. 购买力平价理论。

这是汇率决定理论中最有影响力的一种理论,也是解释长期汇率水平决定最重要的理论。购买力平价理论(purchasing power parity,简称 PPP 理论)认为:一国的汇率水平将倾向于等于使国内购买贸易商品的成本等于在国外购买这些商品的成本的水平上。一般认为这一理论是由英国经济学家桑顿提出、经瑞典经济学家卡塞尔发展充实成经济学中重要的理论。其理论的核心是认为:在长期,两国货币的汇率是由两国相对的价格水平来决定的,或者说,汇率水平的高低是由各国货币代表的购买力来决定的。

一国为什么需要国外货币是因为可以用外国货币在国外市场上购买外国生

产的产品和劳务。货币的价值大小是由其购买力大小来决定的。当不考虑运输成本时，由于讨论机制的存在，同样的商品如果用同一种货币来表现价格应该是一样的，即所谓“一价律”(one price rule)。购买力平价有两种具体形式：

绝对购买力平价是指两国货币的兑换率大小是由两国货币代表的购买力(或两国价格水平)之间的比率来决定的。即：

$$p=ep^*$$

将其变形，得到：

$$e=\frac{p^*}{p}$$

p 是本国的价格水平，p^* 是外国的价格水平，e 是两国货币汇率水平。

这也就是说，两国的汇率水平等于两国价格水平的比率。这显然是从静态意义来定义的汇率水平。

相对购买力是指在一定时期的两国货币汇率的变化等于两国相对价格水平的变化，即：

$$\frac{e_1-e_0}{e_0}=\pi_1-\pi_0$$

e_1 是第 1 期的汇率水平(直接标价法)，e_0 是第 0 期的汇率水平，π_0 是国外通货膨胀率，π_1 是本国通货膨胀率。

购买力平价是预测两国长期汇率变化重要的理论。从货币自身的功能之一的价值尺度来确定两国货币汇率有其理论上的合理性。特别是相对购买力平价理论的提出反映出了货币自身价值对内的变化和对外价值变化应该是一致的基本观点。购买力平价理论在实际中也易于操作，尤其是在国际比较中，通过 PPP 理论把各国经济变量(如 GDP)进行比较是近几年国际经济经济学界最为流行的方法之一。当然，该理论也存在一些局限性，只是考虑了经常账户下汇率水平如何决定的问题，而对资本账户和金融账户对汇率的影响未予考虑。而且，影响汇率的因素非常复杂，绝不只是由价格水平或价格水平的变化来解释。事实上，对购买力平价理论进行的实证检验也是毁誉参半，有支持者也有反对者。这其实与购买力平价成立的基础——由套利活动维持的一价律在现实中难以成立有关。

专栏 19-1　　汇率的巨无霸平价指数

对购买力平价理论影响最大的一个证明是英国《经济学家》杂志于 1986 年开始推出的以麦当劳的巨无霸汉堡为基础的巨无霸指数，该指数给出了一种标准化的产品在全球不同城市的标价，并按现行汇率给出其相应的美元价格，然后与按购买力平价折算出的美元价格进行比较看每种货币相对于PPP是高估还是低估。第2列是用当地货币表示的巨无霸的价格，第3列是美国四个主要城市亚特兰大、芝加哥、纽约和旧金山的平均价，第4列是用第1列除以第2列得到的结果，第5列是现实汇率，最后一列是各国货币的现实汇率相对于按巨无霸测算的汇率水平高估或者低估的比例。表19-3是2008年的巨无霸指数。从中可以看出，根据该指数，2008年高估幅度最大的是挪威克朗，达121%！欧洲区国家大部分都高估，而亚洲区都为低估。

表19-3　英国《经济学家》杂志的巨无霸指数(2008年)

	当地的巨无霸价格	美国的巨无霸价格	PPP测算的汇率	现实汇率	高估或者低估的比例
美国	3.57美元	3.57			
阿根廷	11.00比索	3.64	3.08	3.02	+2
澳大利亚	3.45澳元	3.36	0.97	1.03	−6
巴西	7.50雷亚尔	4.73	2.10	1.58	+33
英国	2.29英镑	4.57	1.56	2.00	+28
加拿大	4.09加元	4.08	1.15	1.00	+14
中国	12.50元	1.83	3.50	6.83	−49
丹麦	28.0丹麦克朗	5.95	7.84	4.70	+67
欧元区	3.37欧元	5.34	1.06	1.59	+50
中国香港	13.3港币	1.71	3.73	7.80	−52
印尼	18,700卢比	2.04	5238	9152	−43
日本	280日元	2.62	78.4	106.8	−27
马来西亚	5.5林吉特	1.70	1.54	3.2	−52
墨西哥	32比索	3.15	8.96	10.2	−12
新西兰	4.90新元	3.72	1.37	1.2	+4
挪威	40.0克朗	7.88	11.2	5.08	+121
波兰	7.0兹罗提	3.45	1.96	2.03	−3
俄罗斯	59卢布	2.54	16.5	23.2	−29
新加坡	3.95新元	2.92	1.11	1.35	−18
韩国	3200韩元	3.14	896	1018	−12
瑞典	38瑞典克	6.37	10.6	5.96	+79
瑞士	6.50瑞士法郎	6.36	1.82	1.02	+78
中国台湾	75新台币	2.47	21.0	30.4	−31
泰国	62泰铢	1.86	17.4	33.4	−48

资料来源：*Economist*，2008年7月24日。

2. 利率平价理论。

这是汇率决定理论中又一个非常重要的理论。最早由凯恩斯提出。该理论的出发点是从金融资产市场的角度来讨论汇率水平的决定。

当资本可以在世界各国间自由流动时,套利机制将保证不同国家的同种性质的资产的收益率趋向一致。所以当两国利率水平存在差异的情况下,资产将会从低收益率国流向高收益率国来套利。这种套利过程中在不同国家的资产选择就必然会涉及资产转换,必然会对货币汇率产生影响。所以汇率和利率水平之间必然有内在联系。

假设本币收益率为 R,外币收益率为 R^*,EX 是即期汇率,EX^* 是未来某一时点的汇率。当一个时期结束后(假设为一年),1 单位本币的收益为 $1+R$;如果在期初按即期汇率兑换成外币,则有 $1/EX$ 单位外币,在不考虑交易成本的条件下,$1/EX$ 单位外币在同样时期的收益将为 $(1+R^*)/EX$,按到期时的汇率折成本币后为 $(1+R^*)EX^*/EX$,这也就是把同样数量的本币投入国外得到的收益。很显然,如果资本流动充分,利率平价成立的话,资产在两国的收益应该相同。即:

$$1+R=(1+R^*)EX^*/EX$$

$$EX^*/EX=(1+R)/(1+R^*)$$

经过变形并忽略 2 阶小量,可以近似得出下式:

$$R-R^*=\triangle EX$$

$\triangle EX$ 是汇率变化率,如果是国内利率高于国外利率,那么这一变化表示的就是本国货币贬值率,如果是相反情形,表示的就是本国货币的升值率。

以上是有关汇率最为基本的两种理论。此外,货币主义者也提出了货币汇率理论。其特点是把汇率看成是两国货币的相对价格,所以汇率由两国货币市场的货币供求来决定。货币供应量由国民产出水平决定,如果一国货币供应量的增长速度超过国民产出水平的增加速度,那么该国货币将贬值。与此相关的还有资产市场汇率理论,把货币看成为一种与其他资产进行竞争的资产,通过投资者的资产组合调整变化引起相对价格(汇率)变化,等等。

四、国际收支

(一) 国际收支

国际收支是一种统计报表,它系统地记载了在特定时期内一个经济体与世界其他地方的各种经济交易。

上述定义是国际货币基金组织(IMF)给出的定义。那么这种统计表为了什么目的而设计?具体包括哪些内容呢?

1. 国际收支记录至少有如下目的和作用。

(1)在当今世界各国经济相互依存加剧的背景下,各国的对外经济交往对一国的经济决策和其他决策发挥着重要的作用,国际收支表记录的数据对政府以及各种经济行为主体的决策提供了重要的依据。

(2)记录数据有利于分析和把握国际收支出现的原因和找到实施调节的措施。国际收支表中记录了一国与其他国家全部的经济交往记录,从中可以反映出一国商品贸易和直接投资的关系、国际服务贸易、国际银行业务的流量和存量、资产证券化和资本市场的发展状况、外债问题、收入支付和增长、汇率和经常账户和金融账户的各种流量之间的关系。

(3)国际收支可以预测对外资产和负债的存量变化和相关关系。

(4)国际收支账户的数据是编制国民收入总体账户的组成部分。

2. 国际收支账户记录以下内容。

(1)国际收支是一个流量概念,也就是说,国际收支反映的是一定时期的数据变化。这与国际借贷不同,后者是流量概念。

(2)国际收支记录的内容以交易为基础。与国际收支的字面意义不完全一样,国际收支表中记录的国际交易可涉及货币支付,但有些也不一定涉及。概括而言,这种交易包括:各种交换(商品与商品、商品与劳务的之间的交换,金融资产和商品劳务资产的物币交换,金融资产之间的交换),商品、劳务和金融资产的无偿单向转移,由居民移居带来的资产转移。

(3)国际收支记录的经济交易主要发生于居民和非居民之间。这里的居民不同于法律意义上的居民,这里的意思是指:在一个国家经济领土内,具有一个经济利益中心,且从事或计划继续从事相当规模的经济活动和交易的机构。个人、企业、政府和非营利组织都可作为居民和非居民。

国际收支的记录就是国际收支表。这是把一国一定时期内的国际经济交易按特定账户分类、并用复式记账原理编制的报表。记录原则是:有借必有贷,借贷必相等。所以,凡是收入项目、资产的减少或负债的增加都记录在贷方;凡是支出项目、资产的增加或负债的减少都记录在借方。一笔交易如果是外国货币流入本国,那就记在贷方,如果是本国向外流出货币那就记在借方。

(二) 国际收支表的基本内容

为了统一各国的国际收支状况,国际货币基金组织从1948年起先后5次对《国际收支手册》做出了修改。根据1993年出版的《国际收支手册》,国际收支平衡表分为:经常项目账户、资本与金融项目账户和平衡项目账户。

1. 经常项目账户:是国际收支表中最为重要也是最为基本的账户。反映了一个国家(或地区)与其他经济体之间除金融项目交易之外的所有交易。该项目下通常设四个子项目:货物、服务、收入和经常转移。

(1)货物贸易:记录的是进出口货物的货币收支。其中包括:一般商品的进出口、用于加工的货物的进口和出口、货物的修缮、居民和非居民在港口采购的货物和非货币黄金的出口和进口。

(2)服务贸易:记录服务的输入和输出情况。其中包括:运输、旅游、通信服务、建筑服务、保险服务、金融服务、计算机和信息服务、专有权利使用费和特许费、其他商业服务以及个人、文化和娱乐服务。

(3)收益:记录生产要素在国际间流动所形成的要素报酬收支。包括:职工报酬和投资收入,后者中包括直接投资收入、证券投资收入和其他形式的投资收入。

(4)经常转移:这是实际资源或金融产品的所有权发生变更(不管自愿还是非自愿),但没有涉及经济价值回报的平衡项目。经常转移包括除了资本转移之外的所有转移,其中包括:各级政府(政府间经常性的国际合作,对收入和财产支付的经常性税收)和其他转移(工人汇款等)。

2. 资本和金融项目。

记录资本所有权在国际间的流动,由资本账户和金融账户组成。

(1)资本账户:主要组成部分包括资本转移和非生产、非金融资产的收买和放弃。资本转移包括:固定资产所有权的转移,同固定资产收买/放弃相联系的或以其为条件的资金转移,债权人不索取任何回报而取消的债务。

(2)金融账户:包括四个项目。

①直接投资:反映的是一经济体的居民单位(直接投资者)对另外一经济体的居民单位(直接投资企业)的永久利益,包括直接投资者和直接投资企业之间的所有交易。

②证券投资:包括股票和债券交易。

③其他投资:长短期的贸易信贷、贷款、货币和存款以及应收款项和应付款项。

④储备资产:包括一个经济体货币当局认为的可以用来满足国际收支和某些情况下满足其他目的的资产的交易。包括:货币化的黄金、特别提款权、在国际货币基金组织中的储备头寸、外汇资产以及其他的债权。

3. 平衡项目账户。

平衡项目账户主要为错误和遗漏。这是为了平衡国际收支项目而设立的一个平衡账户。这是因为平衡表从的数据由于来源于不同的渠道,很难使账户在借方和贷方平衡,但国际收支平衡表的记账原则要求平衡,所以就设立了一个账户来抵消统计误差,这个账户与上述余额作反向等量记账。

表 19-3　我国 2008 年的国际收支表　　单位:万美元

项　目	差　额	贷　方	借　方
一、经常项目	42610740	172589326	129978587
A. 货物和服务	34887046	158171319	123284273
a. 货物	36068209	143460124	107391915
b. 服务	−1181164	14711195	15892359
B. 收益	3143796	9161487	6017691
C. 经常转移	4579898	5256520	676622
二、资本和金融项目	1896488	76987609	75091122
A. 资本项目	305145	331989	26844
B. 金融项目	1591343	76655621	75064278
1. 直接投资	9432009	16305396	6873387
2. 证券投资	4266006	6770805	2504798
2.1 资产	3274994	5767240	2492247
2.2 负债	991013	1003564	12551
3. 其他投资	−12106673	53579420	65686093
3.1 资产	−10607426	3256325	13863751
3.2 负债	−1499246	50323095	51822342
三、储备资产	−41897843		41897843
3.1 货币黄金			
3.2 特别提款权	−711		711
3.3 在基金组织的储备头寸	−119032		119032
3.4 外汇	−41778100		41778100
3.5 其他债权			
四、净误差与遗漏	−2609384		2609384

资料来源:《中国统计年鉴》(2009)。

第三节 内部平衡和外部平衡

一、内部平衡和外部平衡的概念

最早提出内部均衡(internal balance)和外部均衡(external balance)概念的是英国经济学家詹姆斯·米德(Meade),经过发展,斯旺(Swan)提出了内外均衡的基本模型,并以此对如何调节国际收支进行了分析。一个国家从内部目标来看,实现的目标包括三项:稳定持续的经济增长、低通货膨胀和低失业。近些年对宏观经济均衡概念有了不同的定义,我们把内部均衡的基本含意定义为:指一国的经济运行处在充分就业状态或处在自然失业率与合意的通货膨胀率组合的状态。用宏观经济模型表示时,我们一般把商品市场和货币市场同时实现均衡看作内部均衡实现的一种标志,所以在这个意义上,我们一般以 IS-LM 模型的均衡点来表示内部均衡的实现。外部均衡一般意义上是指国际收支处在均衡状态。有时指经常账户均衡或者是资本金融账户的均衡。一般我们在以上意义上来使用内部均衡和外部均衡的概念,即总的货币流动均衡,就是两大账户之间整合实现均衡,经常账户的赤字(盈余)额与资本和金融账户的盈余(赤字)额相等。我们通常用一条新的线 BP 线表示。

二、IS-LM-BP 模型

(一) *BP* 曲线

为了用模型表示出内部均衡和外部均衡,我们把内部均衡和外部均衡统一到一个用利率和国民收入分别作为主导变量的模型中。*BP* 线上的点表示的是由利率和国民收入各种组合情况下,国际收支处于均衡状态,可以用来表示外部均衡。

从形状上看,当资本处于不完全流动时,*BP* 线是向右上方倾斜的,如图 19-3(a)所示。呈现这一形状的原因是:当利率水平 r 提高时,会引起资本流入增加,资本和金融账户出现盈余,为了使国际收支平衡,必须增加进口,而进口是国民收入水平的函数,也就是国民收入水平必须提高才能带来进口的增加。所以,在保持国际收支平衡的情况下,利率和国民收入是同方向变动的。我们还可以从另一个角度来看这一问题。当国民收入水平提高、其他情况不变时,进口会增加,经常账户出现赤字,为了弥补赤字保持国际收支平衡,需要通过提高利率来吸引资本流入。因此,在 *BP* 线的点表示的是国际收支平衡,上方(左边)的点表示的国际收支存在盈余。下方(右边)的点表示的是国际收支存在赤字。

BP 曲线的位置最主要的决定因素是汇率，也就是说，在给定的汇率水平条件下适应国民收入和利率关系的国际收支平衡。

BP 曲线的斜率主要决定于如下两个因素：边际进口倾向（MPM）和国外资本的供给弹性。

边际进口倾向：当该变量数值越大时，在任意给定的国民收入水平上的进口规模也越大，经常账户赤字的数值也越大，所以为了保持国际收支平衡，所要求的资本和金融账户盈余额也越大，要想使资本的流入数额增多，也就要求利率水平必须足够高。因此，当 MPM 值越大时，BP 曲线必须越来越陡峭，才能保证国际收支平衡。

国外资本的供给弹性：国外资本的供给弹性越大，意味着利率只需要小幅度提高就可以吸引足够的资本流入来维持国民收入水平提高后的国际收支平衡，所以 BP 线也就越平缓。由此可以推知：在资本完全流动情况下，BP 线将变成为一条平行于横轴（国民收入水平）的直线，国内利率水平等于国际金融市场利率水平，如图 19-3(b)所示；而在资本完全管制，国外资本对国内利率变化没有任何反应的情况下，BP 线将变成为一条不流动垂直于横轴（国民收入水平）的直线，如图 19-3(c)所示。图(a)则表示的是资本有限流动条件下的 BP 曲线。

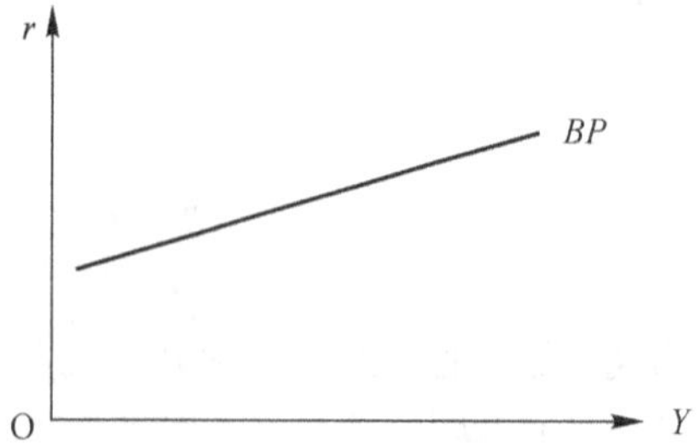

（a）资本有限流动

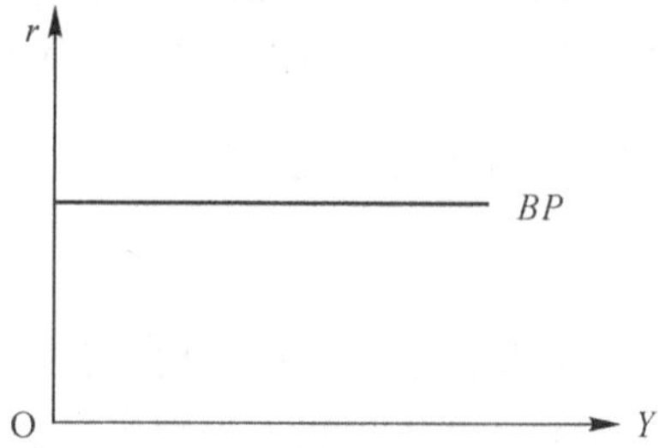

（b）资本充分流动

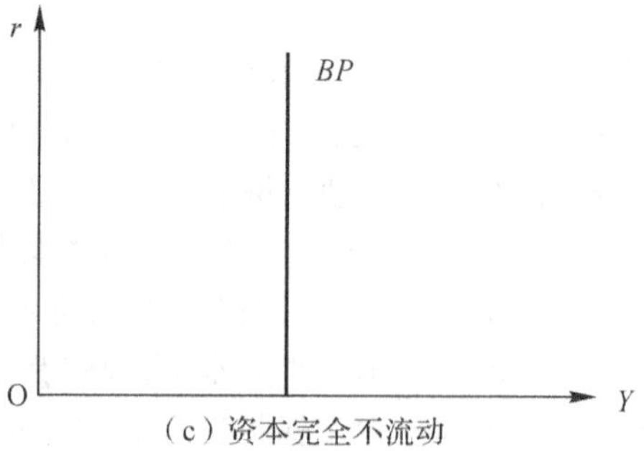

（c）资本完全不流动

图 19-3 *BP* 线的不同形状

（二）IS-LM-BP 模型表示的内外均衡

在开放经济条件下，内外平衡的同时实现，也就是商品市场、货币市场和国际收支同时实现均衡。如图 19-4 所示。尽管在三条线的交点上，实现了宏观意义上的一般均衡，但就国民收入水平来看，这种均衡的国民收入水平并非符合某种目标要求的水平，所以这也就对政府通过宏观经济政策进行干预提出了要求。

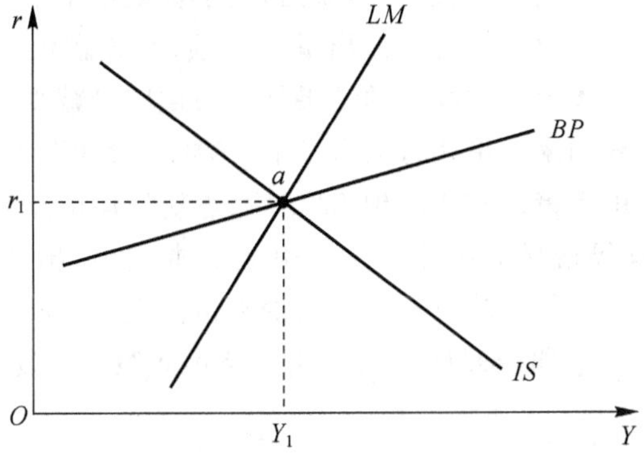

图 19-4 IS-LM-BP 模型表示的内外同时实现均衡

第四节 开放经济条件下的宏观经济政策效应

IS-LM-BP 模型的提出，为我们进行开放经济条件下的宏观政策分析提供了良好的工具。在开放经济条件下，对宏观经济政策的分析与如下两个因素关系密切：汇率制度和资本流动。两者的不同组合对每种政策会有不同的影响。下面我们主要讨论两种情形：固定汇率制度下货币政策和财政政策的作用，浮动汇率制度下货币政策和财政政策的作用。

一、固定汇率制度下宏观经济政策的作用

讨论开放经济中宏观货币政策的作用最初是由经济学家蒙代尔（Robert Mundell）和弗莱明（M. Fleming）提出的，他们主要讨论了在固定汇率制度下资本充分流动情况时，宏观经济政策的作用，所以后人也把这种条件下的 IS-LM-BP 模型分析称为蒙代尔-弗莱明模型。在他们提出的模型的启发下，经济学家们又对浮动汇率制度下的宏观经济政策进行了分析，并且也对资本有限流动和资本不流动情况下宏观货币政策做出了分析。下面我们做出的分析就以资本有限流动为条件，因为这是最为符合现实的情形。

（一）货币政策的作用效应

在资本充分流动条件下，利率的微小变动都会引致资本流动，所以本国利率水平将由世界市场上的利率水平来决定。这就意味着，货币政策的变化在固定汇率制度下不起作用，一国货币当局无法推行独立的货币政策来实现宏观经济目标。原因是：假设货币当局希望降低利率来实施扩张的货币政策。如果本国利率低于世界市场水平，将会引起资本流出，为了保证汇率水平维持在不变的水平上。货币当局不得不出面对资本流出进行干预，在金融市场中减少对本币的供应，卖出外币，买入本币。这样做的结果是本币供应量减少，利率水平提高，直至回到原有的与世界利率水平相符的水平上，具体情形如图 19-5 所示。当 LM_1 曲线由于扩张的货币政策向右移动到 LM_2 后，与新的均衡点上 b 对应的本国利率水平 r_2 将低于世界市场利率水平 r_1，引起资本流出，出现国际收支出现赤字，为了保持汇率水平不变，政府不得不减少本币供应，直到均衡回到 a 点，利率水平又会回到 r_1，LM_2 曲线回移动到 LM_1。货币政策没有发挥作用。

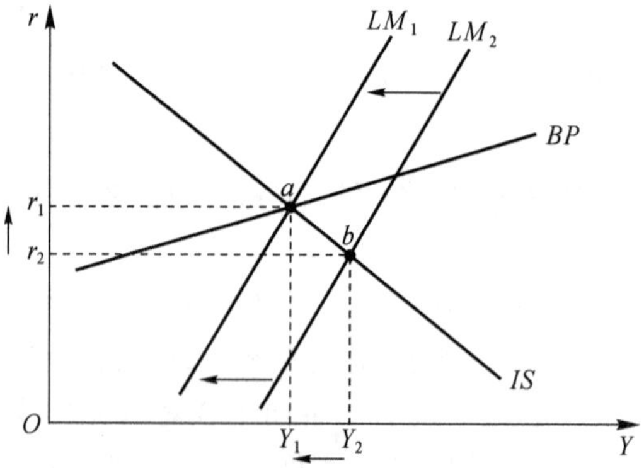

图 19-5　固定汇率情况下扩张的货币政策

（二）财政政策的作用效应

我们就以 BP 线的斜率比 LM 大，政府采取扩张性财政政策的情形来讨论财政政策的作用，如图 19-6。假设，初始状态内外经济处在均衡状态，即在点 a 处，针对当前的经济运行现状，政府试图采用扩张性的财政政策。扩张性财政政策的表现是 IS 线将向外移动，由 IS_1 外移到 IS_2，IS_2 与 LM_1 形成新的内部均衡 b 点，这时国民收入水平由 Y_1 提高到 Y_2。由于国民收入水平提高，所以进口商品数量会增加，在其他情况不变时，经常账户出现赤字，尽管 IS 的移动已经提高了利率水平，但还不足以吸引足够多的资本流入以保持国际收支平衡。所以，利率需要进一步提高到 r_3 的水平上，即要减少货币供应把利率水平推高至该水平，LM_1 向右移动到 LM_2，与 BP 线相交于新的均衡点 c。由于利率上升，会产生挤出效应，所以国民收入水平也将下降至 Y_3，新的内外政策同时实现的均衡在 c 点形成。从中我们可以看出，在固定汇率制度下，财政政策可以发挥作用。

由于 LM 曲线和 BP 曲线的相对斜率将影响到内部不均衡点处在 BP 线的上部区域或是下部区域，所以对货币政策也就有了不同的影响，请读者思考一下，如果 BP 曲线比 LM 曲线平缓情况下，货币政策的取向如何（留做作业）。

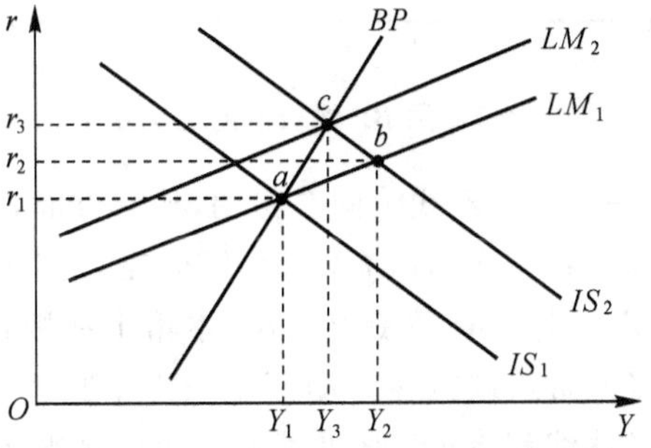

图 19-6 固定汇率情况下扩张的财政政策

二、浮动汇率制度下宏观经济政策的作用

浮动汇率情形下的宏观货币政策与固定汇率情况相比有不同的特征。汇率的变动间接的是通过 BP 线的移动来表示的。在固定汇率制度下，BP 线的位置不发生左右移动。而在浮动汇率制度下，汇率的变化主要体现在 BP 曲线的平行移动上（我们假定斜率不变），如图 19-7 所示。当本币升值时，BP 线将向左（或者说是向上）移动；而当发生本币贬值时，BP 线将向右（或者说向下）移动。原因是：当本币升值时，在同样的国民收入水平上，进口将增加，而出口将减少，所以经常账户出现赤字，为了维持国际收支平衡，需要更高的利率水平来引致资本流入以弥补经常账户出现的赤字。同理可知，当本币贬值时，同样的国民收入水平上，进口将减少而出口将增加，所以经常账户出现盈余，在国际收支平衡情况下，利率将下降，资本将流出。

（一）浮动汇率条件下的货币政策

初始我们仍然假定处于内外均衡状态，即三条线在 a 点相交。当政府采用宽松的货币政策时，货币供应量增加，LM 线将由 LM_1 右移至 LM_2，与原有的 IS_1 曲线相交于 b 点。由于利率下跌，总需求扩大，国民收入水平提高至 Y_2；在原有汇率水平条件下，国际收支将出现赤字。在浮动汇率条件下，扩张的货币政

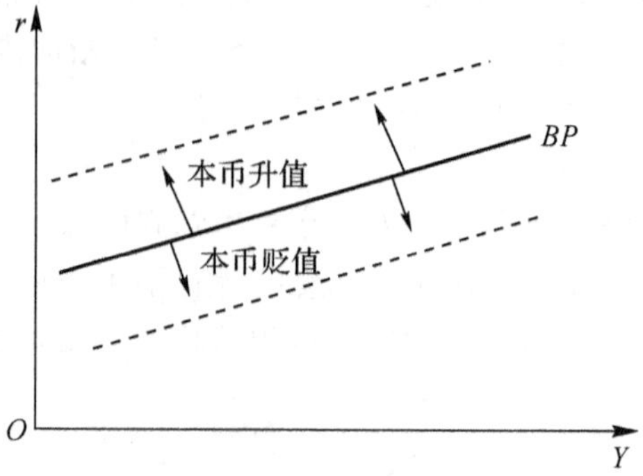

图 19-7 用 *BP* 线表示的汇率变化

策，将引起本币贬值，一方面 BP 线将向右移动，另一方面，由于出口增加也会推动 IS_1 向右发生移动，直到三线 IS_2、LM_2 和 BP_2 在 C 点相交形成新的均衡，利率为 r_3，收入水平为 Y_3。与原有均衡点相比，本币汇率贬值，利率下降，收入水平提高。这说明，扩张的货币政策在浮动汇率条件下将发挥比封闭条件下更大的作用(无论是在 LM 曲线斜率比 BP 曲线斜率大的情况下还是 LM 曲线比 BP 曲线大的情况下都会有这种效应)

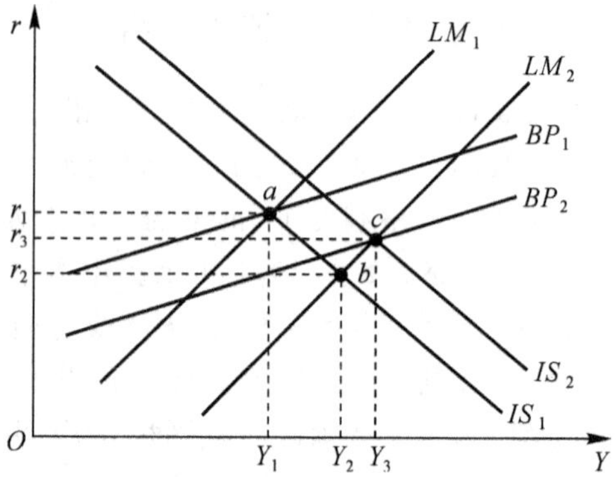

图 19-8 浮动汇率条件下扩张的货币政策

(二) 浮动汇率条件下的财政政策

浮动汇率条件下，当政府采用扩张的财政政策时，情况又会怎样呢？我们还是以 LM 曲线斜率比 BP 曲线斜率大的情况为例来说明。当政府推行扩张的财政政策后，IS_1 移动至 IS_2，均衡点从 a 点移动至 b 点，新的利率和国民收入的组合为：r_2 和 Y_2。国际收支出现盈余，系由资本流入量大于经常账户赤字所致，所以本币汇率升值，BP_1 移动到 BP_2，由于利率升值和汇率升值的共同作用，政府财政扩张政策被部分抵消，可见，如果 LM 曲线越陡峭，财政政策的作用越小；资本流动越充分，财政政策的作用越有限，如果是在资本充分流动情况下，财政政策将无法发挥作用。

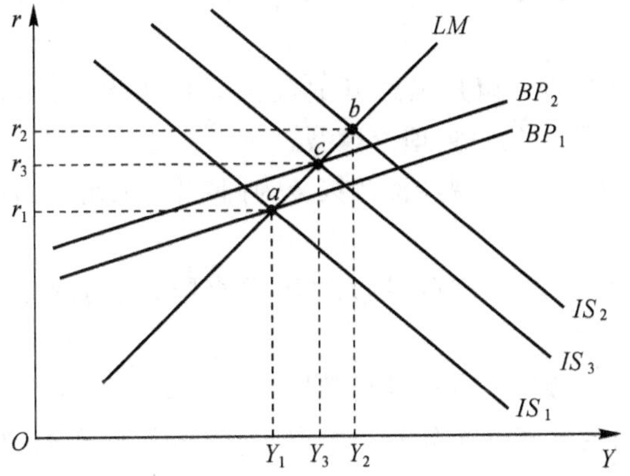

图 19-9　浮动汇率条件下扩张的财政政策

综上所述，在开放经济条件下，当实行固定汇率，且 LM 曲线大于 BP 曲线的情况下，货币政策作用无法发挥，财政政策作用显著；在浮动汇率条件下，财政政策作用不明显（或非常小），而货币政策作用显著。

本章小结

1. 产品的跨国流动形成国际贸易。国际贸易为什么会存在，目前有三种较有说服力的理论：(1)资源差异；(2)偏好差异；(3)成本差异。

2. 比较优势理论是最为重要的解释国际贸易的理论。该理论的主要观点是：当每个国家把自己的生产集中于相对于生产其他产品更有效率的产品上时，通过贸易会有利于双方。

3. 其他的贸易理论包括：

赫克歇尔和俄林的要素禀赋论：各国会尽可能利用自己具有优势的生产要素来生产产品而通过贸易来换取自己资源稀缺、竞争力差的产品。

规模经济、非完全竞争条件下的新贸易理论：规模经济的存在使得各国专注于生产自己具有优势的产品，即使是在同一行业或产业内，各国生产同一行业中不同的产品，然后相互进行交换。这样也就解释了产业内贸易的存在。

4. 汇率就是一国货币与另一国货币的兑换比率。有两种标价方法：直接标价法间接标价法；两种汇率制度：固定汇率制和浮动汇率制。

5. 关于汇率水平是由什么决定的，到目前为止，经济学家们已经提出了许多理论解释，最有影响力的是：购买力平价理论利率平价理论。

6. 国际收支是一种统计报表，它系统地记载了在特定时期内一经济体与世界其他地方的各种经济交易。按照国际货币基金组织 1993 年出版的《国际收支手册》，国际收支平衡表分为：经常项目账户、资本与金融项目账户和平衡项目账户。

7. 内部平衡和外部平衡是描述开放经济条件下宏观经济均衡的概念，IS-LM-BP 模型是最为重要的一种理论模型。

8. 开放经济条件下的宏观经济政策分为固定汇率制度和浮动汇率制度两种情形。

固定汇率制度下：货币政策发挥的作用有限，而财政政策可以发挥重要作用。

浮动汇率制度下：财政政策作用不明显(或非常小)，而货币政策作用显著。

9. 固定汇率制度下资本充分流动情况下，宏观经济政策的作用模型被称为蒙代尔-弗莱明模型。

思考与练习

一、名词解释

比较优势理论　直接标价法　间接标价法　汇率制度　固定汇率制　浮动汇率制　购买力平价　利率平价　国际收支　内部平衡　外部平衡　*BP* 曲线　IS-LM-BP 模型

二、简答题

1. 请解释国际贸易存在的原因。
2. 请解释比较优势理论是如何解释存在国际贸易现象的。
3. 规模经济、非完全竞争条件下的新贸易理论的内容是什么？
4. 购买力平价理论利率平价理论是如何解释汇率水平的决定的？
5. 国际收支账户中经常项目账户、资本和金融项目各包括哪些内容？
6. 内部平衡和外部平衡内容是什么？
7. *BP* 曲线的含义，以及其位置和斜率的主要决定因素是什么？

三、论述题

1. 请分析开放经济条件下，固定汇率制度中宏观经济政策的效应。
2. 请分析开放经济条件下，浮动汇率制度中宏观经济政策的效应。

>>>>>参考文献

[1]阿普尔亚德,菲尔德,柯布.国际经济学[M].北京:机械工业出版社,2010.

[2]哈巴德,奥布赖恩.经济学[M].北京:机械工业出版社,2007.

[3]多恩布什,费希尔,斯塔兹.宏观经济学[M].北京:中国人民大学出版社,2000.

[4]高鸿业.西方经济学[M].北京:中国人民大学出版社,2002.

[5]凯恩斯.就业、利息与货币通论[M].北京:商务印书馆,1981.

[6]黎诣远.宏观经济分析[M].北京:清华大学出版社,1992.

[7]李扬.西方经济学[M].成都:四川大学出版社,2002.

[8]梁小民.高级宏观经济学[M].北京:北京大学出版社,1993.

[9]梁小民.经济学习题集[M].北京:中国社会科学出版社,1996.

[10]刘碧云.经济学[M].南京:东南大学出版社,2002.

[11]曼昆.宏观经济学[M].北京:中国人民大学出版社,1996.

[12]曼昆.经济学原理[M].梁小民,译.北京:机械工业出版社,2003.

[13]奥沙利文,谢菲林.经济学[M].北京:北京大学出版社,2001.

[14]帕金.宏观经济学[M].北京:人民邮电出版社,2008.

[15]萨克斯.全球视角的宏观经济学[M].上海:生活·读书·新知三联书店,上海人民出版社,1997.

[16]萨缪尔森,诺德豪斯.经济学[M].北京:华夏出版社,2008.

[17]斯蒂格里兹,瓦什.经济学[M].北京:中国人民大学出版社,2005.

[18]宋承先.现代西方经济学[M].上海:复旦大学出版社,1994.

[19]叶航.宏观经济学[M].杭州:浙江大学出版社,2000.

[20]袁志刚,欧阳明.宏观经济学[M].上海:上海人民出版社,2003.

[21]尹伯成.西方经济学[M].上海:上海人民出版社,2001.

[22]赵英军.西方经济学[M].北京:清华大学出版社,2004.

[23]罗杰·A.阿诺德.经济学[M].北京:中信出版社,2004.

[24]平狄克，鲁宾费尔德. 微观经济学[M]. 北京：中国人民大学出版社，2000.

[25]庄奕琦. 经济学原理[M]. 上海：复旦大学出版社，2003.

[26]尹伯成. 西方经济学[M]. 上海：上海人民出版社，1999.

[27]周惠中. 微观经济学[M]. 上海：上海人民出版社，2003.

[28] Salvatorle D. International Economics [M]. 北京：清华大学出版社，2004.

[29]Frank，Robert. The Economics Naturalist：in Search of Explanations for Everyday Enigmas[M]. Basic Books，2007.（中文译本《牛奶可乐经济学》，中国人民大学出版社，2008）

[30]Hubbard，O'Brien. Macroecomics[M]. Prentice Hall，2010.

[31]Krugman，Wells. Macroeconomics[M]. Worth Publishers，2006.

[32]Maddison. The World Economy A Millennial Perspective[M]. OECD，2001.

[33]Mankiw. Macroeconomics[M]. Worth Publishers，2006.

[34]Sloman. Economics[M]. Prentice Hall，2003.